來新夏文集

来新夏 著

第四册

图书文献学卷（上）

文献学

南方传媒
广东人民出版社
·广州·

图书文献学卷

目　录

文献学

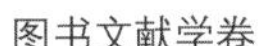

目录学

图书馆学

编辑出版

中国图书文化的历史价值

中华文化的传递，在正式图书出现以前，除口耳相传外，传递记事方式可分为两个阶段：一是文字产生前所用的结绳、契刻和图画，以实物形象来记录，可是传递困难；二是文字产生后，以甲骨、金石为载体，以文字记事来保存和传递文化，但它们仍然缺少广泛流通的图书应有的功能，仍不是正式图书。

中国的正式图书应以周秦时期的竹木简策为始，其后历经帛书、纸书等交错和相承阶段。它们承担了两千多年中国文化薪火相传的主要职责。为了明了在这漫长行程中中华文化传递的痕迹，就需要比较全面地了解中国的图书文化。

中国的图书文化包含着图书的制作、典藏、整理、流通、编纂诸方面。剖析和阐述这些方面的成就，将会自然地显示中国图书文化的历史价值。

一、中国图书的制作

中国图书的最早专用载体是竹、木，以竹为载体称简策，以木为载体称版牍，也有以木作简称木简的。据文献记载，西周中期已使用，但未见实物。从出土文物看到战国及秦的竹简实物，证明二千年前中华文化的传递已有了正式的专用载体。竹木载体需经过去湿、防蠹以便书写的炮制程序，制成长短不一的简，分别记录着政府法令、学者论述、大事纪要和医方等等。简上的字用笔和墨写的，刀是刊改误处之用。每支简自上至下写二十到四十个字。秦简有正反写和分栏写的。每支简写字不多，所以写一个文件或一篇文章要用许多支简，然后按顺序编起来，用二三道甚至四五道丝绳或麻绳连成“册”。以末简为中轴，向右卷起来保存，这就是一“卷”书。版是木片，有不同规格，三尺长的称“椠”，二尺长的称“檄”，一尺长的称“牍”。宽是长的三分之一，一尺见方的称“方”，宽度狭只能写一行字的称“札”，即木简。战国时多用竹简，汉多用木简。简书在中华文化的保存、传递、奠基诸方面都起过重要作用，从周秦到魏晋一直是典籍的主要形制；但是，由于制作过程繁复，携带流通不方便，收藏占用面积大，编连容易烂脱散落，所以与简书并行的还有帛书。

帛是丝织品的总称。帛书又称缣书、缯书，是一种丝织物，与简书并行使用，所以古书上说：“图之竹帛”。四十年代在长沙古墓发现二千三百多年前的帛画，用三种颜色绘成各种神怪形象，还有文字。七十年代在马王堆汉墓中发现大量帛书，约十余万字。帛书质地轻软，书写自由，剪裁方便，能绘图制表，一直与简书并行；但帛价昂贵，所以至终不能完全取代简书，直到纸书出现，它逐渐成为书画艺术品的载体。

简书和帛书一直到东晋末年才被官方正式命令停止使用而由纸书代替。简书和帛书的地位虽然被纸书所代替，但它们传递和保存中华文化的功绩是光照后世的。

纸是中国四大发明之一。它的发明使中华文化的传播摆脱了竹简笨重和缣帛的昂贵而得到顺利的流通。现发现最早写有文字的纸是1973年甘肃武威发现的用隶书写就的东汉古纸。纸的改进和发展应归功于蔡伦。他总结和提供了新的造纸原料，改进和推广了新的造纸技术。东汉以来，手写纸书逐渐趋向代替简帛。三国时已较多用纸，帛成为贵重书写材料。晋代用纸更为流行，“洛阳纸贵”的典故证明纸已成商品。公元404年桓玄正式下令废简牍改纸书。从此，中华文化的传递进入手写纸书阶段。晋纸宽约一尺，长尺余。把幅度相等的纸粘连在一起，由末尾向前卷，前后加签和轴，形成卷轴式卷子本。二十世纪初在敦煌石室发现从四世纪到十一世纪间手写纸书二万余卷，中国现存万余卷。中国最早的纸书是流存在日本的《三国志》中虞翻、张温、孙权等传的残卷。

从隋到唐前期，手写纸书比较流行。直到九世纪前后，雕版印刷术发明和使用，印本纸书出现，册装形式流行，手写卷轴纸书渐趋落后，但一直未完全取消。雕版印刷的出现，减轻了手写的劳动强度，缩短了成书时间，增大了复制量，降低了错误率，使中华文化的传递与传播加速了进程和覆盖面。

雕版印刷起于何时，说法不一。但一种发明，往往有一个较长的酝酿成熟过程，要截然划定时间比较难。根据文献记载和已见实物，大致可定于唐朝。现存最早雕版印品是唐懿宗咸通九年（868年）的《金刚般若波罗密多经咒》，现藏伦敦博物馆，国内最早雕印品是成都发现的《陀罗尼经咒》梵文经本。唐代雕版印书主要是佛经和民间用书。雕印中心在四川、淮南等地。

五代从后唐至后周四代二十一年间曾刻印九经。后晋宰相和凝曾自刻所著书。十国也刻印图书，蜀相母昭裔出私资刻书流传。

宋为雕版书发展期，刻书范围广，刻书地区多，刻书量大，刻书水平高。从宋建国到真宗初（960-1005年）四十余年间，国子监藏版由原来四千块增至十余万块，升达二十多倍。宋初用十二年时间刻成汉文佛经总汇——《开宝藏》，版片共十三万块。宋已有尤袤著《遂初堂书目》为版本目录专著。宋版书成为后世宝藏的珍品。

由于雕版印书出现，装帧也由卷轴向册叶过渡。册装书比卷轴本有易成、难毁、省费和便藏四大优点。北宋装册为蝴蝶装，它以版心线为准，将有字一面内折再把中缝背口粘于包背厚纸中线，展开时犹如蝴蝶双翅，故名。蝴蝶装是由卷轴走向册页的一种形式，也为后世的书册提出了书型的初步规模。元、明流行包背装，改把有字面外折，粘在包背纸上，但不装订，外形与今平装书相似。明中叶后出现线装，即把包背装的封皮从书背截开打孔穿线，装订成册，清代广泛采用，至今已被人误认为线装书即古书的形态，而以线装书作古书代称。线装书的优点在于外观整齐美观，不易散乱，容易改装，便于典藏。线装书是纸书中的一种进步的型式。

印本纸书流行，并不等于手写纸书绝迹；相反地，手写纸书却日益崇贵。手写稿本、钞本、传钞本往往成为珍藏，各朝大型图书也以手钞显示其地位与价值，如明之《永乐大典》、清之《四库全书》等。

不论手写纸书，还是印本纸书，对于传递和传播中华文化都起着重要的作用。中国二千多年纸的历史和一千多年纸书的历史都充分证明中华文化之所以能源远流长和对世界文化作出应有的贡献，确是其来有自。

雕版印刷由于版片笨重，雕版耗时费工、保管需用专库，用久需不时修整，于是活字印刷便应运而生。活字印刷的出现，约在北宋仁宗（1041—1048年）时，由名工巧匠毕昇所发明。他用泥制作字模，拼版印刷，比德国人谷腾堡的铅活字早四百多年，可惜只有《梦溪笔谈》的文献记载，没有实物成果，因此曾有人攻击这只是设想，以泥活字不能印书来否定中国的活字发明。直至清道光间安徽一穷塾师翟金生按毕昇方法制泥活字印书多种，方证明泥活字印书的可行性。元代王祯造木活字三万余字印《旌德县志》，六万余字仅用一个多月印成百部，效率很高。明代活字印刷盛行，遍及江苏、浙江、福建、江西、云南、四川，经史子集都有，铅铜木并用而以铜活字著称。清雍正初以铜活字印《古今图书集成》万卷，共一亿六千多万个字；乾隆时以木活字印《武英殿聚珍版丛书》134种。明代还创造了套印以及饾版、拱花等技术。

雕版、活字、套印技术的发明使用为文化成果的保存和文化遗产的传递都提供了良好的前提。它为中华文化，乃至世界文化的发展都作出了应有的贡献。

二、中国图书的典藏

中国文化遗产丰富，在手写简书阶段，惠施已有“学富五车”之誉，这反映了学者已有私藏；汉武帝藏书“积如丘山”，反映了官藏积累之富。根据古文献推测，周以前可能已有主管藏书人员。正式的机构和人员是周的“藏室”和老子，所藏主要是各国史书，孔子曾去查阅过资料。诸侯国也多有藏书。

西汉惩秦焚书之失，鼓励天下献书，经过三次大规模征集，藏书量达到13269卷。官藏机构有石渠阁、天禄阁、兰台、石室等。而太史、太常、博士也分别有藏。东汉藏书量比西汉增加三倍，藏书机构有东观、仁寿阁等七处。桓帝延熹二年（159年）置中国第一个主管文化典籍事业的正式官方机构——秘书监。

西晋初年馆藏量有二万九千多卷，后战乱丧失。东晋初仅有三千多卷，后经五十余年努力，恢复到三万余卷。南朝梁元帝曾集书十万卷，临亡付之一炬。

隋朝二帝重视官藏质量，征集钞补，选精别藏。唐初由洛阳运书至长安，中途沉没，损失惨重。经过几朝搜求，玄宗时已有八万余卷，设秘书省专管，进行大规模钞校工作，对唐以前的中华文化是一次总结性的检阅。玄宗以后，国情不稳，典籍散乱，唐末官藏已不及万卷了。

宋代注重文化，官藏中心有昭文馆、集贤院、史馆和秘阁四处。藏书总量达6705种73877卷。北宋末年损失殆尽，南宋逐渐恢复。南宋时书院发达，有二三百处，都分别有藏书，成为与官藏、私藏鼎立的三大藏书系统之一，即书院藏书。

明代官藏空前丰富，宣宗时已达二万余种百余万卷，其中刻本十三、钞本十七，可惜政纲不振，管理不善，至神宗时已“十不及一”了。

清朝为编《四库全书》而广泛征书，官藏得到充实，先后建立七阁（南三、北四），南三阁允许士人钞阅，对传播文化起了重要作用。书院藏书初期差，经康熙、雍正两朝的恢复，约增十倍，这些书院都有藏书。

私藏是典藏的另一宝库，周秦时期随着科学兴起而出现私人藏书。孔子等思想家及政论家为讲学和发表政见，都需要参考典籍而可能有私藏，如苏秦第一次游说失败回家，就发箧中书以充实自己，后再度出游即获成功。西汉学者刘向、扬雄都有私藏。东汉蔡邕藏书量更大，已逾万卷。东汉藏书家曹曾自建石室，称“曹氏书仓”，为私人图书馆之始。西晋学者张华迁居时“载书三十乘”。范蔚藏书七千余卷，全部对外开放，还供寒士衣食。南北朝学者任昉、沈约所藏均在三万卷左右。

唐朝学者私藏万卷以上者有十五六人之多，吴兢曾为私藏自编《西斋书目》，柳仲郢私藏有质量不同的三种复本。邺侯李泌藏书三万卷，韩愈有诗句颂扬说：“邺侯家多书，插架三万轴，一一悬牙签，新若手未触。”有些藏书家吝惜所藏，不允借人，还在书上题语：“清俸买来手自校，小孙读之知圣道，鬻及借人为不孝。”其艰辛与用心可以理解，卖固然不好，但出借书还应是一种美德。

宋代私藏较盛，遍及边远和中原，少则数千，多则逾万。藏者多为学术名家，宋敏求藏书三万卷，每书均经三、五校；晁公武藏书二万余卷，自编《郡斋读书志》，与陈振孙《直斋书录解题》并称私家目录中之双璧；叶石林藏书多达十万余卷。

明代私藏集中江浙闽广一带，杨循吉（苏州人）藏书十余万卷。王世贞（太仓人）藏书三万卷，其中宋版逾三千卷。宁波范钦自建天一阁，藏书七万余卷。天一阁嘉靖四十年（1561年）建造，距今四百余年，为现存最早最完整的藏书楼，所藏明志271种，有65%已属孤本。天一阁的规制和管理办法至今啧啧人口。

清代著名藏书家，据一种统计有497人，占历代总和的一半。很多人都是有学术成就的著名学者，如朱彝尊、黄宗羲、阮元、黄丕烈、卢文弨等。他们在完善自己藏书的过程中，发展了版本学、校勘学、目录学等专门之学，对保护和传播文献都作了贡献。此外，王府、地方衙署、书院、寺庙、书肆也都有藏书。

所有这些典藏设施编织成一整套典藏图书的体系，使中国图书发挥保存文化的功能基本上处于一种相对稳定的局面之中。

三、中国图书的整理

中国是世界上最早正规整理图书并实现分类管理的国家。约在公元前一世纪，汉代著名学者刘向便奉命承担此一重任。分类思想和学术分类更早地出现于刘向之前，如荀子的“同则同之，异则异之”，韩非的“儒分为八，墨离为三”和司马谈的“论六家要指”等，对刘向的分类工作均有重要影响。

刘向父子经过近二十年的努力，终于完成了世界上最早的提要目录和综合分类书目——《别录》和《七略》。这两部目录是把古代分类思想应用于图书整理的成果，它们是世界上最早的图书分类法。

《别录》是刘向按照图书内容性质分成六艺、诸子、诗赋、兵书、术数、方技六类，分由专门人才主持。每书整理编定后写一篇提要，这便成为中国古典目录的主要形式之一。这是刘向对中华文化的重大贡献。刘向在《别录》接近完成之际，约在汉成帝绥和元、二年间（前7年）辞世。他的儿子和第一助手刘歆继承其事业，除完成《别录》外，利用《别录》资料，用了大约两年时间撰成《七略》。这是一部系统的分类目录，使官藏有所统纪，西汉以前的学术文化水平得到一定反映。

《七略》除按上述六类立六略外，在其前加《辑略》。《辑略》具有总论性质而非独立一类，所以中国图书的最早分类法是六分法，比西方分类法早千余年。

东汉著名学者班固受刘向父子影响，将《七略》加以剪裁和编次，写成《艺文志》，列入所撰《汉书》作为专志之一，开创了在史书列目录的先例，形成古典目录学中史志目录体制。《汉书・艺文志》按刘向六分法为六略，下分38种、596家，共13269卷，前有一篇文字不长的总序，概述了汉以前学术、汉初以来典籍收集情况，向歆父子的学术评价及《艺文志》编纂缘由等，成为汉以前的学术大纲。由于《别录》和《七略》早亡于唐、五代之际，《汉书・艺文志》便成为查考古代文献的文字依据，使后世能了解古代文化学术的基本面貌和古籍的存亡流传。

魏晋以来，中华文化明显地发展与丰富。佛经传译、五言诗、乐府诗、家谱、方志、起居注和文学批评作品纷纷出现，图书整理工作趋于繁重。魏郑默编《中经》，可能采用四分；西晋荀勖撰《中经新簿》，分甲乙丙丁四部，次序为经子史集，或为郑默遗制。东晋李充正式确定甲乙丙丁即经史子集次序，但尚未直接用经史子集之名。南朝刘宋王俭撰《七志》、梁阮孝绪编《七录》，成为分类中的七分法。

隋统一后，整理图书成绩显著，作了整理、增补、编目等工作。《大业正御书目录》为其代表。唐初编成《隋书·经籍志》。这是正式以经史子集定为类名的四部分类法的现存的第一部目录。它分经史子集四部，下分四十细类。四部分类至此确定，其排列顺序和类名也都为后世所遵循。唐宋以下整理典籍，编制目录率多依此。

宋承五代之后，图书收集整理工作次第展开。仁宗时编定《崇文总目》，共66卷，分4部45类，各类有序，各书有释，共收书30669卷，但元初已无完本，明清仅剩简目。宋代私人整理工作颇值得注意，许多著名学者都做这项工作，除晁公武、陈振孙为私藏编目外，如朱熹之《韩文考异》，周必大等校刻《文苑英华》。

明初搜集图书，南北迁移，直至英宗正统六年（1441年）始整理编成《文渊阁书目》，形同登录簿，不分经史子集，以千字文目排列所收古书，收书七千余种。以祁承㸁为代表的一批学者，编制较多的各类图书目录。祁氏更提出整理图书的思想。

四分法影响后世最巨者为清《四库全书总目》。这是一部篇帙巨大、体例较备、内容丰富和具有一定价值而为前所未有的名著。它按四部分类，下分44细类（经10类、史15类、子14类、集5类），共收书3461种，79309卷；存目6793种，93551卷。各部有总序，各类有小序，各书有提要。它对十八世纪以前的中华文化作出总结性的工作，也使四分法的地位益形巩固。清代私人整理图书工作已达到相当高的水平，都有一套比较切合实际的程序和方法，人才众多，成果累累，为图书文化增加了光彩。

中国的图书整理，从六分到四分，中间还有七分、五分等。这些分类方法在不同时期发生作用，但四分法一直是分类的主要方法。中华文化的丰富遗产正由于它而得到有次序的编排，易于典藏，便于检读，而代代相传，绵延不绝。

四、中国图书的流通

春秋时代国家藏书有范围地开放流通，孔子曾到周的藏书室去查阅各国史书。战国时期，思想活跃，著述流通很快，如秦始皇能读到韩非著作而希望见其人，百家争鸣局面的出现与文化的广泛流通有关。秦简在云梦的发现也说明官方文献的流通。汉代学者间似已交换、借阅。贾谊、司马相如、朱买臣、疏广、扬雄等人都是博览之士，无书不读，当然不能全是个人私藏，而有互相流通的情况。东汉时书肆成为流通文化的一种渠道，如王充“家贫无书，常游洛阳书肆，阅所卖书，一见辄能诵忆，遂博通众流百家之言”。荀悦也是如此。

当时图书流通的手段主要靠钞书，西汉时河间献王曾组织大量钞书，东汉时有专门以钞书为生的佣书人，班超“投笔从戎”的故事即反映了这一现实。魏晋南北朝时，如南齐庾震为营葬父母，钞书“至于掌穿”；南梁沈崇素“佣书以养母”。有些人在钞书过程中充实了自己，成为大学者，如东晋和尚僧肇，早年因佣书，“历观经史，备尽文籍”，后来成为译经活动中的主要人物。有的以钞书致富，如北朝的刘芳因钞书而改变了家庭“穷窘”的处境。

魏晋以来还开展对国外的交流，三国孙吴曾派康泰等人到过柬埔寨，不仅传播中华文化，还把其经过的国家、地区的见闻写成《扶南异物志》传回来。这种中外文化的交流对中华文化发展有融合推进作用，据《隋书·经籍志》著录，当时介绍国外情况的书已有数十种。中华文化较早地传到朝鲜和日本，西晋时《论语》传到日本，南北朝时《千字文》、五经等都经朝鲜传到日本，两国受中华文化影响颇大。

佛经的翻译促进了中国与印巴次大陆的文化交流。当时来中国译经的印巴次大陆僧徒七十多人，中土僧徒去的也有八九十人，其中贡献最大的是东晋的法显。他历时十四载，西行至印度，游历三十余国，写了著名的《佛国记》。这是一本研究印度和南海各地的地理、风俗和宗教的重要资料，已译成英、法等国文字。

唐朝因雕版印书流行，文化交流面较广，传播速度较快。江南、四川一带已刊印一些民间通俗读物流行。唐朝中外文化交流频繁，长安已是国际性城市。交流对象主要是日本、朝鲜和印度等国。日本曾派正式使团十三次来长安，每次百人左右。据日本九世纪末所编《日本国见在书目录》载，当时日本所藏汉籍已达1979种，16000余卷，其中有3000卷左右的科技书，如《神农本草》、《千金方》等均在此时传入。白居易的诗传入新罗，受到欢迎。唐高僧玄奘、义净等对中印文化交流的贡献也很多。尼泊尔、斯里兰卡和阿拉伯国家都与唐朝有文化交流关系。

宋朝的官私所藏图书都按一定范围开放，官藏图书还定有一套借阅制度。对辽、金、西夏虽采取封锁政策，但仍被高价买走。辽、金、西夏则尽量从宋获得图书以汲取汉文化，他们的翻译汉籍活动很积极，对中华文化的融合有重要作用。

明朝刻书兴盛，在北京、南京、苏州、杭州形成了图书市场。译西书活动以利玛窦为代表而开展，为中华文化增添了新内容，是中西文化融合吸收的开端。明代图书输出较多，派使出访常带有图书作礼物，来访者也被赐赠图书。

清朝前期的市场交流为传播图书的主要方式，私人间的借阅和传钞是有补充作用的。南北二京和苏杭两地仍是图书交流中心，如北京琉璃厂有数十家书肆，学者经常光顾，甚至就近租屋访书，创造了学者间交流的机会，使琉璃厂在近三百年来成为流通图书传播文化的中心之一，私人间也互通有无，一些著名藏书楼成为主要借书对象。

清朝后期，由于西方和日本的思想文化传入，一些来华的西方人士又大量翻译西书，加速了中国与东西方外来文化的交流。私人图书的开放度更加扩大，如浙江绍兴古越楼的对外公开借阅，出现了为社会服务的趋向，文化传播更为迅速。

从古以来，中华民族通过不同的交流渠道与手段，对国内外的各种文化进行吸取、选择和融合，使本身日趋丰富。中华文化的不断完善和更新给图书文化的发展提供了充分的营养，图书文化也以其特有的形式显示中华文化的光辉，保存、传递其优秀成果。

五、中国图书的再编纂

图书的数量随着社会经济文化的发展而日益增多，对弘扬中华文化起到了重要作用，但给收藏、阅览和翻检却带来不少困难，于是从魏晋以来就出现类书、丛书等的再编纂活动。

首先出现的是编纂资料汇编式的类书。最早的类书是魏文帝曹丕敕撰的《皇览》。这部由五经群书辑成的类书，有四十余部千余篇八百余万字，虽全书早已佚（清有辑本），但却开后世官修大书之端。自此以后，类书日益发展，可分为三期：

六朝到唐是创始期。南梁有《寿光书苑》和《华林遍略》，南齐有《四部要略》，北齐有《修文殿御览》，对后世多有影响，然大都限之于汇集辞藻，搜求典实。至唐朝有供为政者参考之需者，如《北堂书钞》、《群书治要》，而《艺文类聚》之整篇收录更起到了保存文献的作用。《初学记》篇帙不大，选录较精，检索尤便。

宋是类书的发展期。《太平御览》是宋太宗主持编纂的一部具有百科全书性质的大类书，历时六年余，全书千卷，分55部5426类，内容包罗万象，有天地人事、州郡职官、礼仪治刑、工艺器物、神鬼妖异等类，引用资料达1600余种（一说2580种左右），其中十之七八两宋时已流传甚少，是保存宋以前文献最多的一部类书；但引用书名多有错乱异名，误抄难懂等不足之处。另一部千卷大类书是《册府元龟》，成书于真宗朝。它从大量图书中搜集可供政事借鉴的资料而编成。此书由于所用多为常见书，且又不注出处，一直不受人重视，直到近代始被文献学家陈垣教授所注意，认为它所收史书都是北宋前古本，可作补史、校史之用，此书遂增高其使用价值。

明清是类书的兴盛期。明成祖所编《永乐大典》是一部篇帙浩繁的大类书，历时六年，人员2000余人，采录典籍8000余种，共成书达22877卷，3亿多字。清朝学者从中辑录多种古佚书，而有关农业、手工业、科技、医药诸种有益资料也大量收入，不愧称中华文化的转输宝库。可惜屡遭劫难，今仅存800余册。

清朝类书体例之精，种类之多，规模之盛，检索之便，多超越前代。《古今图书集成》当为代表作。《古今图书集成》共万卷，1亿6000多万字，分类比较完备，搜罗比较宏富，又收录整篇整段，并注明出处，成为辑佚、校勘的重要史源；但有抄写脱漏、随意节录之弊。其他如《佩文韵府》、《骈字类编》等等，都是便于检索、有利用价值的类书。

类书在保存和传递文化上有着重要作用。人们可以通过一部类书接触到更多的书，并且由于分类钞撮而便于省览检索；但它又因辗转相递而有讹误，因此使用时应注意，类书可作辑佚书的资料来源，但切忌用类书引文而乱改存世古书。

丛书是将若干种图书编集在一起的图书再编纂方法，颇便于收藏与利用。南

北朝的汇集地记、宋初之刊印《开宝藏》以及综合性丛书《儒学警悟》与《百川学海》，皆为开端之作。丛书虽起源较早，而明清两代始称盛，包罗宏富，其能跨越前代，驰名中外的，当推至今存世的大型综合性丛书《四库全书》。

《四库全书》创意于乾隆三十七年（1772年），经过搜求整理、编次缮定，直至乾隆五十二年全部告成，历时十五年之久。共收书3461种79309卷，使许多有极高文献价值的珍本秘籍呈现于社会，为后世学者研究古代政治、经济、科技、文化等保存和提供了可贵的资料，对中国传统文化的发扬与传递及许多与整理文献相关的专门学科的发展都有一定的影响。《四库全书》是中国图书再编纂事业中的一项重要成就。

民国以来，丛书较多，主要以《四部丛刊》、《四部备要》和《丛书集成》为代表。

丛书的总数无确切统计，1959年出版的《中国丛书综录》收书2797种，尚不包括佛学和新学丛书在内，如果全部计算在内，估计当在三千种以上，其数量不可谓不巨，加以内容收罗宏富，涉及门类广泛，很有参考价值。一部丛书往往汇聚多种图书，比求单刻容易。丛书以类相从，往往能得到同类多种图书，有些所收底本较好亦可用作校勘之需；但也应注意到有些丛书往往追求所收种数或为各书分量平衡而有所删节，所以要明辨使用，趋益避害。

六、结语

中国图书文化的发展过程，并非一帆风顺而毫无险阻。秦始皇焚书就是统治者摧残图书文化的恶例。历代的兵火变乱和改朝换代也都给图书文化造成了厄运，因而有隋牛弘“五厄”、明胡应麟“十厄”的概括，以至清朝对图书的禁锢，都对中国的图书文化产生了消极作用。但是，中国的图书文化在艰难的历程中，对传播中华文化、推动中华文化的发展，启迪人民智慧和开展各国间的文化交流诸方面，无疑都发挥着极为重要的作用，具有不容忽视的历史价值。

原载于《上海高校图书情报学刊》1992年第4期、1993年第1期

略说中国图书文化

中国文化的传递，在正式图书出现以前，除口耳相传外，记事传递的方式可分两个阶段：一是文字产生前所采用的结绳、契刻和图画，从实物和形象来传递文化；二是文字产生后以甲骨、钟鼎和石鼓为载体，以文字记事来保存和传递文化，但它们缺乏流通这一图书重要功能而还不能称为正式图书。

中国的正式图书应该说创始于周秦时期的竹木简策，其后历经帛书和纸书等相承和交错阶段。它们承担了二千多年传递中国文化的主要职责。为了明了在这漫长行程中文化传递的痕迹，就需要比较全面地了解中国的图书文化。中国的图书文化包含着图书的制作、典藏、整理、编纂和流通诸方面。剖析和阐述这些方面的成就将会自然地显示出中国图书文化的历史价值。

中国图书的最早载体是竹木，根据出土文物，可以看到周秦简书的实物。这些竹木载体需要经过成套的去湿防蠹、便于书写的炮制程序，成为记录知识的专用载体，记录着政府法令、学者论述、大事纪要和医方等等。比竹木简策略晚一些使用的专用载体是缣帛这类丝织物。缣帛书是中国图书形态的中间阶段，它与简书纸书上下参错。纸的发明、改良和纸书的流通使中国文化的传递得到廉价而可靠的依托，对推进世界文化的发展提供了重要的物质前提，在世界文化史上占有一定的地位。

唐以前的中国图书，主要是手写本；唐以后新的印刷工艺出现，加速了文化的传递和传播。唐的雕版、宋的活字和明的套印是中国文化中印刷工艺发展的三个里程碑。

纸和活字印刷的发明和发展，使中国文化的保存和传递获得了便利和推动力；也使中国图书文化在中国的四大发明中享有两大发明的荣誉。

图书的装帧随着保护和精美的要求而日益发展。简书开始使用卷轴，帛书在卷轴外有折叠式的方册，纸书除继续部分地使用卷轴外，大部分都采用册叶，从而先后出现了经折、龙鳞、蝴蝶、包背和线装等不同形式。这些不同形式，不仅有保护图书的价值，还有极高的工艺价值，其中包背装更为当今世界上图书装帧形式所取法。

中国文化遗产丰富，在手写简书阶段已有“学富五车”、“积如丘山”的称誉。保存这些财富主要靠官藏。历代都有藏书处所和相应的管理机构，如汉朝“外则有太常、太史、博士之藏；内则有延阁、广内、秘室之府”。清朝的七阁，至今犹可考见规模。私家藏书，唐宋以来日盛，唐有李泌已“插架三万轴”。藏书事业发展，纸张、印章、款式、装帧、板木诸学相应而生，使图书文化内容益增灿烂。距今四百余年的明范氏天一阁是世界上现存的最早私人藏书楼，其规制及管理至今啧啧人口。其他藩府、地方衙署、书院、寺庙也都有专藏，编织成一整套典藏图书的体系，使中国图书发挥保存文化的功能基本上处于一种相对稳定的局面。

大量的藏书如不加部分类次则不便使用，历代王朝都有求书、校书活动，并实施一套收集、整理、典藏等措施。图书整理工作的首要问题是分类。中国图书分类的最大特色是建基于学术分类。把图书按学术性质进行分类，最早见于《左传》昭公十二年楚灵王所说的“三坟、五典、八索、九丘”和孟子所说“儒分为八，墨离为三”，对图书分类的类下分目有启示作用。秦朝图书据知至少有国史、诗、书、百家语、医药、卜筮、种树、法令等八类。汉朝由于积极求书、藏书数量激增，汉武帝时便有“积如丘山”的感慨。汉成帝遂于河平三年（公元前26年）派著名学者刘向主持整理国家藏书工作。刘向第一次提出图书分类的六分法，即六艺、诸子、诗赋、兵书、数术、方技六类。刘向与子刘歆共同撰写的《别录》和《七略》是中国最早的提要目录和分类目录。它比西方的图书分类早达千余年。其后中国又出现过四分、五分和七分等分类法。七世纪时，中国图书分类正式确定为经史子集四部分类。后来虽然有些目录书没有完全按照这一分类，但大多数古典目录书都采用这一分类方法。

为了使人们能通过图书世代相传地继承和吸取中国丰富的传统文化遗产，首先要识字和掌握最基本的常识。于是就有一套比较完整的系统的启蒙读物普遍流传，承担灌输知识的任务。这些启蒙读物就是人们通常所说的三百千之类图书。三百千之类的图书，在过去的时代几乎有百分之八九十的人从中接受识字教育。完成蒙学教育之后，有些人便开始接触以儒学思想为主的各种学识，于是有儒家经典结集的十三经，有自古至明的史事总汇二十四史，有涉及各流派的诸子百家和包含诗文词曲的别集、总集之类成为传统文化的主要汇聚点。

图书的数量随着社会经济文化的发展而日益增多，对弘扬中华文化起到重要作用，但给收藏、省览和翻检却带来了某些困难，于是从魏晋以来就出现了类书、丛书等图书再编纂活动。首先出现的是编纂资料汇编式的类书。最早的类书是魏文帝曹丕敕撰的《皇览》。这部八百余万字的大书，虽全书已佚，但却开后世官修大书之端，对收藏、利用与保存文献有重要作用，并在某些方面具有百科全书的性质。以后，梁有《寿光书苑》、《华林遍略》，北齐有《修文殿御览》，唐有《艺文类聚》、《群书治要》，宋有《太平御览》、《册府元龟》，都是千卷大书。明有《永乐大典》，清有《古今图书集成》，篇帙更多达一二万卷。丛书为群书之府，南北朝时的汇集地记、佛家的编纂佛藏以及宋朝的综合性丛书《儒学警悟》和《百川学海》都是丛书。明清两代，丛书的编纂，无论数量还是质量都超越前代，尤其是清乾隆时所编《四库全书》更具有重大的历史价值，它不仅丰富了国家藏书的复本量，并对中国两千多年封建时期的文化遗产进行了一次系统的整理，虽然由于为维护和加强其统治的政治目的而对中国传统文化有所损伤，但它对中国传统文化所起的流传和保存作用仍具有重要的历史价值。

中华民族是善于继承、选择和融合不同文化的，内而包容汉文化以外的各族文化，外而吸取佛家文化等。这样，中华文化就在不断吮吸新鲜乳汁，注入新的活力，推陈出新，使其在几千年的历史长河中永葆青春成为民族的主要精神支柱。

当然，以图书为主要传递途径的中华文化并非一帆风顺而毫无艰险的。它从秦始皇焚书起，开创了统治者摧残文化的恶例，历代的兵火变乱和改朝换代都给图书造成了厄运，因而有五厄以至十厄的概括，以至清朝对图书的禁毁，都对中华文化的传递产生了消极的作用。

中国图书在国内的流通开始很早，官藏从周秦以来，一直进行有限制的开放，在特定范围内流通；私藏则往往通过赠与、借阅和传抄等形式流通。至于作为商品上市则从东汉已有书肆的记载开始，历代都有书坊、书铺和书贩承担着国内的流通任务。而更值得重视的是域外流通，它使中华文化得以溥及四方。日本在九世纪所编的《日本国见在书目录》就记载唐时日本已收存汉文图书近二千部，其中包括医学、诗歌、礼仪、历书等内容。明代在派使出访时往往带图书作礼物，外使来访也往往得到赐书。这些交流对友邻国家的社会生活和科学文化的发展都有所影响。它加深了彼此的了解，增进了与友好国家的友谊。

中国的图书文化在进行中华文化的传递、推动中华文化的发展、启迪人民的智慧和开展各国间的文化交流诸方面无疑都发挥着极为重要的作用，具有不容忽视的重大历史价值，可以毫无愧色地屹立于世界文化之林。

原载于《津图学刊》1991年第2期

中国古代图书事业史讲话

第一章　图书与图书事业

每一门学科都有它的特定研究对象，也就是指这门学科的范围。规定研究对象（范围）是进行研究的前提。《中国古代图书事业史》既不同于书史，仅仅是研究图书本身发展的历史；也不同于图书馆事业史，仅仅是研究图书馆这一机构及其相关事务发展的历史。它是研究既包括图书本身发展的历史，也包括与图书有关的各项事业的发展史。它是专门研究以图书为中心而包括涉及的各有关问题发展情况的学科。

既是以图书为中心，那么首先应该明确什么是图书。

图书，我国自古就有“河图洛书”的说法。浑言之就是指书籍而言；析言之则以文字为表达手段的称“书”，以图画画面为表现手段的称“图”（图画画面在一定意义上也是文字）。那么，图书究竟从何时开始出现？它的原始形态是什么？过去对此看法和说法并不完全一致。

有人认为：从结绳纪事，象形壁画到甲骨文、金文都是图书。这种说法不能说毫无理由；但是，从严格意义上，只能说这些是图书正式出现前的先驱作品。它们为图书的出现准备了条件，起了图书的作用；但不是正式的图书。因为有了文字或图画这类直接载体后，还需要有专用的书写材料作为间接载体来加以体现，铭刻金文的青铜器并不是专用的间接载体，所以不能作为图书；甲骨虽是专用的间接载体，但它所记录的内容却是作为档案来保存，没有起到传播各种知识的功用，所以也不能算作正式图书。

我认为，正式图书必须具备如下三项条件：

（1）需加记载的内容

这是图书的最基本条件。它指人们需要记载下来的思想、观点、事项和数据等等。它是一群可供传播的信息或知识单元。它就是一般所谓“言之有物”的“物”，或“言之无文”的“文”。如果没有“物”或“文”，不论载体多好，流传多广，也难称为图书。

（2）一定形式的专用载体

载体指表现和负载各种信息或知识单元的形式和物质。它可分为两种形态：

A. 直接载体

它指文字或图画画面而言，它把需要记载的内容转换为可供理解和传播的一种载体形态。人们的思想、观点……只有通过文字的组合和图画画面的表现才能表达和传播（通过辗转口述和对方的听觉也能表达和传播，但那是传说和口碑，不能构成图书）。有了文字和图画画面便为图书的出现创造了可能；但并非有了文字和图画画面就等于有了图书。

B. 间接载体

这是指简策、缣、帛、纸（现代的胶片、磁带）等等而言。它可以负载文字和图画画面。它和图书的关系极为密切。历史上很注重这一载体。拉丁文中的图书作Liber，西班牙文中的图书作Libero，英文中的近代图书馆作Library等都与拉丁文中的树皮里层（liber）一字有关。这是因为外国在古代曾经用树皮里层作过间接载体，于是把它的名称用来称图书。

（3）自觉地传播各种知识

这是图书最重要的功能，如果不加传播，那么人类的文化将无法保存和传递，大量的间接知识将永远停留在记录阶段而无从丰富和发展。

如果按这三项条件来看，我国图书的最早形态应是简书——它把人们的思想、观点……通过文字写在竹木上，然后集成书的初级形式，卷成卷子加以流通传播。随后，帛和纸的相继使用也都类此，从而图书和与图书有关的各种事业也得到相应的发展。因此，古代图书事业史的研究对象首先应是图书发展的历史。

图书的出现和发展，自然地产生了聚散和典藏诸问题，而各个时代又由于现实的需要，采取一些相应的措施，如制定政策和法令、设置有关机构和人员等等，这些都构成图书事业的内容。因此，这些问题也是古代图书事业史的研究对象。

有了大量的藏书而不加整理、编目，则无从发挥图书传播知识这一重要功能。这种整理、编目工作无疑地应成为古代图书事业史的研究对象。

随着印刷条件的改进和发展，图书的流通形式在日益变化，图书的纂集工作也相继兴起，使图书事业更为蓬勃兴旺。因此，我们也必须把图书的流通与纂集作为研究的对象。

总之，我认为，中国古代图书事业史的研究对象应包括以下四个主要方面，就是：

（1）图书形态的发展；

（2）图书的聚散、典藏及其相应措施；

（3）图书的整理与编目；

（4）图书的流通与纂集。

对于中国古代图书事业史漫长历史的研究还存在着如何划分其阶段的问题。

历史分期问题是历史学研究中经多年讨论而尚未取得一致意见的重要问题之一。讨论焦点之一，就是用什么标准分期和以什么事件作为划分阶段的标志等问题。当然，通史和专史的分期问题是应有所不同的。专史应该是从它研究的主要对象来考虑分期问题。图书事业史的主要研究对象既是图书及其有关的各项事业，着眼点就应该放在这一方面。如果说图书的正式出现是简书，而简策有实物可据的是以长沙仰天湖战国墓所发现的竹简为最早，那么，中国古代图书事业史恰恰正处于封建社会这一历史时期内，所以它只是所谓同一历史时期内的划阶段问题。

中国古代图书事业史应该根据什么标准来划分阶段呢？

我认为：它既是史，当然不能不考虑它是专史，而应寻求足以划分专史发展阶段的标志。作为中国古代图书事业史来说，图书是它的根本，所以图书形态发展的特点应作为划阶段的主要标志；同时，也应考虑整个历史的发展阶段以及围绕图书而展开的各种事业的显著特点进行综合考察，使各个方面能比较和谐地统一起来。

以这样的标志为依据，中国古代图书事业史可以划分为以下几个阶段：

（1）图书事业的创始阶段——周秦

（2）图书事业的兴起阶段——两汉、魏晋南北朝

（3）图书事业的发展阶段——隋、唐、五代至宋、辽、金、元

（4）图书事业的兴盛阶段——明、清

中国古代图书事业史的综合研究一直比较薄弱，过去的成果多偏重于单一领域的研究，因此我只能就单一领域分别作一简略的回顾：

（1）书史的研究

清代学者已对古代图书制度开始进行研究，清代末期开始有了这方面的专著。如叶德辉的《书林清话》、叶昌炽的《藏书纪事诗》，清代以后又出现了王国维的《简牍检署考》，刘国钧的《中国书史简编》。

（2）目录学史的研究

据文献记载，从宋代开始已经有人从事这方面的研究，主要代表有：王应麟编写的《汉书艺文志考证》，郑樵编写的《通志·校雠略》，晁公武编写的《郡斋读书志》，陈振孙编写的《直斋书录解题》等。《郡斋读书志》与《直斋书录解题》是私家目录的专著。近代还出现了余嘉锡的《目录学发微》，汪辟疆的《目录学研究》，姚名达的《中国目录学史》。解放后有来新夏的《古典目录学浅说》。

（3）图书馆史

在这方面散篇的论文多，专著比较少。有刘国钧的《中国图书馆史》，李希泌的《中国古代藏书与近代图书馆史料》。武汉大学编有《图书馆史的资料》。

书史、目录学史、图书馆史这三者各自为政，重复很多，而三者又紧密相连，不能不互有涉及。因此把这三者综合为图书事业史，既可避免重复，使体系完整，又可改进教学。

与中国古代图书事业史有关文献，大致可有以下几种：

（1）正史

正史就是指二十四史，正史是基本文献。

（2）政书

政书是史籍分类中的一类，在史籍分类中开始称为旧事、故事，后来定为政书，是讲典章制度的专门史。政书里有三大类：一类是会典，是一个朝代典章制度的汇编。二类是十通。十通是专讲典章制度的书。三类是会要。这是后人按专题汇编的史料。

（3）诗文集

诗文集属四部别集。是个人的文集。

（4）笔记杂著

笔记杂著是史部的杂史类。

（5）时人论述

第二章　图书事业的创始阶段——秦以前

1. 简牍和帛书

简牍和帛书是我国正式图书的最早形态。据文献记载简牍就是指简书。简书要以竹做原材料，但也有木简，是长条形的能写较多的字。牍基本是木板，汉尺一尺见方，能写一段话。有关简牍的最早记载见于《尚书·多士》篇，周人说："唯殷先人，有册有典。"甲骨文、金文中也有册这样的字，在商代有可能已把简牍作为书写材料，但没有发现商简实物。最早发现的竹简是汉朝汉景帝年间，在山东曲阜孔府墙壁里藏着的竹简。这批古代简书据说有《尚书》、《论语》和《孝经》等，是为避秦焚书，被孔子的子孙保存起来的。这几部书是用当时的六国文字写成的。这些文字在当时来说已经是古文了，但这些东西没有保存下来。晋武帝年间，河南汲县有一个人叫不准的盗窃了魏襄王的墓发现了十万余枚竹简，这批简书即被称为"汲冢书"。经过当时的目录学家荀勖等学者的整理，发现有十六部古代著作，最著名的有《竹书纪年》、《国语》、《穆天子传》等书。《竹书纪年》是魏的大事记，用竹简写的编年史的历史书。《国语》是战国时期的国别史。《穆天子传》是地理书而加上神话故事的一部著作。这些书的竹简本没有了，但当时整理改写成当时文字，后世有的刻印流传，有的有辑佚本。以后陆续有出土的竹简书。据统计，解放前出土七起，解放后出土二十余起，七十年代最兴盛，目前我们能看到的最早实物是一九五一年和一九五三年在长沙仰天湖发现的楚墓竹简。一九七五年在湖北云梦发现了一千多枚秦简，主要有律令和大事记。

关于简书前面已经提到，简主要是以竹子做原料的，但不是拿来竹子就可以当简用，还要经过一定的炮制。首先要把竹子按一定的长度切开，再把它剖成一条一条的，然后用火烤让它把本身的水分蒸发掉，这种技术处理称"杀青"或"汗青"。再把竹子上的青皮弄下去。这样竹条就变成了书写材料。为什么要经过加工制作呢？主要是为了防蠹、防潮、保护图书，这是我国保护图书的原始办法。

简的长度不完全一致，最长的有汉尺二尺四左右或近三尺，最短的有八寸、一尺、五寸，但多数简是二尺四寸左右。长简一般用来写重要的法令、儒家的经典。一九七二年在山东省银雀山发现了汉朝的历书长度为68厘米（已近三尺），这因是国家规定的历法。一般个人著作、医书、遗简长度为一尺多。例如：在银雀山发现的《孙膑兵法》长度为27.6厘米（近一尺二寸），因为孙膑兵法是个人著作。在甘肃发现的一批医书竹简长度为一尺。遗简一般是一尺长，但也有三尺多长的，在湖北随县发现的曾侯乙墓里的遗简长度就达75厘米（约当三尺二寸）。

目前发现的竹简中最少的写两个字，最多的能写一百二十三个字，一般几十个字。汉简字数较多，从现有实物看，每简写一至二行。也有上半大字一行，下半小字四行。有人认为竹简上的字是刻印的，其实不是，到目前为止发现的简书都是墨写的。我们讲的刀笔，是指用笔写，写错字后用刀刮去的意思。

简册一般是用二道绳来穿成的，从实物上看也有五道绳穿的，但还有用一道绳穿的。简册编好后是从左向右卷，末简作中轴在里边。简的头一页是空白，这块简的反面上写着书名，书名正好在外面露着。书称为卷是从简书开始的，有人认为是从帛书开始称卷的，这种看法是不准确的。在古典目录中也有篇的记录。卷是指一个形式单位，几卷可能为一篇文章。简书是先写好再编呢，还是先编好再写呢？我认为两种情况都有，多数是先写好再编起来，从发现的实物无字白简来看，也有先编好后再写的。

简书流通时，与简书同时并行的还有帛书也叫缣帛书。春秋战国时期关于帛书已有文献记载，诸子百家的著作中有关于谈帛书的事，墨子讲："书之竹帛"。韩非子讲"先王寄理于竹帛"。晏子讲"著之于帛"。关于帛书问题材料很多，多是文献记载而很少发现帛书实物。因为帛书比简书容易坏。现在发现的实物最早是"抗战"时发现的战国时期的"缯书"，一九四九年在长沙楚墓中发现过战国帛画。这些帛画没有太多的文字，以画为主，所以叫帛画。帛比竹简使用方便，但价钱比竹简昂贵，所以没有成为取代简的书写材料。帛书是可以"依书长短，随事剪裁"的，主要形式是卷，但也有折叠式的。

2. 典藏

典藏就是典守管理。关于图书的典藏机构管理人员从何时有？由于文献资料的不足很难确定时间。在甲骨文的记载中，已经有史、御史这样职称的官员。这些人员管什么很难推断，但从周秦的设官推测，这些官可能与主管图书有关。图书最早是从档案中分划出来的。中国最早的藏书是官藏。春秋战国时期，各国之间因一些事情互相交流文件，这种文件叫盟约（或盟书），保存这种盟书的地方叫盟府，保存旧盟约的地方称为故府，山西侯马发现了大量盟书，及藏盟书的遗址。这说明那时已知道收集文献，为图书馆的收藏工作起到了先驱作用。当时薛国（现今山东枣庄）与宋国发生纠纷，请了另外一个大国晋国来解决纠纷。薛国与宋国这两个大国想问题方法不一样，一个重人，一个重鬼。晋国的官员在解决不了这个纠纷时讲："吾视诸故府"。意思是说我看一看库里收藏的关于纠纷问题的材料。这说明当时已经有了文件汇编这样的东西。到了周朝已有了图书馆的雏形——"藏室"，并设了专管人员——守藏室之史。老子是周朝首任"守藏室之史也"。这个图书馆对外已经开放，可以提供参考资料。史书曾记载了一个故事。孔子问礼于老子，礼是当时社会的生活准则，是调节古代人与人之间怎样和谐生活的依据。孔子想了解这方面的问题，就到周去向老子了解。这个故事说明老子掌握了大量的资料。当时周故府收藏的主要是史书，是"百二十国宝书"，即各国的历史书。孔子写《春秋》去找资料，有"西观周室，论史记旧闻"之说，可以看出周政府是有可以供人参考的图书资料了。太史公记载当时书被烧"由于史记独藏周氏以故灭"。也可证政府之有藏书。除老子是图书机构负责人已见史载外，当时图书馆工作还是一种世代相承的职务。从历史记载来看像司马迁的祖先司马氏，据司马迁自传中讲"司马氏世典周史"，就是指司马氏世世代代掌管周朝文字，编写周朝历史，当然也可证明他掌管了大批图书。在《左传》昭公十五年，曾记了这样一个故事：有一个叫籍谈的人，当时周襄王问他，你知道你为什么姓籍？籍谈答不上来。襄王说：因为你的祖先是"司晋之典籍"。就是说你的祖先先是掌管晋朝书籍的，所以你才姓籍。到了秦，秦管图书的官员叫御史，当时秦管理图书有名的人叫张苍。秦有比较完整的藏书机构，藏书的图书馆叫石室，柜子叫金匮。石室、金匮，说明了藏书处的坚固。有很多好的书叫玉版（可能是玉刻的），我们也可以叫它作善本。《史记》讲秦始皇焚书情况说："秦拨去古文，焚灭诗书，故明堂，石室玉版图籍散乱"。秦的藏书机构已经初具规模。因此官藏有比较完备的藏书处所，并设有专管人员。当时除了有国家藏书以外还有私人藏书，当然是以国家藏书为主。私人藏书的出现主要有以下三种条件：（1）私学的出现：以前是官学、学术掌握在政府官员手里，以官为师。周以前都是官学，周的后期出现了游离的阶层"士"，就是知识分子，知识

分子本身不是独立的阶级，它要依附于统治阶级。春秋战国时期各国都在分裂，各个政权都要巩固壮大自己，这时就需要士，于是要专门培养士，于是出现了私人讲学。墨子有弟子八十人，孔子有弟子三千人。私学的出现为私人藏书创造了可能性。（2）整个社会在变动：春秋战国时期政治经济有了新的变动，出现了一些急待解决的问题，为了提出一些对策，就需要借鉴历史上的东西，许许多多的学者根据自己的学识来发挥自己的思想，就需要大量的图书来丰富自己。如《史记》苏秦传中讲：苏秦到各国去发表自己的政治见解，来说服各国的国君，希望能挤进各国的政治集团，但他没有达到目的，回家受到了冷遇就发愤读书。《史记》记他“陈箧数十”，说明他有数十篓书。墨子周游各国发表自己“兼爱非攻”的思想，就载书甚多，这肯定是他自己的书。当时还有一个有名的学者叫惠施，是讲逻辑学概念的，也称为名学、辩学，惠施有书五车。从这些旁证可以看出，由于社会的变动，很多士为了发表自己的思想，争取自己的地位，需要大量的图书资料来丰富自己，来论证自己的观点，所以学者们基本上都有自己的藏书。（3）这时无论简帛书比过去在甲骨和青铜器上记事，应该说是进步了，轻便了。这些东西便于流通、便于收藏。书写制度的变化也为私人藏书提供了重要条件。

私人藏书起到了保护文化的作用，特别是经过秦朝，因为当时官方藏书都毁灭了，而散在私人手里的书被保存下来了，所以司马迁分析汉初许多书重新出现的原因时说：“诸书所以复见者，多藏人家”。

3. 整理

图书的整理首先遇到一个问题就是分类。中国的图书分类虽然不是从这时开始，但分类思想在这时期比较成熟了，提出了初步的学术分类和图书分类的设想。在秦朝以前的古代已经有了学术分类和图书分类。如《尚书》是讲上古历史的，是我国最早的文献汇编，这里面就分了“典”“谟”“诰”“誓”等不同体裁的类别。“典”是国家重要的记事，“谟”是好的行动楷模，“诰”是告戒，“誓”是宣誓的东西。我国古代儒家教学的课目分成“礼”“乐”“射”“御”“书”“数”六种课，这六种课包括现在的德智体三方面。孔子把学生分成四班：德行，言语，政事，文学。这是按教学体制分的，这些是属于学术性的。只有在学术分类的基础上才能逐渐产生图书分类，历史上也是先有学术分类，后有图书分类。把书按学术进行分类最早见于《左传》昭公十二年记载，楚灵王赞赏他手下的左史倚相能读“三坟、五典、八索、九丘”。这似乎是讲楚国藏书中的图书分类名称。鲁哀公三年时，鲁国宫廷着火，当时救火的人就喊“顾府”。意思就是快看图书馆的藏书，于是就派人按类把书抢出。这证明鲁国的藏书也有分类。到了战国时期诸子百家的流派形成，学术分类之说在各家出现了。孟子把学术分成三大流派。即：儒、墨、杨。孟子讲“逃墨必归于杨，逃杨必归于儒”。说明了在学术分类中只有三家。庄子在《天下篇》里把天下学术分成七派，并且把各派的首创者及主要内容提出来，述其要旨，评其得失。最重要的是荀子提出了分类原则，一个原则是“同则同之，异则异之”。意思是相同的放在相同的一类，不同的放在不同的各类。第二个原则是：“以类行杂，以一行万”。意思是按分类把杂乱无章的东西编次，以一个标准就可以排列几万种东西。这两句话是荀子分类思想的最高提炼。它讲明了分类的意义，为中国出一部完整的分类目录提供了思想基础。这时不仅谈了大流派的分类，而且也谈了大流派底下小流派的分类。韩非子讲“儒分为八，墨离为三”，意思是儒家这个学派底下又分为八个小流派，墨家这个大流派底下又分三个小流派。韩非子的思想对图书分类的二级目起了一种启示作用，即大类下面还可以分小类。秦朝的图书，从焚书令中可以看出有一个粗略的图书分类。在秦始皇下的焚书令中讲，非秦国的历史书都要烧（这说明有史书一类），有敢藏诗、书、百家语也要烧（诗指诗歌；书指文学书；百家语指诸子百家。这又是三类）。也有不烧的书，即医药、卜筮、种树不烧，还有法律书不烧。这说明了秦当时的图书有八类，即①国史、②诗、③书、④百家语、⑤医药、⑥卜筮、⑦种树、⑧法令。近年发现的云梦秦简还有大事记，论“为吏之道”的书和占卜类的书，可以分别划归国史、卜筮、法令三类中。这一发现还说明秦时简书已在流通。

从书策制度、书的保管、整理这三方面来看，我国古代的图书事业确实创始于秦朝以前。

第三章　图书事业的兴起阶段——两汉、魏、晋、南北朝

两汉是我国古代图书第一次大集合时期，图书的各项事业逐渐正规化。它是古代图书事业的兴起阶段。魏、晋、南北朝大体上延续了两汉的规模而平稳地前进，这一阶段是兴起以后走向发展的过渡时期。

甲：两汉

1. 图书的主要形态

两汉时期仍然是以简书作为图书的主要形态，汉简的大量出土就可以证明。中国简书的最早发现是西汉孔壁藏书。以后晋朝有汲冢书，宋朝也发现过汉简，清朝末年在长城故垒和敦煌地区都发现过汉木简。一九三〇年在居延又发现了汉木简万余枚。这些东西主要是档案性质的简，其中有由七十几根木简编成的器物簿，是现在所能见到的最古成册书籍。解放后在甘肃、山东、两湖等地方陆续出土过简，多则成万，少则几百枚。从一九七二年到一九七四年仅在甘肃居延地区就发现二万多枚。这些简书看来是当时的主要书籍。和简书并行的是帛书，到目前为止我们能看到的比较完整和清楚的是马王堆的帛书。马王堆是一九七三年在湖南地区发现的。马王堆出土的帛书是以帛作为书写材料的书，出土的帛书有二十多种。这是最多的一次。其中著名的书有老子的甲乙本，根据研究者的考定，老子的甲本大概是汉高祖时期的书籍，这本书共一万三千多字。乙本经过考定大概是汉惠帝时期的书籍，有一万六千多字。这两本书的内容比现在老子多出四篇；编次也不同，它是德经在前，道经在后。另外，出土的战国策帛书也比现在流行的战国策的内容多。还有帛书易经也比现在的易经多四千多字。以上这些是我们到现在为止所能看到的古代帛书。这批出土文物证明汉代帛书已经广泛使用。关于帛书的情况也有文献记载。据《后汉书·襄楷传》记载《太平清领书》的样子是“素书、朱界、青首、朱目”。这说明是本帛书。素书是在白绢上写字。朱界是拿红颜色打的格。青首，是用一块青绸子作护首。朱目是把书卷好后前面用红颜色写题目。这本书数量很大，共有一百七十卷。每卷是白绸子打红格写的，包着青绸子，然后题上红书签。从整个国家藏书来看帛书可能占了很大的分量。在东汉末年汉献帝时期有一个人叫董卓，他要把汉政权从原来的洛阳迁到长安。在迁都的路途中丢失的东西特别多。其中就有关于图书的记载。简书被烧，帛书是“大者连为帷盖，小乃制为縢囊”，就是说大的东西把它弄来做窗帘或盖车上的东西，小的用来做口袋。这说明董卓从洛阳迁到陕西长安时有很多帛书。这次毁书是相当厉害的，几乎毁光了。为什么帛书出现后而不能完全取代简书的地位呢？主要原因是帛的造价高。人们不能经常使用它。这种情况到了三国时期帛与纸并行时，帛仍然是较少使用。帛在前期比竹简贵，到了后期它又比纸贵，所以它永远不能作为一种主要的图书形态存在，总是与其他图书形态并行或作为一种辅助形态。如：三国时期曾有过同一内容的一本纸书和一本帛书，帛书作为高贵的善本，纸书则作为流传本来处理。

两汉时期又有一种新的图书载体——纸出现了。纸的发明为图书发展创造了一种新的物质条件。根据前人的考订，在西汉时期已经知道用麻作为原料来造纤维纸，中国的旧纸基本上是用植物作原料的。关于纸的问题在西汉的文字记载中就已经谈到，纸是否已经作为图书的载体，在西汉时还没有记载，只是用来包东西。但到东汉时期就比较有了改进，主持改进工作的是蔡伦，蔡伦改进了制造纸的操作过程，开始用树皮作为制造纸的原料，因为树皮作为原料比麻作原料便宜，而且来源多。关于这个问题学术上有争论，以前讲是蔡伦发明纸，我们讲是蔡伦改进了纸的制造，因为一件事情不好截然划分只是某一个人发明的。

2. 典藏

汉朝从一开始就对图书给予了比较大的注意。汉朝在政权建立以前就已经注意集中图书。刘邦在当汉王攻下咸阳时，部下很多将领就去找财物，独有萧何注重收集了秦政府的国家藏书和档案。由于萧何收集了秦政府的藏书和档案，就使刘邦能了解到天下的形势、人口、要塞、民生疾苦。这对于刘邦夺取整个政权是有重要参考作用的。这可见汉朝在政权建立以前就开始了图书的收集工作。建国以后汉朝政府见于秦朝毁灭图书资料所造成的严重后果，许多人不了解过去的文化，于是惠帝时正式宣布“除挟书之律”，大量收集图书，当时称为“广开献书之路”，号召人们把图书送到政府来，在这种号召下，就有很多人把家藏收集的图书献给政府。在文帝时就有一个人叫窦公，是一位音乐家，他在战国的时候做过魏文侯的乐人。窦公一直活到汉朝初年，他响应献书的号召，献出了他收藏的《周礼》里的《大司乐》篇章。《大司乐》章主要讲古代音乐原理的，由于窦公的献书使当时人对古代乐理有些了解。这说明大家都在献书，这样一直到了汉武帝的时候。汉武帝时期是经过汉朝初年的建国，文帝和景帝的经营而出现了大一统的局面。汉武帝为了扩大汉朝帝国，发展大一统局面，他在对外用兵时也注意到了国内政治、经济、文化等各个方面的情况。武帝时期可以说他在文化、经济、政治、军事等方面都想形成大一统局面。这时就必须加强思想统治，当时董仲舒提出了“罢黜百家，独尊儒术”的主张，就被汉武帝采纳了，确立为指导思想。但是还有许多书在全国各地流散，因此汉武帝要进行文化大一统。他要检查图书文献工作。在汉武帝元朔五年（公元前124年）时就检查了一次国家藏书，在检查工作中发现“书缺简脱，礼坏乐崩”。就是发现国家藏书中有很多书没有收藏，有的也不完整。汉武帝在这时非常感慨，他觉得这种国家藏书状况必须改变，所以，汉武帝决定“建藏书之策，置写书之官，下及诸子传说，皆充秘府”，意思是确立藏书的规定，设立了专职抄写人员（包含加强出版的意思），而且扩大了藏书的范围，把诸子传说这些东西都把它充实到国家藏书处。汉武帝的这个可行措施，对于汉代图书事业的发展起了一个重要的作用。因此，使汉朝的图书开始大量集中，出现“积如丘山”的盛况。图书事业处于兴起阶段。汉武帝还曾打算“亲自省校”。但是由于许多管理制度、整理工作没有完全跟上，典藏工作也没有完全跟上，藏书、整理编目制度还不够完善。在这种情况下，虽然在收集图书方面做了努力，入藏了一些书，但有很多书又散失了。到汉成帝时发现“书颇散亡”，于是在河平三年时（武帝收书到此时已经100年），汉成帝就派了一个官员叫陈农的到全国各地收集图书。成帝作了一个对后世有重大影响的决定，即决定对国家图书进行一次全面的大清理，这是最早的图书整理工作。

西汉国家藏书的数量是一万三千一百二十九卷，这个数字推测只是汉朝图书的完整本，不包括残缺本。因为有了大量的图书就要有一个正式的管理图书的机构，当时，汉朝的国家图书馆主要有六处：“外则有太常、太史、博士之藏；内则有延阁、广内、秘室之府”。宫廷之内还有石渠天禄等阁。当时，汉朝的诸侯王也收藏图书。如河间献王，就征求图书，民间有人把书献给他，他叫人抄一遍，然后把抄本还给原主，把原本自己留下，历史上记载是“留其真”。淮南王刘安也喜欢收集图书。河间献王藏书，多到了与国家藏书数量大致相等的地步。这种藏书是什么性质的呢？有人认为是私人藏书，也有人认为是政府藏书或是王府藏书，有人认为是国家藏书。当时汉代的学者也有一些私人藏书，如刘向父子、班斿、卜圭和扬雄等都有藏书。西汉末年政治上发生了由王莽篡权引起的纷乱，国家藏书遭到损失。一部分人不与王莽合作，带了一些书逃遁到山林中去，也可证私人之有藏书。光武建国，这些人都“抱负典策，云会京师”。又经过明、章两朝的努力，到了后汉中叶图书比较多了，据文献记载比初期增加三倍，有六千车图书。这些书分别贮存在国家图书机构石室、兰台等处。东汉的国家藏书处，据《后汉书·儒林传》说有六处，即“自辟雍、东观、兰台、石室、宣明、鸿都诸藏典策文章，竟共剖散”。桓帝时设立的秘书监是专管图书机构之始。这时私人藏书也存在，最有名的是蔡邕，他藏书近万卷。《三国志·王粲传》中记蔡邕有一次请客，王粲来见，蔡“倒履迎之，一坐尽惊”，蔡讲王粲是异才，我不如他，“吾家书籍文章当尽与之。”这说明蔡有藏书。为什么会有私人藏书，书怎么来的？有两种来源：（1）国家赐书：如西汉末的班斿当时给皇帝做学术工作，皇帝赐给他一些书。（2）自己买书：《后汉书》的《文苑传》中有《刘梁传》，说梁是宗室，少孤贫，“卖书于市以自资”，既卖书为生，当然必有买书者。后汉王充家贫无书，“常游洛阳市肆，阅所卖书”。去看人家卖的书来增长学识，后来博通百家之言。我们可以看出汉代不仅有国家藏书而且有私人藏书，不仅有图书机构，而且有了主管图书的人。不仅有典藏，还有流通。

西汉时期虽设有御史中丞、御史长史、太常、太史、博士等与图书管理有关的官吏，但均非专职。东汉管理图书的职官有兰台令史、东观郎、校书郎和秘书监。

3. 整理

从汉政权建立后，对图书进行收集、典藏，为整理准备了条件，进行了必要的整理编目工作。当“天下既定”，就命“萧何次律令，韩信申军法”。就是说分别整理图书档册。在《汉书·艺文志》中说：“汉兴，张良、韩信序以兵法，凡百八十二家，删取要用，定著三十五家。”即称“序次”，当然有“比勘异同，删定篇次”的整理程序。到了武帝时即开始整理图书，当时正是汉武帝对外用兵的年代，根据政治需要开始整理兵书，编军事图书的目录，这就是汉志中说的“军政杨仆，记奏《兵录》”。这部目录虽然“犹未能备”，但终究是我国第一部专科性目录。到了汉成帝时图书遽增，需要加以整理，于是就指定刘向进行图书的整理分类工作。刘向邀请和选用了一批学者对图书进行整理，这是中国历史上的第一次大规模的由政府主持的整理图书编目工作。这项工作进行了二十多年，主要做了二项工作。

（1）校定定本

这是指图书经过整理后确定出一个标准本的工序。所谓定本就是标准本，因为中国古代的文献基本上是单篇流传，因为单篇流传经大家传抄后，很多地方就出现谬误，在民间流传的各种文献资料，就出现一种内容不相同的情况，刘向首先进行了广搜异本、相互校订的工作来确定定本。确定定本包含两方面的内容，一个是定文字，一个是定篇次。定文字就是把流传的各种单篇拿出来，有抄错的地方，找出那个正确的文字确定下来。定篇次就是把这些单篇编定后，再确定谁在前，谁在后，这种确定篇次的工作很重要。因为这不是简单的核对一下，而是经过校定文字后再定篇次。定好篇次就可以看出作者思想发展的轨迹。例如《墨子》是把墨子所有的单篇流传的文献都集中以后进行校对，文字确定了，选好了

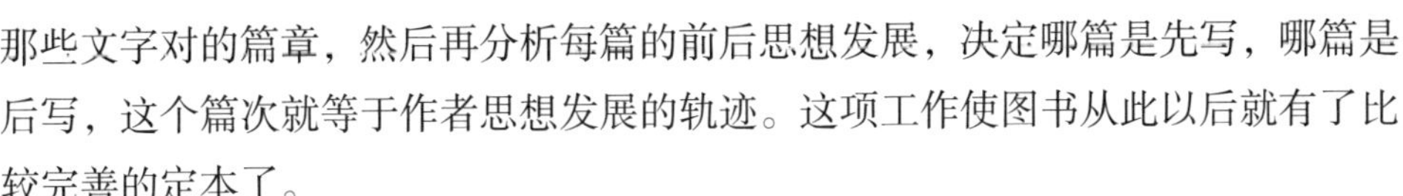

那些文字对的篇章，然后再分析每篇的前后思想发展，决定哪篇是先写，哪篇是后写，这个篇次就等于作者思想发展的轨迹。这项工作使图书从此以后就有了比较完善的定本了。

（2）分类编目

为了使大量的图书能够便于使用，就要把图书加以类分，这是中国的第一次图书分类，采取了六分法，把图书划分为“六艺、诸子、诗赋、兵书、数术、方技”等六类。这六类到底怎么分出来的？它本身有一种学术分类，但也有一种工作分类，最初分类思想是不明确的，开始分书是根据自己的学识，他认为可以分为六摊，按六个工作组去分书，所以它是工作分类，因此就分出了“六艺、诸子、诗赋、兵书、数术、方技”这六个方面。前三类：六艺、诸子、诗赋是刘向负责。兵书是步兵校尉任宏负责。数术是太史令尹咸负责。方技是侍医李柱国负责。为什么兵书一定在数术前，数术一定在方技前呢？大概是以地位变化而分的，刘向因为是主管所以他负责的算前三类。任宏的俸禄是一千石，官员尹咸的俸禄是六百石，与任宏差四百石粮食，李柱国是单纯的技术人员，这种讲法是否对可以考虑。在这六项里面，刘向与他儿子刘歆经过二十多年的长期工作，完成了中国历史上的综合性目录学开创著作，出现了《别录》和《七略》。《别录》和《七略》是中国创始性的综合图书目录，这两部书不仅为我国图书事业奠定了重要基础，给后代以深远的影响，而且，也是世界文化史当中的第一个图书分类法和第一个综合目录。它比世界上的万象分类法早。万象分类法是德国提出来的，于一五四五年发表。中国的分类法是公元前六年提出来的，比万象分类法早一千五百多年，在世界图书事业中是居首位的。《别录》《七略》这两部书，过去说《别录》的作者是刘向，《七略》的作者是刘歆，这个说法是传统的讲法。我认为这两部书的作者不能绝对分开讲，应该说这两部书的作者是刘向父子与一批学者共同创作的。因为刘向的《别录》里有刘歆的劳动果实，刘歆的《七略》又是根据刘向的稿子撮要写成的。刘向是汉朝昭帝到成帝年间的学者，他在宣帝时就在学术界有了名望，以“名儒俊才”的身份选到了皇帝身边做文字工作。他在公元前二十六年，就是成帝河平三年接受命令整理图书；刘向整书的问题，过去在研究刘向时就过分强调了个人的作用。刘向所以能开创比较好的整理图书的局面，除了个人学识才能外，在社会上已经具备了良好的客观条件。第一，他已经接受了前人的思想资料，前人在分类问题上作出了成果，提供给刘向等人参考。如：儒家学派从孔子整理六经“去其重”到司马迁写“儒林列传”止，这样一个系统的发展，实际上已经完成了儒家学派的整个图书和学者的分类。孔子整理的诗、书、礼、乐、易、春秋六种书也是刘向六艺中的小类，他这个六艺就是六经。这部分就构成了他的六艺略。汉朝初年收集了很多图书，汉朝统一后就命令张良、韩信整理兵书，韩信整理汉朝的军事书到汉武帝命杨仆正式编写军事书目录。这实际上就完成了兵书略。战国的诸子百家中庄子的《天下篇》把天下的学术分为若干的流派，并提出了流派的主要创始者和主要内容。荀子的《非十二子》讲到儒家、墨家怎么分法一直到史记中司马谈讲《六家要旨》，这个积累的资料为诸子略作了准备。在分类问题上前人已经做了大量的前驱工作：从儒家的整理经典，从兵家的整理兵书，从划分诸子的学派等都给刘向作了思想资料的准备。这个我们称为思想资料的准备。第二，社会的要求。当时的社会条件是怎样的呢？（1）从汉朝开国以来到刘向编目录时，已经过去一百八十多年而出现一个基本稳定局面。这对学术是有好处的。图书工作和目录学基本特点是它不是反应敏感的学科。目录学中要反映一种学术，分类当中要反映一个类别。这种学术一定要经过相当发展的阶段后才能从目录中得到反映，这是一种冷感学科，目录学中要成立一个类，起码是边缘科学、交叉科学和新兴科学要到一定的程度才有可能。为什么汉朝时《汉书·艺文志》中的史书成不了类而附在六艺略的春秋底下？为什么到了后来四分法时经、史、子、集却成了这种情况？因为，史部已有了较长时期的显著发展而需要反映。在目录上得到反映的一定是有一定发展过程的学术。（2）从汉朝初年开始到成帝时，汉朝经过了初年的征书，武帝、成帝的征书，拥有大量的图书而亟需整理。（3）汉武帝以后政治、经济得到了发展，他在思想上要求统一。汉武帝本身有一个大一统思想，希望把中国从各方面统一起来，他要有一个统一思想作统治全国的标准，学术上董仲舒提出了“罢黜百家，独尊儒术”的主张，得到了汉武帝的欣赏，适应了汉武帝的需要。司马迁遭到了悲剧但还允许他完成《史记》，因为《史记》本身就体现了大一统的思想。所以在图书方面也要有一个全国性的统一编目，显示这个时代的文化水平。因此有的学者认为西汉最大的学术成绩是《史记》和《七略》的完成。在这样的情况下，既有思想资料的传统，又有社会的客观要求，刘向以他突出的才能，网罗了一些人才，完成了一项前所未有的工作。他做了一些什么工作呢？在《汉书·艺文志》中概括为三句话“条其编目，撮其指意，录而奏之”，即据各种不同的本子搞一个定本和一个很好的顺序，并写出提要报告皇帝。这说明刘向的工作是经过“搜求图书，分工（类）整理、校勘异本，确定篇次，撰写提要、完成目录”这六项步骤。这些是刘向等一批学者对当时图书进行了一次总结性的整理，也是对汉朝初年以来（近二百年）积累了的国家藏书进行了一次彻底的清理。

在这次整理图书工作中有两点值得后世参考。第一是在使用人才方面，刘向整理图书资料有两个特点：一是“专材校书”，如任宏校兵书，任宏本身是军事家，所以他能整理得好。二是“选拔后学”，刘向整理图书工作，选用青年较多，大约都是二十多岁。他的儿子刘歆是第一助手，参加整理书时是二十六七岁，主要帮助刘向写诸子略的书录。另一个杜参当时只有十九岁，而班斿、王龚等都是二十多岁。第二是创制书录，这个工作建立了中国图书目录当中的提要目录，可惜大部分书录已佚，现残存八篇。这项工作刘向进行了十九年后就离开了人世。他的工作就由其儿子刘歆继承。刘歆大约生于宣帝时，死于两汉之间。刘歆是刘向整理图书的主要助手，并且在刘向死后又用二年左右的时间，根据已有的材料编了第一部系统性综合目录《七略》。《七略》使当时汉朝的国家藏书有了一个比较系统的书目，使当时的整个学术文化水平和学术源流得到了应有的反映。这个综合目录，除了六大类外，下面分三十八个小类，六百零三个细类，一共收书一万三千多卷。《别录》、《七略》是刘向父子付出艰巨劳动的专著，大约在唐末五代时遗失了。到了清朝这本书有六至七种的辑本。这两部书对后世的影响很大。东汉时期，图书整理工作、图书事业走向正规，有正式人员、正式机构主管图书的整理工作。无论在明帝、安帝、顺帝各个时期都有专人负责整理图书，但是东汉在图书整理工作中最有贡献的是班固的《汉书·艺文志》。班固的《汉书·艺文志》是二十四史当中《汉书》的一个组成部分。班固是在刘向、刘歆的学术传统影响下，继承了《别录》和《七略》的成果，提出了自己的见解，进行裁材编次，完成了《汉书·艺文志》，开创了目录学的新体裁——史志目录，就是在历史书中加入了目录部分。史志目录是一个重要的目录类型，从此以后，在某些正史里面就有了艺文志或经籍志的地位。班固不仅创制了编目的新体裁，也使图书的整理工作进一步得到了社会的公认。《汉书·艺文志》是目录学的名著，它本身的编制是前面有总序，文字虽不多，但已经概括叙述了在汉代以前的学术概况，以及图书发展状况，刘向父子整理图书的情况，以及他自己编制《汉书·艺文志》的程序。因此《汉书·艺文志》应该说是汉以前学术史、文化史的纲要。它的基本分类与《七略》是一致的。它虽然主要依据《七略》但不是照抄，而有自己的主张，很明确地表现出它对《七略》的分类、图书的归属有了调整去取的处理。在《汉书·艺文志》中有三种情况叫“出入”“入”“省”，代表班固对图书分类的看法，出入是从那类拿出放到这类，入就是没有收的收进去，省是两本书重复著录就去掉，《汉书·艺文志》不仅是为史志目录开了端，而且它是现存的最早的一部完整的目录书。

乙：魏、晋、南北朝

魏、晋、南北朝是中国历史上社会比较混乱，政局变动比较大的时期。在这个时期朝代政权的变换比较频繁，所以图书事业受到了一定影响，但从总的发展趋势来看还是有所前进的。因为，从各个政权来说，他们都为了巩固和扩张自己的势力，而需要在文化事业上标榜自己的关心姿态。这是图书事业从奠定基础以后走向发展的过渡阶段。

1. 图书形态

魏、晋、南北朝时期的图书形态是渐渐由简书、帛书走向纸书。由于书写材料的发展，就给图书的编纂写作增加了便利，图书的数量日益增多，体裁日益发展。魏、晋、南北朝时期出现了很多写作的体裁。比如：有“起居注”（这是统治者的日常生活记录），还有地方志、族谱、五言诗、乐府、诗文评等各种体裁的著作。而从东汉后期佛教传入后，南北朝有了佛经的翻译。这些都为图书事业的发展提供了物质前提。图书形态也处在逐渐由简、帛并行走向帛纸并行的过渡阶段。帛书和纸书并行的情况在三国时已经开始。如阚泽因为“居贫无资，常为人佣书，以供纸笔”，可证一般已在用纸做书写材料。但却存在帛贵纸贱的习惯，如在《三国志·魏文帝纪》注里面曾讲到曹丕的作品曾用帛和纸写了二套，一套是帛书，一套是纸书，拿来作为外交上的礼物，以帛书赠给孙权，纸本赠给张昭，这就看出当时帛和纸还有差别，帛本是善本书，纸本是通行本，一个高贵一点，一个便宜一点，从赠礼的对象看，帛书比纸书贵重。当时简书虽然渐被淘汰了，但是，却在晋的时候出现了大批的先秦竹简。即在河南发现的汲冢书十六种，这对了解古代历史有莫大的帮助。此外魏正始时洛阳太学所立三体石经，“其相承传拓之本，犹在秘府”，则是雕版印刷前一种石刻印书的形态。西晋时纸书已较普遍，如左思《三都赋》问世，就有“洛阳为之纸贵”的颂誉，可见用纸抄书已成习惯，但正式以纸代简是东晋以后的事情。东晋时，桓玄曾下命令“今诸用简者宜以黄纸代之”。这个命令的意思是：古代没有纸所以用竹简，现在我们有了纸，凡是用简的全要改成用纸。这种纸是经过药物处理的纸，所以是黄纸。当时黄纸以外，还有土纸、藤角纸以及不同颜色的纸。一九六五年在吐鲁番还发现过晋抄《三国志》中《吴主权传》和《臧洪传》的残卷纸本，晋人有纸书当无疑问。这些纸本的形式仍然是卷子本。

2. 典藏

魏、晋、南北朝的各朝都注意到了图书的收藏工作，魏的曹操在战争过程中就收藏了图书。他与袁绍作战时，把袁绍的军队打败后，就把袁绍的全部图书收归魏国所有。魏建国后就更注重图书，有意识地收集图书。当时有一个任御史大夫的人叫袁涣就向曹操建议，应收集天下的图书，认为“大收篇籍”可以“明先圣之教，以易民视听，使海内斐然向风”，起“远人不服可以文德来之”的政治作用。曹操那时收集了很多的书，把一些遗亡的书都收集起来了，建立了三个藏书处，即“秘书、中、外三阁”。这是国家的藏书处。并设立了一套完整的主管图书的官员，负责人叫秘书令（文帝时改称监），下面设秘书丞、秘书郎、校书郎等官员，还任命著名学者担任主管图书的官员，其中最著名的图书馆学家叫郑默。当时，许多私人学者也开始有自己的私人的藏书，如建安七子之一的王粲就藏有蔡邕所赠的数千卷书。另有一个人叫曹曾，他为了收藏自己图书就修了一个石窟，称为曹氏书仓。从这里可以看出，他既然自己能建立书库必然有一定数量的图书。刘备在西南建立了蜀国，为了笼络一部分读书人，表示自己关心文化，也努力收集图书，并且建立了图书的专门机构，称为东观。派了一些著名的学者来主管图书工作，于是就派了郤正和来敏相继“典学旧文”。郤正在蜀国是刘备的一个很重要的谋士，是有名的学者，曾任秘书郎。这就看出蜀国也是很重视图书工作的。蜀国的私人藏书也是相当多的，如丞相长史向朗这个人当时就藏了很多的书，是蜀国有名的藏书家。他不仅“积聚篇卷，于时最多”，而且还亲自校正藏书，“刊定谬误”。吴国也同样收集了图书，其藏书处，也称为东观，主管图书的人叫华覈。西晋统一后，就把魏、蜀、吴三国的图书收集起来，又收集了其他类别的图书。所以晋建立政权以后，图书比以前有所增加，据统计晋武帝时的国家藏书有二万九千多卷。但是，因为西晋时经常动乱，所以到东晋时，据历史记载已是“渠阁文籍，靡有孑遗”了。东晋初年又逐渐收集，但增长不快，到了晋元帝时，东晋的国家藏书只有三千零十四卷，仅是西晋藏书量的三分之一。后来又增加一些，到东晋后期的孝武帝时经过五十余年的努力几乎增加了十倍，又恢复到三万余卷。晋时私人藏书也比较盛行，最有名的是西晋张华，据说他搬家时有“载书三十乘”；还有一个人叫范蔚，经三世搜求藏书达七千多卷，范蔚这个人不仅自己藏书，而且还允许别人看他的藏书。据史载，当时范蔚家“远近来读者恒有百余人”。东晋也有不少私人藏书家，如殷允、郗俭之都被称为“多书之家”。晋朝本身也有图书的专门机构，它的图书机构基本上沿用了汉魏旧制，所谓“以兰台为外台，以秘书为内阁”。它的设官也是继魏的设官办法，有秘书监、秘书丞、秘书郎、著作郎等。主管图书人员是分部管理。当时，图书分为四部。晋武帝时设秘书郎四人，每人专管一门，即经、史、子、集每一部有一个人专门负责。许多著名的学者参加了主管图书编目工作。如：西晋的荀勖，东晋的李充，这是当时著名的学者，是主持编目工作的主要人员。这时在图书事业中有一点要注意的，就是把仅仅保管图书工作发展到了注意图书的美化工作，注意到了图书的装帧保护问题。荀勖提出了一个对图书的设计要求，他当时提出了“盛以缥囊，书以缃素”。意思是这一卷一卷的书，应该是经过用浅黄色、比较细的丝织品来书写，写好以后应该做青白色的包皮把它套起来，这叫书袋，这说明它已经有了这样一种保护书籍的概念。

南朝包括宋、齐、梁、陈，它们都很注意图书的收集工作。宋时图书有一万四千多卷，到了它的晚期又增加到一万五千多卷。齐有图书一万八千多卷，梁的初年图书是二万三千多卷，到了梁的末年梁元帝时图书是十万多卷。梁元帝在学术上是有贡献的，在政治上则是一个失败者。他最后带着书跑到了江陵，他考虑自己为什么落到这个下场时，误认为自己书读得太多了，于是，下命令把书都烧掉。这是图书遭受的一次大厄运。到了陈的时候图书并没有能恢复起来。南朝在宋、齐、梁、陈的各朝过程中虽然经历了朝代更替，但图书工作还是列入了国家整个体制中，都有秘阁作为国家藏书处。所谓“晋宋以还，皆有秘阁之号”。齐时挑选一些善本书放在一起，专门设了学术馆。梁时，把书籍进行分别收藏，又专在华林园收藏。梁时已开始注意复本，把复本分别收藏在地方和部门藏书处。南朝有不少著名学者承担了管理图书的工作，如谢灵运、王俭、刘孝标等。王俭是宋齐间著名的目录学家，政治地位也很高。他本身就有很丰富的藏书，主持过齐的学士馆。齐时还有一个人叫崔慰祖，也是一个私人藏书家。他藏书有万卷，并且欢迎邻里少年到他家看书，也可以借阅。梁时私人藏书很兴盛，当时有一个人叫任昉，他是梁主管图书的官员，曾任秘书监，拥有万余卷藏书，并且收藏了很多异本。任昉死后国家曾派人来核对他的藏书，发现很多书是国家藏书处里没有的。他的藏书补充了国家的藏书。沈约藏书也有二万卷。

北朝主要指北魏、北齐、北周，是当时少数民族的政权。北魏文化程度较高，汉化程度也比较深。北魏的孝文帝努力学习汉民族文化和典章制度。他在中国的田制改革中是很有名的，中国历史上的均田制就是北魏创立的。北魏是汉文化普及程度比较高的国家，它从建国开始道武帝就采纳了当时学者李先的建议，认为一个帝王必须读汉文化中的经典著作，认为经书可以“补王者神智”。北魏根据这个建议征集图书，所以，北魏的图书比较多。当时北魏还编制了阙书目，即求书目，到南朝去求书。在他自己统治的境内又广泛地以政府的命令来征集图书。北齐的图书就不如北魏的图书多。北齐当时全国的藏书大约是三万卷左右。北周的藏书大约是八千卷，顶多到万卷藏书。当时也有一些学者有私人藏书。最著名的是颜之推，这个人是汉人，当时在北朝做官。北朝的图书收藏有一件事情是值得注意的，即北齐有一个著名的学者贾思勰写了《齐民要术》一书，收集了群众中的材料，以及社会生活方式和生产方面的资料，是一部反映当时科技发展的重要参考书。此书的《杂说》中有一节《染潢》，是较早记载中国对于写书纸的加工技术的资料，它比较详细地说明了如何用黄檗染纸以解决防蠹问题。在《齐民要求》中不仅谈到了入潢问题，也讲了粘书浆糊不生虫的调制法。可见南北朝已经注意到了图书的保护工作。

3. 整理

魏、晋、南北朝虽然不是一个兴盛的发展时期，但是，它是一个走向更大发展的过渡时期。各个朝代虽然建国时间不长，但建国以后都能积极收集图书，具有一定数量的藏书。有了藏书，为便于检寻和使用，就要整理，这在历史上称为校书。魏、晋时期国家校书六次，南北朝时期国家校书十次。当时，曹魏的校书工作由任秘书郎的郑默负责，他把书进行了考核校定，把不值得保留的书删去，最后编成了《中经》这样一个目录。《中经》是国家藏书目录。这是一部比较早的目录书，现在已经亡佚了。只能根据其他文献，大致推测出两点。一是郑默整理国家藏书的分类编目比较准确。当时魏中书令虞翻对郑默编制《中经》的工作给了评论，说：“而今以后，朱紫别矣”。朱与紫是代表两种非常接近的颜色，意思是讲郑默校书有了比较细致的分类。二是我们可以从荀勖编的《中经新簿》中得到一些情况，荀勖的《中经新簿》是在晋时编的。据荀勖自己说，《中经新簿》主要是根据郑默《中经》而纂。我们现在知道荀勖用的是四部分类，据此推断，《中经》很可能也是四部分类。所以说，作为中国古籍的四分类的创始著作很可能就是郑默的《中经》。吴国曾派韦昭（即韦曜）根据刘向整理图书的方法、经验进行图书整理，是否编了目现已难知道。晋统一三国后进行了比较正规的图书征集、集中工作，整理工作也很有成绩。晋武帝时著名学者荀勖亲自主持了图书整理工作，荀勖在晋武帝时是一个很有学问的人，他不仅懂得文学、目录学，而且懂得音乐。他当时也主管国家音乐工作。他和另外一位著名学者张华合作对晋的图书进行整理，他们这次整理是“依刘向《别录》，整理记籍”。即根据刘向《别录》来整理图书，继承了刘向整理图书的精神与方法。不久，由于汲冢竹书的发现，荀勖又与束皙等共同整理这批书并编制了目录，列入国家藏书。荀勖在这些实践经验基础上，乃以郑默的《中经》为根据编了一部新的、综合性的国家藏书目录叫《中经新簿》。这个整理工作规模很大，据荀勖讲先后复核、检对的书有十万多卷。《中经新簿》是按甲、乙、丙、丁四部划分的。它代表着经、子、史、集。这部目录收书有二万多卷。这一分类的最大特点是史部独立成为大部类。过去六分法时没有史的地位，当时历史是二十六部九百三十四种放在经部的春秋家下面。这种把史部作为一类的做法并不是荀勖主观上的创造，而是当时图书现状迫使他不能不进行新的分类。这种情况的形成主要是学术发展的反映。因为在魏晋时史学有了突飞猛进的发展。当时史学不仅有纪传编年体，而且有了“起居注”（皇帝日常生活的记录），有谱牒、地方志、史评等等。有人对魏晋时历史书籍进行统计说，魏晋时增加的书籍有七百六十七种，一万零八百卷。在这种情况下史学就成为大部类而不能不独立出来，史部虽然独立出来，但还要维护子部在前史部在后的情况。子部是由诸子、数术、方技合并而成的，有一定的数量。我们从荀勖的四分法可以看出，从汉到晋时的学术发展的脉络。目录书一般来说可以作为考查学术发展的一种资料。荀勖《中经新簿》的著录方法是只登录书名、卷数、作者并加简要说明。他没有按刘向父子那种写书录的传统，没有对图书的内容加以叙述和评论。但是，他也有一个比刘向父子有发展的地方，就是记了图书的存亡状况，这种资料对后代考查辨伪是很重要的参考资料。有很多古籍是后人伪托古人的。如晋朝人编写的《列子》，这种书叫伪托书。这种书也有价值，只要看出书是什么时代就可用。晋人伪造了战国时人的思想哲学著作。如果搞清楚它不是战国人所作，而是晋朝人所作这一点，那么就可以利用这本书来反映晋朝人的思想状况。西晋末年北方的少数民族对中原地区进行了侵扰，在这种情况下中原地区一片混乱，图书的损失到了“渠阁文献，靡有孑遗”的状况，说明图书损失惨重。东晋建立以后开始注意征集图书，东晋的晋元帝时，曾派李充作图书的征集工作，李充根据《中经新簿》来查核整个国家的藏书，当时只有三千零十四卷，西晋图书的数量是二万九千多卷。过去认为东晋的藏书是西晋藏书的十分之一，这种说法是不确切的，因为荀勖《中经新簿》中所登的近三万卷书包括亡书，就是只登目录没有书。所以除去亡书，西晋的存书不过一万卷，东晋的藏书与西晋藏书相比，准确一点说东晋的书应是西晋书的三分之一。李充按荀勖的四分法编了“晋元帝四部书目”，在这里加晋元帝是有意义的，即指这是元帝时所鸠聚的图书的目录。这本目录由于收书比较少，“遂总没众篇之名，但以甲乙为次”，即只有大部无小类，只有四部划分，而不立分类类名。这部目录改变了荀勖的甲、乙、丙、丁的序次。它虽仍叫甲、乙、丙、丁，但却是经史子集为序了。我们现在讲的四部序次即始于东晋李充。所以说创四部之体始于郑默，立四部之名始于荀勖，定四部之序则起于李充。李充定的四部分类序次后人相沿未改。在东晋整理图书中有一个新的、前所未有的创举，就是开始了专业性目录，正规的大规模的编专业性目录在这时开始。它是以佛教目录为代表。东晋时出了中国第一部佛经目录，是一个和尚名释道安所编的《综理众经目录》。这反映了当时中国已经有了一定数量翻译的佛经书。《综理众经目录》这本书我们只能从后来的目录书中了解点情况，知道这本书是把各种经书按时代排列，讲明了翻译情况。《综理众经目录》分为六类。一叫本录。它收完整而优质的译经，按翻译家的年代顺序收了自汉至晋十七家二百四十七部经书。在这些书的书目下讲明了翻译者的姓名、翻译过程和翻译质量的优劣。二叫失译录，意思是失掉译者姓名的译经，一共收了一百三十四部。三是异经录。异指不同地区，异经录就是不同地区的翻译本。这部分经不知道译者，而知道是那个地区的译的。四是古异经录，是从大部头的佛经中抄的单篇经，共九十二卷。五是疑经录，意思是他不能断定到底是真的还是假的，表示疑问的，共二十六部三十卷。六是注经杂经录。注经很多是道安自己注的，共十八部二十七卷。这个目录的编制方法有它的优点。第一点是起到了推荐书目的作用。这个目录书不是一个单纯的登记目录而是一个目录研究著作。第二点他所著录的内容历史观念特强。他把当时译经地点、时代等具体情况如实地记录，这样就常常保存了一般佛教以外的历史资料。例如，佛经是在边远地区一个少数民族的政权下翻译的，当时这个少数民族使用的年号是唐以后多少年的旧年号。因为它与唐隔绝了，唐亡了以后它不知道。这个资料可以告诉我们唐亡了以后，它的影响在少数民族中还延续了多少年，可以为历史研究提供了一些资料。第三点他对有怀疑的图书都进行了详细的审定，他做了一些加工的工作。南北朝时，南朝的图书整理工作有迂回的发展，南朝的宋起用了一些著名的学者王俭、谢灵运等人来主持图书工作。宋文帝元嘉年间完成了重要的图书目录作《元嘉八年秘阁四部目录》。“元嘉八年目”一共收了一万四千多卷书。宋的后期整理图书编了《元徽元年四部目录》，“元徽元年目”共收了一万五千多卷书，主持这个目录的编纂者是王俭。王俭是宋、齐之间的重要目录学家。国家目录的编制说明了是一个时代对国家藏书的整理，但在目录学的成就中地位不太高，只能是国家图书的整理登记而已。王俭在编“元徽元年目”的同时感到自己的主张不能完全得到实现，所以他自己就在编“元徽元年目”的同时又编纂了《七志》。《七志》这部书给宋的目录学成就放了光彩，这是私人编目的开始。王俭为什么要编《七志》？原因有二点：一是对官修目录不满。因为官修目录“不能辩其流别，但记书名而已”，所以另外写《七志》；二是感到四分法有局限性，想另外创七分法。王俭的七分法是分立为“经典志”、“诸子志”、“文翰志”、“军书志”、“阴阳志”、“术艺志”和“图谱志”，而以道佛附见。王俭编《七志》也不是一个人编的，他的创意是想总括前此的目录成就，于是“采公会（荀勖）之《中经》，刊弘度（李充）之四部，依刘歆《七略》，更撰《七志》”。开创七分法是从王俭开始，是中国古籍中新的分类法，但是，他的七分法实际上比刘向的六分法没有多大的进展。这个分类是从四分法倒退至《别录》、《七略》的路上去的，经典志实际上是六艺略，诸子志实际上是诸子略，文翰志就是诗赋略，军书志就是兵书略，阴阳志就是术数略，术艺志就是方技略，图谱志是为了七分而把各类里的图集中在一起的。后来图谱志曾得到宋人郑樵的赞赏，他认为王俭的图谱志是一种创举。王俭的《七志》从内容上看创举性不多，但开创了私人编目之局。他对各种著录的书名，每书下面有一个小注称为“书名之下，每立一传”，传就是注，每立一传就是在书底下加一小说明，他这个做法是提要目录中的一种，即所谓传录体的开始。齐的时候也编了国家目录。齐武帝永明元年有《秘阁四部目》，收书一万八千余卷。梁在南朝是文化比较发达的政权，梁武帝加意收集图书，并派著名的学者任昉来主持整理工作。任昉对图书整理工作比较认真，他“广收异本，手自雠校”。原来梁的国家藏书“篇卷纷杂”，经过整理后就一变而为“篇目定焉”。梁在天监四年和六年先后编过国家书目，梁代目录学成就表现在阮孝绪私人编纂的《七录》上。《七录》分为内外篇：经典、纪传、子兵、文集、术技等称为内篇，佛经、仙道称为外篇，《七录》这部书共收了四万四千多卷。这部书编目的方法跟过去的编目法不大一样，因为阮孝绪是一般的处士，就是一般的读书人。没有做官、没有地位，他很难看到国家的藏书。阮孝绪主要是根据过去的目录，在这个基础上完成了自己的这部目录书。他的目录书起到了概括前人成果的作用。阮孝绪《七录》的分类有一点是值得注意的，即把史书又分出来，单独建立了《纪传录》。《纪传录》是记史的。《七录》对各种书“皆讨论研核，标判宗指”，并介绍作者事迹和图书流传情况，使天下遗书和以前没有见到的图书都能在阮孝绪的《七录》里看到。阮孝绪的《七录》在整个目录史上应给予一席之地。原因是他这种私人编目是在政治上无人帮助，经济上很穷，住在寺庙里完成的。《七录》这本书现在没有了，仅仅能从《广弘明集》里可以看到《七录》的序。这篇序里可以看到古代图书的状况。在阮孝绪进行编目工作时，有一个人叫刘杳。他也在编目，但当他知道阮孝绪也在编目时，就把他自己收集的编目材料送给了阮孝绪。梁还整理了佛教图书，写了佛教专门目录，即现存最早的由僧祐编的《出三藏记集》。这部书讲明了翻译的源流，把各种翻译情况作了介绍，收录了各种序、跋，下面还附了翻译者的列传，是研究当时社会状况的一个重要参考资料。这部讲经目录的特点是：（1）记述佛经来历及翻译方法；（2）新的“异出”一函，即一经有数译者，备举以资比较；（3）新立“钞经”，节录讲经大要，为史钞、文钞开其端；（4）广搜经序，保存资料。

梁末图书毁损严重。陈朝虽大力搜求，但缺略甚多，而且“纸墨不精，书亦拙恶”，加以国势衰微，无力顾及，只能就寿安、德教、承香各殿藏书编制登录目而已。

北朝指北魏、北齐、北周。北魏拓跋氏于迁洛阳后曾检阅藏书，编了《阙书目录》，向南朝求书，孝武帝并命孙惠蔚整理图书，进行补缺工作。北齐文宣帝派樊逊等一些学者“校定群书”。北周明帝曾集八十余人于麟趾殿“刊校经史”。

4. 编纂

魏晋以来，由于书籍增多，遍览感到困难，所以希望能有一种资料汇编性质的图书出现，于是就出现了类书的编纂——这是一种图书再处理工作。最早的一部类书是《皇览》。它是魏文帝于黄初年间命“诸儒撰集经传，随类相从”而编成的。参加编纂的有刘劭、王象、桓范、韦诞、缪袭等人。全书“合四十余部，部有数十篇，通合八百余万字”。这是利用国家藏书编纂另一类型图书的工作，它扩大了国家藏书的作用。它是后世官修大书的开端，对藏书的利用与保存古代文化都有一定的作用。全书已佚。有清人孙冯翼、黄奭辑本各一卷。

第四章　图书事业的发展时期——隋、唐至元（上）

这个时期是中国图书的第二次大集合时期。这时的社会条件是隋统一了全国，对文化发展起到了重要的推动作用，为图书事业的发展准备了条件。其中唐、宋两代为中国的图书事业作出了重要的成绩。

甲：隋、唐、五代

1．图书形态

隋、唐时期纸的应用比较普遍，图书形态基本上是以手写本为主，政府为了收藏图书大规模地抄书。隋统一后，隋文帝召集了一些善书者进行抄书，借民间的书抄，抄完后把原本还给原主，并送绢一匹，陆续抄了三万卷书。到了隋炀帝时对图书工作更为重视，曾对国家藏书进行了一次比较正规的整理，每本书都要抄五十个复本，增加了藏书量。当时嘉则殿的国家藏书达三十七万余卷。唐时继续以手写形式增加藏书。这种手写本虽然可以增长数量，但终究费时费事。随着唐以来的文化发展，需要有更大量的图书来传播和保存文化，因此便出现了雕版印刷术的应用。雕版印刷术的发明与应用主要是应社会的要求。我国隋、唐时期开始应用雕版印刷是文化史上的卓越成就。现存最早的雕版印刷实物是唐懿宗咸通九年（868年）《金刚经》的印张。这个印张本身的布局谨严，从实物上看，一定是有了相当长时间的雕版印刷技术的发展过程。可惜原件已不在国内。国内现有最早的印刷品是《陀罗尼经咒》，从上面印有“成都府卞家”的字样，可推知是产生在唐肃宗至德二年（757年）以后，此件藏四川博物馆。隋唐以来图书的装帧形式逐步由抄的卷子本向叶子本过渡。为了诵读方便把书折叠起来，这叫经折本。折子慢慢容易破，就出现了旋风装本，旋风装本即鱼鳞装。但仍有卷子本。五代开始正式刊印儒家经典。从后唐明宗长兴三年（932年）到周太祖广顺三年（953年），花了二十二年的时间完成了九经的刊印，这是官印经籍之始。九经是儒家经典中的九部书，包括三礼、三传、易、书、诗。后蜀孟昶时期，毋昭裔用私人的钱印了一些书。这是私人印书的开始。五代后晋丞相和凝把自己写的词全都刻印，这是自刻所著之始。当时国家和私人都用雕版印刷。印本成了唐以后主要的图书形态。

2. 典藏

隋统一后，对文化比较重视。建国初年，隋文帝即颁布了求书令，收集了大量的图书，还把从陈那里接收来的图书进行了整理、完善，抄了正副本。经过努力，隋朝初年图书收藏量达到了三万多卷。文帝死后，炀帝继位。他对图书工作给予极大的重视，首先增加了复本量，一书就有50个复本。其次按图书的质量加以分类管理，当时把图书分为上、中、下三品，这三品书是用书轴来进行区别的。上品用红琉璃轴，中品是用绀琉璃轴，下品是漆轴，这就是说在藏书中是按书的质量进行分类管理了。第三点，是分库藏书，他在东都洛阳的观文殿修了书库分东西两排，在东厢是存甲、乙部的图书，在西厢是存丙、丁部的图书。就是东面的书库存放经、史，西边的书库存放子、集。在观文殿的后面也修了两个小书库，当时称为台，东边是妙楷台，主要收藏古迹，西边是宝台，主要收藏古画。宫廷内部还设了内道场，储藏佛经。当时在朝廷里把不同的图书分别收藏在不同的地方，这叫分库管理。隋炀帝还进行了一次去重剔旧的工作。他派学者柳𧦬主持这项工作。柳𧦬在嘉则殿把好书、精书，完整本挑出三万七千多卷。这三万七千多卷书当时称为正御书。（正，是整理；御，是皇帝自己用的。意思是从大量的图书中精选了三万七千多卷，经过整理而供皇帝自己用的图书称正御书。）这部分书移放在东都，东都存放这些书的地方称为修文殿。唐初，接收隋的国家图书，但在运送时图书曾遭到了一次厄运。即在用船把书从东都运往西京的路途中，船在三门峡附近遇难，全船沉没，打捞出的图书仅有十分之一，就把这小部分图书运到了西京。所以唐初图书不多。但唐朝历代皇帝都进行征书工作。唐玄宗时期图书事业发展到了相当高的阶段。唐朝除了大量的征集图书、保管图书，还在管理图书方面建立了一套比较完整的机构。主管图书工作的是秘书省，主要负责人称为秘书监，秘书监在唐代是比较高的官位，所以从它设制的机构安置的负责人来看唐代是比较重视图书事业的。在监底下设少监，在秘书省中有一个专门管理图书的机构叫著作局。著作局设了近百人的工作人员，设了各种各样的职官，有校书郎、秘书郎、兰台郎等等。最值得注意的是在这个机构的编制名单中开始有装潢匠、笔匠等，可以看出它已经有了这样一些专业人员来作专项工作了。当时秘书省设装潢匠十人，笔匠六人。装潢匠的工作是把纸加工，就是把纸放在黄檗中泡制，把纸加工后再写字或者写字后再加工，这两种做法都有，这种加工工作在唐朝称为染潢。写完后把纸卷起来弄成一轴。笔匠是制抄写工具的。工匠里面还有一种人叫熟纸匠。从这些工匠看，唐代图书的整个操作过程是比较完整的。唐朝除了秘书省这样的正式机构外，还设了另外的藏书处。主要藏书处是崇文馆、弘文馆。这些地方是唐代新建用来收藏管理图书的。宫内的图书归宫内的女官来管理，这是唐初的藏书情况。唐代藏书是比较普遍的，有专设的机构，有附设的机构，有宫廷内部的机构。到了唐玄宗开元时期很注意图书工作。他在东都的乾元殿、西京的集贤院进行一次比较大的抄书校书工作。据文献记载，乾元殿抄书就是五万多卷。这次抄书工作中还有在图书事业的发展史上值得注意的一点是开放图书，即准许百官到乾元殿参观阅览。从这时开始国家图书可以开放了。当然这个开放是有局限性的，但终究是开放了。因为过去看国家藏书是要奉皇帝命令的。这次大规模抄校书工作是对唐以前文化的一次总结性工作，许多东西能借此流传下来。这次工作是有功绩的。开元六年（718年）时，唐玄宗把整个的抄书工作搬到丽正殿，改称为丽正修书院，设比较高的主管人员——丽正殿在唐代的图书整理工作中是一个很重要的机构。以后丽正修书院就成了一个常设的主管整理图书的机构，后来使藏书修书工作更加广泛的进行。到了开元十一年，唐玄宗就把集贤院改成集贤修书院，集贤修书院也提到由学士管理的地位，就是集贤院修书院学士。并且，这时提高了他们的职权，不仅是收书、藏书、抄书，而且给他们一个能求贤的权力，图书馆人员可以管人事，可以到各地去挖掘人才。玄宗把图书馆人员的社会地位、政治地位提得很高，在物质上也给了保证，国家有明文规定，向图书馆提供抄书、校书的物质条件，每月供应一定数量的纸墨笔。唐朝对图书的保护工作也给予了注意，唐朝规定了许多办法，设立了许多专门的工匠来防火、防虫，定期还要晒书。五代时期，国家藏书不如唐朝，只有南唐、前蜀的藏书比较多。隋时私人藏书有两个人比较著名，即许善心和柳䛒，这两人是隋代的两个大的藏书家、目录学家。许善心写了一部目录书《七林》，这部书已经没有了。柳䛒编了隋的《大业正御书目录》。他们两人藏书都近万卷。唐代私人藏书最有名的是江西德安县陈家办的书院，叫东林书院，这是最早的书院藏书，有图书四千卷。陈氏不仅藏书，而且还可以借阅，这是中国后来称为三大藏书系统中的一个重要系统。中国古代藏书是三大系统：国家藏书，私人藏书，书院藏书。书院藏书是私办公助的藏书机构。东林书院是最早以书院名义向外借书的图书机构。有些藏书家只是藏书而不把图书搞流通，如唐代有一个藏书家叫杜暹，藏书万卷。但他每本藏书上都题上字，说："清俸买来手自校，子孙读之知圣教，鬻及借人为不孝"（见《清波杂志》）。清俸买来手自校，是说我用很微薄的收入买来的图书，我都亲自校对过。子孙读之知圣教，是说我自己的子孙读了能知道圣人道理，知道了一些学问。鬻及借人为不孝，是说子孙要是卖了，或借给别人看就是不孝。他就是为了自己的家族和子孙打算，比较自私。当时藏书最多的有唐朝的李泌。李泌藏书三万卷，把三万卷的书都加上不同颜色的牙签，来作为分书的种类，史部用绿签，集部用白签，当时在社会上得到了很多人赞赏，认为他对图书的收集和保护有一定的功绩。韩愈在他诗集中，专门有一首讲李泌的藏书。韩愈讲，“邺侯家多书，插架三万轴，一一悬牙签，新若手未触”。邺侯就是李泌，李泌家藏书有三万轴，每卷上都加着牙签，都很新，新的就像手没触及过。另外一个藏书家就是柳仲郢，他的藏书很有特色，当时也是藏书有万卷的大藏书家。六经、史、集、仙、佛等书他都抄，他的一个特点是每书必写三本。五代时也有一些藏书家，但不如唐代藏书家多，最多的藏书家也就是几千卷。因为这个时期很动荡，所以没有什么突出的私人藏书家。

3. 整理

隋朝统一中国后就比较注意收集整理图书，在很短的时间内收集了较多的图书，为图书整理工作提供了物质条件。隋文帝建国初年就进行了整理编目工作。隋朝最早的一部目录书是《开皇四年四部目录》，开皇是隋文帝的年号。这是隋建国初年编的，这部目录未见著录，不知是谁编的。但我根据一些文献考订认为《开皇四年四部目录》是牛弘主编的，牛弘在当时地位很高，很关心图书事业，他当时是著名的学者，担任过秘书监的工作。他曾经写过一篇很有名的文章叫《请开献书之路表》，这篇文章是中国古代图书事业中很重要的文献，在这篇文章中讲了图书的“五厄”后来也把这篇文章称为《五厄论》。《隋书·经籍志》序有一半的内容是据《五厄论》。《隋书·经籍志》的序是《五厄论》加上《七录》的序言。这篇《五厄论》对后世影响很大，后来明朝胡应麟认为隋朝在图书事业上有这么大的成就是牛弘的功劳。牛弘封奇章郡公，所以胡应麟说：“隋之书籍，所以盛绝古今者，奇章力也”。隋文帝在开皇八年、二十年还相继修订过图书目录，没有多大的发展。但在开皇十七年有一位学者所编的私人目录却有突出的成就。这位学者叫许善心，曾编《七林》，是当时体制比较完整的目录书，这部目录书虽然已经遗失了，但在《隋书》许善心传中，叙述了《七林》的体制，这部书在每个部类前面有篇总序，每一种书有一个简单的提要，分类是按学术源流来划分的。炀帝时对国家藏书三十七万卷经过“除去重复猥杂，得正御本三万七千卷”。于是就由柳䛒主持编写了《大业正御书目录》，这本书共九卷，虽已遗失，但它的基本面貌存在《隋书·经籍志》里面。唐朝初年修《隋书·经籍志》主要就依据了这部《大业正御书目录》。唐初期整理图书最突出的贡献是《隋书·经籍志》。《隋书·经籍志》是一部史志目录，是《汉书·艺文志》以后的一部重要目录。《隋书·经籍志》目录的编制主要依据了隋唐时期的国家藏书，并且参考了过去的有关目录而编写的，这里面要注意一点，《隋书·经籍志》的目录不仅仅是隋志目录。因为，唐朝在整理各朝的历史时“志”是单独编写，在写“志”的时候是想补足各朝的典章制度。因为，南朝的梁、陈，北朝的齐、周没有“志”，当时修“志”的指导思想是把“梁、陈、齐、周、隋”这五代的“志”补上，当时称为五代史志。《隋书·经籍志》继承了《汉书·艺文志》的传统，又接受了南北朝时期《七录》的影响，对唐以前的图书进行了总结，所以我们说这个时期是中国图书第二次大集合时期。《隋书·经籍志》各部类后面都有一篇小序，小序是说明各种图书的学术源流和它的演变。各个小序都提到了它与《汉书·艺文志》的关系。《隋书·经籍志》是按四部分类的，这是现存最早的四分法目录。它有一个特点是记存佚，这在前面的目录中是没有的。例如，它的书下面注“梁有”“宋亡”，就是这本书在梁的时候有，在宋的时候没有了。这对我们后人使用比较方便，另外可以探求当时文化的水平和当时的社会状况。《隋书·经籍志》著录书名和卷数，作者是小字为注，对作者只叙述他处的时代和官阶地位，不加评论。对书注明了它的内容真伪及其存亡状况。这是唐朝初期整理图书的一个代表作。唐朝中期，玄宗曾组织人整编目录，经过大约二年的时间，从开元七年到开元九年，在唐玄宗主持之下编了《群书四录》，习惯称为《开元四部目录》。《群书四录》有二百卷。这是在四库全书以前目录书中篇幅最大的一部书。这部目录现在已经没有了。据文献记载，在短短二年中编写成这部书是做了相当大的努力。但这部书也有缺点，如收录不全，归类不当，注录不备。因此，当时参加这项编纂工作的人对这部书有意见。当时有一个很著名的学者和目录学家毋煚，他参加了集体编写工作，曾对《群书四录》的工作提出过批评，他认为有五不足之处。由于意见未被采纳，为了说明自己主张是正确的，于是就动手编成了《古今书录》四十卷。这部书是在对《群书四录》不满的情况下编写成的。这部书已经遗失了，可是这部目录书前面的序被《旧唐书·经籍志》收入，我们现在看到的《旧唐书·经籍志》前面的序就是毋煚的序。这篇文章很重要，讲了分类，讲了图书中的很多问题，是一篇内容很丰富的图书文献，是研究古典目录学的重要文献。这篇文章的主要内容：首先讲明目录学的重

要作用，他认为掌握目录是了解过去图书文献的首要条件。其次对《群书四录》进行了批评，他认为《群书四录》收录不完备，分类不恰当，成书过于仓促。同时说明《古今书录》的体制纠正了《群书四录》的错误，补充了缺漏。《古今书录》每一个部类前面有小序，有作者，有题解，一共收了五万多卷图书。唐玄宗还主持编了《开元四库书目》，这部书在目录学上价值并不大。它只是当时国家藏书的一个登记簿。但是，这部书是《新唐书·艺文志》的蓝本。欧阳修纂修《新唐书·艺文志》时是根据《开元四库书目》。以后唐朝还编了一些目录，那只是登记而已。由于唐朝私人藏书比较多，除了国家编目外也开始编写私人藏书目录，但是私人编目的情况只有文献记载而没有原书了。五代时私人编目的情况也是衰落的，只有一部《旧唐书·经籍志》，这是整理图书的代表作。《旧唐书·经籍志》的资料价值超过了《新唐书·艺文志》，收录的图书也比较多。

4. 编纂

隋、唐的图书编纂主要是类书的编纂。类书是从不同书中搜集资料，按不同的问题类编成一种新的图书形式。当时有很多的类书如《艺文类聚》、《群书治要》、《初学记》等等。这些类书内容丰富，比较《皇览》有进步、有发展。《群书治要》是唐太宗李世民命魏征等人所编。它上起五帝下至晋朝，共五十卷。编写的目的是为了借鉴历史上统治阶级的经验，这本书的书名也说明这一点。这本书比过去《皇览》里收的资料，篇幅比较完整。《初学记》是三十卷，唐玄宗时期由徐坚等编纂的，里面共分为二十三个部类，三百三十三个子目，其编纂体例第一部分是“叙事”，第二部分是与事有关的资料，即“事对”，第三部分是诗文。《初学记》是皇帝为了教他的儿子写文章，命令大臣们给他的儿子们编的词汇书。所以《初学记》收录的范围不广，但选材比较精，后世可以作为工具书来用。这本书里面还保存了失传古书的片断，也可以作为校勘资料，来校今本古书的讹误。此书解放后翻印了。

第四章　图书事业的发展时期——隋、唐至元（下）

乙：宋辽金元

1. 图书的刻印与流通

宋代有各种各样的渠道出书，有官刻、家刻、坊刻之分。官刻指中央各殿院、监、司、局和地方各州、府、军、县，各路安抚司、提刑司、转运司等单位。从整个宋朝来看，北宋是中央印的多，南宋是地方政府印的多。家刻是私人出钱印的书，这些书的特点是经人校订，质量较高。坊刻指一般书商所刻的书，坊刻在南宋时更大量存在。书坊书肆主人以刻印书籍为职业，以图书流通（即商品流通）为手段，以营业营利为目的，拥有写工、刻工和印工，对于图书商品的市场行情了如指掌，印刷装订技术亦不断创新。刻书以民间用书为多，不太注意质量。宋朝刻书的范围扩大了，不仅有儒家的经典，私人的诗文集，应试用书，也有初学读本和民间的日用书等。不仅有小书，也出现了成千卷的大部头书，如宋太祖太宗时期刻印的《开宝藏》就有五千零四十八卷。

雕版印刷事业，在北宋已经相当普及和繁荣。诚然，雕版印刷事业在丰富人们的精神生活、促进学术繁荣和文化进步方面的作用，是不容低估的。但是，也不能不看到，雕版印刷毕竟有其很大的局限性。比如说，版片笨重，整片刻起来，费时费工，成一巨帙，刻版积累起来硕大无朋，保管不便，宋代文献中往往有印板库的记载，便是专门藏版的地方。以活字印刷代替雕版印刷，无疑是当时的需要，历史的必然。正是在这种形势下，活字印刷术在北宋仁宗庆历年间发明了。这是一个名叫毕昇的印刷工人所创造。毕昇的生平不详。活字印刷这项工艺的情况首见于沈括的《梦溪笔谈》，活字是胶泥制作的，胶泥就是澄浆泥。用胶泥刻成字再加火烧硬。字是按韵排列放在盒子里的。排好版后外面加一个铁箍，用松蜡药物固定，再弄上墨色印刷。印时排版，用后拆版。我国宋代的泥活字比世界上的德人谷腾堡的活字印刷早四百多年。

辽代刻书事业，过去只知道刻过一部六千余卷的契丹大藏。一九七四年，山西应县佛宫寺释迦木塔发现了《契丹藏》，这是我国现存最早的大藏经刻本。此外，还有刻经、刻书、杂刻、木刻版画等多种，各种雕版印刷品共有六十一件之多，占木塔文物的百分之三十八强，这就填补了辽代雕版印刷事业的空白，使人们认识到，辽刻精美异常，比起当时中原地区毫不逊色。辽的刻印事业也分官刻、私刻、坊刻。官刻中心在辽的南京（今北京）。坊刻比较发达，已有四五十人从事共同劳动的作坊。在应县木塔发现的六十一件雕印品中的唐李翰《蒙求》刻本便是有代表性的坊刻本。

在当时的北方金政权印刷也是比较发达的。金占领开封时曾把当地的部分印刷工人送到平阳（临汾），这样在山西的临汾就形成了刻印中心。此外中都的北京，南京的开封和宁晋地区也都是刻书中心。金代官书中，首先要称国子监本。

如果将国子监和崇文院合并计算，出版的中文书籍不下三十种，女真文书籍则不下十五种。而且，国子监除古代经史外，还刻印当时人的作品。金的印刷品，数量相当庞大，且其中有不少是女真文印刷品。其足称代表的是宁晋地区私人募刻的一部佛经《赵城藏》。这是一部历时三十余年刻成的大书，全书估计有七千余卷，现尚存世四千九百多卷。印书量也较大，如以女真字译《孝经》印千部付点检司分发给护卫亲军。此外民间还刊发一些类书和唱本。

元代的中央刻书机构，不仅有国子监，尚有兴文署和广成局，以及前期的平阳经籍所等。兴文署是元代政府机构中著名的刻书机关。至元二十七年兴文署所刻《胡三省音注资治通鉴》二百九十四卷《通鉴释文辩误》十三卷等，系最早且好者。国子监本则有《伤寒论》十卷等。各地方政府刻书也很多，那时各路、府、州、郡、县都设有儒学，各路儒学都刻了不少书。

元代书院很发达，书院有学田收入，可作为刻书之资，书院山长又多为有学问的知识分子，故元时书院刻书异彩纷呈。如泰定元年〈1324年〉西湖书院刻马端临《文献通考》三百八十四卷，字体优美，行款疏朗，刻印俱精。元代私家刻书也不乏名家，如义兴岳氏、山西张氏。坊刻以福建省的建阳、建安两地较著名。

元代对活字印刷有改进。初年用过金属活字——锡活字。因为锡较软容易坏，后期使用了木活字。关于元朝用木活字比较完整的资料见于王祯《农书》里。这时用木活字注意到了大小高低的一致。王祯的木活字印书有一部《旌德县志》，六万字，是用一个月时间印了一百部。另外，这时已经有了朱、墨两色的涂色印刷，这种印刷是套版印刷的前奏。

北宋图书盛行册页制度，一版内有版框、边栏、界行、行格，上边空白是天，下面的空白是地，中缝是版心。北宋时，版心在内，即文字向内折，将中缝粘在裹背纸上，翻读如蝴蝶张翼，所以称为蝴蝶装。南宋以后多把文字向外折，外面加上封面，包起来这叫包背装。

元初，版式尚接近宋版，中叶以后，行格渐密，多四周双栏。目录和文内篇名上常刻鱼尾。版心多作墨口，多为花鱼尾。版心字数多草书。元朝通行的书籍形态是包背装。即将版心折叠，把有字的一面完全露在外面，这样版心便成了书口，而把散着的书边粘在书背的纸上。这种书克服了蝴蝶装的不便处，但书叶粘在包背纸上，并不牢固。

宋辽金元之间图书流通虽各有禁令，但多是禁而不止，宋辽之间，北宋时即已有坊刻图书流传交流，如三苏文字已为辽人熟知。辽统一北方后，汉籍更大量输辽，对汉文化的传播起到重要的作用。宋金之间也互相流通，不仅在民间实行，而且官方遣使往还也有赠书内容。宋元之间，坊间刻书较多，相互流通日繁，而元朝在每次战争行动之后，把搜集遗书作为一项重要活动，也加速了金宋图书版片的流向元朝。

2. 典藏

宋代的藏书分为三个系统，国家藏书、私人藏书和书院藏书。宋朝初年国家藏书有三处：史馆、昭文馆、集贤院。图书的来源除了接受原有的藏书外，国家还征集图书，即一方面把南方十国的藏书运到国家藏书处，并且还从民间收集图书，另外政府还刻印抄写图书。经过几朝的努力，图书数量急剧增加。为了更好地管理图书，宋太宗时增加秘阁。神宗时在秘阁上面又设立了一个总的机构崇文院，来管理图书事业。崇文院就成为图书机构的总称。崇文院的东面是昭文馆，南面是集贤院，西面是史馆。图书是分别藏在这几个馆的。宋朝当时采取了积极措施征求图书，宋求书的办法是给官做，看献的书多少并看能力给官。凡献书多的量材给官，献书少的从优给价。而不愿献的，国家可以借抄。并以唐朝的目录为准，向官员们提出缺书目录征书。同时还派人到各地求书，各地也按规定交纳新出版的书。奇缺的书由图书机构来补写。宋代图书馆工作人员的社会地位比较高。在崇文院、昭文馆、集贤院工作的人员称为馆职，从别处来到馆里兼职的人员叫贴职。图书馆工作人员当时是受到重视的，而且升迁比较快。当时宋代图书馆的分工有直馆事，相当于现在的图书馆长。如秘阁的负责人称为秘阁直馆事。下面的工作人员有校理、校勘等。这些馆职人员主要负责三项工作：（1）编校国家藏书；（2）编修图书；（3）参与国家政事的讨论。秘阁的藏书是把三馆经过校定的图书（真本）汇在一起。宋代的真本书就是经过校对核订的标准本，有点像现在的库存本。秘阁还收了艺术品，原来书画的真迹和天文、方术的书。集贤院的书可以外借，有管理制度，管理图书的人称为库子，借书时凭单子。以上是宋代国家藏书情况。宋代的私人藏书比较多。北宋时最著名的藏书家是宋敏求，藏书三万卷。他的全部藏书是经过校对三、五遍的。藏书的主要内容是唐诗集为主。南宋比较有名的最大的藏书家是晁公武，当时藏书有二万四千多卷。这二万四千多卷都经过校订，写了提要，就是《郡斋读书志》。还有陈振孙，家藏图书五万卷。他自己对这部分图书经过研究写出了《直斋书录解题》。这两部著作是中国目录学中私人藏书的代表作。宋代的一个特点就是对图书比较注意保护校订。宋代对书院的藏书比较重视，为什么对书院藏书比较重视？原因有两点：（1）雕版印刷发达；（2）宋代提倡理学，有很多理学家在书院里宣传自己的观点，宣传理学。宋代书院的书比较多，原因是：一是采购一部分，二是国家赏赐，三是本院刻印。书院的书是为学生用的，学生可以在书院借书，宋代的书院就有借书的规定。辽的藏书比较少，"文化大革命"中辽的藏书在山西有所发现。金的藏书除抄印宋朝藏书外还自印和抄购，所以图书比较多。私人藏书最有名的藏书家是元好问。元灭了宋、金后，接管了国家藏书，同时利用宋的藏版印书。元建立了专管印刷图书的机构兴文署。各个部分的官署也刻印了一部分图书。元设立了藏书机构，一个机构称为艺林库，是把书汇粹集中在这里，是国家藏书机构，设提点大使等官员负责管理。另一个机构是山西平阳经籍所，到了元世祖时把平阳经籍所迁到大都（北京），迁到大都时改称为宏文院。第三个机构是国家的秘书监，是把历代的图书都集中在这里。元代的书院藏书数量比较多，元代比宋代的书增加了一部分。宋元以来图书的收藏工作，私人藏书比较发展。元代文化比较落后，宋元以来国家藏书地位已不如私人藏书重要了，所以宋元以来私人藏书成了保护文化的一个不可忽视的处所。

辽金藏书事业远逊宋元。辽代不仅国家无专设机构，私人藏书家也屈指可数。金朝则胜于辽，不仅在宋代影响之下有集贤院、宏文院、史馆三馆之设，而且还有秘书监、国子监等藏书机构。私人藏书比较普遍，但多为宋士大夫入金者。

3. 整理

宋初图书量增加，但正式整理是从宋仁宗时开始。宋仁宗景祐元年（1034年）开始指定专人来对国家的全部藏书进行删谬补漏工作，派一定的官员按唐代的"开元四目"进行删改工作。从1034年至1041年经历了七年，完成了《崇文总目》六十六卷。《崇文总目》是国家目录，包括了宋代的全部国家藏书，收了三万余卷图书。《总目》把全部图书划为四部，每书有提要，当时称为释，各类有序，这部书到南宋时已无序、释，仅存书名。元代此书已无完本，清朝时有辑本五卷。南宋时也对国家图书进行了编目工作，孝宗淳熙四年（1177年），编了国家目录称为《中兴馆阁书目》，共七十卷，收了四万四千多卷图书，比北宋增加了一万四千多卷书。宋宁宗嘉定十三年（1220年）时，图书量有所增加，编了《中兴馆阁续书目》，收入图书五万九千多卷，二目反映了南宋的图书状况，但此书已失，仅有清代辑本正目五卷、续目一卷。宋时还开始了一个新的创举，即编制了当代图书目录。

《国史艺文志》，共有七种，均佚。《国史艺文志》是一种当代史志目录。宋的创制是官撰当代史志目录之始。史志目录书中有贡献的是《新唐书·艺文志》。《新唐书·艺文志》在保存图书资料方面虽不如《旧唐书·经籍志》，但比旧志体制完备。宋代私人藏书较多，私人编目也比较多。一种是晁公武的《郡斋读书志》，这部书的体制是按四部分类划分，有四十五卷，各部有序。各书有提要，对作者主旨、图书的源流篇次都有论述。《读书志》偏重于考证，为后世考证所参考。它有两种不同的刊本，一种是袁州本，四卷；一种是衢州本，廿卷。第二种是陈振孙的《直斋书录解题》，这是陈振孙对自己四十多年来的藏书，用二十多年时间写成的一部目录书。他写的这部书有五十六卷，已佚。现存的《直斋书录解题》是从《永乐大典》中辑出来的，有二十二卷。这部书没有立四部的名称，是按经、史、子、集的次序立了五十三个类目，创立了新的提要名称——解题，最早用解题一词是从这时开始的。解题内容比较广泛，包括评论人物，评介图书，记述选材，以及撰述时间与版本等。第三种尤袤的《遂初堂书目》，这是中国最早的版本目录，但它只记版本，没有解题。

元对图书的整理工作没有详细的记载，只是在《元秘书监志》中有二卷书目，这是到现在为止，元仅有的一部书目。这部书只有书的数量，没有书的名称、作者和卷数，这本书只是图书清册。元代国家藏书没有目录。元代的史志目录有《宋史·艺文志》。《宋史·艺文志》是根据宋《国史艺文志》而来，收书近十二万卷，但内容不够谨严，有重复颠倒缺略错误之处。元代的史志目录的另一部书是《文献通考·经籍考》。《经籍考》这部书是专史目录书，作者是马端临。马端临是宋末元初人，这部书主要根据晁、陈二目，并博采公私目录及有关著述，采取了辑录体的方式，凡是与这本书有关的资料都收入到这里，起到了“览此一篇而各说具备之效”，对学术研究有所帮助。

辽金二代的图书整理工作，则因文献记载不足，未能作具体的叙述。

4. 编纂

编纂就是对现有的图书再处理，宋代出现了大型类书和丛书的编纂。宋初为什么会出现大型的类书？这是与当时设法安置旧臣的政治原因分不开的。宋太宗时修了三部大书：

（1）《太平御览》，一千卷，收一千六百多种书，全书共分五十五门，每门又分若干细目，大体按天、地、人、事排列，共有四千五百五十八类，前此类书，未有广博宏富如此者。而且它所引的古书，大部分都已失传。后代从事学术研究的人，看不到原书，却能由此窥见原书大概。《太平御览》对文史科学研究工作者是有很高参考价值的书，特别是古代文献辑佚工作者的宝库。

（2）《太平广记》，五百卷，全书九十二大类，一百五十多个细目，凡引书四百七十余种，是一部历代小说异闻的汇编。所引用书中，半数以上已经不存，存者也多为断简残编。所以，《太平广记》保存着许多珍贵的文献，是研究古代文化的珍贵资料，亦是辑佚和校勘古小说的重要资料。

（3）《文苑英华》，一千卷，所采梁陈隋唐诸家诗文二万余篇，选录作家二千二百余人，分为赋、诗、杂文、表、檄、论等三十八个大类，大类下复有小类。所选文章，以唐代作品为多。其门类设置较唐以前为进步。其价值主要在于它在客观上保存了许多唐代的文学文献资料。

太宗的儿子真宗，看到他父亲搞了这三部书，也搞了一部书叫《册府元龟》，有一千卷，是一部可以作为历史借鉴的古籍，原来的名字叫《历代君臣事迹》。这部书内容比较丰富。有一千多个子目，是按人事人物分类编的资料汇编。

宋代还出现了两部综合性丛书，一部是《儒学警悟》，一部是《百川学海》。这两部书是最早的综合丛书。

第五章　图书事业的兴盛时期——明、清

明清两朝由于社会经济的发展，图书事业在以前的基础上有了较大的发展而走向兴盛。这是中国图书第三次大集合时期，也是中国古代图书事业史的终端。

1. 图书形态

明代的图书仍以雕版印刷为主，它有官刻、私刻和坊刻三种渠道。

A. 官刻：在中央政权有内府皇室刊本，多以皇帝名义编著有关政教礼制的图书；有司礼监本，纸墨刻工都较精妙，但内容校勘不善，所以不甚受重视。政府各部院如礼部、兵部、工部、都察院、钦天监、太医院、国子监（南北监）都有刻书。地方政权则布政司、按察司、府县儒学和盐运司等机构都有刻书。另外介于官私之间的有藩府刻书，比较精美。

B. 私刻：

明初私刻不多，印书少，流传稀。

嘉靖间私刻风行，震泽王延喆影刻黄善夫史记即其代表。这时私刻书责任明确，在书上都有记录，如无锡顾起经家刻《类笺王右丞诗集》即附有写勘、雕梓、装潢等人姓名，并刻有刊印时间的“程限”。

万历以后，私刻繁荣，士大夫多以刻书为荣，有的搜罗古籍秘本校刻行世以示博雅，有的刊刻家集以宣扬祖德，有的选辑诗文以供科举揣摩，所以图书品种数量较多。

晚明时期当以常熟汲古阁毛晋为著名。毛氏自明万历至清顺治间前后四十年间共刻书六百余种，四部具备，以《十三经注疏》、《十七史》、《津逮秘书》等为最著。毛氏刻书，有较完整一套收购、校订、刻印、销售机构。对于好的底本，不惜重价收购罗致，时有“三百六十行生意，不如鬻书于毛氏”之谚，共收购图书八万四千余册。毛氏为使图书精良，每年到江西定纸，所以至今纸有“毛太”、“毛边”之称。又抄书也较精，抄本有“毛抄”之说。毛氏刻书之多，流布之广、历时之久在封建社会可说绝无仅有。

C. 坊刻：主要地区在建阳、金陵、杭州、北京等地。多刻小说及民间用书。销路甚广，对活跃人民文化生活有一定作用。

明代图书形式，嘉靖前沿袭元代风气，多为包背装。嘉靖以后，字体逐渐采用横轻竖重的“宋体字”，装订也改为线装。在刊印工艺上有三点值得注意。

①铜活字的应用：明孝宗弘治间（1488—1505年），无锡华氏用铜活字印书，万历年间又流行木活字。

②插图本图书：上图下文的全相本小说风行，万历间又发展为冠图和插图，称为绣像本。

③套印本：先是朱墨本，后有多色本。先是一块版涂色印，称涂印本；后发展为分色分版套印称“饾版”，即每色各刻一块，逐色依次套印。又有用凸凹两版嵌合使纸拱起称“拱花”。最早使用“饾版”和“拱花”的是天启时山东巡检颜继祖印《罗轩变古笺谱》，而崇祯时期胡言的《十竹斋笺谱》更为精美。

明刊图书后世多认为质量较差，主要是：校订不精，错漏较多，滥刻书帕本，妄改书名和删节内容，伪造古书，无用序跋过多等等。

清代的图书与明无大差异，仍是线装版刻纸本。这些图书主要也是通过官刻、私刻和坊刻三条渠道而制作的。

官刻本比较精细。康熙早期建立了直属内府控制的武英殿修书处，刊印所谓“殿版”图书。据陶湘《殿版书目》统计，顺治一朝内府刻书仅十六种七十九卷，而康熙时则增至五十六种五千五百九十六卷。种数增加三倍半而卷数更高达七十余倍。清朝政府也很鼓励地方官刻，如苏州、扬州都刊刻了较多大型图书，特别是由曹寅主持的扬州诗局，由于刊刻了刻印装帧俱佳的巨帙图书《全唐诗》等而博取了康熙帝“刻的书甚好”的嘉奖（《关于江宁织造曹家档案史料》第35号），树立了“精写、精刻、精刊、精校”的“康版”声誉。同时，在刻印工艺上又大量使用铜、木活字。雍正初以殿刻铜活字排印有万卷之巨的《古今图书集成》六十五部，成为清代前期文化事业中的瑰宝。乾隆中期以雕版与木活字相结合的工艺刊印了《武英殿聚珍版丛书》，择四库全书所征集书中之佳本刊行，起到了保存文献和推广流通的作用。

私刻多是具有相当学术素养的刻家，不仅博搜异本，勤于校读、讲究工艺，而且刻书量之大实属罕见，如张海鹏仅所刻《学津讨源》、《墨海金壶》和《借月山房汇钞》三大丛书即达四百二十种、二千零五十八卷。钱熙祚一家自乾隆至光绪，历时百年，四代刻书，所刻之书特编为《钱氏家刻书目》，可见其数量之富。但私刻最足显示其特殊意义者莫过于道光时泥活字的复活，始而有苏州李瑶以泥活字摆印《校补金石例四种》等；继而有翟金生（西园）以塾师的低微身份动员全家，倾毕生精力，手制活字十万余个，摆印《泥版试印初编》、《仙屏书屋初集》、《修业堂集》及《水东翟氏家谱》等四种。这不仅复活了宋代毕昇的活字制法，也击破了某些人士对泥活字是否有印书实用价值的怀疑，对奠定中国发明活字印刷的文化史地位，厥功至伟。与此同时，木活字的印书活动也一直普遍进行，如成都龙氏、福建林氏、洛阳叶氏等都曾以木活字大量印书，其中最引人注目的是藏书家张金吾以十万活字印行《爱日精庐藏书志》及《续资治通鉴长编》五百零二卷，以十六个月印成一百二十册，以私人之力成此宏业，其贡献实不可泯。

坊刻图书事业虽不如官私刻书的质与量，但由于所刻各书大多属于启蒙、应试及日常生活用书，加以工料价廉，易于采购，所以社会需求量大，因而也呈现出一种兴旺发达的景象。有些图书贸易中心的书市也有不少前店后厂的作坊，北京玻璃厂的五柳居、鉴古堂属于这种性质。坊刻图书规模宏大、历史悠久的当以洞庭席氏的扫叶山房为最著。这是继明清之际毛氏汲古阁之后，下迄民国初年的著名书坊，印行了大量价廉普及的图书。坊刻图书虽印行有若干荒诞迷信的书，但在传播、普及文化知识，供应群众需要上是有一定贡献的。

2. 典藏

明太祖灭元后，徐达收集元大都图书改送南京，这是宋金元三朝的旧藏，多宋元刻本和抄本。成祖建都北京，又移书北京，同时派人四出求书，至宣宗时，国家藏书共达二万余部近百万卷，都贮藏于文渊阁。不久，明撤除秘书监，将文渊阁藏书拨归翰林院典籍管理，取消了独立的国家藏书机构，形成明清时期有内府藏书而无国家藏书。

明代书院藏书不如宋之多，但私人藏书很盛。如明初的宋濂聚书万卷，嘉靖时的范钦自建天一阁收藏图书七万余卷，这是距今四百余年幸存的藏书楼。它对防火、防潮、防蠹等保护措施已加重视。私藏多半集中江浙闽广，主要是由于江浙经济发达，出版中心所在，致仕官僚携书返里，并一直有藏书传统。有的私人藏书楼开始制定管理章程，如天一阁、澹生堂等都有阅览、流通的规定。

清初仍未设专门的国家藏书机构而分藏于内阁、翰林院及国子监等处。

康熙为编《古今图书集成》曾命令各省征书送礼部，无刻本则缮写送翰林院。当时求书的标准是："今访求藏书善本，惟以经学、史乘实有关修齐治平成德化者，方为有用，其他异端邪说，概不准收录。"（《清通考》卷69）

乾隆时又多次求书，在编四库全书时更严令各地进书，取得一定成效，截至乾隆三十九年八月全国征书量达万种以上。在修四库的第二年（1774年）开始建阁以备贮存四库写本，先后建立了文渊、文津、文源、文溯等北四阁和文宗、文汇、文澜等南三阁。北四阁不开放，南三阁则允许士人到阁抄阅。文渊阁建成后即设官兼掌，设领阁事三人总其成，由协办大学士及掌院学士兼，直阁事六人同司典掌，由科甲出身的内阁学士、侍讲学士等兼掌，校理十六人，分司注册点验，由庶子、侍读、侍讲、编修等兼管。

清宫内尚有多处藏书，如昭仁殿的天禄琳琅收宋元辽金明五朝版，乾隆时达一千零八十一部一万二千二百五十八册，仅宋版子部即达六十三部。摛藻堂藏《四库全书荟要》一部。养心殿的宛委别藏有四库续收书一七四部，其他南熏殿、紫光阁、南书房等处也多有藏书。1929年清理宫廷藏书时尚有一万三千零八十一部十九万五千七百三十二册。

清代前期的书院藏书不及宋明之盛，主要原因由于清初怵于反满情绪而对书院讲学有所顾忌，以致书院数量较少，如清初全国书院仅五十一所，后经康雍时期的恢复与提倡，乾隆时始达五百七十一所，其中江西、广东、福建较盛。由于

这些书院大多具有官办性质，所以其藏书来源主要是官颁，如康熙曾送经史书籍给白鹿洞书院和岳麓书院，乾隆曾送十三经与二十二史给钟山、紫阳和敷文等书院。有的地方官还为书院购置图书，如洪亮吉督贵州学政时，即“购经史、《通典》、《文选》置各府书院”（《清史稿》卷356），此外还有书院购置和私人捐赠等渠道。这些公私来源增加了书院的藏书量，但终因书院经历了一段曲折，又限于经济力量，所以不能与国家、私人两种藏书体制相伦比。

私人藏书也甚盛，据不完全统计，清著名藏书家有四百九十七人，如清初的钱遵王、黄宗羲、朱彝尊，康乾时有阮元、黄丕烈、卢文弨等。这些藏书家都是有成就的学者，不仅收藏保护了大量图书，而且都是版本、目录、校勘等方面的专家，有颇深的学术造诣，对图书的完善作出了贡献。

3. 整理

明初集中图书百万卷而未整理，英宗正统六年（1441年）杨士奇等奏请登录编目，完成了《文渊阁书目》，这是官藏图书的登录簿。它不分部类而以藏书的千字文排次，各类纷杂不相依从。著录比较零乱，或一书而数部，又不著卷数，于撰人姓名时代亦多缺略。清人朱彝尊讥其“牵率已甚”，钱大昕认为“此目不过内阁之簿帐”，《四库提要》一面评其“草率以塞责”，同时又肯定它可借以“略见一代之名教”。

明代国家藏书分散，所以国家编目也多，如《内阁书目》、《新定内阁藏书目录》、《国子监书目》、《都察院书目》等。其中现存而价值较高的是《新定内阁藏书目录》。

明代的史志目录当推焦竑所撰的《国史经籍志》。焦志分五大类，即于经史子集之首冠以制书类。所录图书不以明代为限，不问存佚，通记古今。并对前此主要目录书进行分类上的评论，成《纠谬》一卷附后。

明代藏书家多编私藏目录，如范钦的《天一阁书目》、赵琦美的《脉望馆书目》、祁承爜的《澹生堂书目》和徐𤊹的《红雨楼书目》，著录文艺书甚多，可从中得到有关明代文艺的资料。私人尚编制一些专科目录，如周弘祖编《古今书刻》二卷是一部出版与金石的专科目录，殷仲春的《医藏目录》是医学书籍的专录。

清代官修目录最早是《古今图书集成》的《经籍典》。它将历代正史、专史艺文志、经籍志进行了一次汇总，为后世研究自先秦至清初两千年间图书事业的概况与发展提供了必需的资料。

但有突出成就的是《四库全书总目》（《四库提要》）二百卷。它是纂辑《四库全书》的相应产物。它集中了各方面的专才从事提要的编纂，如经部的戴震、史部的邵晋涵、子部的周永年、集部的纪昀总其成。全书按四部分类，部下又分若干类，部有总序、类有小序、书有提要，共收录古籍三千四百六十一种七万九千三百零九卷、存目古籍六千七百九十三种九万三千五百五十一卷，都写有提要。这是对十八世纪以前的古籍进行了一次总结。由于《提要》篇帙大，不便一般人翻读，又另编《四库全书简明目录》二十卷，精简了总序和小序，有些子目仍附简短按语。

清代前期另一部国家目录就是乾嘉之际于敏中、彭元瑞等人所撰的版本目录《天禄琳琅书目》正续编。版本目录虽始自宋尤袤《遂初堂书目》，但至清初钱曾《述古堂书目》、徐乾学《传是楼书目》乃渐成专称专学。《天禄琳琅书目》则更为完备。它不仅明载各种不同版本，还将刊载时代、地点、藏家姓名及藏章详加考订而载入，成为官修版本目录之始，并启有清一代藏书家编制版本目录之风，数量殆达数十种之多，为目录著述增一新领域，且为整理古籍选择工作底本提供方便。

史志目录的编撰是清代前期图书整理事业中富有成效的一项工作。它的第一部著作《明史·艺文志》始由目录学家黄虞稷撰著以“纪一朝之著述”，但为补前史之阙又附载宋咸淳以后及辽金元三代著述，书成后曾以《千顷堂书目》之名行世。这部初稿又横经两次删削而收入《明史》，乃贻后世以收书未遍，著录重复之讥。在专史方面，因编《续通考》、《清通考》而有《经籍志》，因修《续通志》、《清通志》而有《艺文志》。这四部史志目录也是清代史志目录的组成部分。

清代史志目录的最大成效乃在前史的补志工作上。补志工作始从补辽金元史入手而推及各史缺志。许多著名学者黄虞稷、卢文弨、杭世骏、厉鹗、钱大昕等都投身于这一事业。这不仅提倡了当时的补志风气，而且影响及于清代后期和民国初年。补志的陆续出现，使正史目录古今上下，完备连贯，基本上构成完整一套综合性目录。这在世界文化史上亦属罕见。

私人编目工作也颇兴盛，不仅为自己的藏书编目，而且还为其他藏书编目，一般质量较高，如孙星衍为自己藏书编《平津馆藏书记》，又为孙氏宗祠编《孙氏祠堂书目》，这是一部打破四部分类，直接分为十二类的目录，但各类顺序仍以四部先后为次。有些学者专门从事藏书整理研究，从不同角度撰写专著，如钱曾分别编写了《也是园藏书目》（查书）、《述古堂书目》（求书）、《读书敏求记》（善本书目）。有些学者以读书记、题跋等新形式表达他们整理研究图书的成果，如周中孚的《郑堂读书记》、黄丕烈的《士礼居藏书题跋》等。专科目录也较有成绩，如朱彝尊以一生精力成《经义考》三百卷，是空前的经学专科目录，影响及于海内外。此书不仅注明图书的存、佚、缺及未见，并按书汇辑有关序跋传记及评论等资料，为目录中的辑录体名著。其他如善本书目、丛书目录等也相继出现。

整理图书的若干基本技能如版本、校勘、考证、辑佚等，在清代有学者专门从事研究而成专门之学，使图书整理质量有明显的提高。

4. 编纂

明清时期，图书编纂工作规模大、数量多，对保存和利用图书起着重要作用，主要的编纂工作有：

①《永乐大典》，明成祖永乐四年完成的一部大图书，共二二八七七卷，达三亿多字，收古今图书八千种，包括经史子集、释藏道经、戏剧工艺等内容。上自先秦，下至明初，佚文旧典，借以保存。后世多从此辑出若干佚书，如《旧五代史》、《宋会要》、《直斋书录解题》等书均由此辑出。

②《古今图书集成》，一万卷，创于康熙，成于雍正。内容比《太平御览》丰富，编制比《永乐大典》有条理。分六编三十二典、六一〇九部。全书约共一亿六千万字。初印铜活字六十五部。这部书收录范围广，资料按类汇集，颇便翻检与求索。

③《四库全书》，乾隆时所编的一部大丛书，分收录与存目两类，有写本八部，分藏南北七阁，共达三九八六〇卷，大大地丰富了国家藏书的复本量。这部书不仅对文献进行了一次系统的整理起到了流传和保存的作用，而且还在长达十五年的编纂工作中培养了一批学者，提高了整理图书的基本技能水平。

④辑佚书：清代有部分学者专门从事搜辑亡佚图书，从许多引书著作中的片段、篇章搜集成书，谋求恢复古籍的粗略面貌。如黄奭的《汉学堂丛书》、马国翰的《玉函山房辑佚书》和严可均的《全上古三代两汉三国两晋六朝文》，对研究古代史有所帮助。辑佚作为一项整理恢复图书的手段和保存、流传文献的作用是不可低估的。

原载于《津图学刊》1985年第1-4期，1986年第1、2期

中国近代图书事业要论

中国近代图书事业是中国古代图书事业的延续，它虽在典藏、整理、编目、流通和编纂等方面仍有不少对传统文化的继承而延缓其发展与变化，但更重要的是它必然随着历史进程的巨变，无可避免地或多或少地受到了前所未有的各种冲击，终于在其发展、变化的过程中出现不同于古代图书事业而独具的若干特色。

一、历史的新时期

当中国历史进入近代，由于政治历史事件的不断出现和社会的频繁变动，又受到西方势力的不断影响，自然地从部分的变化而扩及各方。当广大知识分子接受了西方文化并谋与本土文化结合的时候，图书事业也被人们置于自己的视野之中，如先进人物林则徐、魏源等努力介绍西方，为近代图书事业注入新的内容；有的改良主义者如郑观应则提出了改革藏书体制的见解；大批维新派人物组织学会、读书会等等以充分发挥图书宣传、启蒙的社会功能；更有一批知识分子承担了移植西方文化的角色，大量翻译西方著作，扩大了图书的范围。与此同时，外国传教士在传播西方文化和进行译书活动的同时，西方图书馆学理论和技术操作程序也必然地东传过来，如杜威分类法的逐步取代中国传统的四部分类法。这些都显示东西方图书文化在日趋融合，而最显然的结果是京师图书馆与浙江绍兴古越藏书楼的建立和向社会开放，使中国的图书馆事业从此由以藏为主走向藏用结合并开始进入以用为主的阶段，主动地向近代图书馆模式过渡。这是近代图书事业进入历史新时期最明显的标识。

辛亥革命的发生，结束了二千多年的封建专制制度，整个社会的各个领域都

受到冲击，特别是“五四”运动前后，新思想的传播和各种思潮的纷纷兴起，又给中国近代图书事业注入了新的血液，赋予它以新的使命，使其成为新事物滋生的沃土。前所未有的具有革命内涵的新型图书馆亦破土而出，中国近代的图书事业被引上一条服务社会和民众的正确发展道路。不料就在近代图书事业正在顺利前进的途中，遭遇到日本帝国主义发动的侵华战争，陷我国家于兵火之中，生灵涂炭，百业毁灭，中国的近代图书事业承受了空前破坏的厄运，馆舍残败，藏书焚掠，人员散失，其损失之巨已难估计。抗战胜利，又继之以三年解放战争，连年兵火，中国近代的图书事业不能不陷于苟延残喘的境地。它预示着自1840—1949年的历史时期结束了，另一个新的历史时期即将来临。

《中国近代图书事业史》就是要把中国近代图书事业所承受的传统文化的吹拂，西方文化的影响，破土而出的新生气息和无端肆虐的血与火，描绘出一幅供人赏鉴，备人参考，引人深思，发人猛醒的历史图卷。它不仅存历史的真实，也从一个特定的角度对未来提供某些借鉴。

二、中国近代图书事业史的分阶段问题

凡史的叙述，必然先要考虑分期和划阶段问题。近代是一个完整的历史新时期，但史学界仍有下限究竟止于1919年，还是1949年的不同意见。中国近代图书事业史之所以下限定在1949年，是基于这109年的社会性质未变。如此分期可以比较完整地看到它所经历的奋进、求索和苦难的全过程。

在一个历史时期中还可以划分为若干阶段。中国近代图书事业的发展、变化以及所受到的残害和阻碍都与重大历史事件有着密切联系，所以，《中国近代图书事业史》也就选择重大历史事件和活动作为划阶段的界标。它除了序论外，大致按事件结合时间划分为九章，即：两次鸦片战争、太平天国、洋务运动、戊戌变法、二十世纪初期、北洋军阀统治、十年内战、抗日战争、解放战争等九章。这九章不仅体现了重大的政治变化，图书事业的变化也与之大体符合。其中两次鸦片战争与太平天国是在同一时间段内；但是，由于清政府与太平天国是两个性质截然不同的政治势力，它们对图书事业的政策、措施和影响都有各自的特色，所以分别给以专章的论述。在十年内战、抗日战争和解放战争三个时期里，由于实际上存在着三个战场，所以我们就分为国统区、苏区（解放区）和沦陷区三方

面加以论述，使读者对该时期能有一全面的认识。

这九章中的二十世纪初期这一章和其他以历史事件来划分的方法不相一致。关于这一章从内容看是有必要的。因为从社会形势看，维新派已以1898年的戊戌变法失败而宣告改良主义道路之难通，而代之以资产阶级民主革命的道路，二十世纪初期正是资产阶级革命派积极活动的时期，辛亥革命是所有这些活动的总成果，可惜它没有彻底胜利而为北洋军阀统治集团所窃据，但这十年的历史是应予重视的。这一阶段的图书事业也有与前此不同的特色，如四大文献的发现，革命书刊的流传，图书制作新技术的应用，图书社会效能的发挥，近代图书馆古越藏书楼的出现等等都是值得笔之于书的要事，所以这一阶段的划分是合乎客观实际的。

三、从藏书楼走向近代图书馆

藏书楼是中国藏书建设中私藏的主要场所，从汉魏以来藏书楼就已开始出现，历代相沿不绝，而明清最称鼎盛。进入近代，藏书楼的藏书体制仍在继承发展：前期如曾钊、马国翰、朱绪曾、蒋光煦等人都是拥有数万以至十数万册藏书和较多珍善本书的藏书楼主人，而最为人所注目者则为晚清四大藏书家，即：陆心源的“皕宋楼”，丁申、丁丙兄弟的“八千卷楼”，杨以增、杨绍和父子的“海源阁”以及瞿绍基、瞿镛父子的“铁琴铜剑楼”。它们一依传统的藏书体制，对搜求和保护图书起到了重要作用。而且一直延续到民初的嘉业堂，它们都在不停地起着保护图书文化的作用。同时，我们也不能不注意到外国教会在向中国输入西方文化的同时，也利用藏书楼的名义建立新的藏书体制进行图书的搜求和典藏，并以西方的图书馆知识影响中国，加速近代图书馆的尽早出现。与此同时，有些接受和吸收西方思想的维新人士也曾提出改革图书馆的意见，如郑观应在其所著《藏书》一文中，首先揭示历来以藏为主的弊病说：“海内藏书之家，指不胜屈。然子孙未必能读，亲友无由借观，或鼠啮蠹蚀，厄于水火，则私而不公也。”继而介绍西方藏书及借阅情况，并提出公开图书将有利于人才的培养，取得“我中国四万万华民必有出于九州万国之上者”的成效，反映了知识界对近代图书馆的渴望。光绪二十四年，京师大学堂成立，其章程第五、七、八各章均有专节论及图书馆的建立、管理和借阅等事，并作了具体的规定，为中国近代高等院校建立图书馆的正式创始。这些新生事物尚难立即为一般人所接受，如京师大学堂建馆之始，甚至无人敢入内阅览。延至二十世纪初，浙江绍兴名流徐树兰父子捐资建古越藏书楼，“以家藏经史大部及一切有用之书，悉数捐入，延聘通人，分门排比；所有近来译本新书及图书标本，雅驯报章，亦复购备，……一备阖郡人士之观摩，以为府县学堂之辅翼”。它开始了民间藏书楼向近代图书馆的蜕变。古越藏书楼虽仍具有藏书楼的意味，而实际上则已订立章程，公开借阅，具备了近代图书馆的初型。辛亥以后，公私图书馆逐渐兴起，而传统的藏书楼虽在私家仍有一些袭用旧名者，但总趋势是在日见衰退。近代图书馆体制则日益发展完备，完成了从藏书楼过渡到近代图书馆的全过程，成为中国近代图书事业中最明显的标志。

四、图书范围的扩大

历代公私藏书多以四部及丛书为主，间有其他，亦为数不多。近代以来，学术门类日广，著作者的视野拓宽，外来文化的不断输入，致使图书的种别与数量大为增加，主要是译书和有维新与革命思想内容的书刊。译书从中国近代史开端时期的林则徐开眼看世界。他借助于政治条件的便利，广泛地搜罗翻译人才，大量翻译西书西报；友人魏源主要根据这些材料相继纂成《四洲志》和《海国图志》，开启了研究西方、介绍西方的风气，许多有关西方史地内容的图书出现了，如《瀛寰志略》、《中西记事》、《通商始末记》等即是。洋务运动到戊戌变法时期，译书活动达到高潮，从单纯介绍西方史地知识外，政治、科技等方面尤为集中，如洋务运动的三四十年间，在中外翻译家互补短长的情况下译书近千种。在戊戌变法前夕，维新派人物更推波助澜地把译书活动推进一步，提出了新的译书应“以东文为主，辅以西方；以政学为先，而次以艺学”为原则，但实际上仍以西书为主，如王韬译有《格致西学提要》、《普法战纪》等；英国浸礼教派传教士李提摩太在十九世纪九十年代的五六年间共出版了《泰西新史揽要》等译著三十余种，特别是著名翻译家严复在1898年以来的十余年间先后译有《天演论》、《原富》、《穆勒名学》等八大名著，林纾也翻译了大量的文学作品。据《译书经眼录》的统计，二十世纪的前五年出版的主要译著共25类533种，约为前六十年译书量的总和，其中译自日本的虽起步较晚，但后来居上，所译图书有321种，占全部译书量的60%强。大量译书的出版为旧有的典藏增添了新的内容。

另一类具有维新与革命内容的图书也风起云涌地出现，最先是太平天国图书。太平军自在南京建政以后，就注重出版图书工作，设立刻印图书的专门机构，统一管理，实行“旨准颁行诏书书目”制度，最多列有二十九部。这些革命图书在其失败后，虽多遭禁毁，但尚有流传海外，后经学者抄回者。六十年代以后，维新分子大量著书立说，鼓吹改良，冯桂芬、郑观应、王韬、马建忠以及康有为、梁启超等人都著有若干具有维新变法内容的图书行世。二十世纪初，随着资产阶级民主革命的展开，革命书刊盛行一时。邹容的《革命军》，陈天华的《猛回头》、《警世钟》，章太炎的《驳康有为论革命书》，白浪滔天的《三十三年落花梦》等等以及明末清初一些反清思想家著作的重行出版，为图书的典藏又增添了新内容。尤其是报刊的大量编印，除革命与改良两派进行对立宣传的《民报》和《新民丛报》外，尚有其他革命派所发行的报刊更如雨后春笋似的破土而出，如《中国日报》、《开智录》、《浙江潮》、《云南》、《晋乘》等等。它为图书馆的典藏别开生面，从此，书刊成为典藏中相沿至今的两大类别。

第三类是教科书的编印出版。1897年南洋公学首先编出的《蒙学课本》是中国近代自编教科书的始创之作，但不甚理想。以后，无锡、上海等地相继自编教科书，但或不合使用，或被迫停止流通而未得发展。1907年清政府学部编辑出版了《初等小学国文教科书》等数种，因内容守旧，不为社会所欢迎。直至商务印书馆出版《最新教科书》，才使中国的教科书形式趋于完备。商务印书馆在1904—1906年间曾在张元济、高梦旦创议和主持下按新学制编印了《最新初小国文教科书》和《最新小学国文教科书》等，风行一时。不久，高梦旦从日本考察归来后，在张元济的支持下，并邀请日人参加，大力开展教科书的编写工作，先后编出高初小需用的国文、修身、珠算、地理、历史、农业、商业等教科书，总名曰《最新教科书》。它从内容到形式都是对旧的儿童读物的否定和革命，体例严整，文字浅近，意义明切，图画精多，并配有教授法，成为形式完备的教科书。这一新生事物不仅对中国近代教育有深远的影响，也为中国近代图书事业作出了贡献。

由于有以这三类为主的图书和刊物的较大量涌现，使图书所涉及的范围扩大，从而为典藏工作开拓了更大的入藏余地。

五、新编目录书的编制

中国图书目录的编制源起甚早，自汉刘向父子编制《别录》、《七略》以还，历代无论公私藏书均有目录，其中不乏名作。至清，目录书的数量几为历代目录书的总和。据《清代目录提要》的不完全统计有380余种，其中含有不少近代以来的目录。这些传统目录大抵沿袭旧有体制或略有发展，公藏目录的成绩，不甚突出，而私家目录则有多方面的成就，有补史志目录，有私藏目录，有具有目录性质的题跋与读书记等等，其私藏目录中以善本著录最受重视，晚清四大藏书家无不于目录中注明珍善图书，或另编善本专目，如丁丙有《善本书室藏书志》收书2000余种，含有宋元明刊本、手稿精校等书。瞿镛有《铁琴铜剑楼藏宋元本书目》收书440余种。他如道咸时朱绪曾的《开有益斋读书志》，清末姚振宗的补两汉、三国艺文志；民国时叶德辉所撰《郎园读书志》、《观古堂藏书目》等都是传统目录书中足资参考之作。作为推荐书目的《经籍举要》和《书目答问》为旧学入门提供了方便。目录的形式也由簿录式向卡片式过渡，以适应新的需求。

但是，更值得引起重视的乃是一些新形式和新内容的新编目录书的出现。由于东西方图书译入日多，整理这些书籍的工作已被提到议事日程上来，从而产生东西学目录的著作。1889年，维新思想家王韬首先编著了《泰西著述考》，收录了从利玛窦到清初来华的传教士所翻译和著作的书籍。继起者为1897年5月出版的《日本书目志》。这是康有为在甲午战后日胜我败的刺激下，认识到日本由于引进西籍而致强的缘由；但从西方译入，既有文字上的难度，又需披沙拣金地选择，不如从日本译入。于是，他将能促进中国维新变法的日文书籍进行了整理，编为《日本书目志》。全志分为15门，门下分为36类，有简明叙录，录下著录各书的书名、册数、译者、价目等，其有关杂志则分入各类。另一部名作是梁启超的《西学书目表》。《西学书目表》是梁启超把科学分类与实际应用相结合的一种有创新见解的新目录。梁启超将西书分为西政、西学和杂类等三大类，解决了介绍政治、经济图书的分类和难以归属等实际问题。大类下又分28小类，有简要序言，然后著录图书的撰译人、刻印处、本数、价值、识语，识语内介绍书的用途、内容深浅和好坏，并在有的书名边角上附加小圈，以小圈的多少来表示书的重要性。这在杜威十进分类法输入前，它是有革新意义并有一定影响的一次改革成就。后来的《古越藏书楼书目》即在梁氏的西学分类基础上进而搜求中西书混编的途径。《古越藏书楼书目》的编者希图制订一个新旧中西图书都能适用的统一分类表编制法，从根本上打破旧的四库分类法。这对近代图书分类学有重要的启示和借鉴作用。这是近代图书事业在目录分类法上的重要成就。

六、图书制作的新技术

中国图书的制作，自唐宋以来一直使用雕版和活字，大约在十四世纪，雕版印刷术传入欧洲，并得到应用，因为字型不一的实际情况，不断引起印刷技术的改进。1450年，德国人约翰·谷登堡在德国美因兹市发明了现代铅活字印刷术，很快从此地直接或间接传到欧洲各地和美洲。1796年，奥国人亚罗斯·逊纳费尔德发明了石版印刷术。1850年，出现了石版印刷机，1868年，以锌版代替石版印刷机，开启了现代印刷技术。从十九世纪中叶始，随着传教士活动幅度的日益加大，西方文明的输入，图书制作量的日增，西方的现代印刷技术必然地被引进和运用。在图书制作上出现了雕版、铅字、石印三者并行的局面，而铅、石印则渐具主要地位。铅印自1860年美华书馆创制了华文字模后，而得到进一步的推广，使中国的印刷业走上机械化的道路，给制作大部头图书带来了方便，从1881年始，《申报馆聚珍版丛书》、《古今图书集成》、《二十四史》等大书相继问世，对扩大图书的流通起到极大的推动作用，奠定了铅印图书的地位。与此同时，石印技术也传入中国，并开始应用。1874年，上海天主教教会在土山湾成立了石印印刷部，进行图书的石印，收益较丰。1876年，英人美查鉴于石印有利可图，便在上海开办了规模较大的点石斋印书局，铅排、石印齐头并进。石印《康熙字典》前后两次印刷达十万部，带来了莫大的利益。该字典印刷清晰美观，体积大大缩小，便于携带查阅，而价格又较廉，为读者所欢迎。1884年，美查又利用石印技术创办了中国第一份画报旬刊《点石斋画报》，反映了历史和现状，内容精美生动，通俗易懂，颇受社会欢迎，获利丰厚，刺激了石印技术的发展，为近代书刊并存的典藏增加了数量，扩大了范围。各种不同名称的画报纷纷问世，风行一时，直至民国以后被铜版照片所代替，石印图画日趋衰落，而石印文字也以所印科举应用书因科举废除而无人问津。铅印书籍不仅日益价廉物美，印行工艺方便，遂使石印书籍渐被淘汰，铅印书籍乃相沿至今，一直居于主要地位。

随着铅印石印的输入和推行，图书的用纸由连史纸和毛边纸的单面印改为用洋纸的双面印，装订技术也由折页齐栏线钉变为大张连折的铁丝装订，开始了精装与平装的装订形式。中国的传统装帧艺术开始向新的型式演变，经过了新旧杂陈的过程，直至二十世纪初期以后，精装、平装成为最通行的两种装订技术而相沿至今。这些新型图书，由于内含丰富，上架典藏方便，储存量易于增多，致使它能以一定的优势占据了近代图书馆的绝大面积，改变了近代图书馆的基本面貌。

七、图书的厄运

图书自其创制，厄运一直如影随形，它所遭受的损失也是无法估量的。自商鞅、秦皇开焚书恶例以还，历代屡遭困厄，是以隋牛弘有五厄之叹，明胡应麟有十厄之说，清纂《四库全书》，其禁毁与删略几与著录者不相上下，对中国的传统文化无异是极大的摧残。

近代以来，图书不断遭受外来灾患和内部纷乱的干扰。两次鸦片战争期间，英国侵略军的抢掠天一阁，英法联军焚烧圆明园而祸及《永乐大典》。太平军转战南北在与清军作战过程中，除战火波及外，由于太平军规定“凡一切孔孟诸子百家妖书邪说者，尽行焚除，皆不准买卖藏读也，否则问罪也。”因此，“所至之地，倘遇书籍，不投之于溷厕，即置之于水火。”遂使东南地区的著名藏书楼如天一阁、知不足斋、瓶花斋、振绮堂等都遭到损失。

二十世纪初期，由于革命书刊的广泛流传，引起了清政府的嫉视，不仅一些书籍遭到查禁的厄运，而且在1906年以后，陆续制订了《大清出版物专律》、《报章应守规则》、《大清报律》等禁令，甚至借题擅兴大狱，查封《苏报》，革命者章太炎、邹容锒铛入狱，终致邹容死于狱中。所有这些禁令和暴行对图书事业都是严重的伤害。

民国时期，连年的军阀混战给公私藏书带来了莫大的灾难，山东海源阁的藏书被军阀士兵愚昧地毁坏，藏书散失，几近荡然。北洋军阀集团复因袭清政府的做法，颁布有碍图书事业发展的各种法规，如《著作权法》、《修正审查教科书规程》等多种禁令。从民元至民国十七年之间，被禁出版物达460种，使图书遭到新的厄运。这种厄运一直接连不断，特别是抗日战争时期，日本军国主义者肆意毁灭中华文化，它以战火、查禁和掠夺等等卑劣无耻的手段和行为来摧残图书。据蒋复璁的《最近中国图书馆事业之发展》一文的估计："七・七战后，东南各省……图书损失在1000万册以上，而且损失的多是战前充实的图书馆。"皮哲燕在《中国图书馆史略》一文中估计，战前大学图书馆藏书近600万册，抗战到1939年损失图书约280万册，以致使原来藏书充实的大学都无法满足教学与科研的需要，可见损失之惨重，但日本战败后归还所抢掠的图书则寥寥无几，而且大都面目全非了。这是中国人永远不能忘记的创伤！

八、结语

从上述情况看，中国近代的图书事业在其109年的发展历程中的确发生了巨大的变化，它以许多前所未有的新事物区别于古代的图书事业，给历史以崭新的面貌。近代模式的图书馆逐步代替了传统的藏书楼，并且迅速地大幅度增长，不仅为中国的图书事业本身更换了新装，而且由于随着历史进程而注入的新内容，遂使中国的图书事业渐与国际接轨，成为世界图书事业的重要组成部分。纵然它也遭遇过若干厄运，但终于摆脱掉旧有的束缚而迎来中国图书事业的另一个新的历史时期——即以中华人民共和国成立为标志的现代（或当代）图书事业。它不仅将继承和吸取历史遗产的精华，更将灌注符合时代需求而不断前进的新养料，大显前所未有的风采，以达到更具有时代感的高度！

原载于《传统文化与现代化》1998年第5期

中国藏书文化漫论

中国的藏书文化伴随着图书的产生而出现，具有二千多年的悠久历史。它以逐渐完备的藏书机构为保证，以专门收藏家和研究者所建设与藏书文化有关的多种专学为羽翼，并以一种可贵的人文精神为主要支柱，围绕着藏用关系的演化，不断地润泽着全民族，形成一种重要的文化现象，成为中华文化的重要结构之一。虽然，它也无可避免地遭到过若干厄运，但远瞻仍在发展不已的前景，不能不引起人们研究中国藏书文化的发展历程及其相关问题的兴趣。它对当前全面研究中华文化也是一项不容忽视的重要任务。

一、藏书文化的基础——书的起源

藏书文化的先决条件是必须有书，否则一切无从谈起。那么何时才有书？有一种非常流行的说法，认为甲骨文、金石文字就是书，甚至在第62届国际图联的公开报道中也采用了这种成说。我认为这是对书的功能缺乏足够的认识。我们承认甲骨文和金石文字都是将人的思想言行通过文字、图画记录在专用载体上，并保存在一定的场所，但它们却缺少书的最重要功能。因为正式图书必须具备三项条件：一是用一定符号（文字或图画）所表达的内容；二是有一定形式的专用载体；三是有广泛的移动和传播功能。而最后一项是图书的最重要条件，唯此才能使人类文化得以传播、丰富和发展而形成为一种文化现象，甲骨文和金石文字恰恰缺少这一重要功能，因此它们只能是档案，而我国图书的最早形态应是简书。

简书的出现已有二千多年的历史，根据文献记载，西周至春秋已利用加工过的竹作为专用载体，可惜至今尚未发现这一时期的简策实物。而战国时期的竹简早在晋朝就有汲冢竹书的发现。二十世纪五十年代以来则有大量竹简和部分木简的发现，于是简书的形制内容大体清楚。特别是1975年湖北云梦睡虎地秦墓中发现千余枚秦文书竹简，证明简书由秦都流传到湖北的事实。简书具备了图书必须能流通的社会功能，确立了简书作为图书起源的不容置疑的地位。简书为藏书文化的开端提供了必需的基础。

“藏书”一词最早似见于《韩非子·喻老》篇，有一名叫王寿的人负书而行，被另一名叫徐冯的人在途中见到，徐冯即问：“智者不藏书，今子何独负而行？”于是王寿因焚其书而舞。王寿的藏书量虽然不多，但“藏书”既成为交往用语中的专名词，可见其已是一种比较普遍的社会文化现象。

二、藏书文化发展的保证——藏书体制

可以这样认为，随着藏书的出现，藏书机构也就出现，并在历史进程中逐渐发展完备，即使在战乱动荡的时代也并未忽视，因而它形成一套完整的藏书体制。中国的藏书体制大致可分官藏、公藏和私藏三大系统。直至今日似仍未能超越这三者的范围。

官藏在藏书体制中最早出现，在古代文献中可以看到夏商时期已有类似管理图书的职官；但也不排除这是根据后来官制相比附的可能。不过，到西周中期以来似已有专职管理人员，《左传·昭公十五年》记周襄王对晋大夫籍谈说“女，司典之后也”，乃指籍谈九世祖伯黡掌管晋国典籍并由此得姓而言。这种以所从事的事业为姓氏的事实正反映西周中期已有专司图书的职官，但还不能认为已有官藏机构。真正官藏机构是老子为周王室“守藏室之史”的藏室（《史记·老子韩非列传》）。孔子“西观周室，论史记旧闻”的“室”[①]，估计就是“藏室”的简称。西汉武帝在经过多次求书的基础上，正式建立了官藏机构，分宫廷的内书和政府的外书。内书分藏石渠阁、天禄阁、麒麟阁、兰台、石室、延阁、广内等处；外书则有太常、太史、博士、太卜、理官之藏。东汉则立七大藏书处，有辟雍、宣明殿、兰台、石室、洪都、东观和仁寿阁等。由于藏书文化的发展，东汉政府在延熹二年（159）创建了中国第一个管理图书的中央最高机构——秘书

---

① 《史记·十二诸侯年表》。

监，正式列入国家职官系列。三国是一个纷争战乱的时代，但魏有秘书、中、外三阁，蜀、吴均有东观，都设有固定的职官。这说明藏书文化已成为任何一个政权所必须保存和发扬的一种文化现象。安定繁盛的时代更受到重视，如唐朝除由秘书省统管全面工作外，尚有弘文馆、崇贤馆、司经局、史馆、翰林院、集贤院等藏书和整理藏书的专设机构。宋朝除三馆（昭文馆、集贤院和史馆）与秘阁作为国家中心外，还有国子监、学士院和司天监的藏书，宫廷内府则有龙图阁、太清楼和玉宸殿，藏书文化得到极大的发扬。清代虽未设专门官藏机构，但在内府皇帝休憩办公之处如武英殿、懋勤殿、昭德殿、南薰殿、养心殿、昭仁殿、紫光阁、南书房、皇史宬、内阁等处都有不同数量的藏书，而乾隆帝为分藏《四库全书》所建南北七阁，其规模和布点可称官藏机构之最。

公藏指社会教育、宗教机构的藏书，主要是书院藏书。元代书院比较发达，据一种统计共有227所，其中杨惟中、姚枢所建太极书院即选取宋代典籍8000余卷作为书院藏书。清朝雍正朝之后，书院发展近2000所，许多名人提倡书院藏书，如张伯行在福州创建鳌峰书院，即“出家所藏书，充牣其中”[①]。阮元在杭州、广州先后创设诂经精舍和学海堂，即将其所编纂与刊行的各种书籍用来充实这两家书院的藏书。这对推动藏书文化起到一定的作用。

私藏几乎与官藏先后出现，在《韩非子·五蠹》篇中已叙及私藏图书之事。战国时的名学家惠施，“其书五车”，私藏数量已不算少。西汉私藏事迹，史传颇有记载。东汉时私人藏书家亦为数不少，如杜林、班固、蔡邕、华佗等皆富有藏书；藏书量也大增，如蔡邕私藏几近万卷。历代私藏事业一直在发展、丰富，显示出很大的成就，如宋代的晁公武、陈振孙和郑樵等人不仅拥有大量私藏而且还对藏书的理论与实践作出贡献，形成社会上比较明显的文化现象，对推动藏书文化的普及与发展起着重要的作用。直至清代，不仅学者大多家富藏书，而且某些富商巨贾亦多以藏书来标榜自身的文化气质，其覆盖所及，几遍全国，特别是东南沿海地区私藏蔚然成风，藏书文化趋于鼎盛。

中国以官藏、公藏和私藏的三大渠道汇聚了古往今来的文化精粹，形成一套完整的藏书体系，为藏书文化构筑了必不可缺的实体间架，并发挥其应有的保证作用。

---

① 《碑传集》卷一七。

三、藏书文化与人文主义精神

中国的藏书文化包含着浓郁的人文主义精神，它的核心则是“仁人爱物”。所谓“仁人”便是把书与人的关系紧密地联系起来，使所藏尽量发挥其作育人才的社会功能。从官藏来看，早在老子主管周藏室时，便曾热情地接待孔子来查阅百二十国史记，彼此还进行了学术研讨。魏晋时期，国家藏书还曾应读者的借阅要求而赠书，如西晋皇甫谧向晋武帝借书，武帝应求赠书一车。唐宋各代也将官藏作部分开放，如北宋的官藏即向一些官员开放，如因工作需要还可经过一定手续外借。清代尤注重官藏利用问题，在《四库全书》纂修以前，多位学者就有机会抄录官藏《永乐大典》所收各书，有一些重要而散佚的著作得到抢救，学者全祖望、徐松等都做过抄录工作，而《宋会要辑稿》之类的重要典籍因此得以流传。《永乐大典》还被《四库全书》作为采录佚书的来源之一，使古代文化得到更广泛的流传。《四库全书》修成后，不仅北京文渊阁可有条件地备人参阅，更在南北要地分建六阁，以便各地士人就近抄用，嘉惠士林，保存和普及文化，所尽仁人之心，功不可没。公藏如书院之藏书本以供士子阅读为主旨，自不待言。至私藏之体现仁人之心更为显著。东汉末年学者蔡邕私藏近万卷，当他发现王粲是一位文采斐然的好学之士，虽然其女蔡琰也颇有学识，但他还是要将藏书数千卷赠予王粲以作育人才。[①]宋晁公武之所以能写出一部私家目录名著——《郡斋读书志》，也是得力于他得到四川转运使井度的慷慨赠书五十箧，使晁公武合个人私藏去重后得24500余卷，乃录诸书要旨而成书，体现了藏书文化的仁人效果。藏书文化的仁人精神不只局限于汉民族圈，也润泽着周边各民族，并循着文化同化律的趋势发展。辽、金、夏各族以民族文字大量翻译汉籍，与当时各民族的政治民生密切相关，特别值得注意的是公元1190年由西夏编成的《蕃汉合时掌中珠》，是汉夏、夏汉的对译字典，在夏字旁注汉字读音与汉字释义，汉字旁注夏字对音和译语，两两对照，极便检阅，对沟通民族的文化交流与融会起了重要作用。元朝也很注重提倡藏书文化，译书有《通鉴》、《九经》、《贞观政要》等等。其文种之繁，数量之多，范围之广，都已超越前代。尤其是设立秘书监的分监，颇类似图书馆的分馆，也可视作一种流动图书馆。分监原是随着皇帝去上都避暑时带一些备参阅的政书和类书，但因年年如此，也便形成固定的制度。运

① 《太平御览》卷一六九。

书既有苇席、柳箱的包装，又有专人押送，并可经过严格的手续在一定范围内流通，这是前此所没有的措施。[①]

有些藏书家为了发扬藏书文化的仁人精神，亲自为人办理藏书借阅，如南齐崔慰祖聚书万卷，邻里少年来家借书，他都“亲自取与，未尝为辞”[②]。有些人如晋范蔚藏书7000余卷，“远近来读者恒有百余人”，他不仅提供阅读，还为读者“置办衣食”[③]。明清两代不少藏书家逐渐树立外借流通的观念，如明末藏书家李如一就持“天下好书，当与天下读书人共之”的观念，所以他“每得一秘书遗册，必贻书相闻；有所求借，则朝发而夕至”[④]。杨循吉的《题书厨上》更直抒“朋友有读者，悉当相奉捐”的慷慨气度。许多藏书家都把借阅抄录作为丰富知识、扩大藏书的一种方法，如世学堂纽氏、澹生堂祁氏、千顷堂黄氏、绛云楼钱氏、天一阁范氏等大藏书楼都曾接待著名学者黄宗羲进楼抄书。黄氏也不忘所本，真诚地名其藏书处为“钞书堂”以志来源。黄氏之成为清初大学者未始不得力于此。藏书文化为之大放异彩。

藏书文化的爱物精神首先表现在对图书的爱护上。从汉代开始，就用竹制小箱（箧）将图书分类置放，以免损失破坏。东汉发明造纸术后，使藏书保护得到进一步的发展，如用檗将纸染黄后再用以防蠹。[⑤]魏晋时代有一个名叫曹曾的人，家多藏书，他为此修了一个石窟以藏书，称为曹氏书仓。隋朝是藏书文化趋于高潮的时期，炀帝虽是后世所非议的人物，但他爱护图书的心极强而为史籍所称道，如《旧唐书·经籍志》即盛称：“炀帝好学，喜聚异书，而隋世简编最为博洽。”甚至博学如宋人郑樵也在其所著《图谱略》中极称“隋家藏书富于古今”。他不仅注意典藏，还对图书的形制爱护备至，曾精选其正御本书写五十副本，分上中下三品，用不同颜色的卷轴分藏书室，并建立起能自动启合的门窗和书橱等设施。唐承隋风，私藏图书超出万卷者已不在少数，而爱惜图书者更非个别。如李泌藏书三万余卷，对经史子集分别标红绿白三色以区别藏书质量。宋代除注重图书形制外表的保护改进外，还对图书的内容进行纠谬正误的校勘工作，由崇文院总管秘阁和内府藏书的整理和校勘，并规定每日日课数量，有一大批著

① 王士点：《元秘书监志》卷三。

② 《南史·崔慰祖传》。

③ 《晋书·范蔚传》。

④ 钱谦益：《跋陶南村〈草莽私乘〉第二跋》。

⑤ 刘熙：《释名》。

名学者如曾巩、苏颂、黄伯思等都对校订官藏有所贡献，为后世留下重要的经验。学者对个人私藏尤加用心，宋敏求家多善本，颇着意于校书，更利用这些珍本文献著书立说，成为一代著名学者。尤袤著《遂初堂书目》著录图籍的各种版本，开版本学研究之先河。明代范钦精心营建的宁波天一阁，是至今巍然独存四百多年的古代图书馆，在它二百年后的清乾隆帝为《四库全书》建阁存书时，犹命地方督抚绘制天一阁图纸作建阁依据。它不仅拥有七万余册的藏书量，被誉为藏书天下第一家，而且对爱护图书作了多方面的设想，如防火、防蠹、防潮、防散失等等措施，更是蜚声海内外，为世人所称道，充分体现了藏书文化的爱物精神。其他许多藏书家也多注重图书的装订、刊印和收藏，可见藏书文化精神的普及程度。尤其是对古善珍稀的典籍更视若拱璧，不惜巨资大量地精工传抄，因而有吴抄、文抄、王抄、姚抄、祁抄、谢抄和毛抄等著名抄家，特别是毛抄更是驰名遐迩，后世所谓毛边纸之称就是毛氏抄书的专用纸张。这种一时成风的抄书活动的文化现象，极大地丰富了藏书文化的内涵，应给以充分的研究。清初以来，藏书文化有显然的长足发展，不仅官藏、公藏注重搜求典藏，还由政府组织了工程浩大的《四库全书》的编纂工作，有选择地概括了古代、中世纪以来的中国传统文化，并将抄本分置在自东北至东南的繁盛之地。私藏尤为普遍，几乎是学者无不藏书，藏者无不是学者，区别仅在于数量之多寡。藏书文化的意识已牢牢地树立，藏书文化的精神得到极大的发扬。不少学者为了丰富所藏，不惜移居书市附近，以便捷足先登搜求到佳本善刻，当时声名卓越的学者如王士祯、罗聘、孙星衍和黄丕烈等都在京师旧书集中地附近居住，这无异是推波助澜地使慈仁寺、琉璃厂先后成为最大的藏书文化的中心而历久不衰。学者们在这里交流藏书，传播文化，培育人才，研讨学问，从各方面研究图书，于是版本、校勘、目录和辑佚等专学相继出现，逐渐完善，成为清学的主要部分。不仅如此，若干富商巨贾也被藏书文化的洪流卷进去了。他们毫不吝啬地藏书刻书，养士编书，对藏书文化作出了应有的贡献。由于全社会能从仁人爱物的角度来重视藏书文化而把藏书文化推向了鼎盛。

以仁人爱物为中心而构成的藏书文化，对社会、民族素质的影响很大。但是，近年来由于社会转型期板块移动和撞击的波及，不仅藏书文化的观念逐渐淡漠，而且藏书词汇也在人们特别是青年人的头脑中接近消失，这是一种非常可怕而严重的反文化现象，非常需要我们竭尽全力来提倡和宣传以仁人爱物为中心内容的藏书文化。

四、藏书文化的基本理论

中国藏书文化的基本理论就是围绕着“藏”与“用”的问题而展开的。从整个中国藏书史的发展过程看，“藏”似乎是重要支点，而“用”往往处于一种次要地位，所以“藏书”的概念比较早地形成。藏书一词，千百年来未能动摇。为了藏好书，在单篇传写的时代，首先要收集零散的书加以整理与编纂，孔子是有确实姓名记载的最早的整理与编撰图书的人。他“修旧起废”，将历代遗留下来的档案、文献，整理和编订为诗、书、礼、乐、易、春秋等六大类，为藏书奠定了良好的基础。他在整理古诗三千余篇时，提出了有关藏书文化的最早理论原则，即“去其重”和“可施于礼义”者，按现代话解释，前者是运作标准，后者则是政治标准，二者成为藏书的基本依据。他把诗先按性质分为风、雅、颂三大类，“风”下又按地域分为十五小类，这是藏书二级分类的雏形。他把六艺作为选择藏书标准，所以司马迁说：“夫学者载籍极博，犹考信于六艺。”孔子这些片段理论虽不够完整，但却为以藏为主的基本理论奠定了基础，而其影响及于后来。荀况在《王制》中所说“以类行杂”和《正名》中所说“同则同之，异则异之”，都为藏书分类提出了指导性原则，为藏书文化的发展和形成作出了重要贡献。

与此同时，“用”对藏书的作用也被学者正式提出，韩非在《三难》篇中说“法者，编著之图籍，设之于官府而布于百姓者也”，又在《五蠹》篇中说：“今境内之民皆言治，藏商、管之法者家有之。……境内皆言兵，藏孙、吴之书者家有之。”商鞅在所写《君臣》篇中说“诗书与则民学问”。后来汉武帝为实现其大一统而不断用兵的需要，特命专人从积如丘山的简书中去整理兵书、编制《兵录》等。这些言论和活动都说明藏用的开始结合。

这样就形成了以藏为主、藏用结合的藏书文化基本理论。在近代以前，这一基本理论一直指导着历代的图书事业，特别是藏书活动，甚至近代以来尚在争论着藏与用的关系问题。这一基本理论既对藏书文化的延续发展有保证作用，但也局限了藏书文化的发展速度和涵盖面。

在以藏为主的理论指导下，加以历史上的兴衰治乱的不断交替，所以，藏书建设问题被放在比较重要的位置上。历代都非常注重重建和恢复藏书，如汉代三次全国性的求书活动在藏书史上即占有相当的地位。两汉之际，刘向父子的大规模整理国家藏书，为做好国家图书典藏工作和完善典藏制度树立了典型，其所编《别录》、《七略》又为“用”创造了检用藏书的方便。各代相沿都有程度不同的求书活动和相应措施，如唐代不仅建立了完整的藏书机构、组织了较大规模的校书活动，还建立了典藏和利用制度。宋代由于雕版印刷的盛行，政府的注重文化和著名学者的参与，所以特别努力于图书搜集和典藏，如南宋时曾制定多项求书措施，包括求诸著名藏书家、求诸故执政家、求诸旧秘书省长官、检索旧藏书遗留文献、求诸印刷出版业发达地区、求诸战争破坏影响轻的地区、求诸寺庙。政府公开下求书诏，征集私家藏书目以访求遗缺书，充实典藏。

在出版物繁多、品类丰富、出版方式多样、藏书措施逐渐完备的情况下，藏书建设的理论初步形成。那就是生长于两宋之间的学者、藏书家郑樵在其所著《通志·校雠略》中提出的“求书之道有八论”，即即类以求、旁类以求、因地以求、因家以求、求之公、求之私、因人以求、因代以求的八种求书方法。郑樵生于宋代，既能看到唐以前遗留的残简旧篇，又遍观当代公私藏书，总结了当世的图书采访经验和个人的采访体会，写出了“求书八法”，成为中国藏书史上对以藏为主的基本理论所作的一次比较系统的理论概括。

明清以后，藏书事业更为发达，藏书文化以藏为主的理论得到进一步丰富，其最有代表性的是明万历时的大藏家祁承㸁及其《澹生堂藏书约》。祁承㸁是嗜书如命而拥有藏书十万余卷的大藏书家，自称是“蠹鱼之嗜，终不懈也”。所著有《澹生堂集》、《澹生堂书目》和《澹生堂藏书约》等。其中《澹生堂藏书约》是祁承㸁在丰富的藏书基础上所形成的有系统的藏书建设理论。此书除前言外，《读书训》和《聚书训》是抄录古人聚书、读书的事迹，《藏书训略》分“购书”和“鉴书”两节，是他对自己平生购书经验的总结，也是古代藏书建设的重要文献。《藏书训略》提出“购书三术”、“鉴书五法”。“购书三术”即“眼界欲宽，精神欲注，而心思欲巧”。所谓“眼界欲宽”是指要放开视野，“知旷然宇宙，自有大观”，购书时不局限于某一类。所谓“精神欲注”是指养成读书嗜好，即购书者要逐渐移种种嗜好于嗜书。所谓“心思欲巧”是指要多动脑筋，多想办法。祁承㸁在郑樵求书八法外，又设想了三种搜求书籍的途径：一为辑佚，二为将某些书一分为二，三为拟待访书目。“鉴书五法”包括“审轻重”、“辨真伪”、“核名实”、“权缓急”和“别品类”等。所谓“审轻重”是指对各类图书之刊刻、亡佚与时代推移的关系给予不同的重视。所谓“辨真伪”是指认真考辨图书的作者、成书和刊刻时代的真伪。所谓“核名实”是指搞清书籍的内容，以不被前人在书名上搞的种种花样所迷惑。关于书籍的名实，他认为有五种情形可予注意："有实同而名异者，有名亡而实存者，有得一书即可概见其余者，有得其散见而即可凑合其全文者，又有本一书也，而故多析其名以示异者。"所谓"权缓急"是指根据实用价值大小，对各类图书给予不同的重视。所谓"别品类"是指做好图书的分类，而分类工作应该"博询大方，参考同异"。祁承㸁对藏书的防灾措施也很注意，他要求建造藏书楼"既欲其坚固，又欲其透风"，这一要求直至当前仍为建馆的重要措施之一。但是祁承㸁所提出的这套藏书建设理论，有的在实际运作上是行不通的，如主张将某些书一分为二，就会破坏原书的完整性，造成混乱，对藏书文化的发展不利。不过，从总体上看，他所提出的各种命题对藏书文化理论建设还是有着重要参考价值的。

明朝的另一大藏书家范钦则将藏书文化的藏用结合理论作了具体实践。他不仅注重藏书的防蠹、防潮、防火、防散失等防灾措施以完善"藏"的功能，而且还能从"用"出发收藏当代图书。所藏明方志、政书、实录、诗文集等，是研究明代政治、经济、文化科技、人物的珍贵资料，远远超出了只着眼于藏的识见。

清朝前期，在公私藏书日渐丰富、书籍流通日益频繁的情况下，有关图书典藏和流通的理论也有所发展。其代表性著述是曹溶的《流通古书约》（写于明崇祯间，而刊于清）、孙从添的《藏书纪要》和周永年的《儒藏说》。

曹溶是明末清初的藏书家，鉴于战争与水火是书籍散亡的基本原因，而藏书家对所得孤本、善本又进行封锁，使这些书籍都"寄箧笥为命"，以致"稍有不慎，形踪永绝"，曹溶认为这是不爱惜古人劳动的行为，是"与古人深仇重怨"的表现。所以，他撰写了《流通古书约》，提出了在流通中保存古书的主张。他主张"彼此藏书家，各就观目录，标其所缺者。……视其所属门类同，时代先后同，卷帙多寡同，约定有无相易"。然后各藏书家使人将己有人无之书"精工善写，校对无误，一二月间，各赍所抄互换"。并希望有财力的藏书家将未刊布的古人著作"寿之枣梨，始小本，讫巨编，渐次恢扩，四方必有闻风接响以表彰散佚为身任者"，使社会上形成家刊秘籍的风气，对图书的流通与保存有积极作用。但这只适用于藏书量大体相等的藏书家之间的交换流通，范围相当窄，对全国范围内的图书的保存和流通收效甚微。不过，他的流通理论将藏书文化以藏为主向用的方向倾斜，使藏书文化的基本理论得到一定的充实。

孙从添是清代前期的藏书家，所著《藏书纪要》一卷是关于藏书建设理论的一部专著。全书分八则：一曰购求，二曰鉴别，三曰抄录，四曰校雠，五曰装订，六曰编目，七曰收藏，八曰曝书。这八则总结了传统的藏书理论与技术。孙从添的藏书理论侧重于藏，他对宋郑樵的“求书八法”从另一角度提出了见解。他发展了明人谢在杭《五杂俎》中的求书五难而论求书有六难说：“购求书籍是最难事，亦最美事，最韵事，最乐事。知有此书而无力购求，一难也。利足以求之矣，而所好不在是，二难也。知好而求追矣，而必较其值之多寡大小焉，遂致坐失于一时，不能复购于异日，三难也。不能搜之于书佣，不能求之于旧家，四难也。但知近求而不能远购，五难也。不知鉴识真伪，检点卷数，辨论字纸，贸贸购求，每多阙佚，终无善本，六难也。有此六难，虽有爱书之人，而能藏书者鲜矣。”他认为抄本胜于刊本，但必须有抄书的严格要求，字样要“笔墨匀均，不脱落，无遗误。乌丝行款，整齐中带生动，为至精而备美。序跋、图章、画像，摹仿精雅，不可呆板，乃为妙手。抄书者要明于义理者，一手书写，无脱漏差误，无破体字，用墨一色，方为最善”。他认为只有这种刊本，才能比刊刻本更为贵重，而为藏书家奉为至宝。这些理论有利于提高藏书的质量。

周永年是乾隆时期的著名藏书家和学者，藏书丰富，学识渊博。曾参与过《四库全书》与《总目》的编纂工作。他在成进士前曾提出过著名的藏书理论《儒藏说》。这一说法是明代藏书家曹学佺所提出，他想以个人之力搜集历来的儒家经典和解经著作汇为一处，以与佛、道二藏相比美，没有涉及保存和流通的问题。周永年的“儒藏说”远较曹说为具体。周永年跳出了历来私人藏书的小圈子，提倡由社会承担起藏书的责任，使藏书为社会服务。他主张将天下图书“分藏于天下学宫、书院、名山、古刹”，让“负超群之姿，抱好古之心，欲购书而无从”的“寒门窭士”使用。但当时的情况恐难实现愿望，所以他又提出一套过渡方案，即由各县之长官、各地之巨族出面倡议，于当地名胜之处建立义学义田，接受藏书家的赠书和捐款。各地义学应将其藏书编为《儒藏未定目录》，互相传抄，使求书者知书籍的存佚情况。各义学则分置活字一副，“将秘书不甚流传者”刊印行世，分而藏之，以使“奇文秘籍，渐次流通”。周永年还亲自购买田地，捐赠藏书，建立借书园来实验自己的主张，为“好学深思之士”创造“博稽载籍，遍览群书”的条件，使许多学人受到感动。儒藏说在社会上产生了影响，可惜效果不佳，而当周永年死后，借书园也随之夭折。但儒藏说却为藏书文化理论丰富了内容，为藏书向公众开放，为藏书楼向图书馆迈进起到先驱作用。

随着历史的进入近代，西方文化的频繁渗透，维新思想的宣传，藏书文化的藏用理论在发生变化，由以藏为主向藏用结合方向发展。十九世纪末，一批维新思想家对以藏为主的藏书思想的弊端表示异议，并介绍国外情况，建议公开藏书以飨公众。如光绪十八年（1892）郑观应所写《藏书》一文，首先揭示以藏为主的弊病说：“海内藏书之家，指不胜屈。然子孙未必能读，戚友无由借观，或鼠啮蠹蚀，厄于水火，则私而不公也。”继而介绍西方藏书及借阅情况，并提出公开图书将有利于人才的培养，取得“我中国四万万华民，必有出于九州万国之上者”的成绩。这是走向以用为主的重要设想。光绪二十四年（1898），京师大学堂成立，其章程第一、五、七、八各章均有专节论及藏书楼的建立与管理、借阅等事，为近代图书馆的创始。二十世纪初，浙江绍兴名流徐树兰父子捐资建古越藏书楼，“以家藏经史大部及一切有用之书，悉数捐入，延聘通人，分门排比；所有近来译本新书及图书标本，雅驯报章，亦复购备”，“以备阖郡人士之观摩，以为府县学堂之辅翼”[①]。它虽仍以藏书楼为名，而实则已订立章程，公开借阅，具近代图书馆之初型，使藏书文化的基本理论已完成从以藏为主，经由藏用结合而走向以用为主的趋势。

晚近之世，图书类型有明显变化，在纸书之外，尚有录音带、胶片和光盘等等载体的出现。由于其体积小、藏量大，“藏”的意义相对减弱，与此同时，通过高科技手段如网络化的建设与推广，使文献资源更广泛更便利于应用，而渐渐落脚于“用”，因此，未来藏书文化将在以用为主的基本理论指导下来完善和发展中国的图书事业。

五、藏书文化的厄运

藏书文化随着历代藏书的厄运而延缓其发展。世皆以秦皇焚书为书厄之始，实则此前已有其事。《韩非子·和氏》已言：“商君教孝公以连什伍，设告坐之过，焚诗书而明法令……孝公行之。”这一焚书事件发生在秦孝公三年（前359），但《史记·商君列传》中无此记载，《韩非子集释》一书对此解释说：“所燔之书不多，故史阙而不载耳。”秦始皇在统一后的第六年，采纳丞相李斯的建议：“请史官非秦记皆烧之，非博士官所职，天下敢有藏诗、书、百家语者，悉诣守、尉杂烧之。”于是大量图籍被毁，造成中国图书史上的一次大灾

① 《古越藏书楼书目》。

难。以致司马迁在《史记·六国年表序》中深致慨叹说“史记独藏周室，以故灭”，《太史公自序》中又说“秦拨去古文，焚灭诗书，故明堂石室，金匮玉版，图籍散乱”，可见其严重毁坏。两汉至魏晋南北朝，虽各朝多有求书之举，而战乱兵燹不断，致使图籍散乱毁损，于是隋牛弘乃有图书五厄之说云：秦皇焚书为一厄；两汉之交，长安兵起，图书焚烬为二厄；董卓移都，西京大乱，图书燔荡为三厄；刘聪、石勒进兵京华，朝章国典从而失坠为四厄；梁元自焚图书为五厄。有此五厄，图书得而复毁，难以积累而图书文化亦回翔于以典藏为主。至隋更有焚纬之事。谶纬之学，盛于六朝，几与经史并重，甚而为篡夺政权者所利用，刘宋始禁其事。及隋统一，文帝禁之愈切，而炀帝则大举焚纬，于大业元年（605）“发使四出，搜天下书籍。与谶纬相涉者，皆焚之。为吏所纠者，至死。自是无复其学，秘府之内，亦多散亡”。其所作为，几与秦皇相侔。自唐宋以还，书籍数量大增，而兵乱范围益广，图书仍在遭受毁损，致使明胡应麟继牛弘之后而有十厄之论。他在《经籍会通一》综述其事说：“牛弘所论五厄，皆六代之事。隋开皇之盛极矣，未几皆烬于广陵，唐开元之盛极矣，俄顷悉灰于安史。肃代二宗，荐加鸠集，黄巢之乱复致荡然。宋世图史，一盛于庆历，再盛于宣和，而女真之祸成矣。三盛于淳熙，四盛于嘉定，而蒙古之师至矣。然则书自六朝之后，复有五厄：大业一也，天宝二也，广明三也，靖康四也，绍定五也，通前为十厄矣。”①

清初以来，于图书之搜求、庋藏及编修颇为注重。至乾隆时，国家藏书比较丰富，于是有纂修《四库全书》之议。《四库全书》的纂修是结合当时正在进行的对明《永乐大典》的辑佚和大规模地征求民间遗书的两项活动同时进行的。它前后共用了十五年时间，完成了一部前所未有的大丛书，共收书3461种，793009卷，分装36300册6752函。这是中国藏书文化发展到鼎盛时期的重大成果。它对古典文献的保存和流传起了重大的积极作用，各地藏书家累世珍藏的善本书和失传几百年而文献价值极高的珍本秘籍，都因此而化私为公，变零为整，并且还进行了分门别类的系统整理。但是，这项工作是清朝作为思想文化统治手段进行的，因而使该书在收录范围和内容上都存在着严重的问题。如借修书为名，查禁并销毁了大量具有民族、民主思想，价值较高的书籍。据前人估计，修书期间被销毁的图书约在3000种左右，几乎与收书量相等，再加以抽毁与篡改，以及执事

① 《少室山房笔丛》卷一。

人员的玩忽，不能不对藏书文化的建设产生消极的阻碍作用。所以，《四库全书》的纂修对于藏书文化应给以“功魁祸首”的评价。

近代以来，图书文化本应随着社会经济的发展而发展，但是，它如同社会经济正常发展遭到扭曲和阻碍那样，也遭到外来的灾患和内部的纷乱干扰。两次鸦片战争时期，英国侵略军的抢掠天一阁，英法联军的焚烧圆明园，以及民国时期连年的军阀混战，无不阻碍藏书文化的正常发展。特别是抗日战争时，日本军国主义者的肆意毁灭中国文化，以战火、查禁和掠取等等卑劣无耻的手段和行为来摧残藏书，据蒋复璁的《最近中国图书馆事业之发展》一文的估计：“‘七·七’战后，东南各省……图书损失在1000万册以上。而且损失的多是战前充实的图书馆。”皮哲燕在《中国图书馆史略》一文中估计，战前大学图书馆藏书约590万册，抗战到1939年，损失图书约280万册，以致使原来藏书充实的大学都无法满足教学与科研的需要。可见损失之惨重，而战败后归还的则寥寥无几。这是中国藏书史上万万不可忘记的黑色数字，对中国的藏书文化是一次极大的破坏。

近几十年来，由于社会经济的迅速恢复，文化事业的得到重视，藏书量激增，藏书设备改善，藏书利用普遍，藏书文化日益受到重视。虽然在“文化大革命”的浩劫中，藏书有所破坏，但由于各藏书单位采取种种迂回手段，如借造反组织封馆方式，尽力减少打砸抢的可能，缩小损失破坏，在很大程度上保护了藏书。八十年代，政治步入正轨，经济获得发展，各项事业逐渐复苏，藏书事业也同样得到明显的迅速发展，各藏书单位增建和兴建馆舍，增大藏书的回收与入藏量，完善藏书设备和逐步走向利用现代科学技术，最大限度地满足读者的需求和利用。在即将到来的新世纪之交，中国的藏书文化在对各种藏书现象的深入研究和综括的基础上，广泛地推行和全面采用新技术，不断丰富藏书量，防止“重机轻书”的倾向。那么，中国的藏书文化将继承和吸取历史遗产之精华，灌注符合时代需求的新养料，大显前所未有的光辉，达到更具有时代感的高度！

原载于《中国古代藏书楼研究》 黄建国 高跃新主编 中华书局1999年版

中国的私人藏书

私人藏书与私学兴起有关，周的后期，以政府官员为师的官学被孔子等人私人讲学活动所打破，孔子弟子三千便是由私学培养出的一大批知识分子，当时称为士。春秋战国时期，各国都在分立争雄，各个政权为巩固和壮大自己，很需要有才识的士，这就推动了私人讲学活动。私学的兴盛使图书也开始由官方传入民间。一些“士”为了谋求利禄，便针对社会亟待解决的问题，根据自己的学识，提出种种对策来取悦国君，因而需用大量图书来丰富和充实自己的论点。如苏秦曾到各国去发表自己的政治见解来说服各国国君，希望能挤进各国的政治集团；但他没有达到目的，回家遭受到冷遇，于是“陈箧数十”，发愤读书。这说明苏秦有私藏图书数十箱。当时还有一位著名的名学家惠施有简书五车，这就是后世“学富五车”故事的来源。《韩非子·喻老》篇中讲到有个名叫徐冯的人曾对人说过“智者不藏书”的话，可见藏书已非个别现象，“藏书”这个语词可能最早见于此。

私人藏书对保存图书有过重要作用，秦火焚书，官藏大多被毁，但私人藏书却颇有保存；所以司马迁论及汉初图书复出的原因是“诗书所以复见者，多藏人家”。但秦有“挟书令”，凡私藏图书是有罪的，直至汉初，人们犹心有余悸，不敢响应献书号召，直至惠帝四年正式废除“挟书之令”，私人藏书才渐渐出现。有些著名学者如刘向、班斿、扬雄，都有私藏。王莽篡权后，一部分不肯合作的人便带着私人藏书到山林中去隐居。

东汉建立后，光武帝号召献书，原先逃隐的人都纷纷到京师献出私藏。东汉的私人藏书家也比以前增多，著名的有杜林、班固、蔡邕和华佗等。其中以蔡邕最为著名，他是中国第一个藏书近万卷的私人藏书家。《三国志·王粲传》中记载这样一个故事：有一次蔡邕请客，王粲求见，蔡邕因为王粲是位才华横溢的后

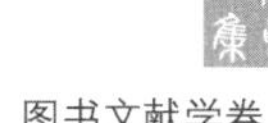

起之秀，所以匆忙去迎接，以致把鞋子都穿倒了，给后世留下了“倒屣相迎”的成语故事。客人们非常诧异，蔡邕特别介绍了王粲是异才，自己还不如他；并表示要把全部藏书文稿都赠与王粲。蔡邕有权赠书充分证明这是私藏。

三国虽然处于分立战乱时，但对收藏图书还很重视。一些学者对自己的藏书已由单纯收藏进入整理，提高藏书的设备和质量。曹魏有一个名叫曹曾的人为了收藏自己的图书，就修了一个石窟、称为“曹氏书仓”。他既然能自建书库，必然有一定数量的私藏。著名玄学家王弼是当时藏书万卷的大藏书家。蜀丞相长史向朗不仅藏书量居蜀藏书家之首，而且还亲自对所藏书“刊定谬误”，开后世藏书家校勘图书的先河。

两晋私人藏书比较盛行，著名学者张华藏书甚富，据说他搬家时就“载书三十乘”。有些学者还开放自己的藏书，如范蔚经三世搜求，藏书有7000多卷，他允许别人来阅读自己的藏书，远近来读书的人经常有百余人，范蔚还为一些贫寒之士经办衣食。东晋的殷允、郗俭之等也都被称为“多书之家”。

南北朝时期的私人藏书由于纸写书的流行而加大了藏书量，南朝的著名学者陆澄、任昉、沈约等都藏书3万卷左右，所藏还多为世人罕见的书。这些藏书家不封闭自己的藏书而允许他人借阅。如南齐的崔慰祖聚书万卷，邻里少年到他家看书，他都亲自检取出借，满足要求，做好服务工作。北朝的辛术、李谧等人也都藏书较多，但因得书困难，藏量逊于南朝。

隋的私人藏书以学者许善心、柳䛒二人为著名。他们都藏书近万卷，并参用自己的藏书进行目录编纂工作。

唐代由于经济繁荣，图书制作手段改进，私人藏书一时称盛。著名学者文人藏书万卷以上的有十五六人之多。如唐玄宗时的史学家吴兢家藏13400余卷，并自编了《吴氏西斋书目》1卷。另一个藏书家杜暹因为吝啬不愿借书而留下话柄。杜暹在所藏各书上都题三句话：“清俸买来手自校，子孙读之知圣道，鬻及借人为不孝。”第一句话是说我用很微薄的收入买来的图书都亲自校正过了；第二句话说我希望自己的子孙读了这些藏书都能知道圣人的道理；第三句话警告子孙：卖书和把书出借都是不孝的行为。杜暹聚集私藏的艰辛是值得同情，为使子孙知书明礼也是可以理解的，不允许卖书更是应该的；但借书给人也算不孝，未免过甚而显得自私。唐后期的柳仲郢私藏颇有特色，他藏书万卷，每书必写三本：一本最佳留作库藏，一本较次是经常翻读的书，一本比较一般，供年轻子弟们学习。这三类书分架安放，不相混杂。唐朝的最大藏书家是自玄宗以来历仕三朝的李泌。李泌私藏3万余卷，分别用红绿白等颜色的牙质书签来区别所藏经史子集等书。因为李泌曾被封为邺县侯，所以后世多把藏书称为“邺架”。李泌精心收藏爱护图书，当时在社会上得到很多人的赞赏，著名文学家韩愈还在《送诸葛觉往随州读书》一诗中专门颂扬李泌的藏书说：“邺侯家多书，插架三万轴，一一悬牙签，新若手未触”。意思是说邺侯李泌家藏3万卷书，每卷都有牙签，藏书完好如新，像没有人摸过一样，可以想见李泌藏书的繁富和精美。五代时也有一些藏书家，但不如唐代藏书家藏量之多，最多的不过几千卷。

宋代私人藏书较多，藏书家分布地区遍及边远和中原；藏书量少则数千卷，多则几万卷，而且数代聚书，绵延百数十年而不衰；藏书家有不少著名学者，对图书进行了保护校订整理工作，如北宋的著名藏书家宋敏求，藏书3万卷。他的全部藏书都经过校订三五遍，成为质量较高的藏书；南宋的晁公武，藏书24000多卷，都经过他的校订，并撰写《郡斋读书志》的私藏目录；还有陈振孙也尽一生精力研究自己的藏书，撰成《直斋书录解题》。所有这些证明宋代的私藏活动已从单纯的典藏向学术研究领域大大地迈进一步。

元朝的私人藏书家多为汉人，如著名画家赵孟頫就家富藏书，原为宋秘书省小吏的上海人庄肃，宋亡后隐居上海，亲自抄书聚书至8万余卷。河南辉县的张思明私藏图书37000余卷。一些重臣武将如耶律楚材和张柔等人都藏书近万卷。

明代的私人藏书很盛，特别是江浙闽广一带有若干著名的藏书家。如宋濂“聚书万卷”；杨循吉藏书10万余卷；王世贞藏书3万卷，其中宋版书逾3000卷；徐𤊹藏书53000余卷。尤其是范钦的“天一阁”和祁承㸁的澹生堂更具特色和影响。范钦（公元1506—1585年），浙江宁波人，明嘉靖十一年进士，累官至兵部右侍郎。嘉靖四十年（公元1561年）在宁波月湖之西创建天一阁藏书楼，所藏达7万多卷，是浙东藏书最多的一家，所藏多为明人著述和明代新刊古籍，其中明方志271种，有65%是海内孤本；有登科录、会试录和乡试录389种，都是仅见之本。这些藏书是研究明代政治、经济、人物和科技等方面问题的珍贵资料。其藏书楼天一阁不仅楼式结构和周围环境安排合理，而且对防火、防蠹、防潮等保护措施也很重视，是现存最完整的古代图书馆。祁承㸁（公元1563—1628年）是明代后期的藏书家，浙江绍兴人，万历时进士，累官至江西右参政。早年藏书逾万卷，不幸遭火灾，焚毁殆尽；后又以非凡的毅力，重新收集，终于聚书10万余卷。他在丰富的藏书建设基础上，提出了比较系统的藏书建设理论——《澹生堂藏书约》，成为古代藏书建设的重要文献。

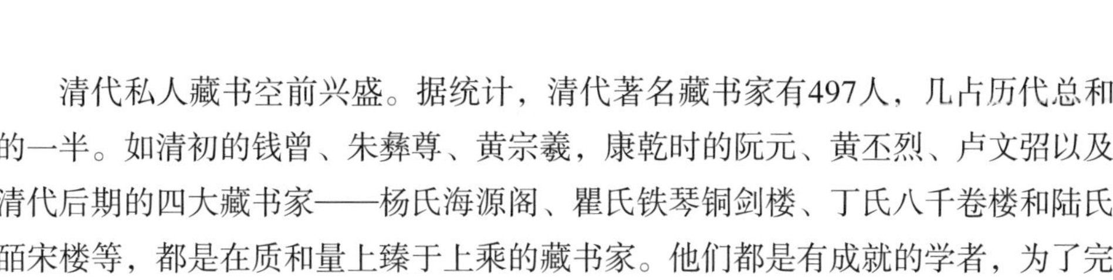

清代私人藏书空前兴盛。据统计，清代著名藏书家有497人，几占历代总和的一半。如清初的钱曾、朱彝尊、黄宗羲，康乾时的阮元、黄丕烈、卢文弨以及清代后期的四大藏书家——杨氏海源阁、瞿氏铁琴铜剑楼、丁氏八千卷楼和陆氏皕宋楼等，都是在质和量上臻于上乘的藏书家。他们都是有成就的学者，为了完善自己的藏书，相应地发展了版本、校勘和目录等方面的专学，留下了颇具影响的专著，对图书典藏、保护和传播文化方面都作出了超越前人的贡献。

原载于《文史杂志》1991年第6期

藏书家文化心态的共识与分野

中国藏书家的出现很早，大约在春秋战国时就已开始。孔子应该说是最早有私家藏书的藏书家，他以私人讲学活动打破了以政府官员为师的官学状态，培养了大批知识分子——当时称为“士”。孔子为了教育学生，准备教材，便搜集文献，进行“删诗书，定礼乐”的整理工作，自然地形成了私家藏书。同时由于列国诸侯争雄，需要各种不同学识的人才而争相罗致，所以就有各种不同学派的知识分子。除了孔子的儒家外，还有墨家、道家、法家、阴阳家、纵横家、兵家等等，都各以其学术，培养不同类型的“士”。这些“士”为了猎取利禄，游说各国国君，急需充实自己的学识，因而也藏有一部分书。苏秦是当时有名的纵横家，他第一次周游列国，失败回家，遭到家人的鄙视，于是他不顾一切冷遇，“陈箧数十”，发愤再读书，终于获得成功，为六国之相。这不正说明苏秦已有几十箱藏书吗？另外有一位辩论家惠施，学识渊博，善于论说，当时人都知道他有五车藏书。五车的计量是指简书，固然不如现代书籍量大，但在简书时代，学识也很可观。所以后人称赞他人有学问时，就引这“学富五车”的故事。藏书这一名词可能最早见于《韩非子》的《喻老篇》，文章讲到有个名叫徐冯的人曾批驳他人论点时说过“智者不藏书”的话。可见“藏书”在当时已非个别现象。

从秦汉以来的两千多年间，私家藏书一直与官藏成并驾齐驱的两大渠道，特别是从唐朝开始有雕版印书以后，得书较易，于是私家藏书的人数越来越多，工作越来越细。唐朝藏书万卷以上的已有十五六人。宋明以来，私家藏书日益发展，万卷以上已非个别，清朝的私家藏书达到了鼎盛时期，据一种统计，著名藏书家已近五百人，为历来藏书家总数的一半，而这些藏书家的文化素质又都相当高。

纵观历代藏书家的文化心态，确乎有一种共识，主要有两点：一是他们都珍惜和善待民族文化的传统，视保护民族文化为己任，千方百计地保护好作为民族文化主要载体的图书。秦始皇焚书时，以孔氏家族为代表的儒生，就曾把儒家经典藏于孔府夹壁墙中，保存了先秦文化，这就是后世所谓的孔壁藏书，表明了民间藏书这一文化现象的存在。正因为如此，所以司马迁在撰写《史记》时，才感叹地说："秦既得意，烧天下诗书……诗书所以复见者，多藏人家。"两汉之际，社会动乱不已，若干富有藏书的士人，多带着藏书，隐居山林，以保护图书免遭损失。东汉王朝建立后，光武帝进行了"采求缺文，补缀漏逸"的搜集图书工作。于是许多士人"抱负坟策，云会京师"，使许多文献获存于世。宋代的私家藏书，在前此千年的藏书经验基础上，形成藏书家覆盖地域广，有代代相传的藏书世家。藏书家一般都是官僚兼学问家，有财力和学识，藏书家能互相交流书目，传录图书，加快文化流通等特色。明代藏书家祁承㸁，家中本来富有藏书，不幸火灾，藏书几乎全毁，但他决不灰心，重新搜集传抄，达十万余卷，超过原藏，成为明代晚期一大藏书家，起到了积极保存民族文化典籍的作用。清代的藏书家不仅以收藏和传播民族文化为己任，而且利用他们掌握的目录、版本、校勘、考证等专学知识整理藏书，完善藏书，在藏书事业中做出了极大的努力。

藏书家的另一文化心态，则是把藏书作为自己的自怡行为，以藏书为手段，求得自身心态的满足。这些藏书家把藏书视为私有财产的一部分，只供自己和子弟家人享用，不允许他人染指，更妄想永远为己所有。唐朝开元时期藏书家杜暹在自己所藏的每一本书上都题上家训说："清俸买来手自校，子孙读之知圣道，鬻及借人为不孝"，头两句说明自己聚书的艰辛和对子孙的期望，固未可厚非；但末一句连借书与人都定为不孝大罪，未免过于自私。有的藏书家甚至以聚书和读书的辛劳自怡，如宋朝大学者尤袤，为了藏书而不顾"读书每至唇焦，钞书每至脱腕"的苦况，痴迷地把自己的藏书看成是"饥读之以当肉，寒读之以当裘，孤寂而读之以当友朋，幽忧而读之以当金石琴瑟也"。充分证明，读自己的藏书将是藏书家最集中的自怡行为。明代福建藏书家徐𤊹，曾在《读书乐》一文中，自述读自己的藏书乃是人生最大的快乐说：

> 余尝谓人生之乐，莫过闭门读书，得一僻书，识一奇字，遇一异事，见一佳句，不觉踊跃。虽丝竹满前，绣罗盈目，不足喻其快也。

有些政治地位和学术地位都很高的藏书家，往往为了收藏佳本善刻，每于公暇，必亲自流连于书市，而以此为乐。如清初诗人学者王士祯为了便于求书，特别僦居于京师广安门外慈仁寺书市附近。另一藏书家朱彝尊曾赞扬他的这种求书精神说："先生自始仕迄今，目耕肘书，借观辄录其副，每以月之朔望，玩慈仁寺日中集，俸钱所入，悉以购书。"一般人登门造访，很难见到他，但在书市却容易见到他，他也承认确有其事，曾在所著《古夫于亭杂录》中得意地记下此事说：

> 昔在京师，士人有数谒予而不获一见者，以告昆山徐尚书健庵。徐曰："此易耳，但值每月三五，于慈仁寺书摊候之，必相见矣。"如其言，果然。

言下颇有自得之乐。但当有些心目中的好书，当时因某种原因，未能及时采购入藏，而被他人捷足先登，这会使他在精神上受到严重的打击，以致生病。他曾在另一本杂著《居易录》中记其事说：

> 尝冬日过慈仁寺，见《尚书大传》、朱子《三礼经传通解》、荀悦、袁宏《汉纪》，欲购之，异日侵晨往索，已为他人所有。归来怅不可释，病卧旬日始起。

王士祯因未能满足自己购书入藏的愿望而致病的故事，反映了他为了自怡而藏书的心态。他把这种不满足视为感情生活中的一种缺陷。这种心态一直在支配着许多藏书家。直至当代，我曾相识一位中年的善本藏书家——北京的韦力君，他没有祖传的旧藏，而是自己尽心竭力，用各种办法，通过各种渠道聚书，终使他成为收藏宋元善本数千种的藏书家。他赏玩自己的藏书，还让朋友共享这种怡悦。他斥资定额精制契丹藏的残卷，以显示其藏书的价值。他每年用一定的时间、精力和财力，到各地采访历来藏书楼的故址遗迹，来满足对过去藏书家的仰慕心情。

藏书家的文化心态虽然有着保护民族文化和自怡行为的共识，但在对待藏书问题上却有着不同的态度，那就是"藏"与"用"的分野。一些藏书家基于"爱物"的精神，千方百计地聚书，用各种措施来保护藏书。从秦汉以来，就开始用竹制小箱子（簏）分类置放图书，以免图书受损。魏晋时有一位名叫曹曾的藏书家，为了修建具有较高建筑水平的藏书楼来安置藏书，专门修了一座石窟，命名为曹氏书仓。隋炀帝是为后世所非议的皇帝，但对藏书的爱物之心，却为后世所称道，《旧唐志》中就盛赞"炀帝好学，喜聚异书"，并创制了许多藏书的设备。明代藏书家范钦建天一阁藏书楼，对藏书的防火、防蠹、防潮、防散失等等，都有相应的措施。清代以来有不少藏书家更多地以佳本善刻为自怡的寄托，尤其是对宋版书更为重视，深扃密藏，不轻以示人，但又情不自禁地以此自炫，如黄丕烈对宋版书达到了偏爱的境地，甚至以佞宋主人为号。他因藏有百部宋版书，便向人夸耀，命名其书斋为“百宋一廛”。晚清四大藏书家之一的陆心源，因为藏有二百部宋版书，而名其藏书楼为“皕宋楼”。

这些以藏为主的藏书家，更深层的内心隐秘是，希望能将私藏“久传后世，津逮子孙”，所以常在藏书上自题训诫。元代藏书家赵孟頫是驰名遐迩的大书法家，他出于过分钟爱其所藏而在藏书卷末自题说：“吾家业儒，辛勤置书，以遗子孙，其志何如！后人不读，将至于鬻，颓其家声，不如禽犊。若归他室，当念斯言：取非其有，勿宁舍旃。”意思是我辛勤藏书是为了子孙上进，如果子孙卖书，则连禽兽都不如。他人也不要对我的藏书有非分之想。想不到这位温文尔雅的名士，竟不顾身份，破口大骂，甚至不惜留下笔墨。明朝吕坤是一位著名的理学家。他的一些著作都能循循善诱地诲人不倦，没有疾言厉色的词语，但他告诫子孙世守藏书时，则非常严厉地下了死命令说：“吕氏典籍，传家读书，子孙共守，不许损失借卖，违者茔祠除名。”不许入葬祖坟，不许列名家祠，等于开除族籍，惩罚相当严厉。但是，这种心态上的极端私有的占有欲望，往往事与愿违，使他们失望。因为事实证明，没有一个藏书家能够世守其传的，所以清末藏书家叶德辉很断然地判定说：“诸人皆眷眷于子孙，究之藏书家，鲜有传及三世者。”以这种心态对待藏书，虽然在保护民族文化上有一定贡献，但对文化的流通，则多少产生了阻碍的作用。

另一些藏书家则以一种“仁人”的精神，以“用”的心态对待其藏书。他们把自己的藏书作为嘉惠于他人的物质，愿意藏书为人所用。如东汉的蔡邕是当时的大学问家，他的女儿蔡文姬也是非常有才华的才女，理应把藏书传之子孙，但当他发现王粲的才能后，便毅然将藏书赠与王粲，成就了王粲的文学事业。晋朝藏书家范蔚有藏书七千余卷，远近来读者，常有百余人，他不仅允许借阅，还为读者“置办衣食”。南齐藏书家崔慰祖，藏书万卷，邻里少年来借书，他都“亲自取与，未尝为辞”。这种仁人观念，一直影响和支配着后世不少藏书家。宋代四川转运使井度，家富藏书，因子孙不长进，所以将自己的五十箱藏书，全部赠与正在编撰私藏目录的晁公武。晁公武将井氏赠书合自己的旧藏，“除其重复，得二万四千五百卷有奇”，于是，“日以朱黄雠校舛误，终篇撮其大旨论之”，完成了我国第一部提要式的私家目录——《郡斋读书志》，对后世影响甚大。明末有一位藏书家李如一就提出一种具有“仁人”观念的口号说：“天下好书，当与天下读书人共之！”所以他“每得一秘书遗册，必遗书相闻；有所求借，则朝发而夕至”。清代乾嘉时期的藏书家张金吾认为深藏图书，是害书害己的行为。他说：“若不公诸同好，广为传布，则虽宝如球璧，什袭而藏，于是书何裨？与予又何裨？”他为使人了解自己的藏书，编制了《爱日精庐藏书志》，更明确藏书之为用说：“欲致力于学者，必先读书；欲读书者，必先藏书。藏书者，诵读之资，而学问之本也。”又说：“藏书而不知读书，犹弗藏也。”“读书必藏书，藏书为读书，乃历代藏书家之宗旨。”下至二十世纪初，浙江绍兴名流徐树兰父子，捐书捐资兴建古越藏书楼，“以家藏经史大部及一切有用之书，悉数捐入。延聘通人，分门排比，所有近年译本新书及图书标本，雅驯报章，亦复购备”，“以备合郡人士之观摩，以为府县学堂之辅翼”。他们订立章程，公开借阅，具有了近代图书馆的雏形，为藏书事业走向社会化开辟了道路。

不论藏书家具有或藏或用的不同文化心态，但他们对于保存中华文化都发挥了各自的重要作用。因此我认为，具有“用”的心态，将对藏书事业的发展趋向更有好处。

原载于《博览群书》2003年第8期

藏书的聚散

私人藏书当与私学兴起有关，为了传道、授业、解惑，读书人和教书人当然需私藏一些书，孔子的“韦编三绝”，读的一定是自己的藏书，否则怎能翻三复四地读，而至于简编散断。又由于列国纷争，诸侯罗织人才，读书人各以才识自炫，要说动诸侯，说话就得有根有据，也应该有一些可资参考的藏书。苏秦第一次游说失败回家，“陈箧数十”重加钻研，以求再搏，便是明证。因此，大致可定私藏始于春秋战国之际。两汉以降，私人藏书日益发展，明清两代，家藏万卷已非侈谈。清代学者无不藏书，其能称家者几为历代藏家的总和。

私藏的聚集，不外二途，一是社会的动荡，二是旧家的败落。明天一阁的聚书就是因宁波原有五万余卷藏书的丰氏败落，藏书散失，乡人范钦方能借此尽得其藏而建天一阁。清皕宋楼的佳本善刻，也是陆心源借太平天国起事，社会动乱，在江南大事搜求得来，甚至与丁日昌为竞购而龃龉。当代藏书家也多类此，如1949年和1980年是当代两次聚书的机遇，当时由于公私藏书流散和社会动乱之余，人们对旧事物包括旧籍都有所忌讳，遂为有识者制造了机会。我有不少老少朋友多借此大量聚书而成新兴藏书家。

聚书成家，大多自喜，往往忘掉人间正道是沧桑。聚与散是一对辩证存在的孪生物，他人的散才有你的聚，你若永世常聚，则后人又如何聚书成家？历来的藏书家中有不少人执迷不悟，妄想“子孙宝之”，世代相传。唐朝有一杜暹，聚书过程比较艰难，所以不愿散失，就在藏书上题了三句话说：“清俸买来手自校，子孙读之知圣道，鬻及借人为不孝。”前二语值得同情，第三句话是为杜绝藏书流散渠道而说的，未免一厢情愿，结果亦未能世代相传。有的还弄些神道设教的传说以警示后人，明代常熟脉望馆赵氏藏书遭火灾，于是有人就听到武康山有鬼夜哭，说是赵氏先人为藏书丧失而哭。清代纪晓岚曾经与朋友讥笑过鬼哭一事，纪说我的藏书都盖上藏章，即使藏书散失，人们也知道这是纪晓岚的藏书，他的朋友马上以“何必盖章”来讥评纪晓岚的欠通达，人都死了，书都散了，还计较是谁的书，有什么意义呢？所以有些大藏书家就另有思路，主张“得者宝之”。他们不是与他人共享知识，乐于借书和赠书，便是将书返还公众，化私为公。汉末大儒蔡邕，藏书甚富，他的女儿蔡琰（文姬）也是大学问家，完全有能力继承和维护好这份遗产，可蔡邕偏偏看中建安七子中王粲的才识，便举所藏赠与王粲。一个一生聚书万卷的人能在生前亲赠藏书与用者，真是难有的胸怀。他以“散”留下了“藏”，为后世所艳称。明末有位藏书家李如一就说过：“天下好书，当与天下读书人共之”，明确表示要散知识于读者，如果改为“当与天下人共之”岂不更好？清末绍兴藏书家徐树兰与儿子共同建古越藏书楼，订立规章，把家藏图籍公开出借，化私为公，散而不散，徐氏所聚得完整地成为鲁迅图书馆即后来的绍兴图书馆的始基，备受后人尊敬。我在“文革”扫地时，曾捡到一份破得掉末，有七八叶的小书，最近请人修整，发现是梁鼎芬在宣统三年出所藏在梁氏祠堂所建“梁祠图书馆”的章程。序言中表明自己回故乡广东后，即筹办“以所藏列之祠屋……以为省会学子求益之用”的图书馆，并订立章程二十三条和观书、钞书、借书、读书和捐书等五约，考虑得比较周详。类此散法，还能找到一些例证。这是一种最佳的散法，值得效法。

我从少年时期，就梦想读书和作学问。后来读清代藏书家张金吾的《爱日精庐藏书志》序中有一句话：“藏书者，诵读之资而学问之本也”，令我铭记终生。从读高中起，我就隔三岔五到天津劝业场、天祥市场、泰康商场等书摊上去淘书聚书。解放之初，我借旧藏散出和书价走低又聚了一批书，主要有五洲同文版的廿四史，到上世纪六十年代，大致估计，我已聚有万余册书，那时一门心思聚书，几乎近于贪，没有一丝想到散，万万没有想到升平世界来了个史无前例的“文化大革命”，首要之举是“扫四旧”，旧书当然是一旧，也在横扫之列。红卫兵多次光临寒舍，我所聚的书一次次地遭到洗劫，不是在门前付之丙丁，就是籍没充公（或入私囊），这是一次被动的“散”。劫后余书（包括日后象征性地发还查抄物资）仅剩线装书数十册，精平装书不足千册而已，损失达四分之三强，但依然没有散的念头，继续发愤再聚藏书。又是三十几年经营，除了线装书难以恢复收藏外，精平装各书已聚有万余册，满满插架，时有自得之感，仍然没有想过“聚久必散”的正理。直到前几年，北京友人寄来我送友人的签名赠书，并附一信说，在书摊上看到一大批某友人的藏书，其中有许多签名本，偶然见到我的签名本，即贱价买来赠我。这位受我赠书的友人逝世不久，我还写了悼念文章，不意后人已如此快地将他的藏书散之市肆。据知他的后人不是什么不肖子，也是作点学问的，只不过专攻不同而已，是不是为腾居住面积而成架处理？我又从中国书店大众收藏书刊资料目录中，看到著名学者周一良、周绍良先生的藏书在拍卖，并特别标注“钤有藏章”，用以提高标价，让人不寒而栗，似乎感到身后又被出卖一次。不禁喟然一叹！

这些小事，对我触动很大。我有几间屋的藏书，年龄已在走向九十，生老病死已经走了三个字，只差一“死”字。身后任其散失，何如生前自家料理，免得贻累子孙，自然地产生了主动散书的念头。我曾把这一打算和一著名藏书家交流，这位忘年友曾以辛勤经营所得，摒弃声色犬马，痴情于聚书。我向他讲聚散之理，他很通达，说他的聚书是一种“玩趣”，以后如何，听之而已。中年人尚且如此豁达，我又何所惜。于是决定亲手散书。化私为公，捐赠社会，不失为上策，但大图书馆不捐，因为它们藏书丰富，无需锦上添花，怕落到巴金捐书被剔旧处理的命运，如是那样，还不如让家属用藏书换几个零用钱。最后决定送还故里，把书赠我故乡——浙江萧山。我提出这一愿望，立即得到当地政府同意，并迅速落实。他们在当地新建三万多平米的新图书馆中，划出一块区域，建立我的专藏图书馆，接受我的手稿、著述和藏书，并因我藏书中有相当分量的方志，又在史志办公室下另立一方志馆。与此同时，绍兴有一失地农民孙伟良志在普及农村文化，向我求助，我也承诺赠书。孙伟良为此在家中特辟一“民众读书室”收藏我的赠书并为乡民提供读书场所，我仅留下我尚需阅读与参考者外，先后捐赠了藏书的大部分。如此这般，我实现了不散之散的心愿，为自己一生钟爱的聚书找到稳定的去处，让我的藏书终得其所，发挥更大的作用，免得日后流落街头。至于剩下的小部分藏书，家人已承诺，一定会遵照我的嘱托办理。两全其美，不亦善乎！

原载于《中华读书报》2007年9月19日

整理图书自孔子始

根据文献记载，孔子是有确实姓名记载的最早编写和整理图书的人。而经孔子亲手编定的图书当为我国正式图书的开始。其时间则为公元前5世纪的春秋末期。

正式图书出现于春秋时期的原因，一是物质生产已大大发展，生产力的发展给社会提供了各种有利条件，因而图书事业的发展得到了必要的物质保证。二是自夏代以来，经过一千多年的渐变发展，文字大量产生，书写工具逐渐改善，大量、丰富的前期图书给正式图书的产生提供了坚实可靠的基础，因而使正式图书的产生具备了成熟的条件。

孔子之所以成为最先编写正式图书的人，首先是因为孔子出身贵族。春秋以前，学在王官，一切图书均由史官掌管，只有贵族子弟才能以官为师，由识字而进学，一般人根本接触不到图书，也没有求学的可能。孔子出身贵族，所以具有这个条件，不仅能“十有五而志于学”，并且能“学而时习之”。其次是因为孔子在从政上没有能实现自己的理想，因而走从事学术研究和教育这一条路。孔子不会是第一个设立私学的人，但却是第一个办私学而取得巨大成就的人。相传他弟子多达三千人，成绩不能说不大。搞教育必须有教材，孔子采取“述而不作”的办法，亲自动手，将历代留传下来的档案、文献等资料，整理、编订为“六艺”，即诗、书、易、礼、乐、春秋六种教材。

《史记·孔子世家》说：“古者，诗三千余篇。”孔子按“去其重”和“可施于礼义”两个标准，删定为三百零五篇，并按性质分为风、雅、颂三大类。“风”下又按地域分为十五小类，“雅”下又按性质分为二小类，其下又按性质各分为七个和三个类目，“颂”下则按时代分为周颂、鲁颂、商颂三个小类，而周颂下又分三个类目。这样的分类、排列、整理，无疑是很科学的。《春秋》则

按时代分为十二个小类。孔子的这种分类法应是最早的分类法。由孔子的大规模整理、编定图书可以推想孔子的藏书一定很丰富。

从孔子开始，打破了学在王官的局面，图书开始由官方传入民间。图书在民间流传，其意义与作用极大。《商君书·君臣》说："诗书与则民学问。"因为只有图书才能促进生产与文化的发展进步。尤其战国时期，藏书家逐渐增多。《战国策·秦一》记苏秦："乃夜发书，陈箧数十。"——可见民间藏书是使用"箧"的。《韩非子·喻老》说："王寿负书而行，见徐冯于周涂。冯曰：'智者不藏书，今子何独负之而行？'于是王寿因焚其书而舞之。"——这里开始使用了"藏书"这一词语。

正是由于民间有了藏书，甚至私人藏书的数量较大，才没有被秦始皇完全烧光。《史记·六国年表》说："秦既得意，烧天下诗书……诗书所以复见者，多藏人家。"私人藏书的增加，反映了学术思想的活跃，而学术思想的活跃又给著书提供基础。战国时期，百家争鸣局面的出现，无疑与图书事业的发展有着千丝万缕的关系。

原载于《全国新书目》2009年第13期

唐朝典藏的盛状

一、掌管图书业的机构

唐朝掌管图书业的机构除秘书省外，还有弘文馆、崇贤馆等。

（一）秘书省

唐代主持政府图书业的政府机构是秘书省。武德七年（624年），唐高祖定官制时，秘书省是“六省”之一。不过，“六省”并非平列，尚书、门下、中书为中枢，正副长官为宰相、副宰相，而秘书省则隶于中书省。高宗以后，秘书省及其职官名称屡变，如高宗龙朔二年（662年），省改为兰台，监改为兰台太史，少监改为兰台侍郎。武后光宅元年（684年），省改为麟台，监改为麟台监，少监改为麟台侍郎。中宗神龙元年（705年）又恢复原名。

秘书省的职掌是“掌邦国经籍图书之事”，其职官系统一如隋朝，有秘书监1员领导全面工作，秘书少监2人，协助秘书监工作，秘书丞1人，主管日常事务工作，丞下设秘书郎4人“掌甲乙丙丁四部之图书，谓之四库”，校书郎8人“掌雠校典籍，科正文字”。这8人是常规数，若大规模校书，则随时增员，如魏征等校书时就别置雠校20人，显庆中又置详正学士（正字）4人，“掌详定典籍，正其文字之纰缪”，其职与校书郎略近。典书8人，掌四库书典藏、出纳图书。楷书手视是否校书而定，或10人，或百人。此外，还有各种技术人员，如熟纸匠、装潢匠各10人，笔匠6人，这是前史记载所没有见过的。

秘书省尚有两个隶属机构：一是著作局。唐太宗设史馆，编修梁、陈、北齐、周和隋5部史书及志书之后，著作局的史职即分出，剩下的只是“修撰碑志、祝文、祭文”，因此将它隶于秘书省之下。二是太史局，掌天文、历书、计时。此二局自成系统，同秘书省地址不在一起。

唐初很重视秘书监的人选，必须是学问渊博，德高望重的人，如魏征、虞世南、颜师古、令狐德棻等。贞观十五年（641年），唐太宗在授予颜师古秘书监的诏令中说：“秘书望华，史官重任，选众而举，历代攸难。”因颜师古“学该流略，词兼典丽”，“著述有成”，才有资格担任秘书监。武则天以后，任秘书监、少监的人选渐趋于杂，张易之、张昌宗、武承嗣等嬖臣担任过此职。中宗时方士郑普思亦特蒙优宠，授予秘书之职，桓彦范反对说：“普思等是方伎庸流，岂足以比踪前烈？臣恐物议谓陛下官不择才，滥以天秩加于私爱，望陛下少加慎择。”可见时人对此职任的尊重。

秘书省的官员中，秘书郎为从六品上，地位不算很高，但自魏晋以来，为清望之官，校书郎正九品上，是最低一级，然而却是仕途美职。唐代取士，士人考试中式后，多授县主簿、县尉等官，少数才有幸进入秘书省等清望之地。因校书郎有读中秘之书的条件，有接近皇帝的机会，一旦才能被发现，便容易得到重用。事实上，唐代许多宰相、侍郎，如张说、张九龄等，不少是从校书郎起家的。

（二）弘文馆

封建统治者为了鸠聚文士，从魏晋南北朝起开始设立文馆。唐代因袭了这一做法，设立了好几个文馆，如弘文馆、崇贤馆（亦称崇文馆）、史馆、集贤院、翰林院等，这就正式形成了中国历史上的馆阁制度。这些机构都与唐政府的图书业有直接关系。

弘文馆始置于高祖武德四年（621年），隶门下省，在西京长安、东都洛阳的宫城里都有它的机构。弘文馆是天子的文馆，最初的目的是网罗文士以备顾问。弘文馆也是贵族子弟学校，它“鸠集学徒”，“教授生徒”，这些“生徒”是皇族、宰相、散官一品、京官三品以上子弟，名额只有30员。弘文馆也是从事图书业的重要机构，其学士“掌详正图籍”，“馆中有四部书及图籍”。可见弘文馆承担有聚书、校书的任务。

弘文馆作为一个从事图书业的机构，与秘书省有很大区别。秘书省是中央王朝的政府机关，弘文馆则是集顾问机关、学校、图书馆于一身。弘文馆的职官系统也与图书业有密切关系。学士、直学士除了备顾问讲论文史外，就是“掌详正图籍，教授生徒”。有详正学士若干人，校理勘正图籍文字。校书郎若干人，掌校理典籍。楷书手30人，掌抄写图书。典书2人，掌典藏、出纳图籍。尚有拓书手3人、笔匠3人、熟纸装潢匠9人。这些也都和秘书省相似。弘文馆的图书可供学士、直学士及生徒等使用并可供夜读。

（三）崇贤馆和司经局

崇贤馆（又名崇文馆）是唐太宗贞观年间为皇太子设置的文馆，隶属东宫。明皇为太子时，馆中起书阁，重复以著典籍。开元时褚无量校书，玄宗曾诏无量借崇贤馆书抄写补充内府书。武后长安二年（702年）因避太子李贤讳，更名崇文馆。

崇贤馆有校书2人，开元七年（719年）以前叫雠校，官品较秘书、弘文校书郎略低，“掌校理四库书籍，正其讹谬”。有典书2人，拓书手2人，书手10人，熟纸匠3人，装潢匠5人，笔匠3人。

司经局亦是东宫属官，是太子的藏书所。有洗马2人，“掌四库图籍缮写刊辑之事”。校书4人，正字2人，“掌典校四库书籍”。文学2人，“掌分知经籍，侍奉文章，总辑经籍缮写，装染之功，笔札给用之数，皆料度之”。楷书手25人，典书4人，装潢匠2人，熟纸匠、笔匠各1人。

（四）史馆

贞观三年（629年），唐太宗为撰五代史而设史馆，开我国设馆撰史之例。它因撰史的需要而有藏书，其藏书重点是史籍，仅《国史》、《实录》、《起居注》等史籍即达3682卷。

史馆亦有从事图书业的职官系统。楷书手25人，典书4人，装潢直1人，熟纸匠4人。典书4人看管书，或四库书每库各1人典守。

（五）翰林院

翰林学士院于唐玄宗开元二十六年（738年）始设，专掌内命，即参谋机密事务，起草机密诏书。一般诏书由中书舍人起草，有些事如征伐、命相等国家大事，则另派心腹起草。开元初，在禁中设翰林待诏，二十六年改翰林供奉为学士，置学士院。自此，一直存在到清代。据唐李肇《翰林志》记：“翰林院南厅五间，中架为藏书南库。出北门，横屋六间当北厅，通廊东西二间为藏书北库。

其中库书各有录，约八千卷，小使主之。西三间，书官居之，号曰待制。”这些书有专人典守，每库有收藏目录。

（六）集贤院

唐开元五年（717年），玄宗派褚无量于东都乾元殿校书，“置乾元院使，有刊正官四人，以一人判事，押院中使一人，掌出入宣奏，领中官守院门。知书官八人，分掌四库书”。这时起就形成了乾元殿书院（简称乾元院）。此时机构稍简，人员不多。次年底，更名为丽正殿书院（简称丽正院），机构扩大，人员增多。以丽正院“修书学士为丽正殿直学士，比京官预朝会”。此时，丽正殿有学士、直学士、检讨官、刊正官等。领导乾元、丽正校书者，先为褚无量，褚卒后为元行冲。开元十三年（725年）四月，因奏新撰《封禅仪注》，敕中书、门下及礼官、学士等赐宴于集仙殿，乃诏改丽正院为集贤殿书院。院内五品以上为学士，六品以下为直学士，中书令张说充学士、知院事，散骑常侍徐坚为副，贺知章等为学士，赵冬羲等为直学士，康子元等为侍讲学士。集贤院正式成立，为唐代最大的从事图书业的机构。

集贤院虽专为校书而设，但亦兼有修撰、侍读、待诏等职任，并有一整套职官：集贤院学士4名（本有1名大学士，由中书令兼领，因张说辞“大”，故无大学士），“掌刊辑古今之经籍，以辨明邦国之大典。凡天下图书之遗逸，贤才之隐滞，则承旨而征求焉。其有筹策之可施于时，著述之可行于代者，较其才艺而考其学术而申表之。凡承旨撰集文章，校理经籍，月终则进课于内，岁终则考最于外”。他们与直学士10人、侍讲4人共18人，号称“十八学士”。玄宗曾仿太宗凌烟阁“十八学士图”画“开元十八学士图”于东都上阳宫含象亭上。

集贤院隶中书省，它有：知院事1人，“每宰相为学士者，为知院事”；副知院事1人，多为近密之官如散骑常侍为之；判院1人，由副知院事兼；押院中使1人，“掌出入，宣进奏，兼领中官，监守院门，掌同宫禁”；侍讲4人，是辅导皇帝读书，讲论文史之人；待制若干人，起草诏书；修撰、校理若干人，“承旨撰集文章”和“刊正典籍”；留院官、检讨官、文学直等，大概皆事务官之类。其直接从事图书业的有：专知御书典4人；知书官8人，分掌四库书，每库2人，主管写书、出纳、名目、次序等事；书直、写御官100人任抄写书籍；画直8人，掌图画的典藏校写；拓书6人，掌摹写旧书、拓石碑帖；造笔直4人，典造笔供写书之用者；装书直14人，掌书籍装帧及潢纸者。

二、典藏与使用

唐代图书典藏的特点是，依分类来分库典藏。《唐六典》卷九说："书有四部，一曰甲为经，二曰乙为史，三曰景（丙）为子，四曰丁为集，故分为四库，每库二人，知写书、出纳、名目、次序，以备检讨焉。"武则天时因图书流散严重，曾严格规定每年正月要据旧书奏闻，每三年比部勾复一次，如果知书官有更替，必须"据数交领"，否则如果书有短少，"即征后人"。

唐御府图书有正本、副本之别，但正、副本共有几套则说法不一。除《旧唐志序》称"两京各一本"外，《新唐志》谓："两部各聚书四部……其本有正有副。"《唐六典》谓："两京各二本"和"凡四部之书必立三本"。这些说法，似以有多本为是，至复本数多少则尚难确定。

御府藏书只有集贤院、秘书省、弘文馆、崇贤馆等机构的官员有阅读的机会和条件。如李敬玄于贞观末由马周荐入崇贤馆，可以"借御书读之"。李邕渴望读秘府之书，李峤对他说："秘阁万卷，岂时日能习。"于是李峤就让他"假直秘书"，当了秘书省的官员，获得了读秘阁图书的条件，"试问奥篇隐帙，了辩如响"。阳城"家贫不能得书，乃求为集贤写书史，窃官书读之，昼夜不出房，经六年，乃无所不通"。段成式为秘书省校书郎，"研精苦学，秘阁书籍，披阅皆遍"。因此，唐代一些文人学士不肯到地方去当官，而愿入秘书省、集贤、弘文、崇文等机构工作，即使是一名小小的校书郎，也心安理得。白居易为校书郎时，有诗句云："幸逢太平代，天子好文儒。小才难大用，典校在秘书。……俸钱万六千，月给亦有余。……遂使少年心，日日常晏如。"反映校书郎官职虽小，却是一种为人所艳羡的美差。

三、书籍形制

在印刷术发明以前，唐代的书籍形制仍然是卷轴式的写本书。印刷术发明以后，才出现了印本书，装帧形式也逐渐变化。

唐御府写本书籍继承了魏晋以来讲究书法的优良传统。国子监所辖6个学馆，其中一馆就是"书馆"，是专门为培养书法人员而设的。贞观年间弘文馆有

学生24人，特请当时著名书法家虞世南、欧阳询等教习楷法。唐科举取士中设有“学判拔萃”科，书法优者可以进士及第得官。

这种重视书法的风气反映到图书业上，就是写书讲究书法。贞观年间写书，“别置雠校二十人，书手一百人”。这些书手都是五品以上官员的子弟，他们必须是书法优良者，要经过皇帝亲自简选。唐高宗时写书改变了集中由书手缮写的做法，但也必须“令工书人缮写，计直酬庸”。唐玄宗派褚无量、元行冲、张说、张九龄等人在乾元、丽正、集贤领导校书时，置书直和写御书手100人，这类人员也要“广召诸色能书者充，皆亲经御简”。为了适应当时书手写书的需要，统一字体，当时还编辑了“字样”一类的书如《颜氏字样》、《群书新定字样》、《敕定字样》、《东台字样》等，其中《颜氏字样》是贞观年间秘书监颜师古为刊正校写经籍而编纂的。可惜唐代御府所写书籍没有流传下来。

唐代写书也很重视文字的校勘，颜师古、孔颖达都参加过写书、雠校的工作。到玄宗集贤院写书时，设校理官若干人负责勘正文字讹谬，并对他们有严格的要求。《唐会要》卷六十四说：“若校理精勘，纰谬多正，及不详复，无所发明，委修书使别加褒贬。”这是把校勘文字的质量与对官员的考核、升降结合在一起了。

唐御府写书皆以益州麻纸写，即四川等地生产的麻纸或小麻纸。《新唐书·艺文志序》载：“集贤院学士，太府月给蜀郡麻纸五千番。”《唐会要》卷三十五载：“计用小麻纸一万一千七百七张。”卷六十五载：“供麻纸及书状藤纸一万张，添写经籍。”麻纸有生熟之分，生纸用来装褙，熟纸平滑有光泽，是写书的好材料。在写书之先，必须把生纸加工成熟纸。集贤院、秘书省、弘文馆等都设有“熟纸匠”，又为了防止虫蛀，还要潢纸，即把纸浸入经过煮熟了的黄檗汁中浸泡染潢以防蠹虫。这一做法早在贾思勰《齐民要术》中就有详细记载。

唐御府写书使用的笔和墨，据《新唐书·艺文志序》载：“季给上欲墨三百三十六丸，岁给河间、景城、清河、博平四郡兔千五百皮为笔材。”

唐人很重视书籍的装帧。张彦远说，藏书者要具备鉴识、阅玩、装褫、诠次的本领。宋周密曾说：“唐四库装轴之法，极其瑰致”，其书轴一般用檀木。张彦远《历代名画记》谓：“收轴以白檀身为上，香洁去虫；小轴，白玉为上，水精为次，琥珀为下；大轴杉木漆头，轻圆最妙。”“故贞观、开元中内府图书，一例用白檀首，紫罗褾织成带。”图书上的签一般用牙制品，带一股用丝织品，褾一般用绫。《唐六典》谓：“其经库书，钿白牙轴，黄带，红牙签；史库书，青牙轴，缥带，绿牙签；子库书，彤紫檀轴，紫带，碧牙签；集库书，绿牙轴，朱带，白牙签，以为区别。”这样制作出来以后，还要在书籍上打上印记，这一做法是从唐开始的。后世无论公藏或私藏图书，皆兴印记。贞观时唐太宗自书“贞观”二字，刻作二小印“贞”、“观”。玄宗自书“开元”二小字，刻成一“开元”印，又有集贤院印、秘阁印、翰林院印、弘文馆印。安史之乱后，御府藏书之印遗失，直到唐穆宗才重铸新印。从唐代开始，私人藏书家也在自己的藏书上打上印记，如唐朝魏王李泰有藏书印“龟益”，钟绍京有印曰“书印”，张彦远之高祖有“河东张氏”印，韩愈曾写诗称颂的邺侯李泌有“邺侯图书刻章”之印等。

由于唐代经济繁荣，图书制作手段出新，所以私家图书事业也大有发展。见于记载的私人藏书家，如唐初贞观年间有魏征、萧瑀、颜师古、李大亮、李敬玄、李元嘉等人，高宗、武后时期有李袭誉、薛稷、张易之等人，玄宗时有李范、陈嘉贞、钟绍京、杜暹、吴兢、韦述等人，肃、代、德三宗时，有张延赏、李勉、李泌、苏弁等人，宪、穆、敬三宗时有田弘正、柳宗元、韦处厚、李德裕、柳公绰、杨浑之等人；后期有王涯、柳仲郢、段成式、张彦远等人。其中超过万卷者有十五六人。宗室李元嘉，是高祖李渊的第十一子，“聚书至万卷，又采碑文、古迹，多得异本”。杜暹“家聚书至万卷”。吴兢“其家藏书凡一万三千四百余卷”，自编《吴氏西斋书目》一卷。韦述“在书府四十年，居史职二十年”，其“家聚书二万卷，皆自校定铅椠，虽御府不逮也”。安史之乱中，韦氏藏书“焚剽殆尽”，韦述仅抱《国史》藏于南山得免。一千多年来，被人们将其藏书称为“邺架”的藏书家李泌，藏书达三万余卷，是唐代最大的私人藏书家。他所藏经、史、子、集各书，分别用红、绿、白等颜色的牙签区别。韩愈《送诸葛觉往随州读书》诗说：“邺侯家多书，插架三万轴。一一皆牙签，新若手未触。”可想见其藏书之盛及精美。

唐后期藏书万卷以上者还有苏弁“聚书二万卷”，“至今言苏氏书，次于集贤、秘阁焉”。田弘正“于府舍起书楼，聚书万余卷，视事之隙，与其佐讲论古今言行可否”。韦处厚“聚书逾万卷”，柳仲郢“家有书万卷，所载必三本”，其书“色彩尤华丽者镇库，又一本次者长行披览，又一本又次者，后生子弟为业。皆有厨格部分，不相参错”。新旧唐书记其他私人藏书家尚有多例。又有冯贽，其所著《云仙散录》序自称其家九世藏书至二十余万卷。按此数不可信，疑为二万余卷。

私人藏书家大体有两类人员：一是学者，如颜师古是唐初的大校雠学家；吴兢是唐中期的著名史学家，《贞观政要》的作者；韦述是开元时期的史学家、目录学家；柳宗元其家所藏仅赐书就有三千卷，是唐后期著名文学家。这些藏书家把藏书与校雠、著述结合在一起，故藏书最精。藏书家中最勤奋者，要数柳仲郢，《旧唐书·柳公绰传》附传中赞其事称：

> 仲郢以礼法自持，私居未尝不拱手，内斋未尝不束带。三为大镇，厩无名马，衣不熏香。退公布卷，不舍昼夜。《九经》、《三史》一钞，魏晋已来南北史再钞，手钞分门三十卷，号《柳氏自备》。又精释典，《瑜伽》、《智度大论》皆再钞，自余佛书，多手记要义，小楷精谨，无一字肆笔。

另一类藏书家则是中央或地方的达官权贵，如魏征、萧瑀是贞观名臣，李元嘉、李冲是宗室；唐后期的张氏家族，三世宰相，五世藏书；李泌、李勉、李德裕、王涯、段文昌等都是宰相。这些人藏书多作为子孙求官之具。如唐初李袭誉官至江南道巡察大使，“凡获俸禄，必散之宗亲，其余资多写书而已。及从扬州罢职，经史遂盈数车。尝谓子孙曰：‘吾近京城有赐田十顷，耕之可以充食；河内有赐桑千树，蚕之可以充衣；江苏所写之书，读之可以求官。吾没之后，尔曹但能勤此三事，亦何羡于人？’”开元时杜暹教育其子孙要特别注意保存书籍，他在每书之上自题：“清俸买来手自校，子孙读之知圣道，鬻及借人为不孝。”这种“家训”，未免过于自私。这类人中，致书之法，往往有不正当者，如王涯“前代法书名画，人所保惜者，以厚货致之。不受货者，即以官爵致之”。宰相段文昌喜图书古画，杨浑之“尽以家藏书画献文昌，求致进士第”，段文昌就保荐他为官。

原载于《世界图书》1994年第1期

清代前期的图书事业*

清代前期上承明朝，下启近代，已进入封建社会后期。它随着政治稳定、经济发展而带来了文化的兴盛。清代前期文化事业是中国封建文化中别具特色而有待于评述的。图书事业无疑地将是这一文化的重要组成部分。从清代前期图书事业所包含的刊印、流通、典藏、整理与编纂诸环节考察，充分证实它所应占有的重要地位；但是，由于过去对这一重要组成部分缺乏应有的研究与评估，致使这一领域较少为人涉及。因而，研究清代前期的图书事业并作出恰如其分的评价，将对清代文化史，甚至中国古代文化史的研究与总结都是有益的工作。

一、刊印与流通

图书是人们将其思想观点以间接载体的文字与图画加以反映，然后体现在直接载体的专用书写材料上并有意识地加以流传。因而，作为图书事业来说，刊印与流传是它的开端环节。清朝前期图书的刊印形态基本沿袭了明朝中叶以来的线装板刻纸本，没有显著的差异，但清代前期图书刊印的校勘之精、纸墨之优、印量之大、品种之多确已超越前代。这些图书主要通过官刻、私刻和坊刻三条渠道而制作的。

清朝建国之初的官刻图书事业与政治上同样地采取了清承明制的办法，沿用了明代经厂刻书机构作为官刻机构。但当政治趋向稳定，便较快地注意到振兴文化的问题而加速改进图书官刻机构，于康熙早期建立了直属内府控制的刻书机构——武英殿修书处，设置正监造员外郎、副监造员外郎、六品库掌、委署主事

* 本文在撰写中曾参用白新良、李玉进二同志所提供的资料。

各一人，七品衔库掌二人（《清史稿》卷一一八《职官》五）主其事。武英殿修书处由于具有严格管理组织和合理的分工协作而增强了图书刊印效率，而且其刊印质量较好，在板本史中树立了独特的“殿本”风格。“殿本”的出现与流传，对清朝的图书刊印事业带来了比较深远的影响，显示了文化繁荣的一个侧面，据陶湘《殿板书目》统计，顺治一朝内府刻书仅16种79卷，而康熙时则增至56种5596卷。种数增加三倍半而卷数要高达70余倍。这一现象足以引起我们注意到武英殿修书处成立的重要作用。它对推动清朝图书事业的兴盛提供了坚厚的物质基础。但是，清朝政府并没有就此止步而是向纵深发展。它一方面鼓励地方官刻，如苏州、扬州都刊刻了较多大型图书，特别是由曹寅主持的扬州诗局，由于刊刻了刻印装帧俱佳的巨帙图书《全唐诗》等而博取了康熙帝“刻的书甚好”的嘉奖（《关于江宁织造曹家档案史料》第35号），树立了“精写、精刻、精刊、精校”的“康版”声誉。同时，在刻印工艺上又大量使用铜、木活字。雍正初以殿刻铜活字排印有万卷之巨的《古今图书集成》六十五部，成为清代前期文化事业中的瑰宝。乾隆中期以雕版与木活字相结合的工艺刊印了《武英殿聚珍版丛书》，择《四库全书》所征集书中之佳本刊行，起到了保存文献和推广流通的作用。主持其事的工艺家金简总结了经验，记述了活字印刷的全过程，编著了《武英殿聚珍版程式》，为木活字印刷保存了文献，树立了法式。这不仅对清代官私刻书事业产生了重大影响，而且海外学者至今犹以之作研究活字印刷的重要文献，如日本学者金子和正编著的《中国活字版印刷法》（昭和五十六年汲古书院刊本）一书便是一例。铜、木活字的创制虽不始于清，但规模巨大，影响深远却非前代所能及，尤其是木活字由于经济方便，所以流行广速，不仅民间仿用，甚至著名学者周永年在倡议“儒藏”说时尚主张贮木活字印秘笈以通有无，益可见其受学术界的重视。

清代前期的私刻图书事业也极为兴盛，其最值得注意的是著名刻家多是当时著名学者，择要举例如下表：

这些具有相当学术素养的刻家，不仅博搜异本，勤于校读，讲究工艺，而且刻书量之大实属罕见，如张海鹏仅所刻《学津讨源》、《墨海金壶》和《借月山房汇钞》三大丛书即达四百二十种二千零五十八卷。钱熙祚一家自乾隆至光绪，历时百年，四代刻书，所刻之书特编为《钱氏家刻书目》，可见其数量之富。这些学者刻书家所刻诸书均以校勘精审、刊刻工整、纸墨皆精而著称，其兴盛状况不仅为前代所无，即其后世也随时代的变化而难于再现。私家刻书的可贵处尚不

私人刻家	所刻书举例
纳兰性德	《通志堂经解》
黄叔琳	《文心雕龙辑注》、《史通训诂补》
卢见曾	《雅雨堂丛书》、《金石三例》
孔继涵	《微波榭丛书》、《算经十书》
张敦仁	郑注《礼记》、《盐铁论》
秦恩复	《词林韵释》、《隶韵》
阮　元	《文选楼丛书》、《学海堂经解》
胡克家	《资治通鉴音注》、《文选注》
张海鹏	《学津讨源》、《借月山房汇钞》
汪士钟	《孝经义疏》、《郡斋读书志》
鲍廷博	《知不足斋丛书》
钱熙祚	《守山阁丛书》、《指海》

限此。我认为清代前期私家刻书之最足显示其特殊意义者莫过于道光时泥活字的复活，始而有苏州李瑶以泥活字摆印《校补金石例四种》等，继而有翟金生（西园）以塾师的低微身份动员全家，倾毕生精力，手制活字十万余个，摆印《泥版试印初编》、《仙屏书屋初集》、《修业堂集》及《水东翟氏家谱》等四种。这不仅复活了宋代毕昇的活字制法，也击破了某些人士对泥活字是否有印书实用价值的怀疑，对奠定中国发明活字印刷的文化史地位，厥功至伟。与此同时，木活字的印书活动也一直普遍进行，如成都龙氏、福建林氏、洛阳叶氏等都曾以木活字大量印书，其中最引人注目的是藏书家张金吾以十万活字印行《爱日精庐藏书志》及《续资治通鉴长编》502卷，以十六个月印成一百二十册，以私人之力成此宏业，其贡献实不可泯。

坊刻图书事业虽不如官私刻书的质与量，但由于所刻各书大多属于启蒙、应试及日常生活用书，加以工料价廉，易于采购，所以社会需求量大，因而也呈现出一种兴旺发达的景象。有些图书贸易中心的书市也有不少前店后厂的作坊，北京琉璃厂的五柳居、鉴古堂属于这种性质。坊刻图书规模宏大、历史悠久的当以洞庭席氏的扫叶山房为最著。这是继明清之际毛氏汲古阁之后，下迄民国初年的

著名书坊，印行了大量价廉普及的图书。坊刻图书虽印行有若干荒诞迷信的书，但在传播、普及文化知识，供应群众需要上是有一定贡献的。

清代前期的刻书事业中尚有一件值得注意的事物，就是写刻形式的普遍使用。写刻虽非起于清朝，但在清代前期所显示出来的卓越成就确是不容忽视的。它由官刻倡于前，私刻兴于后而继见于坊刻。这些写刻本由于工艺精良已具备图书与工艺品双美的水平，当时至有“精刻”之称。手写上版者多为著名书法家及学者，其中为书林所艳称的如“林氏四写”即由福建书法家林佶手写汪琬《尧峰文钞》、陈廷敬《午亭文编》、王士禛《古夫于亭稿》及《渔洋精华录》，其中《尧峰文钞》至被后人誉为“密行尤精善”（《增订四库简明目录标注》）。其他如张力臣的写刻《顾氏音学五书》、黄丕烈的写刻《季沧苇书目》、郑燮自写《板桥集》、金农自写《冬心集》，都可称精美之作。这种在图书上表现高度工艺水平的成就在文化史上显示出中国在印刷技术上的特色。

清代前期由于有如此众多的刊印渠道和形式，图书数量极为宏富，为图书的流通提供了物质基础。当时的流通方式主要是通过商业性交易。清朝前期的京师、南京、苏州、杭州都有较集中的书市。清初诗人王士禛在其《香祖笔记》卷三中曾记他于康熙十九年在宣武门外下斜街的慈仁寺集市的书摊上看到“《两汉纪》初印本最精，又三礼、经传、通解亦旧刻，议价未就，旬日，市期早过之，二书已为人购去矣”。潘荣陛的《帝京岁时纪胜》中也记乾隆时在琉璃厂外隙地看到“图书充栋”。有些图书行商还活动于全国，如乾隆时常熟周子启“以鬻书为业，而喜交士大夫。又时时载书出游，足迹几半天下”（王应奎：《柳南随笔》卷一）。此外，许多学者或藏书家，彼此之间以传钞或交换来互通有无，扩大藏书也是一种流通方式。著名学者和藏书家周永年在倡导“儒藏”说时即主张为寒士建立图书借读中心，而且还开辟借书园供学者“博稽载籍，遍览群书”，可惜这一创举未能坚持实行。至于清朝的开放南三阁和向地方官学、书院、藏书家颁发图书，虽于流通有所裨益，但实效较微。

二、收集与典藏

清朝建立后，鉴于明清之际的动乱使图籍散亡较多，影响其掌握进行统治的文献依据，所以较快地正式开展全国性的求书活动。从检读到的文献看，顺治十四年正月曾命各地学臣“购求遗书”（王氏《东华录》顺治30），当是政府正式求书之始。康熙时，为编纂《古今图书集成》曾令各省征书送礼部，无刻本则缮书送翰林院。当时的求书标准是：“今访求藏书善本，惟以经学史乘实有关修齐治平助成德化者，方为有用，其他异端邪说，概不准收录。”（《清通考》卷69）

但是，由于当时缺乏具体措施，加以不断兴起文字狱，致使一般藏家怵于书中有违碍而大多报以无书可献的态度，所以求书成效不大。

乾隆六年正月，又下诏求书称：“今内府藏书已称大备，但近世以来，著述日繁，如元明诸贤以及国朝儒修，研究六经，阐明性理，潜心正学，醇粹无疵者尚不乏人。虽业在名山而未登天府。着各省督抚、学政留心采访，不拘抄本，随时进呈，以广石渠、天禄之储。”（《东华续录》乾隆31）

乾隆十五年，御史王应采又奏请搜访图书。这两次求书均未见实效，直至纂修四库之议兴，求书始有进展。

在政府求书的同时，学者也多提出广征图书的建议，如康熙时徐乾学有刊辑永乐大典古书之议以开拓求书渠道（李详：《愧生丛录》卷一）。乾隆时朱筠又申其事，周永年则据明人曹学佺欲修儒藏的建议而提出建立“儒藏”的主张。这些虽与编纂四库全书有直接关系，但也间接地推动了政府的求书。

清朝自乾隆三十七年以来，随着《四库全书》的编纂而采取比较切实的求书办法，如多次公开下诏，消除献书的思想顾虑，给献书者以优厚奖励，提出具体保证等等，因而历时二年，截至三十九年八月全国征书量已达万种以上（《办理四库全书档案》）。

政府的积极求书对振兴文化，特别是对图书事业无疑是一种物质保证和推进因素，但有一点却不容忽视，即在求书过程中出于政治需要和其他原因而禁毁图书，如乾隆编纂《四库全书》的过程中曾禁毁了大量图书，即以浙江一省而论，在乾隆三十九年至四十七年间就进行了检查与销毁二十四次，在全国范围内列入全毁的有二万四千多种，总数在十万部左右，其破坏严重，可以想见。

清代前期未设专门藏书机构，仍沿袭明制，除分藏于内阁、翰林院及国子监等处外，主要藏于内廷。内廷有若干藏书处，各有特色，如皇史宬之藏列朝实录、玉牒、圣训。乾隆时，昭仁殿的天禄琳琅收宋辽金元明五朝善本书1081部12258册，仅宋版子部书即达63部；坤宁宫的摛藻堂藏《四库全书荟要》一部。嘉庆时养心殿的宛委别藏有四库续收书174种。其他南薰殿、紫光阁、南书房等处也多有藏书。作为清代前期的正式国家藏书处应是为贮存《四库全书》而修建的七阁。七阁是指文渊、文津、文源、文溯北四阁和文宗、文汇、文澜南三阁而言。从乾隆三十九年至四十九年间，七阁以明宁波天一阁为模式先后建成，贮存图书，设官分职。它的主要职官由当时清要重臣和翰苑文士担任，如文渊阁于乾隆四十一年建成后即于六月初设官兼掌："文渊阁领阁事三人，掌典综册府（大学士、协办大学士、掌院学士兼充）。直阁事六人，掌典守厘辑（内阁学士、少詹事、讲读学士兼充）。校理十有六人，掌注册点验（庶子、讲、读、编、检兼充）。检阅八人（内阁中书派充）。内务府司员，笔帖式各四人（由提举阁事大臣番遍奏充。"（《清史稿》卷115《职官》二）

七阁各贮《四库全书》一份，又另抄一份贮翰林院，每份三万六千余册。在编纂《全书》过程中又选取精华先编成《四库全书荟要》，分抄两份，每份万余册，分贮内庭摛藻堂和颐和园味腴书屋。总计《全书》八部和《荟要》二部有三十一万二千册，约八十亿字。它为华北和江浙地区丰富了国家藏书量。

清代前期的书院藏书不及宋明之盛，主要原因由于清初怵于反满情绪而对书院讲学有所顾忌，以致书院数量较少，如清初全国书院仅51所，后经康雍时期的恢复与提倡，乾隆时始达571所，其中江西、广东、福建较盛。由于这些书院大多具有官办性质，所以其藏书来源主要是官颁，如康熙曾送经史书籍给白鹿洞书院和岳麓书院，乾隆曾送十三经与二十二史给钟山、紫阳和敷文等书院。有的地方官还为书院购置图书，如洪亮吉督贵州学政时，即"购经史、《通典》、《文选》置各府书院"（《清文稿》卷356），此外还有书院购置和私人捐赠等渠道。这些公私来源增加了书院的藏书量，但终因书院经历了一段曲折，又限于经济力量，所以不能与国家、私人两种藏书体制相伦比。

清代前期私人藏书之风甚盛，据叶昌炽《藏书纪事诗》所载清代藏书家有497人，几近历代藏书家总数之半，这些藏书家大多为著名学者，尤为前代所未见。兹择述若干私人藏书家情况，列表于下以见一斑。

这些藏书家都是当时有较高学术成就的学者。他们不仅收藏和保护了大量图书，而且由于他们都具备版本、目录、校勘等方面的专业知识，加以有深厚的学术素养，因而对所藏图书的完善做出了贡献。这些藏书家既有汉族，又有满族、蒙族，大大超越了前代藏书家的民族畛域，私藏事业已遍及中华民族的各族学者。这些藏书家的藏书量多在万卷以上，对保存和流通方面起到了国家藏书补充渠道的作用。

藏书家	藏书楼	藏书情况	学术地位
黄宗羲	续抄堂	藏书多至数万卷	思想家 史学家
黄虞稷	千顷堂	家福藏书	目录学家
钱谦益	绛云楼	藏书“几埒内府”	文学家
全祖望	双韭山房	藏书五万卷	史学家
朱彝尊	曝书亭	拥书八万卷	经学家 文学家
徐乾学	传是楼	藏书甲于天下	目录学家
鲍廷博	知不足斋	家富藏书	目录学家
卢文弨	抱经堂	聚书数万卷	版本学家
杭世骏	道古堂	藏书十万卷	史学家
吴泰来	遂初园	藏书多宋元善本	文学家
严　观	归求草堂	藏书二万卷	金石学家
汪　宪	振绮堂	藏书甲于浙右	目录学家
朱　筠	椒花吟舫	聚图书数万卷	金石学家
富察昌龄	谦益堂	积书万卷	版本学家
法式善	梧门书屋	藏书数万卷	诗人
黄丕烈	百宋一廛	多藏宋本图书	版本学家
吴　骞	拜经楼	藏书五万卷	经学家

（据《清史稿》列传、《藏书纪事诗》）

三、整理与编目

国家的整理图书事业，历史上统称为“校书”。它从晋荀勖确定了“依刘向《别录》，整理记籍”（《晋书·荀勖传》）的方针后，历代基本沿用。其整理成果具体体现于国家目录的编制上。清代前期表现得尤为集中与明显。清代的国家目录在数量上远不能与私家目录相比，但其编制水平远远超越前人，在中国古代文化学术史上独具特色，而且一直对后世产生着深远的影响。清代前期的国家目录以《古今图书集成·经籍典》肇其端。《经籍典》是汇总历代正史、专史艺文志、经籍志的一部大型目录书。它的总部全录汉、隋、唐、宋各史史志和黄虞稷的《辽金元三史补艺文志》、明焦竑的《国史经籍志》等六种目录；其分部不仅析上述目录内容分别录入外，更录入宋郑樵《通志·艺文略》、元马端临《文献通考·经籍考》及朱彝尊《经义考》等专史专著中的目录部分。这为后世研究自先秦至清初两千年间图书事业的概况与发展提供了必需的资料。《经籍典》虽以四部为序，但自立六十五类，而各类又采取以书目和图书性质相结合的方法分类。这样颇便于读者从各类主要著作相连搜求自古至今的有关著作，而汇总类分历代主要目录尤使后人能得历史发展的概略。

《四库全书总目》是乾隆时继《古今图书集成·经籍典》之后编的一部目录学巨著，也是中国古代官修目录事业中的一次空前盛举。乾隆席顺、康、雍三世之余烈，政治与经济条件俱臻全备，所以在乾隆三十七年两次下诏求书后即于次年二月正式建立四库全书馆开展《四库全书》的编纂工作。乾隆帝在求书之始就极为明确地要求先造报目录，而编纂《全书》的创议者之一在建议中将编制目录列为首要任务，要求先宣布内廷藏书目录以求书，然后按刘向整理办法“每一书上，必校其大旨，叙于本书首卷，并以选呈”（《办理四库全书档案》）。旋经乾隆帝决定对所征得图书采用四分法编制目录，评列部类、卷数、选者，而当《全书》编纂工作开始后即与编目工作合流并行，即每一纂修人员同时负责《全书》编纂和提要编写工作。其结果是节省人力、财力，加速工作流程，避免工序重复，提高《全书》及提要的质量，为图书整理事业创制了良好的工作程式。这种做法至今仍有其实用价值与生命活力。

《四库全书总目》在中国文化史上，甚至世界文化史上都有其不可动摇的地位。它是一部二百卷巨帙的书目，在以前仅唐代《群书四录》可与等量，可惜唐录早佚，在以后则迄今尚无如此巨制。不仅如此，它著录图书3461种，79309卷；存目6793种，93551卷；共计收书10254种，172860卷。无论著录与存目均有提要，成为清代前期以前，尤其是元以前各种主要著作的总汇，成为中国封建社会图书的大集合。它继承和发扬了中国封建社会整理图书的优良传统，编纂成一部部有大序、类有小序、书有提要和附案的体例完备的大型综合目录。特别值得重视的是它所采取的专材校书决策。经部戴震、史部邵晋涵、子部周永年、集部纪昀都是当时负有盛誉的著名学者。因此各篇提要不仅著录了书名、卷数、版本来源、作者生平及内容简介等一般要素外，还在不少处作了必要的考查，提高了这部目录的学术价值，也为后人提供了治学的借鉴。这样巨大的成就反映了清朝前期对文化事业在统治术上的重要性已有相当认识。正因为从这一角度去整理，也就必然为适应政治需要而存在收书不遍，评价不公的弊病；但利弊相衡，还是应当肯定这部目录书对中国文化发展所起的揭示图书内容，提供参考资料的重要作用。

清代前期另一部国家目录就是乾嘉之际于敏中、彭元瑞等人所撰的版本目录《天禄琳琅书目》正续编。版本目录虽始自宋尤袤《遂初堂书目》，但至清初钱曾《述古堂书目》、徐乾学《传是楼书目》乃渐成专称专学。《天禄琳琅书目》则更为完备。它不仅明载各种不同版本，还将刊载时代、地点，藏家姓名及藏章详加考订而载入，成为官修版本目录之始，并启有清一代藏书家编制版本目录之风，数量殆达数十种之多，为目录著述增一新领域，且为整理古籍选择工作底本提供方便。

史志目录的编撰是清代前期图书整理事业中富有成效的一项工作。它的第一部著作《明史·艺文志》始由目录学家黄虞稷撰著以“纪一朝之著述”，但为补前史之阙又附载宋咸淳以后及辽金元三代著述，书成后曾以《千顷堂书目》之名行世。这部初稿又横经两次删削而收入《明史》，乃贻后世以收书未遍，著录重复之讥。在专史方面，因编《续通考》、《清通考》而有《经籍志》，因修《续通志》、《清通志》而有《艺文志》。这四部史志目录也是清代史志目录的组成部分。

清代史志目录的最大成效乃在前史的补志工作上。补志工作始从补辽金元史入手而推及各史缺志，许多著名学者黄虞稷、卢文弨、杭世骏、厉鹗、钱大昕等都投身于这一事业。这不仅提倡了当时的补志风气，而且影响及于清代后期和民国初年。补志的陆续出现，使正史目录古今上下，完备连贯，基本上构成完整一套综合性目录。这在世界文化史上亦属罕见。

清代前期的私人编目工作也颇兴盛。私人藏书家不论入藏量多寡几乎都为自己的藏书编目，而且还为其他藏书者编目，一般质量较高，如经学家孙星衍为自己藏书编目后，又为宗祠藏书编《孙氏祠堂书目》。这是一部打破四部分类，直接分为十二类的藏书目，但各类顺序仍以四部先后为次。有些藏书家专门从事私藏的整理研究，从不同角度撰写专著。如清初著名藏书家钱曾就分别撰写了三部目录专著：一是《也是园藏书目》收书三千八百余种，为簿录甲乙之作，颇便于稽查藏书；二是《述古堂书目》，收书二千二百余种，除记书名卷数外，还载册数、版本以便于求书；三是《读书敏求记》，著藏书中精善图书六三四种，为善本书目。有些学者则以读书笔记、题跋等形式表述其整理、研究图书的成果，如周中孚的《郑堂读书记》和黄丕烈的《士礼居藏书题跋》等。这不仅为古典目录的编制方法开创了新形式，也是清代超越前代的重要学术成果。专科目录也是私家目录中有特殊成绩的方面，如朱彝尊以一生精力完成《经义考》三百卷，是空前的经学专科目录，影响及于海内外。此书不仅注明图书的存佚及未见，并按书汇辑有关序跋、传记及评论等资料，成为古典目录中的辑录体名著。又如以著录藏书中善本为主的善本书目也是专科目录的一种，如黄丕烈的《百宋一廛书录》等，是后世考究版本的重要依据。而嘉庆时顾修所编《汇刻书目》则是适应丛书大量出现而编辑的第一部丛书目录。它虽未能直接反映丛书子目，但从此以后开始了丛书目录的编纂并逐步改进而致取用称便。

四、编纂工作

清代前期的图书编纂工作继承了前代编纂类书、丛书和辑佚书的类型和方法，并在已有基础上发展成为规模大、数量多的图书编纂事业。它在保存和利用图书上起着重要的作用。

（1）类书的编纂：类书起于曹魏《皇览》，历代多有编纂。清朝前期的《古今图书集成》一万卷是类书中富有影响的巨制，其内容比宋之《太平御览》丰富，其编制比明之《永乐大典》有条理。它始编于康熙而成于雍正。书凡万卷，分六汇编、三十二典、六一〇九部，另有目录四十卷。各部之下又有汇考、总论、图表列传、艺文、选句、纪事、杂录及外编等项。全书约共一亿六千万字，从数量上说是略次于《永乐大典》的古代百科全书。这部类书收书范围广泛，所录资料又不加删节，起到保存和流传文献的作用。这部书编制体例完善，按类汇集资料较丰富，不仅可供一般翻检，并能据之作进一步求索，起到索引作用。这部书所收录资料中有《永乐大典》前的已佚著述和《永乐大典》后的未录著作，又未经乾隆删书之劫，因而多存古籍原貌，对校勘、辑佚也有着重要的作用。这部书是在雍正六年以铜活字印行的一部大书，共印行六十五部。在雍正、乾隆时除先后颁赐十余部给功臣和献书者与七阁外，余书贮于内廷。其他类书尚有《佩文韵府》、《骈字类编》等，然规模远逊《古书图书集成》，但因卷帙适中，流传较广，翻检较易，所以在使用检索上比《古今图书集成》发挥了更大的社会效益。私人编纂的类书虽本身数量不如官修，但其种数几占总数百分之九十五以上，《四库全书总目》著录者即有四十八部，其中如康熙时陈元龙所编《格致镜源》一百卷即考辩古代名物起源较为精审而有代表性的私编类书。

（2）丛书的编纂工作：丛书是将多种图书汇为一书以利保存和传播的编纂形式。它比类书又前进了一步，既减少割裂原书的弊病，又避免搜求图书的烦劳。丛书虽从南北朝的汇集地理书和宋代的开宝藏即开始兴起，但都是单一性质的汇集，而综合丛书则以一般学者所公认的南宋时《儒学警悟》开始，其后相沿至明清而称盛，而尤以清代为特著。清代前期的丛书总量在八百种左右，占全部现存丛书的四分之一强，而其编纂质量远胜前代，至于品种繁多更为历来所不及。

清代前期的官修丛书自康熙以来即延续不断，而卷帙多达千万卷，如康熙时的《御纂七经》、《律历渊源》，乾隆时的《武英殿聚珍版丛书》、《四库全书荟要》都为丛书的兴盛生色。而乾隆时所编《四库全书》尤有辉煌的成就。《四库全书》自乾隆三十八年开始编纂，历时十年而成此巨制，同时并编纂《四库全书荟要》和抄录八部《全书》、二部《荟要》，至乾隆五十二年共十五年全部工作始行告竣。总计每部《全书》收书三四六一种七九三〇九卷，分抄八部为六三四四七二卷；《荟要》每部收书四百七十三种一万九千九百三十卷，分三部达三九八六〇卷。二者卷数总和使国家藏书量含复本在内增加了六七四三三二卷。这实在是使人赞叹的盛事。这部巨帙丛书不仅对封建时代的文献进行了一次系统的整理，起到了流传和保存的作用，而且还在长达十五年的编纂过程中培养了一批学者，并使整理图书的一套传统基本技能，如版本、目录、校勘及考证诸学成为专门之学，使后世学者多借此书为进窥学术堂奥的阶梯。

私修丛书在清代前期编纂丛书事业中占着较为重要的地位。它不仅数量多、门类全，而且质量也较高，如康熙时纳兰性德的《通志堂经解》收录了自古以来，特别是宋元以来各家解经之作共一百四十种九百卷。其后阮元辑《皇清经解》，专辑清人解经之作达一千四百卷，收罗了清初以来主要经师的著作。二书是研究清代前期以前经学史的主要资料。他如地方丛书有《台州丛书》、《岭南遗书》等收录一地作者著述；校勘丛书如卢文弨《抱经堂丛书》收录亲加校勘的汉唐古籍二十种；独撰丛书如潘耒所编《亭林遗书》收顾炎武一生主要著作二十二种，梅文鼎自编《梅氏丛书》收自撰算学专著二十二种；小说丛书如《唐代丛书》六集，收录唐人传奇小说一百六十四种；……名色繁多，几难列举。这

些丛书的迭出，显示出丛书编纂事业的全盛面貌，而对图书文献也起到了保存与便于流通使用的重要作用。

（3）图书的辑佚：辑佚是整理图书，使亡佚图书恢复基本面貌的一种技能。它始于唐宋，而大兴于清代前期。清代前期的辑佚工作是在古籍散佚、汉学勃兴、文网日密的情况下兴盛，并有若干专门学者从事此项工作，这是人所共知的事实，因之形成辑佚仅为爬梳故纸、逃避政治的误解。殊不知辑佚之兴正当清代禁毁图书甚盛之际，而辑佚目的最终在于恢复已佚古籍，一毁一兴，其意甚明，应予公平评价。它客观上是对清代文化专制主义的一种曲折反抗。

清代前期的统治者并没有意识到辑佚的客观作用，只为求“稽古右文”的文饰，曾组织和推动了辑佚工作。康熙帝曾组织人员在已有传世唐诗基础上“又旁采残碑断碣，稗史杂书之所载，补苴所遗，凡得诗四万八千九百余首，二千二百余人”（《四库全书总目》卷190），遂编为《全唐诗》九百卷。乾隆时的大规模辑佚活动是从《永乐大典》中辑佚书，成效显著，是《四库全书》图书六大来源的一重要来源，计编入《全书》的《永乐大典》辑佚书共二百八十九种，著录存目者有一百二十七种。所辑佚书，如《旧五代史》、《续资治通鉴》、《直斋书录解题》等或辑录、或补充，均使藏书量为之大增。

清代前期的私家辑佚工作也十分兴盛，名家辈出，其中最足重视者有严可均的《全上古秦汉三国六朝文》、黄奭的《汉学堂丛书》和马国翰的《玉函山房辑佚书》等。其中严辑《全上古秦汉三国六朝文》七百四十六卷，收三千四百多名作者，成为一部现存唐前单篇文章的总集。马辑《玉函山房辑佚书》七百六十卷，辑周秦至唐佚书六百三十二种。不仅如此，辑者于所辑佚书之前叙作者事略及佚书源流，书后并附历来诸家论述及研究情况，对唐前学术研究有较高参考价值。

辑佚工作虽有重复辑录、采辑不当、收录不遍等等不足，但作为一项整理恢复图书的手段和保存流传文献的作用是不可低估的。

编纂类书、丛书和辑佚书是清代前期整理编纂新型图书的三种主要类型。它在使清代图书事业具有超越前代的显著特色上是有很大贡献的，在丰富藏书、传播文化上对后世的影响尤为深远而应给以较高评价的。

原载于《社会科学战线》1986年第3期

敦煌百年三笔账

——纪念敦煌经卷发现一百年

敦煌经卷亦称敦煌文书、敦煌遗书、敦煌卷子，是指在中国甘肃省敦煌市莫高窟（俗称千佛洞）出土的四至十一世纪多种文字的古写本。由于敦煌在四至十世纪间曾为中国西北文化中心，政治、经济十分发达，佛教也很兴盛。自从前秦建元二年（366年）释乐傅开凿第一窟以后，写经造像活动代代相沿。北宋仁宗时，西夏进攻敦煌，僧众为避兵火，将大批文书藏于洞窟之复室中，然后砌一泥墙于外，并于其上绘画，以此作为伪装。此后，这些文书便被封存于该私室中达900多年，成为名闻中外的敦煌遗书。

清光绪二十六年（1900年），敦煌道士王圆箓无意中发现敦煌石窟第16窟画有壁画的墙上有裂缝，因察看裂缝，进而在第17窟中发现了大量的经卷和佛像。王圆箓立即将此事禀告县令，县令及时上报给甘肃学台叶昌炽。精通古文字和考古的叶昌炽对此事颇感兴趣，计划将这些经书及佛像运往京师，然因耗资过巨而未果。但他在自己的著作《语石》中录述了莫高窟的碑文，发表了个人对敦煌遗书的看法。自此以后，敦煌文书被发现的消息不胫而走，敦煌县令将文物作礼品送人，遗书开始流失。1907年3月，匈牙利籍英国人斯坦因最先来到敦煌，利用买通和欺骗的手段从王道士手中盗走大量遗书，共有写本卷子8082卷、木版印刷本20卷，其中佛教著作6790卷，共装24箱经卷，另有绘绣佛像精品等。1908年春，法国人伯希和来敦煌盗走古书、佛教变文、民间文学等汉藏文卷子写本精华6000号。1911年日本人橘瑞超和吉小川一郎进行了摄影和调查，并盗走文书约600卷。1914年，斯坦因再次盗走写本文书5箱。两次共掠走文书1万多件，包括汉文写本书7000卷、印本书20余卷，回鹘文、古突厥文等二三百卷。1914年至

1915年间，俄国人奥登堡也盗走文物2000件以上。1924年，美国人华尔纳盗走莫高窟壁画26块和唐代塑像等。这些人在敦煌学研究上所取得的成绩，我们历来没有抹杀；但是，这并不能掩盖他们鼠窃狗偷的恶行，最近有一本有关敦煌的书，竟称斯坦因为“旷世大师”，誉伯希和为“天才的敦煌学家”，令人惊讶！实难苟同。这笔盗购、骗购的耻辱账必须清算追索。

敦煌经卷的大量外流，引起了清政府的注意。1910年清政府下令将敦煌所剩文书约8000卷运往北京，藏于京师图书馆。1919年甘肃省政府教育厅又将莫高窟劫余经卷查点封存。至此，敦煌文书被盗外流的现象始基本制止。

现存敦煌文书除我国自藏外，尚流散于英、法、俄、日、美、丹、韩等国。英国不列颠图书馆东方写本部和印度事物部图书馆藏13000件，法国巴黎国家图书馆东方部藏5779件，俄罗斯藏10800件，日本藏约600件，美国至少藏22件，丹麦藏14件。我国则分藏于北京、上海、天津、大连、台湾、香港及甘肃等地，计卷式遗书17500余件，藏文箧页9648页。

敦煌遗书的总数在4万件以上，从印刷形式看有写本和印本，写本在3万件以上，刻本数量较少。从文种上看，写本书以汉文为主，兼有梵文、藏文、康居文、龟兹文、于阗文、回鹘文、吐火罗文、粟特文等。装帧多为卷轴式，九世纪以后的遗书，出现经折本、蝴蝶装本、册子本、刺绣本和刻印本。其字体，北朝均带隶意，南朝及隋、唐、五代、宋之写本则皆为楷书或草书。

遗书中95%的汉文写本为佛典，包括经、律、论、疏释、赞文、陀罗尼、发愿文、启请文、忏悔文、祭文、僧传、经目等。非佛典文献虽仅占5%，但内容相当广泛，包括四部、道经、俗文学、文书档案等。如果进一步细分，则史部包括史书、政书、地志、氏族志等，子部包括道教卷子、医书、历书、占卜书、类书等，集部有别集、诗、曲子词、变文、讲经文、押座文、话本、俗赋及词文等。官私文书是敦煌文书中最具珍贵史料价值的一部分，包括符、牒、状、帖、榜文、刺词、过所、公验、度牒、告身和籍账等。另有与户部、刑部和兵部相关的文书片段。这些资料为研究当时的典章制度和经济状况提供了宝贵的资料。这笔无法估定价值的财产账必须笔笔明晰，不容再有一丝损坏遗失。

敦煌遗书发现后，很快成为学者研究的热点，并成为一门为世界学者所关注的学问——敦煌学。罗振玉、陈垣、向达、罗福苌、王重民等学者纷纷撰文并著书立说，广搜国内外敦煌遗书进行整理与考证。近年以来，中国的敦煌学研究成绩显著，仅就查阅国家图书馆的书目，上世纪九十年代以来有关敦煌学的研究著述就达数十种，其中如《敦煌愿文集》、《敦煌天文历法辑校》、《敦煌艺术叙录》、《敦煌石窟内容总录》、《敦煌吐鲁番研究》、《敦煌佛教经录辑校》等等，都是卓有成就的专著，另外还有许多高质量的论文，这些有目共睹的事实足以驳斥“敦煌在中国，敦煌学在西方”的狂言谬论。

敦煌遗书的发现，推动了与中世纪中亚、中国有关的历史学、语言学、考古学、民族学、文学、艺术、书志学、历史地理学和科技史等的研究。这是中华文明成就对世界文化宝库的重大贡献，应该为中国人所珍惜自豪；也应该是中华学人倾其心血，做好敦煌学研究工作，以实现有些学者在展望敦煌学研究的未来时所吐露的：要“托起明天的辉煌”！这笔因勤恳研究而获得丰硕成果的丰收账，中国学者将永远记住：走在敦煌学研究的前列！

原载于《中华读书报》2000年7月26日

常熟藏书首脉望

明清以来，江浙藏书家为全国冠，而江苏又稍多于两浙。吴晗所著《江浙藏书家史略》所收江苏藏书家为490人，其间常熟藏书家尤称翘楚，赵氏脉望馆，钱氏绛云楼、也是园，毛氏汲古阁，张氏爱日精庐，瞿氏铁琴铜剑楼等等皆以所藏珍善为世所重，藏书之风至民国而不衰。而赵氏脉望馆开一时一地藏书风气，为藏书史浓墨所在。

脉望馆为明代藏书家赵琦美所建藏书楼。赵琦美，原名开美，字仲郎，一字如白，号玄度，自署清常道人，为常熟藏书家赵用贤（定宇）的儿子。生于明嘉靖四十二年（1563年），卒于天启四年（1624年），得年六十二岁。赵琦美以父荫累官刑部郎中。赵琦美除继承其父藏书刻书的遗风外，“生平损衣削食，假书缮写，朱黄雠校，并欲见诸实用”，每得善本珍籍，即由用贤作序，琦美刻行（《常昭合志稿》三十二）。为便于大量收藏图书，更在其父的松石斋外筑脉望馆，于常熟虞山镇南赵弄为藏书所。脉望是传说中蠹鱼所化之物，赵琦美引此自喻为书蠹所化，得书而后贮其中。

赵琦美承受其父所藏图书二千余种，上万册（《赵定宇书目》）。而生性又好“网罗古今载记，甲乙铨次”，遂使藏书益富。清初常熟另一大藏书家钱谦益为赵琦美撰墓表曾称颂其求书、读书的精神说：“穷老尽气，好之之笃挚与读之之专勤，近古所未有也”。脉望馆的藏书量据其所编订的《脉望馆书目》著录近五千种，两万多册，较其父所藏约增一倍。

脉望馆藏书质量相当高，有些书是经过赵琦美一二十年搜求、配补和钞绘始成完整善本的。如所藏《洛阳伽蓝记》刻本较差，便从陈锡元、秦西岩、顾宁宇、孙兰公处购得四家钞本，改正了刻本中488处错字和320个衍脱字。几年后，又于燕山龙骧邸中再改正50多个错字。前后历时8年始成完书。又曾购得《李诫营造法式》残帙，缺18卷，经二十余年搜集而后补齐全书，并以五千钱高价聘绘图师重新绘制插图。有的书是经赵琦美手钞手校的佳本，如元明两代的《古今杂剧》242种，均经赵琦美亲手钞校，并写有题跋，成为研究我国戏剧史的一大宝库，今藏北京图书馆。当代藏书家郑振铎曾抢救其于战火中，并记其事于所著《劫中得书记》中，誉为文献之一大发现。赵琦美还喜欢刻书，有《新唐书纠谬》、《酉阳杂俎》、《东坡志林》等书，都是在其父校勘基础上再加校订后刊行的。赵琦美卒后，藏书大多归钱谦益绛云楼。传说书去之日，常熟武康山中白日鬼哭，虽事涉无稽，但亦反映常熟人民对脉望馆藏书的眷恋。新编《常熟市志》第22编即以赵氏脉望馆居藏书家简介之首，并著其事迹较详。

赵琦美在明万历年间为其脉望馆藏书编《脉望馆书目》，这是一部打破四分法顺序的私藏排架目录。它将家藏图书所标号码结合千字文自天至吕排为30号，分为经、史、子、集、不全宋元版书、旧版书、佛经、墨刻、书画、古玩杂物、碑帖等类，末附万历四十六年的《续增书目》。这部目录除登录不少文学艺术书外，还在“暑”字号“子类”八下，设有“泰西人著述”小类，登录了《几何原本》、《泰西水法》等七种西方传教士译著的书籍。这在当时是值得注意的著录内容。这部书目的子目设置较详，将近有200多个子目，如史类三即设有编年、史评、传记、伪史、霸史等，颇便检索。书目还注明藏书地点，如“佛经”下注“在后书房西间朝东厨”，甚便取用。《脉望馆书目》有《涵芬楼秘籍》本及《玉简斋丛书》本。

原载于《江苏地方志》1998年第1期

明清藏书楼随录

绿雨楼

绿雨楼是明代学者陆深的府第，位于北京的正阳、玄武两门之间。这座府第分为三个部分：东为素轩，北为澹堂，中为无名书窟，所以这个府第名也成为他藏书处的名称。

陆深初名荣，字子渊，号俨山。上海人。明成化十三年（1477年）生，嘉靖二十三年（1544年）卒。举明弘治十八年（1505年）进士，历官至詹事府詹事，卒赠礼部右侍郎，谥文裕。陆深以文章知名于世，善书法。家富藏书，但聚集惟艰。少壮时限于财力，未能广泛收书，只能廉价采购一些残本不售的书籍。对残缺少者，亲自钞补，使成完帙；对残缺多者，只能留待日后遇机补配而已。是其藏书确属来之不易。

陆深为了避免藏书散失，特自编《江东藏书目》以备查核。分十四类著录即：经、性理、史、古史、诸子、文集、诗集、类书、杂史、诸志、韵书、小学、医艺、杂流等。这些类目虽然不尽合理，但确是在相沿的四分法外独辟蹊径，而且透过这一目录，也可看到绿雨楼藏书的插架次序和藏书概貌。

万卷楼

万卷楼是明代藏书家丰坊的藏书楼。丰坊字存礼，又字人翁，后更名道生，号南禺外史。浙江鄞县人。生卒年月不详。明嘉靖二年（1523年）进士，官礼部主事，缘事谪官。丰氏自南宋以来即为鄞县四大姓之一，历代仕宦，藏书甚富。丰坊尤喜藏书，并擅书画，曾尽售近郊良田千余亩，购藏图书碑帖，藏书达数万卷，皆贮于万卷楼中。丰坊自谪官后，心神恍惚，婴有癫疾，以故家道日衰，而好书不倦，遂有“书淫”、“墨癖”之称；但因病无力管理图书，以致所藏宋椠及抄本等善本佳刻，半为门人所窃，后又遭天火，藏书损失颇巨。所余图籍，悉归范氏天一阁，为天一阁藏书的重要来源。而丰坊终以贫病而殁。清初学者全祖望所撰《天一阁藏书记》及黄宗羲所撰《丰南禺别传》中均记及丰坊家世及其生平行事。

妙赏楼

妙赏楼是明代藏书家、戏剧家高濂的藏书楼。高濂字深甫，号瑞南，浙江钱塘人。约生于嘉靖，而万历时尚在世。高濂雅好藏书，所藏古今图书甚富，自称“每见新异之典，不论价值贵贱，以必得为期”。所藏珍善图书，颇为后世藏家所重。高濂藏书以获取知识为主旨，是为了从书中“得古人一言一论之秘，以广心胸”，所以反对那种不乐诵读只求精美观赏的所谓藏书家。他以不学无术为耻而求开卷有益，其识见确实超越一般仅藏不用者。高濂也很重视图书的版本，他赞赏宋本之善，又极力抨击明代伪刻宋本之恶行。高濂在所著《遵生八笺》卷十四、十五的《燕闲清赏笺》中有《论藏书》一文，论述宋元版本的区别及明人作伪的手法等，有裨整理古籍之参考。妙赏楼的藏书，都钤有“妙赏楼藏书”、“高氏鉴定宋刻板书”及“武林高深甫妙赏楼藏书”等藏章，可备鉴定古籍版本之助。

得月楼

得月楼是明代藏书家李鹗翀的藏书楼。李鹗翀字如一，后以字行，又字贯之。江苏江阴人。明嘉靖三十五年（1556年）生，崇祯三年（1630年）卒。家世务农，比较富裕，一生未通仕途，而酷好读书、聚书。数十年间他以经营农业之余赀，搜秘本，访佚典，甚至不惜典屋卖田来搜购佳本善刻，逐渐聚集起来的珍稀图书如《南唐录临安志》和《苏州图经》等就庋藏在得月楼中。

李氏得月楼的藏书，不是单纯为了收藏，李如一首先是为了通过阅读图书来获取知识。所以一旦得书，他总要亲加校雠、研读。清初学者钱谦益曾赞誉李如一是一位“聚之勤，读之力而守之固”的藏书家和学者。这一赞誉正说明得月楼的藏书是不断搜求而得，经过努力研读和整理，并认真加以管理的。尤其值得注意的是得月楼已超越当时其他藏书楼，不以狭隘的典藏为宗旨，而是使其所藏为学人所共享。李如一曾说：“天下好书，当与天下读书人共之”。他为便于流通，对藏书采取了“阙必正，讹必正，同异必校勘”的方针，虽在病中仍坚持不辍，对于相知友朋更是“未尝不倒庋相付也”。这一精神使得月楼成为具有藏用结合特点的藏书楼，其社会效能，远远超出了当时其他藏书楼只藏不用或少用的状况。可惜所藏毁于清初。

李如一为了更有效地利用得月楼藏书，还仿照宋代藏书家晁公武《郡斋读书志》和尤袤《遂初堂书目》的体例，自为诠次发凡起例编成《得月楼书目》一卷，亦称《江阴李氏得月楼书目》。其目久佚，在《江阴丛书》、《粟香室丛书》和《常州先哲遗书》（第1集）等丛书中，均收有《江阴李氏得月楼书目摘录》一卷。从李如一遵循晁、尤遗规来看，这应是一部按四部分类、著录版本状况的提要目录。

倦圃

倦圃是明清之际藏书家曹溶就宋岳珂废园重建的藏书之所。曹溶字洁躬，又字秋岳，号倦圃，晚年自号锄菜翁。秀水（今浙江嘉兴）人。明万历四十一年（1613年）生，清康熙二十四年（1685年）卒。明崇祯十年（1637年）进士，官监察御史。入清后，官至户部侍郎。晚年辞官退隐，筑室于范蠡湖，题名倦圃，取岳珂字倦翁以自寄。曹溶素好搜聚宋元人文集，据其所撰《静惕堂书目》所载有宋刘开等180家，元耶律楚材等115家，共295家宋元明刻文集，珍藏不可谓不富。《静惕堂书目》是我国较早的以文集为专题的善本目录，对后世专题目录的发展有重要影响。从这一目录所收可以看到倦圃藏书的价值。曹溶别撰有《流通古书约》一卷，提倡古书流通，反对秘藏，主张藏书家公布书目，并互通有无，为流通古书创一良法。

池北书库

池北书库是清初学者诗人王士祯的藏书所。王士祯原名士禛，雍正时因避胤禛讳，改为士正。乾隆时，又诏命改为士祯。字子真，亦字贻上，号阮亭，别号渔洋山人。山东新城人。明崇祯七年（1634年）生，清康熙五十年（1711年）卒。顺治十五年（1658年）进士，官至刑部尚书。

王士祯是清初自成流派的著名诗人，影响甚大。他生平喜好搜藏图书，名其藏书处曰池北书库。与他并有诗文盛名的朱彝尊在所撰《池北书库记》中称赞王士祯的求书精神是："先生自始仕迄今，目耕肘书，借观辄录其副。每以月之朔望玩慈仁寺日中集，俸钱所入，悉以购书。"有些好书因一时筹款不及而为他人所购去，曾因此而得病，可见池北书库的庋藏确实来之不易。

池北书库的藏书不是成批或有某一藏书家的败落而一次性收购来的，而是王士祯亲自从旧书摊店中采购和从友朋处借抄而来。这就形成了池北书库的藏书是为阅读治学而非单纯为珍藏古秘的特点。王士祯摆脱了当时一股学者佞宋的玩赏习惯，他认为宋版书亦有讹误，不能一概视为珍善，同时他并不排斥宋版古籍，而是以书的内容定去取，所以池北书库的藏书，既有宋元善刻，也有明清佳本。

王士祯对所藏图籍多加研究校订，撰写书跋，记其著者、版本、价值与流传等内容，更以其所具深厚的文学素养，使题跋文字清新喜人，流畅可读。光绪四年（1878年）上海葛元煦曾辑王之题跋一百一十五篇为《渔洋书跋》，1958年陈乃乾又有重辑渔洋书跋共收二百三十篇，适为葛编的两倍。这些题跋对中国藏书史的研究和对池北书库藏书的了解均有裨益。

王士祯对池北书库的藏书曾自编《池北书库藏书目》，但所载仅四百九十六种，显然不是池北书库的全部藏书目。清代学者刘喜海认为，这部藏书目如果不是王氏随身携带的备读书目，便是一部不全的书目。近人以当时与王士祯并称盛一时的朱彝尊的藏书推测，朱氏曝书亭藏书有七八万卷，则王氏池北书库藏书亦当在七八万卷之谱。

池北书库的藏书在王士祯卒后不久即因鼠蠹积霖、不肖攫窃而残损散佚。民国初年，藏书家叶德辉的观古堂曾收藏到池北书库的旧藏。可惜抗战时期随着观古堂藏书的外流，而使池北书库一些残余旧藏也多流向日本！

乐善堂

乐善堂是清代藏书家弘晓藏书处名。

弘晓，清圣祖第十三子允祥之第七子。雍正八年（1730年）袭封怡亲王。乾隆四十三年（1778年）卒，谥僖。自号冰玉道人。弘晓性嗜图籍，自建藏书楼九楹，积书充栋，题名乐善堂。

明清之际的宋元善本，多为毛晋汲古阁及钱曾述古堂所藏。迨毛、钱两家藏书散出，半数为徐乾学、季振宜所得。及徐、季两家藏书复散，遂经何焯介绍，尽归弘晓乐善堂所藏。《四库全书》开馆，各地藏书家均奉旨献书，独弘晓以天潢贵胄，未进藏书。故乐善堂藏书颇多世所罕见者。乐善堂藏书保存长达百余年，至同治末年，始逐渐散落民间，为山东杨绍和、常熟翁同龢、吴县潘祖荫及杭州朱学勤等藏书家所收藏，大多为精本善刻。乐善堂藏书均钤有“怡府世宝”、“安乐堂藏书记”和“明善堂览书记”等藏章。编有《怡府书目》一册，收书4500余种，不分卷分类，仅记书名、册名，间及版刻。善本与通行本并在一册目，为一图书登录簿册。

潄六楼

潄六楼是清代乾嘉时期藏书家周锡瓒的藏书楼。周锡瓒字仲涟，号漪塘，又号书岩居士。江苏吴县人。清乾隆元年（1736年）生，嘉庆二十四年（1819年）卒。性喜藏书，所藏钤以潄六楼朱文方印。每得一书，时往其他相知藏书家处借所藏秘本以相证，以求藏书之精善，遂使周锡瓒与黄丕烈、袁廷梼、顾之逵并称乾嘉四大藏书家。当时著名学者钱大昕、段玉裁等也曾从周氏藏书中借阅。晚年家道中落，身后藏书多入上海藏书家郁松年之宜稼堂。

慈云楼

慈云楼是清代中期藏书家李筠嘉的藏书楼。李筠嘉字修林，号笋香，松江上海人。约生于乾隆末年，卒于道光二十六年（1846年）。贡生，候选光禄寺典簿。家富藏书，精于校勘。与鄞县范氏天一阁、歙县汪氏开万楼、杭州吴氏瓶花斋、杭州鲍氏知不足斋诸家藏书，后先辉映。李氏藏书4700余种，数万余卷，并撰有《论议胪注》近四十万言，乃自建慈云楼以藏之。李氏为所藏图籍编《慈云楼藏书志》八卷，一以《四库提要》为宗法。嘉庆二十五年（1820年）龚自珍为此志作序，对李氏备加推崇称："我知他日谈本朝目录之学者，必曰四库七阁既为《七略》以来未有之盛，而在野诸家，如上海李氏，亦足以备上都之副墨而资考镜者也。"其后，李氏复延目录学家周中复主持其藏书编目。周氏在原有藏书志基础上，为李氏代撰《上海李氏藏书志》，道光六年（1826年）龚自珍复为《上海李氏藏书志》撰序，与《慈云楼藏书志序》内容大体相类，惟前序繁而后序简。龚氏于后序中更称："顾异日数本朝目录，必不遗李氏。"可惜，李氏身后，慈云楼藏书尽散，可慨也夫！

蒲编堂

蒲编堂是清代藏书家路慎庄的藏书所。

路慎庄字子瑞，号小洲。陕西周至人。生卒年不详。道光十六年（1836年）举进士，入翰林院，后官淮阳道。父路德自京师载图书百余种归，入龙门峡，舟覆书尽，郁郁以殁。慎庄雅好古学，立志广求图书。先后搜集图书六万余卷，多宋元雕本，藏于蒲编堂，并编有《蒲编堂书目》八十卷。道咸时诗人鲍康在参观蒲编堂藏书后，曾作五言诗赞称："忆向都门去，欣窥邺架全，甲乙排鳞次，纵横讶绣联。帙搜秦汉上，椠及宋元前，秘书曾补缀，写本更端研。"对路氏藏书作概括性的高度评价。

路氏尝慨叹魏晋以前书多存书名而佚篇章，于是博采群书，将各书所征引者，分别辑出，俾还旧观，已成书者达40余种。路氏后人有仕于淮上者，于光绪十一年（1885年）秋，将藏书运至苏州求售。叶昌炽曾得旧刻数种，如明正统本《两汉书》。另有为陈鳣叹为最佳本的一些旧刻则为丁泳之所得。

原载于《书前书后——来新夏书话续编》　来新夏著　三晋出版社2009年版

扫叶山房谈往录

幼时，开始读古书，祖父就给我一种由扫叶山房刊印的书。我最早读的那套书是纸书套，纸张是薄脆易碎、色泽发黄的竹纸，而且常常因为错字多而读不下去。祖父自有一套教育理论，认为读印本差的书才知道爱惜书，日后遇到佳本善刻才知道来之不易而加以珍惜；富家子弟不知物力维艰，把轻易得来的好本子书乱卷乱扔。祖父常引此为戒，培养我几十年来爱护书的习惯。遇到错字时，祖父就让我从书架上取下另一种好本子来比照，并且顺便讲一点版本知识，从两书比照中勘误，文意也就豁然贯通，喜不自胜，而且也逐步得到一些版本、校勘的知识。但是我对扫叶山房的名称一直纳闷，终于憋不住而向祖父提问，记得当时祖父兴致很高，给我讲了很长一段掌故。

原来扫叶山房是明清之际江苏常熟一家姓席的藏书楼的名字，也是席氏用作坊刻图书的字号名。席氏刻书始于明万历时，初设于苏州，其命名缘由，据说一是表示刻校书之不易，引用古人所说“校书如扫落叶，随扫随落”的含义来名其书肆；二是当地原有一刻书家叶氏，甚为有名，席氏为与叶氏争名，遂名“扫叶”以求扫除叶氏而独擅刻书之利。这段掌故很有趣，如果是后一种说法，似乎有点小家气，放在今天，似乎又属于不正当竞争手段。席氏所刻之书，版心均有“扫叶山房”字样，现能见到的最早刻本是席氏得毛氏汲古阁十七史版片后，又补刻《旧唐书》与《旧五代史》而印行的史书。

扫叶山房主人的著名人物是清初的席鉴。他字玉照，号茱萸山人，是继常熟赵、瞿两大藏书家之后的著名藏书家，与同县藏书家孙从添、鱼翼并称于时。席鉴藏书甚富，着重搜集说部、小说，贮于藏书楼，这在当时也是一种特识。扫叶山房中所藏图书都钤有“湘北宝箴”、“墨妙笔精稀世之珍”、“萸山珍本”、“玉照读书敏逊斋”、“虞山席鉴玉照氏收藏”及“酿花草堂”等朱印。

清乾隆时，扫叶山房的刻书日益增多，当时由席世臣主持其事。世臣字邻哉，乾隆五十三年进士。所藏以史部居多，曾手校善本，择优刊行，如涉及宋辽金元史事的《四朝别史》（含宋王禹偁《东都事略》、叶隆礼《契丹国志》、宇文懋昭《大金国志》、明钱士升《南宋书》及清邵远平《元史类编》等五种）。嘉庆初，又刻《唐六典》、《东观汉纪》、《吴越备史》及《元诗选癸集》等，销路都很广。

扫叶山房到同治、光绪时，刻书种类更多，数量更大，行销于大江南北，而且多刻小说和童蒙读物如《三国演义》、《封神榜》、《千家诗》、《龙文鞭影》等等，刻印比较清楚，对普及文化有着重要作用。清末民初逐渐以新法石印代替刻印，我最早读的可能是这类本子，但不能因此说扫叶山房没有刻好本子。后来我也看到过一些好本子。不久，新兴印刷出版业日益发展后，扫叶山房的印书事业也就逐渐衰落了。

原载于《路与书》（老人河丛书）　来新夏著　中国青年出版社1997年版

综论天一阁的历史地位

在以宁波为中心的近万平方公里的地域内，有事迹可考的私家藏书楼，就有154家，但只有天一阁，自明嘉靖始创以来，历经四百四十余年，巍然至今，被称为“天下藏书只一家”。历来若干文人学士对其历史地位多有论列，今人著述亦时有涉及，各有评说。兹综括诸说，撮其指要，撰文以论天一阁之历史地位。

一、天一阁是我国现存传世最久的私家藏书楼

明嘉靖时所建天一阁，是中国传统藏书楼中现存传世最久的私家藏书楼，是世界最古老的私家藏书楼之一。建阁主人范钦（1506—1585），字尧卿，一字安卿，号东明。浙江鄞县人。明嘉靖十一年（1532）进士，累官至兵部右侍郎。嘉靖四十年（1561），他在家乡月湖之西芙蓉洲建造天一阁藏书楼，藏书达七万余卷，是浙东藏书最多的一家。建阁的头二十年，阁主人范钦尚健在，无疑不会有太大的损伤。范钦卒后的八十余年，到明清之际，虽有所破损，但一些学者如黄宗羲、全祖望等著名学者，尚能登楼阅书、钞书。其后一百余年，虽已有文记其受损情况者，但至乾隆帝兴建南北七阁时，诏谕中仍能赞许有加，取用建阁工程蓝本；而修《四库全书》时，尚能从阁中征调六百余种藏书。以此推想，阁书当不至有大损伤。近代以来，屡遭内忧外患，明抢暗夺，鼠窃狗偷，破坏在所难免。加以缺少维护，遂日渐衰败。直至清末，学者缪荃荪登阁开橱时，已是“书帙乱叠，水湿破烂，零篇散佚，鼠啮虫穿”（《天一阁始末记》）。

随着范氏宗族的衰败，阁楼园林日渐荒落。当地人士不忍目见，遂于1933年集资维修，并将文庙尊经阁和有关明州（今宁波）的一批宋以来的碑版移建园

中，环镶于尊经阁前墙垣，世称“明州碑林”，是有关宋元以来明州的历史资料。可惜有的由于风雨侵蚀而字迹漫漶，有的甚至整篇剥蚀，了无字迹，亟待保护和抢修。藏书亦时有流失，学者张元济氏为免善本佳刻之流落海外，斥资收购，贮之涵芬楼，不意竟被日寇丧心病狂地施以轰炸炮火，扼腕腐心，莫此为甚！以致新中国成立之初，园林一片荒草污水，精刻善本，水渍蠹蛀，零零落落，仅剩原藏书量之五分之一，有人估约为一万三千余卷。政府多次拨款维修恢复，乃使这座古藏书楼和藏书得以复苏。其后虽经“文革”劫难，然终胜海源、皕宋之不幸遭遇。据约略考察，现已扩建新建楼阁庭院多处，藏书亦已搜求回归达三十余万卷，较创建时增大四五倍。其中精本善刻已有近十万卷之多，已不负“明州天一富藏书”的美誉了。天一阁这颗历经沧桑的明珠，重又闪耀着固有的光辉。中华大地拥有这座历经四百四十余年的古代书府，不只是中国文化史上的瑰宝，即使书之于世界文化史史册，亦决无愧色。

天一阁能数百年传世，确为私家藏书楼所罕见。历来学者于此亦多有探讨。其较完备者为阮元之三点论：第一，“不使持烟火者上楼”；第二，管理的禁令甚严；第三，子孙以天一藏书为荣，官方亦多加鼓励。有此三点故能久而不衰（参阮元《宁波范氏天一阁藏书目序》）。但我以为，从私家藏书史考察，经久甚难，而近五十年之所以能弘扬发展，则在化私为公。有政府拨款，有社会支持，有学人关注，则天一阁传之久远必可期矣！

二、传统藏书楼建筑的典范

天一阁约建于嘉靖四十年至四十五年（1561—1566）间，在古代藏书楼中是独具特色的。建阁主人范钦以其丰富的阅历和见识，首先抓住藏书楼致命的关键。书的最大灾难是火，而火的最大克星是水。天一阁在初建时，先在楼前的位置，凿一池储水，周围绕以竹木。但当时尚未想到如何破火的楼名，后来见到《龙虎山天一池记》引用“天一生水”、“地六成之”之语，于是将其藏书楼命名为“天一阁”，而阁前所凿之池即称“天一池”。天一阁的架构亦即按这一意图修建，整个楼区占地八百四十平方米，藏书楼本身占地二百八十一平方米，楼上不分间，以体现天一生水之说，楼下分六间，以应“地六成之”之义，甚至如书橱的制作，也使之在尺寸上合六一之数。这种引据，虽迹近迷信，但足以表明

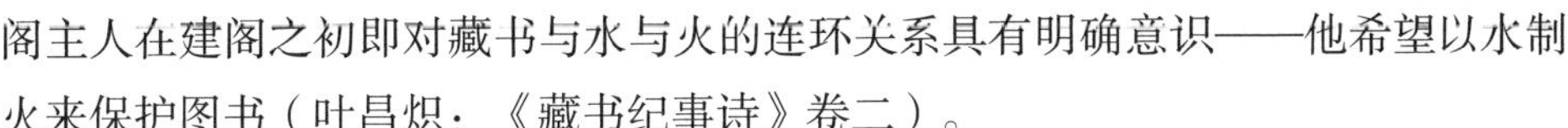

阁主人在建阁之初即对藏书与水与火的连环关系具有明确意识——他希望以水制火来保护图书（叶昌炽：《藏书纪事诗》卷二）。

天一阁的建造设计，颇具匠心。主体建筑“宝书楼”有二层，楼下用书橱隔成六间，楼上为统间，悬有明人王原相所书“宝书楼”匾额。楼前有作为防火设置的蓄水池即天一池。清康熙四年（1665），范钦的曾孙范光文又在阁楼前后利用山石的奇形怪状堆砌成“九狮一象”等生动形态，并植竹养鱼，使藏书楼周围增添了江南园林的美色。天一阁结构建造合理而且创造性地将幽雅的藏书与清丽的环境自然结合的模式，不仅为传统藏书楼建筑中的典范，甚至引起清代乾隆帝的重视。乾隆帝是珍惜文物并能从众多文物中择善而取的帝王，所以当他为典藏《四库全书》而谋兴建南北七阁的时候，就从遍及全国的藏书楼建筑中选取了天一阁的建筑为唯一的典范，并谕令杭州织造寅著亲往调查：“（天一阁）自明相传至今，并无损坏，其法甚精……今办《四库全书》，卷帙浩繁，欲仿其藏书之法，以垂之久远。”（《东华续录》乾隆七九）寅著绘呈天一阁图，后即据此为蓝图以建文渊诸阁，乾隆帝还多次以其事入诗。这更足以证明天一阁藏书楼建筑的价值和特色，不愧为传统藏书楼建筑的典范。

三、天一阁藏书独具特色

范钦在修建天一阁之前，就已开始求书、钞书、藏书等活动，所得即贮之于东明草堂。《鄞县志》曾记其初期收书范围，说他“善收说经诸书，及先辈诗文集未传世者”（卷三十六）。后又得同邑丰坊万卷楼幸存之余及各家散出之藏，并陆续从王世贞等藏家抄录，加以范钦历官各地，曾在江西、广西、福建、陕西、河南数省搜访、购买、传抄古籍。特别是在浙江，几乎访遍藏家与坊肆。晚年所藏日富，东明草堂已难敷用，遂建天一阁以扩大藏书量。在“书多设架，架多收书”的规律推动下，天一阁的藏书量无疑增长较快，至清初当已颇具规模，所以当著名学者全祖望观其藏书后，便在所撰《天一阁藏书记》中，给以相当高的评价说：“虽未曾复丰氏之旧，然亦雄视浙东焉。”（《鲒埼亭集》卷十七）丰氏与范钦约在同时代——正德嘉靖时期，大约大范钦十余岁，是当时鄞县地区藏书约五万卷的大藏书家，如据全祖望所记，则范氏藏书至清初，虽尚不及丰氏旧藏，但已逾万卷数。清人陆以湉曾记称：“范氏天一阁藏书五万三千余卷。”

（《冷庐杂志·天一阁》）似已与丰氏书比肩矣。

范钦不仅丰于典藏，还能精细治学治书，悉心研究藏书，为藏书增加生命力。所藏各书多“手自题笺，精细详审，并记其所得之岁月”，所以人皆称范钦所藏刻各书有“清鉴而无妄作”（全祖望：《天一阁碑目记》），提高了藏书质量。范钦亦成为上承宋元、下启明清的学者型藏书家。

范钦在晚年建天一阁以扩藏图籍，其所庋藏，以宋元以来刊本、钞本与稿本为多，而明刻尤为突出。范钦藏书与一般只注重版本的藏书家不同，他比较重视明代人著述和明代新刊古籍的收藏。其中明代方志、政书、实录、邸钞、揭帖、供状、名人传记及诗文集等当代文献尤多。而明代地方志与登科录的收藏，成为阁藏的一大特色。如明代方志原藏四百三十五种，超出《明史·艺文志》的著录。现存二百七十一种，有百分之六十五是海内孤本，近年已陆续印行应世。登科录、会试录和乡试录有三百八十七种，也大部分是仅见之本。阁主人范钦的三代简历即赫然具在于登科录中，是一种很有用的工具书。所有这些藏书，都是研究明代政治、经济、科技、人物的珍贵资料，也是天一阁不同于其他藏书楼的极大特色，并表明范钦的藏书思想已超越同时代藏书家的认识水平。

范钦非常珍惜自己费尽心思所营建的天一阁藏书，为维持长久的一统局面，特别制定了严格的禁例，如“代不分书，书不出阁”的规定，虽仍未能完全摆脱历来藏书家“子孙宝之”思想的影响，但也起到了对藏书收藏与保护的重要作用。范钦在析产时，他的长子和次媳代表两房，都愿意按照“欲书者受书，欲金者受金”（全祖望：《天一阁藏书记》，见《鲒埼亭集》卷十七）的原则，以维护其藏书的完整性。但亦因封闭过严，产生相反的后果，后人谓：“易世之后，锁钥甚严。家规：子孙非合各房不能登楼，不许将书下阁阶，不许私领亲戚友人入嫏嬛福地，门禁之严，等于中秘。故明清之交数十年，楼下蛛网尘封，几绝人迹，徒动学者羡慕窥测之劳。”（杨铁夫：《重编宁波范氏天一阁图书目录序》）道光九年（1829），虽重申禁令，但已积习难返，难以令行禁止，甚至视同虚文。天一阁正等待推陈出新时机的到来。

四、天一阁为学人注目的所在

是否为著名学人关注，也是论定藏书楼地位的一种重要标识。天一阁自明清

以来即为众多学者所关注，他们或登楼阅书，或手编目录，或感叹沧桑，或凭吊故物，无不给以极大怀念与恰当的评说。现任天一阁博物馆馆长虞浩旭曾搜求资料撰著《历代名人与天一阁》一书，收录自明丰坊至近代郭沫若共三十九人。资料详备，记述完整，本已足见其概要，而无容赘言，但为说明学者对天一阁之重视，略择数例，以明其事。

丰坊是范钦同时代的前辈，天一阁有丰氏万卷楼若干散失藏书之说虽尚有异议（有人认为范氏无收藏丰氏藏书之事；有人认为有丰氏散失之藏书，后又从天一阁散失），但天一阁藏有万卷楼旧藏遗物和与丰坊相关的帖书和手迹，确有其事。丰坊还曾手记："碧沚园，丰氏宅，售与范侍郎为业。南禺（丰坊自号曰南禺外史）笔。"而天一阁筹建时丰坊尚在世，以丰、范之亲密交谊，可以推测丰氏于建阁之事或有议及。

黄宗羲是明清之际的大学者，是有文献可据的第一位登楼的外姓人。康熙十二年（1673）黄宗羲在范钦曾孙范光燮力排家族异议的情况下，成为首登天一阁的外姓人。这不仅是黄宗羲的荣耀、天一阁的光彩，更是中国私家藏书史上由以藏为主走向藏用结合过渡的里程碑。随之而求登楼者比比，如万斯同、全祖望、朱彝尊、袁枚、钱大昕、阮元、姚元之、薛福成、刘喜海、麟庆、冯登府、钱维乔等清代著名学者相继登阁，或传抄藏书，或为之编目。这种适度开放和运作大大地提高了天一阁的知名度。

黄宗羲也无负于此行，为天一阁编制了以稀有的宋元人文集为主的精品书目。在黄编以前，范钦父子曾有自编书目三种，而黄编为外姓学者所专著。黄编流传之后，天一阁之秘藏开始为世所知，而文人学者尤多注目。康熙十八年（1679），光燮之子范左垣据黄编增订，另成一目，并请黄宗羲为撰《天一阁藏书记》以代序。后范目已佚，而黄记犹存，为天一阁清初状况留下重要藏书资料。自黄编以后，有清学者纷起效尤，其主要书目有：阮元的《天一阁书目》、刘喜海的《天一阁现存书目》、宗源瀚与薛福成编制的同名书目，均借以显示不同时代馆藏的散佚变化状况。

二十世纪以来，学者关注天一阁之风依然，著名学者多以一登天一阁为荣，但所见已为衰败现象。缪荃孙于清末民初曾两登天一阁，但所见已是子孙不识藏书，禁令形存实亡，藏书受损严重，甚至大量被窃而不知。缪氏愤而为编《天一阁失窃书目》，虽不甚准确，但亦可见阁藏之岌岌可危。惟若干近代名人仍怀仰慕之情，纷至沓来，如赵万里、郑振铎、陈乃乾、谢国桢、陈训慈等，皆来登阁阅书。当代名流显要如郭沫若也曾来阁题字赠联。众多学人为藏书编目者，有林集虚的《目睹天一阁书录》，杨铁夫的《重编宁波范氏天一阁图书目录》，冯孟颛的《天一阁方志目》、《天一阁藏明代试士录目》和《鄞范氏天一阁书目内编》，而自全祖望开始研究天一阁后，学人多有散篇论述，而今人陈登原所撰《天一阁藏书考》，更为系统完备之专著。虞浩旭氏曾评其书为："体例完备，论述全面；资料富赡，论之有据；津逮后学，影响深远。"检核原著，洵非虚誉。类此均可见天一阁在文人学士心目中的地位。上世纪五十年代以来，政府更力加赞助，有裨于修建收藏。近年又屡有学术集会，全国学人时来以文会友，对恢复振兴天一阁旧貌有推动之功。天一阁也无论外形内藏均日显新颜，而驰名于海内外。

五、天一阁的走向与定位

历经四百四十余年的天一阁虽然主观上尽力维护其传统性和完整性，但事物的变化往往不取决于主观愿望。天一阁无力抵御外来的强力，如乾隆帝开四库馆，天一阁即被勒取图籍六百三十八种珍籍；鸦片战争时，英军入天一阁，掠取《一统志》及其他地志、地图；太平天国攻占宁波时，盗匪蜂起，明抢暗盗，而子孙家人亦无力维护，天一阁日益走向衰败残破。幸有上世纪三十年代和五十年代的两次较大维修，天一阁方能渐渐走向恢复，中复经抗战及"文革"劫难，明显地遭到一定的破坏，幸而很快地修治创伤，走向扩展，大改旧观。尤其是近年来，天一阁高举藏书文化旗帜，团结各方有识之士，群策群力，藏书日增，园址日扩，变化日新。但其变化并未依照古越藏书楼那样由旧式藏书楼走向近代图书馆，也不像嘉业堂那样，归属于地方公共图书馆。那么天一阁的定位走向究竟在哪里？有人主张走向图书馆，有人主张走向博物馆，结果是定位于博物馆。我认为这是一种明智的选择。因为图书馆不仅藏书，而且还要具有流通的功能，是普及文化的公益机构。而博物馆则是在于收藏、维护、展示文化精品，供人参观的景点。天一阁之所以定位于博物馆，还因为它不仅有享誉学林的藏书，还收藏有一定价值的文物。比如它藏版千余块，可以见明代雕版艺术的水平。另有以保藏晋砖居多而得名的"千晋斋"所存自汉至清的千余块刻砖和另室所藏的唐宋元明石碑三十余块，都具有较高的文物价值。移植园中的"明州碑林"虽多有剥落，

但仍具有研究宁波地区地方文献的重要资料价值，所以同时具有保存文物的功能。因此天一阁势必定位于博物馆。

这座定位于博物馆的天一阁，在近二十余年的过程中，发展走向已不局限于藏书楼一隅，也不限于范氏一族所在，而是逐渐走向一座占地二万五千平方米，建筑达八千四百平方米的园林景点。它划分为三大区，即藏书文化区、园林休闲区和陈列展览区。自上世纪八十年代开始兴建以来，除了恢复维修藏书文化区外，着重兴建园林休闲区和陈列展览区。园林休闲区包括东园和南园。东园在藏书楼的东南，占地六千平方米，从上世纪五十年代末起，开始种植竹木，移迁旧物。历时二十余年初具规模，其中由祖关山移来之明嘉靖墓前祭亭——百鹅亭，结构精巧，形态凝重，令人赞叹，1986年开放。南园在藏书楼南面，占地约三千四百平方米，是以水石相结合结构的新造园林，一泓池水，池畔奇石层叠，临水有水北阁，由园外移来，为鸦片战争时爱国诗人徐时栋的藏书楼，1997年建成开放。身入其中，颇感疏朗清新。

南园之南即为陈列展览区，其中芙蓉洲为宋代月湖十洲之一。多为宋明权要府邸，如今物人俱非，徒增感慨。稍前，有上世纪二三十年代之民国古建筑——秦氏支祠，集木雕、砖雕、石雕、贴金和拷作等民间工艺于一体。而祠堂对面的戏台，金碧辉煌，流光溢彩，实为遗存所少见。

经过二十余年的拓展经营，天一阁定位于博物馆，当能得世人认同，而其必将沿着较快速度发展的道路，增厚文化积淀，美化休闲游憩的氛围，弘扬传统文化精品的展示，建成一个为国际所瞩目、以藏书文化为中心的园林景区。海内外人士于此寄予厚望焉。

参考文献

[1] 黄宗羲. 天一阁藏书记［M］//南雷文案：卷二［C］.

[2] 全祖望. 天一阁藏书记；天一阁碑目记［M］//鲒埼亭集：卷十七.

[3] 任继愈. 中国藏书楼［M］. 沈阳：辽宁人民出版社，2000.

[4] 傅璇琮，谢灼华. 中国藏书通史［M］. 宁波：宁波出版社，2001.

[5] 李希泌，张椒华. 中国古代藏书与近代图书馆史料［M］. 北京：中华书局，1982.

[6] 范凤书. 中国私家藏书史［M］. 郑州：大象出版社，2001.

[7] 骆兆平. 书城琐记［M］. 上海：上海古籍出版社，2000.

[8] 骆兆平.天一阁藏书史志[M].上海：上海古籍出版社，2005.
[9] 徐良雄.中国藏书文化研究[M].宁波：宁波出版社，2003.
[10] 虞浩旭.历代名人与天一阁[M].宁波：宁波出版社，2001.
[11] 虞浩旭.风雨天一阁[M].天马图书出版公司，2003.
[12] 虞浩旭.嫏嬛福地天一阁[M].桂林：漓江出版社，2004.
[13] 虞浩旭.智者之香[M].宁波：宁波出版社，2006.
[14] 袁慧.范钦评传[M].宁波：宁波出版社，2003.

原载于《天一阁文丛》第四辑　天一阁博物馆编　宁波出版社2006年版

再访天一阁

——附说“麻将起源地陈列馆”

浙江有两座在中国藏书史上都具有一定地位的藏书楼。一座是明嘉靖四十年（1561年）由范钦建造的天一阁，是浙东藏书第一家，历经400余年沧桑而犹巍然独存的古藏书楼；另一座是民国十三年（1924年）由刘承幹建成于浙西北湖州南浔镇的嘉业堂，是旧式藏书楼的殿后之作。两座藏书楼至今都在，但二者的发展却各有不同。嘉业堂后来改为浙江图书馆分馆，保存着刘氏的部分藏书，园林依旧，只是作为最后一个旧式藏书楼的模型存在，没有太明显的改变。天一阁则是不仅巍然存在，成为保留至今的最古老藏书楼，而且还在它的不平静的发展道路上，不断恢复、充实、扩展、变化成一个新的天一阁。

天一阁最明显的变化不是由藏书楼走向图书馆，而是定位于博物馆。这是一种明智的抉择，因为图书馆不仅藏书，而且还有流通的重要功能，是普及文化的公益机构；博物馆则是属于收藏、维护、展示文化精品，供人参观的景点。十五六年前我初访天一阁时，只有以宝书楼为中心的藏书楼区，而且也比较凌乱破旧，藏书在“文革”中多有散失，新的藏书楼尚未完工，至多给我一种对一座明代藏书楼的思古之情。时隔十余年，我在新世纪的头一年冬月再访时，真给我一种快速发展的惊讶。这座定位为博物馆的新天一阁，已经不局促于藏书楼一隅，也不仅限于范氏一族所在，而是一座占地25000平方米、建筑达8400平方米的园林景点。它将全馆划分为三大区即：藏书文化区、园林休闲区和陈列展览区。初访时我仅在藏书文化区徘徊，当时天一阁保存尚好，其他建筑有待修缮。有名的明州碑林，也久经风雨侵蚀而字迹漫漶。经过八九十年代的整修，如范钦的府第也在1996年修复了台门、耳房，碑林也采取了应有的保护措施。但最引人注目的是包括东园和南园的园林休闲区的开拓、兴建和开放。东园在天一阁藏书楼东南，占地6000平方米，从50年代末开始营建，种植竹木，移迁旧物，历时20年始粗具规模，于1986年开放，其中移自祖关山的明嘉靖时遗物墓前祭亭——百鹅亭，其结构精巧，形态凝重，令人赞叹，而两柱间横木上所刻的图样，尤具特色。南园在天一阁藏书楼之南，占地3000余平方米，是1997年建成的新造园林，以水石相结构。一泓池水，池畔有奇石层叠，临水有水北阁，为鸦片战争时爱国诗人徐时栋的藏书楼，由园外移建而来。整个南园设计简括，给人一种疏朗清新的感觉。

由南园向南，即进入陈列展览区，包括芙蓉洲、秦氏支祠、书画馆等建筑。芙蓉洲是宋代月湖十洲之一，多为宋明权要府邸，而今物人俱非，徒增感慨。秦氏支祠虽建于上一世纪二三十年代，为民国时期古建筑，但工艺精美，不让往昔，集木雕、砖雕、石雕、贴金和拷作等民间工艺于一体。而祠堂对面之戏台，尤称佳构。我曾于一些宅院、会馆见戏台多处，其金碧辉煌，流光溢彩而眩人心目者，殆无有过于此者。

这些拓展兴建的园林景点，其发展速度之快，足使我感到惊异，而更令我意外的是博物馆最南端的“麻将起源地陈列馆”，这是我前所未见未闻的专业博物馆。近年，这类专业性博物馆已陆续出现，对保存文献、普及知识、为地方增色都起着重要作用，如泉州的海外交通博物馆，杭州的茶叶博物馆以及天津正在酝酿筹建的邮政博物馆等，但以一种消闲品为中心内容的陈列馆，尚未之见。

麻将是我国民间比较普遍流行的一种游乐工具，搓麻将几乎是国人都有兴趣的娱乐。胡适曾因它与英国人爱板球、美国人爱棒球和日本人爱相扑一样，为国人所特殊爱好，故而称麻将为中国的“国戏”。麻将不仅在国内流行，而且还为外国人所喜欢。麻将最早外传的国家据说是美国，传播者是第一位到美国哈佛大学任教的晚清时人戈鲲化（1838—1882），流行于校园的知识层中，不论男女，都很精通热衷，致使赴美留学的胡适都见而惊讶，美国甚至还有“全国麻将联合会”这类团体。日本风行麻将远超于中国，据一种统计，日本有3000万麻将爱好者，25000家麻雀馆，仅东京就有4500家。上世纪的90年代初我在日本东京地区滞留时，常在街头看到麻雀馆的招牌，当时不懂，就问一位日本朋友，据告这是打麻将的赌馆，有相识者凑齐四人同往的，也有由老板组织几个不相识的散客成桌的。不论什么形式，老板都抽头、收费。设备大多用电动牌桌，周到细致的伺候，欢乐谐和的氛围很让赌客高兴满意。据一些杂书上说麻将是源起于古代的博戏，从唐宋色子、叶子和明马吊融合演变而来，到清咸同时就形成了麻将。那么麻将究竟成于何人之手，过去没有详加考究，只认为民间流行的事物大都是经群众反复增益而成，但总希望有一个代表人物。《清稗类钞·赌博类·叉麻雀》称麻雀源起于宁波：

> 麻雀亦叶子之一，以之为博，曰“叉麻雀”。凡一百三十六，曰“筒”、“索”、“万”，曰“东”、“南”、“西”、“北”，曰“龙”、“凤”、“白”，亦作“中”、“发”、“白”。始于浙江宁波，其后不胫而走，遂遍南北。

“筒”、“索”、“万”是从一到九，各4张，共108张；“东”、“西”、“南”、“北”是一样一张，各4张，共16张；“中”、“发”、“白”也是一样一张，各4张，共12张。总牌张为136张。至于具体发明人，经陈列馆考证，则是宁波人陈鱼门，有一份关于陈鱼门的传略，曾记其生平说：

> 陈鱼门（1817—1878），名政钥，号仰楼。鄞城人，居蒋家塘后。曾随杨启堂先生习英文。道光二十九年（1849）拔贡，以功叙内阁中书，加三品衔。
>
> 同治元年（1862），先生寓江北岸同兴街，日与英领事、总兵等洋人相周旋，暇则以玩纸牌为娱。……先生久玩纸牌，深谙此道。又感纸牌有诸多不便，于同治三年（1864）改为竹骨。……形成了当时流行的一百三十六张一副的麻将牌。
>
> 先生三十年间，身负东南重望，精通洋务。自文武将吏，荐绅耆旧，姻戚宾从，四方游士，治商大贾，僧道杂流，外国酋长，日至其门，延纳无暇，高谈纵论，日夜不倦，判决公私，裁答签记，几于忘寝食。出则承迎恐后，归则车马填咽。虽抱病养疴，仍以事诣榻，终以辛劳。春秋六十有二。（麻将起源地陈列馆编：《麻将的历史与文化》）

看来，陈鱼门是一位广通声气，交接官府，说案情，通关节，沟通中外的新型师爷类人物，是开埠后口岸地区的新生权势人物，他的制作和改进麻将，主要是为交际娱乐，作调谐关系的工具，所以在陈列馆的门厅处就塑着一副牌局，上首是陈鱼门，左手是英国驻宁波领事，右手是日本商人，下首空位，似在等候三缺一的客人。麻将既是娱乐玩具，也是一种令人沉溺的赌具，有它消极的一面，所以在宁波民间传说中有称陈鱼门为“屙大爷”者，以秽物贬损他制作麻将对社会的污染危害。

麻将起源地陈列馆搜罗流行于海内外各式各样的麻将牌及有关赌具，颇令人大开眼界，让人们对麻将的有关知识有更多的了解。它是一种专业性博物馆，宁波文化部门用一定的史证，争得麻将起源地的地位，并以较丰富的陈列品说明麻将的发展源流，是很能引起人们兴趣的，而我能在再访天一阁的时候，意外地参观了这所陈列馆，也是一大幸事。也许还有很多人，尤其是麻将爱好者，尚未之闻，所以我特为之附说于此。

原载于《中华读书报》2002年2月6日

海源阁沧桑*

2004年初夏，我应山东聊城大学之邀，参加傅斯年先生学术讨论会。在会议结束的那天下午，东道主安排与会者参观海源阁。这对我是久已向往的事，但到海源阁时，却令人大失所望，庭院宽敞明净，而藏书空无一物。文献记载海源阁曾经多次劫难，但万难想到是这种荡然无遗的情状。我痴痴地站在海源阁的庭院中，眼前似乎展现了一幅海源阁沧桑变幻的景象。

海源阁是清代后期北方的大藏书楼。它与常熟瞿氏的铁琴铜剑楼、归安陆氏的皕宋楼、钱塘丁氏的八千卷楼，并有晚清四大藏书楼之称，而与常熟瞿氏以分享汪氏艺芸书舍的善藏而有“南瞿北杨”的美誉。建阁的主人是清道光时期的大吏杨以增。杨以增乾隆五十二年（1787年）生，咸丰六年（1856年）卒，字益之，号至堂，又号东樵。道光二年（1822年）进士。历任贵州知县，湖北、河南道台，陕西布政使，官至江南河道总督。道光二十年（1840年）在故乡山东聊城万寿观街路北杨氏宅院中建海源阁藏书楼。清代文学家梅曾亮为其撰《海源阁记》，言其阁之命名云：“名藏书阁曰海源，是涉海而能得所归者欤！”以赞美主人广事搜求的志向。海源阁从杨以增建阁，历经子杨绍和、孙杨保彝、曾孙杨敬夫共四世百余年而终于败落，思之令人酸楚。杨氏藏书自杨以增父辈始，但大规模的聚书则在道光末年杨以增任河道总督时，当时正值江南战乱，私家藏书纷纷散出，杨以增乘便购得大藏书家汪士钟艺芸书舍的大部分藏书，并借河道总督职权之便，南书北运，充实了海源阁的藏书。艺芸书舍原藏除黄丕烈士礼居大部分旧藏外，还收有枫江周仲涟水月亭、吴县袁又恺五研楼和元和顾抱冲小读书堆藏书。之后，杨以增又陆续得到鲍氏知不足斋、惠栋红豆山房、秦氏石研斋、海

---

* 今年是山东省图书馆建馆百年纪念，承邀撰文，奈以年老体衰，近日又偶染微恙，难有新作，谨检旧文，以申贺忱。

宁陈鳣、阳湖孙星衍、大兴朱筠、无锡朱晓屏和山东李梦弼、邢太朴等藏书家的旧藏。杨氏还珍藏有宋版书《诗经》、郑玄注《三礼》和前四史，乃另辟“四经四史之斋”作为专藏。随着藏书的增多，杨以增在海源阁外又建“陶南山馆”以藏书，奠定了海源阁丰富藏书的基础，为时人誉称“蔚然为北方图书之府”。

海源阁的第二代主人是杨绍和。杨绍和道光十二年（1832年）生，光绪元年（1875年）卒，字彦和，又字勰卿。同治四年（1865年）进士，任翰林院编修。他对海源阁的最大贡献是购藏了清宗室怡府弘晓乐（明）善堂的大部分藏书。乐善堂自清初以来即搜求了若干著名大藏书家的藏书，如毛晋的汲古阁、钱曾的述古堂等，在修四库时，又以皇室而免征，所以有“大楼九楹”之藏。同治即位时的“祺祥政变”中，其后裔端华因涉及肃顺事件被杀，藏书大量流散，杨绍和正任官京师，遂大量收购，运回海源阁，与其父杨以增的来自南方的藏书汇聚一处，成为南北藏书精华的汇集所，藏书数量及规模越各家之上。

杨绍和及其子杨保彝曾为海源阁藏书编过如下几种书目：

（1）《楹书隅录》初编五卷，续编四卷。初编是杨绍和于同治二年至三年（1863—1864年）间所撰，所藏宋元善本多已录入。续编为同治十年杨绍和在京命保彝抄寄各书题跋编成的，以著录抄校本为主。光绪十九年至二十年（1893—1894年）杨保彝刻行，为善本提要目录，共收宋本85部，金元本39部，明本13部，校本107部，抄本24部，共计268部。

（2）《宋存书室宋元秘本书目》四卷一册，杨绍和编撰，海源阁誊清稿本，现藏北京图书馆。该目共收宋本103种，元本95种，校本133种，抄本66种，共计397种。书目先分经史子集四部，四部下按版本时代和性质分为宋、元、明、校、抄各类。每类先录已见《楹书隅录》初续编者。每书下著录书名、卷数、册数、函数，但无解题。

（3）《海源阁藏书目》一卷，杨绍和撰，有光绪十三年（1887年）江标写刻本。江氏所据者为汪鸣銮抄本，另有孙传凤同名抄本，著录内容与江目基本相同，仅多出江目三种。所不同者，孙抄本于书名上均冠以宋元本名称，而江目则无。孙抄本正文首行另题《宋存书室目录》，实则与江目同出一源。江刻本共收宋本96种，元本79种，校本126种，抄本62种，共计363种。

（4）《海源阁宋元秘本书目》四卷一册，杨保彝撰。王献唐据购得之清抄底本校订。底本共收书455种，缮定后又增入13种，溢出1种，共计469种。于民国二十年三月作为山东省立图书馆丛刊第二种排印问世。该目较杨绍和的《宋存

书室宋元秘本书目》增补72种。王献唐在该目序中说：“间有卷第参差，书名异同及版刻时次稍有未合者，亦条注于下，备稽考焉。”王氏的这些校语大大地提高了该目的使用价值，而成为宋元抄校本中的佳作。

（5）《海源阁书目》六册，杨保彝撰。稿本现藏山东省图书馆。该书目是一种普通书目，有别于《宋元秘本书目》。经、史各一册，子、集各两册。共收经部504种，史部731种，子部680种，集部1301种，共计3216种。其中清刻本四分之三，明刻本四分之一。外有宋、元、明本韩、柳、欧、苏诗文一匣。该目为一简目，仅著录书名、卷册函数，部分书名上冠有版本。可借以了解海源阁宋元抄校本以外之藏书情况。

（6）《海源阁现存书目》一册，油印本现存于山东大学图书馆。该目成于日伪时期。此时海源阁第四代主人杨敬夫寄居天津，书存天津盐业银行。此目由济南聚文斋书店油印，全目共五页。首页题“海源阁现存书目”，次为小序，略述杨氏藏书源流梗概，次列四经、四史，次列经、史、子、集、校、抄等六类，共著录宋元抄校本93部。各书均有简单提要，说明版本特点和价值，有裨于考察海源阁藏书的流散状况。

由于海源阁藏书久已流失，这些书目便成为研究、考察海源阁藏书的主要依据和参考资料。

海源阁的第三代主人杨保彝，咸丰二年（1852年）生，宣统二年（1910年）卒，字奭，号凤阿，能克守其业，并参与了藏书编目工作，对海源阁藏书有所贡献。但杨保彝老年无子，深惧身后藏书为族人瓜分，便于宣统元年开列书目及金石、书画、祭田、房产、粮地等项，呈请归入其祖父杨以增祠堂。并以族子杨敬夫为嗣，是为海源阁第四代主人。

杨敬夫生于光绪二十六年（1900年），卒于1970年，继承家业后，正值民国军阀混战之际，社会动荡不安。杨敬夫于1928年即将海源阁宋元精本捆载至天津存放。1931年，杨敬夫为了筹措转营工商业的资金，曾将其中92种精本，以八万元抵押给天津盐业银行，到期无力回赎，于是由天津知名人士潘复、张廷谔等组织存海学社，筹金以原价从银行赎回，但仍寄存于银行内。还有许多精本则被杨敬夫高价出售，当时虽有许多有识之士如周叔弢、刘少山、潘明训、陈澄中、傅增湘、邢赞庭和王献唐等人以重金搜购抢救，但仍有不少宋元珍本散落社会，如宋本《说苑》、《新序》和《楚辞》等。

留存在海源阁的藏书亦相继遭到毁坏的厄运，1929年，军阀王金发攻占聊城，设司令部于海源阁，匪兵们即用藏书烧火做饭，擦拭烟枪。1930年，巨匪王冠军又占聊城，海源阁藏书重遭劫难，不仅藏书受损，屋宇、书架等也多毁坏。次年，杨敬夫将其藏于杨氏后宅，著录于《海源阁书目》，以明清本为主的十万卷藏书运往济南寓所，后又运至北京。几经辗转，终为山东图书馆购藏，据该馆整理，共存经部268种，史部556种，子部327种，集部937种，丛书148种，共计2272种。1946年1月，前寄存于天津盐业银行的92种宋元精本书，被政府收购，现藏于北京图书馆。海源阁的藏书史至此告终。

海源阁兴于杨以增，败于杨敬夫，历时四世百余年，饱经苦难沧桑，终未能逃脱“君子之泽，五世而斩”的命运。聚散无常，人间正道。聚书淘书，固读书人之快事，但生前若能化私为公，善加处置，为藏书谋栖身之所，既免流散之厄，又为另一代读书人增便利，得哺育，岂非善举。“子孙宝之”，实为妄念，历代藏家之兴废，可为明证。

原载于《山东图书馆学刊》2009年第4期

徐家汇藏书楼

在明末西学东渐的浪潮中，士大夫群中出现了一位敢于结交洋教士，吸收西方文化，引进新知识，终于皈依天主教的大人物，不能不使人惊讶。他就是研习西学并有多种译著的徐光启。他更把所学用之于火器、农田、水利等实践活动中去。他还在自己的家乡徐家汇建立过中国第一个天文台。但是，他不曾想到在他死后刚过二百年的1847年，天主教的洋教士竟因占地建堂与当地居民发生冲突，造成“徐家汇教案”。这次教案和其他地方的教案遭到同样的镇压，使洋教士的要求得到满足。就在这年三月，天主教耶稣会会士南格禄在青浦横塘教堂委托梅德尔司铎在徐家汇购地修建道院。七月竣工，耶稣会道院便由横塘迁至徐家汇。当时，耶稣会教士为了传教的需要，开始搜购图书，并构建藏书楼，这就是后来有名的徐家汇藏书楼的雏形。

徐家汇藏书楼的全称是“上海徐家汇天主堂藏书楼”，或称天主堂藏书楼，也有称它为“汇堂石室”的。它隶属于徐家汇天主堂耶稣会总院，是当时许多教会图书馆中规模较大的一所，其主管人员每年由耶稣会直接调配。

徐家汇藏书楼的图书本来专供耶稣会会士研究参考之用，后来有所发展，凡教会中人，或由会中人介绍，经藏书楼主管司铎同意后，亦可入内阅览，但为数极少。藏书楼是一所宽敞的二层楼房，下层藏中文书，上层藏西文书。中文书库列架百余个，每架十二格。中文图书分经、史、子、集、丛书五类，共十余万册。另有书柜置各省有名碑帖和中西古钱。中文书籍以地方志书为最多，根据1923年统计有1615部，19489册，42266卷。除方志以外，报刊收藏也很丰富，如陆续入藏的《上海新报》、《申报》、《新闻报》、《时报》、《汇报》、《益报》、《新报》、《东方杂志》以及耶稣会所出各种期刊和关于教育方面的多种期刊，大都从创刊起就加以保存。西文书库也有百余个书架，西文图书分圣经学、教父学、天主教会法典和礼仪等36个大类。所藏古本甚多，大抵为希腊、拉丁、法、英、德等文种的书。各国出版的有名的百科全书和字典以及早期的杂志，如《教会新报》、《万国公报》、《小孩月报》、《益智录》、《花图新报》等都大致有备，共八万余册。其中"中国学"类庋藏有《十三经》等书的拉丁、英、法三种文字的译本。室内尚有双面玻璃柜四只，内藏清代一些手抄书籍。

徐家汇藏书楼现已是上海图书馆的组成部分，主要收藏有1949年以前的报刊、部分古旧书和宗教类图书。这所具有一百五十多年历史的藏书楼正以其所藏继续为人们提供信息，发挥其应有的征文考献作用。

原载于《来新夏书话》（文献学丛刊） 来新夏著 台湾学生书局2000年版

关于“皕宋楼事件”罪责之我见

皕宋楼主人陆心源（1834—1894），字刚父，号存斋，晚称潜园老人。浙江归安（今属湖州市）人。他存世的年代正是中国封建社会末期即将进入近代的时候，是从鸦片战争到甲午战争历史发生巨变，清廷已日渐走向衰弱的时候。他在咸丰九年（1859年）获取举人身份后，即在大吏的提携下，从军功的渠道走向仕途。曾任广东知府、南韶兵备道、福建盐法道等中层官员。去官后，即归隐于归安城东莲花庄北，自辟小园，取名“潜园”，以示摆脱仕途之立意，专事藏书、校书工作，立志读尽天下书。凡遇异书，必倾囊采购。成为晚清四大藏书家之一。

陆心源不仅是著名的藏书家，而且在学术著述上也极有成就，尤其在古典目录学方面产生了很大影响。陆心源凭借自己丰富的藏书，刊校古籍，专心致力于这方面的著述，共著书940余卷，合称《潜园总集》，其中《皕宋楼藏书志》120卷、《皕宋楼藏书续志》4卷、《仪顾堂题跋》16卷和《仪顾堂续跋》16卷等四部书目和题跋之作，在近代目录学史上，具有重要的学术价值。其题名“仪顾”者，为表示心仪清初顾炎武之学术，而以好古学、藏古籍自矜。陆心源特别关注搜集散佚文献，尤因癖好唐文，曾搜集旧文，增补新出金石文字，辑《唐文拾遗》80卷、《唐文续拾》16卷。又在厉鹗《宋诗纪事》的基础上，辑增3000余人，诗8000首，撰《宋诗纪事补遗》100卷，并为厉书中的人物小传补其不足，成《小传补正》4卷。其他尚有《群书校补》100卷、《吴兴诗存》40卷、《吴兴金石记》16卷及《归安县志》52卷等多种著作。

陆心源是清代藏书家中无藏书世家背景的藏书家。他是从自身开始大量藏书购书的。当时正值太平天国运动和第二次鸦片战争，江南遭受兵燹之灾最烈。一些有名的藏书家在动乱中无力自保，藏书纷纷散出。陆心源则借此时机，大力搜罗宋元旧椠，各家名藏多集于陆氏之藏，聚书成家，终跻身于大藏书家之列。

皕宋楼的大部分藏书得自上海郁氏宜稼堂旧藏。宜稼堂是上海著名藏书家郁万枝（松年）的藏书楼名。郁万枝几乎尽收当时著名藏书楼的藏书，如艺芸书舍、水月亭、小读书堆、五研楼等处旧藏，其中有许多珍籍。日人岛田翰在其所著《皕宋楼藏书源流考》中说："心源皕宋之书，大半出于郁氏"，多"明后佚书，人间未经见"者。这是陆氏一次大规模的聚书，共计购得郁氏旧藏48791册。这批书奠定了陆氏藏书的基础。其后，陆心源又购得同县严氏芳菽堂，刘氏眠琴山馆，长洲蒋氏心矩斋，福州陈氏带经堂，归安韩子蘧，江都范筌，吴县黄荛圃，杭州平甫季、言二劳，吴县周谢庵，归安杨秋实，德清许周生，归安丁兆庆，乌镇温铁华等家遗藏。加上陆氏旧藏，总数共达15万卷，成为江南首屈一指的大藏书家。光绪十四年（1888年），国子监征书，陆氏一次进呈旧刻旧钞150种2400余卷，并附所刻丛书300余种，受到清廷的嘉奖，其子树藩、树屏两人，皆着钤国子监正衔。陆氏还为这批赠书专刻两枚印章，一曰"光绪戊子湖州陆心源捐送国子监之书匮藏南学"，二曰"前分巡广东高廉道归安陆心源捐送国子监书籍"，从此也可略见陆氏藏书之富。这批书早已散失，至今仅有少量存国家图书馆古籍部。

陆氏藏书楼初名为"守先阁"，后改称"皕宋楼"，另于潜园建"守先阁"。皕宋楼后又分出别室为"十万卷楼"。皕宋楼专储宋元旧椠，十万卷楼收明以后秘刻、名人手校手抄及近儒著作，守先阁则藏一般刻本和抄本。守先阁藏书按四分法分类排架。光绪八年（1882年），陆心源曾禀请归安地方官员将守先阁藏书归公，供人阅读。这是先于古越藏书楼向社会开放的义举。

关于皕宋楼的历史地位，许多文章曾有过评论。皕宋楼无论从所藏宋元刊本之珍贵，还是从藏书规模之宏伟，列于晚清四大藏书家之中，是名副其实的。但四大家各有特色，难分轩轾，而极力推崇皕宋楼者，则是《皕宋楼藏书志》的实际编纂者李宗莲。光绪八年，李宗莲在《皕宋楼藏书志》的序中，将明天一阁与皕宋楼相比，认为天一阁不如皕宋楼者有五，即：

> 天一书目，卷只五万，皕宋则两倍之，一也。天一宋刊不过十余种、元刊仅百余种，皕宋后三四百年，宋刊至二百余种、元刊四百余种，二也。天一所藏，丹经道箓，阴阳卜筮，不经之书，著录甚多，皕宋则非圣之书不敢滥储，三也。范氏封扃甚严，非子孙齐至，不开锁，皕宋则宁先别储，读者不禁，私诸子孙，何如公诸士林，四也。范氏所藏，本之丰学士万卷楼，承

平时举而有之犹易，若皕宋则掇拾于真火幸存，搜罗于锺断臭朽，精粗既别，难易悬殊，五也。

李氏所言，虽多参感情成分，尚有可议之处，但所言皆为事实，可存一说。惟日人岛田翰在所著《皕宋楼藏书源流考》中对李宗莲进行人身攻击，称“宗莲委巷小生，不足论”，还极力贬低皕宋楼的价值说：

> 原皕宋所以名楼，谓储宋本二百种。今合并原目所载，分析一书为数种，以充二百种。《十三经注疏》、《七书》、《玉海》附刻、《百川学海》之类，以检其宋元本，实不过宋本百十部，元本百五十五部，约四千余册。而更严汰其假宋版、仿本、修本，当减其三之一。宗莲序藏书志，俞荫甫作心源墓志铭，云所得宋本二百余种、元本四百余种者，夸甚矣！

合刻、类书，分计各书，固无可厚非。仿、假之说，亦并无实指，尚难凭信。藏者误判，亦贤者难免。至若《皕宋楼藏书源流考》国人颇多信其说，其记源流虽可资参考，而迹其著述用心，于陆氏所藏挑疵摘瑕，实为掩盖其诱骗豪夺之真面目。故判其所著为皕宋之“谤书”，亦未为不可。以余观之，皕宋楼藏书特点约有三端：

1. 藏书多名家旧藏本，其中包括钱曾、毛晋、徐乾学、季振宜、黄丕烈等大藏书家的传藏本。

2. 藏书中有许多《四库全书》未著录本或不同版本。

3. 藏书不仅注重宋、元旧椠，而且注重藏书的“足本”和“全本”。

历代藏书家虽总期望其藏书为子孙宝之，但往往事与愿违，不数世即因种种原因散出，陆氏藏书亦未能免此厄运。光绪二十年（1894年）十一月九日陆心源逝世，终年六十一岁。子陆树藩即未能善守所藏，甫经十年，即于清光绪三十一、三十二年（1905—1906年）间，在日人岛田翰怂恿下，将皕宋楼藏书卖给日本。当时正值陆氏家道中落，亏欠甚巨，急需售书还债，而国人无力承购，于是窥伺觊觎已久的日人岛田翰乘人之危，千方百计诱使树藩落入陷阱。树藩首先索价50万元，经一番讨价还价后减到35万元。后又减到25万元。光绪三十三年（1907年）三月，经一再谈判，四月，最后议定以十万两价格，将皕宋楼、十万卷楼、守先阁的全部藏书售与日本，计有4000多部，4400余册。宋椠精品40余种。六月，全部舶载渡海东去，归于日本财阀岩崎氏的静嘉堂文库，成为日本

“国宝”和“重要文化财”。该文库曾将陆氏旧藏编为《静嘉堂秘籍志》，于1917年出版。

当皕宋楼藏书被捆载东渡而去的消息传出后，国内学术界、文化界无不扼腕痛惜。汾阳王仪通氏曾为《皕宋楼藏书源流考》题词十二首，其第十一首有句云：“三岛于今有西山，海涛东去待西还，愁闻白发谈天宝，望赎文姬返汉关。”这首诗表达了一种激愤与无奈，以及企盼故物归赵的心情。武进藏书家董康在刻行《皕宋楼藏书源流考》之题识中，对此亦深致感慨说：“陆氏藏书志所收，俱江浙诸名家旧本。古芬未坠，异域言归，反不如台城之炬，绛云之烬，魂魄犹长守故都也。为太息者累日。”并担心此风之续起说：“往事已矣，目见日本书估之辈，重金来都下者，未有穷也。海内藏书家与皕宋楼埒者，如铁琴铜剑楼、如海源阁、如八千卷楼、如长白某氏、某氏等，安知不为皕宋之续，前车可鉴，思之能无惧与？”张元济不仅痛惜陆氏藏书之外流，更忧虑到所有旧藏的散失，曾致函缪荃孙说：“难得之旧本，若无公家为之保存，将来终归澌灭。近且悔之无及，每一追思，为之心痛！”（《张元济书札》）而更多的指责多集中于陆树藩之未能善守家藏。各种著述论文每有涉及皕宋之藏时，无不谴责陆树藩。皕宋楼藏书为日人捆载而去，陆树藩有其一定的责任，但细察具体情节，若悉归咎于陆树藩，似有不公。敢陈三义以释疑。

一曰岛田翰蓄谋已久之掠取阴谋。自从日本在中日甲午战争幸获胜利，使得日本举国上下普遍加强了对中国的“关注”，而日本学人的访书活动也是这种“关注”的重要文化现象之一。钱婉约女士在辑译《日本学人中国访书记》时所写的《近代日本学人中国访书述论》中曾一针见血地指出：

> 访书活动是近代中日文化交流中一个涵盖面宽泛的文化现象，它既是日本关注中国，渗透中国，殖民中国的社会思潮在文化学术领域的折射，又构成近代日本中国学的一个有机组成部分。

国人对日本学人在华访书，多从中日文化交流一面着眼，而忽略其渗透与殖民具有实质性的另一面。钱女士更在其所著文之最后结语中，直揭日本学人之真实用心说：

> 日本近代的来华访书是一个值得深入研究的课题。它既是中日学术关系史文化交流史上重要的一页，也是近代中日两国从合作到战争的社会政治的

一个缩影。从中国方面说，秘籍被盗，珍本外流，无论用气愤、悔恨、屈辱等词汇，都难以表达历史留给我们的回味与启示。（《日本学人中国访书记》，中华书局2006年1月版）

“回味与启示”是多么沉重的一声棒喝，从中也确实启示我们对皕宋楼藏书外流责任之重新审视。日本学人之觊觎皕宋之藏，已非一日。岛田翰于光绪三十一二年之际，曾数次登楼，见皕宋楼管理不善而所藏又极合日本需要，顿萌掠取之心。在《皕宋楼藏书源流考》中，岛田翰于志得意满之余，曾自我供述说，“顾使此书在我邦，其补益文献非鲜少，遂怂恿其子纯伯观察树藩，必欲致之于我邦”，其贪婪垂涎之态昭然。中国俗语有云，“不怕贼偷，只怕贼想”，于是岛田翰积极奔走于日本政客、军阀之间，力促其成，而一旦成交，复以小船偷渡，转装于沪上日轮，扬帆而东，使国人猝不及防。此等行径直若穿窬者流，其卑劣无耻可见。而岛田翰不以为耻，得手后复狂言云：“何意当我世而见之，不亦人世之大快事乎！”皕宋楼藏书外流之罪责，岛田翰无疑当为魁首。日本学人于此事件亦从无愧怍异辞，反予岛田翰以充分赞许与肯定，如神田喜一郎在其所著《中国书籍记事》中曾借前辈学者之口誉岛田翰为“天才少年”，而对中国学界对皕宋楼事件的愤懑却作了极其荒谬的评说道：

陆心源文库的丧失，对中国来说，无疑是一次惨痛的经历，但如果立足于全局考虑，它对日本的影响绝对不少，使日本的有识之士能再度领略中国文化的深厚，我相信这足以弥补它所造成的损失。可见在此之前的想法、议论，都不免目光短浅了吧！我想我们应该将文化交流的大义，深深镌刻于心间。

这段话真值得我们久久地“回味”，这纯粹是一种小偷哲学，明明偷了邻居的珍宝，也知道给主人造成“一次惨痛的经历”，但还要求失主要“立足于全局考虑”。如果失主有想法和议论，那就是“目光短浅”，如果小偷赏玩这些偷来的珍宝价值，那就是对失主的一种补偿。并且还“教导”失主要“深明大义”。这难道是自我标榜为深明文化交流大义的所谓学者该想和该说的吗？这不免欺人忒甚！有小偷必有大盗，先踩道，后抢劫，这也证明日本军国主义者的处心积虑了吧！因此可以断言：岛田翰只是一个从邻居家偷珍宝来充实自己家当的窃贼而已。皕宋楼藏书的外流，岛田翰应负主要罪责。

二曰陆树藩处境之艰难无奈。皕宋楼藏书外流事件中的责任，历来大都归罪于陆树藩。直到近年来，由于有关史料的逐渐出现，渐渐有人从陆树藩所处的社会背景予以分析论说。老友顾志兴先生是根据丰富资料比较全面分析陆树藩在此事件中的具体情况而公允地论述了他的功过是非，论定“陆树藩因救济善会而负债，是出售家藏书的重要原因之一”，那就是说，陆树藩的售书是被逼无奈的行为，是有可曲谅的地方，不能把罪责全部加给他。我认为论定一个人物不能不顾他当时所处的社会背景以及造成后果的细节。所谓“救济善会”是陆树藩为解救在八国联军进侵京津地区所造成的灾难而成立的慈善机构，陆树藩在获悉京津灾情后，即联合在沪绅商，劝募捐款，组织人员，并以善会董事长身份亲自带队北上，营救灾民。他冒着相当风险，设法与瓦德西及李鸿章等高层中外要员接触，仅仅得到某些微弱的资助与关照而已，远远不能满足救灾的需要。他前后营救了在京津被灾人员六千余人，其中有相当一部分平民；运回棺木二百余具，其中包括因抗击外敌殉难的聂士成和因进谏而遭慈禧处死的徐景澄、袁昶、徐用仪等四人。陆树藩在营救活动中的见闻在《京津救济善会图说》这本小书中，以图文体按日作了详细的记载。《京津救济善会图说》是一本线装石印小书，有插图二十八幅，先图后说。编者署名孙乐园，生平不详，专记八国联军入侵京津后的悲惨见闻。顾志兴先生在写《浙江藏书史》时未见此书，经我向各有关图书馆查询，此书国家图书馆有藏。在张廷银和苏品红两先生的协助下，我获读《图记》，得悉陆氏救灾概貌，的确艰难。不久，又得湖州王增清先生见赠陆树藩自撰之《救济日记》复印件一册。《救济日记》为光绪庚子仲冬上海石印本，内容与《京津救济善会图说》相同而更详，两相比照，《图说》似为《日记》简本，乃陆树藩向社会报告救灾简况者。以此推测，《图说》所署“北平孙乐园编辑”，可能为陆氏假托之名，所谓孙乐园者固一子虚先生。据二书所记，当时京津灾情确实严重，而陆树藩毅然挺身，各方筹款，不惜借贷，身入险境，其情可敬。及灾后负债累累，各方逼债日甚，于是先后处理家藏古玩珍宝，厂店亦相继破产，而从陆树藩遗存下来的信札中可以看到，前此陆树藩曾向端方、上海工部局和《燕都报》等有关方面呼吁：“愿将先人所藏之书，全数捐入藏书楼，以垂久远”（致端方书），但亦未获结果。最后方在呼救无门的无奈情况下为岛田翰所诱骗，出售藏书，其情亦可悯。如将皕宋楼藏书外流之首罪完全加于陆树藩，则未免不公。当然，陆树藩在此事件中有其应负的责任。陆氏第五世玄外孙徐桢基先生在《潜园遗事》一书内，对陆树藩的责任曾有所评述云：

> 藏书售日之首要责任在于清廷的无能，但是树藩公从保持全部书完整出售的思想出发和急于筹款还债，却忽视了使大量古书流入他邦所生的影响，则是他的一个错误。至于对他的一些其他批评，往往由于不同的缘由而使他人产生错觉，将会随着各种史料的发掘而逐步认清的。（《潜园遗事》页115，三联书店1996年6月版）

徐氏于陆树藩之责任，有所曲谅，而将首要罪责加于清廷的无能，则不免为岛田翰卸责。

三曰社会对文化事业的不够重视。皕宋楼事件发生时间为庚子大变乱之后，清廷方流亡归来，惊魂未定。巨额赔款的重压和国势的日趋衰弱，于保护古籍、兴办公共图书馆等重要先进文化事务，一无所知。无论朝廷还是地方大员对文化事业几无力顾及，对涉外事务尤有所避讳。陆树藩售书前的种种呼吁皆未能引起注意，坐视岛田翰为所欲为，致使国宝外流，清廷应负不作为的政府行政责任。至于社会人士，固无力全部承购，亦难过分苛责，其间如张元济诸先辈之努力与事件后社会舆论之同声声讨，则足以见民心之所在。

陈此三义，则皕宋楼事件之主次罪责，当如泾渭之分明。日人对我皕宋楼藏书，久怀觊觎之心，时思以我之宝藏补彼邦之不足。岛田翰一本日本夺他人之所藏，盈一己之库存之国策，处心积虑，凭借庚子奇变之后，清廷心有余悸的背景，乘陆树藩经营失败，救灾负债之危，使用诱骗诡密之卑鄙行为，掠我珍籍，舶载东去。赢得其国人之赞誉，而置陆树藩于千夫所指之窘境，谓岛田翰之为首罪，谁曰不宜？清廷及各地政府，未能及时制止挽回，过不能逭，但事件影响所及，致使两江总督端方能尽力维护保存八千卷楼丁氏藏书，亦可谓亡羊补牢之所得。至若陆树藩虽情出无奈，但终有配合岛田翰行为之过错，实难辞其咎，而各方谴责，亦使其心有愧悔。后人当以知人论世之心谅其过错，不能置为首罪。辛亥之际，陆树藩终归佛门并创办救济贫苦儿童之“苦儿园”，曾自题小像云：“佞佛不持斋，何必守三戒，世态本炎凉，人情尤险恶，攘富以济贫，此心无愧怍，魂魄若返真，坦然对天日。”其自赎前愆之至意，已昭然于世。愿后之论其事者，能曲谅其心迹，给以恰当评说。

二○○七年六月写于南开大学邃谷，时年八十五岁

参考书目

1.《皕宋楼藏书志》　陆心源编　清光绪八年刻本
2.《救济日记》　陆树藩撰　清光绪庚子仲冬上海石印本
3.《京津救济善会图说》　孙乐园编辑　石印本
4.《潜园遗事》　徐桢基著　三联书店　1996年6月版
5.《浙江藏书史》　顾志兴著　杭州出版社　2006年10月版
6.《日本学人中国访书记》　钱婉约辑译　中华书局　2006年1月版
7.《皕宋楼藏书源流考》　（日）岛田翰　古典文学出版社　1957年12月版
8. 陆树藩致端方濮兰德和燕都报主笔等函件（藏湖州师范学院图书馆）

原载于《中国文化》2007年秋季号　第25·26期

以“破伦”精神来藏书

四十年代，我负笈京华，在向一些学术界老辈请教版本目录之学时，常听他们提到一位被谑称为“破伦”的奇人。这是当时鼎鼎有名的藏书家、学者伦明先生的绰号。

伦明先生于清光绪元年（1875年）出生于广东东莞县，字哲如，一字喆儒。他在辛亥革命时任广东视学官。1917年任北京大学教授，并兼任参议院议长吴景濂的秘书。1926年任道清铁路秘书长，奉天通志馆协修，北京大学、北平师大、辅仁大学和民国学院等校的教授，东方文化事业委员会研究员。1937年回粤任广东省图书馆副馆长，兼岭南大学教授。1944年卒于故里，享年七十岁。从这些经历看，伦明先生无疑是位官员和社会名流，可以称得上是位“搢绅先生”；但为什么他在同行专家中却博得这个含有怜惜意味的“雅称”呢?

原来，伦明先生自幼酷爱图书，后来无论就学和任职一直热心购藏图书，可是家境不甚富裕，不得不节衣缩食，甚至动用妻子的妆奁，以致妻子有怨言，而他却以诗自嘲说：“卅年赢得妻孥怨，辛苦储书典笥裳。”他为了购置图书，不惜四处搜求，如无余财，宁可吃残羹剩饭，身着破衣烂履而不顾，以致被人谑称为“破伦”。但是，伦明先生面对这些或是善意的怜惜，或是恶意的嘲讽一律置之不顾而泰然处之。他为更便于搜求珍籍，抛却了官员、教授等显位，纡尊降贵地去做“书贾”，在北京开设通古斋书肆，经销古今图书。他以“破伦”精神终于使自己成为一位先后藏书数百万卷，贮柜四百余只的大藏书家，得到了“千宋百元为吾有”的精神富足。同时，他在开书肆过程中还培养了一位出自下层，自学成材，日后享誉版本目录学界的孙殿起——《贩书偶记》的撰者。

伦明先生不是好古嗜奇的单纯藏书家，而是位学识渊博的学者。他刻意求书的主旨在于续编《四库全书》，使华夏文化的丰富遗产得以保存传递，他曾自豪地说：“鄙藏之书，可作续修四库资料者，已达十之七八。”这种出自破衣烂履的伦明先生之口的豪言壮语赋予了“破伦”之称以闪耀照人的光芒。伦明先生还为自己的书斋命名为“续书楼”，以表明其一生旨趣之所在。他并以其版本、目录、校勘诸学的专长撰写了《续书楼读书记》、《续书楼藏书记》和《续书楼书目》，做了续修四库的先驱工作，给后世留下了宝贵的文化遗产。

伦明先生完全有条件走向尊贵清华的辉煌仕途，过着席丰履厚的优裕生活。但这些都被他视如浮云敝屣。他破除俗见，执著专一地奔驰于心向往之的事业。他的“破伦”精神成为他高尚情操的动力。我在听到伦明先生行事时，心情激动，十分钦敬而欲师事之，但那时他已辞世多年。我自恨缘悭未能列于门墙，但他的“破伦”精神却鼓舞我去从事不甚为人热衷的版本目录之学。可叹这种“破伦”精神为人遗忘久矣！有些为贪口腹之欲者，一掷千金无吝色，而当看到一本有益好书，仅需数元纸币时，却徘徊犹豫，终致掉头而去；甚者读书而不买书者更大有人在，实大可叹。因此，我衷心祷念“莘莘学子”能有一点点“破伦”精神。

原载于《冷眼热心——来新夏随笔》（当代中国学者随笔） 来新夏著 东方出版中心1997年版

南开大学图书馆古籍藏书概览*

南开大学不仅拥有一批享誉海内外的专家学者，还拥有二百五十万册藏书。其中有近三十万册中文线装古籍，向校内莘莘学子展示着中华民族几千年灿烂的传统文化。

馆藏古籍的源流和现状

一九一九年南开大学在天津成立的同时图书馆亦同步诞生。一九二七年，天津士绅卢靖（号木斋，湖北沔阳人）捐资十万元修建“木斋图书馆”，同时捐赠家藏古籍二万卷。新馆至抗日战争爆发前已颇具规模，其中古籍线装已逾十万册。当时主要是通过接受捐赠和收购以充实馆藏古书。如二十年代有北京李组坤寄售家藏旧书一千余册，内含《古今图书集成》一部及大套善本。本校首届毕业生赠《宋六十名家词》及《四库全书提要》各一部。三十年代天津著名藏书家李典臣以家藏部分古籍、碑帖赠与南开，计七万余册，中多秘笈。一九三七年七七事变爆发后，南开大学惨遭日军轰炸、焚烧，木斋图书馆遂毁于一旦，烬余图书亦多为日本掳往东瀛。十万余册中文线装书遂荡然无存。抗战期间南开大学南迁，与北大、清华于昆明组建西南联合大学，至一九四六年复员回津时，图书馆藏书寥寥，且多为日文和西文，中文线装仅有战后由中国驻日代表团自东京世田谷仓追回的为数不多的部分。从此，南开大学图书馆重新步入白手起家、惨淡经营的阶段。

南开大学图书馆在新中国成立的几十年中，各方面都取得了长足的发展，馆

* 本文发表时署名为江晓敏、来新夏。

藏中文线装书籍截止到八十年代末期，总计有一万八千余种，近三十万册，为馆藏全部书籍的十分之一强。其中包括善本近一千九百种，约三万册。

馆藏古籍的来源主要有两方面。一是接受捐赠。南开大学系国内外知名的高等学府，自建校始即陆续有各界人士慷慨捐赠。据统计，近代外交官颜惠庆曾将个人藏书多种赠予南开，包括线装书近七百册。已故校长杨石先夫妇、著名学者谢国桢等人亦先后以书相赠，徐鹤桥先生赠线装书一百五十余种，六千八百册，以经史和小学书籍见长。我馆接受数量最多的一批线装古籍来自近代著名藏书家周叔韬先生，其所赠周氏孝友堂藏书计三百余箱，七万余册，其中既有周氏师古堂自刻书籍，亦不乏明清旧刻。这些赠书都极大地丰富了馆藏。

二是通过购买充实中文线装。南开大学历任图书馆长都致力于古书的搜求。早在五十年代期间，馆内就制定了“种多册少”的采购原则，即首先保证不断增加馆藏线装的品种，相对减少复本量。六十年代馆内重视地方志的网罗，馆藏方志数量急剧增加。七十年代末，馆里派人专程赴扬州、上海、杭州等地搜求古籍，所购最足称道的近百种善本源自近代江南藏书家秦更年旧藏，全部为精善刻及钞校本，且有世所罕见的明清文集，多经秦氏丹黄圈点，校勘题跋，数量不多然价值不菲。另外天津藏书大家研理楼刘明阳夫妇向以收藏明版著称，本馆在经费有限的情况下，不遗余力购得数种。经过多年积累，馆内的线装书不仅要籍咸备，且不乏精刻名钞，汇萃了近代大江南北诸多藏家的插架精品，如宁波天一阁、山东海源阁、丁氏八千卷楼、朱氏结一庐、徐氏积学斋等大家散出之故物，又有清代到民国诸藏家的旧籍，如朱彝尊、吴翌凤、何绍基、莫友芝、潘祖荫、吴重熹、缪荃孙、端方、罗振玉、丁福保、叶德辉、傅增湘、潘景郑、郑振铎等，真可谓琳琅满库，目不暇接。

馆藏一万六千余种普通线装古籍中，数量较多、品种较丰者当推地方志与清人诗文集。馆藏地方志达二千余种，其中稿本《蒲城志》、稿本《新城县志》、梁仁政纂修《获鹿县志》、唐致敬编《沭阳乡土志》及《滁县乡土志》等数十种地方志或为我馆独家收藏，或为国内少数单位收藏。近年，馆里不惜巨资自台湾购进《中国方志丛书》及《中国边疆丛书》，基本满足了校内教学科研的需要。清人诗文集馆藏数量亦逾二千种，有十几种为我馆仅藏的稿本或抄本，已收入善本书库。另外馆藏有六百余种家族谱，其中有自明代至民国历经六修七修者。

南开大学图书馆中文线装古籍中，含有一千九百多种，约三万册善本，其中包括宋元刻本二十四部，明刻本六百四十余部，清初精刻本九百余部，明清抄本

近三百部，手稿本七十二部，写本及韩、和刻本四十余部。下面依据版本类别逐一介绍，以飨读者。

宋元刻本

南开大学图书馆藏有《晦庵先生朱文公文集》、《西山先生真文忠公读书记甲集》等五部宋刻、元明递修本和近二十部元刻本。刊刻年代最久远者当属南宋嘉泰四年（1204年）吕乔年刻《丽泽论说集录》，半页十行二十字，四周单边。书经明代补版，卷末有明成化年间耿裕补版识语。卷端钤“臣振玉”印章，“上虞罗氏大云书库藏记”木刻条记。书衣为罗振玉题签。

《资治通鉴纪事本末》，宋刊大字本，半页十一行十九字，左右双边，六函四十二册。版口下有刻工吴炎、徐嵩、林茂、徐楠、季升、钱玗等姓名。殷、弘、让、贞皆缺笔。书为山东聊城海源阁旧藏，钤“海源阁”、“杨氏伯子”、“杨以增印”等章。书经补版，挖补之处清晰可辨，但基本保持了宋刻风貌，洵可宝贵。

元刻本包括《资治通鉴》、《通鉴总类》、《通志》、《南史》、《北史》、《文中子中说》、《列子虞斋口义》、《新编事文类聚翰墨大全》、《新笺决科古今源流至论》、《注唐诗鼓吹》、《楚辞辨正》、《节孝先生文集》等，其中元刻《至大重修宣和博古图》版心三十公分，书品宽大，行格疏朗，图影清晰，实为元刻之上品。

明刻本

馆藏明代刻本共计六百四十余部。自明初至明末，除建文朝外，各时期版本都有，尤以嘉靖、万历年间为多，内容则遍及经史子集各类。其中较为罕传的有以下几种：

《御制文集》四集三十卷，明太祖撰，明洪武间刊本。一木匣四册，包括甲集二卷，乙集三卷，丙集十五卷，丁集十卷。该书半页十行二十字，黑口，四周双边，版心下有刻工姓氏，卷末有刘基、郭传后序。该书为馆藏最早的明刻本，木匣盖刻“明太祖御制文存，淮南朱氏藏”烫金字，各册钤“刘明阳王静簃读书记”、“研理楼藏”书章，应系天津研理楼故物，未见各家著录，乃国内稀见本。

《洪武正韵》十六卷，明乐韵风、宋濂等纂修，明初肃王府刊本。半页八行二十字，小字双行，白口，四周双边。两函十册。眉栏有批注，凡例后刻有“肃府刊”楷书大字。肃王名瑛，明太祖庶十四子，初封汉，洪武二十五年（1392）改封，永乐十七年（1419）薨。其刊印该书或为府学之用。据《全国善本书总目》著录，全国藏有此版本者仅我馆一家。

《论语笔解》二卷，唐韩愈、李翱撰，明嘉靖年间范氏天一阁刊本。半页九行十八字，白口，左右双边，一函一册。卷首钤“翰林院印”朱文方印。是书为秦更年旧藏，据其题记云：是本“即是乾隆间编纂四库全书时所祖之本”。

《孤树裒谈》五卷，明李默撰，明万历二十年游朴重刊本。半页十一行二十字，白口，四周双边，一木匣五册。作者李默，《明史》有传，嘉靖间因不阿附权臣严嵩瘐死狱中。此书录有明起自洪武，迄于正德间，不仅可资谈助，实可补《明史》之遗。首页钤翰林院官印，“吴重熹印”、“海丰吴氏”、“张重威印”、“研理楼刘氏”等朱白文印，书品阔大，书眉有批，前后有跋语，皆未署名。书尾有天津收藏家张重威跋云：“（周）叔韬先生谓是书每卷封面题字及首册与第五册‘乙卯’小跋皆吴重熹所书，‘自古以来’一跋则似周季贶（星诒）手迹。”又云：“乾隆间四库馆所采进者乃原刊本，未考证此本也；今原椠本固不可见，即此万历重刊本亦稀如星凤。”

《可泉四岳集》七卷，明胡缵宗撰，明郗元溟编，明嘉靖间刊本。半页十行十九字，白口，四周单边，一函八册。前有崔铣序，徐承祖引，后有李人龙跋。胡缵宗字可泉，号鸟鼠山人，陕西奉安人，明正德间进士，历山东、河南巡抚。该书内容为各体古诗，名四岳者，东岱山，西霍山，南会稽，中嵩山。《四库全书总目·存目三》著录胡缵宗著《鸟鼠山人集三十九卷》：“凡正德集四卷，嘉靖集七卷，鸟鼠山人小集十六卷，后集二卷”，馆藏即其中之“嘉靖集七卷”。该本刻印精良，字体遒劲，天头极宽，乃明刻中的精品，原为已故历史学家郑天挺旧藏，钤有“郑天挺读书记”朱印。

《事亲述见》十二卷，明朱厚瑛撰，明嘉靖四十一年刊本。半页九行二十一字，白口，四周单边，一函一册。朱厚瑛为明衡恭王庶四子，嘉靖中封高唐王。该书内容为记载藩王府庭训条文及日常起居器用诸事，卷前有衡藩高唐王岱翁

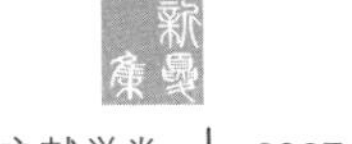

序。旧系明玉兰堂、清吴重熹递藏，卷首钤“玉兰堂”、“南原叔了藏书印”、“海丰吴氏珍藏”等朱印。据《全国古籍善本书目》著录，此书为南开图书馆独家收藏。

据全国古籍善本总目委员会鉴定，馆藏明刻本中较有特色的还有一些，如明都穆撰《晋二俊文集》二十卷，传世者以十行本居多，我馆为九行本。明黎尧卿撰《新刻诸子纂要》，馆藏万历刻本为全国仅见。明胡居仁撰《敬斋集三卷居业要语四卷胡子粹言三卷》，北京大学、杭州大学皆只收有《敬斋集》，而以我馆所藏最为完备。另外，在全国范围内仅有二、三家收藏的馆藏明刻本还有明徐常吉编《新纂事词类编》，明杨起元汇选《古今名公诗调连腴》，明王世贞辑《陈眉公先生批点名世文宗拔萃》，明吴梦暘撰《射堂诗抄》，明秦雷鸣撰《谈资》等，这些不同时期的刻本，收录有大量的历史资料，且保存完好，可视为馆藏秘本。

明代私人刻书负有盛名者首推毛晋汲古阁。南开大学图书馆收藏有数十种汲古阁刻本，尤以各朝诗文集为多，如唐释齐己撰《白莲集》，后蜀韦彀撰《才调集》，宋陆游撰《陆放翁全集》、《放翁逸稿》，元萨都剌撰《萨天锡诗集》等。其中毛晋辑《苏米志林》一书，不用“汲古阁”而用“绿君亭”，颇为罕见。

明代盛行彩色套印书籍，吴兴凌氏兄弟与乌程闵氏先后刻出多种彩色套印本。我馆收藏的朱墨套印本有凌氏刻《凌刻四种》、《东坡禅喜集》、《海防图论》、《韩子迂评》、《檀弓三卷附考工记二卷》等，闵氏刻《选赋》、《文致》、《淮南鸿烈解》、《百子金丹》等，朱墨蓝三套印本有《南华经》、《楚辞》、《国语》等。除凌、闵大家外，我馆还收有明万历三十四年（1606）吴氏树滋堂刊朱墨套印《秦汉印统》八卷、万历七年（1579）虞德华刊兰印本《吕氏春秋》，亦非寻常多见之本。明代铜活字本馆藏有二种，即《骆宾王集》二卷与《太平御览》一千卷。

清刻本

南开大学图书馆的古籍善本中以清初刻本数量最多，品种亦较丰富，在九百余种清刻中，康熙刻本又居十之八九。据全国古籍善本书目编委会鉴定，属于我馆独家收藏的清刻本有如下数种：

《梦月岩诗集》二十卷，清吕履恒撰，清雍正三年刻本。半页十行十九字，白口，左右双边无鱼尾，一函十二册，系《四库全书总目提要》著录之本。然未见各家版本目录著录。据载，“吕履恒字元素，号坦庵，河南新安人。康熙甲戌（三十三年，1694）进士，官至户部侍郎。此集乃雍正三年（乙巳，1725）其侄缵等校刊，诗以体分，末附诗余二十四首。前有凡例，称其诗或经岁一改，或一月数改。……或刊版时有所点定欤”。馆藏与其著录版本相符，书帙完整，刻印上乘，遇“恒”字有阙笔，可证出于家刻。

《屺思堂文集》文八卷诗一卷，清刘子庄撰，清康熙间刊本。半页八行二十字，白口，四周双边单鱼尾，一函六册。刘子庄字稚川，湖北黄冈人。由明入清，顺治间官侍从，旋归里。该书系刘氏之孙纯锡、永锡、敷锡为纪念祖父而编次，前有金德嘉序言。

《立命堂二集》六卷，清稽宗孟撰，清康熙十一年刊本。半页九行十九字，白口，四周双边单鱼尾，一函三册。稽宗孟字淑子，江苏安东人。清顺治举人，历官杭州知府，乞归。荐举博学鸿词，以疾辞不赴，工诗书文辞，是书前有吴伟业、黄机、张新标、王铎、李明睿等人序文。据序称其集应为八卷，今馆藏缺卷七、卷八，因国内再无别家收藏，故虽为残缺亦弥足珍贵。

《陆桴亭先生文集》五卷，清陆世仪撰。清康熙年间正谊堂刊本。半页十行二十二字，白口，四周单边单鱼尾，版心上刻“陆桴亭文集”下刻“正谊堂”，前有康熙间张伯行序，一函二册。陆桴亭字道威，江苏太仓人，生活于明万历至清康熙年间。是书白棉纸印行，天头地角阔大，书品完好。全国除南京图书馆存有一部抄本外，馆藏为唯一可见之刻本。

《水田居文集》五卷，清贺贻孙撰，清康熙十六年敕书楼刊本。半页九行二十二字，白口，四周双边，无直格。一函六册。贺氏生平仕履不详，是书以史论为主。书前钤有“会稽杨蒹山藏”朱印。纸色已黄脆，版有漫漶挖补。上海图书馆存抄本一部。

《梅花书屋诗选》四卷，清李中素撰，清康熙二十三年刊本。半页九行十九字，白口，四周单边无鱼尾，一函四册。李中素字鹄山，又名载，湖北麻城人。明诸生，入清不仕。书前有余国柱、王泽弘、邓汉仪、梅钺序。因未入四库，流传较少。

《白鹤堂稿》不分卷，清彭端淑撰，胡天游等评，清乾隆三十六年刊本。半

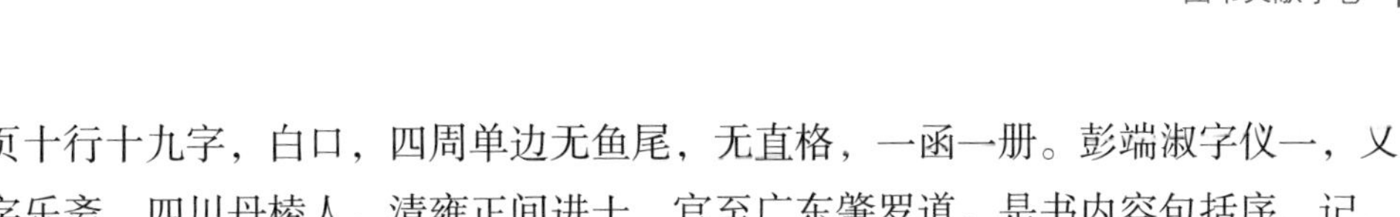

页十行十九字，白口，四周单边无鱼尾，无直格，一函一册。彭端淑字仪一，又字乐斋，四川丹棱人。清雍正间进士，官至广东肇罗道。是书内容包括序、记、传、议、论、书、墓志铭、杂文等。

《续古宫词》一卷，清孔尚任撰，清康熙介安堂刊本。半页八行二十字，白口，四周单边，版口上刻“宫词”，下刻“介安堂”，一函一册。孔尚任，字聘之，山东曲阜人，孔子后裔。清康熙间授国子监博士，累官户部员外郎。其人博学多才，通晓诗词音律，以撰写“桃花扇传奇”享名于世。是书原为徐乃昌积学斋故物，首页下钤“积学斋徐乃昌藏书”朱文长方印。

属于我馆独家收藏的清康熙刻本尚有清释法新撰《霜叶吟》一卷，清蔡升元撰《使秦草》一卷，清王有平撰《铁壶编文》二卷，清赖眔撰《妙峰山赖杲先生云游草》五卷。清雍正间刊本有清傅泽洪撰《铸错草堂诗抄》一卷等。

除以上善本外，馆藏清刻本中还有部分虽不是独家所有，但也仅有二三家收藏者。如清储欣编《唐宋大家全集录》十种五十二卷，清姚廷谦撰《李义山会意》四卷，清周亮工撰《偶遂堂近诗》一卷，清李长祥撰《天问阁文集》不分卷，清毛际可撰《松皋文集》十四卷，清程可则撰《海日堂集》十卷，清王连瑛撰《遗安堂诗文集》四卷，清龚培序撰《竹梧书屋诗稿》不分卷，王晫撰《墙东杂钞》四卷，清蔡秩宗撰《蔡寅倩集选》十二卷，清徐櫄撰《玉屏山人诗集》十二卷、《古乐府》二卷等等。总之，传世较少的清刻本中大部分为清人诗文集，这主要是由于多为自刻或家刻本，印数较少，且影响范围有限，后人亦难得翻刻印行，故流传较稀，而我馆收藏此类诗文集尚为数不少。

稿本

南开大学图书馆经过多年孜孜矻矻、未曾稍懈地网罗搜求，在不断扩充馆藏刻本古籍规模的同时，也使稿、抄本数量日渐增多。现藏有稿本七十余部、写本四十余部。这些稿、抄本大部分为明清学者所为，不乏具有较高史料价值和版本价值的精粹之作。在所藏稿本中，有些系缮录成帙，但已然付梓者；有些则未付剞劂，而成千古绝唱。后世读者漫游其中，则能强烈感受到前哲先贤励志向学不辞劳苦，以期中华文化传之久远的献身精神。

《疑年录》不分卷，清钱大昕撰，稿本。白棉纸无栏格，半页十行二十字，小字双行，一函一册。卷编题“疑年录”，下题“竹汀居士编”，起自汉郑康成，终清邵二云，著录历史人物生卒年凡三百五十二位。是书首尾页印章叠稠，旧藏于归安姚氏咫进斋。卷末有“归安姚氏拜读一遍”朱字一行。卷中间有批注，不知何人所为。

《疑年录汇编补遗》不分卷，张惟骧撰，稿本。乌丝栏格纸，半页八行字数不等，一函一册。张惟骧字季易，江苏武进人。撰有《疑年录汇编》十六卷、《太史公疑年考》等，于民国年间刊行。据卷前旧藏者天津巢章甫识语，是书系张氏手稿本，其间涂抹勾乙处甚多，殆其未定之稿。

《西圃书目》不分卷，《香雪草堂书目》不分卷，清潘遵祁撰，稿本。绿丝格印稿纸，半页十行，字数不等，一函数册。其中两册版口题“香雪草堂”、“觇园丛著”，内容大致相同，一册有墨笔圈改涂抹痕迹，另一册端楷书写工整悦目，可知一为草稿本，一为定稿本，皆钤“香雪草堂”朱长方印，依橱著录千余种书籍。另一册卷端题“香雪草堂书目”，书口印“小鳞书屋”，依经史子集著录书目，多为旧抄本，后附有书画目。以上二书皆为潘遵祁家藏书目，未见刊行。潘遵祁字觉夫，自号西圃，藏书楼名“香雪草堂”。江苏吴县人。清同光间进士。潘氏乃吴县望族，至清末共有进士九人。其中潘世恩、潘祖荫皆官至六部尚书，军机大臣上行走，位极尊荣。潘氏家富藏书，遵祁祖父潘世璜与清著名藏书家黄丕烈时相过从，进行藏书观书的活动，故此二种书目如实反映了其家族的藏书情况，对于研究晚清私家藏书的聚散有一定的价值。

《迦陵词》不分卷，清陈维崧撰，稿本。白棉纸无栏格，行数、字数不等，一木匣八册。陈维崧字其年，号迦陵，清康熙间举博学鸿词，官翰林检讨。平生嗜于诗余，总计填词一千六百余阕，系清代第一大家。馆藏手稿装一木匣内，匣盖刻“先检讨公手书词稿”，“六世从孙宝铭谨藏”字样，内含八册，题签或为“先检讨公手书词稿” 或为“陈检讨词稿”，由朱孝臧、冒广生、郑孝胥、李准等人书写。逐册钤有“陈维崧印”、“其年”朱文方章，首册有清诸生蒋平阶序。词稿多有圈点钩乙，上有吴薗次、史蘧庵、尤悔庵诸家题识。其中一阕词后题：“此数页词稿系西樵所弹。向在广陵，忽焉失去，遍搜箧衍，怅惋久之。己酉冬过东皋何子龙寓，从他处收得，遂以见还。喜逾望外，虽中间颇有残简，然亦顿还旧观矣。书以志之。辛亥六月二日志於大梁署中。其年自记”。此段题识证明词稿乃陈氏随身之物，一向被视若拱璧，什袭珍藏，无疑系陈词之清稿本。

清康熙二十八年（1689）陈维崧之弟陈宗石刊行了《迦陵词全集》三十卷。

据馆藏词稿逐页必钤“强善堂主人对讫”长方朱印，又卷十后题记落款为“四弟宗石谨志于强善堂”，可证该词稿乃为《迦陵词全集》之底本。二者相校，可发现仍有数阕词稿未收入刻本，又可看出该词稿除具有较高的文物收藏价值外，还具有校勘研究价值。

《经通》二十六卷，清周悦让撰，稿本。黄栏格刻印纸，半页十行，十七至十九字不等，一函九册。周悦让，生平仕履不详。此书版心下印“佛山祥记造”，各卷首尾钤“孟伯先生写定门人懿荣守藏”朱文长方印，函套题签“周孟伯先生手稿未刻本经通九册”。属未刊行之清稿本。

《蒲城志稿》不分卷，不著撰人，稿本。白棉纸无栏格，半页九行，字数不等，一函一册。蒲城位于陕西省渭南地区，该志卷目列星野、县境、历代异名、山川、古迹、祥异、秩官、人物、节烈、艺文等。眉端有批注，不知出于何人之手。书为清法式善旧藏，钤“诗龛居士”印。据《全国地方志联合目录》著录，此志仅我馆收藏。

《独善堂文集》八卷，清王大经撰，稿本。刻印赭石栏格，半页十行二十一字，正楷书写，一函四册。王大经字伦表，号石袍，江苏东台人。由明入清，屡荐不起，隐居讲学。著有《周易释笺》、《毛诗备考》等，皆亡佚。此文集为硕果仅存者，版心上端印“王石袍文集”，下印“春晖堂藏板”。据孙殿起《贩书偶记》著录：“《独善堂文集》八卷，东台王大经撰，嘉庆丁丑（二十二年，1817）春晖堂刊”，则此本应系春晖堂刊行所据之底本。

《松花轩杂记》一卷，王国维撰，稿本。朱丝栏格稿纸，半页八行二十二字，一函一册。版口上端印“状元及第”，下端印“书业堂”，逐页钤有“王国维印”朱文方章。王国维系近代国学大师，精于金石甲骨。该书内容主要系其早年信稿及集录的书札辞句。

馆藏稿本中还包括清代书画家吴历《泻忧集》、何绍基《杓山使蜀日记》、民国大总统徐世昌《水竹村人诗稿》等，皆具有较高的艺术收藏价值。

馆藏写本除自清大内散出的《四库全书》底本数种外，尚有手写经文多种。其中，清人陶汝鼐手写《金刚经》一通堪值一提。陶汝鼐字仲调，号密庵，湖南宁乡人。明崇祯举人，官检讨，精诗文书画，有楚陶三绝之称。明亡剃发为僧，号忍头陀。清顺治十年（1653）被系入狱，于狱中手写《金刚经》文三部。馆藏即其中之一，系经折装六十四开，半页四行十五字，正楷书写，首页钤“陶汝鼐印”、“密庵”朱印，末页钤“陶汝鼐印”、“髯僧”方印，后有顺治十一年

（1654）陶氏跋文一则：“金刚般若于法最胜，平常书十数册。去年被系，早夜持大悲咒痛自忏悔，未尝作贪怖状，而窘束，或不可堪，因思金刚经独提忍辱义，欲向法忍安心，间用乱后支扉板偻析书之，得三部，此其小帙也。……”（该跋后收入陶汝鼐《荣木斋文集》卷九）。经书原为清何庆涵所藏，后有其道光己酉（1849）及光绪己丑（1889）题识，称陶氏“狱中写经三部，其二部未知有无题记，而此册字小且精，当是先生心赏之迹，故欣然加墨并发明忍辱之旨云”。陶氏传世之作多为行草，此则精楷数千字无一懈笔，至今已逾三百余年且完璧无恙，墨光如漆，实乃珍品。

抄本

抄书是中国古代学者的优良传统之一，即使是唐宋以后刻版书成为传播知识的主要载体，仍有一些罕传古帙通过辗转传抄而得以传世，或劫后幸存，复壁深藏的史料得以重见天日。南开大学图书馆藏有明清抄本三百余部，这些抄本或无刻本行世，或可补校刻本之衍讹，或出自名家所抄，内容丰富，缮写精致，同样凝聚着前辈学者的心血。下面择其数种加以介绍。

《封氏见闻记》十卷，唐封演撰，明纯白斋抄本。乌丝栏格印纸，半页十行二十四字，白口，四周单边，版口下刻“纯白斋”，一函一册。此种抄本全国仅此一部，旧为独山莫氏、吴江徐虹亭及秦更年递藏，首页钤“购此书甚不易，愿子孙勿轻弃”、“菊庄徐氏藏书”、“莫棠字楚生”、“独山莫氏铜井文房藏书印”、“秦更年印”、“蔓菁”等印章。卷末有清康熙三十八年（1699）徐釚识语和秦更年跋文。秦跋称：“《封氏见闻记》十卷，纯白斋写本，吴江徐虹亭编修菊庄旧藏。余取校卢刻雅雨堂丛书本，卷二石经条补百六十四字，卷三制科条补二十二字，铨曹条补六字，卷四尊号条补二十五字，露布条补八字，卷五烧尾条补十九字，图画条补二十四字，此外足补正一、二字者尚多。”该书原无刻本，清乾隆间卢见曾雅雨堂始刊刻行世，秦更年据此抄本校其刻本，计补二百九十八字，正误六十字，删衍六字，足见旧抄之精善。

《渚宫旧事》五卷，唐余知古撰。我馆藏有二部抄本。一部为明抄本，白棉纸无栏格，半页十二行二十四字，小字双行，一函一册。另一部为清初抄本，白棉纸无栏格，半页九行二十字，小字双行，一函一册。明抄为明晋藩藏本，卷端钤“晋府图书”朱文方印，后归清名家多人递藏，钤“范承谟印”、“结一庐藏书印”、“朱氏潜采堂藏书”、“独山莫氏铜井文房藏书印”、“莫棠字楚生印”、“子清所藏秘笈”朱文印章，“谦牧堂藏书印”、“谦牧堂书画章”、“揆叔之印”、“徐元梦印”、“汉阳叶名澧润臣甫印”、“仁和朱”、“秦更年印”白文方印。清抄本经朱彝尊、莫棠、秦更年递藏，卷端钤“朱彝尊印”、“竹诧”、“莫棠岭外所藏”、“秦蔓菁”等印章，卷末有澄花馆主人及秦更年跋文。秦跋称，是书向无刻本，各家著录率皆抄帙，迄清嘉庆间始由孙星衍刻入《平津馆丛书》。孙刻之底本与清抄本略相近，而晋藩明抄“其佳处则胜于它本远处”。秦氏据明抄校清抄本，凡改正四十六字，补脱一百一十九字，又补卷一“孙叔敖为令尹”条双行夹注二十七字，删衍五字。晋藩本有补遗九条，孙星衍刊本言纪昀校为补遗一卷，录入《四库全书》，而不知旧抄本已有之。此亦足证旧抄之佳胜。

《五茸志随笔》八卷，清吴履震编，清道光间抄本。刻印绿丝栏格，半页十行二十二字，黑口，左右双边。版心下印“怀旧楼抄本”，一函八册。“五茸”即江苏松江旧称。此书杂记明代松江地方人物的嘉言懿行，向无刻本。此抄本为潘承弼旧藏，卷端及尾页钤“景郑藏本”、“景郑潘氏读书记”朱印，另有跋文一则，称“此书流传甚稀，尤多晚明故实，可补史乘之遗”。整部书以正楷书写，绳头细字，双行夹写，无一苟笔。其干净如新，墨润如脂，令人爱不释手。

《巴西文集》不分卷，元邓文元撰，清鲍氏知不足斋抄本。刻印乌丝栏格，半页十行二十字，黑口，左右双边，一函六册。邓文元，字善之，寓居浙江钱塘，由宋入元。是书目录及卷端钤“遗稿天留”、“知不足斋钞传秘册”刻章。前有鲍廷博于清乾隆四十年（1775）题记一则，言“前借抄振绮堂汪氏所藏《巴西文集》，顷又见新仓带经楼本，计有八十余篇，始悉汪氏藏本未称完善，尚有缺憾。今托友人重借带经楼本付手民补录，庶后之庋藏家，得窥全豹，岂非快事”。由此知此本始抄自振绮堂汪宪，又以带经楼本增补，洵为完备之本。

《渑水燕谈录》十卷，宋王辟之撰，清初抄本。乌丝栏格，半页九行十八字，黑口，四周单边，一函四册。卷首有“白堤钱听默经眼”朱印，卷八钤“有竹居”、“篁村”、“天质”等印章，前有傅增湘、秦更年题跋各一则。据秦跋，清任文田《有竹居集》卷十二有《跋渑水燕谈录》，称书出自商邱宋荦所藏景宋抄本，系昆山李筠手录相赠。查此本钤“有竹居”及“篁村”（李筠字篁村）印，应即任氏旧藏之本。钱听默系近代江南书商，熟于目录版本之学，遇有佳椠名本则以经眼记之，与之同时代的藏书家黄丕烈、顾广圻等人皆盛称之，此本首尾完具；出于诸本之上，傅增湘跋称“必有胜异之处也”。

《威凤堂全集》三十六卷。附《革命纪闻》一卷，清陆圻撰，清抄本。刻印乌丝栏格，半页十行二十二字，白口，四周单边，三函三十六册。陆圻字丽京，浙江钱塘人。清顺治贡生，早负诗名，为西泠十子之冠。受庄廷鑨史案而株连，事白后入武当为道士。文集分为论部、记部、俪语部、祭文部、诗部，正楷书写，流传较罕。据谢国桢《增订晚明史籍考》著录中国科学院藏有清初刻本，馆藏抄本较其卷帙为多，且“内有涉及明季史事者颇繁，为考史者所必征”。特别是研究明史者不可不读。

《法帖刊物》二卷，宋黄伯思撰，清抄本。乌丝栏格，半页十行二十一字，白口，四周双边，一函一册。版口写《法帖刊物》目录、卷名。书为结一庐朱氏故物，后先后归独山莫氏、秦更年收藏，卷首钤“结一庐藏书印”、“独山莫氏铜井寄庐书记”、“独山莫氏铜井文房藏书印”、“秦更年”等印章。清著名校勘学家卢文弨曾据宋本作校，校注以朱笔批眉栏之上，卷端钤“武林卢文弨手校”朱文长方印。秦更年题跋云：“郎园（叶德辉）昔尝语余：名人手写手校本视宋刊尤可贵。余服其言，搜求弥力，抱经先生手校本余仅得二种。《宝刻类编》及此书是也，皆结一庐旧物”。跋中所提经卢手校之《宝刻类编》，今亦归我馆插架。

《于湖长短句四卷补遗一卷附蒲江词稿》，宋张孝祥撰，武进董氏诵芬室校宋抄本。蓝丝栏格，半页九行二十一字，白口，四周单边。版心下印“诵芬室藏书”。各卷前钤“仁和吴氏双照楼藏书”、“甘遂 ”、“吴昌绶”、“伯宛”、“双照楼校刊宋金元人词记”、“伯宛校勘”诸印章，卷首钤“诵芬室传钞秘籍”、“董氏秘笈”朱白文印。据卷末识语，缘双照楼主人吴氏欲搜刻宋元名家词集，向诵芬室函索校定“于湖长短句”，并过录“蒲江词”。诸卷眉栏上端有董康及朱祖谋朱墨校字，末有跋语数则。董康跋“于湖著作当以是本最为完备矣”。

《铁网珊瑚》不分卷，明朱存理撰，清季沧苇抄本。白棉纸无栏格，半页八行二十四字，两函十册。诸册首尾皆钤“季沧苇藏书印”、“振斋藏书”印章。该书不列卷目，所载法书名画，自汉魏及明代共计一百三十余种，其中历代题跋甚多。前有季沧苇“铁网珊瑚小引”言书“得于虞山钱牧斋家录藏，诚为秘笈，分为十册，藏之筐箧”。此书不见刻本行世，各家所藏皆为传抄本。我馆除此本

外，还藏有另一部抄本，二者相较，歧异之处甚多。

《武林旧事》十卷，宋周密撰，明抄本。白棉纸无栏格，半页十行二十字，一函两册。卷端钤“独山莫祥芝图书记”、“莫氏秘笈”、“汪士钟读书记”、“赵烈文读书记”、“白堤钱听默经眼”、“曾在秦婴闇处”等印章。该书旧归清钱曾，即钱曾《读书敏求记》著录之本。钱曾系钱谦益族孙，绛云楼烬余大都归其收弆。首页“《武林旧事》序”即钱曾手迹，黄丕烈《荛圃题跋》曾记此事。天津周叔弢先生生前欲睹此本，惜未能如愿。

据全国古籍善本书目编委会鉴定，馆藏抄本属独一无二的还有元释法注撰、明钞本、清王懿荣校《周此山先生诗集》，元苏天爵撰、清初抄《滋溪文稿》，明李麟撰、清抄本《心斋稿》，明刘逴撰、清抄本《石孔山人集略》，清校勘考据学家洪亮吉之子洪符孙撰、清抄本《齐云山文集》，清杨宾撰《杨大瓢杂文残稿》，清杨凤苞撰、清同治间凌霞手抄并跋《采兰簃文集》等。出自名家所抄的有乾隆间黄氏醉经楼抄《肯綮露》等。另外馆藏有清初墨、朱、黄、蓝、赭五色抄本《九宫大成总目》，色彩明艳，怡情娱目。这些罕帙秘籍经过数百年辗转流传，最终化私为公，得到精心的爱护与保管，也算不负传抄者了。

批校题识本

批点校勘也是自古至今历代学者的优良传统，他们每每对于藏书手披目览，校点批跋，留给后世鲜为人见的珍贵资料。南开大学图书馆所藏古籍中，可以查到的批校题识者有钱陆灿、汪由敦、钱曾、惠栋、阎若璩、鲍廷博、林佶、卢文弨、何焯、王鸣盛、杭世骏、汪士钟、王芑孙、曾国藩、缪荃孙、崇恩、王懿荣、凌霞、傅以礼、罗振玉、叶德辉、傅增湘、秦更年、郑振铎、周一良等数十人。名家批校，或纠缪补阙，或指点迷津，或发其感慨，题跋多述书籍流传端绪，使后人从中受益。

《汉史亿》二卷，清孙廷铨撰，清康熙间刊本。该书旧为清考据学家阎若璩所藏，首页至第二页眉栏有墨笔题识二则，其一云：“康熙庚午春二月中旬自京师归途中，携赵公谷所赠《汉史亿》二卷，读之至终，亦近日之佳书也”。其二云：“越四年癸酉冬十月下旬复阅一遍。母后临朝称制战国已有，如秦宣太后、齐君王后皆是，不自汉高后始。常诞即书凌云殿，榜下则戒子孙绝此楷法，著之家令，非梁鹄也。此二条误，当正。”二则题识之间钤有“阎若璩印”白文方章。阎氏以其广博的学识，纠正原书史实之误，实为嘉惠后学之举。

《唐四家诗》不分卷，清王立名编，清康熙三十四年刊本。该书旧归清著名考据学家王鸣盛插架，各册钤“王鸣盛”、“凤喈”印。书中以朱笔批点之处甚多，如于“王右丞诗集”中题“恶语最坏诗格”、“恶不可耐”等。卷末有跋文云：“作诗超绝，留于性情山水二者，求之最害事。是学词博赡，才力雄独，而荤钝堕入庸浊，一经见黑风吹，落鬼国矣。唐一代之诗惟王孟韦柳四家最超，剥肤而见骨，得鱼而忘筌，舍筏而登岸，庖丁解牛，轮扁斫轮，四家之谓。作诗未到此境，终无妙语神解，乃知才豪气猛，诗之大害耳。鸣盛识。”抒发了学者对古诗的见地。

《文选》六十卷，梁萧统辑，唐李善注，清乾隆三十七年刊本。该书一木匣二函十二册。木匣盖刻“曾文正公手批文选 晚喜庐藏”，目录后有清湘军首领曾国藩题识：“壬子岁讳里居，束装不读几两月矣。偶检文选，尽十日之功而评议之以勖温弟。国藩识。”全书逐页正文有圈点，眉栏有批语，或阐释其文寓意，或就前人批点抒发己见，少则一条，多者数条。如《西都赋》批：“此赋略分三段，首述形势，次田里之饶，中言宫室之富，末言数游之乐，皆从‘眩曜’二字铺排而来”。《西京赋》批：“何（焯）云前后左右叙法变化提纲挈领，下面许多地方已包举其中”。卷四末有题识一则：“方伯海曰：凡作文有平衍处必有结构处，平衍以疏其叶，结构以扬其华。一味平衍，气必剽而不留；一味结构，气必抑而不扬，赋中微引草木鱼鸟前皆平衍，后必以数语为结构，有此结构，前平衍处便都见精彩。古人诗文词赋佳处无所不悉，本此法，所云有写处必有做处，有做处必有写处也。于此偶及，便不难登作者之堂”。全书批点题识有数百处之多，为研究曾国藩这位清朝的中兴重臣增加了新史料。

《群雅集》四卷，清鲁超等辑，清康熙二十六年刊本。该书旧日的主人为文化部原副部长郑振铎。卷末有其题记：“此是以古诗赋试士之集。已开学海之先河。集中作者后有抗清而死者，故此本传世甚少。去冬南下，在上海晤徐森玉，以此书及彩印本《金鱼图谱》见贻。余广为收各代及地方总集，又正写古版画史略，得此二书为之狂喜。将何以报之乎？一九五七年一月十六日灯下郑西谛记。时夜静无声，明月照积雪下，清光冷隽射骨”。经查阅，此题识已收入《西谛题跋》一书。郑氏在飞机失事遇难后，所藏十万册古书已全部由家属捐赠北京图书馆，不知何故是书流落书肆，使我馆有幸又收得一名家题识本。

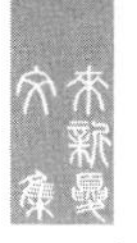

在众多名家批识本中，还有一部虽刻印较晚，却非常难得之书，这就是英赫胥黎著，近人严复译《天演论》的初刻校样本。是书二卷，一函一册，系清光绪间沔阳卢氏慎始基斋所刻，作为《慎始基斋丛书》之一种。前有“译天演论自序”，序尾钤“严复”、“尊疑堂”印章，书中有严氏以朱、墨笔校改多处，上卷各篇名皆由原“悬疏”改为导言，且增加了副标题——察变、广疑、趋异等，与现今通行的《天演论》篇名相符。卷末有“光绪戊戌四月廿日校讫”“通上下卷共校三百字”朱笔字二行，亦严氏所写。书系慎始基斋主人卢弼赠予南开大学图书馆，首页钤“沔阳卢氏”朱文方印。

一九八六年我馆编辑印行了《南开大学图书馆馆藏古籍善本书目》一书，基本上完整准确地揭示了馆藏善本的概貌，极大地便利了全校广大师生的研究使用。

其他

南开大学图书馆在重点网罗中国古籍的同时，也注意广为搜求各类特种文献，如清太平天国颁发的完粮凭照原件，满汉文皇室诰命原件，潘祖荫、陈介祺手藏的金石拓片，李盛铎等旧存的彝鼎款识，用僧伽罗文书写的贝叶经等。其中存量较丰的是一批近代名人书札。天津由于地理位置靠近北京，在清末民初间社会急剧动荡时期，不少清室遗老、政客商贾寓居天津租界，因而留下大量墨迹。馆藏信札主人包括曾国藩、李鸿章、左宗棠、张之洞、盛宣怀、翁同龢、于式枚、梁鼎芬、端方、申葆亨、陆铭勋、张謇、熊希龄、费念慈、伍廷芳、袁世凯、严修、汪昉、许宗衡以及潘祖荫、王懿荣、林纾、何绍基等人。这些信札中颇有当时政局的史料，尚待进一步认真整理。

南开大学图书馆古籍特藏部现有工作人员五人，负责管理全部普通古籍、善本及特藏。并辟有阅览室，为全校师生提供查阅古籍特藏服务。馆里现着手逐批将馆藏善本拍摄成缩微胶卷，以期更好地保存祖国珍贵文化遗产。

原载于《津图学刊》1996年第2期、第3期

《四库全书》对传统文献的贡献

中国是一个文献积累丰富、传流历史悠久的国家。如果从甲骨文算起，当有3000多年；如果从孔子收集整理算起，也有2000多年。在如此悠久的历史长河中，历代文献得以长期保存、积累、流传的主要原因是中国各个时代都有重视传统文献的具体措施，特别是国力强盛的汉、唐、清各代在这方面做出了重要贡献，譬如清代编纂的《四库全书》就是超越前朝的空前伟业。

总汇传统文献

较多的学者都把传统文献界定在上古到近代以前，在这一发展过程中，有过四次较大的总汇工程：一次是东汉初班固在向、歆父子《别录》、《七略》基础上编纂的《汉书·艺文志》，一次是唐初编纂的《隋书·经籍志》，一次是明朝编纂的《永乐大典》，而最大的一次则是清乾隆时编纂的《四库全书》。《四库全书》的总汇工程在数量上远远超过前三次，著录之书为3461种，79039卷，存目之书6793种，93551卷，两项共收书10254种，172860卷，较前二次不啻增大一二十倍。在再编纂上，它不仅如前二次那样有提要性目录，还将著录部分收入全书。四库全书总汇工程之浩大，实属空前。

《四库全书》的再编纂也实现了数百年来儒家学者期望总汇传统文献的宿愿。在传统文献中，佛、道两家早就有总汇的成果，即佛藏与道藏的编纂，而儒家独无藏。最早提出编纂儒藏的是明末福建人曹学佺。曹氏在明末和唐王政权下，任过高官，好学嗜书，收藏繁富，曾感叹地说："二氏有藏，吾儒何独无藏？"遂决意编纂儒藏。他采撷四部，按类分辑，经营十年，可惜以明亡殉国而未完成，但他提出编纂儒藏的思想影响后来颇巨。清康熙时的徐乾学在为高士奇所撰《编珠》写序时，就有类似的建议，并希望高士奇向康熙进言落实。乾隆初，新成进士的全祖望曾以在翰林院供职之便，着手从《永乐大典》中分类钞辑。近代学者钱穆认为，这是“纂辑《四库全书》的远源”。不久，著名学者周永年正式提出为编纂《儒藏》而搜求图书的建议，写了一篇《儒藏说》，阐述了《儒藏》的正名、立意、作用和意义。其后，安徽学政朱筠提出广征遗书、整理官藏和从《永乐大典》中辑佚等建议。这一建议正适应乾隆帝向往实现文治武功的一统思想，遂决定编纂一部能囊括古今文献的巨型丛书《四库全书》，终于实现了曹学佺以来诸多儒家学者的夙愿，而完成了总汇传统文献的宏业。

整理、完善传统文献体系

保存、积累和流传传统文献，不外两条途径：一是如上所述的进行文献的再编纂，另一条则是整理和完善传统文献体系。乾隆三十八年二月，四库全书馆正式成立时，即全面规划建立一套较完整的运用体系。它先把编书与写提要的工作统统纳入四库全书馆的统一领导下，使二者没有此疆彼界的划分。它采取分片包干，一人全面负责到底的工作方法。对于各书的校勘、考证、提要的撰写以及根据该书内容价值而预拟的应刊、应钞、应存目三种意见等工作，都由一人专负其责。这样，既节省人力与财力，亦明确责任，便于发挥人才的作用，创立了传统文献再编纂的良法。

在着手再编纂之始，首先广征图书以奠定整理基础。《四库全书》的书源，大致为三方面：一是命各省采购图书进呈；二是要求各大藏书家选送相当数量的图书，以官编大书《古今图书集成》等作奖励；三是从《永乐大典》中辑佚，共辑出三百余种佚书。然后在此基础上进行全书收录、存目和撰提要等工作。历时十余年，《四库全书》与《四库全书总目》先后完成，在整理传统文献的同时能完成书与录，确是前此未有的创举。

在《四库全书》再编纂过程中，又有为完善运用体系而做的两件事。一是在征书辑书工作中发现有不少珍本秘籍为社会所需要，于是决定刻印流通，先刻印四种，旋因刻印速度较慢，改用新创造的木活字法，共印行134种，即《武英殿聚珍版丛书》；二是开馆之始，征书纷至沓来，卷帙浩繁，不便浏览，加以乾隆帝年事日高，希望在生前能看到一部分重要而必备的图书，所以在开馆之初，就命馆臣从应钞诸书中，撷其精华，以较快速度，编纂一部《四库全书荟要》，乾隆四十三、四十四年，两份《荟要》就先于全书竣工，分藏于宫内摛藻堂和圆明园味腴书屋，以备随时阅鉴。同时还编了一部《四库全书荟要总目》，作为提纲挈领之作，又一次地书录并举。

与《四库全书》的再编纂几乎同步进行的《四库全书总目》是古典目录学史上具有里程碑性质的、最重要的目录学专著。它发挥了古典目录学“辨章学术，考镜源流”的主旨，不仅对已收各书撮其指要，论其指归，对存目诸书也叙其大略，使人得其大概。沾溉后来，厥功至伟。但卷有二百，未免检读不便，所以在乾隆三十九年即另撰简编本《四库全书简明目录》二十卷。款目以文渊阁《四库全书》为据，乾隆四十六年前后修成，早于《总目》四年问世。《四库全书简明目录》虽然精简了《总目》的总序和小序，但有些条目仍附有简短的按语，颇便翻检。图书目录同时编制繁简二本，也为前代所未见。

这项整理传统文献工作既有《全书》，又有《总目》，既有《总目》，又有《简目》，既有珍善图书的选本《武英殿聚珍版丛书》，又有必备书选本《四库全书荟要》，较完整地形成既有原始文献，又有二三次文献的创制。它不仅代表当时整理文献工作体系的水平，同时对当前编纂《清史》和《儒藏》一类大文化工程，仍有所启迪和借鉴。

奠定清学基础，培育专学人才

清初以顾炎武、黄宗羲为代表的一些学者，针对明末学风空疏的弊病，提倡追古求实之风，标举“古学”，以反对用朱注猎取功名的“俗学”。顾、黄等学者不仅博涉群籍，而且在治学实践中总结出一套整理阐释传统文献的方法，即考据方法，影响了一大批学者，如马骕、胡渭、阎若璩等都可称考据学健将。考据学发展到乾嘉时可说是已成“显学”，出现了以戴震、惠栋为代表的一批学者，提出了以汉代许慎、郑玄为师的“墨守许郑”的口号，建立师承家法，称为“郑学”。因郑玄是东汉人，所以又称“汉学”。他们以考据学作为学派特色，因而又有“考据学派”的称呼。这批学者多奋起于乾嘉时期，而被称为乾嘉学派。汉学、考据学派、乾嘉学派具有同一内涵，它就是清学。有学者认为清学是建基于目录学、考证学、校勘学和版本学等等的专学之上的，而这些专学的发展应该说与《四库全书》的编纂事业有着重要的关联。《四库全书》的编纂是在乾隆中期以后的二十年间，像这样大的文献整理工程必然需要经过求书、登录、校勘、编目、叙录、搜求散佚和抄写誊录等工序，这些工序都需要各种不同的专门学问。于是，以清初以来的考据学为基础，逐渐分化发展为目录、考证、校勘、版本、辑佚等不同门类的专学，而这些专学不仅是清学的支柱，也是发展清学的动力。乾嘉时期之所以能成为清学的鼎盛时期，不能不说是与《四库全书》的编纂有着不可分的关系。以至数十年后，著名学者魏源在给友人李兆洛的信中还说："自乾隆中叶以后，海内士大夫兴汉学，而大江南北尤盛。"这一概括正好说明《四库全书》对清学的奠定做出过积极的贡献。

《四库全书》的编纂既然需运用众多专业知识，必然需要引用和培育大量专门人才。所以在开馆之初，乾隆帝除了依照封建体制，命皇子和重臣担任正副总裁外，主要选用了大量学有所成的知名学者，据有人统计，共有360人分别担任总阅、总纂、总校、提调、协勘等等职务，其中有许多人是当时卓著盛名的大学者。黄爱萍女士曾在其所著《四库全书纂修考》中列举出十二人，即于敏中、王际华、金简、纪昀、陆锡熊、陆费墀、周永年、戴震、邵晋涵、翁方纲、程晋芳、任大椿等，他们都是当时学术界的顶级人物。此外，黄著又列举了朱筠、姚鼐、彭元瑞、朱珪、庄存与、金榜、李潢、陈际新、郭长发、陈昌齐、洪梧、王念孙、刘墉、谢墉、赵怀玉、曹秀先、王太岳、余集、曾燠、门应兆等和没有列出的众多学者，也都是俊才硕彦，其学术成果历历可考，为清学昌盛发展之砥柱，称一代人才之盛。在编纂过程中，通过工作实践和学者们相互商榷切磋，这一庞大的学术群体在治学上都各有不同程度的提高。因而，《四库全书》培育人才之功，固不可没。

结语

《四库全书》在其全程中，一直伴着复查、校订、改错、撤出和禁毁。据黄爱萍女士统计，在十九年的禁书过程中，共禁毁书籍3100多种，15.1万部，销毁书版8万块以上，数量不可谓不大。所以有人概括其事说，《四库全书》对传统文化是"功魁祸首"，言其保存文化有功而毁灭文化有罪，未免为四库纂修工程留下遗憾。最近看到任继愈先生所写《为〈四库全书〉正名》的文章，对《四库全书》纂修过程中的禁书、改书给以很好的诠释。任先生认为，禁书“是历代封建王朝皆有的事情”，改书“则是历代统治者所惯用的手法”，“也不是乾隆一个人的专利”。因而，任先生肯定这是“一项前无古人的文化事业”。我赞同任先生这一合于情理的解释，因为任何事物在它进行过程中常常是利弊共存，那就要分析其弊端产生的时代必然性，而考察它利之所在，以测定其对后世的贡献。《四库全书》较完好地保存传统文献，特别是从《永乐大典》中辑佚300余种，开拓了学术眼界；给后世留下一份包罗繁富的传统文化载体，使传统文化不再像前代那样散佚流失。《四库全书》编纂工作的严密组织、周密规划、制定完整的文化整理体系、培育高质量人才等等，更给后人留下许多值得借鉴的经验。所以，我们对《四库全书》不妨多理解些不足，更多地利用其有利于我们的地方，让人们更多地向《四库全书》索取，使它在我们今天的文化事业中发挥更多的潜力！

原载于《光明日报》2004年2月2日

《四库全书》与《儒藏》

佛家有佛藏，道家有道藏，而儒家独无儒藏。如果以儒家思想为指导而结集为群书之府可称“儒藏”的话，那末，清乾隆朝编纂的《四库全书》虽无“儒藏”之名，却有“儒藏”之实，而且它的创意也与“儒藏说”有着某种关联。

编纂《四库全书》创议于乾隆三十七年，而开始于乾隆三十八年二月四库全书馆的设立。时论此事的重要推动者是朱筠。朱筠（1729—1781年），字竹君，号笥河，曾官安徽、福建学政，善于奖掖人才。他的建议不仅要求广征遗书，还要整理国家藏书，特别是从《永乐大典》中辑佚，“分别缮写，各自为书，以备著录”。乾隆帝接受这一建议，进而决心编纂一部囊括古今一切主要著述的巨型丛书——《四库全书》。

实则，从《永乐大典》中辑书之议并非始于朱筠。康熙时的大官僚徐乾学曾在为高士奇所刻《编珠》而写的序言中就有此议，并拜托高士奇向康熙进言落实。乾隆元年，史学家全祖望成进士入翰苑后就着手对《永乐大典》分类抄辑。近代学者钱穆称全氏此举“开以后清廷纂辑《四库全书》之远源”。朱筠不可能不知道这些情况，他综合这些意见和活动而提出正式建议。至于《四库全书》的编纂能很快地推动，更与当时“儒藏说”的社会影响有关。

《儒藏说》是与朱筠同时的周永年在乾隆前期所提出的一篇宣传性文字。周永年（1730—1791年），字书昌，藏书丰富，学识渊博，曾主持过《四库全书》子部的编纂和有关提要的编写。《儒藏说》反复阐述了儒藏的正名、立意、作用和意义，并提出条约三则，具体规划了珍善本书的刊行流通、典藏办法、经费筹措与管理、贫寒者的资助等问题。周永年还给友人李南涧、俞潜山、孔从谷、韩青田等写信宣传“儒藏说”，反复陈说先藏后刻以广流传，以便保存的道理，热切期待能有“儒藏”而与佛道二氏争长。其友人刘音便撰《广儒藏说》，发扬周氏主张说："佛老之藏，在在有之，故虽经变故，一失九存……乃吾儒之书，反茫无归宿之处，岂非艺林之缺陷也哉！"刘音大声疾呼："愿天下潜心于吾道者，共相赞助，毋生疑阻焉。"周永年无论在《儒藏说》，还是在与友人书中都自称是受明人曹学佺的直接影响。

曹学佺（1574—1647年），字能始，号石仓。明末官四川按察使、广西右参议。南明唐王建政权于福建时，任礼部右侍郎、尚书。唐王失败后自杀。曹氏好学嗜书，收藏繁富。他沉浸典籍，深以佛、道二氏有藏而儒家独无为憾，曾慨叹说："二氏有藏，吾儒何独无藏？"他决意修"儒藏"以与佛、道二氏成鼎立之势，乃采撷四部，按类分辑，历时十年，以明亡身殉，书遂中辍。曹氏之"儒藏"虽未编成，但"儒藏"思想却产生影响而有所发展。从曹氏之倡导到《四库全书》的编纂，时经百余年，终于使儒家有一套以儒学经典为主体的大书，或可称之为"儒藏"的问世。这应是中国古代图书事业史上的大事。

《四库全书》收书3461种、79309卷，尚有存目6793种、93551卷，二者共收书万余种、17余万卷。这是1964年中华书局整理本仔细统计所得种卷数，较清人所记准确。它在数量上超居于道、佛藏之上。佛藏中宋初《开宝藏》收书1076部5048卷，明清之际民间嘉兴藏收书2090部、12600卷，建国后的《中华大藏经》第一、二编共收书4200余种、23000余卷。道藏中宋真宗《天宫宝藏》收道书4565卷，元初《玄都道藏》收道书7800卷，明英宗、神宗的《正统道藏》正续共收道书1476种、5485卷。儒藏《四库全书》不仅篇卷多，而且它还涵盖了道、佛典籍于子部类目之下，气势不可谓不壮。

原载于《路与书》（老人河丛书）　来新夏著　中国青年出版社1997年版

新编“儒藏”三疑

新世纪以来，浩大的文化工程纷至迭出。继新编《清史》启动之后，近又有纂辑《儒藏》之说。纂辑《儒藏》是件好事，许多名家，多有议论，但我总觉得尚有未能已于言者。忝为学人，不揣固陋，漫加议论。

一疑：编纂者是一家还是二家

我从《中华读书报》（2003年1月29日）上，读到北京大学汤一介教授主持编纂《儒藏》的消息，甚感欣悦，因为这是儒生们数百年来的宿望。但时隔不久，又见《光明日报》（2003年4月1日）以全版篇幅发表中国人民大学孔子研究院邀请学者座谈编纂《儒藏》价值的座谈会发言，并在编者按中明确宣称：“儒藏拟编成500卷，以孔子研究院为组织机构，集聚全国人文社会科学力量。计划7至10年完成。”二者各说各的，谁也不涉及谁，使我这个局外人，深感丈二和尚摸不着头脑。如是一家，怎么看上去似乎任何关联都没有，而且都是各有首脑；若是两家，那么大的一套书，人力物力，难以计量，分头进行，叠床架屋，劳民伤财，莫此为甚！要干不如合二为一。姑以小人之心，度君子之腹，进瞎子摸象之言：摒弃“文人相轻”之积习，树立“文人相亲”之新风。

二疑：“儒藏”编纂前无古人吗

《中华读书报》的记者在报道中说汤一介教授主持的《儒藏》，是“前无古人的浩大工程”。把《儒藏》作为书名，确实未曾见过；但“儒藏”之说，据记忆所及，却是几百年前的事了。只是很少有人述其缘由，只有戴逸教授在座谈会上数典而未忘祖，提到了明末的曹学佺。他曾慨叹说：“二氏（指佛、道）有藏，吾儒何独无藏？”遂决意修“儒藏”以与佛、道成鼎立之势。乃采撷四部，按类分辑，历时十年，因南明唐王覆灭以身殉，书遂中辍。曹氏不仅有说，而且有行。可惜壮志未酬，但曹氏无疑是“儒藏”的最早倡导者。

时隔百余年，在清乾隆前期，山东一位著名学者周永年（1730—1791年）正式提出了《儒藏说》，反复阐述了“儒藏”的正名、立意、作用和意义，并提出条约三则，具体地规划了珍善本书的刊行流通、典藏办法、经费筹措与管理、贫寒者的资助等事务。

在《儒藏说》的影响下，后来又有朱筠等人积极建议和推动，清政府也为体现其盛世修典的文化一统，决定于乾隆三十八年（1773年）开馆编纂《四库全书》。这是一部以儒家经典为主体，囊括古今一切主要著述，并涵盖佛、道典籍的巨型丛书，完成了二百年来儒生呼吁编纂“儒藏”的意愿。《四库全书》虽无“儒藏”之名，但有“儒藏”之实。较之佛藏的《中华大藏经》第一、二编和道藏的《玄都道藏》，《四库全书》之规模气势，显然宏伟多多，而兼收佛、道二家，更见儒家胸襟开阔。四库工程不可谓不浩大，以之当“儒藏”之实，是否可得儒生共识？如果剔去佛道韩墨的内容，《四库全书》也不失为一部像样的“儒藏”。这近二百年发展历程的言和行，至少应该算“儒藏”发展史上的先驱阶段。目前所为，可以说是在继承基础上的重大突破，说是“前无古人”，似可商榷。

三疑：对“三个问题”的解答之疑问

自《四库全书》纂成，又经二百余年，汤一介教授出而倡导编纂新“儒藏”，可称一大功德。他认为编纂“儒藏”是一种文化自觉行为，“对中华文化的复兴是有重大意义的，尤其是在文化剧烈动荡的今天”。中国人民大学座谈会亦以编纂《儒藏》为“弘扬优秀传统，培育民族精神”之要务，题目如此之大，我当然赞成。从两处报道看，从历来“儒藏说”的流变看，新编《儒藏》无疑是一项“浩大工程”。当然，偌大一项工程不能没有担忧的问题。中国人民大学的座谈会上诸位专家的讨论发言中对新编儒藏说了很多意义和重要性，也提出了一

些需注意问题，如如何划定收录范围等等，而汤一介教授则已感到“随着编辑工作的实质性的进展，出现了三个问题，即：采用影印本还是标点排印本；编辑指导方针是大而全还是小而精；体例断至清朝、五四，还是当下”。他并呼吁更多学人关心此事。这种坦诚，令人感动。汤一介教授对自己提出的三个问题，都作了解答，给议论提供了空间。

对于第一个问题，他认为《四库全书》和续修，都是影印的，已起到一定的保护作用，所以“为实用起见，‘儒藏’采用标点本应更好”。标点看似简单，实则甚难准确。若粗粗翻读一些标点本，几乎可以武断地说，没有不标错的书。标点一部大书，旷日持久，又算不得评职称的成果，谁肯担此重任？一拖就是几年。标而不校，等于半截子工程，又有谁肯来校定？标而有疑，又怎样来考订是非，更何况《儒藏》所选，不会与正续四库所收完全一致，如有出入，《儒藏》也有保存原汁原味的任务。如果有人要参用《儒藏》所收诸书，而非读标点本不可，那就难乎其为言了！所以我说“还是影印本好”。

对于第二个问题，他表示，“既是系统整理工程，应该大而全；但大而全应该分步骤走，最重要的典籍精华先编，次重要的再编，从小而精过渡到大而全”。我认为“大而全”和“小而精”本来就是一对模糊而相对的概念，只有二者同在，才能比较。《四库总目》和《简明目录》比，一个是“大而全”，一个是“小而精”。如说新《儒藏》“大而全”应指比谁“大而全”。大和小都是无限制词，怎样算大，怎样算小，有没有“量”的指标？而全和精更难确定标准。“全”是不能绝对存在的，也可以说没有真正的全，任何一部全集都不能说“全”，不然为何又有续编，有佚文？“全”只能说大致而已。“精”则根据什么标准，由谁来定？如果仁者见仁，智者见智，又如何统一标准？先编、再编，如何划界？如按本身价值是否重要来定，势必要等全部审读完？二者过渡，是否先编先出版，再编再出版，还是编齐了一齐出版？如果准备一齐出版，那又何必分先编和再编呢？

汤一介教授非常肯定地回答了第三个问题说：“断代至于清应更好”，而主张把“五四期间的典籍作为续集、集外集等”。这个“至于清”，词义含混，究竟是“清初”、“清中叶”，还是“清末”，一差就是百多年。如果指清末，那就舍弃了民国时代的38年和中华人民共和国成立以来的50余年。这前后近百年，有为数不少的儒家文献，如未能收入，终感遗憾。尤其是当代人编纂体现当代精神的当代书，而不收当代著述，似感缺漏，所以我认为此书断代上限可不封顶，下限应断在2000年，以为世纪之作。至于《四库全书》及其续修、存目、禁毁等四库系列，所收绝大部分为儒家经典，新《儒藏》究将如何去取，实难善加区处。而韩、日诸国受影响之作，则应本着“谁的事谁办”的精神，让他们自己去说如何受中华儒家文化的影响，中国人不要越俎代庖去为他们出正集之外的《儒藏外传集》，还是各办各的事为好！

原载于《北京日报》2003年6月23日

论清人笔记的史料价值

一、缘起

笔记的原始，前人因其为小道，论者盖少。清代学者渐多注意而说者不一，主要有二说：

一是将笔记与小说混论，如乾嘉学者赵怀玉在为杨敬之所撰《巽绎编》写序时所说：

> 张平子《西京赋》云：小说九百，本自虞初。列于班史《艺文志》者十五家千三百八十一篇，盖诸子之支流，稗官之所出也。厥后代有作者，其书满家，如经史大端，街谈巷语之委琐，往往杂收之。体例至宽，庄雅间出，虽见浅见深，视其人之所自得，而陈善遏邪，轨于名教，无戾立言之旨，则古今作者所同也。①

杨敬之所撰《巽绎编》分述录、摭谈、志闻、说异四目，无疑当是笔记。赵氏既为此书作序，所论似以笔记与小说为一类而谓笔记之源同于小说。

稍晚的李光廷为方濬师《蕉轩随录》写序时说：

> 穿穴罅隙，爬梳纤悉，大足以抉经义传疏之奥，小亦以穷名物象数之源，是曰考订家，如《容斋随笔》、《困学纪闻》之类是也。朝章国典，遗闻琐事，巨不遗而细不弃，上以资掌故，而下以广见闻，是曰小说家，如唐

① 赵怀玉：《亦有生斋集》文卷五，嘉道间刊本。

《国史补》、《北梦琐言》之类是也。[①]

此说合考订与小说为笔记，然究其所谓小说家之《国史补》等所记多为掌故旧事，又应归于杂记。其混论笔记与小说者甚明。

二是将笔记推源于杂记考辨。清初学者毛奇龄曾说：

> 考之稗官著作，原有二家。一则集事以资用，一则考义以资辨。……王仲壬作《论衡》则实创为考核驳辨之文以助谈议。故后之为稗官记者，杂记之外，复有论说，如笔谈、丛书、随笔、友议诸书，每可为谈议所藉，如所称考义资辨者。[②]

乾嘉学者李兆洛亦称：

> 读书之士，著述流览之暇，往往有丛残之义，偶触之思，或简策之小言，或宾朋之苑语，心所属者，随而笔之，当时以备遗忘，后人遂资考证。其端自《论衡》、《古今注》等发之，唐宋以来，乃益繁夥。[③]

毛、李二氏推源于《论衡》、《古今注》而以随录杂记考辨为笔记之始，比赵、李之说似更接近于笔记体裁的实际。

近人对笔记则更进而加以研究论述，有的认为：

> 笔记这种文体，始于汉魏，兴于唐宋，盛于明清。[④]

该文所谓“始于汉魏”是指蔡邕《独断》、应劭《风俗通义》、崔豹《古今注》、刘义庆《世说新语》等“未成（笔记）文体”之作；所谓“兴于唐宋”则指封演《封氏闻见记》、李肇《国史补》、赵璘《因话录》和刘肃《大唐新语》等而言，论文作者认为这些才是“开始出现了用随笔形式记述作者见闻”之作。总观其意所指：笔记之旨始于汉魏而笔记之体则定于唐宋。

刘叶秋氏则按笔记不同内容而论其肇端说：

> 小说故事类与历史琐闻类的笔记渊源于先秦而形成于魏晋，因为先秦古

---

① 方濬师：《蕉轩随录》，同治十一年刊本。

② 毛奇龄：《倘湖樵书序》，《毛西河合集》卷十五，清刊本。

③ 李兆洛：《跋韦庵随笔》，《养一斋文集》卷六，清光绪重刊本。

④ 王多闻：《笔记杂谈》，《宁夏图书馆学刊》1980年第1期。

> 籍中，虽有这两类笔记的内容与形式，尚未辑为专书。考据辨证类的笔记则始于汉代而发展于唐宋，因为在汉代这种笔记还是经传的附庸，至唐宋才渐渐由附庸蔚为大国。[①]

二说虽文字有异而立论相类。他们都承认笔记始于汉魏，兴于唐宋。这一说似可成立，因为任何著作之体不论引据何种渊源，确定何一始年均窒碍难行，实以原始决非一处一时，必为融合多种来源经过一段发展而后方能定型。所以由汉魏至唐宋这一过程是完全合理的。

基于对笔记原始有混同于小说的说法，因而也影响到对笔记的分类。明人惠康野叟就曾作为小说家一类而分种别为六，他说：

> 小说家一类又自分数种。一曰志怪，搜神、述异、宣室、酉阳之类是也。一曰传奇，飞燕、太真、崔莺、霍玉之类是也。一曰杂录，世说、语林、琐言、因话之类是也。一曰丛谈，容斋、梦溪、东谷、道山之类是也。一曰辨订，鼠璞、鸡肋、资暇、辨疑之类是也。一曰箴规，家训、世范、劝善、省心之类是也。丛谈、杂录二类最易相紊，又往往兼有四家；而四家类多独行，不可搀入二类者。至于志怪、传奇尤易出入，或一书之中，二事并载；一事之内，两端具存，姑举其重而已。[②]

这一分类很明显是据传统所谓笔记小说为一而区划，实际上其中仅丛谈、杂录与笔记差近，而其他四类则纯为小说，此正撰者所谓“四家类多独行，不可搀入二类者”之意。

清嘉庆时陈琮为诸联《明斋小识》所写序中将所谓小说家分为四种，即：

> 一为录事，如《西京杂记》、《南部新书》之属是也；一为纪异，如《搜神》、《洞冥》、《齐谐》、《诺皋》之属是也；一为丛谈，如临川《世说》、《云溪友议》之属是也；一为合纂，如《梦溪笔谈》、《石林燕语》之属是也。

这一分类比前一分类简要而接近于笔记的实体。它所列的录事、丛谈、合纂三种无疑均为笔记之属。

---

① 刘叶秋：《历代笔记概述》，中华书局1980年版。

② 惠康野叟：《识余》卷一，见《笔记小说大观》第7辑。

近人进行笔记分类研究的有刘叶秋氏，他将魏晋至明清的笔记大致分为三类即：小说故事类、历史琐闻类和考据辨证类[①]。他虽未完全摆脱混同笔记小说的痕迹，但据此分类以考察历代笔记还是起到提纲挈领作用的。与此同时，王多闻氏在其《笔记杂谈》[②]一文中则分杂记（《国史补》、《啸亭杂录》等）、杂说（《容斋随笔》、《广阳杂记》等）、杂考（《困学纪闻》、《陔余丛考》等）三类，则已摒志怪及传奇等小说家言而存笔记之真。

笔记的特点，刘、王二氏的论著中已有详述，总其大要即：内容为“杂”，形式为“散”。正因如此，历代著录多入杂家与小说家。如《隋志》入《风俗通义》于杂家，入《世说新语》于小说家。《宋志》入宋祁《笔录》c于杂家，入释文莹《湘山野录》于小说。《四库提要》于杂家、小说家下又分多属，如杂家类入《容斋随笔》于杂考之属，入《梦溪笔谈》、《居易录》、《池北偶谈》于杂说之属，入《韵石斋笔谈》于杂品之属，入《钝吟杂录》于杂编之属；而《天香楼偶得》、《天禄识余》则存目于杂考，《冬夜笺记》、《筠廊偶笔》则存目于杂说。其小说家类凡“里巷间谈词章细故者”如《清波杂志》、《癸辛杂识》等均隶于纪录杂事之属。他如《今世说》、《陇蜀余闻》则存目于杂事之属，《板桥杂记》、《簪云楼杂记》则存目于琐语之属。后此著录，大体遵四库成规。

历代笔记数量因无确实依据，难有精确数字，综观目录书著录情况，清代笔记数量确已超越前代。清人曾有所论及说：

> 康熙间，商邱宋公漫堂、新城王公阮亭皆喜说部，于是海内名士，人各著书。今汇集于《昭代丛书》初、二两集者，不下数百种，较之前明百家小说已倍蓰矣。[④]

这里所指说部当然会有一部分属于纯为志怪、传奇之类的小说，不过它只是就《昭代丛书》初、二两集而言，若再增入其他丛书收录本及单刊本则其数量必相当可观。所谓笔记至清而极盛，信然！这样一笔数量众多，内容宏富的文化遗

① 刘叶秋：《历代笔记概述》，中华书局1980年版。

② 王多闻：《笔记杂谈》，《宁夏图书馆学刊》1980年第1期。

③ 《四库全书总目》卷一二〇子部杂家类四著录《笔记》三卷，宋宋祁撰，亦名《笔录》，与《宋志》著录当为一书。今人论以“笔记”名书，即始于此。

④ 悔堂老人：《听雨轩笔记·赘记》跋，嘉庆刊本。

产理应受到人们，尤其是清史研究者们的重视，并作为重要的史源加以开发。

开发史源是史学研究者所应随时随事加以注视的重要课题。以旧有史料进行新的论述固然需要，但终缺乏应有的新鲜感觉。随着问题点面研究的深入和拓展，有些问题已非习见的旧有材料所能论证解决，因而史源的探求与发掘更日见其重要与迫切。清人笔记既有较长发展的历史基础，更有大量的储存可供开采。可惜相沿为传统所囿，视笔记为丛残杂书，使它长期遭受漠视，即有读者也不过以之作遣兴谈助，而真正作为史源大量采撷者尚不多见。这笔遗产究其蕴藏量若干，一时尚难作近似估计，但仅就我历年经眼的三百余种中可供论述史事的史料殆过千条以上，而已积卡盈箧。我曾据此撰文五篇①，以收拾遗补缺之效；顾竭泽而渔，有待众擎。我除将经眼诸书撰成《清人笔记随录》备人检索外，特摘取若干例证分政治、经济、社会、文化四类草成此文以证明清人笔记史料价值之所在。

二、政治史料

政治性重大事件的主要内容虽可从一般官书获致，但其间有难得具体细致情节者，有曲笔隐讳难得真象者，有疏漏遗落终失全豹者，而笔记杂著时或能有所补益。

清朝入关建政后对东南汉族搢绅地主采取裁抑政策，屡兴大狱，进行政治迫害，“哭庙”、“奏销”和“通海”诸案无不对此而发。这些大案虽见于史载，但不如笔记详尽生动。王家祯《研堂见闻杂记》、董含《三冈识略》、叶梦珠《阅世编》及陈鸿《莆变小乘》等等均有所记。如顺治十八年奏销案起，部文至闽，“钱粮欠二两者，绅衿解京定罪”，而“催粮于生员家十倍凶狠”②。江苏地区，即“苏松常镇四群并溧阳一县绅士共得三千七百人”③，而江宁巡抚朱国治悉列欠赋绅衿达13000余人，号曰抗粮。“既而尽行褫革，发本处枷责，鞭扑

① 《清代前期的商业》、《清代前期的商人和社会风尚》、《清代前期地主阶级结构的变化问题》、《清代前期江浙地区的饮食行业》、《从〈阅世编〉看明清之际的物价》等五篇均收《结网录》一书（南开大学出版社1984年版）中。

② 海外散人：《榕城纪闻》，《清史资料》第1辑，中华书局版。

③ 王家祯：《研堂见闻杂记》，《痛史》民国印本。

纷纷，衣冠扫地，如某探花欠一文钱，亦被黜，民间有‘探花不值一文钱’之谣”[①]。康熙初年，追欠继续指向绅衿，福建莆田一目击者记称：

奉旨严追未完钱粮，欠在民者准免，欠在绅衿者不准。绅不完者，不论在任在家，俱革职追比。衿不完者黜退，解京凌迟。[②]

严刑追比外，更辱及人身，江苏长洲县令彭某制纸枷、纸半臂，“使欠粮者衣而荷之，有损则加责罚”[③]。雍正时，无锡地区仍“汇追旧欠”，致使当地“凡系旧家，大抵皆破”[④]。

奏销尚含经济性质，而通海则纯为政治性事件，顺治十六年借郑成功舟师至镇江事，“罗织绅衿数十人，抚臣请于朝，亦同发勘臣就讯。既抵，五毒备至，后骈斩，妻子发上阳”[⑤]，东南汉族搢绅地主所遭到政治、经济的严重裁抑于此可见。

逃人法、迁界令是清初重大禁令，载在官书，但其酷虐贻害惟笔记言之深切。《平圃杂记》作者张宸曾任兵部督捕主事，在署十日，亲见处置逃人之酷说：

凡在署十日，而所见所闻，鞭人、黥人、以三木刑人之胫，号声聒聒然振于耳。

张宸还详尽地记录了逃人法的恶果、分析清初实行逃人法的原因以及个人对此的异议等。首尾较备，事多亲见，颇具见地，可为研究逃人问题的参考资料。

迁界更是祸及东南沿海的一大虐政，诸书多以此议出自黄梧，而《漫游纪略》的作者王沄因作幕于蔡士英、毓荣父子署，曾亲闻蔡士英告知此议创自北平人方星焕，并记录了建议的具体内容。《纪略》还纪迁界之令严酷残民说：

初立界犹以为近也，再远之，又再远之，凡三迁而界始定。堕县卫城郭以数十计，居民限日迁入，逾期者以军法从事，尽燔庐舍。民间积聚器物，重不能致者，悉纵火焚之。乃著为令：凡出界者，罪至死，地方官知情者罪

① 董含：《三冈识略》，《申报馆小丛书》本。

② 陈鸿等：《莆变小乘》，《清史资料》第1辑，中华书局版。

③ 褚人獲：《坚瓠四集》卷三《长洲酷令》，《清代笔记丛刊》本。

④ 黄印：《锡金识小录》卷一《备参上·风俗变迁》，光绪本活字本。

⑤ 王家祯：《研堂见闻杂记》，《痛史》民国印本。

如之，其失于觉察者，坐罪有差。功令既严，奉行恐后，于是四省濒海之民，老弱转死于沟壑，少壮流离于四方者，不知几亿万人矣。[①]

界外被弃之地，残破败坏已极，王澐曾随蔡士英亲临其地，记其所见说：

以予所睹，界外所弃，若县若卫所，城郭故址，断垣遗础，髑髅枯骨，隐现草间。粤俗乡村曰墟，惟存瓦砾；盐场日漏，化为沮洳，水绝桥梁，深厉浅揭，行者病之。其山皆丛莽黑菁，豺虎伏焉。田多膏腴，沟塍久废，一望污莱，良可惜也。[②]

世皆谓三藩平而八旗坏，但究竟腐败情况若何？王澐身与蔡毓荣幕下，亲见八旗亲贵淫佚状态而记称：

顺城郡王，年少好小勇。抵荆以来，终日嬉戏，挟弹手搏以为乐，旁及琴弈医卜之属。纳妾生子，不问军事，满兵皆效之，逍遥河上，殊无斗志。[③]

统兵亲贵如此，部属上行下效，“劲旅”不劲，自在意中。王澐于此记事后更论及其贻害说：

军兴未几，帑藏告匮，言利之臣，自此始矣。加赋不已，继之鬻爵，阶级不足，给以告身，西园春满，槐市肩摩，朱紫及于舆儓，衿佩遍于伶隶，史册以来所未有也。[④]

清代吏治阘茸、官吏残民以逞，人多知之，而笔记记其为害之烈独详。此自清朝入关之初即已如此，如：

马逢知初名进宝，起家群盗，由浙移镇云间。性贪横，自奉僭侈。百姓殷实者，械至倒悬之，以醋灌其鼻，人不能堪，无不倾其所有，死者无算。复广占民庐，纵兵四出劫掠，官府不敢问。……当逢知之入觐也，珍宝二十

① 王澐：《漫游纪略》卷三《粤游》，《笔记小说大观》第二集本。
② 王澐：《漫游纪略》卷三《粤游》，《笔记小说大观》第二集本。
③ 王澐：《漫游纪略》卷四《楚游下》，《笔记小说大观》第二集本。
④ 王澐：《漫游纪略》卷四《楚游下》，《笔记小说大观》第二集本。

余舫，金银数百万，他物不可胜计，绵亘百里。[①]

乾隆时，湖南布政使郑源璹尤为贪残淫佚之恶魁。他公开出卖州县官缺，“以缺之高下，定价之低昂，大抵总在万金之内外”。这种贪风使谋缺者乞贷拼凑，及其赴任，“钱粮则必假手于户书；漕米则必假手于粮书；仓谷、采买、军需等项则必假手于仓书，听其率意滥取，加倍浮收，上下交通，除本分利”。本官既与胥役朋比为奸，共同分赃，必然难以驭下，无法钤束，以致胥役借审讼为名，敲诈勒索，民间就有“被盗经官重被盗”的谣谚。郑的淫佚骄奢尤令人发指，记称：

郑源璹在署家属四百余人，外养戏班两班，争奇斗巧，昼夜不息。昨岁九月，因婚嫁将家眷一分送回，用大船十二只，旌旗耀彩，辉映河干。凡此靡费，皆民脂膏，是以楚南百姓富者贫，贫者益苦矣。

官贪必政敝，四川差役办案多以“贼开花”、“洗贼钱”名目骚扰乡民，州县复以“绷杆”、“钩杆”、“站笼”等酷刑害民。官逼民反，不得不尔，川楚教军的反抗，乃势所必然。[②]

土特名产本为地方优势，却成为官吏勒征对象，广东增城香柚、四会鱼冻柑[③]，福建兴化郑宅茶、嘉果柑[④]，洞庭碧螺春[⑤]，上海水蜜桃[⑥]等无不以名产而受扰。

吏治败坏的最大弊端无过幕府书吏，其毒焰之盛、肇祸之烈都可从笔记中得之，如有记云南名幕王立人的显赫声势称：

王立人，忘其名，越之山阴人。工折奏，刑钱均擅。居滇久，尤熟其风土人情，遂执梃为幕宾盟长。馆于近花圃，园林戏台咸备。督及抚尚可折简招，道府以下，有君前，无士前也。承宣为德清许君祖京、提刑为江夏贺君长庚，皆其儿女姻亲。首府为武林庄君肇奎，缟纻尤笃。左鞡刑名，右鞡藏

① 董含：《三冈识略》卷三《马镇图逆》，《申报馆小丛书》本。

② 所引见姚元之《竹叶亭杂记》卷三，光绪刊本。

③ 屈大均：《广东新语》卷二五《木语·橘柚》，康熙刊本。

④ 徐昆：《遁斋偶笔》卷上《郑宅茶》、《永嘉柑》，《说库》本。

⑤ 王应奎：《柳南续笔》卷二《碧螺春》，乾隆刊本。

⑥ 杨光辅：《淞南乐府》，《上海掌故丛书》本。

钱谷，视王二先生点定，即遣奴呈两府施行，无烦斟酌也。一缺出，官须两司议详，两院商定，幕则立翁片言而决，当局者不敢参一词。……各府厅州县衙参大府后，午必麇集，谒贵者于斯，访友者于斯，审案者亦于斯，娱戏者尤必于斯。一厅则敲扑喧哗，一厅则笙歌婀娜，不相闻，不相混。夜必设宴，器物多创造，如大方机，阔茶几，皆其新型，人占一机一几。进食单以笔点之，一壶一簋，不并案，或欲遍尝，或不兼味，惟其便。……①

所谓“名幕”操纵指挥的情态势焰，跃然纸上。至胥吏豪横也不下于此。顺治初，长洲猾吏周宗之暴横一时，有胡溯翁者写《曲巷高门行》斥之，其歌云：

城南曲巷宗之宅，大士高门自标额。华堂丽宇初构成，粉壁磨砖净如拭。侧闻其内加精妍，洞房倚疏屈曲连。朝恩室中鱼藻洞，格天阁上簇花毡。凡百器皿皆精绝，花梨梓椅来滇粤。锦帐一床六十金，他物称是何须说。前列优俳后罗绮，食客平原无愧矣。势能炙手气熏天，忘却由来吏委琐。嗟嗟小吏何能为，泥沙漏卮安从来。考课不明铨选杂，前后作令皆驽骀。钱谷讼狱懵无识，上下其手听出入。哆口嚼民如寇仇，官取其十吏取百。满堂知县人哄传，宗之相公阁老权。片言能合宰公意，只字可发官帑钱。……②

胥吏弄权于此可见，其风直至清代后期未煞，所谓“部胥之权重于尚待，以科比繁多官不能尽记，高下出入，惟其所为，虽知其奸，莫之禁也”。而那些胥吏也怡然自安而津津语人说：

凡属事者如客，部署如车，我辈如御，堂官司官如骡，鞭之左右而已。③

典制是政治生活中的重要内容，其大要往往可得之于政书专著，但其掌故细节则非求之于杂书不可。清人多好言典制掌故，所以笔记中涉及者颇多，如王士祯《香祖笔记》、彭邦鼎《闲处光阴》、昭梿《啸亭杂录》、福格《听雨丛谈》、陈康祺《郎潜纪闻》及《燕下乡脞录》、英和《恩福堂笔记》、继昌《行素斋杂记》、方濬师《蕉轩随录》等等均有较多典制条目，其中颇有为一般政书

① 许仲元：《三异笔谈》卷二《王二先生》，《清代小说大观》第一辑本。

② 褚人獲：《坚瓠补集》卷一《曲巷高门行》，《清代笔记丛刊》本。

③ 朱克敬：《暝庵杂识》卷一，清刊本。

专著所不及，如文武官相见仪注载在会典，但平行官及僚属见上司的称谓则无明文，方濬师《蕉轩随录》卷十二《官场称谓》一篇对“大人”称呼的使用关系和演化以及僚属见上司的自称等均详加考录。彭邦鼎的《闲处光阴》也是记官场掌故较多的一种笔记，其卷下记有对朝省大僚的称谓条说：

朝省大僚称谓，其直以官呼者：尚书、侍郎、府尹、府丞、祭酒、都统、副都统是也。文其辞者：中堂（大学士、协办同）、总宪（左都御史）、副宪（左副都御史）、掌詹（詹事）、提督（步军统领，俗于提督上又加九门二字）、副提督（左右翼总兵也）是也。文简而质者：掌院、兼尹、阁学、宗丞、少詹、学士、讲官、通政、通副、通参、大理、理少、常正、常少、光正、光少、仆正、仆少、鸿正、鸿少、仓场（场俗读为上声）是也。

类此记载，所在多有。欲明典制细节，不可不求诸笔记。

三、经济史料

土地所有制是封建经济的基础，但官书正史中多语焉不详，尤其具体变化更少论述。欲知地主阶级占有土地的巧取豪夺手段以及经济地位随着政局变革而有所升降等细节则不能不从笔记中求索。如有的笔记分析乾隆前后对土地占有兴趣发生重要变化的原因说：

（乾隆）田值之昂，较雍正间不啻倍蓰。盖昔迫于追呼，但见田之为累，故弃田之家多而置田之家少。及乾隆以后，大赦旧欠，闾阎无扰；又米价涨涌，益见田之为利，故今置田之家多而弃田之家少。[①]

置田弃田的变化说明经济政策和社会状况的转易。而叶梦珠《阅世编》卷一《田产一》言此尤详，可备参证。

经济地位随着政治变革而升降，在明清易代表现得极为明显。有的世家迅速败落，而新兴的暴发户崛起。如娄县王在晋是明末的兵部尚书，其孙王宸章于清

① 黄印：《锡金识小录》卷一《备参上·风俗变迁》，光绪本活字本。

初就因为家世既破而沦为“在羯鼓琶琵队中，博座间一笑，图酒肉一饱而已”[①]的优伶。尤可怜者是明徐达后裔从翩翩贵公子的穷奢极欲生活沦为到衙门中代人受刑的境地。清初不止一种笔记记此事，可见尚非猎奇之说。余怀《板桥杂记》颇留心于沧桑陵谷，所以记此事特备，记称：

> 中山公子徐青君，魏国介弟也。家资巨万，性豪侈，自奉甚丰，广蓄姬妾，造园大功坊侧，树石亭台，拟于平泉金台。每当夏月，置宴河房，选名妓四、五人，邀宾侑酒，木瓜佛手，堆积如山，茉莉芝兰，芳香似雪，夜以继日，把酒酣歌，纶巾鹤氅，真神仙中人也。弘光朝加中府都督，前驱班列，呵导入朝，愈荣显矣。乙酉鼎革，籍没田产，遂无立锥，群姬雨散，一身孑然，与佣丐为伍，乃至为人代杖。其居第易为兵道衙门。一日，与当刑人约定杖数，计偿若干。受杖时其数过倍，青君大呼曰：“我徐青君也。”兵宪林公骇问左右，有哀王孙者跪而对曰：“此魏公之公子徐青君也，穷苦为人代杖，此堂乃其家厅，不觉伤心呼号耳！”林公怜而释之，慰藉甚至，且曰：“君尚有非钦产可清还者，本道当为查给以终余生。”青君跪谢曰：“花园是某自造，非钦产也。”林公唯唯，厚赠遗之，查还其园。卖花石、货柱础以自活。[②]

清初不仅一种笔记记此事，可见尚非猎奇之说。他如谈迁在顺治十三年北上时所见的故城权氏之兴和瓜州余氏之衰[③]，即足以说明经济地位因政治变革而发生的升降变化。

物价是经济生活中的重要问题，一些记载失之于笼统，往往多是“物价腾踊”等等文人笼统之笔，但在笔记中却有具体价格可备稽考，如叶梦珠的《阅世编》是记载上海、华亭、南汇诸县情况的一部笔记，其卷一《田产》门记田价，卷七《食货》门记米、豆、麦、棉、布、柴、盐、糖、肉、纸张、药材、干鲜果品、眼镜、顾绣等生活必需品和手工艺品的价格。他以比较各年的价格升降来反映顺康时期的土地和民生情况。他把物价的变化和社会的“治”、“乱”联系起来考虑。他说：

---

① 王家祯：《研堂见闻杂记》，《痛史》民国印本。

② 余怀：《板桥杂记》，《说铃后集》本。

③ 谈迁：《北游录·后纪程》，《清代史料笔记丛刊》本，1960年中华书局标点本。

大约四方无事则生聚广而贸迁易，贵亦贱之征也；疆围多故，则土产荒而道涂梗，贱亦贵之机也。[①]

这一结论的意思是：动乱使商品制造衰落，原料就因供过于求而贱价，因此，从原料的贱可以看到商品贵的先机；如四方无事，商品流畅，制造繁兴，原料就因需求量大而涨价，商品则因来源广而贱，因此，原料贵又是商品贱的征兆：这正是作者认识到的原料与商品在价格上的辩证关系。

农业经济中商品经济的发展趋向从清初以来就见载于笔记，如京师丰台的芍药业，诗人王士祯就较早地注意及此，并记载：

京师鬻花者，以丰台芍药为最。南中所产惟梅、桂、建兰、茉莉、栀子之属，近日亦有佛桑、榕树。[②]

继而阮葵生也有记称：

丰台为养花之地，园圃相望，竹篱板屋，辘轳之声不断，芍药尤盛。春时游人车马纷至，然圃翁贪利，花未放即剪，担头红紫，园中止绿叶而已。[③]

稍晚的柴桑也记其事说：

丰台芍药最盛，园丁折以入市者，日几千万朵，花较江南者更大。丰台在京师南郊，是处皆贵戚，苑囿不减洛阳名园。[④]

广州的花木种植业尤为兴盛，如：

珠江南岸行六七里，为庄头村，家以艺素馨为业，多至一二百亩。……花时珠悬玉照，数里一白，是曰花田。[⑤]

岭南香国以茶园为大。茶园者，东莞之会，其地若石涌、牛眠石、马蹄冈、金钗脑、金桔岭诸乡，人多以种香为业。富者千树，贫者亦数百树。香

① 叶梦珠：《阅世编》卷七《食货》，上海古籍出版社标点本。

② 王士祯：《香祖笔记》卷一，“清代笔记丛刊本”。

③ 阮葵生：《茶余客话》卷八《丰台花事》，光绪活字本。

④ 柴桑：《京师偶记》，《小方壶斋舆地丛钞》第六帙。

⑤ 钮琇：《觚賸》卷七《花田花冢》。

之子，香之萌蘖，高曾所贻，数世亦享其利，石龙亦邑之一会，其地千树荔、千亩潮，蔗、橘、柚、蕉、柑如之。篁村、河田，甘薯、白紫二蔗，动连千顷。随其土宜以为货，多致末富。故曰岭南之俗，食香衣果。[①]

顺德有水乡曰陈村……居人多以种龙眼为业，弥望无际，约有数十万株。荔枝、柑橙诸果居其三四。比屋皆焙取荔枝、龙眼为货，以致末富。又尝担负诸种花木分贩之，近者数十里，远者二三百里，他处欲种花木及荔枝、龙眼、橄榄之属率就陈村买秧。又必使其人手种墫接，其树乃生且茂，其法甚秘，故广州场师以陈村人为最。[②]

商业由于传统的重农轻商思想所影响，所以一些正史专著多不论及或少所涉及，致使研究商业状况难于著笔。但清人笔记尤其是风土笔记中多好记市井状况，大至于富商巨贾，小至于肩挑摊贩，各色活动均有描述，如商业中心的繁盛、商业资本的活跃以及地方集市的交易等都可从笔记中得到参考资料，甚而钩辑成文，填补空白，其史料价值自不待言，即以商业资本的活动去向为例，周亮工的《闽小纪》卷上《樸荔》一则记吴越贾人以买青方式包买经济作物的情况说：

闽种荔枝、龙眼家，多不自采。吴、越贾人，春时即入资，估计其园。吴越人曰断，闽人曰樸。有樸花者，樸孕者，樸青者。[③]

商业资本还有不少转向土地，如上海布商赵某经过十年经营致富后，临终，“唯二子收业，尽以置产，产亦万亩”[④]。其转为高利贷资本者，如新安富人程、汪二姓，“以贾起家，积财巨万，性鄙啬，虽产日广而自奉弥俭，以重利权子母，持筹握算，锱铢必较”[⑤]。

关于手工业经济的记载当推屈大均《广东新语》为最。它所记范围既广，描述也详，举凡铸铁、酿酒、制陶、织葛、制香、制纸诸业的操作无不记述得纤细入微，此书已为今人所重视，若干论文均有所引证，无容评估。许多特种工艺，往往被视作雕虫小技，而被忽略，也惟有风土笔记中保存较多。如记扬州漆

① 屈大均：《广东新语》卷二《地语·茶园》，康熙刊本。
② 屈大均：《广东新语》卷二《地语·陈村》，康熙刊本。
③ 周亮工：《闽小纪》，福建人民出版社标点本。
④ 许仲元：《三异笔谈》卷三《布利》，《笔记小说大观》第一辑本。
⑤ 董含：《三冈识略》卷八《积财贻害》，《申报馆小丛书》本。

器称：

扬州漆器与嘉兴竹刻、芜湖铁画可称三绝。上者灰布，用多宝嵌成花卉、禽鸟、鸳鸯、碧玉、天竺、珊瑚，侔色揣称，鬼工所无，大如屏，如厨门；小如茶盘，如砚盒盖，皆极工细。次罗钿，次江西五色磁，雕刻描金，不足数矣。①

周亮工记闽中五绝技尤令人叹服：

闽中绝技五：会城去贪和尚之鬼工毬；莆田姚朝士指环，济机上之月晷；龙溪孙孺理一寸许之自鸣钟；漳浦杨玉环之一分许三分薄玲珑之准提像；福清郭去问一叶纸上尽书全部陶诗，笔笔仿欧率更。②

高利贷资本的剥削形式在笔记中颇多反映，最常见而为人所熟知者为典当，徽州人多好营此业，记称：

近来以典当者最多徽人。其掌柜者则谓之朝奉，若辈最为势利，观其形容，不啻以官长自居，言之令人痛恨。③

扬州一高利贷者以营典当而富甲江北云：

吴老典初为富室，居旧城，以质库名其家，家有小典。江北之富，无有出其右者，故谓之为老典。④

其次，以实物取高利，如广东的放糖取利：

广人饮馔多用糖，糖户家家晒糖，以漏滴去水，仓囤贮之。春以糖本分与种蔗之农，冬而收其糖利。旧糖未消，新糖复积，开糖房者多以是致富。⑤

其次，求官者之借“京债”，食利者之随任索债，影响及于吏治，如：

---

① 周生：《扬州梦》卷三，《说库》本。
② 周亮工：《闽杂记》卷上《绝技》，福建人民出版社标点本。
③ 程麟：《此中人语》卷三《张先生》，《笔记小说大观》本。
④ 李斗：《扬州画舫录》卷十三，嘉庆刊本。
⑤ 屈大均：《广东新语》卷十四《食语·糖》，康熙刊本。

今赴铨守候者，所假京债之息，以九扣三分为常，甚有对扣、四扣、三扣者。得缺莅任之初，债主已相随而至，剥下不足，则借库藏以偿之，欲求其为良吏、循吏，其势甚难，则京债之为害大矣。[①]

更有甚者，有倚仗特殊权势勒取高利者。如顺治初为完纳拖欠钱粮而向营兵借"营债"，"每月利息加二加三，稍迟一日，则利上又复起利，有月钱、雷钱诸名"；"一月之后，营兵追索，引类呼群。百亩之产，举家中日用器皿房屋人口而籍没之，尚不足以清理，鞭笞扎缚，窘急万状"[②]。

食利者贪婪残刻而致豪富者更不乏其人，如：

单有益，宛平人。重利放债，算折秋毫。凡有远省铨选，借伊银钱，甚至三扣，人号为单算盘。与之交者，无不吃亏。凡人一器一物，亦设计攫取，因而家遂丰，起盖房廊，陈设玩好，居然豪富。家有一妻四妾，三子一女，而且婢仆车马，无不如意。[③]

各种经济领域的状况，均可于笔记中得其概略。

四、社会史料

社会状况涉及面既广而记载又多散见，如各阶级阶层的生活状况与社会风尚，言其大略尚可，言其细节则难；言地主农民两大阶级尚可，言城市居民、游民则难。而笔记中多历历如绘，其记地主阶级生活之豪侈如以富闻天下的江南季氏之富[④]，曾为今人所习用的例证。至农民生活困苦则所记较多，乾隆时人徐昆记其在山东所见乡民之苦况说：

登莱滨海地瘠，少盖藏，民食粗粝。丰年所食，不过秫粟、穇子，碾屑作糜，磨豆作小豆腐，和以野菜，取果腹而已；小米麦面，即为上品，不能常食，虽富家亦然。丁卯戊辰（乾隆十二、十三年），连岁歉收，谷价涌

① 梁章钜：《退庵随笔》卷七《政事二》，道光刊本。

② 叶梦珠：《阅世编》卷六《赋税》，上海古籍出版社标点本。

③ 曾衍东：《小豆棚》卷三《大算盘》，《申报馆小丛书》本。

④ 钮琇：《觚賸续编》卷三《季氏之富》，国学扶轮社印本。

贵，民不得食，常见乡村男女老幼成群，蒲伏卑湿荒地中，挑掘草根，其色白而长，细于灯草者曰蓄苗，意即诗所云言采其蓄也；其白而短，粗于小得曰猪顶榜，不知何物，嚼之亦略似菜根，归而和以谷皮豆屑食之。冬月草枯，沿山放火，火熄，扫其灰烬飏之，得草子细如芥子，淘净碾粉，杂以䅟屑，蒸作饼饵，藉是以活者比比。[1]

城市居民各色人等如何生活应是研究社会的重要课题，但一般言之不甚确切，而惟笔记中明载其事，如佚名《燕京杂记》记京师医生情况称：

京师医生不言谢金，不言药资，惟说车马钱耳。医生车马钱各有定价，视其医之行不行以为丰啬。价一定虽咫尺之路不为减，数十里之遥不为增。其有盛名者家累巨万。[2]

范祖述《杭俗遗风》记杭州城市居民生活甚详备，凡帮办红白喜事的茶房、锡箔加工、缝洗衣衾工、厨司、埠夫等都有细致的描述，即以出卖劳动力的“埠夫”为例：

杭州有名七十二夫埠，均有当官值日，其余小埠百十处，均陆续打积堆金，归于就近之大埠名下，帮贴当官。故每落埠头须出费钱二三千文。埠中置竹筒一个，中放竹签，上书埠夫姓名，其签宽狭、长短、粗细，分两秤准，毫厘不差。有来叫轿者，小轿埠头自备，如自有轿者，只须空手。埠中不论何人抽签叫唤，如本人应声，将签停于筒外，俟回再下，以此毫无欺弊。如有搭应东家者，本人不须抽签，则连肩者抽签而已。所秤之钱，埠中抽加一堆金，如以多报少察出，罚打唱一堂，通埠草鞋各一双，以故无人敢作私弊。东家有喜事，男家头灯、旺相、伞扇、彩舆、铜古、宝钟、传代；女家发匾正日，头灯、旺相、伞扇、搀拌轿等类，其中有犒封之执事，又须埠中之老班及小甲头儿承值，其搭应之人亦须分润。丧事：头灯、魂轿、伞扇、幢幡、山担、送丧轿。山担者，放金盆、攒盒、草荐、冥镪之类。其出税之物：发奁扎缚之布匹，桌上之紫竹栏杆、盒担等。丧事白布轿围，再亦有跳轿，每日钱五六十文。每逢用行人之事，搭应者须得彩结行之和礼，看场头之大小而已。埠夫帮忙名曰打杂，每日工钱一百二十文。

---

① 徐昆：《遁斋偶笔》卷上《草子》，《说库》本。
② 佚名：《燕京杂记》，《小方壶斋舆地丛钞》第六帙。

不仅杭城如此，其他繁华城市的居民也有类似的记述，即如扬州的厨司也已独称一行。李斗《扬州画舫录》卷十一即记厨行状况称：

城中奴仆善烹饪者为家庖，有以烹饪为佣赁者为外庖，其自称曰厨子，称诸同辈曰厨行。游人赁以野食，乃上沙飞船，举凡水盉、笼帚、西烓、箸篰、甆瓿、醋搋、镊、勺、盉、铛、茱萸、芍药之属，置于竹筐，加之僵禽毙兽，镇压枕籍，复幂其上，令拙工肩之，谓之厨担，厨子随其后，各带所用之物，裹之以布，谓之刀包。拙工司炬，窥伺厨子颜色，以为炎火温蒸之候。于是画舫在前，酒船在后，橹篙相应，放乎中流，传餐有声，炊烟渐上，幂历柳下，飘摇花间，左之右之，且前且却，谓之行庖。①

没有谋生技能与手段的穷苦居民，便从事侍应服务以博取钱文，如苏州玄妙观庙会上便有为人“装水烟为生者，逢人支应，以些少钱回赠之”②。

游民是重要的社会问题，过去有所研究，但多着重于游民群穿州过县的流动及其不稳定的影响，而对游民的各种谋生方式则涉及较少。清人对川楚三省边界棚民的生活方式比较注意，如严如熤《三省山内风土杂识》就是比较集中记述的一部杂著。其他谋生方式多见各书，即如李斗《扬州画舫录》、顾禄《清嘉录》等书所记就有说唱、杂技、优伶、娼妓、地棍、流氓、乞丐、驿卒种种营生。即以扬州、苏州的说唱艺人为例如次：

大东门书场在董子祠坡儿下厕房旁，四面团坐，中设书台，门悬书招，上三字横写，为评话人姓名，下四字直写、曰开讲书词。屋主与评话以单双日相替敛钱，钱至一千者为名工。各门街巷皆有之。③

无业游民略熟《西游记》，即挟渔鼓诣诸姬家，探其睡罢浴余，演说一二回，藉消清倦，所给不过杖头，已足为伊糊口。④

（苏州玄妙观庙会）瞽男盲女，击木鱼铜钹，答唱前朝故事，谓之说因果。摊簧乃弋腔之变，以琵琶、弦索、胡琴、檀板，合动而歌。⑤

或招盲女瞽男，弹唱新声倚调。明目男子，演说古今小说，谓之

---

① 李斗：《扬州画舫录》卷十一，嘉庆刊本。

② 顾禄：《清嘉录》卷一《新年》，上海古籍出版社标点本。

③ 李斗：《扬州画舫录》卷九，嘉庆刊本。

④ 捧花生：《画舫余谈》，《申报馆丛书》正集本。

⑤ 顾禄：《清嘉录》卷一《新年》、卷六《乘风凉》，上海古籍出版社标点本。

说书。[①]

贱民是宋元以来浙东处于社会最底层的一部分人，所操都是世所谓的“贱业”，如男为乐户、吹鼓手，女为喜婆、搀扶婆、收生婆，统谓之“惰民”，吾乡于解放前尚有“惰贫老娘”之称，这些人的生活境遇，在范祖述《杭俗遗风》中就有较详记述。

社会风气是随着政治、经济变化而有所改易，如清初裁抑搢绅地主和开办捐纳以及货币地位的日趋重要等等影响，遂使商人地位显然提高，甚至一般搢绅以交结商人为荣，争相延请。这是社会风气很重要的变化，无怪世代簪缨之家的董含为之切齿腐心而发出风俗浇薄的愤愤之词说：

曩昔士大夫以清望为重，乡里富人，羞与为伍。有攀附者必峻绝之。今人崇尚财货，见有拥厚资者，反屈体降志，或订忘形之交，或结婚姻之雅，而窥其处心积虑，不过利我财耳，遂使此辈忘其本来，足高气扬，傲然自得。[②]

整个社会俭奢风气的变化也引起一些人的忧虑，特别是官僚士大夫层中的变化更直接影响到吏治官箴，一些官员目击官场奢习日甚，颇致感慨，而详述其变化说：

近来士大夫日益贫，而费用日益侈。世祖皇帝禁筵宴馈遗，当时以为非所急，及禁弛而追叹为不可少也。壬寅冬，予奉使出都，相知聚会止清席，用单柬。及癸卯冬还朝则无席不梨园鼓吹，无招不全柬矣。梨园封赏初止青蚨一二百，今则千文以为常矣。大老至有纹银一两者。统计一席之费率二十金。月俸所入有限，以六品官计之，月米一石，银五两，两长班工食四两，马夫一两，石米之值不足饷马。房金最简陋，月须数金。冬裘夏葛，薪水僮仆诸费，咸取诸称贷。席费之外，又有生日节礼庆贺及公祖父母之交知，出都诸公分借。如一月贷五十金，最廉五分起息，越一年而即成八十金矣。况贷时有折数，有轻平低色，又未必能一年即还，别贷以偿利，一二年间即成二百金矣。此一月最约之数也，稍稍宽纵，其数又不止是矣。即以此数论之，以一岁而计，每岁应积债二千余金矣。功令森严，人情冷淡，有何入

① 顾禄：《清嘉录》卷一《新年》、卷六《乘风凉》，上海古籍出版社标点本。
② 董含：《三冈识略》卷六《三吴风俗十六则》，《申报馆小丛书》本。

孔，而所费如此也！[①]

这段资料既详尽记载了官吏的收支概况，也揭示了无官不贪、无吏不污的症结所在。“有何入孔”纯为书生所见，实则“处处是孔”。文中所述壬寅、癸卯系指康熙元、二年。一年之间，俭风变奢。六品官戋戋俸入也不过供长班、马夫之工食，其他费用，无不称贷，设不广纳苞苴，又有何术以补漏塞隙？

五口开埠使社会产生了剧变，上海的社会变化尤为显著。王韬的《瀛壖杂志》颇着重记上海开埠后的变化，如记租界、印书局、医院、教会和捕房等的设立，舞蹈、马戏、电话、汽灯、报纸等的传入以及社会的畸形发展。其中如记“买办”（通事）称：

沪地百货阗集，中外贸易，惟凭通事一言，半皆粤人为之。顷刻间，千金赤手可致。[②]

另一本与王著类似的笔记是黄协埙的《淞南梦影录》。此书对开埠后的种种怪现状，诸如领事署、巡捕房的设置，中外妓院、烟馆、赌场的林立，流氓、通事的横行，民风土俗的败坏均有所记述。言之凿凿，令人愤懑。如记上海开埠后社会的畸形状态说：

海上为通商口岸第一区，花天酒地，比户笙箫，不数二十四桥月明如水也。其间白手成家者，固属不少；而挟厚资，开柜号，金银珠玉，视等泥沙，不转瞬而鹑衣百结，呼号风雪中，被街子呵斥者，亦复良多。

沪北弹丸蕞尔之地，而富丽繁华，甲于天下，不特舞榭歌楼，戏园酒肆，争奇斗胜，生面独开。即一茶室也，而杰阁三层，明灯万盏，椅必细木，碗必炉窑，一日之市，可得数百金；一店之本，不下一二万。彼少年裙屐之流，方且连袂掎裳，趋之若鹜，而有心世道者，未免深切杞忧者矣。[③]

此正上海社会畸形繁荣的一个侧面。

① 张宸：《平圃杂记》，《庚辰丛编》本。

② 王韬：《瀛壖杂志》，《申报馆小丛书》本。

③ 黄协埙：《淞南梦影录》，《申报馆小丛书》本。

五、文化史料

考据辨证类的笔记是清人笔记中的大宗，据一种统计，较著名的就有一二百种。这些笔记都是学者考订文字、注释名物之作，对古代文化的研究提供了方便。有的笔记全书专为考辨而作，如沈涛叙其成《交翠轩笔记》的缘由说：

> 暇则考订金石，浏览坟籍，或与宾从僚佐擘笺分韵，有得即随笔疏记，积日成帙，受代以后，编为四卷，即命曰《交翠轩笔记》。①

此书为作者于道光中任大名知府时所撰，凡四卷，卷一记大名建置沿革，考辨金石文字及器物。其中尚记及文人学者的著述与掌故，如记黄育楩《破邪详辨》一书而论及吃菜事魔，为其他笔记所少见。卷二记当时不知名的诗文作者及佚作，卷三为考辨经史笔记。卷四对事物原始、俗语来源及诗词书画皆有考索，如“同伙”二字见《宋书·卜天与传》，每月一至十日冠以初字起于北宋等等均可资谈助。

沈涛晚年所作《铜熨斗斋随笔》纯系考订古籍之作，书凡八卷，经史子集及诗文杂著均所涉及。此书不仅对古籍的错讹及释义不洽者多所订正，且能不为名家成说所囿，自出新意，如卷一《史记用古文说》条驳正臧庸、王念孙的“史迁所用皆今义”之说，卷四《仲家》条主张为袁术所僭国号驳钱大昕“冲人冲子”之说，卷八《耆侄》条释为“耆耋”的假借驳冯登府“老侄”之说，卷五、卷七有多则为《隋志》著录正误。这些对古籍及文化研究皆有裨助。

沈氏另有任宣化府时所撰《瑟榭丛谈》二卷，卷上谈宣府沿革掌故多所考订，卷下则记诗文酬唱及读书杂录，其中有关俗语及事物的考订颇称有用，如：“灯尽油干”之说汉时已有；北方以黑为青始于宇文，以周太祖讳黑；官文用朱标见《周书·苏绰传》等等。

类似这种全书皆为杂考的笔记还有多种。有的则兼记传闻掌故与考据辨证，如高士奇的《天禄识余》杂采宋明人说部成书有考证、释词、俗语语源、事物原始及讲史诸方面，可备检阅，可惜大部分内容“辗转稗贩，了无新解”。王应奎的《柳南随笔》、《续笔》于经史文化都有记及，如《随笔》卷三、四论严衍辑

---

① 沈涛：《交翠轩笔记》序，《清人考订笔记》本，1965年中华书局版。

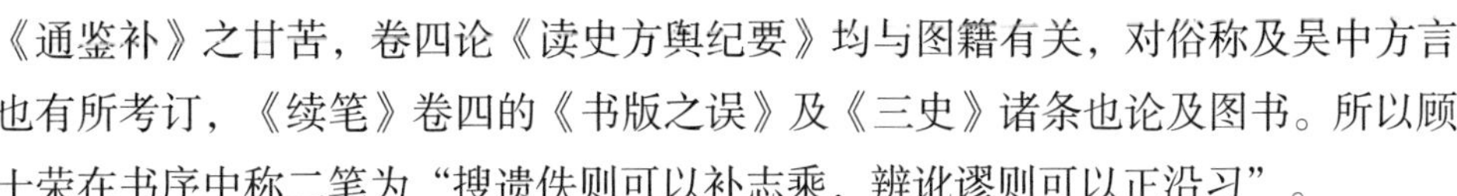
《通鉴补》之甘苦，卷四论《读史方舆纪要》均与图籍有关，对俗称及吴中方言也有所考订，《续笔》卷四的《书版之误》及《三史》诸条也论及图书。所以顾士荣在书序中称二笔为“搜遗佚则可以补志乘，辨讹谬则可以正沿习”。

这些杂考条目难得于经史专著，但又多为读书窒碍，设能得解则疏通书传可无滞留，此正其价值之所在。

在文化方面某些不同议论也可由此见之，如对小说戏曲的看法，通达如谈迁尚作迂腐之论说：

> 观西河堰书肆，值杭人周清源，云虞德国先生门人也，尝撰西湖小说。噫！施耐庵岂足法哉！[1]
>
> 华亭王圻《续文献通考》，其艺文类载《琵琶记》、《乐府》、《水浒传》，谬甚！[2]

著名学者、诗人王士祯则从有益于教忠教义论说：

> 野史传奇往往存三代之直，反胜秽史曲笔者倍蓰，前辈谓村中儿童听说三国事，闻昭烈败则颦蹙，曹操败则欢喜踊跃，正此谓也。礼失而求之野，惟史亦然。[3]

王氏肯定了戏曲小说的教育意义，而刘继庄更力排时议，甚至以唱歌、看戏、读小说等比为儒者六经说：

> 余观世之小人，未有不好唱歌、看戏的，此性天中之诗与乐也；未有不看小说、听说书者，此性天中之书与春秋；未有不信占卜、祀鬼神者，此性天中之易与礼也。[4]

刘氏论信占卜、祀鬼神比于易、礼，固属不伦，但对戏曲、小说的见解，确乎新颖可喜。观后此种种诬论谰言尤足见继庄议论的可贵，道咸时昭梿的《啸亭续录》借小说内容不合史实而肆加抨击说：

> 余以小说初无一佳者……世人于古今经史略不过目，而津津于淫邪庸鄙

① 谈迁：《北游录·纪邮上》，中华书局本。

② 谈迁：《北游录·纪闻上》，中华书局本。

③ 王士祯：《香祖笔记》卷十，《清代笔记丛刊》本。

④ 刘继庄：《广阳杂记》卷二，《清代史料笔记丛刊》本，中华书局本。

之书称赞不已，甚无谓也。[①]

稍晚的梁恭辰更对小说切齿诋毁说：

《水浒传》诲盗，《西厢记》诲淫，皆邪书之最可恨者。而《西厢记》以极灵巧之文笔诱极聪俊之文人，又为淫书之尤者，不可不毁。[②]

笔记不仅对戏曲、小说有不同议论，还对小说评点家和戏剧家有所议论。金圣叹是清初遭受劫难的小说评点家。清初董含即论及金圣叹评点工作说：

吴人有金圣叹者，著才子书，杀青列书肆中，凡左孟史汉，下及传奇小说，俱有评语，其言夸诞不经，谐辞俚句，连篇累牍，纵其胸肊，以之评经史，恐未有当也。即以西厢一书言之……乃圣叹恣一己之私见，本无所解，自谓别出手眼，寻章摘句，琐碎割裂。观其前所列八十余条谓自有天地，即有妙文，上可追配风雅，贯串马庄。或证之以稗语、或拟之于制作，忽而吴歌，忽而经典，杂乱不伦。且曰：读圣叹所批《西厢记》是圣叹文字，不是西厢文字，直欲窃为己有。噫！可谓迂而愚矣，其终以笔舌贾祸也，宜哉！[③]

其后，王应奎论金圣叹说："性故聪颖绝世……好评解稗官词曲，手眼独出。……一时学者爱读圣叹书，几于家置一编，而圣叹亦自负其才，益肆言无忌，遂陷于难"[④]。毛祥麟论金氏对离骚、庄子、史记、杜诗、水浒及西厢六书"遍加评语，连篇累牍，纵胸肊书之，谓为金批，盛行吴下"[⑤]。这些评论虽间有微词，但字里行间透露出金圣叹评点书的影响，并对其遭遇寄予同情。而道咸间则痛加指斥，恶语相向，詈金圣叹评刻水浒、西厢而"卒陷大辟，并无子孙"[⑥]，也可见不同时期的不同认识。

戏曲家李渔也是一位有争议的人物，訾李之论，始见于董含《三冈识略》中，他痛斥说：

---

① 昭梿：《啸亭续录》卷二《小说》，宣统排印本。

② 梁恭辰：《池上草堂笔记·劝戒四录》卷四《西厢记》，道光丛本。

③ 董含：《三冈识略》卷九《才子书》，《申报馆小丛书》本。

④ 王应奎：《柳南随笔》卷三，乾隆刊本；梁章钜：《归田琐记》卷七《金圣叹》转录入记。

⑤ 毛祥麟：《墨余录》卷四《金喟》，《笔记小说大观》本。

⑥ 梁恭辰：《池上草堂笔记·劝戒四录》卷四《西厢记》，道光刊本。

李生渔者自号笠翁，居西湖子，性龌龊，善逢迎，遨游搢绅间，喜作词曲及小说，备极淫亵，常挟小妓三四人，遇贵游子弟，使令隔帘度曲，或使之捧觞行酒，并纵谈房中术，诱赚重价，其行为甚秽，真士林所不齿者。予曾一遇，后遂避之。夫古人绮语犹以为戒，今观笠翁一家言，大约皆坏人伦、伤风化之语，当拔舌地狱无疑也。①

《三冈识略》别本《莼乡赘笔》有同样记述而文字略易。《两般秋雨盦随笔》录《赘笔》内容而未加是非。王应奎与李渔不相得而于《柳南随笔》中诋李为"鄙夫"、"妄人"，直至晚清邹弢始为辩诬称：

李笠翁十种曲，风行海内，遂享大名，其余韵学，亦颇潜心。而常熟王东溆（应奎）与李不相得，极口诋毁，目之为鄙夫。且谓李略具小慧，全未读书，故游谈之中，不知根据，人称词客，吾谓妄人云云。然笠翁之学，虽有可议，而王毁之如此，是亦私刻之甚矣。②

笠翁的品德，世人固有非议，然其词曲成就确有影响，不可因人废言，如董含、王应奎的对之一笔抹煞。

戏曲、小说犹有作品尚可按书究学，而戏班、戏园、伶人则当自笔记中搜求资料，如梨园演戏的花、雅两部是：

雅部即昆腔，花部为京腔、秦腔、弋阳腔、梆子腔、罗罗腔、二簧调，统谓之乱弹班。

花、雅二部在乾隆帝南巡时，一时称盛。后来雅部散落而花部则互相吸收，及京腔入京又多效秦腔，京秦不分，即所谓京梆同台而出现三庆班，江南也出现合京秦二腔为戏班者也③。

随着梨园演戏之风盛行，各地从道光以来相继出现戏班、戏园等，如京师：

京师梨园四大名班：曰四喜、三庆、春台、和春。其次之，则曰重庆、曰金钰、曰嵩祝。……四班名噪已久，选才自是出人头地，即三小班中，亦

---

① 董含：《三冈识略》卷四《李笠翁》，《申报馆小丛书》本。
② 邹弢：《三借庐笔谈》卷十《议李》，《清代笔记丛刊》本。
③ 李斗：《扬州画舫录》卷五，嘉庆刊本。

各有杰出之人，擅场之技，未可以桧下目之。①

这些著名戏班中培养出一批有成就的伶人，其中春台班演员余三盛名噪一时，为京剧余派须生之祖，有记其声名者称：

都中春台班优伶余三盛名重一时，因演颇获厚资，居则妻妾侍奉，出则狐裘辉煌，到园不过只演一出，观者率以得闻其歌为幸，其实不过声音洪亮。当时贵公子或冠裳中多与之游，竟至同饮同坐，以余老爷呼之。②

南方艺人也早著声名，如南京戏班艺人也各擅其妙，有记嘉庆时艺人的演技称：

梨园脚色推庆余班，嘉庆间最著名者，净面有王老虎，年七十余，演刀会、北饯等出，声若洪钟，震动堂宇。王老外，苍颜皓发，送女交印，开眼上路，极传神之妙。小生施二官荆钗、琵琶，酸楚动人，与金正旦称为双绝。丑则潘二聋子，花鼓、拿妖、嫁女，诙谐入妙，不可方物。小旦蒋相公年近五旬而上妆艳丽如处女，尤若辈中之翘楚也。③

随着梨园演戏的盛行，戏园的兴建也应运而生。如南京戏园之设则始于光绪，记称：

江宁城中向无戏园，道光时有戏三班，一庆福昆腔也，最重，谓之文班；一吉祥、一四喜皆梆腔也，稍轻，谓之武班。神庙赛会，官衙庆贺则演之，绅民会堂乃绝无仅有之事。光绪中仪凰园之开，实属创见。④

广州戏园创立于道光，记称：

广州素无戏园。道光中有江南人史某始创广春园。署门联云：东山丝竹，南海衣冠。其后怡园、绵园、庆丰园、听春诸园相继而起，一时裙屐笙歌皆以华靡相尚，盖升平乐事也。⑤

---

① 梁绍壬：《两般秋雨盦随笔》卷三《京师梨园》，光绪重刊本。
② 张昀：《琐事闲录续编》卷下，咸丰写刻本。
③ 甘熙：《白下琐言》卷二，光绪刊本。
④ 陈作霖：《炳烛里谈》卷下《戏园》，《金陵琐志五种》，光绪刊本。
⑤ 倪鸿：《桐阴清话》卷八，同治刊巾箱本。

光绪时人张焘描述天津戏园最为详细。他记称：

天津戏园有四：一名庆芳园；在东城外袜子胡同；一名金声园，在城内鼓楼北；一名协盛园，在北门外侯家后西首；一名袭胜园，在北门外大关桥口迤西。所有戏班向系轮演，有京二簧、有梆子腔，生旦净丑，色艺俱佳，铙歌妙舞，响遏行云，是足动人观听。每日宾朋满座。尝有雏伶三五成群，周旋座客，秋波流媚，粉腻衣香，旁观者不禁延颈举踵，目光灼灼。……惟座后看白戏者，人数壅塞，环绕为六曲屏山，挥之不去，致足厌也。各班角色，聚散靡恒，不能备载。①

类似这些方面资料，在官书中不易多见，而在笔记中所在多有。设能细心搜检，则其对文化史的研究将有莫大的裨助。

六、三点注意

上述政治、经济、社会、文化诸方面的史料，仅掇拾示例，借以明笔记价值之所在；或可以之作为引线，诱使有兴趣者采掘开发。如此则空白或填，疑难或解，并可增文字之情趣与活力。但在开发此一史源时也有数点当予注意。

其一，笔记多为随手札录，或读书札存，或见闻备忘，辗转钞录也时有所见，所以应当注意笔记间的重出转录问题。高士奇出入内廷，涉猎多籍，随手札录而成《天禄识余》。但有多则与前人重复，如记茗饮始于三国已屡见前人记载，而于《广阳杂记》所记饮茶始于西汉之说却未加采择。又释无恙的恙为毒虫，因古人草居露宿，故以之作存问之词，而明陈继儒《眉公群碎录》已载多说。宋人吴曾《能改斋漫录》卷四有《无恙》条，乃集高承《事物纪原》、《九辨》、《汉书》、《国策》和《说苑》各说，而高士奇只存一解。由于转录较多，所以《四库提要》评称："是书杂采宋明人说部，缀辑成编，辗转稗贩，了无新解。"②杭世骏讥其书"迹其所征引辨说，大半皆袭前人之旧"③。有的笔记剿袭前人至为严重。如李调元《南越笔记》，近人多好征引，殊不察其大多转

① 张焘：《津门杂记》卷下《戏园》，天津古籍出版社标点本。

② 《四库全书总目》子部，杂家类存目三。

③ 杭世骏：《天禄识余跋》，《道古堂文集》卷二七，清刊本。

录屈大均之《广东新语》，一字不易而不注出处，兹举数例说明：

例一：

谓赁田者曰佃丁、曰田客。赁地者曰地丁、曰地客。

（屈大均：《广东新语》卷十一《文语·土言》）

（李调元：《南越笔记》卷一《广东方言》）

例二：

（珠江之南）其土沃而人勤，多业艺茶。春深时，大妇提篮，少妇持筐，于阳崖阴林之间，凌露细摘，绿芽紫笋，薰以珠兰，其芬馨绝胜松萝之笑。每晨茶估涉珠江以鬻于城，是曰河南茶。

（屈大均：《广东新语》卷十四《食语·茶》）

（李调元：《南越笔记》卷十六《粤中讲茶》）

例三：

粤之葛以增城女葛为上，然恒不鬻于市。彼中女子，终岁乃成一匹，以衣其夫而已。

（屈大均：《广东新语》卷十五《食语·葛布》）

（李调元：《南越笔记》卷五《葛布》）

不同撰者之重复剿袭已属不当，而一人一书犹有相重者，岂不可怪。王士祯为清初说部大家，所著笔记有《居易求》、《香祖笔记》、《池北偶谈》等多种。后之读者曾指出《池北偶谈》一书内容重复说：

新城说部诸书，事多互见。文有彼此详略之分，亦有一字不异者，然犹各自为书也，而《偶谈》第十二卷《尔雅翼序体》下与十九卷《罗鄂州》下，大致相同，然字句尚微有出入也。至《秦罗子孙》一条，改收入第十卷，《官衔》一条既收入第十八卷，而二十三卷中，全然复出此二条，并标目亦一字不异，此盖刊版之时，无人为之精心核对，故有是繁复之失，然非矜慎之道矣。[①]

① 张宗泰：《鲁岩所学集》卷九《总跋〈池北偶谈〉》，清刊本。

对于这种一书内重复，较易发现，引为著述不谨严的教训，不致引证失误，而异书重出则须注意征引，应在广泛涉猎基础上，明其重复，力求使用原始史料，免蹈不审慎严谨之嫌。

其二，笔记往往有多种版本，其翻刻重印与原本无异者关系不大，而有些版本其重刻本已非原貌，或书名另易，或内容删定，均不可视为同书异名或一书多本。而应注意其异处并有所论断。如董含《三冈识略》，另有《莼乡赘笔》一书，世人多以其为同书异名，我曾疑其非是，曾以"申报"馆本《三冈识略》和《说铃后集》本《莼乡赘笔》相比勘，发现《赘笔》删去《识略》近250则之多。其删节情况大致是：

（1）《识略》所载卢元昌序、沈白题词及自叙、自述等，《赘笔》均删去。

（2）凡有关董含家世、宗族、师友和个人所写诗文与行事诸则，《赘笔》均删去。

（3）凡纪事之后附有董含诗文和见解者，《赘笔》存其纪事而删去诗文及见解。

（4）凡为明朝立言诸则，《赘笔》多删去。

（5）凡讥刺清朝诸则，《赘笔》多删去。

（6）凡记天变物异者，《赘笔》多删去。

（7）《识略》各卷的干支起讫年月，《赘笔》均删去。

二书编卷也不同，《赘笔》将《识略》10卷及《续识略》分编为3卷。《赘笔》仅于卷中增入《请免岁贡加征》一则，而《魏阁老》一则乃《识略》卷六《魏伯卿》条的易题。

据比勘结果推断：《赘笔》可能是董含为免触时忌，怵于文字贾祸，有意删略《识略》而别成一书者。删定时间当在康熙三十六年之后。其中尚有可注意者即《赘笔》将《识略》所载清朝蠲租各条全部删去，可见董含于"奏销"一案始终耿耿于怀。二书内容与寓意均有不同，当不能仅视为同书异名，而当目《赘笔》为别具深意的别本，固不可徒作版本同异而论。

又周亮工《闽小纪》也有多种版本：一是康熙间赖古堂家刊4卷本，二是赖古堂刊2卷本，三是《说铃》前集2卷本，四是《小方壶斋舆地丛钞》1卷本。各本互有异同，有增有删。这些都是刊本异同问题，但细心体察不同版本之删削实有深意，如《说铃》2卷本节改4卷本之《鼓山茶》一条并非一般篇幅的简略而是恐触犯时忌。4卷本卷四《鼓山茶》条载称：

> 鼓山半岩茶，色香风味，当为闽中第一，不让虎丘、龙井也。……一云：国朝每岁进贡，至杨文敏当国，始奏罢之；然近来官取，其扰甚于进贡矣。①

所谓“杨文敏”当指明历事四朝的杨荣——卒谥“文敏”。所谓“国朝”乃指明朝无疑，2卷本改作“前朝”可作明证。所谓“近来”当指在闽撰书时，即顺治四年至十二年间，所记直斥清初“官取”特产之扰甚于明贡，而明贡尚为杨荣奏免，则清之苛扰甚明。

其三，笔记多出封建文人之手，其封建主义立场以及因果报应之说羼杂其间，此又征引时所当注意者。粪土可肥良田，其反面材料也可得正面之用，不可以反动屏而不观。如彭遵泗之撰《蜀碧》，就是为表彰封建的忠烈节义，而对农民起义诬“匪”、诬“逆”，记事也多传闻讹说，夸大捏造，可称为对农民起义的谤书，不过若细加披拣，也并非无可采择，如卷二记张献忠大西政权的设官建置，其立意为斥僭窃，但于大西政权的概况却可约略得之。又该书卷四记四川响应起义的活动称：

> 又各州县乱民，号土暴子，以打衙蠹为名。凡胥吏之有声者，纠众拴之，或投之水，或畀之火，甚则脔食其肉，官司束手，无可奈何，而一时绅士家豪奴悍仆，戕灭其主，起而相应，深山大谷中，竖寨栅，标旗帜，攻劫乡里，以人为粮，其恶殆与献等，其时川南北畏土暴子者甚于流贼也。②

这段记事剔除其诬词，尚可得若干实情，四川群众响应起义的声势跃然纸上；衙蠹、绅士之罪有应得也证明反抗斗争的正义性；而“土暴子”一词至今民间习用，或当源起于此。

至于因果报应之说，在笔记中时有所见，但不可因其有此而漠视其他记载。如许仲元《三异笔谈》多记异闻轶事，宣扬轮回因果之说，但有纪实之作多则可备考证，其卷二所载《苗匪教匪启衅》和《柳役》二则记乾隆末年四川达州、成都等地农民反抗活动颇为近实，其所论“徐天德、王三槐等并起，祸延九省，萌孽实惟戴（如煌，达州知州）之墨且愎酿之”，以民变追源于官贪役恶，诚为有

---

① 周亮工：《闽小纪》卷四《鼓山茶》，福建人民出版社标点本。

② 彭遵泗：《蜀碧》卷四，《笔记小说大观》第三辑本。

识。齐学裘撰《见闻随笔》26卷、《续笔》24卷，为笔记中卷帙繁多者。但《随笔》所记不外因果报应，奇闻怪事；《续笔》卷七至八记异闻、志怪诞、说因果、褒节烈，卷二十至二十二皆记异闻、志怪诞、说因果、寓劝惩。即使如此，所记仍不乏可用之材，如《续笔》卷九《收租行》一则记其于道光十六年赴宜兴收租情况说：

> 余有田二百亩，在阳羡东西两氿之间。冬至后，泛舟往收，十日得米数十石，帛四端，豕、鸡一，满载而归，快然自足。

地主阶级的“快然自足”，正是农民阶级在痛苦呻吟。正租之外，尚索附加租若干，其剥削榨取之酷可见。

在开发、使用笔记这一史源时，需注意者当不限此数点，要在采铜于山时，细心披拣。吹尽黄沙始见金，正是这一采撷工作的辛苦与乐趣。

原载于台湾《九州学刊》创刊号（总号：第四卷第一期） 九州学刊杂志社 1991年4月15日出版

清代笔记与《清人笔记随录》

一、说笔记

笔记之体，始于汉魏，兴于唐宋，盛于明清。笔记的特点，内容为“杂”，形式为“散”，故历代著录多入杂家与小说家。

《隋志》入《风俗通义》于杂家，入《世说新语》于小说家。《宋志》入宋祁《笔录》（《四库全书总目》子部杂家类四著录《笔记》三卷，即此书）于杂家，入释文莹《湘山野录》于小说。《四库全书总目》于杂家、小说家之下，又分多属，如杂家类入《容斋随笔》于杂考之属，入《梦溪笔谈》、《居易录》、《池北偶谈》于杂说之属，入《韵石斋笔谈》于杂品之属，入《钝吟杂录》于杂编之属，而《天香楼偶得》、《天禄识余》则存目于杂考，《冬夜笺记》、《筠廊偶笔》则存目于杂说。其小说家类，“凡里巷间谈词章细故者”，如《清波杂志》、《癸辛杂识》等均属于记录杂事之属。他如《今世说》、《陇蜀余闻》则存目于杂事之属；《板桥杂记》、《簪云楼杂记》则存目于琐语之属。后此著录大体遵四库成规。

笔记的类别，据刘叶秋《历代笔记概述》一书，大致分为三类，即小说故事类、历史琐闻类和考据辩证类，尚未摆脱混同笔记与小说的痕迹。又王多闻在其笔记杂说中分为杂记、杂说和杂考等三类，则已摒除志怪及传奇等小说家言而存笔记之真实含义。

历代笔记数量尚无确实查考，而清代笔记数量，则确已超越前代。《听雨轩笔记》跋中曾云：“康熙间，商丘宋公漫堂、新城王公阮亭，皆喜说部。于是海内名士，人各著书。今汇集于《昭代丛书》初二两集者，不下数百种，较之前明百家小说已倍蓰矣。”若再增入其他丛书收录本及单行本，则其数量必相当可观。所谓笔记至清而极盛，信然！

这些笔记虽体例不一致，价值有高下，但有论有叙，或庄或谐，各有所取。更由于笔记多是作者兴之所至，随笔而写，情意率真，较少做作，故多清新可读，有的甚至是啧啧人口的上乘佳作。尤为可贵的是其中保留了若干真实的历史资料，可补正史之不足。这样一笔数量众多、内容丰富的文化遗产，理应受到人们，尤其是清史研究者的重视，并作为重要的史源加以开发利用。

二、说清代笔记

清代笔记既有较长发展的历史基础，更有大量的储存可供开采，可惜相沿为传统观念所囿，视笔记为丛残杂书，使它长期遭受漠视。即使有读者，也不过以之作遣兴谈助，而真正作为史源大量采撷者，尚不多见。这笔遗产究其蕴藏量若何，一时尚难做出近似估计。但仅就我历年经眼的近四百种清前期笔记中，可供论述史事的史料，殆过千条以上。我曾据此撰文五篇（《清代前期的商业》、《清代前期的商人和社会风尚》、《清代前期地主阶级结构的变化问题》、《清代前期江浙地区的饮食行业》、《从〈阅世编〉看明清之际的物价》）。除此之外，还有许多涉及各个方面的有价值史料，特摘取若干条，以作例证。

1. 政治史料

清朝入关建政后，对东南汉族缙绅地主，采取裁抑政策，屡兴大狱。哭庙、奏销、通海诸案，无不对此而发。王家桢《研堂见闻杂记》、董含《三冈识略》、叶梦珠《阅世编》及陈鸿《莆变小乘》等均有所记，如顺治十八年“奏销案”起，部文至闽，“钱粮欠二两者，绅衿解京定罪”（海外散人《榕城纪闻》）。康熙初除严刑追比外更辱及人身，江苏长洲县令彭某制纸枷、纸半臂，“使欠粮者衣而荷之，有损则加责罚”（褚人獲《坚瓠四集》）。雍正时仍在汇追旧欠。“凡系旧家，大抵皆破”（黄印《锡金识小录》）。

清代吏治腐败，残民以逞，苛索勒征等事，笔记记其为害之烈独详。姚元之《竹叶亭杂记》、屈大均《广东新语》、徐昆《遁斋偶笔》、王应奎《柳南续笔》、杨光辅《淞南乐府》、许仲元《三异笔谈》等，无不有具体记述，足备史征。

典制为政治生活中要务，其掌故细节，非求之笔记不可。王士祯《香祖笔记》、彭邦鼎《闲处光阴》、昭梿《啸亭杂录》、福格《听雨丛谈》、陈康祺《郎潜纪闻》及《燕下乡脞录》、英和《恩福堂笔记》、继昌《行素斋杂记》、方濬师《蕉轩随录》等等，均有较多有关典制条目，为一般政书专著所不及。

2. 经济史料

土地所有制为封建经济的基础，欲知占有土地之巧取豪夺手段及经济地位之升降等细节，即需从笔记中求索。黄印《锡金识小录》、叶梦珠《阅世编》记置田弃田之心态变化。王家祯《研堂见闻杂记》、谈迁《北游录》等论世家之沦落。

物价是经济生活中的重要问题，一些记载失之于笼统，往往多作"物价腾踊"等文人之笔，而笔记中则记载具体，颇可采择。叶梦珠《阅世编》记清初上海、华亭、南汇等县十余种生活必需品和手工艺品的物价极细，并以比较各年的价格升降，来论断顺、康时期的土地和民生状况。农业经济中商品经济的发展趋向，在王士祯《香祖笔记》、阮葵生《茶余客话》、柴桑《京师偶记》和钮琇《觚賸》等笔记中均有所记。关于手工业经济的记载当推屈大均《广东新语》为最，范围既广，描述亦详。举凡铸铁、酿酒、制陶、织葛、制香及制纸诸业，均有详细记载。许多特种手工业常被漠视，而风土笔记中保存甚多。如周生《扬州梦》记扬州漆器，周亮工《闽杂记》记福建五种工艺绝技皆是。

3. 社会史料

社会各阶级、阶层生活状况与社会风尚，其他著述多言及地主与农民之大者，而于城市居民则一般言之不甚确切。笔记中则明载其具体情况，如佚名《燕京杂记》记京师开业医生，范祖述《杭俗遗风》记杭州锡箔工、缝洗工、厨司、埠夫等，李斗《扬州画舫录》记厨行承办宴席情况，尤为具体详尽。顾禄《清嘉录》记苏州穷苦居民，无一技之长，常在玄妙观为人"装水烟为生者，逢人支应，以些少钱回赠之。"

游民为重要社会问题，一般注意穿州过县游民群活动，而于其谋生方式则较

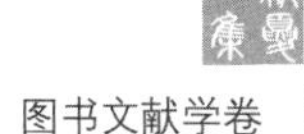

少注意。严如熤《三省山内杂识》记川楚边界棚民生活方式颇详。李斗《扬州画舫录》、顾禄《清嘉录》等记扬州、苏州等地说唱、杂技、优伶、娼妓、地棍、流氓、乞丐、驿卒等游民层的营生。至于社会风尚，随着社会经济状况的变化而与前有所不同。董含《三冈识略》记绅商关系的变化，张宸《平圃杂记》之记生活俭奢变化等。

4. 文化史料

考据辩证类笔记是清人笔记中大宗，这些著作都是学者考订文字、注释名物之作，为文献研究提供了方便。沈涛《交翠轩笔记》、《铜熨斗斋随笔》及《瑟榭丛谈》等作都是考订古籍及读书杂录。另有一种是兼及传闻掌故与社会生活的杂考之属，如高士奇《天禄识余》、王应奎《柳南随笔》正续、梁恭辰《池上草堂笔记》、毛祥麟《墨余录》等对事物原始，方言俗语，小说戏剧，均有涉及。至于社会一般文化生活，如戏班、戏园、伶人等逸闻往事，则多自笔记中搜求。梁绍壬《两般秋雨盦随笔》之记京师四大戏班，张昀《琐事闲录续编》之记伶人余三盛。甘熙《白下琐言》之记南京戏班艺人之绝技，陈作霖《炳烛里谈》之记南京戏园，倪鸿《桐阴清话》之记广州戏园等。

上述四方面的史料，仅为掇拾示例，借以明笔记史料之价值，用以诱发学者挖掘此一遭漠视之史源，非敢妄言笔记史料地位之超越其他。

三、说《清人笔记随录》

我少时好读杂书，其间以读笔记为大宗。因其内容为杂，形式为散，既可以其涉及广阔而开拓眼界，又可以其各自成段，篇幅不长，便于随读随放，而得怡然读书之乐。每读一种，辄以小笺考其撰者生平，录其序跋题识，括其要点卓见，论其评说得失，甚者摘其可备论史、谈助之片段，时有所获，不禁瞿然而喜。固非若读正经、正史之需正襟危坐，全神贯注，久而乃有肩山石压之苦。我以专攻于有清及近代史事，乃于课余，不时浏览清人笔记，历时十年，时读时辍，积数当在百余种之谱。20世纪50年代之初，执教南开大学，口讲指画，间引笔记史料，颇增课程情趣，乃决意整理散笺成文，以求广为人用。又经十年，整理提要近百篇，其有关学术、典制、人事、风情、传闻、异说、物产、奇技，无所不包，几如身入宝山，目不暇给。文稿装成二册，敝帚自珍，视若珍宝。不意“文革”之火骤起，各种积稿尽付一炬，痛心疾首，情难自已！深惟手脑尚健，残笺幸存，遂默祷上苍，誓以有生之年，重整成书。1970年代之初，奉命躬耕津郊，乡居四年，每于农隙，整理残缺，次第恢复旧稿，先后再成《近三百年人物年谱知见录》、《林则徐年谱》二书，并新撰《古典目录学浅说》。1980年代之初，国运振兴，百事入轨，遂于公私猬集之余，再次修订各稿，并获梓行。1980年代之末，乃着手重修笔记提要之作。并以《北游录》一篇居首，以谈迁重纂《国榷》之志自勖。

旧箧所存随手札录之笔记残笺，尚有百余种。其中以清人笔记为主，而以清前期者为多。其纯为谈奇说怪，因果劝诫之作，如康乾时史震林所撰《西青散记》四卷，主要记仙子临坛乱语，多荒诞不伦；乾隆时沈起凤所撰《谐铎》十二卷，所记不外因果报应，善善恶恶之说；同光时宣鼎所撰《夜雨秋灯录》三集共十二卷，内容多说因果报应，神怪诡异，歌场奇遇，娼女韵事等，均与征史论事无补，虽有成稿，亦皆屏而不录，尚得百种有零。于是略循向、歆遗规，每种一文，记述撰者生平，内容大要，有关序跋，备参资料，版本异同等。其一人多种，皆附一人名下，全书所收作者，上起生于明而卒于清者，下止生于清而卒于民国，而需其所著成于清者。排次以撰者生年为序，其难定确切生年者，则列于有具体生年者之后，而以姓氏笔画为次，俾读者能按人求书，因书究学。至世纪之末，旧稿并新增，整理成篇者，达二百有零，约近五十万字。若待竭泽而渔，势所难能。且年登八秩，体力就衰，一时难有增益。于是近一年之力，通阅全稿，详加编订。因所记均为清人，而体例又为随手札录成篇，故定名曰《清人笔记随录》，谋付剞劂，一以了五十余年经营之愿，二以供学人翻检之需。如天假以年，定当依次撰文，续编成书，仿容斋遗意而将以二三编为序，则此编当可膺《初编》之实。

历年翻读笔记，时见有可备证史之社会经济史料，颇足征信。乃随手札录，积存若干。及《随录》编成，窃惟所录史料未可货弃于地，遂去芜删繁，辑成《清人笔记中社会经济史料辑录》，赘于《随录》之后，或可备使用者节劳增寿，亦不失学以为人之道。

是书着手之始，中华书局何英芳女士与崔文印先生，曾频予鼓励，并面约此稿。迨本世纪之初，书成之际，又得柴剑虹先生大力推动。惟当时中华书局当轴醉心时尚，传统旧学一时尚难入选。转瞬两年，人事变幻，旧规重光，《随录》

乃得古籍二部冯宝志主任青睐，入选计划。老友崔文印先生，复自承责编之任，助成其事。

南开大学校友、南京师范大学学报编辑部副主编陆林先生于百忙中为通阅全稿，多所订正。老友戴逸教授高年事烦，为本书撰长序，均感厚谊。区区拙作，乃承多方相助。特致谢意！

四、一点自纠

从事著述，总希望自己的著作完美无缺，能给人以裨益；但往往在成书以后，又不断发现错漏，引致自己的无尽悔意，始知古人不轻付枣梨的谨慎。《清人笔记随录》尽数十年积累之功，垂暮之年，整理成书问世，内心喜悦，难以言喻。而各方鼓励之词，益增快慰。直谅多闻之友，虽时有指疵摘瑕，亦多婉转陈说。持书循读，确有字句错讹谬误之处，心怦怦然，而最不可谅者，则为叙事缺漏与论述悖迕。静夜深思：个人得失事小，贻误后来事大，若隐忍不发，希图蒙混，则中心愧怍，而有负读者，遂决然举二例以自纠。

其一：《永宪录》条（页248），原著录萧奭著。有友人指出当作萧奭龄，并告以此为李世瑜学长在《有关永宪录的几个问题》（《中国历史大辞典通讯》1983年第3期）中所披露。该文称：北京大学图书馆藏有原为李盛铎保存的抄本，内容比中华书局印本多出十几万字。作者名为“萧奭龄”，印本题作“萧奭”，有脱字。此为我读书未遍之病。

其二：《南江札记》条，页261，我写了如下一段文字：“札记卷四《辩后出师表》之非伪，与时人伪作之说相歧。今人卢弼《三国志集解》引何焯非伪之说，即为《南江札记》之文。何氏不注邵氏之说而以为己说。卢氏博学，何能未读《札记》而为何焯所欺”。此段文字大误，何生于1661年，而邵氏则生于1743年。何先邵后，相差八十余年，而我妄凭记忆，错下结论，以致后先颠倒，混淆是非。我于平日多次告诫学生：勿恃记忆，应勤于翻检。而自己高年成书，记忆本已减退，而我未能身体力行，着笔时仍不能细加查对，贸然论事，致铸大错，以深感汗颜。不意有友人竟以此条誉我读书之细，实令我无地自容，幸有他人指出此段文字，生年颠倒，论述有误，应删除其说。此不仅为自己有误，更以己误而厚诬何、卢先贤，则罪疚更深。

即此二例，使我深感学问之道，万不可掉以轻心，少有疏懒，即铸大错，更不得以高年目眵为自辩，特自纠如上，并向读者致歉。

二〇〇五年八月挥汗写于南开大学邃谷，时年八十三岁

原载于《社会科学战线》2006年第1期

开辟北京地方文献新史源

社会历史状况不能只作空洞抽象的剖析和根据臆测来推论，而应该以事实来再现其基本面貌；但要做到这一点，往往会出现资料不足不详的情况，因此要对一地一事一人做研究，首要工作便是寻求史源，搜集和挖掘史料。所以当年梁启超氏在发表其历史研究法的见解时，即提出多种史源渠道。先师陈援庵先生为此首创史源学之说，并以之教授诸生，以锻炼追寻史源之能力，启示开辟新史源之思维。北京为首善之区，有关地方文献较为丰富，而档案为其重要史源之一。但档案大多为官方文献，其作为私人档案之个人笔记往往未受到应有的重视，因此，我认为笔记作为一种私档应被视为一种有待开辟的新史源。

笔记是一种具有悠久历史的写作体裁，汉魏以来即有作者。至宋宋祁始以笔记名书，元明以来，笔记丛出，至清可谓极盛，有记一代典制，述地方风习者，有庙堂掌故，里巷琐语，有杂考杂记，遗闻轶事。内容纷杂，文笔随意，好读其书者不乏其人，而视之为重要史源者盖鲜。笔记之作覆盖甚广，知名城邑、荒村穷乡每多记及。北京为人文荟萃之地，所记更多，惜世多以小道支流视之，以之作茶余饭后遣兴之书，或资谈柄之谐趣，而不以其为重要之一大史源。若列之于私档则无异为北京地方文献增一史源。我曾检读有关北京之笔记若干种，如入宝山，目不暇给，简介数种，以见一斑。

一、《燕台笔录》　项维贞撰

项氏为清初学者朱彝尊门人，曾协助朱氏撰《日下旧闻》风土志。项氏乃自各书中钞付，即此《燕台笔录》。此书共采录典籍三十余种，上起《考工记》下至清人纳兰性德之《渌水亭杂识》，其间史书、别集及杂著均有所择录，可资北京风土之考索。

二、《人海记》二卷 查慎行撰

查慎行，浙江海宁人，康熙四十二年进士。雍正四年以弟嗣庭文字狱案牵连入狱，逾年赦归，卒于家。《人海记》是慎行康熙五十二年告归后回忆客居京师时之见闻杂录。凡科试、职官、武备、宫庭、礼制、海运、图书、物产等均有涉及，大多得自亲历，可资考证。其中亦有转录自《北游录》、《枣林杂俎》及《宛署杂记》者。

三、《宸垣识略》十六卷 吴长元撰

吴长元，浙江仁和人。乾隆时久居北京。是书以《日下旧闻》及《旧闻考》为据，结合实地访察和古籍碑碣，以增补订正。全书分天文、形胜、水利、建设、大内、皇城、内城、外城、苑囿、郊坰、识余等门，附地图十八帧。此书叙述简要，引证丰富，可称记北京史地沿革与名胜古迹之专著。其各条目下各有按注，内容精详，始末毕具，足备采择。

四、《藤荫杂记》十二卷 戴璐撰

戴璐，浙江乌程人。乾嘉时曾任太仆、寺卿。服官京师日久，又颇留心掌故，有所见闻，随手录存。嘉庆元年成《藤荫杂记》十二卷。卷一至卷六记科场嘉话和士大夫有关官场及嘲弄官场陋习之诗词，记科场掌故与人事变迁，可资研讨考试制度与官制之参证。卷七至十二记京师士大夫寓所与古迹。其材料大都据《日下旧闻考》。

五、《燕京杂记》 不著撰人

作者或为嘉道时人。其书记北京衙署、寺院、风俗、物产及社会风情。所记细腻生动，具体可征。主要有二端：一记北京商业甚详尽，如记店肆为招徕顾客而重视门面之装修，雕红刻翠，锦窗绣户，并立三尺高牌坊，入夜灯火照耀如白日。记特产商店如日俭居熟肉、六必居豉油、都一处酒、同仁堂药、李自实笔、长安斋靴等，他如集市摊贩、琉璃厂字画店、收废品、赁丧具等行业也有记及。二是记社会居民如医生、仆役、厨司、卖婆等的社会地位与本身特点，均有较多记载。

六、《京尘杂录》四卷 蕊珠旧史撰

蕊珠旧史者，道光时广东嘉应人杨懋建之别署。道光十七年以顺天科场事系狱遣戍。是书为记京师等地梨园掌故及优伶生平之作，而以北京为主。前三卷为伶人立传，风月声情，自赏风流之作。第四卷所记梨园掌故颇有可采，如记戏园与戏庄之别，北京著名戏园广德楼、广和楼、三庆园、庆乐园等戏园以及四喜、三庆、和春、春台诸戏班，名伶轶闻等，为可资辑录之梨园资料。

上述诸书，仅为举例，类此内容之笔记，为数尚有不少。1986年北京出版社出版、王灿炽氏所编《北京史地风物书录》，共收有关北京的书目6300余种，其中综合性笔记有200余种，而风俗宗教、典制礼仪、风味饮食及花鸟虫鱼之类的专题性笔记尚不计算在内，笔记无疑是史源之一大宗。我历年随手检读数十种笔记，其中有关政治、经济、社会、文化之史料，固为数不少，略择数例，以呼吁有兴趣者之发掘，备研史者之资粮。

逃人法为清初重大禁令，一般官私著作，虽有言及而多嫌肤泛，不如笔记之无所顾忌而言之深切，张宸曾任兵部督捕主事，在署十日，亲见处置逃人之酷，在其所著《平圃杂记》中即记其事称："凡在署十日，而所见所闻，鞭人、黥人、以三木刑人之胫，号声聒聒然振于耳。"

清代吏治之坏，坏于胥吏弄权，朱克敬《暝庵杂识》记胥吏之自鸣得意，无所忌惮而语云："凡属事者如客，部署如车，我辈如御，堂官司官如骡，鞭之左右而已"；并分析其原因说："部胥之权重于尚侍，以科比繁多，官不能尽记，高下出入，惟其所为，虽知其奸，莫之禁也。"这在官私著作中是不易求得者。

典制是政治生活中的重要内容。笔记撰者又多涉官场，所以许多笔记多记有典制，王士祯《香祖笔记》、彭邦鼎《闲处光阴》、昭梿《啸亭杂录》、福格《听雨丛谈》、陈康祺《郎潜纪闻》及《燕下乡脞录》、英和《恩福堂笔记》、继昌《行素斋杂记》、方濬师《蕉轩随录》等，无不记述有关典制，而所记又颇具体入微，非约略言之者可比。

北京在清朝前期是全国四大经济中心之一。在戴璐的《藤荫杂记》中即记自康熙以来，北京为适应商业活动需要的著名戏园酒馆就有太平园、四宜园、查家楼、月明楼、方壶斋、蓬莱轩、升平轩等多处。道光时人杨静亭所编的《都门纪略》是从社会各方面描绘北京繁荣景象的。他追忆乾隆时北京戏剧行业的兴旺状况说："我朝开国伊始，都人尽尚高腔。延及乾隆年，六大名班，九门轮转，称极盛焉。其各班各种角色亦复荟萃一时"。集市贸易为封建经济重要成分，清初集市遍及全国，北京即有多处集市，俗称曰庙会，尤为兴盛。谈迁《北游录》、王士祯《香祖笔记》、潘荣陛《帝京岁时纪胜》等均有记述。集名有朝前市、灯市、内市、穷汉市、东小市、黑市等，集市地点在大明门两旁、东华门内外、正阳门桥上、都城隍庙、报国寺、护国寺、隆福寺、慈仁寺、厂甸等处，集期参差相间，货物各有不同。这些集市在活跃城乡经济，调整人民供求关系等方面还是有一定作用的。

城市居民各色人等如何生活为研究社会的重要课题，但一般言之不甚确切，《燕京杂记》记北京医生生活状况甚备称："京师医生不言谢金，不言药资，惟说车马钱耳。医生车马钱各有定价，视其医之行不行以为丰啬。价一定虽咫尺之路不为减，数十里之遥不为增。其有盛名者家累巨万。"又社会风气之俭奢变化亦可自笔记得之，张宸《平圃杂记》记其于康熙元年离京外出时，朋友相聚送行时"止清席，用单柬"，次年还都，"无席不梨园鼓吹，无招不全柬矣"。且"一席之费率二十金"，而一六品官月俸所入不过"月米一石，银五两"而已。一年之隔，俭奢变化若此之大，诚可谓由俭入奢易。

清代文人学者于小说多持异说，然多不出之以正式文字，而时抒其见解于私人笔记。谈迁著《国榷》，颇具史识，而于小说则偏激迂腐，其《北游录》记见杭人周清源撰西湖小说而叹曰："噫！施耐庵岂足法哉！"并称《续文献通考》

艺文类载《琵琶记》、《乐府》、《水浒传》为"谬甚！"王士祯则认为小说有益于教忠教义，他在《香祖笔记》中说："野史传奇往往存三代之直，反胜秽史曲笔者倍蓰，前辈谓村中儿童听说三国事，闻昭烈败则颦蹙，曹操败则欢喜踊跃，正此谓也。礼失而求之野，惟史亦然。"刘继庄在其《广阳杂记》中更进而推崇小说、戏曲，甚至拟之于儒者之六经。但是也有多位学者对此大加抨击，如昭梿《啸亭续录》、梁恭辰《池上草堂笔记》等。

举此数例以阐释笔记具有一定的史料价值。然笔记亦非无懈可击者，如笔记多为随手札录，或读书札存，或见闻备忘，辗转钞录，时有所见，此应注意者一也；笔记往往有多种版本，其翻刻重印与原本无异者关系不大，而有些版本其重刻本已非原貌，或书名另易，或内容删定，均不可视为同书异名或一书多本，此应注意者二也；笔记多出封建文人之手，其封建主义立场以及因果报应之说羼杂其间，但粪土可以肥田，其反面材料亦可得正面之用，此应注意者三也。在开辟笔记这一史源并加以利用时，需注意者当不仅限于此。要在采铜于山时，务求细心披拣，吹尽黄沙始见金，而后方能得其用，而为撰述者添其砖瓦。

原载于《学术界》2000年第4期

清人北京风土笔记随录

小序

风土笔记为方志之支流，记一地物产民风、遗闻琐事，既可资掌故谈助之掇拾，又可备地方志料之采择。远之如《荆楚岁时记》，近之则明清以来名作迭出。有清一代，此体愈益发展，作者繁兴，各地多有风土笔记之作。《闽小纪》之记福建、《扬州画舫录》之记扬州、《清嘉录》之记苏州、《杭俗遗风》之记杭州、《白下琐言》之记南京。类此者举不胜举。而有关京师之作，当为人所瞩目。爰就研余检读所及，写为随录。虽未获全，冀博一正。至竭泽而渔，容俟异日。

《昌平山水记》二卷

顾炎武　撰

顾炎武，号亭林，江苏昆山人，明清之际力倡实学，并漫游各地，以实地考察与文献记载参稽互证，树一代良好学风。顾氏自顺治十六年四十七岁至康熙十六年六十五岁间，曾六谒明陵，周行边塞，浏览山川，纪录见闻，考证典籍，终以所得撰《昌平山水记》与《京东考古录》。

《昌平山水记》自德胜门始，按行踪路线，写录昌平地区史地沿革、建置风物。描述细腻、行文简洁、层次分明，历历如绘。所记明十三陵景物及陵寝典制、帝后葬仪等均可一一按求。

亭林挚友王宏于所著《山史》中赞此书称："巨细咸存，尺寸不爽，凡亲对证，三易其稿，而亭林犹以为未惬。"此诚知己之言。四库提要及余嘉锡先生《辨证》曾正其误处，然终为智者之失。

《京东考古录》

顾炎武　撰

此为亭林又一考证专著。《山水记》偏记事，《考古录》重考辨。其于北京至山海关一带若干历史地理问题，如蓟县与北京名称之关系、辽金陵寝昌黎有五、契丹所得十六州之名称等均详加考辨，并对前志颇有是正。

此书文字简练，而内容精审，《考长城》一则不过千余字，而史载长城诸事毕具。言简意赅，亭林有以当之。虽偶有失考，仅称小疵。

《山水记》与《考古录》均有一九六二年北京出版社印本，颇便检读。

《燕台笔录》

项维贞　辑

项维贞，浙江嘉兴人，清初著名学者朱彝尊竹垞门人。康熙二十七年，竹垞辑《日下旧闻》垂竣，嘱项氏为风土志。维贞乃自各书中录出有关北京风土资料若干则付朱，即此《燕台笔录》。

是书采录载籍达三十余种，上起《考工记》，下迄清人纳兰性德撰《渌水亭杂识》，其间史书、别集及杂著均有择录。所记颇资北京风土之考索。

是书有《丛书集成初编》本。

《人海记》二卷

查慎行　撰

查慎行，初名嗣琏，年四十始更名，字悔余，号他山，学者称初白先生。浙江海宁人，顺治七年生，雍正五年卒，年七十八岁。康熙四十二年五十四岁成进士，任编修，曾奉命分纂《佩文韵府》。雍正四年以弟嗣庭文字狱案牵连入狱，次年赦归，卒于家。初白为清初名诗人，所著有《敬业堂集》。方苞为撰《墓志铭》、沈廷芳为撰《行状》、族外曾孙陈敬璋为撰《年谱》，皆详其生平及诗作。

《人海记》系康熙五十二年初白告归后裒辑客居京师之闻见杂录。卷首小识略述生平及撰述缘起。所记多为明季清初典制掌故，凡科试、职官、武备、宫廷礼制、海运、图书、物产等均有涉及，大多得自闻见，而清初记事则为亲历所经，均可资考证。间亦有录自《北游录》、《枣林杂俎》及《宛署杂记》等书者。

《明辨斋丛书》四集及《正觉楼丛刻》收刊二卷本，道光《昭代丛书》壬集补编所收作一卷。南开大学图书馆有二卷传钞本，无印章、室名，纸亦非专用，书法不佳，似抄手所录。或以求速得酬，错字颇多，如“义乌”误“义焉”，“须臾”误“须更”，“未”误为“木”，“汪”误为“注”，连篇累牍，比比可见，可谥为“恶抄”。

《宸垣识略》十六卷

吴长元　撰

吴长元字太初，浙江仁和人。乾隆年间久居北京，浪迹公卿之门，以雠校文艺为稻粱之谋。太初饱学而潦倒，与同居北京之归安吴兰庭当时并有“二吴”之目。

是书以《日下旧闻》及《旧闻考》为据，结合实地访察与古籍碑碣增补订正二书，撰成此“事详语略”之《识略》一书，可称记北京史地沿革与名胜古迹之

专著。

全书十六卷，分天文、形胜、水利、建设、大内、皇城、内城、外城、苑囿、郊埛、识余等门，附地图十八帧，乾隆本分附有关各卷，光绪本及铅印本则总置卷首。

是书叙述简要，引证颇丰，洵为力作，惟所录咏事诗多为阿谀歌颂之词。条目下各有按注，内容精详，始末毕具，足备采择，如卷二记内务府署方位条，则按注内务府职司，卷三武英殿活字版处方位条，则注聚珍活字板之应用，均足资考证。

卷首有邵晋涵、余集二序。二氏皆知名于时而于作者揄扬备至，益以见吴氏之为人所重。

是书初刻于乾隆戊申（一七八八年），别有光绪丙子（一八七六年）及遗落刊刻年月之刊本二种。一九六四年北京出版社铅印本即据此三刻本互校订正而成一佳本。

《藤荫杂记》十二卷

戴璐　撰

戴璐字敏夫，别号吟梅居士。浙江乌程人。乾嘉时曾官太仆、寺卿。服官京师日久，又颇留心掌故，遂获多所见闻，随手漫笔录存。乾隆五十九年曾整理搜采材料，嘉庆元年乃成此《藤荫杂记》，其卷一至六说科场嘉话，记士大夫有关官场及嘲弄官场陋习之诗词；记科场掌故及人事变迁，可资研讨考试制度与官制之参证，卷七至十二记京师士大夫寓所及名胜古迹。

道光时人杨懋建于其所撰《京尘杂录》卷四《梦华琐簿》评此书称：“嘉庆朝，湖州戴光禄璐久官京师，撰《藤荫杂记》，大半取材《日下旧闻考》，于都城古迹考证特详。”光绪时人李慈铭更讥其“见闻殊隘，笔亦冗漫”。究之此书以论科场掌故，不若渔洋、梧门诸作，以论京师踪迹，不若《宸垣识略》详备；但所记出自耳目见闻，较之向壁虚构，徒资谈柄之笔记杂著，尚不失为可供参考之作。

戴氏除《杂记》外，尚著有《国朝湖州府科第表》（又名《吴兴科第表》，同治壬申刊本），列湖州进士、举人、拔贡名单；又有《吴兴诗话》十六卷，首一卷（嘉庆元年刊本，民国嘉业堂刊本），均可资地方志之征考。

《藤荫杂记》有嘉庆初刊本、光绪重刻本、《北京历史风土丛书》排印本及《说库》本。

《燕京杂记》

阙名　撰

《燕京杂记》不详撰者，《小方壶斋舆地丛钞》本署顺德×××著，知撰者籍属直隶。又记及纪晓岚及天理教起义，则似为嘉道时人。其书记北京衙署、寺院、风俗、物产及社会情况颇细腻生动，虽卷帙不繁而颇多可采，尤以刻画社会风貌备见具体，为风土小志中之佳构。

此书记事特点二端，一记北京商业甚详尽，如记店肆为招徕顾客而重视门面，“雕红刻翠，锦窗绣户”，并立三丈高招牌，入夜则“燃灯数十，纱笼角镫，照耀如同白日”。记特产商店，“如外城日俭居之熟肉，六必居之豉油，都一处之酒，同仁堂之药，李自实之笔；内城长安斋之靴，启盛之金顶”。他如集市商贩、琉璃厂卖字画、收废品、赁丧具等业均有记及。二记社会居民甚详，如医生、仆役、厨司、卖婆、优童等均记其所处地位与本身特点，于研究社会经济、阶级结构均有可采。

是书有《北京历史风土丛书》本及《小方壶斋舆地丛钞》第六帙本。

《京师偶记》

柴桑　撰

柴桑，江苏昆山人，生平未详。所著风土游记颇多。《小方壶斋舆地丛钞》曾录入多种。《京师偶记》乃记北京风俗见闻之作，可略知当时社会风貌。如记丰台芍药，“园丁折以入市者，日几千万朵”。又如千叶榴花亦由“园户摘入柳筐中与玉簪并卖”，足征当时农业中已有专业性花农经营花园，采供鲜花者。

是书与《燕京杂记》同收刊于《北京历史风土丛书》及《小方壶斋舆地丛钞》第六帙。

《京尘杂录》四卷

蕊珠旧史　撰

蕊珠旧史者，杨懋建之别署。懋建字掌生，广东嘉应人，曾中乡试。道光十七年以顺天科场事系狱，次年戍湖南辰溪，自称辰溪戍卒。《京尘杂录》为其记述京师等地梨园掌故及优伶生平之作，而以京师为主。

书凡四卷，卷一为《长安看花记》，撰于道光十七年；卷二为《辛壬癸甲录》，似撰于十八年，自辛至甲即道光十一年至十四年间，正撰者淹留京师之岁月；卷三为《丁年玉笋记》，撰于道光二十二年，系于戍途增删道光十七年（丁酉）记事而成；卷四为《梦华琐簿》，撰于道光二十二年湖南辰溪戍所。前三卷为伶人立传，风月声情，自赏风流。卷四自命承《梦华》、《梦余》之绪，记梨园掌故，颇有可采。如记戏庄与戏园之别：戏庄"为衣冠揖逊上寿娱宾之所，清歌妙舞，丝竹迭奏"。戏园则"偶然茶话，人海杂沓，诸伶登场，各奏尔能，钲鼓喧阗，叫好之声，往往如万鸦竞噪矣"。是戏庄颇近堂会，为士大夫炫耀权势之会，而戏园方为大众娱乐之所。他如记北京著名戏园广德楼、广和楼、三庆园、庆乐园等，记四喜、三庆、和春、春台诸戏班，记名伶魏长生轶闻，均为梨园史料之可资辑录者。

此书前有光绪十二年同文书局主人序，后有倪鸿跋。倪跋称此书稿"藏余行箧三十余年，兹捡付同文局主人，刊行于世"。则其书初刊行于光绪间，而成书当在道咸之际。倪鸿即《桐阴清话》撰者。民国上海进步书局石印《笔记小说大观》即据同文本收印。

原载于《故宫博物院院刊》1983年第3期

有关上海的几种清人笔记

清人笔记为数甚巨，其记上海及其所属县史事风情者，自清初《阅世编》、《三冈识略》以来，颇多名著。开埠以后，上海社会变化至剧，而记述者亦不乏人。为供研究上海近代史事参考，爰述数种，撮其旨意，以备采择。

一、《瀛壖杂志》六卷

《瀛壖杂志》是近代维新思想家王韬所撰。王韬原名利宾，逃亡香港时改名为韬，字仲弢，号紫诠，又号弢园，别号天南遯叟。江苏吴县人。生于清道光八年，卒于光绪二十三年，年七十岁。他的生平除《弢园文录外编》《自传》一篇外，许多笔记中尚有所涉及。如邹弢的《三借尹笔谈》卷十《天南遯叟》条记王韬生平说：

> 甫里王紫诠广文韬，又字仲弢。才大学博，倜傥有奇气。"发匪"之乱，以过激忤当道，遁迹香江，自号天南遯叟。平生著作等身，有《春秋左氏传集释》六十卷、《春秋朔闰考》三卷、《春秋日食辨证》一卷、《皇清经解札记》二十四卷、《普法战纪》十四卷，其余又有《瀛壖杂志》、《遯窟谰言》、《海陬冶游录》、《弢园诗文集》及《尺牍》等，不下数十卷。壬午春，归自香海，往访之，一见如旧相识，时先生年五十余，虽两鬓已苍，而谈笑诙谐，犹有豪气，余因以东方朔比之。甲申春，先生养疴淞北，承赐蘅华诗两册。……先生通知西学，日本人多师事之。交人则暖暖姝姝，雅俗无少忤，盖亦笃于情者。

他如黄协埙《淞南梦影录》卷三、谢章铤《课余续录》卷四等都记及王韬的生平与著述，要皆与邹记相类。近人王汉章曾辑《天南遯叟年谱》一卷，粗略尚非成稿，遗稿归天津市图书馆。

《瀛壖杂志》是王韬在同治九、十年间撰成，卷一有同治十年四月二十日天南遯叟小识，记成书经过说：

> 往余客居沪上，偶有见闻，随笔记缀，岁月既积，篇帙遂多。闷迹炎陬，此事乃废。然享帚知珍，怀璞自赏，庋藏敝箧，不忍弃捐。庚午（同治九年）春间，还自泰西，日长多暇，搜诸故簏，其稿犹存，稍加编辑，尚得盈四五卷，固拟分次录出，并益以近事，以公同好。

《瀛壖杂志》的资料原是王韬居沪时所陆续搜集，后因遁迹海外，无暇顾及而搁置。庚午（同治九年），从海外归来，才整理了原有的资料和部分初稿，编次成书。可见书的资料并非急就所得，而是历年亲见所闻，自然比较丰富，又经过一年左右的整理，条分类次，所以颇具条理。

此书虽自题《杂志》，但不啻是上海邑志的别乘，较《津门杂记》之类似胜一筹。书凡六卷：卷一记上海的得名、建置、设官、山川、河道、城池、名胜、节令、物产、民生、风俗等，颇称简明。

卷二记手工业、土地、户籍、田赋、学校、书院、海关、寺院、园林等，都能略具其始末。

卷三记洋务机构如制造局、广方言馆等，可知洋务设施的一端；记鸦片战争时的陈化成等吴淞抗英事迹，可供史事的参证；记沪上人物的生平轶事，始于明董其昌，而特详于清人，如李心衡、曹树翘、徐渭仁等都著其生平，可供稽考。

卷四多记有一技之长的人物，如画家、医生、弈者、顾绣家等。其他闺秀、释道、游宦、名士等也参列其间。清人刘熙载、贝青乔、叶廷琯、齐学裘、华蘅芳、徐寿父子等都列有小传。

卷五所记大都为失意落拓、未尽其用者，或戢园自寄其沉埋。又记上海古物传说、景色、评弹流派都很富意趣。对旧邑志也略有评论。

卷六记吟咏上海风情的诗和竹枝词等，堪称史诗。

此书颇着重记上海开埠后的变化，如记租界、印书局、医院、教会和捕房等的设立，舞蹈、马戏、电话、汽灯、报纸等的传入以及社会的畸形发展。它记经济情况很细致，如称闽粤商人到沪贩糖买棉的“动以数百万金”，记买办“顷刻间，千金赤手可致”，特别是记开埠后上海社会风尚趋于奢靡的变化情况说：

近来风俗日趋华靡，衣服僭侈，上下无别，而沪为尤甚。洋泾浜负贩之子，猝有厚获即御狐貉，炫耀过市，真所谓彼其之子不称其服也。厮养走卒，稍足自赡，即作横乡曲，衙署隶役，不著黑衣，近直与缙绅交际，酒食游戏征逐，恬不为怪。

这本书记清代上海土著人物较多而详，如记《金川琐记》作者李心衡、《宜稼堂丛书》刊者郁松年和《春晖堂丛书》刊者徐渭仁等的生平轶事均可备书林之掌故。

书前有咸丰三年蒋效复序。蒋字剑人，长于诗，有《啸古堂集》传世。蒋是咸同年间有狂怪名的失意士人，他在序中说：

吾友王仲弢，苏产而侨居于松之上海，居久之，乃著一书曰《瀛壖杂志》。既成，以示蒋子。

从蒋序可知，咸丰三年已见《瀛壖杂志》成书，并请人作序，可见初稿早成于咸丰初年，同治十年则系就初稿编为定本而已。

另有同治十三年黄怀珍序说：

迩者，出其《瀛壖杂志》见示，上探原委，旁逮见闻。萃一方阛阓之全，作百年人物之志。其中于奸民蹂躏，外国居停，备极周详，间参嗢噱。以视宗懔荆楚，常璩华阳，匪殊颉颃于古人，尤资考据于来哲。

以《瀛壖杂志》比于《荆楚岁时记》、《华阳国志》，似为过誉。

另有林庆铨弁语则推重此书可补志书不足说：

凡山川之秀丽，文物之荟萃，寓公之往来，风俗之好尚，一一详记，了如指掌。沪渎为天下阛阓之区，迩来奢侈日甚，此书著录，可补志书所未载。

其他题词跋语，类多谀人谀书之词，无足称述。

王韬为人，评论似无大分歧。他亲履欧西，实地考察，介绍西方文明，著文鼓吹变法维新，为近代维新运动提供思想资料，其功固不可泯；但作过高评价则似不妥。近代爱国诗人林昌彝于同治十二年为王韬另著《瓮牖余谈》写序时曾以

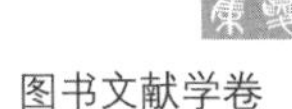

王韬与魏源并论，而共誉为“奇士”。弢园与默深，行事有间。弢园博取名利不遂，外而受雇帝国主义，乞讨生活；内而交结洋务官僚，出谋献策，恣意污蔑太平革命；生活更复放荡不羁。其学术素养与思想境界，不及默深远甚，而引进西方文化，默深筚路蓝缕之功，尤胜弢园。林昌彝撰《射鹰楼诗话》，一吐抗英民气，颇负时望，何推崇弢园若此？

二、《淞南梦影录》四卷

《淞南梦影录》题畹香留梦室主撰。畹香留梦室主是黄协埙的别号。协埙字式权，又以“我是个多愁多病身”为别号。籍隶上海而常居南汇。他曾中秀才，以教读为生，又主《申报》笔政有年，是同光时期沪上著名文人，惜生卒年月不详。他对上海开埠后情形了解颇深，曾就其在上海所亲见亲闻，撰成《淞南梦影录》四卷。

此书体例仿于《海陬冶游录》。《海陬冶游录》是王韬所著的一册笔记，与同时人邹弢所撰《春江小志》并为记近代沪江风俗之作。《淞南梦影录》卷四有专条推重《海陬冶游录》说：

> 稗官野史，专记沪上风俗者，不下数家，而要以王紫诠广文弢之《海陬冶游录》为最。咏既去之芳情，摹已陈之艳迹。鸳鸯袖底，韵事争传；翡翠屏前，小名并录。其于红巾之扰乱，番舶之纵横，往往低徊三致意，固不仅纪花月之新闻，补天水之闲话也。

上海自开埠后，侵略势力纷至沓来，租界几成异国，藏垢纳秽，为非作歹，不一而足，社会所受影响为害极巨，以致成为畸形发展的半殖民地半封建社会的缩影。《淞南梦影录》对此等畸形状态记载颇详。凡开埠后各种怪现状，诸如领事署、巡捕房的设置，租界内的种种特权，中外妓院、烟馆、赌场的林立，流氓、通事的横行，民风土俗的败坏等等均有所记述，言之凿凿，令人愤懑。如记上海开埠后的畸形状态说：

> 海上为通商口岸第一区，花天酒地，比户笙箫，不数二十四桥月明如水也。其间白手成家者，固属不少；而挟厚资，开柜号，金银珠玉，视等泥

沙，不转瞬而鹑衣百结，呼号风雪中，被街子呵斥者，亦复良多。

又记小押店的重利盘剥说：

所谓小押店者，俱是闽粤人所开。租界中多至数百家，以十日为一期，取利三分，押至一月，则利且九分矣。盘剥穷民，危害已甚。

又记建筑行包工头的剥削致富说：

建造房屋俱有匠头包揽。所谓匠头者，居必大厦，出必安车，俨然世家大族，而千百匠人，俱归其统属焉。顾其中亦各分门类：造华人屋宇者，谓之本帮；造洋房者，谓之红帮。判若鸿沟，不能逾越。倘以红帮而兜揽中国生意，本帮必群起而攻之，反之亦不肯相下，甚至蜂拥攒殴，视如仇敌，以致诉讼公堂。

洋车夫是开埠后新出现的劳动者。《淞南梦影录》也说其劳苦情态说：

尝见东洋车夫，捉襟肘见，两足如飞，尽一日之力得青蚨二三百文。

开埠后的上海社会确是呈现出一番畸形繁荣，如记戏园酒肆之盛说：

沪北弹丸蕞尔之地，而富丽繁华，甲于天下，不特舞榭歌楼，戏园酒肆，争奇斗胜，生面独开，即一茶室也，而杰阁三层，明灯万盏，椅必细木，碗必炉窑。一日之市，可得数百金；一店之本，不下一二万，彼少年裙屐之流，方且袪连掎裳，趋之若鹜，而有心世道者，未免深切杞忧者矣！

又记租界之游民情况说：

租界无业游民，群聚不逞，遇事生风，俗谓之拆稍，亦谓之流氓，其中各分党类。天津党最凶横，动辄持械斗杀；闽粤党次之；湖南党则别无长技，但事剪绺掉包及偷窃轮船搭客行李而已。

从上述所摘引资料可以看到开埠后畸形社会的畸形风尚。随着这种发展，游典行业得到特殊发展而相应繁盛，如记戏剧之盛说：

梨园之盛，甲于天下，缠头一曲，最足销魂。昔年负重名者如小桂寿、邱阿增、刘凤林、小十三旦、葛子香、陆小芬、万盏灯之类。……后起之

秀、昆班中有周凤林之挑帘裁衣、吴兰仙之湖船惊梦；京班中有蔡桂喜之梅龙驿、月月红之贵妃醉酒、想九霄之三上轿、王翠喜之十八扯、婴宁旦之红鸾禧，花飞钏击，亦足娱目骋怀。……

又记评弹之俞调、马调之特色说：

> 弹词有俞调、马调之分。俞调系嘉道间俞秀山所创也，婉转抑扬如小儿女绿窗私语，喁喁可听；马调则率直无余韵，咸同间马如飞所创也。近日曲中竞为小调，如劈破玉、九连环、十送郎、四季相思、七十二心之类。珠喉乍啭，如狎雨莺柔，袅风花软，颇足荡人心志。大曲则必唤乌师擫笛，惟绮筵用之，寻常客至，不肯轻启朱唇也。

这类资料亦可供研究近代俗文学者的参考。至于记妓女之风情，名士的佻侻，虽为糟粕，但不失为鸦片战争后上海一地社会风气变化的参证。

黄协埙尚别有笔记《锄经书舍零墨》一种，“凡里巷之传闻，友朋之著作，无不酌而录之”。书以“零墨”名，所以内容较为泛杂，可供排遣闲暇之用，然也偶有可采者，如记海上鲜见碑传的落拓下士，则可备翻检生平之所需，卷一《红粉词人》一则记吴绮韵事。吴绮字园次，工骈体文，与陈维崧齐名，所撰《扬州鼓吹词序》为记扬州地方风土之作。吴绮生平传记难求，而清人笔记中记园次事有多种，如《三冈识略》、《止园笔记》、《儒林琐记》等均记园次生平及文名，独《零墨》记园次“风流佳话”，亦可见《零墨》旨趣之所在。

三、《上海杂记》二卷

《上海杂记》撰者徐润，原名以璋，字润立，号雨之，别号愚斋。广东香山人。道光十八年生，宣统三年卒，年七十四岁。徐润是近代从事资本主义企业建设的著名企业家，曾奉李鸿章之命先后筹办过开平煤矿、承平银矿、建平金矿、仁和济和保险公司及招商局等，其中以招商局最具影响。他又与弟兄合办同文书局，印行《古今图书集成》。他也与西商在沪合办房产公司，在天津合营的先农公司也以经营房产为主，这就使他成为近代著名的合资经营者。徐润曾自记生平撰成《徐愚斋自叙年谱》，记一生经历及所创办各项事业始末甚为详备。

《上海杂记》是《徐愚斋自叙年谱》的附录，凡二卷，分内外篇。卷首自记纂辑缘起说：

> 余编辑年谱拟将寓上海六十年来中西闻见之事，纂辑成书。欧友兰能先生，热心士也。同气相应，同志相求，彼有所知则告之于余，而余有所知，则告知于彼，共广见闻，以冀集腋成裘，殊可喜也。兹纪事编年，条列沪事为内篇，其他则为外篇。

据此，《上海杂记》乃徐润撰自谱时所搜集的资料加以编次而成。其内篇53则全为上海史事，如《上海开埠之年月》、《租界界址》记上海开埠时间与界址，《监狱》、《律师》、《工部局》及《巡捕》诸条记外国所设侵略我国主权的机构，《大英邮船公司》、《银行》、《公司》诸条记外国经济侵略企业，《煤气灯》、《电灯》、《自来水》、《电报》、《电话》等记上海创办仿西方公用事业的诸设施。另附有关租界内房屋、户口、税捐等统计表，使人一目了然。他如《徐家汇书馆教会天文台等》、《格致书院》、《约翰学校》等则乃涉及文化教育事业。总之，内篇所载均有关上海开埠后政治、经济、文化诸方面，虽记述简要而内容翔实足资考证。

外篇则记五口开放后各口情况，如《各口开埠》记各商埠开放时间，《各国设立领事官及条约签订日期》记各国设领时间。又有多则记自第二次鸦片战争后历次战争简况，其《拳乱》条记义和团运动尤详。这些都可供研究近代史的参考。

原载于《上海研究论丛》1990年第5辑

漫话《津门杂记》

——地方风情的一面镜子

言天津掌故者，于天津诸风土著述中多推重《津门杂记》一书。《津门杂记》撰者张焘，字赤山，自号燕市闲人。原籍浙江钱塘，生于北京，侨寓天津。生平事迹不详，据其自序称："幼年随侍侨寓津沽，迄今将三十载矣。"自序写于光绪十年，依此推算则撰者当生于道光咸丰年间。自序中更述其撰著之主旨云：

余于课余之暇，仿《都门纪略》、《沪游杂记》，留心采访，辑成一书，聊备考证。其风俗人物有采诸新报者，仅就现在见闻所及，随笔录之。事维纪实，语不求工。并附录今昔题咏篇章，藉资润色。爰名曰《津门杂记》，不过拾人牙慧，以供谈柄耳。

是书有如孩老人书序，于撰者学识及《津门杂记》之撰写有所述及说：

张子赤山，世隶武林，幼寓津郡。博学多才，工书善绘，知岐黄，识洋字。诵读之余，每每留心时事。凡耳目见闻，身所经历，是有可记，悉登诸记简，积久成帙，名之曰《津门杂记》。

展而读之，见其所记，踵故增新，阙疑征信。凡城邑、河渠、衙署、祠庙以及海防、军政、国俗、民风，数十年之兴废因革，自巨及纤，灿然明备。虽据事直书，不加轩轾，而因文见义，善者自憬然以思，顽者自悚然以惧。

是书凡三卷，所记内容大体如书序所言，天津地方风土人情于此大致得见。卷上记天津沿革、建置、机关、庙宇等，如《七十二沽》说、《古楼》、《清真寺》诸则皆资征考。有录入吴惠元《天津剿寇纪略》、杨慎恭《天津县谢忠愍公哀词并序》及牛元恺《天津县谢忠愍公诔》等篇均与咸丰三年太平军北伐，进逼天津有关。各文一力表扬天津县令谢子澄的“不惊”、“不矜”、“安民”、“保境”之功。而《天津剿寇纪略》附篇中对绅商张锦文对抗太平军行为大加赞誉，称“锦文捐资数万，运以智谋，乃克奏肤功”，“锦文御灾捍患，自军兴以来，阖邑倚为长城，丰功伟烈，虽妇孺亦乐道之，其人杰矣！才哉！”

卷中记社会公益及新兴事业，如《广仁堂》、《电报》诸则，其记社会风貌者尤多，如记节令之《灯节》、《祭灶过年》等则。另有《混星子》一则记天津社会底层地痞流氓的无赖行径颇详，所附天津道裕长刊发的《混星子悔过歌》，意在劝诫，但也揭示出某些蛮横无理的行为。“混星子”一词至今犹存于天津俗语中，用来斥责不通情理者。又《妓馆》一则记“天津女闾自称曰店”，“其龟鸨曰掌柜，假母曰领家，领家住处曰良房，指引桃源之人曰跑洋河者”，跑洋河即津门所谓的“跑合”，即拉皮条之人。《下处》一则记“优伶美其名曰相公，即像姑之讹音，言其男而像女也……其寓所曰下处，主人曰老板……童应命赴局，谓之赶条子”等，这些社会底层的颓风恶习，难见于皇皇巨著中，而唯读杂书始能得之。当前机关于官称好作缩略，截去“长”之下肢，于是张部、孙局、夏处、钱科等等风行一时，不以为忤，谁知夏处之谐“下处”，钱科之谐“前科”，都是不读杂书之故。

卷下记天津开埠后的租界情况以及随之兴起的各种行业为主。如《驻津各国领事馆》条记在津设领事各国之筹设领馆。《洋行》条记英商怡和、俄商阜通、法商启昌等以及美德各国洋行。但撰者囿于时代见识，多皮相之言，不惮于作颂赞租界“善政”之词，如《租界例禁》条称：“禁烟馆，禁娼妓，禁乞丐，禁聚赌、酗酒、斗殴，禁路上倾积灰土污水，禁道旁便溺，禁攀折树枝，禁捉拿树鸟，禁路驴马车辆随意停放，禁骑马在途飞跑。”又《租界工部局巡捕》条赞扬租界管理之善称：“每日扫除街道，灰土瓦砾，用大车载于旷野倾倒之。夜晚则点路灯以照人行。立法皆善，巡查贼匪，宵小潜踪，人得高枕安居。清理街道，无秽气薰蒸，不致传染疾病。为益甚大，何乐如之！”撰者这些记述应是记实之词，但外国侵略者之所以如此经营管理，纯为便于建立其国中之国的殖民业绩，而所谓“善政”只不过是一种客观效果，而决非侵略者之本意。百余年前之撰者作此等语，犹可曲谅其见小是而略大非，不意百余年后竟有人以中国殖民化结束过早为憾者，实为丧心病狂之谰言。

是书于记事之末多附引时人的记事诗，如津门诗人梅成栋、华长忠、梅宝璐

等人的诗作均被按题收录，尤其是乾隆时人杨一昆的通俗歌词更值得注意。杨一昆是一位很有才华的俗文学家，他写过不少反映社会，针砭时弊的通俗歌词，流行于一时，本书卷中所收的《皇会论》记当时天后宫皇会的盛况，卷下所收的《天津论》描写天津社会的民风土俗以及市民阶层的生活状况惟妙惟肖，确为研究社会史的重要参考资料，可惜不为研究者所重视！

是书有疏于考证处，如将汪沆《津门杂事诗》中的诗作及女诗人王韫徽《津门杂咏》中的诗作均误为杨映昶所作（卷下《津门杂咏·竹枝词》三至五首）。内容多述狐仙鬼魅，亦足证其尚未脱志异窠臼。全书编次凌乱，取材也欠精审，确为杂记之作，但天津风土著述较少，此仍不失为有用之书。

读书不仅应读书内正文，也不能忽略书外附件，有时收获往往得之于意外。《津门杂记》之书内固有可取，而书尾一篇题识，虽与内容无涉，但读之饶有兴味。这篇题识是申报馆人于光绪十一年端阳节后二日即五月初七所写，类乎图书推销广告，远胜于当前之图书广告，颇值得一读，特录附于次：

> 津门为畿辅咽喉之地，五方杂处，地狭人稠，富丽繁华，埒与燕市。泉塘张赤山作客于七十二沽间，历有年所。见闻既熟，记载斯成。近撰《津门杂记》一编，镂版行世，并托申昌书画室代销。暇时取而读之，觉其中探奇访旧，问俗采风，摭下里之歌谣，录名人之撰著，可资掌故，足当卧游。洵乎史乘之外篇，冶游之宝录也。为书数语，以广流传。光绪十一年乙酉端阳后二日申报馆主人识。

这则图书广告既有作者水平，又有图书价值，更说明读者之受益，事俗而文不俗，颇具雅情。附于书后，既有推荐提要作用，又可招徕读者，视目前书讯文字之庸俗套语，实有可资借鉴之处。

是书有光绪十年刊本，为三卷三册，观书尾附语，或刻成于十一年。《笔记小说大观》第三辑本也为三卷，而《小方壶斋舆地丛钞》第九帙本则为一卷节本。解放后，坊间有油印本。天津古籍书店曾有印本传世。1986年11月，天津古籍出版社出版丁绵孙、王黎雅标点本，列于《天津风土丛书》，并与《天津事迹纪实闻见录》一书合印成一册。点校者写《点校说明》列于书首，评论得失，记述点校经过，诚有助于读是书者。

原载于《图书馆建设》2000年第5期

《津门杂记》的书讯

地方风土杂记，通都大邑多有之。《津门杂记》即记天津风土人情之作。撰者张焘，字赤山，自号燕市闲人，原籍浙江钱塘。据《杂记》自序内容推测，其人大约在道光、咸丰间生于北京，幼年侍亲侨寓天津，博学多才，工书善绘，知医术，识外文，在诵读之余，仿《都门纪略》、《沪游杂记》体例，采写耳目见闻，身所经历的地方时事。日积月累，于光绪十年成《津门杂记》一书。

《津门杂记》三卷，“凡城邑、河渠、衙署、祠庙以及海防、军政、国俗、民风，数十年之兴废因革，自巨及纤，灿然明备”。天津地方风情大致得见，其卷上录吴惠元《天津剿寇纪略》、杨慎恭《天津县谢忠愍公哀词并序》及牛元恺《天津县谢忠愍公诔》等三篇，均与咸丰三年太平军北伐进逼天津史事有关，其记事纯为维护封建统治，对于卖国奸商张锦文则有誉扬而无訾议，但从中也可见当时清朝官绅对太平革命的抗拒。

《津门杂记》一书记天津社会情态比较细致具体。如巫婆顶神、混混豪横、租界特权以及社会娱乐场所、各种节令时习等等，均足资参考。所收诗文也偏重于纪事写实。所收乾隆时人杨一昆的《皇会论》、《天津论》描写天津民风土俗，颇称尽致，尤为研究社会史的重要资料。这部书疏于考证，编次凌乱，取材也欠精审，实符《杂记》之名，但津地此类著作较少，仍不失为有用之书。体例与内容也与一般笔记无异，惟其书尾的推荐广告独具一格，值得一读，特附于次：

津门为畿辅咽喉之地，五方杂处，地狭人稠，富丽繁华，埒于燕市。泉塘张赤山作客于七十二沽间，历有年所，见闻既熟，纪载斯成。近撰《津门杂记》一编，镂版行世，并托申昌书画室代销。暇时取而读之，觉其中探奇访旧，问俗采风，摭下里之歌谣，录名人之撰著，可资掌故，足当卧游。洵乎史乘之外篇，冶游之宝录也。为书数语，以广流传。光绪十一年乙酉端阳后二日申报馆主人识。

这则图书广告既表明作者水平，又指出图书的价值，更说明读者的受益点，的确是一篇好书讯和提要。贩书事俗而文不俗，颇具雅致。附于书后，推荐招徕，允具双美。

目前书讯文字多用套语，这则图书广告诚有可备借鉴之处。

原载于《来新夏书话》（文献学研究丛刊）　来新夏著　台湾学生书局2000年版

陈作霖及所著金陵风土小志

陈作霖，字雨生，号伯雨，晚号可园、可园老人。江苏江宁人。生于清道光十七年（1837年），卒于民国九年（1920年），享年84岁。清光绪元年（1875年）三十九岁时成举人，未求仕进，即以授读、校书、修志、著书为业。陈氏博涉多通而著述宏富，一生著书数十种，其曾孙陈鸣钟（已故中国第二历史档案馆研究员）为撰《可园老人著述目录》具载所著书目录。

陈作霖是近代从事地方文献纂辑与研究而卓有贡献的学者。陈三立曾论其一生成就称："凡省府县志局、书院、学堂、官书局、官报局、图书馆之属，先生皆亘董其役终其身，因以著书百数十卷，跻为通儒。"（《散原文集·江宁陈先生墓志铭》）陈氏曾自述生平撰《可园备忘录》。1985年陈鸣钟兄曾洗印一辑惠赠，并题称：

> 先曾祖陈作霖先生《可园备忘录》原稿本抗日战争期间散失，辗转为前国立中央图书馆所有。建国后，又归南京图书馆珍藏。近年来，搜集先曾祖遗稿，每以不得此稿为恨。今荷来新夏教授垂注，并承南京图书馆惠予缩微制片，夙愿得偿，不胜雀跃。谨复洗一辑奉赠来新夏教授，以志云天高谊云。陈鸣钟谨识于中国第二历史档案馆，一九八五年十二月十四日。

陈作霖所撰金陵风土小志有五种，除著名的《凤麓小志》四卷和《运渎桥道小志》、《东城志略》、《金陵物产风土志》等四种已收《金陵琐志五种》外，尚有《炳烛里谈》三卷别行。

《凤麓小志》系《金陵琐志五种》的第二种，经始于光绪十二年。是年陈氏就馆于凤凰台山麓李宅。每当春秋佳日，辄与学生、儿子"陟跻冈阜，搜胜探奇，就父老以咨询，感古今之兴废，归即翻阅故籍，证以见闻，件系条分"。旋因事中辍。十年后，于光绪二十五年又在友人怂恿下，重加整理，“散者萃之，缺者补之”，经三月而成书四卷。陈氏曾自序全书纲目说：“分志地、志人、志事、志文四大纲。为考三，述二，记五、录二，都十有二篇，命之曰《凤麓小志》。”是书以凤麓为限，所记以南京西南隅为界。其考、述、记、录各篇记述皆倾详备，又有双行小注补充解释，均足供编纂南京地方史志参考，尤以五记更有史料价值。如卷三《记灌园第六》记南京西南城菜农四时经营状况说：

> 金陵城西南一隅，……最宜于蔬。习是业者购得嘉种，躬亲灌溉。老圃之利，较农为优。其在春风始和，冰冻稍释，曰韭曰苔，乃始生殖，花散金黄，茎敷玉碧，入市炫新，三倍论值。南薰司令，梅雨连绵，匏壶豇夹，藤蔓引牵，架萧束苇，散布田间，离离相次，若蚕簇然。秋意乍凉，新霜示警，瓜畴芋区，实垂弥顷，篱豆清阴，晚菘上品，乡味之佳，伊谁与并。荒寒畦垅，倏届严冬，劚飘儿菜，掇雪里蕻，芹芽萝蔔，色间白红，其甘媚舌，不羡肥醲。每当晨露未晞，夕阳将落，担水荷粪之人，往来若织，不肯息肩，力耕者无此勤也。

卷三《记机业第三》已为多年来研讨资本主义萌芽问题者所经常征引。其叙述南京丝织业情况极为详尽，如记兴盛说：“乾嘉间通城机以三万计，其后稍稍零落，然犹万七八千。”记销行范围说：“北趋京师，东并辽沈，西北走晋绛，逾大河，上秦雍甘凉，西抵巴蜀，西南之滇黔，南越五岭，湖湘、豫章、两浙、七闽，泝淮泗，通汝洛，冠服靴履，非贡缎，人或目笑之。”国内市场几遍全国，衣被天下，确非虚谀。其记与机织有关行业有丝行、染坊、纸坊、机店、梭店、挑花行等不下十余，无不是机户的附庸。其他尚记及缎匹成色、缎机名目、络工与织工身份等资料，不啻为南京机织业的资料长编。同卷《记诸市第八》记南京西南隅柴市与鱼市的市集状况，具体生动，可见当时集市之繁盛。其《记倡义第九》记缎商吴长松潜伏城内，混入太平军，窃取机匠衙机业总制职位，勾结反动势力，组织阴谋集团，进行内部颠覆活动及太平天国镇压叛乱的经过。

书前除自序外，尚有例言五则确定著作体例。附图五帧即《城西南隅街道图》、《凤凰台图》、《愚园图》、《织器图》、《铸造银元制钱机器图》，图面清晰，可供参阅。书后有吴光国后序，徒事赞誉，无关理要。

是书为中华书局印行《金陵琐志五种》之一种，成书次序为第二，因较其他小志著名，所以首言其书。原有光绪己亥（二十五年）可园刊本，另有1963年十竹斋重印《金陵琐志八种》本。

《运渎桥道小志》为《金陵琐志五种》之第一种，成书时间最早。原有光绪十一年冶麓山房刊本，另有1963年十竹斋重印《金陵琐志八种》本。

《运渎桥道小志》以南京城内运河为主，记其周围十里桥道方位，辑其旧闻，兼及人事。撰者于书前小识中言其书内容为：

> 以水为经，以桥为纬，街衢四出，十里而遥，远述旧闻，近稽时事。

是书以桥道方位为纲，下列纪事为目，目下以双行小字为注，辑录史料，补充事迹，眉目清醒，内容详备，得著作之要旨，利读者之翻检。

所记虽偏重地志，但也注意社会经济状况，如记商业则有果子行口之“肉腻鱼腥，米盐杂揉，市廛所集，万口一嚣”；江西会馆附近有“纻麻、磁器之肆环之”。记手工业则有斗门桥坡下竹工之“削箸斫杯，比户皆是”；驴皮巷之“攻此者比户而居”；珠宝廊之“嘉道以还，物力全盛，明珰翠珥，炫耀市廛，冶琢之工，鳞比栉次”。记会馆则有中州会馆、安徽会馆、全闽会馆及江西会馆等。

书前有冯煦、秦际唐二序，甘元焕、朱桂桢及顾云题词。书首列《运渎桥道图》，有裨于循读文字。

《东城志略》是陈作霖于光绪二十五年继《凤麓小志》之后所撰，志南京东城，其例仿《运渎桥道小志》，即自序中所谓“山水街道考核綦详，人物艺文未遑专录”。

是书分《志山》、《志水》及《志街道》三篇，于东城之山水街道，皆考其源流，辑其遗闻，兼及人物轶事，略有双行小注以补充事实，亦为讲南京地志之要籍。

书前有自序，叙纂辑缘由。有《东城山水街道图》一帧，标桥道、里巷、祠寺等，颇称清晰。

陈作霖先后撰《运渎桥道小志》、《凤麓小志》及《东城志略》三种以志南京南城、东西隅及城中情况，但仍未得南京全貌。入民国后陈作霖之子陈诒绂（稻孙）依旧例撰《钟南淮北疆域志》以补东北一带。又据顾石公《盋山志》改撰为《石城山志》以补西北一隅，至是南京全城面貌始备。后二书曾合称为《续金陵琐志》二种。

是书列《金陵琐志五种》第三种。原有光绪二十五年可园刊本，另有1963年十竹斋重印《金陵琐志八种》本。

《金陵物产风土志》约撰于光绪三十四年，记南京城与民生日用饮食有关的物产，兼及于风俗。志凡五篇，即：《本境植物品考》、《本境动物品考》、《本境矿物品考》、《本境食物品考》及《本境用物品考》等。

《本境植物品考》记土质、土宜及粮、蚕、菜、薪、炭、茶及花竹果木等物产。如记花农经营花卉情况是："城内五台山民善植梅，宝林寺僧善种牡丹，鸡笼山后人善艺菊。城外凤台门花佣善养茉莉、珠兰、金桔，皆盆景也"。其记近郭农民在宝聚门外米行卖米，朱门及横水桥蚕农养蚕及缫土丝出售以及朱门烧炭者驴驮肩挑而鬻诸市的情况均极详细生动，读之可见当时劳苦者的辛劳。

《本境动物品考》记猪、羊、鸭、鸡、鱼、鸟等的出产与制作。其记南京制鸭也綦详，如鸭原产于邵伯、高邮，驱至南京栏养，百日后制作，有水晶鸭、烧鸭、酱鸭等生熟制品，但撰者认为这些鸭"皆不及盐水鸭之为无上品也"，因为盐水鸭是"淡而旨，肥而不浓"，至冬盐渍日久便称板鸭，成为外地人的馈赠礼品。

《本境食物品考》记食品、盐、酒等名产，如记南京的下酒小吃极富趣味，记称：

> 寻常下酒之物，市脯之外有以油炸小蟹细鱼者，或面裹虾炸之为虾饼，或屑藕团炸之为藕饼，担于市，摇小铜鼓以为号，闻声则出买之。

他如《本境矿物品考》之记雨花石、砖瓦、朱砂、煤等产物；《本境用物品考》之记刻书版、制扇骨、织缎、妇女饰品等行业，所记虽欠赅尽，但大抵能得其要。

书前有撰者小识，述撰书旨趣。书末有附言二则：一则言书中"蔬鱼织业诸篇已见凤麓，兹复重出弗删者，盖事既以类相从一辞即繁而不杀"，用以解释书中若干篇、段有与《凤麓小志》重出者。另一则言此书为所著有关金陵地志的最后一种，但仅此四种，为何又称《金陵琐志五种》？盖第五种《南朝佛寺志》二卷乃孙文川（伯澂）所辑述。陈氏就孙氏遗稿编纂成书，间有辨驳，即注其下。原书例言中已声明其缘由，而陈氏更于《金陵物产风土志》后申言此书为琐志之末，足征陈氏不没孙氏始事之功，而无掠美之嫌。合于琐志五种乃为便于流布，此又陈氏之深意。

是书为《金陵琐志五种》之第四种。原有光绪三十四年可园刊本，另有1963年十竹斋重印《金陵琐志八种》本。

《炳烛里谈》系陈作霖晚年记其平生经历见闻之作。书前有自识记纂辑缘由，自称将平生各种不同的见闻，随笔录之，积久成帙而成为一部“人情风土，信而有征；酒后茗余，借为谈助”的杂著。

是书凡三卷，仍以南京为限，记府第、桥道、庵寺、园林、遗迹、风俗、旧礼、人物、佚闻等。零散札录，远逊《凤麓小志》诸作。若细加披拣，尚有多则可取，如卷上《洋字先兆》条记清末崇洋风气称：

> 道光年间，凡物之极贵重者，皆谓之洋。重楼曰洋楼，彩轿曰洋轿，衣有洋绉，帽有洋筒，挂灯名为洋灯，火锅名为洋锅，细而至于酱油之佳者亦呼洋秋油，颜料之鲜明者亦呼洋红、洋绿。大江南北莫不以洋为尚。

卷下《戏园》一则记南京的戏班、戏园的沿革称：

> 江宁城中向无戏园。道光时有戏三班：一庆福，昆腔也，最重，谓之文班；一吉祥、一四喜，皆梆腔也，稍轻，谓之武班。神庙赛会，官衙庆贺则演之，绅民堂会乃绝无仅有之事。光绪中，仪凤园之开，实属创见。

《炳烛里谈》一书拥清观点最为明显。卷上《小虎将军》，卷中《哀江南曲》、《诗史》、《阳历》，卷下《伪宫楹联》、《湖南会馆》等多则均对太平天国抱有敌意。他如卷上《占易》，卷中《文庙灵狐》、《关帝灵签》，卷下《狐借馔具》诸则更迷信荒诞，毫不足取。

是书卷下有《传志材料》一篇，曾自记其简历，可备了解生平之需。

是书为宣统三年刊本，另有1963年十竹斋重印《金陵琐志八种》本。

陈作霖所撰《凤麓小志》、《运渎桥道小志》、《东城志略》、《金陵物产风土志》及《炳烛里谈》等五种，资料丰富，记述详备，皆南京之重要地方文献，为编志者所当撷采。

原载于《文献》1993年第4期

清代关于扬州的杂书

扬州是一座山灵水秀、人文荟萃的历史文化名城，自古以来文人墨客多有吟咏。李白的“烟花三月下扬州”和杜牧的“二十四桥明月夜”等诗句久已是脍炙人口的千古绝唱，但能详细记录扬州风俗民情者，尚应以清人李斗所撰《扬州画舫录》为最。

画舫录本为记士大夫消闲活动之作，《扬州画舫录》虽用此书名，但所记内容已不仅限于歌场舞榭，乃记扬州地方风土人情、人文盛迹、社会风貌的地方小志。其格调远胜他书，因其久负盛名而为学者所征引。

《扬州画舫录》的撰者李斗，字艾塘，又字北有，江苏仪征人。生于乾隆十四年（1749年），卒于嘉庆二十二年（1817年），所著《永报堂集》三十三卷，而《扬州画舫录》即占十八卷，可见其一生精力之所注。书前有乾隆六十年（1795年）自序，述其成书甘苦说：

> 斗幼失学，疏于经史，而好游山水。尝三至粤西，七游闽浙，一往楚豫，两上京师。退而家居，则时泛舟湖上，往来诸工段间。阅历既熟，于是一小巷、一厕居，无不详悉。又尝以目之所见，耳之所闻，上之贤士大夫流风余韵，下之琐细猥亵之事，诙谐俚俗之谈，皆登而记之。自甲申（乾隆二十九年）至于乙卯（乾隆六十年），凡三十年。所集既多，删而成帙，以地为经，以人物记事为纬。按扬州郡城之地，自上方寺至长春桥为草河，自便益门至天宁寺为新城北，自丰乐街至转角桥为城北，自瓜洲至古渡桥为城南，自古渡桥至渡春桥为城西，自小东门至东水关为小秦淮，而皆会于虹桥。于是自荷浦熏风至水云胜概为桥东，自长堤春柳至莲性寺为桥西，而会于莲花桥。又自白塔晴云至锦泉花屿为冈东，自春台祝寿至尺五楼为冈西，

而会于蜀冈三峰。依此次叙之为卷帙。其工段营造之制及画舫之名，附于卷末。凡志书所详别无异闻者概不载入。

由此可见，李艾塘撰写此书，不仅躬自调查，又广咨周访，而于采集资料，更加以删削，历时三十年而后成书，这就无怪书成之后为当时学者所推重。嘉庆二年（1797年）阮元为此书写序说：

考索于志乘碑版，咨询于故老通人，采访于舟人市贾，其裁制在雅俗之间，洵为深合古书体例者。

芸台是当时学术界领袖，受读此书而服其善，所加评骘，可谓能知其书者。另有谢溶生、袁枚二序，亦对此书多加赞誉，核诸其书，实非溢美之词。

此书以地为经，叙扬州的沿革、兴建；因地及物，叙有关建筑、金石、器物、市肆；又因物及人，记其人姓氏、里居、生平、著述，间或录入有关诗文。记述纵横交错而不失条理。它所涉及的范围也极广泛，中华书局本编校说明曾综括此书的内容说：

诸如扬州的城市区划、运河沿革、工艺、商业、园林、古迹、风俗、戏曲以及文人轶事等各方面的情况，都有记载，有些记载还相当详细具体。这对了解和研究我国十七八世纪的社会、经济、文化状况，提供了颇有价值的材料。

这一说明概括得比较全面，所作评论也尚公允。此书除作地方志乘之用，确有大量社会、经济、文化资料，可备采择，例如：

其于商业，如卷一记鱼鲜海货行，卷四记花市盛况，卷九记多子街的绸缎批发商，而卷十一所记画舫市会，尤见扬州特色，如“春为梅花、桃花二市，夏为牡丹、芍药、荷花三市，秋为桂花、芙蓉二市。又正月财神会市，三月清明市，五月龙船市，六月观音市，七月盂兰市，九月重阳市。每市游人多，船价数倍”。

其于手工特艺，所记甚详，如卷二记盆景花匠，卷四记宜兴砂壶之制作方式，卷九记漆工夏某技艺之精，卷十六记捏制小儿嬉戏玩具的手艺等，均能详载沿革和制作方式。

其于文化活动，也有极丰富资料，如卷五即以谈戏剧为主，记梨园演戏有雅部、花部之分，又记角色曲目、戏班沿革、伶人轶事等，可供研究清代戏曲史的参考。至于文人轶事，涉及尤多。每以一人物为中心，遂联及其戚党、学侣、诗友、门客，乃分别叙述，联及其人之生平轶事。虽着语不多，但能得其大概。当时知名人士，多见著录。若能将书中所收诸人姓氏及异名，编成索引，则略一翻检，即可得乾嘉时若干学人、名士之生平，此当为《画舫录》之另一用途。

其于城市居民及游民生活，所记亦较丰富。如卷十记说唱艺人及猴戏、傀儡戏、杂耍、相扑、西洋镜各种艺人的谋生方式，为研究社会史的资料。

艾塘身处乾嘉盛世，其书多歌颂太平景象，自不足怪。开卷之始，即述乾隆六次南巡盛典，其他各卷也多记园林美景及社会繁荣，所以中华书局本编校者即指陈其失说：

> 本书是着重于记载扬州繁盛的一面，而对被这种繁荣所掩盖着的当时社会的黑暗面，如封建剥削阶级对劳动人民的搜刮，盐业工人的痛苦生活等等，却没有记载。

此评似确而偏高，要求封建文人有正面立论的资料，未免过苛。若能对记事细心爬梳，也可从另一面得其所谓社会的“黑暗面”，试以卷六所记盐商之奢为例，记称：

> 初，扬州盐务竞尚奢丽，一婚嫁丧葬，堂室饮食，衣服舆马，动辄费数十万。有某姓者，每食，庖人备席十数类。临食时，夫妇并坐堂上，侍者抬席置于前，自茶面荤素等色，凡不食者，摇其颐，侍者审色则更易其他类。或好马，蓄马数百，每马日费数十金。朝自内出城，暮自城外入，五花璨著，观者目眩。或好兰，自门以至于内室，置兰殆遍。……有欲以万金一时费去者，门下客以金尽买金箔，载至金山塔上，向风飏之，顷刻而散，沿草树之间，不可收复。又有三千金尽买苏州不倒翁，流于水中，波为之塞。

等等豪举，何一不是盐商搜刮所得，又何一不是沾满盐工的斑斑血泪？他如所记巨商名士的徜徉山水、征歌逐舞的挥霍奢靡生活，又何一不是“黑暗面”的反映？从封建文人著作中抉择史料，要在读书时善加剔取。

清季李详于所著《媿生丛录》卷一记《画舫录》版本及阮元书序称：

> 李艾塘《扬州画舫录》初印本，较今本前多芸台相国一序（嘉庆二年书于富春舟次）。题词初印本止于蒋莘。原书无图，今图补于目录之下，痕迹

> 尚见。相国序云："或有以杨衒之、孟元老之书拟之者；元谓杨、孟追述往事，此录则目睹升平也。或有疑其采及琐谈者；元谓《长安志》叙及坊市第宅，《平江纪事》兼及仙鬼、诙谐、俗谚，此史家与小说家所以相通也。且艾塘为此垂三十年，考索于志乘碑版，咨询于故老通人，采访于舟人市贾，其裁制在雅俗之间，洵为深合古书体例者。"详谓相国之文，每道着人痒处，此叙是也。

此书版本甚多，南京大学图书馆史梅女士鉴于此书"自乾隆末年写就，到清末民初石本刊印，百余年间经过多次增补刊刻，印本繁多，情况复杂"，特撰《〈扬州画舫录〉版本初探》一文（《南京大学学报》2001年第5期），进行了详尽的考究，本书有如下多种版本：（1）乾隆自然盦初刻本；（2）嘉庆自然盦印本有甲、乙、丙、丁四种；（3）道光自然盦印本；（4）同治方浚颐重印本；（5）光绪申报馆铅印本；（6）古今书室石印本；（7）1960年中华书局汪北平等点校铅印本；（8）1984年广陵古籍刻印社整理标点本。各本异同，请参阅史梅原文。

在《扬州画舫录》问世前，清初还有一位名吴绮的写过一篇《扬州鼓吹词序》，见收于嘉庆本《说铃前集》，既名为序，必有其词，可惜未曾获读。其文记扬州名胜沿革，凡著名楼馆厅堂、寺观宅阁，皆记其方位与掌故，颇类扬州地方风土之作。李斗《扬州画舫录》曾引其《重城》一则，专记扬州妓馆之盛，可见吴著当早于李作。

吴绮生于明万历四十七年（1619年），卒于康熙三十三年（1694年）。字园次，江都人。顺治十一年（1654年）拔贡，授中书舍人，官至湖州知府。工诗词骈文，为清初一大家，极负盛名，所著有《林蕙堂集》。清人笔记中时记其生平及轶事。清初董含于所著《三冈识略》卷七有《吴太守》条，记吴氏性格行事云：

> 吴太守绮，字园次，广陵人。出守吴兴，性潇洒，喜交游，酷嗜诗酒，不喜居官，被放归。家贫，颇事干谒，以酒色自娱，不复问家人生产事。夏日，偕诸名流过余小集，分韵赋诗。

今人赵传仁等笺注之《颜光敏诗文集》中，所收的《题吴园次年谱诗》，也极推重吴氏之才华、性格，有句云：

少年橐笔值金殿，清姿照耀龙池冰。
官悬新谱数称旨，退朝往往持缣缯。
竹西酒肆杂市侩，出郭数武闻喧腾。
酒阑坦跣行六博，座中群指吴吴兴。
几年为守穷且窭，独雨胜迹夸友朋。

同时代人的这些推崇，正说明吴绮是一位才华横溢、风流倜傥、清贫自守而又不拘细节的人。直至清代晚期，在一些杂书中，仍能不时见到对吴绮生平行事的记述。如朱克敬《儒林琐记》即记有吴氏生平说：

吴绮，字园次，江宁江都人。康熙时以贡生荐授内阁中书，谱椒山乐府称旨，擢兵部员外郎，后官浙江湖州知府，忤上官罢归。家居有园，贫不能致花木，凡乞文者，皆令以花木润笔。不数年，荟蔚满园，号为种字林。绮文才富艳，工骈体文，与陈维崧齐名。

黄协埙《锄经书舍零墨》卷一《红豆词人》条，记吴绮风流韵事说：

国初时，扬州吴园次先生绮，以四六词曲闻于世。有毗陵女子日诵其“把酒祝东风，种出双红豆”之句，因自号红豆词人。可谓于竹影词人后，又添一段风流佳话矣。

光绪时人史梦兰于所著《止园笔记》中，记吴氏轶闻琐事尤多。卷二记其罢官后以诗文换花木之雅趣说：

江都吴园次太守绮，解组归，贫不能自给，婿江辰六恺为筑室以居，名曰天地间屋。粤东制府吴留村有赠钱，买赵氏园移居焉。有乞诗文者，多以花木为润笔费，因名之曰种字林。

同卷又记乾隆丁未（五十二年，1787年），吴氏之词与渔洋、竹垞、他山三家诗，并为人纠弹。管韫山议其无违碍，事方得息。《韫山堂集》追记旧事二绝句云“辩雪仍登天禄阁，三家诗草一家词”，即记此事。又卷八记吴园次在官时轶事说：

吴园次，江都人，贡生，荐授中书舍人。奉诏谱椒山乐府，迁武选司员外郎。盖即以椒山原官官之。出守湖州，多惠政，廉得大猾所在，单舸擒而歼之，欢声动地。凌忠节公未葬，为捐俸卜地葬焉。湖人称为“三风太守”，为多风力、尚风节、饶风雅也。

从这些记载看，吴氏之为人行事，约略可见，宜乎其负有盛名。

在《扬州画舫录》之后，尚有周生所撰《扬州梦》四卷。周生名伯义，字子如，号焦东生、焦东野叟。镇江丹徒人。道光三年（1823年）生，光绪二十一年（1895）卒。岁贡生，候选教谕。所著有《金山志》、《北固山志》、《焦东阁日记》、《焦东阁诗存》等。《扬州梦》为其少作，记扬州风月，兼述社会状况。书中引述《扬州画舫录》所记河船名类事，则其撰述年代当在《画舫录》之后，又记事多用干支，如辛丑、辛亥、壬子、丙辰，稍前为乾嘉，稍后为道成。惟卷四有两处言及“粤寇”，一处记及林文忠公锄奸僧事，则此辛丑必为道光二十一年，辛亥必为咸丰元年，壬子必为二年，而丙辰必为六年。由此推断，撰者当为道咸时经常涉足花丛之文人，而书则成于咸丰末年。

是书凡四卷，卷一《梦中人》，主要皆青楼中人之轶事；卷二《梦中语》，辑撰者及他人咏妓、赠妓之诗作；卷三《梦中事》，记扬州社会风情，如记手工业及商业等，为四卷中最有用之一种，但逊于《画舫录》；卷四《梦中情》则记男女缠绵奇情诡异之事，然大半出于杜撰。

南京师范大学陆林教授曾撰有《“焦东周生”即丹徒周伯义》一文，详考《扬州梦》作者，该文发表于《明清小说研究》2004年第1期，可供参考。是书有《说库》本和《美化文学名著丛刊》本。

原载于《扬州文化研究论丛》第2辑　越昌智主编　广陵书社2008年版

关于清内阁的小书

清人笔记中关于内阁典制及掌故的记述，时有所见，而专著则以《内阁志》及《内阁小志》为最得用。《内阁小志》虽名曰小，而较《内阁志》为详尽。《内阁志》的撰者席鏊，字宝箴，江南常熟人。生平无碑传可考。据该书记述内容，撰者当生于康熙时而卒于乾隆时。撰者于雍正时曾在内阁任职七年，晚年退居里中，追忆往事，而撰成此书。

《内阁志》虽仅二十八则，但于内阁的设置、职掌、仪注、公文程序等都能明其源流，详其制度，足供研究清代内阁制度之参考。尤其是每则标目之下均以双行小字注明，使人一目了然。书后附有《大学士记》，记其服官时满大学士七人、汉大学士六人的名氏简历。书中曾论及大学士说："大学士于军国事无所不统，其实每日所治事，则阅本也。"寥寥数语可见清代内阁的职权地位。又所记军机房设置等则，颇可作研究军机处制度的佐证。

《内阁小志》的撰者叶凤毛，字超宗，号恒斋。雍正八年因祖父映榴荫，得入中书，官至典籍。恒斋善书画，山水仿王石谷，花鸟抚恽南田。《海上墨林》及《清画家诗史》中曾记其简历。

叶氏居中书前后十年，见闻颇多。乾隆三十年退居乡间，乃撰《内阁小志》以记内阁典制。书中自序叙全书内容云：

> 首志其地，次志其官，次志其职事，次志其仪文，末志其姓氏。自我以前，自我以后，莫得而详者，阙焉。其大较亦可得而睹已。

《内阁小志》所记内阁典制多出自亲历，不同于一般辗转移录，所以颇称详尽。它对内阁所属机构、职掌及人员所记尤详。其中《阁中堂属姓氏》一则，为撰者供职内阁十年中之大学士、学士、侍读学士、侍读、舍人等的简历，有便于翻检稽考。

书后附有《内阁故事》系自《春明梦余录》、《可斋笔记》、《玉堂漫笔》、《世庙识余录》、《琐缀录》、《国史唯疑》、《西垣笔记》、《留青日札》、《香祖笔记》、《居易录》等书中所摘录之明清二代内阁故事。其所引据各书虽大多易得，但可免学者翻检之劳，不为无用。

《内阁志》与《内阁小志》的撰者时代大致相同，又同在中书任职，所记为同一内容，故二书可比较而读，为研究清代前期内阁制度提供方便。

我所读《内阁志》为《借月山房汇钞》本，《内阁小志》则为《丛书集成》本。

原载于《邃谷谈往》（说文谈史丛书） 来新夏著 百花文艺出版社1999年版

图书保护技术的新成就

一、防蠹技术

明代藏书家在前人经验的基础上，采用了自认效果最佳的措施。“如范氏天一阁藏书甚富，内多世所罕见者，兼藏芸草一本，色淡绿而不甚枯，三百年来书不生蠹，草之功也”。芸草即芸香草，又名“七里香”，它能分泌抗虫杀菌物质，但时间一久，效用会逐渐消失。现在天一阁中还保存着芸草三本，虽已年代久远而失效，然尚可作为研究资料。

福建藏书家谢肇淛重视翻阅、通风。他说：“书中蠹蛀，无物可辟，惟逐日翻阅而已。置顿之处，要通风日，而装潢最忌糊浆厚裱之物。宋书多不蛀者，以水裱也。日晒火焙固佳，然必须阴冷而后可入。若热而藏之，反滋蠹矣。”毛晋注意在裱糊时采取防蠹措施，清人孙庆增在《藏书记要》中叙述其措施说：“毛氏汲古阁用伏天糊裱，厚衬料，压平伏。裱面用洒金墨笺，或石青、石绿、棕色紫笺，俱妙。内用科举连裱里，糊用小粉、川椒、白矾、百部草细末，庶可免蛀。”防蠹技术中最突出的成就是广东南海（佛山一带）发明了防蠹纸“万年红”，即将铅丹（红丹）涂在纸上。铅丹的主要成分是四氧化三铅，具有毒性，可以毒死蛀书害虫，防蠹作用具有持久性。当时，广东所出的线装书，往往扉页封底里各装一张防蠹纸作为附页，用以防蠹。直到现在，修补古书还有用这种方法的。

二、注意防范灾变的藏书楼室设计思想

明人在建筑藏书楼室时防范灾变的思想相当明确，而且考虑得非常周到细致。如浙江藏书家胡应麟的藏书室，“屋凡二楹，上固而下隆其阯，使避湿，而四敞之可就日”，显然是要防潮、防霉和防蠹。祁承㸁于天启三年（1623年）在给其子的家信中间讲到藏书楼的建筑应是“既欲其坚固，又欲其透风”。可以看出对藏书楼要注意防范灾变的重视。

天一阁的建筑尤其值得注意，它墙圃周回，远离灶火，阁前又有池蓄水备用。坐北朝南的两层木结构楼房，前后皆开窗户，楼内书柜也都有前后设门，以利通风；楼顶起脊，有利于防止漏雨和隔热；楼前楼后有廊，对于防光、隔热和防尘都有好处。可见天一阁的构造对于火灾外的霉变、虫蛀等多种灾变，也都注意了防范。

原载于《海南日报》2009年6月28日

漫话古籍的保护与研究

一、古籍是中华传统文化的根本立足点

中国有五千年的悠久历史，如据浙江跨湖桥古独木舟的发现当为八千年。随着历史车轮的滚动，中华文化日益丰富多彩，经过先民的口耳相传，结绳契刻，到文字的产生。从周秦以来（一说从商，但尚无实物可证）中华传统文化就有了以竹木为材料的特定载体，形成中国的最早图书——简书，为中华文化提供了根本立足点。以后又逐渐发展为帛书、纸书，而在装订形式上亦从卷轴、方册、鱼鳞、蝴蝶、包背到线装，构成中国藏量极大的书群，这就是古籍。

中国古籍数量之多，已难确切估计，只能用汗牛充栋和浩如烟海等等词语来形容。但珍惜古籍却缘起甚早，公元前206年十月，刘邦入咸阳，首先命萧何收集图书。惠帝时，又“大收篇籍”，使散失的图书适时地收集和典藏。直到武帝时，已是“书积如丘山”。成帝时为检查图书的存佚，就在刘向父子主持下进行一次大规模的整理编目，将国家藏书分为六类，编成《别录》与《七略》。当时统计，国家藏书已有13219卷。历代由于天灾人祸，图书有聚有散。东晋李充以西晋荀勖《中经新簿》校存书，不过3014卷。唐初撰《隋书·经籍志》，已著录达89666卷。下垂清乾隆时，《四库全书》著录之书为3461种79309卷，存目收录之书为6793种93551卷，两共收书10254种172860卷，几乎涵盖了清乾隆以前，尤其是元代以前的各种主要著作，这就是我们所说的古籍藏量。

这些古籍从《七略》六分以来，经过魏晋以甲乙丙丁为序的四分和南北朝的七分、五分，而《隋书·经籍志》则明标经史子集的四分。古籍分类，至此底定，而相沿至今未变。在经过不断制作、搜求、典藏、整理的大量古籍中，包容着自然和人文两大内容。古今中外，各门学术，无不纳其中。是以中国古籍可称中华传统文化之总汇，也即时尚所谓国学之所在。质言之，今所谓国学，即经史子集之学而已。君若不信，试举国学任何一种著述，能越经史子集之范围者几稀！

二、保护古籍　珍惜遗产

中国古籍如此浩繁，从竹木简书到宋元善本，以至一般古籍，都是先人留给我们的珍贵遗产。作为中华子孙应有继承与保护的责任，而不能坐视其被损坏与弃置。但现实生活中由于缺乏保护理念与应有的修复措施，以致造成某些蠹食鼠啮的惨状，令人心痛。当前的重任就是保护好古籍。保护古籍主要有三条渠道。

其一是原生性保护。古籍随着岁月的移动，或为自然的不可避免的损伤，或因人为的摧残，以致造成残缺破损。因此原有的古籍就需要加以保护，主要是改善庋藏条件和修补残损。中国对藏书，历来注重保护，特别是私人藏书，更为藏家所珍视。从汉代开始，就用竹制小箱子——簏，分类置放图书。东汉以后，进入纸书时代，用黄檗染纸防蠹。东汉时，曹曾筑石窟藏书。隋炀帝虽多为后世訾议，但他分三类抄存副本，使得大量古籍得以完整保存。明人范钦筑天一阁为藏书所，亦为人所熟知。他更制定了许多防火、防蠹、防潮、防散失等保护措施。时至今日，随着科技发达，若干防护设备日臻完善。尤其是作为非物质文化遗产的古籍修复技术，代代相传，技艺日精，许多残破古籍经过修补、垫衬、描画，妙手回春，恢复原貌，保存散失，这对古籍无异是进行生命的抢救。大部分读书人对原生性保护尤为注意，北齐颜之推在《家训》中曾说："借人典籍，皆需爱护，先有缺坏，就为补治，此亦士大夫百行之一也。""或有狼藉几案，分散部帙，多为童稚婢妾之所点污，风雨虫鼠之所毁伤，实为累德"。近年来，国家图书馆定期在各地举办全国范围的修补培训班，有意识地培养古籍修补专业人才，实为延续古籍生命的善举。

其二是再生性保护。再生性保护的手段，历史上是传抄、刻印，而当代则是再造。在雕版印刷发明以前，主要靠书手受雇传抄。雕版时代为阅读方便，配补不足，或恢复散失，也有单册抄写的。如西晋文学家左思的《三都赋》成，"豪

贵之家竞相抄写，洛阳为之纸贵”。1924年，在新疆鄯善出土晋人手抄的《三国志》残卷，上有《虞翻传》和《张温传》，共80行1090字，惜原卷已流入日本。正因抄书日渐普遍，社会上出现佣书的专门行业。有些藏书家在所藏毁损后，又大量抄存，形成大规模的再生行为。如元初王应麟家，藏书万卷，毁于兵火，其子王世昌重加抄纂，终得恢复原貌。而更值得注意的是有些藏书家参与和推行刻书活动，不仅刻自己的著作，更多的是刻印重要古籍。有的藏书家更提出刻印珍本秘籍，明末清初的藏书家曹溶所撰《流通古书约》中就希望有财力的藏书家将未刊布的古人著作，“寿之枣梨，始小本，讫巨编，渐次恢廓四方，必有闻风接响，以表彰散佚为身任者”。晚清的张之洞在《书目答问》后专附《劝刻书说》一文云：“且刻书者，传先哲之精蕴，启后学之困蒙，亦利济之先务，积善之雅谈也。”清代学者的大量刻书为中国古籍的再造、增量起了重要作用。当前国家图书馆的古籍再造工程，则是在更精细完美的情况下，对古籍进行再生性扩量保护，对充实馆藏，普及传统文化，产生极大影响。

其三，加强流通，开拓流通。流通是书籍的重要功能之一，文字载体如无流通，则失去传播和传递的历史作用。古籍的流通，历来靠两种途径，一是读书人之间通过借抄交换，有无相通。明末藏书家李如一就持“天下好书，当与天下读书人共之”的观点，所以他“每得一秘书遗册，必贻书相闻，有所求借，则朝发而夕至”。许多大藏书家都愿接待学者进楼抄书，明末黄宗羲在天一阁大量抄书而自名其藏书楼为“抄书堂”。《流通古书约》中还提出了在流通中保存古书的主张，他主张藏书家“各就观目录，标其所缺者”，“视其所属门类同，时代先后同，卷帙多寡同，约定有无相易”，也可以将已有人无之书“精工善写，校对无误，一二月间，各齑所抄互换”。另一途径是通过市场。古籍进入市场始于汉，著名哲学家王充家贫，就靠在书肆读书而成大学者。图书市场到明清时代已基本形成，如明代在北京、苏州、杭州等地，都有专门的书市，有一定的行市及价格标准。胡应麟的《少室山房笔丛》称：“本视其抄刻，抄视其讹正，刻视其精粗，纸视其美恶，装视其工拙，印视其初终，缓急视其用，远近视其代，又视其方。合此七者，参伍而错综之书之直之等定矣。”清代的慈恩寺、琉璃厂都是北京的书市，许多学者为便于求书，多僦居附近。琉璃厂书市，至今不废。这种流通使图书得以流传，广泛应用，实质上等于为古籍扩量和保护。近年旧书业顺应市场经济的发展，让古籍走上拍卖市场，使古籍成为商品，客观上对古籍有保护作用。而我国若干大馆，馆藏古籍复本较多，如《史记》有一二十套，《四库全书》有数套，若能通过市场调剂，则各缺藏馆得以充实而知所珍惜，大馆也可以调剂书款，增补所缺。两赢之势，何乐不为?

三、了解和研究古籍是古籍发展的前景

无论是原生性，还是再生性的保护，都应属维护行为而非创意行为。我们不能仅仅停留在保护古籍不受损伤的阶段。我们应对古籍基本情况有所了解，进而全面研究，使古籍能更完美，更便于使用。历来除官方的整理研究外，藏书家和学者都在妥善保护古籍的基础上，对古籍的内涵和外延各方面均有所研究。如宋代的宋绶、宋敏求父子，对于搜求典藏的古籍，“日夕校勘”，以聚子孙雠对经籍为乐事，他们研究完善古籍的成就：一是着意校书，家多善本；二是收集散失，编选书籍；三是著书立说，再创新籍；四是总评得失，建言整理，对古籍的完善做了重要贡献。清代学者对此有更显著而巨大的贡献，可以说几乎所有的清代学者都对古籍进行过丰富完美等创意性工程。他们在研究古籍的过程中，逐渐形成校勘、版本、目录、考证等专学。这四学构成清学的四大支柱，为乾嘉朴学奠定坚实的基础，提高了古籍的质与量，至今文史学者犹受其惠。在完善内涵之外，他们又做了大量的外延工作，对多种古籍撰写了注、补、表、谱、考证等新著。如一些知名学者为二十四史增补了史志目录，使中国自汉至明连缀成贯通的图书目录，这是图书文化中罕见之举。因此清人著作成为了解和研究古籍的门径，清末张之洞与诸生讨论读书不必畏难之事说：

> 读书一事，古难今易，无论何门学问，国朝先正皆有极精之书。前人是者，证明之；误者，辨析之；难考者，考出之（参校、旁证）；不可见之书采集之。一分真伪而古书去其半，一分瑕瑜而列朝书去其十之八九矣。且诸公最好著为后人省精力之书：一搜补（或从群书中搜出，或补完，或缀缉），一校订（讹脱同异），一考证（据本书、据注、据他书），一谱录（提要及纪元、地理各种表谱）。此皆积毕生之精力踵曩代之成书而后成者。故同此一书，古人十年方通者今人三年可矣。[①]

---

① 《辅轩语·语学》。

这对我们准备进而了解、研究古籍是很好的启发。当前，我们从事古籍工作的同行，有不少朋友已经登堂入室，结有丰硕成果。我曾读过他们有关古籍的著作，不仅对古籍领域的研究做出贡献，扩大了藏书量，也是对古籍行业从业人员的一种示范和激励。因此，我提出两点建议，与同行们商榷：

一是古籍从业人员不能停留在单纯保护上，而应进一步了解古籍、研究古籍，不仅保护好古籍，而且发掘其蕴藏，为传统文化提供研究依据和创造古籍新著，为古籍扩量尽力。

二是清人校读整理古书和创作古籍新著，可以说是空前的，他们的成果为后人大大地减负。所以我认为，“读古书当读清人有关著作”，把清人的研究成果作为我们进修的阶梯，是十分必要的。

原载于《文史知识》2009年第3期

如何应用与看待考据

考据一称考证，是自汉以来学者所普遍使用的一种整理文献的技能或方法，至清而成为专门之学——考据学。关于考据的兴起、发展以至成为专学等问题，我已在《清代考据学述论》（《南开学报》1983年第3期）一文中有所论述。现再就考据的基本方法及如何看待这一门学科略陈臆说。

一

判断一门学科的社会价值重要的一点在于考察它的应用程度，而能否应用又取决于它是否有一套基本方法。不过，前人专谈考据基本方法的并不多，只能从零散资料中去爬梳归纳。

从考据学的发展历史看，考据是从治经开始，经穷而后入史。其后范围日益扩大。要了解考据的基本方法，首先应了解考据的对象和目的是什么。清代著名考据学家钱大昕曾明确规定自己考据的对象说：

> 予好读乙部书，涉猎四十年。窃谓史家所当讨论者有三端：曰舆地、曰官制、曰氏族。[①]

这段话说明钱氏对历史的考据范围就在这三方面，即确定地理方位、官名职掌和氏族支脉而已，也证明考证在乾嘉全盛时期的成就不过如此。当然，我们应用考据方法不会只停留在这三点上，而应从为研究历史作好准备上着眼，即对文

---

① 《潜研堂文集》卷二十四《二十四史同姓名录序》。

献史料、文物史料及史事进行必要的考证。

第一，考证文献史料。文献史料的搜集整理是研究历史的第一步，而文献史料的考证辨伪则又是搜集整理的前奏。郭沫若在《十批判书》中曾说：

> 材料不足，固然大成问题，而材料的真伪或时代性——如未规定清楚，那比缺乏材料还更加危险。因为缺乏材料，顶多得不出结论而已，而材料不正确便会得出错误的结论。这样的结论，比没有更要有害。

这段话不仅指出史料考证的必要性，而且告诉我们对史料要考证的方面——即考证史料的真伪与时代。

史料的真伪对于结论具有极为重要的意义。所谓真就是经过检验确是某一时代、某一人记载某一事的真实情况，其中是否有所隐讳、错误或捏造等等。这种考证后的史料可以作为说明问题时具有说服力的证据。

史料的时代性也很重要，即使史料不伪，但不能用别一时代的真史料来说明此一时代的问题；反之，有些史料虽是伪托而被认为本身是伪，但如能确切考明这是某一时代的作伪品，那也可用作反映作伪时代思想观点的材料。

第二，考证文物史料。文献记载以外的实物、遗迹（如遗址、器物、碑版等）也都是考史的一种依据。但要用这些物证时，必须先确定这些物的可靠性，例如古器物有真赝的不同，遗迹有年代的问题，这都需要进行缜密的考证。这些文物史料考定后就能有力地论证问题，丰富历史的内容。有时，它比文献史料更具有重要意义。马克思曾这样强调过：

> 要认识已经灭亡的动物的身体组织，必须研究遗骨的构造；要判别已经灭亡的社会经济形态，研究劳动手段的遗物，有相同的重要性。……劳动手段不仅是人类劳动力发展程度的测量器，而且是劳动所在的社会关系的指示物。[①]

周口店北京猿人的发现和确定，使我国历史上推到四五十万年之前；郑州殷代遗址的发现和确定，充实了殷代社会早期的状况；西安秦兵马俑遗迹遗物的发现，加深了对秦朝军事制度及手工艺水平的认识；苏州一批碑刻的考定，有力地证实了明代手工业工人反抗斗争的规模……把遍及我国的大量文物史料考清，将

---

① 马克思：《资本论》第一卷，人民出版社，1953年，页194—195。

大有助于历史的研究与论述。

真伪和时代考清也要注意考其内容的真实与否。例如古代金文甲骨文中所记战俘与奴隶的数字，便多有炫功不实之处；名人墓表碑碣，对其生平则有阿谀称德的地方。这些都会有误于知人论世。这都是文物史料的考证范围。

第三，考证史事。过去的记载多出于统治阶级之手，所记史事有不全、不实、捏造、曲讳、异说种种不同情况。小之于个人的生卒经历，大之于典章制度、政治事件、战事规模，无不应力求其真。尤其是蒙以神秘迷信色彩的史事，更应破其迷雾，阐幽显微。如自然景象之释为灾异祥瑞，农民起义之利用宗教外衣等等。

文献史料、文物史料及史事应是考证的主要对象。但是如何着手，如何发现问题与提出问题呢？其前提必须要有“质疑”的精神和态度。陈垣先生曾说过：

> 考证贵能疑，疑而后能致其思，思而后能得其理。[①]

这里所说的“能疑”，不是毫无根据地凭主观乱疑，而是在发现疑点、发现矛盾时不轻易放过，然后去思考，通过一些方法，寻求解决途径，终于“得其理”——达到合理的解决。

过去的考证学家究竟采取何种方法以解疑呢？在以长于考证的清代学者论述中除顾炎武尚有较完整的见解外，其他多属片言只语。大抵乾隆以前的总精神是“多闻阙疑”，如顾炎武提出“博学以文”的口号，主张以“旁搜博讨，夜以继日”的精神来“抉剔史传，发挥经典”[②]。他如阎若璩的“一物不知，以为深耻；遭人而问，少有暇日”[③]和马骕的“博引古籍，疏通辨证”[④]等等都不出“多闻阙疑”的范围。而乾隆以后则已从“多闻阙疑”发展到解疑和穷源竟委，如钱大昕对于难决的问题要求“剖析源流”，对典制考实要做到“了如指掌”，对于“是非疑似难明者”与典制“不能明断其当否者”皆“确有定见”[⑤]。王鸣盛的“求于虚不如求于实”，“总期于能得其实焉而已矣”和“总归于务求

① 《通鉴胡注表微》《考证篇第六》。

② 《金石文字集序》《亭林文集》卷二。

③ 《清史稿》卷481。

④ 《清史稿》卷481。

⑤ 段玉裁：《潜研堂文集》序。

切实”[①]等等主张也是要切实解决问题。而高邮王氏父子的考证方法，梁启超曾为之归纳为六步，即注意、虚己、立说、搜证、断案、推论。[②]不过王氏父子的“一字之证，博及万卷”的主张则导致了考证学的日趋烦琐。

在这些学者的主张中可以看到他们所使用的一些方法，其中比较完备具体的应属顾炎武。顾炎武在《音学五书》的音论中曾说：

> 列本证、旁证二条。本证者，《诗》自相证也；旁证者，兼之他书也。二者俱无，则宛转以审其音，参伍以谱其韵。

这虽是指音学而言，但已具体提出了考证的三种基本方法：除本证、旁证已明标其目外，最后所说的以“宛转”、“参伍”之法来审音谐韵，实际上就包含有理证的意义。

根据这些片断资料和一些考证学著作以及前人的论述，考证的基本方法主要有三：

（一）本证：一称内证。就是利用图书本身资料发现矛盾，寻求证据来考定问题。它主要可从以下几方面着手：

（1）从图书中所载事实、典制来考定；

（2）从图书中所征引的资料来考定；

（3）从图书内容的文体和字句来考定；

（4）从图书内容的学术思想来考定。

这些考定对于不经见或作者缺名的书和稿本、抄本等具有重要意义。

在图书本身考定以后，也可用此法来考定图书内容。赵翼的《廿二史劄记》主要就用这种本证法。他在《小引》中说：

> 此编多就正史纪传表志中参互勘校，其有牴牾处自见，辄摘出以俟博雅君子订正焉。

（二）旁证：一称他证或补证。就是利用图书以外的有关资料来考定。前人曾经提出过核伪书八法说：

> 凡核伪书之道：核之七略以观其源；核之群志以观其绪；核之当世之言以观其称；核之异世之言以观其述；核之文以观其体；核之事以观其时；核

① 《十七史商榷》自序。

② 《清代学术概论》十二。

之撰者以观其托；核之传者以观其人。核兹八者而古今赝籍无隐情矣。[①]

八法中的核各种目录、核当代异代著述等项就是旁证的方法。旁证所用的资料，一般有二种，即一书证，二物证。

（1）书证：这是常用的方法。就是利用图书本身以外的资料来考证。它必须精采，做到多见多闻，所搜集的有关资料最好达到主要资料的“全”，而不追求僻冷资料的“新”。书证可以采取两种方法：

其一，对勘互订：用有关联的图书资料互证，章嵚在《白门日札》中曾举出史文对勘的具体做法说：

> 史文经对勘互订而益明。昔赵翼之成《廿二史劄记》也，以汉书比勘史记之大部，以三国志比勘后汉书之一部，以南史比勘宋、齐、梁、陈各书，以北史比勘魏、齐、周各书，又以北史比勘南史，南史比勘北史，以新唐书比勘旧唐书，以新五代史比勘旧五代史，以辽金史比勘宋史，又以金史比勘辽史，又以宋史、金史比勘元史。[②]

此法最为普遍方便，可供参考。

其二，穷搜博采：考定一事必广泛举例证明，不满足于孤证。有充分证据才下结论。这就需用目录学知识广泛搜求有关人、事、时代的典籍，集中研究有关材料以求是。如此穷搜、博采会不会陷于繁琐呢？这就要看是否为考明问题，还是为逞奇炫博。顾颉刚有一段话讲得好，他说：

> 繁琐不繁琐，不在于考证问题时所引用的材料的多少，而在于所引的材料是不是为了解决考证的问题时所必需的，是不是都有内在联系的。如果是必需引用的，各项材料都是有联系的外证和内证，那么虽多到数十百条，也不该说是繁琐。[③]

（2）物证：所谓“物”是指文献以外的实物、遗迹，如古代遗址、金石器物、碑版志铭等等。宋、清两代的学者很善于取金石文字来勘正文献，所以有“金石有助于史学”的说法。目录书中也有金石的专类。但物证的先决条件是必须可靠，如古器物有真赝的不同，遗迹有年代的远近，不考清真伪和时代就会形

① 惠康野叟：《识余》卷四。

② 《天行草堂主人遗编丛刊》。

③ 《中华文史论丛》1979年第一辑。

成以误证误，甚至以误证是。不过也不要过分迷信实物本身，还要注意考究内容。如青铜器铭文，虽然物本身确已考定，但铭文是否即可深信无疑，还需进一步考虑。

遗迹也是物证，清初的顾炎武就把书证、物证结合考订，取得成效。他所至之处即用文献和遗迹来印证，进行调查访问。全祖望特书其事于神道表中说：

> 凡先生之游，以二马二骡载书自随，所至阨塞，即呼老兵退卒，询其曲折，或与平日所闻不合，则即坊肆中发书而对勘之。[①]

（三）理证：凡缺乏证据而根据个人学识以理来判定是非者，就称为理证。这一方法水平高而危险大，稍有不慎，即落入鲁莽武断。胡三省注《通鉴》有用理证的地方，如卷五以理证断秦坑赵卒四十万为不可能（《朱子语类》卷一三四已发其说）。陈垣先生所撰《通鉴胡注表微》的《考证篇》中有些例证，可从中理解理证法的运用。

本证、旁证、理证是考证学中的三种基本方法。而陈垣先生在《通鉴胡注表微》的《考证篇》和《辩误篇》中还提出二点值得初学注意之处，就是：

（一）考证当注意地理。如《通鉴》载："唐高祖武德五年，唐使者王羲童下泉、睦、建三州。"

胡注说："刘昫曰：'武德四年，以建安郡之建安县置建州。盖隋设泉州建安郡，治闽县，景云二年，改为闽州；开元十三年改为福州。圣历二年，分泉州之南安、龙溪、莆田三县置武荣州；景云二年，更武荣州为泉州'。是今之福州，乃唐初之泉州，今之泉州乃景云二年之泉州也。"

陈垣先生按称："泉州、福州之名颇纠纷。《十驾斋养新录》十一曰：'景云二年已前，凡曰泉州者，指今福州也。景云二年之后，凡曰泉州者，指今泉州也。'语本《舆地纪胜》百三十，颇简括，足与此注相发明。"[②]

又如胡三省在《通鉴释文辩疑》卷七七魏高贵乡公甘露二年条特别强调考证地理之事说：

> 凡注地理，须精考史籍，仍参考其他之四旁地名以为证据，何可容易著笔乎？

---

① 《鲒埼亭集》卷十二。

② 《通鉴胡注表微》。

陈垣先生很推重此说称：

古今地名同者多矣！此条所论，乃注地理者之通则也。

清代考证家在这方面做了不少工作。他们整理和注释了古代地理书籍如《禹贡》、《山海经》和《水经注》等，校注和增补了史书中的地理志，都有便于后人的阅读和使用。

（二）考证当注意数字。如《通鉴》卷四五汉明帝永平十六年条载：

诸国皆遣子入侍，西域与汉绝六十五载，至是乃复通焉。

胡注说："王莽天凤三年，焉耆击杀王骏，西域遂绝，至此五十八载耳。此言与汉绝六十五载，盖自始建国元年数之，谓莽篡位而西域遂与汉绝也。"

陈垣先生以胡注甚精而指明说：

考史当注重数字，数字不实，则当稽其不实之由。王莽初年，西域虽与中国通，而对手者实为莽，故曰与汉绝，其义甚精，非好学深思不能得其解也。①

二

考据本是学术研究过程中的一道工序。它和学术研究有不可分割的关系，是为学术研究作整理、复原、鉴定资料工作的，所以，它应在学术研究工作中有一席之地。但重要的问题在如何看待它的地位和作用。陈垣先生曾对此作过评论说：

考证为史学方法之一。欲实事求是，非考证不可。彼毕生从事考证以为尽史学之能事固非，薄视考证以为不足道者，亦未必是也。……史学之一法，固知非大义微言所在也。②

以考据为一法而非大义之所在确是深刻之论。清代考据学者在考据工作方面是有一定成绩的，但使考据学在后世蒙恶名者也始由于乾嘉汉学家高自标榜而独

① 《通鉴明注表微》《考证篇第六》。

② 《通鉴明注表微》《考证篇第六》。

霸其学，致使考据学逐步脱离实际；继而梁启超又对之作偏高的评价，在《清代学术概论》中不仅总结了考据学的直接效果三（即①解决难读难解之古书、②别择伪书及乱书、③恢复失传之绝学）、间接效果二（即①学习治学精神、②学习治学方法），而且还盛夸考据学为“治全盛期史学者，考证学以外，殆不必置论”，“无考证学则是无清学也”[①]。这些评论，未免过当。

实际上考据学在其发展演变过程中已日益显露其局限性。有人视考证为唯一学问，日趋支离烦琐，脱离实际，穷年累月，斤斤于细微末节的考论，一字一词地涉猎万卷，置大义于不顾，以为天下学问尽在于此，乾嘉以后，其风益敝。近人张舜徽曾斥其事说：

> 以为辨论不极乎幽隐，考核不穷乎邃密，不足以与于学术之末也。甚者举此施教后生，说一经必援用数十百家之义，解一字而必衍成数万言之文。[②]

因此，有必要对考据学的所由兴、其贻害和前人对其评论等作些简括的论述。

首先，考据学在清代乾嘉时期之所以有显著发展，我在《清代考据学述论》（《南开学报》1983年第3期）一文中曾有所分析，其中主要的一条，乃是清代统治者已发现考据一道可从阴柔方面达到统治目的，把一些学者从前期研究“经世致用”之学的道路上拉回来而有意识地推波助澜强调考据学的重要地位。《四库全书总目提要》明显地表露了这一意图。顾亭林是人所共知的提倡经世之学的学者，他的考据是为更准确地说明其政治观点，表达其政治思想和知人论世等等。他的弟子潘耒在为《日知录》撰序时着重指出这一点说：

> 先生非一世之人，此书非一时之书也。……立言不为一时，录中固已言之矣。异日有整顿民物之责者，读是书而憬然觉悟，采用其说，见诸施行，于世道人心，实非小补。如弟以考据之精详，文辞之精辨，叹服而称述焉，则非先生所以著此书之意也。

这是洞察顾氏思想实质的窍要之论，而《四库提要》却特意指斥潘序，认为：

---

① 《清代学术概论》十。

② 《广校雠略》。

潘耒作是书序，乃盛称其经济，而以考据精详为末务，殆非笃论矣。[①]

在短短五百来字的《日知录》提要中，居然在最后直指这一“缺点”；反之，对沾沾于考据的阎若璩则誉为“博极群书，睥睨一代”[②]。这完全反映了清朝统治者倡导考据学的用心所在了。

第二，有些溺于考据的学者往往对一字一句，一书一事考得较清楚，而漠视了重大问题，以致在知人论世方面表现为目光短浅，思想糊涂，是非不分。如颇为人推重并自诩为考据精核的阎若璩，在考定伪古文尚书真伪问题上是有成就的，但遇到评论历史人物时则不仅毫无见解，而且违背事实。他曾把钱谦益伦比于顾炎武与黄宗羲说：

当发未燥时，即爱从海内读书者游，博而能精，上下五百年，纵横一万里，仅仅得三人焉。曰牧斋钱宗伯、顾亭林处士及先生黎洲而三。[③]

这种知人论世的态度，凡稍具历史知识者，都会感到拟之不伦的可笑。他所标榜的“一物不知，深以为耻”恰恰正是对自己的嘲笑。

第三，考据学即使在其全盛时代也已有些学者提出了不同的看法。焦循在《与王引之》书中曾痛詈某些考据家的奴仗主势“以欺愚贱”。焦循说：

循尝怪为学之士，自立一考据名目。以时代言，则唐必胜宋、汉必胜唐；以先儒言，则贾孔必胜程朱，许郑必胜贾孔。凡郑许一言一字皆奉为圭璧，而不敢少加疑辞。窃谓此风日炽，非失之愚即失之伪，必使古人之语言皆佶屈聱牙而不可通，古人之制度皆委曲繁重而失其便，譬诸懦夫不能自立，奴于强有力之家，假其力以欺愚贱。究之，其家之堂室牖户未尝窥而识也。若以深造之力，求通前儒之意，当其散也，人无以握之，及其既贯，遂有一定之准，其意甚虚，其用极实，各获所安，而无所勉强，此亦何据之有。古人称理据根据，不过言学之有本，非谓据一端以为出奴入主之资也。据一端以为出奴入主之资，此岂足以语圣人之经而通古人声音训故之旨乎？[③]

焦循又在《家训》中对考证之风表示了深恶痛绝的态度说：“近之学者，无

①② 《四库全书总目提要》卷119《日知录》条。

③ 《南雷黄氏哀辞》见《潜邱札记》卷四。

① 《焦里堂先生年谱》嘉庆三年。

端而立一考据之名，群起而趋之。所据者汉儒，而汉儒中又惟郑许。执一害道，莫此为甚。专执两君之言以废众家。或比许郑而同之，自擅为考证之学，吾深恶之也。”

> 自有考据之目，依而附之者：一为本子之学，一为拾骨之学，不异市井牙侩，终日为估客比兑银货，而已究一无所有也。[①]

焦循在当时号称“通儒”，他所作这些激烈之词，甚至诫之子孙，虽有偏激过甚之处，但至少反映考据学在乾嘉时期已暴露出为人抨击的弊病了。

古文家李兆洛在《与方植之书》中也指出考据的烦琐之弊说：“一二君子倡之于前，无识者借以取名，或甚以此希取富贵，波流至今而极，而掇拾愈细，其味愈薄，亦稍稍有厌之者矣。”[②]

力攻汉学的宋学家方东树特别写了一篇《辨道论》大声疾呼地指斥考据学说：

> 以六经为宗，以章句为本，以训诂为主，以博雅为门，以同异为攻。不概于道，不协于理，不顾其所安，骛名干泽若飘风之还而不傥，亦辟乎佛，亦攻乎陆王，而尤异端寇雠乎程、朱。今时之敝，盖有在于是者。名曰考证汉学，其为说以文害辞，以辞害意，弃心而任目，刓敝精神而无益于世，用其言盈天下，其离经畔道过于杨墨佛老。[③]

即使从事考据的史学家章学诚也曾疾言厉色地批评当时的不正风尚说：

> 今之博雅君子，疲经劳神于经传子史，而终身无得于学者，正坐宗仰王氏（王应麟）而误执求知之功力以为即在是尔。
>
> 今之俗儒，且憾不见夫子未修之春秋，又憾戴公得商颂而不存七篇之阙目，以谓高情胜致，互相赞叹。充其僻见，且似夫子删修，不如王伯厚之善搜遗逸焉。盖逐于趋时，而误以襞襀补苴谓足尽天下之能事也。幸而生居当世也；如生秦火未毁以前，典籍俱存，无所补辑，彼将无所用其学矣。[④]

这些学者的指陈在一定程度上对考据学作了评论。

---

① 《国粹学报》第五期。

② 《养一斋文集》卷十八。

③ 《考槃集文录》卷一。

④ 章学诚：《文史通义·博约中》。

第四，考据家标榜求实，主张不谈大义，不发议论，妨害了学术研究的发展，也贻误了后学。王鸣盛比较系统地代表了这种主张，他在《十七史商榷》的自序中说：

> 大抵史家所记典制，有得有失，读史者不必横生意见，驰骋议论，以明法戒也。但当考其典制之实，俾数千百年建置沿革，了如指掌，而或宜法，或宜戒，待人之自择焉可矣。其事迹则有美有恶，读史者亦不必强立文法，擅加与夺以为褒贬也。但当考其事迹之实，俾年经事纬，部居州次，记载之异同，见闻之离合，一一条析无疑，而若者可褒，若者可贬，听之天下之公论焉可矣。书生胸臆，每患迂愚，即使考之已详而议论褒贬，犹恐未当，况其考之未确者哉！盖学问之道求于虚不如求于实，议论褒贬，皆虚文耳！作史者之所记录，读史者之所考核，总期于能得其实焉而已矣，外此又何多求焉。

这种主张实际上是为学术研究划定框框，只去追求细小具体问题的考定，而不要去触及褒贬是非，横生议论，引导后人走向繁琐，究其实也只是一种欺蒙后学的妄言。王鸣盛以不发议论而自衒，但就以《十七史商榷》而论又何处无议论，这又怎能说无“与夺褒贬”呢？而他自矜的考证学也并不能完全无误，《十七史商榷》卷一第一条全文不过四百余字，而前人已指出其误有四。[①]其他亦可想见。

上述这些弊病主要是乾嘉汉学所造成，不能笼统归之于清代考据学，更不能进而以此全部否定考据的作用。即使乾嘉考据也有其一定贡献，不能完全指摘为烦琐罗列，而应有所分析。我们应该尊重前人经考据而得的成果，善加利用；但不能妄信妄从陷入识小遗大的烦琐泥沼之中。同时，也应当认识到考据本身不是目的，只是进行学术研究的一个环节，一种手段。它为学术研究准备好经过考订的资料，为研究工作的抽象概括和具体分析提供便利。作为一项具体工作来说，也可以允许有些人专门从事考据，因为确切的材料对他人有节约劳动，提供方便的贡献。我们既反对排斥考订资料的真实性而空谈义理，也反对轻视义理的烦琐考证，而是要把考据与义理正确地结合起来。

原载于《社会科学战线》1985年第1期

---

① 陈垣：《书十七史商榷第一条后》，民国35年10月16日《大公报·文史周刊》。

清代考据学述论

考据并非清代所独有。它萌芽于对历史文献的致疑，肇端于汉代学者的整理文献典籍。自汉以来，考据一直为历代学者用作整理历史文献的一种技能或方法。直至清代，考据成为一种专门之学[①]，作者蜂起，著述丛出，而称一时的“显学”。它随着历史发展的要求而出现各具特点的不同发展阶段。本文只就其渊源、发展与特点诸问题略作述论。

一

考据一称考证，是历来学者所普通使用的一种整理历史文献的技能或方法。它可能起源于对文献的致疑。如儒家学派的子贡就怀疑过有关纣的罪恶记载说：“纣之不善，不如是之甚也，是以君子恶居下流，天下之恶皆归焉。”[②]子贡怀疑纣没有像文献记载上所说的那样坏，只是由于他干了点坏事，于是许多罪名就加到纣的身上。它启示了对文献记载进行考信的想法。

孟子对典籍中所记武王伐纣的战况也认为不完全可靠。他说：“尽信书不如无书，吾于《武成》取二三策而已。仁人无敌于天下，以至仁伐不仁，而何其血之流杵也。”[③]孟子直接指出《尚书·武成》篇这一文献典籍中描写武王伐纣战况的“血流漂杵”是夸大，只能相信十分之二三。这种思路就是考据方法中的理

---

① 《清史稿》卷四八六《汤球传》：“汤球……从（俞）正燮、（汪）文台游，传其考据之学。”

② 《论语·子张》。

③ 《孟子·尽心》。

证法。

有所怀疑，就要思考探求，就要考据，所以考据工作便由此而兴始。

考据方法正式用于整理历史文献当自汉始。自秦火以后，图书文献荡佚颇多。汉兴，若干重要典籍有所谓今古文之分。其中古文多为壁藏，各家解释，众说纷纭，为了各求其是，便需要进行考据。司马迁在撰写《史记》时就感到说法不一的难于处理，如说："百家言黄帝，其文不雅驯，荐绅先生难言之。"[①]这是司马迁对有关黄帝的各种不同文献资料加以考据后所作的结论。司马迁为此首次提出了要以儒家经典作为考据文献的指导标准，那就是："夫学者载籍极博，犹考信于六艺。"[②]

东汉王充在所撰《论衡》一书中，有《书虚》、《儒增》、《艺增》和《语增》等多篇，例证古书的不信实。这比司马迁所涉及范围为广，考据工作更趋具体。郑玄是东汉末年以毕生精力用考据方法整理文献典籍的著名学者。郑玄一生的主要学术功绩就在这方面，所以《后汉书·郑玄传》论赞中就专门标举此事作为评论郑玄这一历史人物的主要内容。范晔在论赞中说："汉兴，诸儒颇修艺文。及东京学者，亦各名家，而守文之徒，滞固所禀，异端纷纭，互相诡激，遂令经有数家，家有数说。章句多者，或乃百余万言。学徒劳而少功，后生疑而莫正。郑玄括囊大典，网罗众家，删裁繁芜，刊改漏失，自是学者略知所归。"

郑玄的这种考信工作是对经学进行的一次较大规模的整理。它奠定了儒家经典的权威地位，同时也对后世产生了重要的学术影响。清代乾嘉学者所谓的考据学就是以"郑学"为旗帜；又由于郑玄是东汉人，更以"汉学"高自标榜。

晋朝由于古文尚书亡佚，出现了伪古文尚书，加以有了新的地下发掘如汲冢竹书之类，更是各说纷杂，莫衷一是，为以后考据学的发展提供了课题。由于当时距离某些古籍时间日远，文辞立意较难理解，于是逐渐兴起了古籍注释工作，即所谓"义疏之学"。

唐代学者把过去各家对儒家经典不同的文字和解释重加研究。有的自认为寻求到了一种正解解释，即既能发挥前人见解，又合于时代需要，这就是所谓"正义"，如孔颖达的《周易正义》；有的重新用文字解释旧注，设法疏通各说，以求所谓"是"，便称为"注疏"，如贾公彦的《仪礼注疏》。另外如陆德明的《经典释文》，据其自序说是"古今并录，经注毕详，训义兼辩"之作，因而

---

① 《史记·五帝本纪》。

② 《史记·伯夷列传》。

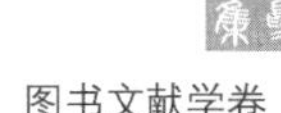

被《四库全书总目》推为“研经之士终以是为考证之根底焉”。[1]但当时盛行的还是自南北朝即已开始的“义疏之学”，因而“义疏之学”便被后世称为“唐学”。“唐学”在考据方法上比“汉学”有发展，那就是由以正文字“是非”为主到以正立说之“是非”为主。

宋代学者认为唐人采用众说解经是驳杂，所以力排义疏，主张不引经据典而简化诸说，要求“不役心于文字，直阐发乎精神”。朱陆分别主张“格物致知”和“六经皆我注脚”，主张从众说中悟出一种自认为较好的说法，于是便成为与“义疏之学”不同的“义理之学”，进而大谈“性理”和“道”，所以又称为“理学”或“道学”。由于它昌盛于宋，后世又称它为“宋学”。但是，尽管如此，考据方法仍被一些学者所运用，如晁公武、陈振孙的考订图书，欧阳修、赵明诚夫妇的考录金石，郑樵、王应麟的征考文献，甚至朱熹也撰著考异之作。[2]考据方法依然不废。

明承“宋学”绪余，提倡理学，经宗朱学，朱注成为科举考试的敲门砖。王阳明等继承了宋学中的陆派，又参入禅学，崇尚空谈，学者可不必多读书，考据之学见衰。明学末流形成的这种不甚读书袖手空谈的坏风气，不仅脱离学术实际，进而脱离社会实际而流于空疏。即使如此，在一部分学者中还在运用考据的方法，如胡应麟的《四部正讹》三卷，“皆考证古来伪书”[3]之作。

由汉至明，考据方法在学者手中不绝如缕地运用。它在曲折发展过程中有所丰富。明季学术虽流于空疏，但却为清代考据学的勃兴提供了一项必要的前提。

二

清代考据学是在考据方法源远流长发展基础上，针对明季学风空疏的时弊而兴起。它有着不同特点的不同发展阶段，大致可分为清初、乾嘉时期、道咸时期和清季四个阶段。

---

① 《四库全书总目》卷三三《经部·五经总义类》，《经典释文》条。

② 朱熹以《阴符经》虽为唐李筌所伪托，“然以其时有精语，非深于道者不能作，故为考定其文”，撰《阴符经考异》一卷；又对《周易参同契》，“凡诸同异，悉存之以备考证”，而撰《周易参同契考异》一卷。

③ 《四库全书总目》卷一二三《子部·杂家类》七，《少室山房笔丛》条。

清初是清代考据学的发轫期，其有开创之功的是顾炎武和黄宗羲。他们目睹明学空疏之弊，大声疾呼，提倡“经世致用”与“博学以文”。他们首先批判了宋明理学的无根柢。顾炎武主张经学即理学，认为没有什么独立的理学。他说：“古今安得别有所谓理学者。经学即理学也。自有舍经学以言理学者而邪说以起。不知舍经学则其所谓理学者，禅学也。”[①]黄宗羲也“尝谓明人讲学，袭语录之糟粕，不以六经为根柢，束书而从事于游谈”[②]。在顾、黄诸人的大力倡导下，于是就经学本身追古求是之风日甚，竭力主张大读唐以前古书以穷经，带动了许多学者向风而起。乾嘉学者汪中所说：“（清代）古学之兴，顾炎武开其端。”[③]这正反映了这一历史真实情况。顾、黄之学之所以被称为“古学”，是对“宋学”的一种攻击。古学家抨击用朱注猎取功名是世俗之学，所以标榜自己是“古学”而称对方为“俗学”[④]。

顾、黄考据范围涉及甚广。《清史稿》称顾炎武的博涉是：“炎武之学，大抵主于敛华就实。凡国家典制，郡邑掌故，天文仪象，河漕兵农之属，莫不穷究原委，考正得失。”又称黄宗羲是：“上下古今穿穴群言，自天官、地志、九流百家之教，无不精研。”顾炎武还自称以“旁搜博讨，夜以继日”的精神来“抉剔史传，发挥经典”[⑤]，并主张“采铜于山”[⑥]，涉猎于最原始的资料。

顾、黄不仅博涉，而且还提出了一套比较完整的考据方法。如顾炎武即曾自述其考据方法说：“列本证、旁证二条。本证者，《诗》自相证也；旁证者，兼之他书也。二者俱无，则宛转以审其音，参伍以谱其韵。”[⑦]这段话具体提出了考据的三种基本方法，即除本证、旁证已明标其目外，最后所说的以“宛转”、“参伍”之法来审音谱韵，实际上就是一种理证法。本证、旁证与理证构成考据方法的基本内容。他还提出“读九经自考文始，考文自知音始”[⑧]的考据门径，成为后来考据学家所遵循的从声音、训诂以求经义的入门手段。不仅如此，顾炎

① 全祖望：《顾亭林先生神道碑》，《鲒埼亭集》卷一二。

② 《清史稿》卷四八〇《儒林传》一。

③ 《清史稿》卷四八一《儒林传》二。

④ 黄宗羲尝谓“不为迂儒，必兼读史，读史不多，无以证理之变化；多而不求于心，则为‘俗学’”。（《清史稿》卷四八〇《儒林传》一）

⑤ 顾炎武：《金石文字集序》，《亭林文集》卷二。

⑥ 顾炎武：《与人书》十，《亭林文集》卷四。

⑦ 顾炎武：《音论·古诗无叶音》，《音学五书》。

⑧ 顾炎武：《答李子德书》，《亭林文集》卷九。

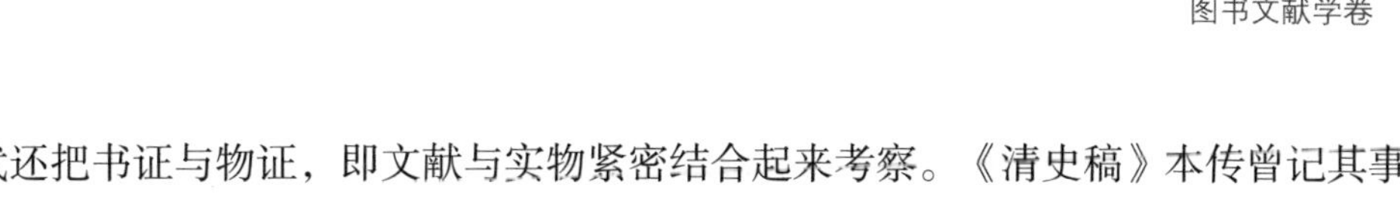

武还把书证与物证，即文献与实物紧密结合起来考察。《清史稿》本传曾记其事说："所至之地，以二骡二马载书，过边塞亭障，呼老兵卒询曲折，有与平日所闻不合，即发书对勘；或平原大野，则于鞍上默诵诸经注疏。"[①]这种方法更有异于前代学者键户读书，袖手论学的空疏之弊。

顾炎武还反对孤证，主张必须以足够的原始论据来求得确当的解释。他的学生潘耒就推重其事说："有一疑义，反复参考，必归于至当；有一独见，援古证今，必畅其说而后止。"[②]近代学者梁启超也称道这一方法说："论一事必举证，尤不以孤证自足，必取之甚博，证备然后自表其所信。"[③]这种赞誉也说明了清代考据学的初期确是植根于博而考信征实的。

顾炎武的治学范围、治学精神和方法等方面都对清代考据学有着重要影响，特别是他所提出的一套考据方法，即使乾嘉时期以考据学自相标榜的"大师"也没有像顾炎武概括得如此完整。更值得注意的是顾炎武的考据不是为考据而考据，而是为了"经世致用"，所以他和黄宗羲等人就在讲考据的同时也讲义理，没有标榜汉宋门户，后人评论他们兼采汉宋是符合事实的。这一点正是清初考据学与乾嘉考据学不同的分水岭。那些自立"汉学"门户的乾嘉学者虽然承认"国朝诸儒究六经奥旨与两汉同风，二君实启之"[④]的事实，而吸取顾、黄的许多精华部分，但却没有把顾、黄推到清代考据学开山的地位而采取了排斥压抑的态度。江藩的《汉学师承记》是树立汉学门户的公开宣言，全书八卷，赞誉了"汉学"家的学术成就，而对顾、黄始则置其传记于第八卷，抑于书尾以示非学统所在，继而公然抨击"两家之学，皆深入宋儒之室，但以汉学为不可废耳，多骑墙之见，依违之言，岂真知灼见者哉！"[⑤]

尽管如此，但在顾、黄影响下，学术界确是出现了一批从事历史文献典籍考据纂辑的学者，如马骕的治古史、胡渭的治地理、阎若璩的治古文尚书、梅文鼎的治算学……他们解决了学术上长期疑难的问题，做出了重要贡献，成为向乾嘉考据学过渡的桥梁；不过，他们也产生了某些消极影响。即以阎若璩而论，所著《古文尚书疏证》经过博征详考，根据充足的证据，解决了长期未决的伪古文尚

① 《清史稿》卷四八一《儒林传》二。
② 潘耒：《日知录序》。
③ 梁启超：《清代学术概论》。
④ 江藩：《汉学师承记》卷八。
⑤ 江藩：《汉学师承记》卷八。

书问题，成为“古学”的代表作，为清代考据学奠定了基础。这是值得肯定的一面。但是，阎若璩提出的“一物不知，深以为耻，遭人而问，少有暇日”口号，不仅有高自标榜之嫌，而且也引导后人走向烦琐细碎，如他自称竭二十年之力始知“使功不如使过”一语出处、考明张良在鸿门宴上的座次和自署杂考之作为《碎金》等等，正足以说明他已经失去了顾炎武等“经世致用”的精神，趋向于烦琐，对乾嘉考据起到了消极的引导作用。

乾嘉时期的考据学是清代考据学的第二个发展阶段，也是清代考据学成为“显学”的年代。它以惠栋、戴震为其代表，大张“汉学”旗帜，正如江藩所夸示那样：

> 经术一坏于东西晋之清谈，再坏于南北宋之道学。元明以来，此道益晦。至本朝三惠之学盛于吴中；江永、戴震诸君继起于歙。从此汉学昌明，千载沈霾，一朝复旦。[①]

这一阶段已经由清初考求经义的经世致用发展到借穷经证史来抬高汉学，崇古求是，考据领域也从单纯字义、训诂及辨伪的考订发展到对典章制度、天文历法、地理金石、氏族年齿、名物故实……几乎无所不考的地步。以惠栋为代表的一批乾嘉学者提出了以汉人许慎、郑玄为师，揭橥“墨守许郑”的口号，建立师承家法。由于他们主要崇拜郑玄，所以称为“郑学”。郑玄是东汉学者，所以又标榜称“汉学”。他们标举考据学作为本学派的特色，所以又被加上“考据学派”的恶谥；由于他们处在乾嘉时期，又称为“乾嘉学派”。正是在这一阶段才把汉学、考据学派和乾嘉学派赋予了同一内涵意义。至此，以考据为主要方法的“汉学”达到勃兴的鼎盛阶段，所谓“自乾隆中叶以后，海内士大夫兴汉学而大江南北尤盛”[②]和“乾隆以来，家家许郑，人人贾马，东汉学烂然如日中天矣”[③]的种种评论皆系指此。

乾嘉考据学之大盛而被目为一派的原因，一方面正如梁启超所分析那样：“因矫晚明不学之弊，乃读古书，愈读而愈求真解之不易，则先求诸训诂名物、典章制度，于是考证一派出。”[④]另一方面则是现实政治方面的原因。自康、雍

① 江藩：《汉学师承记》卷一序。

② 魏源：《武进李申耆先生传》，《魏源集》上，页三五八。

③ 梁启超：《清代学术概论》。

④ 梁启超：《清代学术概论》。

以来，许多学者怵于文网周密、大狱迭兴，便在文化专制主义的残酷压力下，以古音古训来追求古经籍的解释与说明，认为借此可与现实不甚关联而明哲保身。乾嘉时期统治者在意识形态统治方面既感到前此单纯高压并非最好良策，而在较长一段时间内可能已发现考据一道可从阴柔方面达到统治的目的，因此有意识地推波助澜，提倡这种学术，遂使考据学弥漫一时，成为学术领域中具有重要甚至优势的地位。而在社会生活方面的原因则是由于康、雍、乾以来较长期安定繁荣的温床，使这一批学者能够安然恬适地沉迷于故纸堆中，使之成为得以存身的政治避风港。

考据学派兴起，名家辈出。虽然他们都在“汉学”的旗帜下，但因各人学殖不同、致力不同而互有小异，称大宗者是吴派与皖派。其特点，即如近人章炳麟所说：“其成学著系统者，自乾隆朝始。一自吴、一自皖南。吴始惠栋，其学好博而尊闻；皖南始戴震，综形名，任裁断，此其所异也”[①]。

吴派是指以惠栋为首一派学者。他们的治学态度是“谨守家法，笃信汉儒”。它的中心宗旨是求古，而汉学最近古，所以惟汉最好。这种风气的开创者惠栋曾明确地表示：“古字古言，非经师不能辨，……是以古训不可改也，经师不能废也。”他把汉儒的解经抬到与经平行的地位。他说：“汉儒通经有家法，故有五经师。训诂之学，皆师所口授，其后乃著竹帛。所以汉经师之说，立于学官，与经平行。”[②]

因此，吴派的特色就是“凡古必真，凡汉皆好”[③]，开启了一派学者求古而不问是非的风气。对于这种学风当时已有所评议。《四库全书总目》中曾指出说：“（惠栋）其长在博，其短亦在于嗜博；其长在古，其短亦在于泥古。”[④]皖派传人王引之更是直截了当地指出：“见异于今者则从之，大都不论是非。”[⑤]说明当时人也不能完全接受这种盲目崇尚汉儒的方法。

吴派的传人以王鸣盛为代表。王鸣盛是乾嘉学派中与钱大昕、赵翼并称清代三大史家之一。王鸣盛曾“从惠栋问经义，遂通汉学”[⑥]，但一直自承与惠栋处

① 章太炎：《清儒》，《章氏丛书》中篇检论。
② 惠栋：《九经古义·述首》。
③ 梁启超：《清代学术概论》。
④ 《四库全书总目·经部·春秋类》。案：经部主要由戴震裁定，这也代表戴的思想。
⑤ 王引之：《与焦理堂书》，《王文简公集》卷四。
⑥ 《清史稿》卷四八一《儒林传》二。

于半师半友关系中。他是吴派中的死硬派。他一力主张尊郑，把郑玄推到宗师的地位。他说："两汉经生蝟起，传注麻列，人专一经，经专一师。直至汉末有郑康成，方兼众经。自非康成，谁敢囊括大典，网罗众家，删裁繁诬，刊改漏失，使学者知所归乎？"[①]他为了阐扬郑学而撰《尚书后案》，并在序中自述其著述宗旨说："《尚书后案》何为作也？所以发挥郑康成一家之学也。"同时人杭世骏为此书撰序时也特为表述其扬郑之功是：

> 钻研群籍，爬罗剔抉，凡一言一字之出于郑者，悉甄而录之，勒成数万言，使世知有郑氏之注，并使世知有郑氏之学。[②]

王鸣盛迷信汉儒的程度可谓胜于惠栋，他在《十七史商榷》自序中特别表明说："治经断不敢驳经……经文艰奥难通……但当墨守汉人家法，定从一师，而不敢他徙。"王鸣盛的这一表述恰恰正是吴派汉学的特点和弱点所在。

皖派则有异于吴派。这批以戴震为首的学者不盲目迷信，有致疑精神，提倡"不以人蔽己，不以己自蔽"[③]。作为皖派开山者，戴震在当时即被某些学者目为考据学的"集大成者"[④]。戴震的皖派在治学方法上有与吴派相近之处，也是从文字、训诂入手。戴震自承其学是"仆之学不外以字考经，以经考字"[⑤]，主张"一字之义，当贯群经，本六书然后为定"[⑥]。但这只是戴震的起步点。他不像吴派那样墨守一家，而是"研精注疏，实事求是，不主一家"。他比惠栋的吴派要迈前一步。他的求古训是因为"古训明则古经明，古经明则贤人之义理明，而我心之同然者，仍因之而明"[⑦]。戴震进一步提出了考据的目的是为了"闻道"，就是在弄清经义之后要进而探索经义的思想内容。他含蓄地批评了吴派的不"闻道"。他说：

> 君子务在闻道也。今之博雅能文章、善考核者，皆未志乎闻道，徒株守

① 王鸣盛：《刘焯刘炫会通南北汉学亡半其罪甚大》，《蛾术编》卷二。

② 杭世骏：《尚书后案序》，《通古堂文集》卷四。

③ 戴震：《答郑丈用牧书》，《戴震集》卷九。

④ 江藩：《汉学师承记》卷七，《清史稿》卷四八一《儒林传》二《汪中传》。

⑤ 陈奂：《说文解字注》跋。

⑥ 戴震：《与是仲明论学书》，《戴震集》卷九。

⑦ 《清史稿》卷四八一《儒林传》二《戴震传》。

先儒而信之笃。[①]

戴震所谓的“考核”即指考据，“道”即指义理，二者加上文章就与姚鼐所标举的词章、义理、考据三端并重之说相合。这也可见皖派的门户之见不深。不过戴震对这三者的关系不是等观，而是有手段与目的之分，他的学生段玉裁明确地指出了他这一点说：“义理者，文章、考核之源也。熟乎义理而后能考核、能文章。”[②]

皖派以理为根本，为达到这一根本方求古经古训，然后以文章表达己意。这样，就不致流入“异学曲说”。这是皖派的特点所在，也是戴震遭到当时某些人非议之所在，如翁方纲一面肯定戴震考订的功力，一面又讥刺他兼顾义理的缺陷说：“近日休宁戴震，一生毕力于名物、象数之学，博且勤矣，实亦考订之一端耳。乃其人不甘以考订为事而欲谈性道以立异于程朱。”[③]恰恰相反，戴震被非议之点正是他对清代考据学有贡献的一点，也正是他对后世影响胜于惠栋之处。

戴震的学术为段玉裁和王念孙父子所继承。段玉裁撰《说文解字注》是文字学上的不刊之作，不仅是许慎的功臣，也为考据学的发展树立了界碑。段玉裁虽在音训考据上有卓著的成就，但他并不满足于此。他曾检讨过自己的学术道路是：“喜言训故考核，寻其枝叶，略其本根。老大无成，追悔已晚。”[④]段玉裁深悔自己忽略了追求义理这一本根。这种追悔说明乾嘉后期的考据学家已有意识地消除汉宋门户的痕迹，自以考订文字为枝叶，而以得其义理为本根。

王念孙父子是皖派汉学的另一支劲旅，近代学者章太炎曾高度评价其在清代考据学史上卓越的学术地位说：“高邮王氏以其绝学释姬（周）汉古书，冰解壤分，无所凝滞，伟哉千五百年未有其人。”[⑤]章氏评论虽有过誉之嫌，但王氏父子在考据方法上比前人有所丰富，梁启超曾为之归纳为六步，即注意、虚己、立说、搜证、断案、推论[⑥]。王念孙治学谨严细密，善于发现古代文献典籍中的义例，如借郑玄“笺《诗》注《礼》，屡云某读为某”而揭明假借之体例，转而以此体例使疑难问题涣然冰释。他所撰考据学名作《读书杂志》涉及古史诸子、汉

---

① 戴震：《答郑丈用牧书》，《戴震集》卷九。

② 段玉裁：《戴东原集》序。

③ 翁方纲：《理说》，《复初斋文集》卷七。

④ 段玉裁：《朱子小学恭跋》，《经韵楼集》卷八。

⑤ 章太炎：《馗书·订文第二十五》附正名杂议。

⑥ 梁启超：《清代学术概论》。

碑，考订了衍脱讹误者有四千余条。其细密周详为当时学者“叹其精确”[①]，以此作“足以破注家望文生义之陋”[②]。其所以能有此成就者，主要在于不墨守一家，而能在广征博收的基础上以己意求得经义。但是，正由于他的博征达到了“一字之证，博及万卷”[③]的绝对程度，遂使后人广搜至于烦细而流于琐碎，造成识小遗大的后果。其子王引之在家学的基础上更有所发明。王引之对吴派的墨守大肆抨击，他主张对经籍文献的解释要广搜博采、独立思考。他在其名著《经义述闻》序中就借父训自明宗旨说：“说经者期于得经意而已。前人传注不皆合于经，则择其合经者从之。其皆不合，则以己意逆经意，而参之他经，证以成训，虽别为之说，亦无不可。必欲专守一家，无少出入，则何邵公之墨守见伐于康成者矣。”[④]《经义述闻》虽自称是述庭训之作，但主要由王引之条理阐述，可称为高邮王氏的代表作。当时学者对此书评价颇高，如阮元说：“凡古儒所误解者，无不旁证曲喻而得其本义之所在，使古圣贤见之，必解颐曰：吾言固如是，数千年误解之，今得明矣。”[⑤]甚至作为汉学对立面的宋学健将方东树也首肯此书说：“高邮王氏《经义述闻》实足令郑（康成）朱（熹）俯首。汉唐以来，未有其比。”[⑥]王引之的另一名作《经传释词》对虚字训诂甚为精辟，至今犹为整理文献典籍的重要工具书。他如阮元的《经籍纂诂》和一些学者的笔记杂考都作出了考订文字、诠释名物以利便翻检的贡献，可为后世所批判继承。乾嘉考据学在这方面的成就是应予肯定的。

乾嘉考据学的后期在日趋烦琐，往往为一事一字寻求繁复的证据，使研究课题离实际问题愈来愈远，甚至严立壁垒，走向绝对化。嘉庆末年刊行由江藩所撰的《汉学师承记》就公然自立门户，党同伐异，高自位置，以致引起宋学家的极大反感。姚鼐是较早发动攻势的宋学家。他直诋汉学为“穿凿琐屑，驳难猥杂”[⑦]，并标举学问三端来对抗考据学派的专重考据，他说：“余尝论学问之事有三端焉：曰义理也、考证也、文章也。是三者，苟善用之则皆足以相济；苟不

① 王引之：《石臞府君行状》，《高邮王氏遗书》。

② 卢文弨：《与王怀祖庶常论校正大戴礼记书》，《抱经堂文集》卷二〇。

③ 阮元：《王石臞先生墓志铭》，《揅经室续集》卷二之下，道光三年文选楼刊本。

④ 王引之：《经义述闻序》，《王文简公文集》卷三，咸丰丁巳刊本。

⑤ 阮元：《王伯申经义述闻序》，《揅经室一集》卷五。

⑥ 方东树：《汉学商兑》卷中之下。

⑦ 姚鼐：《安庆重修儒学记（代）》，《惜抱轩文后集》十。

善用之，则或至于相害。”[①]

比姚鼐更为尖锐而旗帜鲜明的则是姚的弟子方东树。他撰著《汉学商兑》一书以对抗乾嘉考据学派。他在《辨道论》一文中大声疾呼地攻击乾嘉考据学说：“以六经为宗，以章句为本，以训诂为主，以博雅为门，以同异为攻。不概于道，不协于理，不顾其所安，骛名干泽若飘风之还而不傥，亦辟乎佛，亦攻乎陆王，而尤异端寇雠乎程、朱。今时之敝，盖有在于是者。名曰考证汉学，其为说以文害辞，以辞害意，弃心而任目，刓敝精神而无益于世，用其言盈天下，其离经畔道过于杨墨佛老。”[②]

方东树的攻击虽有门户之见，但基本上切中考据学派的弊病，所以产生了一定的社会影响，以至在汉学家内部也出现了异议，其中以焦循为最突出。焦循是戴震皖派的学者。他不仅熟于诸经文字训诂，而且还崇拜《孟子字义疏证》而成为戴震义理部分的继承者，成为乾嘉后期学者中综核形名的通人。他公开攻击考据学派，反对各立门户。他抨击当时某些考据学者是奴仗主势“以欺愚贱”，慷慨地陈说：

> 循尝怪为学之士，自立一考据名目。以时代言，则唐必胜宋、汉必胜唐；以先儒言，则贾孔必胜程朱，许郑必胜贾孔。凡郑许一言一字皆奉为圭璧，而不敢少加疑辞。窃谓此风日炽，非失之愚即失之伪，必使古人之语言皆佶屈聱牙而不可通，古人之制度皆委曲繁重而失其便，譬诸懦夫不能自立，奴于强有力之家，假其力以欺愚贱。究之，其家之堂室牖户未尝窥而识也。若以深造之力，求通前儒之意，当其散也，人无以握之，及其既贯，遂有一定之准，其意甚虚，其用极实，各获所安，而无所勉强，此亦何据之有。古人称理据根据，不过言学之有本，非谓据一端以为出奴入主之资也。据一端以为出奴入主之资，此岂足以语圣人之经而通古人声音训故之旨乎？循每欲芟此考据之名目以绝门户声气之习。[③]

焦循甚至还在《家训》[④]中对考据风气表示了深恶痛绝的态度以垂诫子孙。焦循当时号称“通儒”。他的这些激烈之词，固然有其偏激之处，但至少反

① 姚鼐：《述庵文钞录》，《惜抱轩全集》文集四。
② 方东树：《辨道论》，《考槃集文录》卷一。
③ 焦循：《与王引之书》，《焦里堂先生年谱》嘉庆三年。
④ 参见《国粹学报》第五期。

映乾嘉考据学已暴露出遭人抨击的弊病了。这些弊病也被其他学者所看到，即如章学诚曾批评当时标榜考据而“疲经劳神于经传子史”的“博雅君子”，指斥这些人是“俗儒”，并讥笑这些考据学家“如生秦火未毁以前，典籍俱存，无所补辑，彼将无所用其学矣”[①]。

所有这些指陈都在一定程度上反映了乾嘉考据学已在日益暴露其弱点并正由全盛走向衰落。清代考据学将有待注入新的养料而延续其生命。而历史正提出了新的课题，遂使考据学进入了道咸时期。

道咸考据学是在乾嘉考据学日见衰微的情况之下代之以兴并自具特色的。它的特色的形成是由于当时的现实社会正在发生明显的变化。封建社会的各种险象已在日益暴露，内而政治腐败，阶级矛盾趋向尖锐，外而周边不靖，强敌觊覦，所以有些学者既不满汉学家的琐屑考订，也不赞成宋学家的高谈性理，而是要在古经传中“寻先圣微言大义于言表之外”，谋求对现实问题发表见解。河工、漕运、盐政的三大弊政，海防、塞防的危机，对这些学者提出了新的课题。这些学者证古论今，反对猥杂烦琐，力求恢复清初“通经致用”的传统。他们利用今文经学的公羊学说来论政，提出改革某些制度的设想，还有不少人研究地理，特别是西北地理和边防建设的研究。这样，研究的对象超出了乾嘉考据学的范围。这种新特色首先表现在以庄存与、刘逢禄为代表的常州今文学派身上。“其为学务通大义，不专章句”[②]。继之而起者是龚自珍。龚自珍是段玉裁外孙，自幼亲炙汉学，有一定功力，后又承庄、刘今文经学公羊义的传统，公开对汉学的名称表示异议，对江藩的《汉学师承记》提出了“汉学”之名有十不安，其中如“若以汉与宋为对峙，尤非大方之言，汉人何尝不谈性道”、“宋人何尝不谈名物训诂？不足概服宋儒之心”，及“国初之学与乾隆初年以来之学不同”[③]诸条尤具卓识，直破江藩汉学门户。至此，考据方法又复不为一派所专擅而为一般学者所普遍运用。因此，汉学的衰落并不等于考据学的衰落，直至清季，考据方法仍为学者所运用。

清季运用考据方法而取得成绩的学者以俞樾与孙诒让为最著，但他们比道咸时学者似乎又从“通经致用”退回到整理诠释文献典籍路上去了，如俞樾提出了“治经之道，大要在正句读、审字义、通古文假借，三者之中，通假借为尤

① 章学诚：《文史通义·博约中》。
② 《清史稿》卷四八二《儒林传》三《刘逢禄传》。
③ 龚自珍：《与江子屏笺》，《龚自珍全集》第五辑。

要”[①]。他所撰的《群经平议》、《诸子评议》及《古书疑义举例》大都未出乾嘉学派规范，其中以《古书疑义举例》最有成就和影响。俞樾自称此书“使童蒙之子，习知其例，有所据依，或亦读书之一助乎？”[②]近人张舜徽也极称其书说：“至其融贯群籍，发蒙百代，足以梯梁来学，悬之日月而不刊者则为《古书疑义举例》一书，实千古之奇作，发凡起例，祛惑释疑，裨益士林为最大，自在群经、诸子平议之上也。”[③]继俞书后者，有刘师培、杨树达、马叙伦及姚维锐诸人仿其体例而作补续，益可见俞书之影响了。

孙诒让比俞樾前进一步，他不仅在诠释名物训诂上有成绩，而且以西方文明比附古代典制，虽有牵强，但它借古证今为改良运动提供托古改制的资料尚不失通经致用的客观效果，至于对整理文献典籍则颇为自负，其名著《墨子间诂》一书解决了二千多年难以通读的典籍，因而得到其前辈俞樾的称赞说：“整纷剔蠹，衇摘无遗，旁行之文，尽还旧观，讹夺之处，咸秩无紊，盖自有墨子以来，未有此书也。”[④]

清代考据学至俞樾、孙诒让殿后而告一段落。

三

如上所述，清代考据学是有其不同的发展阶段，不能以乾嘉考据学代替整个清代考据学。清代考据学在整理、诠释历史文献与典籍方面是有贡献的，其若干成果是可以被我们继承的。乾嘉学派垄断考据方法标为自己的特色，视考据为学问之极致，日趋支离烦琐，脱离实际，这是应该批判的一面；但不能因此而完全否定考据方法。重要问题在于如何看待清代考据学的地位和作用，那就是既尊重和善于利用清人的考据成果，也不陷入乾嘉学派那种识小遗大的烦琐泥沼之中。

原载《南开学报》（哲学社会科学版）1983年第3期

---

① 《清史稿》卷四八二《俞樾传》。

② 俞樾：《古书疑义举例》序。

③ 张舜徽：《清人文集别录》卷十九。

④ 俞樾：《墨子间诂》序。

校勘与校勘学

校勘是读书治学、考求善本的一门辅助学科。它的名称虽出现较晚，但它的实际活动却渊源甚早。《国语·鲁语下》曾记鲁大夫闵马父对景伯说："昔正考父校商之名颂十二篇于周太师，以《那》为首。"正考父是孔子的七世祖，周末时是宋国大夫。这件故事的细节已不可知，但无疑是一种用异本来比勘的活动。

孔子整理诗书，虽未明言校勘之事，但从所谓"去其重"[①]推想，如不是异本相校则又何从"去其重"？所以孔子删诗书必有校勘活动，只是不知其具体校法罢了！

孔子的学生子夏曾在卫国校正了"晋师三豕涉河"为"晋师己亥渡河"之误，提出了形近而讹的例子[②]。

西汉成、哀时刘向父子整理国家藏书时，把比勘异同列为重要工序之一，名为"校雠"，并规定了如下的界说："一人读书，校其上下，得其谬误为校；一人持本，一人读书，若怨家相对为雠。"[③]这一解释证明它就是我们现在整理古籍中的校勘工作。不过，刘向等尚非专一从事。

以校勘为专工的，似可以东汉郑玄整理群经为正式开始。《后汉书·郑玄传》论中说："郑玄囊括大典，网罗众家，删繁裁芜，刊改漏失。自是学者略知所归。""刊改漏失"，当是一项校勘工作。

清人段玉裁曾概括了这一段发展过程说："校书何放乎？放于孔子、子夏。自孔、卜而后，汉成帝时，刘向及任宏、尹咸、李柱国，各显所能奏上。向卒，歆终其业。于是有雠有校，有竹有素，盖綦详焉。而千古之大业，未有盛于郑康

① 《史记·孔子世家》。

② 《吕氏春秋·察传》。

③ 《昭明文选·魏都赋》李善注引《风俗通》。

成者也。”[①]

魏晋以来，政府有校书活动，私人也势必会有些校勘活动，但从不多的具体记载看，校勘工作的发展不大。

唐代，校勘工作得到应有的重视。除了国家的大规模校书外，私人的校勘工作也颇有成绩，如韦述“聚书二万卷，皆自校定铅椠，虽御府不逮也”[②]。

宋代随着目录、版本诸学的发展，校勘也大盛，并在前人经验基础上制定条例，提出方法。又有专门从事的人才，校勘至此可以说已成一门独立学问——校勘学。

宋朝政府对校勘颇为重视，校书机构专门制定了校勘条例作为校勘工作的准绳。条例说：

> 诸字有误者，以雌黄涂讫别书。或多字，以雌黄圈之；少者，于字侧添入；或字侧不容注者，即用朱圈，仍于本行上下空纸上标写；倒置，于两字间书乙字；诸点语断处，以侧为正；其有人名、地名、物名等合细分者，即于中间细点。[③]

这项条例详细规定了改错字和各种句读的格式，而且是一项行之已久的规定，因为在此以前在士大夫中已有影响，如沈括在《梦溪笔谈》卷一中就记及馆阁校书改误之事说：

> 馆阁新书净本有误书处，以雌黄涂之。尝校改字之法，刮洗则伤纸，纸贴又易脱；粉涂则字不没，涂数遍方能漫灭。唯雌黄一漫则灭，仍久而不脱。古人谓之铅黄，盖用之有素矣。

可见，这种校勘方法的规定，从北宋以来就已实行。这些具体规定是从前人经验中总结而来，绝非向壁虚构。它反映了校勘之事到宋代已经发展到一定的水平了。

宋代的私人校勘工作更是名家辈出。这些人对校勘已作为一门专学加以研究。他们都具有丰富的经验和深切的体会，也总结出一套具体细致的校勘方法。沈括的《梦溪笔谈》卷二五中曾记载北宋初年校勘学家宋绶校勘藏书的故事说：

---

① 清段玉裁：《经义杂记·序》。

② 《旧唐书·韦述传》。

③ 《南宋馆阁录》卷三。

“宋宣献（绶）博学，喜藏异书，皆手自校雠，常谓校书如扫尘，一面扫，一面生，故有一书每三、四校，犹有脱谬。”宋绶的体会说明校勘工作的不容易。

宋代关于校勘工作和校勘学家的记载很多，如金石学家赵明诚和著名女词人李清照是有共同“书癖”的一对夫妇，他们“每获一书，即同共校勘，整集签题”①。目录学家晁公武自称“躬以朱黄，雠校舛误”②。张举“手校数万卷，无一舛误”③。其他例证尚多。所以清代有人总括说：“校勘之学，宋儒所不废。”④

宋代的许多校勘名家中以岳珂为最著。他既是版本学家，又是校勘学家。他不仅作了广搜异本的工作，而且还总结了一整套校勘方法。清代的校勘学家钱泰吉曾记述过岳珂校勘群书的情况说：

> 宋岳倦翁刊九经三传，以家塾所藏诸刻，并兴国于氏，建安余仁仲本，凡二十本。又以越中旧本注疏，建本有音释注疏，蜀注疏合二十三本，专属本经名士，反复参订，始命良工入梓。其所撰相台书塾刊正九经三传沿革例，于书本、字画、注文、音释、句读、脱简、考异皆罗列条目，可见其详审矣。⑤

这段记述指明岳珂对校勘学作出了两方面贡献：其一，岳珂的“专属本经名士，反复参订”是提出了专才校勘的重要问题，用专业人员校勘专业图书是事半功倍的有效措施；其二，从书本到考异的七个方面正是一整套的校勘程序，就是：一、广征异本；二、精审字画；三、订正注疏；四、详明音释；五、点定句读；六、查明脱落；七、考定同异。至此，校勘学的工作程序已定，后世也多沿用。

明代虽也有校勘之事，但明人校书乱改的恶习造成图书的一种灾难。这种歪风，至清代方获一定的改正。

校勘学到清代得到极大发展，校勘学作为专门之学的地位也得到底定。正如梁启超所说：“古书传习愈希者，其传钞踵刻，为谬愈甚，驯至不可读，而其书

---

① 宋赵明诚：《金石录后序》。

② 《郡斋读书志》序。

③ 《宋史·张举传》

④ 清谢章铤：《赌棋山庄集》卷三《课余偶录》。

⑤ 清钱泰吉：《甘泉乡人稿》卷七《曝书杂记》。

已废。清儒则博征善本以校雠之。校勘遂成一专门学。”[①]

校勘学在清代之所以兴盛，正是由于图书传讹难懂，读书治学有困难。于是从事此道的人逐渐增多，校勘的方法也日趋完备，而成为学术领域中的独立门类。

清代开校勘学之端的是顾炎武，他所著的《九经误字》就是一部校勘学名著，他在此书的自序中说：

> 今天下九经，以国子监所刻者为据，而其中讹脱实多。又《周礼》、《仪礼》、《公羊》《穀梁》二传，既不列于学官，其学殆废，而《仪礼》则更无他本可雠其讹脱，尤甚于诸经。若士子各专一经，而下邑穷儒，不能皆得监本，止习书肆留传之本，则又往往异于监本，无怪乎经术之不通，人才之日下也矣。余至关中见唐石壁九经，复得旧时摹本读之，虽不无踳驳，而有足以正今监本之误者列之，以告后学，亦庶乎离经之一助云。[②]

接着，戴震、段玉裁等著名学者继起，他们不仅在学术研究中进行校勘工作，而且还提出如何进行校勘的方法和对校勘的要求。戴震提出校勘的两项基本方法，即：

（1）识字：他主张从识字开始来知道声音，从声音通晓训诂，由训诂求得字的真义。

（2）博征：就是广泛地搜求佐证，没有佐证就不肯定，证据不足（孤证）也不肯定，对于前人成说也不附和。

戴震又提出了对校勘学的要求是：

> 搜考异文，以为订经之助；又广览汉儒笺注之存者以为综考故训之助。[③]

这就把校勘学推进了一步。校勘不仅订文字的异同，还要考训诂之是非，这种要求，段玉裁提得更明确。段氏在和别人讨论校勘学问题时曾提出要解决两个是非问题，就是定底本之是非和立说之是非。他说：

> 校书定是非最难，是非有二：曰底本之是非，曰立说之是非。必先定底

① 梁启超：《清代学术概论》。

② 顾炎武：《亭林遗书汇辑》。

③ 清戴震：《戴东原集》卷十《古经解钩沈序》。

本之是非，而后可断其立说之是非。[1]

戴、段之说奠定了校勘学的基础，成为清代学者进行校勘的总方针，就是：多备异本以勘其异同，广搜佐证以声类义训定是非。

校勘学到了戴、段所处的乾隆朝可说是发展到了极盛时期。清代学者李兆洛曾概括其事说."乾隆中极盛矣！上自巨卿名儒，下逮博士学究，无不通知此义。一时如抱经卢学士、怀祖王观察父子、竹汀钱詹事，无不兼擅其长，而元和顾君涧蓍尤魁杰者也。"[2]

除了卢文弨、王念孙、王引之、钱大昕和顾千里等文中提到的校勘名家外，清代以校勘为专业的学者还为数不少。如撰著《简庄缀文》和《经籍跋文》等校勘学专著的陈鳣是一生从事钩沈索隐、勘定窜乱、系以跋文、疏其异同的校勘专家；撰著《曝书杂记》的钱泰吉也是历时二十七年不辍地进行校勘工作的专家。

清代这些校勘学家所进行的校勘工作是有成绩的。他们也摸索了一些方法。梁启超曾经概括了这类校勘工作的主要内容是："或是正其文字，或厘定其句读，或疏证其义例。"[3]这就是说，清代校勘学的内容就是勘同异和定是非，而勘同异则是定是非的前提。

那么，根据什么来勘同异呢？钱大昕总结卢文弨校勘所根据的资料说："凡所校定，必参稽善本，证以它书，即友朋后进之片言亦择善而从之。"[4]

这一段话说明卢文弨的校勘根据有三种，就是"善本"、"它书"与"它人意见"。所谓"善本"指所校之书的祖本与佳本精刻，所谓"它书"指可资比勘的其他典籍。

清代学者所据以校勘的"它书"涉及面颇广，从文献图书以至金石碑版，几乎无一不可借资。王鸣盛曾自述过"它书"的范围说："搜罗偏霸杂史、稗官野乘、山经地志、谱牒簿录，以暨诸子百家、小说笔记、诗文别集、释老异教，旁及于钟鼎尊彝之款识，山林冢墓祠庙伽兰碑碣断阙之文，尽取之以供佐证。"[5]

正由于专攻者多，取资者广，所以清代的校勘工作确为学术研究作出了一定的贡献。清末经学家皮锡瑞认为精校勘是清代对经学发展所作三项贡献之一（其

---

① 清段玉裁：《经韵楼集》卷七《与诸同志论校书之难》。

② 清李兆洛：《养一斋文集》卷十一《涧蓑顺君墓志铭》。

③ 梁启超：《清代学术概论》。

④ 清钱大昕：《潜研堂文集》卷二五《卢氏群书拾补序》。

⑤ 清王鸣盛：《十七史商榷·自序》。

他二项是辑佚书、通小学）。他概括了清代校勘学的成就说：

> 校勘之学，始于《颜氏家训》、《匡谬正俗》等书。至宋有三刘、宋祁之校史。宋元说部，间存校订，然未极精审，说经亦非颛门。国朝多以此名家，戴震、卢文弨、丁杰、顾广圻尤精此学。阮元《十三经校勘记》为经学之渊海。余亦闻见诸家丛书，刊误订伪，具析疑滞，有功后学者，此其一。[①]

另一位经学家孙诒让也曾总结过清代校勘学的成就说：

> 综论厥善，大氐以旧刊精校为依据，而究其微指，通其大例，精思博考，不参成见。若订正文字讹舛，或求之于本书，或旁证之它籍及援引之类书，而以声类通转为之钤键，故能发疑正读，奄若合符。……[②]

从皮、孙二氏的总括看来，清代校勘学在改正前人谬误、订定佳本古籍、为读书治学提供便利等方面是有值得肯定的一面；但是，它也存在一些穿凿附会、好求新异、凭主观臆断和滥改古书的弊病。正如孙诒让所说那样："及其蔽也，则或穿穴形声，捃摭新异，凭臆改易，以是为非。"[③]

除此以外，好引类书也是一弊。清季朱一新认为类书"初非为经训而作，事出众手，其来历已不可恃，而以改数千年诸儒断断考定之本，不亦慎乎？"[④]近人刘文典也深切指明"类书引文，实不可尽恃"[⑤]。而清代许多有成就的学者如高邮王氏父子也未能解脱此弊。

清代校勘学虽有成就，但对如何进行的方法，则多为片言只语而乏系统论述，更因各人学殖经验不同而言人人殊。如吴承志曾提出过校书五例说：

> 有可据善本校改者；有可据古本校改者；有可据注文校改者；有可据本书校改者；有可据文义校改者。[⑥]

---

① 皮锡瑞：《经学历史·经学复盛时代》。

② 孙诒让：《籀庼述林》卷五《札移序》。

③ 孙诒让：《籀庼述林》卷五《札移序》。

④ 朱一新：《无邪堂答问》卷二。

⑤ 刘文典：《三余札记》卷一。

⑥ 吴承志：《逊斋文集》卷六《校管子书后》。

直至近代，著名学者陈垣先生在前人成就基础上，以自己长期校勘实践的经验，总结了校勘方法，在所著《校勘学释例》中提出了校法四例：

（1）对校法：用同书的祖本或别本对校，有不同就注明。这是一种简便、稳当的机械方法。其主旨在校异同而不定是非。凡校一书，当先用此法，再用它法。

（2）本校法：用本书前后互校而抉摘异同，了解讹谬。若未得祖本或别本前宜用此法。此法能发现问题而不能定正误。

（3）他校法：用他书校本书。凡此书有采自前人者，可以前人之书校之，有为后人所引用者，可以后人之书校之。此法涉及广，用力多，但有时非此不能定是非。

（4）理校法：凡遇无古本可据，或数本互异而无所适从时，即用此法，以通识判断。此法最高深，也最危险。

陈氏四例已包括校勘的基本方法。

总之，校勘一事对读书治学曾有所贡献，但也有其不足，应该取其利而防其弊，使它在整理古籍、校读史料工作中发挥其应有的作用。

原载于《历史教学》1981年第9期

版本琐谈

一、版本

“版本”的名称，正式出现在宋初。开始专指由雕版印刷而成的图书；后来，范围逐渐扩大，便泛指雕版印刷以前的简策、缣帛和纸的写本，以及雕版印刷以后的拓本、石印本、影印本、活字本等等形式的图书。于是，版本便成为一切形式图书的总称而沿用下来。

从泛指含义来说，我国图书之有版本应从简策开始。汉成帝时刘向校书的“一人持本”即指简策这一版本而言。刘向在书录中所说的中书、太史书、太常书、臣向书、臣参书、大中大夫卜圭书、射声校尉立书等就是指各种不同的简策本子。1973年马王堆汉墓出土的帛书《老子》甲乙本就是两种不同的传钞写本。曹丕用纸、帛写《典论》和诗赋分赠张昭和孙权就是不同载体的两种写本。北齐颜之推的《颜氏家训》中就举出河北本、江南本、江南旧本、江南古本、江南书本和俗本等多种名称。这些是雕版印刷推行前的所谓“版本”。有了雕版印刷以后，“版本”的范围迅速扩大。

雕版印刷的开始期，现有汉朝说、东晋说、六朝说、隋朝说、唐朝说、五代说和北宋说等七说，一般都承认唐朝说，即大概起源于7世纪初。现存最早有具体雕造日期的雕印品实物是唐懿宗咸通九年（868年）四月十五日雕印的《金刚般若波罗密经》，可惜被帝国主义分子窃去，现收藏于伦敦博物馆。现存国内最早的雕印品是1944年在成都唐墓中发现的《陀罗尼经咒》，大约是唐肃宗至德（756—758年）时的印件。后来，雕版印刷术被广泛应用，就把印本书称为版，未雕版的写本称为本。所以叶德辉在《书林清话》中就说过："雕版谓之版，藏本谓之本。藏本者，官私所藏未雕之善本也。"到了宋代，版本的名称便成为雕印本的专称，而把未雕本称为写本或藏本。宋人的著作中都这样使用这些名称，如叶梦得的《石林燕语》中就说："世既一以版本为正本，而藏本日亡。"朱熹在《上蔡语录》跋中也说他曾"得吴任臣写本一篇，后得吴中版本一篇"。看来，"版本"之名专指雕版印刷之本。可是后来著录者在著录印本的同时，也不可避免地会著录印本以外的各种形式的图书，于是，"版本"之名，渐渐地不专指印本，而成为包括印本和印本以外一切型式图书的总名称了。

二、装帧

图书的版本可以按照刻书情况和图书本身形态的不同来加以区分称呼。这种称呼渐渐成为习惯术语。它大致从刻书时代、地点、单位、刻印质量、版式、颜色、装帧形式等等方面来区分。这里只谈谈按装帧形式不同而区分的称呼：

（一）简策本：这是最早的正式图书版本形式。刘向《别录》和班固《汉志》中开始著录，如《尚书》的中古文、欧阳、大小夏侯等不同的简策本。这种装帧形式是以末简为轴从左向右卷。后世发现的简策可按其时代称战国简、秦简和汉简。有的按其出土地点来说如汲冢（书）本。

（二）卷子本：指用帛或纸所写并卷成一卷的图书。有的可冠以时代，如称唐卷子本。后世有照卷子本复刻的，如清人黎庶昌《古逸丛书》中有据唐写卷子本刻印的书，也可称复唐卷子本。

（三）梵筴本（折子本、经折装本）：从宋元丰刻印《崇宁万寿大藏》到清雍正时刻印的《龙藏》都是梵筴本，形似后世的折子，所以也可称为折子本。又因为它是由于讽诵佛经，把卷子折叠起来的形式，所以又称经折装本。后世江浙一带一直把这种折叠式的折子俗称为"经折"。

（四）旋风装本：这是在梵筴本基础上改进发展的一种装帧形式，就是在折子的首尾用一张标纸粘连一起，翻阅时周而复始，像旋风一样，所以称旋风装本。宋人也有称为旋风叶子的。

（五）蝴蝶装本（简称蝶装本）：这是宋代的主要装帧形式，就是把每一叶印有字的一面反折向里，使版心向里，各叶折好叠起，用糊粘书脑，再用标纸包

装起来即成，类似现在的地图册。这种书可以保护版心，四周即使损坏也不影响版心；但翻阅时需要经过两个空白的背面，即翻两次才看一叶书，比较费时。它在翻动时像蝴蝶的双翅挥动，所以称蝴蝶装，简称蝶装。

（六）包背装本：它和蝶装的不同就在于它是把有字的一面向外折，使书口向外，再用书皮包装。它和线装形式差不多，只是不穿孔钉线而用糊粘。后世平装书即取形于此。

（七）线装本：这是公元15世纪左右（明中叶）在已有基础上改进采用的一种装帧形式。它把书叶整齐后用线装订，既便翻阅，又不易破散。所以这种形式代替了以前的各种形式而一直为后世所沿用。

（八）平装本、精装本：这实际上就是包背装的一种改进。它们是目前通用的装帧形式。精装本比平装本精美价昂。有时把由装帧精美、开本大而价格高的书改为简装和开本小而价廉的书称为简装本、袖珍本。

随着图书的广泛应用现代化技术，不断出现特种图书（缩微图书、直感图书、机读图书等）。于是版本由于装帧形式的变异，将会逐渐增加缩微本、胶片本、磁带本、光盘本等新的称呼。

三、活字与聚珍

唐朝发明雕版印刷推动了图书事业的发展，而宋代的活字印刷则使图书事业得到第二次跃进。宋人毕昇发明的是泥活字。它是我国对世界文化史的重大贡献。后来，使用的材料又扩展到木、铜、铅、锡等，从而使活字本成为图书版本中的一大门类，并按其用料而给以不同的名称，如：

（一）泥活字本：毕昇发明泥活字见于沈括《梦溪笔谈》的记载，但世无流传印本，所以有人怀疑泥活字的真实性。幸而道光时安徽人翟金生以毕生精力自制泥字，自印自撰的《泥版试印初编》和黄爵滋的《仙屏书屋诗录》，复活了泥活字，以事实回击了怀疑论者。

（二）木活字本：元人王祯《农书》中的《造活字印书法》就讲到木活字。过去有藏书家说宋宁宗嘉定十四年印的范祖禹《帝学》是现存最早的木活字本；近人考证，此说不足信，应以元代西夏文《华严经》为现存最早木活字本。

（三）铜活字本：明朝弘治以后盛行的一种活字，曾印过《艺文类聚》。清朝康熙时曾用铜活字印过《古今图书集成》一万卷这样的大书。

（四）铅活字本：约在明弘治、正德年间出现，但当时不受重视。明人陆深所撰《金台记闻》曾记此事，没有见到过印本，但后世印书主要用铅字了。

（五）锡活字本：据王祯《农书》所载，大约始于元初。这种活字已改刻为铸。这是一个重要发展；但因用墨不易，未能流行。近人考证认为明弘治年间无锡华氏会通馆所印各书就是锡活字本，并说它是我国现存最古的汉文活字印本。又有人说，清道光末年广东佛山唐姓书商曾造过3副锡活字20多万个，并解决锡不吃墨的问题，印过《文献通考》，但未见过此印本。

（六）聚珍本：这是清代武英殿木活字本的专称。武英殿原设有活字版处，向系铜字。后因年久残缺过半。乾隆中叶，因拟印四库应刊书样本，于是就有金简建议，用枣木镌25万多个木活字。乾隆帝因活与死相对称，不够吉利，就按活字拼版像许多小珍宝聚拢起来的意思，改称“聚珍”，因此这批由武英殿负责排印的木活字本就专称“武英殿聚珍本”，印了100多种书。后来各地多仿刻，如福建、广东照原式仿刻，浙江、江西、苏州等地则缩小刻成小版。这些仿刻本称为外聚珍本，是刻本；武英殿印本则称内聚珍本，是活字本。

活字本的鉴别与雕版不同。它的特点是：栏线、界线不甚衔接，行线时有时无；行气不整，字有时歪斜倒置；字体笔划粗细不一，墨色有轻有重；字与字间无交叉；书口上下栏线整齐；版面无断裂痕。掌握了这些特点有助于鉴定，但要注意为数不多的影刻活字本。

四、说“善本”

《史记》中所说“金匮玉版”的“玉版”，应该说是最早的善本书。而图书之有“善”称，最早见于《汉书·河间献王传》：“从民间得善书，必为好写与之，留其真。”它可能指内容比较完整的图书。河间献王求书之志可嘉，但留下原件，给原主一复制件则不可取。

隋朝立国日浅，但注重图书事业，文帝建国后，就接受著名学者牛弘的建议，“分遣使人，搜访异本，每书一卷，赏绢一匹，校写既定，本即归主”。这里所谓异本至少有一部分够得上善本，只是没有标明而已。但文帝的“本即归主”要比河间献王讲道理得多。炀帝也很重视图书。他曾按书的质量分为上中下三品，装上不同颜色质料的卷轴以示区别，这也包含着善本与一般本的不同处理。

善本之称的正式提出，并拟定标准当自宋始。宋人叶梦得在所撰《石林燕语》中曾说："唐以前，凡书籍皆写本，未有模印之法。人以藏书为贵，书不多有，而藏者精于雠对，故往往皆有善本。"叶氏提出了善本书的两条标准，一要时间早，二要经过校雠。精校固不待言，即所谓唐以前写本，以流传稀少，从了解古书古貌和考察我国文化成就等方面看是应加珍惜的。

宋人周辉的《清波杂志》说："庆历间，四库书搜补校正，皆为善本。"陈振孙的《直斋书录解题》中也说："元和姓纂，绝无善本。顷在莆田，以数本考校，仅得七八，后又以蜀本校，互有得失，然粗完整矣。"这两段话都着重在"校正"。

清人讲究版本，他们把善本的重点放在宋元旧椠上，尤其对宋版书，有一部分人已达到了迷信的地步，甚至对宋版书以页论价。著名版本学家黄丕烈更自号佞宋主人。至于所谓百宋一廛、皕宋楼等等藏书楼也都为了炫奇夸珍。有的人把宋版书视若拱璧，不轻示人。清人陈其元的《庸闲斋笔记》中所记王定安珍藏宋版孟子的故事正是对迷古者的绝妙讽刺。当然，宋版由于刻印时间早，比较接近旧本，错讹相对较少，传本数量又不多，应该加以珍惜，不过也应考虑宋版书本身亦有高下，当时即有杭本最精，建本最下的看法（其实，建本中也有佳者）。有些宋版书不加校正，易有讹误缺脱，宋人已有所感，司马光在给刘道原的信中就说："今国家虽校定摹印正史，又校得不精，只如沈约叙传，差错数版亦不寤，其他可知也。"（《司马温公集》）

这是当时人的所见所言，应是可靠可信的，而清人对迷信宋版事也有持异议者，如清初的王士祯提出了择善而从的标准说："今人但贵宋椠本，顾宋椠本亦多讹误，但从善本可耳！"（《居易录》）

嘉道时人光聪谐曾引司马光对宋版的意见来提醒当世那些"矜言宋椠"的人："观此当亦爽然自失。"（《有不为斋随笔》）同时，著名藏书家张金吾还制定了对待宋元旧版的标准："宋元旧椠有关经史实学而世鲜传本者上也。书虽习见，或宋元刊本，或旧写本，或前贤手校本，可与今本考证异同者次也。书不经见而出于近时传写者又其次也，而要以有裨学术治道者为之断。"（《爱日精庐读书志》）

张金吾的主张是在宋人时间早、经校雠的两条标准外，又加了一条需有参考价值的标准。这是在佞宋风气盛行时的一种平实之论。宋本可贵，自不待言，但以后的版本也不能认为全部低下。明本一般认为较差，尤其万历以后，乱改古书，雕印质量较差；不过，如王延喆影刻《史记》以及套版印花等书不能不说是善本佳刻。清初时间虽晚，不过如林佶四写之类的精刻本也是极为精美的善本。所以，对于可作为善本的古本旧刻，应从形式和内容，也即学术和工艺各方面去考察，不能持弥古弥善的态度，也不要一概而论。

提出善本书标准比较完整的是清人丁丙在《善本书室藏书志》中所定的四条，即：（1）旧刻：宋元遗刻，日远日鲜，幸传至今，固宜球图视之。（2）精本：朱氏一朝，自万历后，剞劂固属草草，然近溯嘉靖以前，刻书多翻旧椠。正统、成化刻印尤精，足本、孤本所在皆是。今搜集自洪武迄嘉靖，萃其遗帙，择其最佳者，甄别而取之。万历之后，间附数部，要皆雕刻既工，世鲜传本者，始行入录。（3）旧抄：前明姑苏丛书堂吴氏、四明天一阁范氏二家之书，半系抄本。至国朝小山堂赵氏、知不足斋鲍氏、振绮堂汪氏多影抄宋元精本，笔墨精妙，远过明抄。寒家所藏，将及万卷，择其尤异，始着于编。（4）旧校：校勘之学，至乾嘉而极精，出仁和卢抱经、吴县黄荛圃、阳湖孙星衍之手者，尤校雠精审，朱墨烂然，为艺林至宝，补脱文，正误字，有功于后学不浅。

丁丙是清季四大藏书家之一，他的善本标准仍不出时代早、校刻精的范围，不过，他对精本旧抄持一种择佳取优的态度还是可以取法的。

清末张之洞的《善本三义》提出三条，是为帮助初学者选书而定的。辛亥以后，缪荃孙在《蠹鱼篇》中定了四条标准：（1）凡刻于明末以前的为善本，明以后不算。（2）抄本不论新旧都称善本。（3）批校本和有名人题跋的都列善本。（4）日本及朝鲜重刻中国古籍不论新旧都为善本。

这四条标准当时被人奉为金科玉律，实际纯从形式着眼，忽略内容价值。所定标准并不恰当，如说“明以后不算”，那么清初的精刻本该如何处理？又如抄本因无刻本而借此流传，自有价值，但抄本中也杂有恶抄，有为牟利谋生而速抄多误者，有杂抄成书而毫无条理者，有本存刊本而反抄炫奇者以及有些内容毫无意义者。这如何能说“都称善本”呢？

近年来为编《全国古籍善本书总目》，对善本书曾从历史文物性、学术资料性和艺术代表性三方面进行考察，订立了九条标准、四项附注。这是在总结过去诸说基础上，集思广益所订。它较全面而准确地规定了善本的标准，为致力古籍版本及图书工作者提供了重要依据。

“善本”从工艺和学术价值来看，自不容轻视，但也不能不考虑到某些虽归入善本而珍藏的书未必都佳，而沦落于一般书丛中的书也未始没有精本。近代学者李详在其读书笔记《媿生丛录》卷一写了一段很有见地的话，他记称：

> 桂未谷《札朴》言：往客都门，与周君书昌同游书肆，见其善本皆高阁，又列布散本于门外木板上，谓之书摊，皆俗书。周君戏言，著述不慎，但恐落在此辈书摊上也。详谓书贾皆徇时好鬻书，置高阁者未必非俗书，落书摊者亦有精本，能从书摊而物色之，故无害其为书摊本也。

桂未谷是桂馥，周书昌是周永年，二人都是乾嘉学派的大名家，对著作的不同遭遇发出了感慨。李详字审言，民国时有声学林，他的高阁未必非俗书，书摊亦有精本的高论，不仅宽慰那些著作受到不公正待遇者之心，也对一些迷信“善本”者进一言。

原载于《路与书》（老人河丛书） 来新夏著 中国青年出版社1997年版

略论工具书

一

工具书，顾名思义是指作为我们读书工具的一类图书。它在读书和治学中可以发挥一种辅助作用。

古代，图书数量不多，一般学者能够以皓首穷经的功力去博闻强记。因此，工具书的作用尚未引起足够的重视，但是，随着时代的发展，学问领域日益广阔，图书文献日益增多，单凭背诵记忆已经势所难能。诗人墨客既不能将字的韵部都记住，同时也需要检索大量的优美辞藻来启发思路和雕饰文句，某些统治者由于难以博览群籍而命人把相同内容的文献记载依类偏次为类书供省览，而治学者尤其需要迅速准确地解决文献中的许多问题。于是，工具书的制作便随之而兴起和发展。

工具书的制作，究竟始于何时？

郭沫若氏在《古代文字之辨证的发展》一文（《考古学报》1972年第1期）中曾举出一个骨片上连刻了一月、二月各三十日的干支和少数其他文字，认为这“是当时的宪书之类”。有人就据此认为“这就是我国工具书的滥觞”。（王世如：《报刊索引和报刊索引工作》，油印本）这个说法在某种意义上讲是可以的，但是，我认为这个骨片纪日只是当时人的计算日子的纪事，对后人查对是起了工具的作用，还不能算有意识地制作工具书。工具书的正式制作可以公元一百年时写成的《说文解字》和约在公元二二〇年至二二六年间辑成的《皇览》等为最早。不过，那时除了字书可能由于所谓“正名”的关系列于经部小学类之末

外，其他都不被视为著述，没有给予一定的地位。如在魏文帝命令下所编的类书《皇览》也只不过被视为钞纂之学而已。这种漠视态度对后世的学者不能不产生一定的影响。所以像清代汪辉祖那样倾毕生精力于工具书制作的学者，确实是屈指可数的。即使有些朝代曾编纂一些类书，发挥了工具书的作用，但那是有另外一些动机和目的（如宋初为了安置降臣旧臣等），并非真正了解工具书的意义和作用而组织制作的。这就不能不使近代学者陈垣先生发出了“兹事甚细，智者不为”的感慨（《中西回史日历》序）。其能比较明确而恰当地论及工具书制作问题的，当推清代著名史学家章学诚，他在论校雠问题时曾说：

> 窃以典籍浩繁，闻见有限，在博雅者且不能悉究无遗，况其下乎？以谓校雠之先，宜尽取四库之藏，中外之籍，择其中之人名、地号、官阶、书目，凡一切有名可治，有数可稽者，略仿《佩文韵府》之例，悉编为韵。乃于本韵之下，注明原书出处及先后篇第，自一见再见以至数千百，皆详注之，藏之馆中，以为群书之总类。至校书之时，遇有疑似之处，即名而求其编韵，因韵而检其本书，参互错综，即可得其至是。此则渊博之儒穷毕生年力而不可究殚者，今即中才校勘可坐收于几席之间，非校雠之良法欤？（《校雠通义》内篇一《校雠条理第七》）

这段话虽是对便于校雠而言，但它对工具书的制作、内容、地位、利用的效果等方面都作了比较全面的说明。自清以来，至于近世，工具书的制作日多，同时也逐渐引起重视，许多有成就的学者都亲自动手制作有裨实用的工具书，并取得了成就，如万斯同的《历代史表》、汪辉祖的《史姓韵编》等和李兆洛的《纪元编》等，都给学者创造了极大的便利。近代学者陈垣先生用力尤勤，贡献尤大，所撰《中西回史日历》允为工具书中的空前巨构。

工具书既渐为学者所重视和利用，则其于读书、治学的效果自不待言。这里可以例举数端来略作说明。

工具书可使人由不知而渐趋于知。学者博涉群籍，如遇到人不详其生平，地不明其方位，字不识其音义，典制不晓其沿革，名物不察其形态时，便自然成为一种障碍。设能检阅相关的工具书，按图索骥，豁然得解，那么不仅解决当时的疑难，而且也使原先所不知者一跃而为知者，其成效正为章学诚所说：“可坐收于几席之间。”

工具书可以丰富和补充知识。学者知识，终难该备，或此全而彼缺，或知一而略二。如魏人李悝，一般都知道悝音恢，是人名。但是在字书中，悝尚通恢，作嘲笑解，那么张衡《东京赋》中的“由余以西戎孤臣而悝奏穆公于宫室”之句所以得解；另外悝又可读里声，作忧愁解。这样便由知一字而得三义。又如仅知一人名字，而当借助于碑传文通检之类的工具书而索得传记后，便能较详细地了解此人生平，所以说，工具书能起拾遗补缺、丰富知识的作用。

工具书能够避免或纠正不显著的错误。明显的错误易于避免或纠正，而隐晦的差错往往易于忽略，难于发现。如中西历换算问题，中历当年岁暮往往是西历次年岁首，若单从年来换算，有时会有一岁差异。宋代理学家陆九渊卒于宋光宗绍熙三年，按年对换是西历一一九二年。看来无甚差错，但事实上西历已差一年，因为陆的卒日是十二月十四日，利用中西历对照换算的工具书仔细核换应是西历一一九三年一月十八日，所以陆九渊的卒年应是公元一一九三年。这样就使一些不明显的差错得到避免或纠正，而达到精确无讹的程度。

工具书还可以提高工作效率，启发治学门径。我国图书为数浩繁，前人成果也不在少数，若各种问题都从头做起，在烟海中漫加摸索，则旷日费时甚为不利，要从群籍中去搜检散处资料，也难有成效。如清代学者著作中散存各种有关问题的论述，若一一翻检爬梳，实力有所不及，如置而不论，又感到大有缺漏。王重民先生编《清人文集篇目分类索引》，曾集清人文集四四〇种，分类排列篇目，这就使学者至少省去四百余种文集的翻检之劳。正所谓一编在握，事半功倍，工作效率，大为提高。而在使用工具书的过程中又可逐步领会某些问题应向哪些方面去探索的门径。

总之，工具书对于读书和治学确具十分重要的作用，但是由于人们学力不同，对它的感受也不一，要在使用者的亲自体验与领会。

二

我国的工具书，肇端极早，历代多有制作，清代尤盛，最大要类述如次：

（一）类书

这是我国古代的工具书形式。有人称它为中国的百科全书，从内容和编纂体例看，此说不够准确，它是把各种图书中的有关资料，或按问题分类，或按字分

韵，加以汇集而成的一种资料类编，是便于省览、记忆和检索的一种工具书。

类书在唐以前的目录书中没有应得的地位，如《隋志》的内容庞杂而放入子部杂家类，《旧唐志》虽有类事类，也还不具类书之名，直至《新唐志》始有类书类。

关于纂辑类书的起源有两种不同的说法：

其一，宋晁公武：《郡斋读书志》卷十四类书类，立梁元帝（公元五五二年至五五四年）撰《同姓名录》三卷于首，认为“类书之起，当在是时”。《四库全书总目》类书类承此说。

其二，宋王应麟：《玉海》卷五四《艺文承诏撰述》篇，认为“类事之书，始于《皇览》”。据《三国志·魏志·文帝纪》记载，《皇览》是魏文帝曹丕于黄初中（公元二二〇年至二二六年）命散骑侍郎刘劭等“集五经群书，以类相从，凡千余篇。号曰《皇览》”。其书久佚。清人有辑佚一卷。清张之洞《书目答问》承此说。

《皇览》的撰成早于《同姓名录》三百余年，自应以《皇览》为类书之始。

类书可以帮助学者找到同类相关的若干资料。有些资料来源本身已佚，赖类书以存，则更有参考价值。《四库提要》对此给予了肯定的评论说：“古籍散亡，十不存一，遗文旧事，往往托以得存。”当然，这些资料是否原貌，则尚需经考订后方能确定，而且辗转沿袭，往往谬误传递，所以，近人刘文典在《三余札记》卷一中特著其事说：

> 类书引文，实不可尽持。……盖最初一书有误，后代诸书亦随之而误也。如宋之《太平御览》实以前代《修文御览》、《艺文类聚》、《文思博要》诸书，参详条次，修纂而成。其引用书名，特因前代类书之旧，非宋初尚有其书，陈振孙言之详矣。若《四民月令》一书，唐人避唐太宗讳，改民为人，御览乃竟仍而不改。书名如此，引文可知。

类书也可以帮助检索典故或文辞的来源。如果所引原书尚传世，最好再核对原文，以求确切。

类书篇帙，一般较大。宋代的《太平御览》是现存的有典型性的一部类书，它以问题类别编次，共达千卷。清代的《古今图书集成》一万卷，卷帙巨大，内容丰富，颇资考订。另外为《佩文韵府》、《骈字类编》，虽然它是供作诗叶韵、搜求词藻之用的韵书，但因书中包括许多典故资料，并注有出处，因而也具有类书的性质和作用。《佩文韵府》是以尾字四声分韵编列，收二、三、四字的词语。《骈字类编》是以首字与字头一致，专收二字合成的词。它们在内容和编制上虽存在一定的缺点，但可用来检索典故、词语的来源出处。至于韵编问题，如果不太熟悉，则可先查辞书，检得韵部，再按韵求词。新印《佩文韵府》附有检字，则更为方便。

（二）字典

旧称字书。识字是解决读书困难的先务。所谓“读书必先识字，字且不识，遑论其他”。字书可以解决字的读音、训义、形体结构和用法等问题。

我国古代字与辞的工具书不严加区别，统称字书。它的来源甚早，《汉书·艺文志》便有周宣王太史所作《史籀》十五篇和其他著述共十家四十五篇的著录。现在完整存留而系统分明的字典是东汉和帝时许慎所编的《说文解字》。以后各代都有所作。目前常用的是《康熙字典》和《中华大字典》。

清人研读古书的风气甚盛，为了解决古书中的疑难处字，遂纂辑虚字字典。刘淇的《助字辨略》收字四七六个，创此类书之始。王引之的《经传释词》虽仅收一六〇个字，然能补前所未及，正前所谬误，并略去易晓者，所以颇为简要精审，历来极受推重。近人杨树达的《词诠》，内容较广，使用也便，对初学者极为有用。

（三）词典

一称辞书。大都兼收字和词。有些注明出处。可供因辞求解，按迹求书之用。我国最早的词书当推《尔雅》。目前通用的是《辞源》和《辞海》。它们都以部首编次，是综合古代字书、韵书、类书及近代辞书于一编的工具书，翻检使用都较方便。近年对二书都重加修订，《辞海》分订全三册和分类分册两种，已出版问世，《辞源》四册也相继印行。

另有专门性质的辞书，备检索普通辞书范围所不及者，如专检人名的有《中国人名大辞典》，收入达四万之多，可以借知人物简历，但记录出处生卒不详不备，只能作普通参考，不能供较详了解之需。专检地名的有《中国地名大辞典》及《中国古今地名大辞典》。后者系在前者基础之上编撰的，所以略有增益，但其大弊，在于所谓今释早已过时，只能借以略知方位而已。其检专门地名的有《西域地名》是目前专检古代西域地名的一部工具书。它以罗马字按英文拼法排列。书后有汉名笔划索引。它虽仅收一千四百余地名，然重要者已大体网罗。其专检特殊方言、俗谚的词典为张相的《诗辞曲语词汇释》，集宋金元明人诗词曲中习用的特殊语词，详引例证，解释其意义与用法，于读书颇有裨益。清人翟灏编《通俗编》，采集方言俗语共五千余条，按内容性质分类，诸词都找出根据，引书证释。钱大昕的《恒言录》，性质相同，而纂辑较翟编为精。

（四）索引

旧称通检或备检。“索引”一词则据日文ちくぃん译音而来。另据英文index（指点）之音译成引得。这是专为检索来源的一种工具书，如书籍内容、辞语或引文来源均可利用这一工具。

我国制作索引始于何时？说法不一。有人认为清代汪辉祖编著的《史姓韵编》一类的书已“具有索引性质”。（涂宗涛：《常用文史工具书简目》）也有人认为在《史姓韵编》前一百四十多年的傅山所编《两汉书姓名韵》是创始之作，因而把我国索引出现的时间“定为十七世纪上半叶比较更为合适”。（王世如：《报刊索引和报刊索引工作》油印本）我则认为，索引的创制，当推宋代的《群书备检》。据宋晁公武的《郡斋读书志》卷九称：

> 群书备检十卷。右未详撰人。辑易、书、诗、左氏、公羊、穀梁、三礼、论语、孟子、荀子、扬子、文中子、史记、两汉、三国志、晋、宋、齐、梁、陈、后周、北齐、隋、新旧唐、五代史书，以备检阅。

陈振孙《直斋书录解题》卷八也说：

> 群书备检三卷，不知姓氏，皆经史子集目录。

《宋史·艺文志》著录此书说：“其书已亡。”明《文渊阁书目》卷十一著录“群书备检一部，三册，残阙”。是明尚有残本。从这些记载看来，此书当系经史子集的篇目索引。

索引用途颇广，形式也多样，按其编制内容来看，大致有：

（1）书籍内容和文句的索引。这类索引常作为一书附录，供检索书籍内容之用，西书中使用比较普遍。我国过去往往别行。如清黎永椿的《说文通检》便是用来检索《说文》部首及各字的工具书。近人叶绍钧的《十三经索引》便是检索十三经经文来源出处的工具书。其他燕京大学引得编纂处制作的各种古籍内容引得也有同样作用。解放后重印的多种工具书，书后多增附索引，极便使用。

（2）书籍、论文的篇目索引。如王重民的《清人文集篇目分类索引》是清人四四〇种文集篇目的指南。其散见报纸、杂志的篇目也多编有索引，如《中国史学论文索引》等就对史学研究提供了重要帮助。

（3）专题索引。这是就专门一类问题编制的索引，如《二十五史人名索引》系检索正史中人名部分的索引；如《室名别号索引》则可通过室名别号而引致本名；而陈乃乾的《清朝碑传文通检》不仅人物的姓字、籍贯、生卒可一索而得，尚能指引碑传文的出处，追求本源。前燕京大学引得编纂处所编宋元明清各代传记引得分册也极有用。这四册索引合用则自九六〇年至一九一一年将近千年间的重要历史人物均可从中获致线索。

（五）表

这是检索人物、大事、年代等简明情况的工具书。表有悠久的传统，最早称谱，所谓“古者纪年别系之书谓之谱”。（《通志·总序》）司马迁《史记》改而称表，有世表、年表和月表之分。班固《汉书》有《古今人表》、《百官公卿表》之作。后世也继有所作。宋郑樵《通志》又改称为谱。清代制表风气甚盛，而补各史阙表之举更为突出，如钱大昭的《后汉书补表》、洪饴孙的《三国职官表》、汪日祯的《十六国纪年表》、周嘉猷的《南北史表》。……开明《二十五史补编》搜罗较多。这些表中以万斯同的《历代史表》最为学者所推重。朱彝尊在书序中说此表“揽万里于尺寸之内，置百世于方册之间”。黄宗羲更称此为“诚不朽之盛事，大有功于后学者也”。这些评论说明表在工具书中的地位。的确，一部制作精善的表就能起到条分类繁，有条不紊，旁行斜上，一目了然的作用。如陈垣先生的《二十史朔闰表》就是检中西回史日历、曜日的良制，为治学者所不可或缺的重要工具书之一。最近，纪大椿同志在前人基础上，参考多籍，编制《1821—1950年中西回俄历表》（新疆人民出版社印行），不仅增入俄历对照，又标识曜日，对近代历史中各历的换算，极为有用。

（六）图谱

这是具体地、形象地理解和认识地理方位与文物图象的一种工具书。我国历来都给予应有的重视。《汉书·艺文志》对于图谱都在附注中特加著录。宋代学者郑樵对于图谱特别强调，他说：“古之学者，左图右书，不可偏废”，“即图

而求易，即书而求难”，并撰著了《图谱略》，成为《通志》二十略之一。

一般说来，我们常用的图谱有两类：

一类是指明地域方位的地图，为查找当前情况，一般常用《中华人民共和国分省地图集》和《世界地图集》。但对治学研究来说，历史沿革地图更为需要。近人杨守敬所制《历代舆地沿革图》，是当时颇负盛名的创制，可惜篇幅过大，使用不便。解放后，《中国历史地图集》编辑组集中专才，搜集资料，参证研讨，罄多年功力，编绘了《中国历史地图集》八巨册，具有一定的学术价值。它反映了一八四〇年以前我国各历史时期的政区设置和部族分布的基本概貌，但也以篇幅巨大，造价过昂，不是私人和一般图书馆所能设备，流通较少，未能充分发挥作用。若能缩印或刊行普及本，使图集得到更广泛流传，则造福学者匪浅。目前人们比较经常使用的是顾颉刚等编制的《中国历史地图集》（古代部分），共收图四十七幅。自原始文化遗址分布图起至鸦片战争前清帝国图止，凡政区划分、人民起义、交通路线、四邻形势均有涉及，并另有附注说明及地名索引，虽尚有需加修订处，但仍不失为一般参阅使用的工具书。

另一类是文物图谱，如郑振铎的《中国历史参考图谱》，内容比较丰富，是一部重要的参考工具书。郭若愚的《太平天国革命文物图录》正补编，可以从中看到太平天国革命文物的形象。《美帝国主义劫掠的我国殷周铜器集录》和《流散欧美殷周有铭青铜器集释》、《全国基本建设工程中出土文物展览图录》和《陕西江苏热河安徽山西五省出土重要文物展览图录》等都是古器物的重要参考图录。

（七）目录

这是寻求书籍和初步了解书的时代、著者、性质和内容等方面的工具书。它有国家目录、史志目录、私家目录、地方目录、专门目录等多种。它从《汉书·艺文志》以来，历代都有不少目录著作，一般常用的是《四库全书总目》、《增订四库简明目录标注》、《贩书偶记》和《书目答问》。

此外，正史的志书、历代会要、学者的读书记和十通等，虽然不是工具书的形式，但根据学者读书治学的需要，也往往起到工具书的作用。年鉴和百科全书也都是重要的工具书，但对中国史籍和一般学者来说，使用略少，所以就不再多加述及。

三

使用工具书，主要是为解决这样一些问题：

（一）人物

人物是文献中的重要成分之一。一切活动总要牵涉到人物。许多人物的情况，不易全面了解和记忆，有些不经常见的人物，甚至连简况都难知，这样，对于读懂和掌握文献，便有困难。加以古人行文往往有使用异名的，更会造成一定的窒碍。这些就需要借助于工具书来解决。

如果只需要知道人物的字号、生卒、里贯等简况，那么使用《中国人名大辞典》、《历代名人生卒年表》和《历代人物年里碑传综表》之类的工具书即可。

如果需要有更多的了解，那么就可以使用碑传文通检和传记引得之类的工具书。

如果要了解检索人物是否见于正史，那么运用《二十五史人名索引》就可以知道是否有传，还是只在某一传中提到，进而检读传文可以对人物有更多的了解。

如果在文献中或书画题款及印章中遇到人物的别名，有些尽人皆知的如亭林、黎洲等尚无妨碍，若是一些生僻的别号如止止居士、西溪渔者等便无从了解，但利用《室名别号索引》即可检知前者为潘耒，后者是厉鹗。又如有的文章之末只署室名而略其本名者也可借助同书来解决。《室名别号索引》一书按笔划多寡排列，故检索甚便。

（二）地理

地理区划、方位、沿革和今释也是文献资料常遇到而需解决的问题。对于各朝的行政区划可利用正史的地理志和清代学者所撰的有关补志。对于地名今释，清人李兆洛的《历代地理志韵编今释》虽时代已不合，但尚可参用来辗转以求，《中国历史地图集》后所附的《地名索引》也注有今地名，不过有些地名由于行政区划变更频繁而不断变更归属，这就需要随时注意国家公布的变更消息。如果再比照最新地图的方位，那就更易于了解。对于方位沿革则可借助于地名辞典、有关地方志和地图。有些类书中也汇集了一些历史地理的资料，如《太平御览》

卷六十的地部。近年来编制的关于专题资料的工具书是地理工具书的新发展，如广东中山图书馆所编《东西沙群岛资料目录》从中外文图书、报刊、地图、档案、抄件、影本等进行了广泛的搜集，对学术研究给予了很大的帮助。

在地名问题上，过去的文人学者，由于好炫奇夸胜，在著述中自署或称别人籍贯时，常好用异名雅称，如以茂苑称苏州、疁城称嘉定、余暨称萧山、云中称大同。这往往很费翻检之劳。清人管斯骏所撰《各省府州厅县异名录》是可利用的工具书，可惜这本小书未引起重视。

（三）年代

年代是文献资料中不可或缺的一种因素。中国历史上的年代更有自己的特色，即年号和干支纪日的问题，另外中西历换算问题也需要依靠精密对照的工具书不可。清人李兆洛、六承如所编《历代纪元编》，虽为清人所编，但尚可有用。书分三卷：上卷列汉以下各朝年号，对农民起义、割据政权及外国年号均采入，中卷为纪元甲子表，自汉武建元元年起至清同治十年止，分年排列，凡并存政权，分格列入，建元以前另为补编；下卷为年号韵编。近人荣孟源所编《中国历史纪年》又有充实完善，更便利用，但却不能解决月、日换算问题。最得实用的是陈垣先生《二十史朔闰表》。此书可解决年号、朔、闰、中西回史日历换算和日曜问题等。全书记自汉迄清的朔闰和西历月日，自汉元始元年起加入西历，唐武德五年以后加入回历。末附日暇表七个。纪大椿同志的《1821—1950年中西回俄历表》又增入1821—1950年的俄历换算，表式也简化易检了。

（四）文字

文献中常会遇到有些字不晓音义，有些词不明含义和出处，有些俗语不知来源。这些对掌握内容会有影响的。

关于一般字、词、语可以从《康熙字典》、《辞海》和《辞源》等工具书中解决。文言虚字可借助《助字辨略》、《经传释词》和《词诠》。假借字可利用朱起凤的《辞通》，俗语则有《恒言录》和《通俗编》等可资参阅。

对于文献中引述经传文句而不晓其原出处者可使用《十三经索引》来查清其确切出处。

对于典故来源，可以利用《佩文韵府》，但因此书引文较粗率，最好能依此线索查阅原书。

（五）书籍

我国学术发达，领域广阔，载籍尤称浩繁，因此学者常面临两个问题。其一，准备钻研某一方面问题，不知道有哪些必读书和前人的成果；其二，知道需要哪些有关图书，但又不知从何下手。这就需要依靠目录书作为工具。除了前述的几种基本目录书外，丛书目录是很重要的一种工具书。

丛书是众书之海，汇集若干种书于一编。许多不易找到单本的书，往往可从丛书中求得，但丛书每没子目之名，故搜检极难，前人曾编有丛书目索引一类的工具书，但均有欠缺。解放后上海图书馆所编《中国丛书综录》在诸家基础之上，检核全国四十一个图书馆入藏情况，收录二七九七种书，编为三巨册。第一册为《总目分类目录》、《全国主要图书馆收藏情况表》，第二册为《子目分类目录》，第三册为《子目书名索引》、《子目著者索引》，另附《丛书书名索引》，均以四角号码编次，为全书线索。又附《索引字头笔划检字》以供不熟悉四角号码者检索索引之用。此书本身既具备各套相互为用的工具，而著录又详注版本、藏者，颇为使用者所称便。

朱士嘉的《中国地方志综录》和最近的修订稿是使用地方志的好工具书。

图书有不少同书异名的情况，往往由于不明异名而难于求书。杜信孚所编《同书异名通检》是解决这一难题的工具书。

成书比较固定，犹可设法记忆，即使翻查也较易索得。但零篇论文，散处报章杂志，搜求较难，特别需要工具书的帮助。如《中国史学论文索引》搜罗了近五十年来一千三百多种定期刊物上的三万多篇论文，分类编辑。书后并附补助索引，将人名、地名、朝代名、标题、书名、物名、种族名、史实等混合编组，按笔划排列，颇便检索。又如《史记研究的资料和论文索引》综合了古今人研究史记专著、文章、笔记、论文，分类排比，可专供研究《史记》之用。

上述五点，只是指在读书治学过程中要先扫除的一般问题，并非工具书只能解决这些问题。在进一步研读时，仍然常常需用工具书的。

既然工具书如此必需，那么如何从数量较多的工具书中选用一些适用的呢？什么样的工具书才算好的呢？我认为它的标准有二：

其一，内容是否可靠、完整及合时。可靠是指所根据的资料来源是否可靠，解释说明是否可靠。完整是指它所要解决的问题是否基本解决，使人一编在握，

基本上解决问题。合时是指是否合乎使用者的时代。一般地说，工具书随着时代发展而应有新的变动和增益，后出较前出应该正确而充实些，尤其在地名今释方面，文字词汇方面更要求合时。当然，一部工具书要与使用者时代完全相合，也不现实，但应力求接近为是。

其二，使用是否便利。工具书的任务是为减轻学者烦劳，提高工作效率。如果本身有错误或编排方法不方便，那么，使用起来，既不易立时检得，而其结果又往往不能正确地解决问题，徒劳无功，反有贻害。同时也要考虑流通问题，有些书价值很高，但非一般图书馆和私人所能收藏，那在使用时往往不能顺手，也会造成某些不方便。

四

工具书的性质、类别和使用已如上述。那么，究竟应该如何对待它呢？如何掌握它呢？这里，只提出几点个人的肤浅看法以供商榷。

第一，掌握工具书的基本书目：工具书的作用如事物的指南。读书治学之先，必须知道遇到疑难问题时应如何解决的线索，即对于工具书的概况应有所了解；但是，工具书良窳不一，数量浩繁，如何能一一了然在心呢？因此，在日常读书过程中，必须随时注意积累，掌握一些基本工具书，大致了解哪些工具书可以辅助解决哪些问题，它们能起什么作用，它们的价值如何，这样，一旦需要使用，便能得心应手，不致无法措手。

第二，勤查勤用，以求熟练：工具书是辅助工具，使用时应以准确、迅速为尚，方能一索而得，提高效率。这种熟练程度必须在经常使用活动中锻炼。勤查勤用不仅养成随时解决疑问的良好习惯，而且能迅速熟悉和掌握工具书的性能，巩固和丰富知识，扩大研究问题的线索。

第三，随手制作和补作工具书：目前工具书虽然方面日广、数量日增，但要解决所有遇到的疑难问题，尚有一定距离，仍然需要制作一些新的工具书来满足读书治学方面的要求。而且成书中难免有纰漏之处，又需要在使用时随手拾补。同时在进行学术研究的时候，也可以亲自动手附带地制作一些工具书，这样不仅便于自己使用，同时在制作工具书的过程中最容易锻炼使用工具书的能力，而其效果将能推动和加速科学研究工作并将有利于后学。过去有些工具书并非学者专门单一的纂辑，而是研究工作的副产品。《二十史朔闰表》便是陈垣先生研究中西回史日历的副产品。陈乃乾先生为了便于检用清文集中的内容，制作了一些索引卡片，《清代碑传文通检》便是其中的一种。邵懿辰等的《四库简明目录标注》便是在简明目录上标注异本，终于另成一有名的专著。这方面的园地很广阔。朱士嘉先生在编制地方志录之余，把方志中人物传记作了索引，为研究人物历史提供了丰富的矿藏线索。我国大量宗谱中包括许多传记，但因苦无工具，迄今无法普遍运用。货藏于地，曷胜可惜。

第四，工具书终居补助地位，读书仍为首要：工具书固然可以帮助我们祛除一些疑问，但却不能把它看作万能，以为遇到问题就求助于工具书，不知工具书既非应有尽有，而且包括方面也不尽该备，同时无论疑问大小，动取翻检，养成依赖习惯，削弱记忆能力，于读书治学，并无益处。因此，仍然应该从大量地系统读书治学过程中，积累、丰富知识，扩大知识领域，切实掌握基础知识，以逐步减少疑难。这样，既不会使所得知识支离破碎，而且也容易发现问题，纠正讹谬。这是应当特别加以重视的。

原载《四川图书馆学报》1981年第4期·总第12期

类书与丛书

一

类书是历史文献的资材汇编。它不仅保存了一部分历史文献，而且还具有可备查阅文献的工具书性质。它把历史文献中的有关资料或按内容性质分类，或按字分韵加以类编，成为一种便于省览、记忆和检索的文献汇编。

类书的起源，过去学者有以为肇端于杂家的著述，清代学者汪中即以《吕氏春秋》为类书之始，他在《述学·吕氏春秋序》中说：

> 是书之成，不出一人之手，故不明一家之学，而为后世《修文御览》、《华林遍略》所托始。

清辑佚家马国翰的《玉函山房文集》卷三《锱铢囊序》中也持同一见解。

《吕氏春秋》一书虽为多士所著，采择较广，但并非钞纂各书，清人钮树玉认为《吕氏春秋》是“自成一家，且多他书所未载，非徒涉猎也”；而说“类书之端，造于淮南子”（钮树玉：《论淮南子》，见《匪石先生文集》卷下）。

宋人黄震也认为《淮南子》是类书的造端。他在《黄氏日钞》卷五五中曾说：

> （淮南子）荟萃诸子，旁搜异闻以成之。凡阴阳、造化、天文、地理、四夷、百蛮之远，昆虫草木之细，瑰奇诡异，足以骇人耳目，无不森然罗列其间。盖天下类书之博者也。

《淮南子》虽说是“博采群说，分诸部类”，不过，它仍是“大旨宗老庄而非儒墨”，并非单纯的文献汇编，与后世类书之体并不相合，所以说秦汉杂家著作仅给类书以启示，而不得以之为开端。

后汉以下，文章日趋繁丽整齐，追求形式，作者好采故实入文，而得书尚难，于是各就所需，自文献中分类钞纂，为正式编纂类书开辟道路。宋代学者以类书起于魏晋，但又持二说：

其一，晁公武《郡斋读书志》卷14《类书类》立梁元帝（552—554年）所撰《同姓名录》三卷于首，认为“类书之起，当在是时”。清《四库全书总目·类书类》承其说，认为“类事之书，莫古于是编”。（《四库全书总目》卷135吴淑《事类赋》条又称：“类书始于皇览”，其自相矛盾若此。）

其二，王应麟《玉海》卷54《艺文承诏撰述》篇认为“类事之书，始于皇览”。《皇览》之撰，《三国志》备载其事。《魏志·文帝纪》称：

> 帝好文学，又使诸儒撰集经传，随类相从，凡千余篇，名曰《皇览》。

《魏志·刘劭传》记劭奉命撰述事说：

> 黄初中为尚书郎、散骑侍郎。受诏集五经群书。以类相从，作《皇览》。

又《魏志·杨俊传》注记王象参与撰《皇览》事说：

> 受诏撰《皇览》，……象从延康元年始撰集，数岁成，藏于秘府，合四十余部，部有数十篇，通合八百余万字。

《皇览》之情况，大体了然，惜此书久佚，清人孙冯翼有辑佚一卷，刊入《问经堂丛书》，并撰序说：

> 其书采集经传，以类相从，实为类书之权舆。

清人张之洞撰《书目答问》子部类书类列《皇览》于类首，即承《皇览》为类书权舆之意。

黄初系魏文帝年号，当为公元220—226年，而《同姓名录》成书于公元552—554年。《皇览》之作当早《同姓名录》三百余年，所以应以《皇览》为类书之始。

类书之列入目录有其沿革。荀勖撰《中经新簿》列《皇览》于丙部（史部）（此据《隋志》序。《四库提要》言荀簿入《皇览》何门无考，殆未据《隋志》加以深考）。《隋志》入类书于子部杂家类。《旧唐志》于丙部子录十五别立“类事类”，收类书二十二部。类书之自成一类始此，但尚无类书之专名。宋人《崇文总目》及《新唐志》均改“类事类”为“类书类”，类书之类名始定。郑樵《通志》破四分法而立十二类，类书仍为独立一类。可见类书已为人所注重。

类书的定义，张涤华《类书流别》曾为之界说云：

> 凡荟萃成言，裒次故实，兼收众籍，不主一家而区以部类，条分体系，利寻检，资采掇以待应时取给者。

但历来归属不一，现举数种钜制为例如次。

（1）《文苑英华》：1000卷，宋太宗太平兴国七年（982年）九月，命翰林学士李昉等十七人，择前代文集中精作，按类分编，辑成一书，至雍熙三年（986年）十二月书成。尤袤《遂初堂书目》入之于类书。但实际上这是一部总集，与《昭明文选》体例相似。它不仅是古代文章的府库，也是史籍中内容丰富的资料汇编，照例应入集部总集类，而不应归于类书类。

（2）《通典》：200卷，唐杜佑撰，上起黄帝，下迄唐玄宗天宝。肃、代以后也附载注中。所集内容多偏重文化方面沿革变迁，是讲典章制度的专史，应属于政书类，而《新唐志》、《宋志》及《崇文总目》竟入《通典》于类书。

（3）《百川学海》：宋左圭辑，收书百种177卷，分十集。书成于宋度宗咸淳九年（1273年）。所收以唐宋人为主，间有魏晋六朝者。这是早期的综合丛书，但明人叶盛《箓竹堂书目》也以之入类书。

（4）《太平广记》，500卷，宋李昉辑。所收皆汉以来稗史传记小说之属，其中唐前逸史可供考证，是一种小说汇集，但《崇文总目》、《通志》及《四库提要》均入之于类书类，而《书目答问》则入之于小说家。

由此可见，类书的概念一直不明确，以致目录家在归属上有如此的歧异。

关于类书在目录中自立专类问题，前人多有论说，如：

（一）宋郑樵：《通志·校雠略》分图书为十二类。其第十一类即类书类。樵孙郑寅《郑堂书目》与清孙星衍《祠堂书目》均依此立类。

（二）明胡应麟：《少室山房笔丛》卷29主张附类书于四部之末。祁承㸁《澹生堂藏书约》从之。

（三）清章学诚《校雠通义》二之五主张按内容性质分属，即将类书依其所收内容分别散入史部故事类、集部总集类、子部杂家类。但综合性类书或超出上述范围者又难归属。

（四）清张之洞《书目答问》附于子部之末，并注称“类书实非子，从旧例附于此”。其意仍以类书当独立一类。

（五）近人刘咸炘《读校雠通义》主张类书可包括总类、句隶、类考、专类、策括。其不可系属者归之他门。案：所列总类实应收不可系属者。

总之，以类书为一类当无疑义。类书自《皇览》以后，日趋发展，综其趋势，大抵可分三期：

（一）六朝至唐为类书创始期。六朝以来，骈俪文兴起。讲究文字，争求故事僻典，钞书之风大盛；或帝王搜求故实以资治，遂兴类书之体，《皇览》专辑故事为类书嚆矢，其后，有据拾字句之《语对》等继起，类书数量日增，《隋志》著录二千余卷，唐代成书万卷，但多已亡佚，今举现存数书为例：

（1）《北堂书钞》：唐初虞世南在隋时所编。原书173卷，80部，801类，今已不可得。通行本为明万历刊本，共160卷19部852类，以刊行时滥加增删而失原貌。清代学者孙星衍、王引之等曾加校订，有光绪刊本，略胜于明刊。《北堂书钞》是现存最早类书，征引多为隋前图书，对辑佚、校勘有一定作用。

（2）《艺文类聚》：唐初欧阳询等奉命纂集。100卷46部727目。全书事文具备，整篇汇集，征收唐前古籍达一千四百余种，保存历史文献之功不可没。

（3）《群书治要》：唐太宗命魏征等人所编。50卷。自六经诸子中，辑上始五帝、下至晋代有关治要的文献，虽与《皇览》、《华林遍略》等性质相同，但钞录文献资料方法不同。《群书治要》所收多为完整篇段。

（4）《初学记》：唐玄宗为便于诸皇子作文检索故实，以原有类书篇帙过大，特命徐坚等所撰，共30卷23部313目。有叙事、事对、诗文三部分内容。《四库全书总目》评其书称：“在唐人类书中，博不及《艺文类聚》，而精则胜之。”

近代以来，在敦煌还发现古类书残卷三种，罗振玉于1917年曾叙其事。据其内容大抵为晋唐所作（《雪堂校刊群书叙录》下）。

（二）宋代为类书发展期。此时期之所以发展，原因有三：一是撰作诗词骈文，需用词藻典实，类编待采；二是科场需要，类编备检；三是安置降人旧臣，这是最重要的政治原因（王明清：《挥麈后录》卷一有《太宗收用旧臣，处之编修，以役其心》条）。

宋代编撰类书的特点是官方开局，私家著述，取材广泛，内容丰富，数量多，篇帙大，即《宋志》著录类书达11393卷，补志又增2341卷。其《太平御览》、《册府元龟》有千卷之多，而《玉海》为王应麟私人所辑，也有200卷之多。《太平御览》一书于后世影响尤大。全书千卷，“宋太平兴国二年李昉等奉敕撰，凡五十五门，四千五百五十八个子目，采书一千六百九十余种”（清法式善：《陶庐杂录》卷四）。清以来学者多称道此书。如张之洞《书目答问》注此书为类书中“最要”者。《补正》撰者近人范希曾说：“《御览》存古佚书最富，数为类书之冠”。近人张舜徽《广校雠略》盛赞其书说：

即以《太平御览》一书言，所引秦汉以来之书多至一千六百九十余种，考其书传于今者十之二三，则有此一书，不啻存秦汉遗书千余种矣。

《太平御览》由于流传较广，刊本也多。宋时已有刊本，陆心源的皕宋楼曾藏有南宋刊残本，后归日本静嘉堂文库。明清两代有多种刊本，见《增订四库简明目录标注》著录。乾嘉时学者陈寿祺撰《校太平御览跋》记刊本源流及阮元校本颇详（《左海文集》卷7）。

其私家著述当以王应麟所纂《玉海》为代表。《玉海》200卷，分21部，240余类，征引遍及经史子集，是一部比较繁富完备的类书。

（三）明清为类书兴盛期。明初纂修《永乐大典》为类书之最，它成书于明成祖初年，全书正文达22877卷，约3.7亿字，装11095册。广征博收，不厌其繁，计收古今图书近8000种。按《洪武正韵》分字录入有关文献，上起先秦，下至明初，搜罗宏富，保留佚书珍本甚多，后来成为清代修《四库全书》时的重要辑佚源之一。清代类书在前代发展基础上，由官方设局纂辑，规模宏大，进展显著，特点突出。其体例之精、种类之繁、数量之巨、检索之便实已超越前代，其钜制为康熙朝官修之《古今图书集成》，清人笔记多记其事，如史梦兰《止园笔谈》卷4记称：

是书也。康熙间圣祖仁皇帝命儒臣宏开书局，搜罗经史诸子百家，别类分门，自天象、地舆、明伦、博物、理学、经济以至昆虫、草木之微，无不备具，诚册府之钜观，为群书之渊海，历十有余年而未就。世宗宪皇帝复诏虞山蒋文肃公率在馆诸臣重加编校，正讹补阙，经三载而后整定成书，图

> 绘精详，考订切当，御制序文弁其首，以内府铜字联缀成版，计印六十余部，未有刻本也。其书为编有六，为典三十有二，为部六千一百有九，为卷一万。

徐锡龄《熙朝新语》卷13、刘玉书《常谈》卷4均有记及。

《古今图书集成》之外，尚有《佩文韵府》、《渊鉴类函》和《骈字类编》等作，均为类书中有检索价值者。

清代乾嘉以后人多以类书为读书、作文、应举的捷径，于是《子史精华》、《韵府字锦》之属层出。坊间书贾，为投时好，大量刊行而日趋冗滥，嘉庆十九年（1814年）从姚元之建议曾令禁止流布应急类书，加以朴学兴盛，人多鄙薄类书，而类书之撰乃趋衰落。

类书既多且杂，但编制方法不外以事分类及以字分类。以事分类者有一书即聚一类文献者，如白居易的《白朴》三卷即汇聚当时诏批答词供公文程式取法，其书已佚。有综合各类为一书者，占类书之多数，如《艺文类聚》、《太平御览》皆是。以字分类者有齐句首者，如康熙时所编《骈字类编》专收二字合成词藻，以上一字分类，后世辞书多以此法。有齐句尾者，如《佩文韵府》收二、三、四字词语，均以尾字四声分韵编列。新印《佩文韵府》附有检字，使不熟悉韵部者称便。

总之，类书为涉及多种典籍的一种文献汇编。近人班书阁曾为之界说云：

> 所谓类书，就是随类相从的书，也就是类事之书。具体说：采撷群书，分门别类地加以编排而利检寻的书籍，叫做类书。（《中国历史要籍介绍及选读》）

二

丛书之名，据说最早见于唐韩愈诗中：“门以两版，丛书其间”，但这个丛字是作动词用，表示丛积图书在两版之间，毫无丛书的含意，而最早用作书名的则是唐陆龟蒙的《笠泽丛书》4卷，但它又和后来总聚众书的丛书体裁不合，它是陆氏的自编诗文集，而以丛脞细碎自谦而已。宋人王楙的《野客丛书》30卷是个人的考证杂著，亦徒具丛书之名而非丛聚众书之意。这些都不能算丛书之起源。

清乾嘉时期曾有学者探讨丛书的起源。如法式善的《陶庐杂录》卷4云：

考丛书古无刻者，宋温陵曾慥始集《类说》，自《穆天子传》以下，共二百五十种，并录原文及撰人系历，是为丛书之祖。

其后，叶名澧的《桥西杂记·丛书》承其说。但他们都认为《类说》是经过“任意芟削，颇失原书之真，读者病之”。这是类书的选钞和丛书的全录的中间状态。所以，《类说》可认为是类书向丛书过渡的发展，而不是丛书之祖。

钱大昕在《潜研堂文集》卷30《跋百川学海》中说：

荟萃古人书，并为一部，而以己意名之，始于左禹锡《百川学海》。

《百川学海》，宋度宗咸淳九年（1273年）左圭辑刊，共收书100种177卷，分为十集。所收以唐宋人著述为多，间有晋代及六朝者。法式善等亦称之为“首尾完善”，于是，《百川学海》为丛书之祖的说法几为学者所公认。

光绪间，缪荃孙发现了《儒学警悟》的明钞本。他在《艺风藏书续记》卷5类书类说：

“《儒学警悟》四十卷，宋太学俞鼎孙编，此书世所罕见，《四库提要》编大典时即未见此书，并不知其为丛书。此书刊于嘉泰壬戌（1202年），先《百川学海》七十二年，得不推为丛书之祖。”

《儒学警悟》共收书7种41卷，虽数量不大，但时间较《百川学海》为早，于是《儒学警悟》为我国最早丛书之说相沿不改，成为比较一致的意见。此书缪荃孙曾加校雠，而直至民国十一年始由武进陶湘刊行。

但从目录的著录情况看，其源起当在宋前。《四库提要》杂家类杂编之属按语云：

古无以数人之书合为一编，而别题以总名者。惟《隋志》载《地理书》一百四十九卷，《地记》二百五十二卷，是为丛书之祖。

按《隋志》史部地理类载《地理书》149卷注云：

齐陆澄合《山海经》已来一百六十家以为此书。

又著录《地记》252卷注云：

梁任昉增陆澄之书八十四家以为此记。

如是，则丛书之起当在齐梁之际。《地记》、《地理书》可谓单种之地理丛书，只是今不见其书。

至于有人认为《尚书》、《礼记》也可算作丛书，似乎推溯太早。二书汇集档案论说为一书，但一则所集各篇尚不够书的体制，二则经过汇集剪裁已自成体系，独为一书，不可比之丛杂之聚，所以不能以丛书视之。

据此：丛书之体始于齐梁，丛书之名始见于唐《笠泽丛书》。而今存最早综合丛书当以宋之《儒学警悟》、《百川学海》为祖。

丛书虽起源较早，但真正发展却在明清两代，如明代有：

（1）包罗四部的巨编；如《汉魏丛书》、《唐宋丛书》、《格致丛书》、《宝颜堂秘笈》等。

（2）专门性质的丛书：如《子汇》、《二十子》、《古今逸史》、《五朝小说》。

（3）郡邑丛书：如《盐邑志林》（明天启樊维城知海盐，辑历朝邑人著记41种65卷），为地方丛书之始。

明代虽丛书大兴，但明人臆改擅易恶习，浸及丛书，故不为后人所重。

丛书到清代，已达大盛，具备各种类型，内容也益精粹，大致情况是：

（1）经籍：《皇清经解》、《通志堂经解》。

（2）辑佚：《玉函山房辑佚书》、《汉学堂丛书》。

（3）考史：《广雅书局丛书》、《史学丛书》、《吉石盦丛书》。

（4）舆地科技：《麓山精舍丛书》、《则古昔斋算学丛书》。

（5）词曲：《疆村丛书》。

（6）目录：《玉简斋书目》。

（7）版本：《士礼居丛书》。

（8）校雠：《抱经堂丛书》。

这些丛书大都质量较好，颇便学者，而包罗宏富，跨越前代的当推《四库全书》，这是一部驰名中外，至今犹存的大型丛书，其书多为人知，故不赘述。

清代刊行丛书的事业大抵清初开其端，乾嘉求其精，道咸增其类，晚清及民初则各体俱备，使各科学术要籍，便于需求。

现有丛书究有多少？嘉庆时桐乡顾修撰《汇刻书目》收书261种，其后李之鼎《增订丛书举要》收书1605种，沈乾一《丛书书目汇编》收书达2086种。解放后《中国丛书综录》收书2797种，尚不包括佛学、新学丛书在内，故总数估计当

在3000种左右。

丛书数量虽如此多，但史籍目录中没有得到应有的类部。黄虞稷《千顷堂书目》专记明人著述，其卷15类书类载明人所著类书外，兼载明人所刻丛书数十种。丛书之有专类，自明祁承㸁《澹生堂藏书约》始。清末张之洞《书目答问》卷5立为丛书专类。

丛书内容繁杂，种类区分困难，过去也有一些意见，大体不外从形式与内容考虑。按内容分类对丛书是不容易恰当的，按形式分类又往往不易反映图书情况，所以一般都参酌二者提出个人的建议：

（1）汪辟疆：《目录学研究》。（附表一）

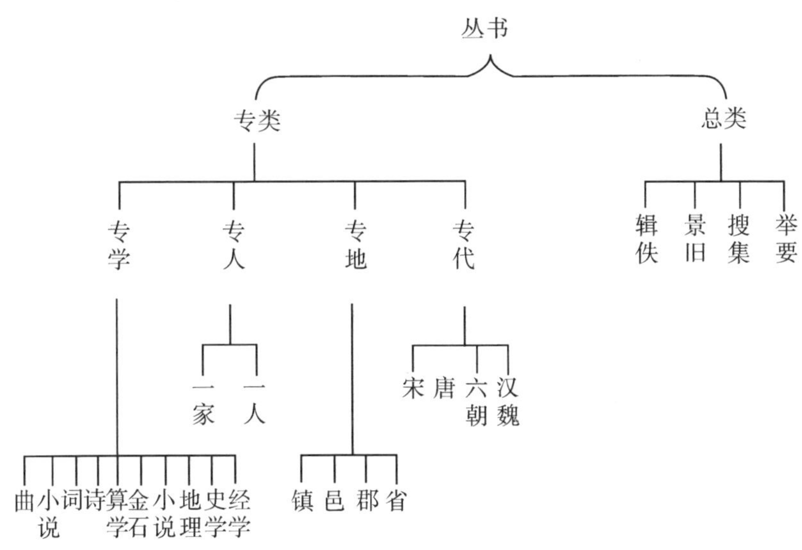

表1

（2）谢国桢：《丛书刊刻源流考》（见《明清笔记谈丛》）。（附表二）

（3）张之洞：《书目答问》分①古今人著述合刻丛书，②国朝一人自著丛书。似嫌简略。

（4）《中国丛书综录》。（附表三）

丛书包罗众书，子目难以立晓，嘉庆时顾修首创编录子目之举，辑宋元以来丛书目，成《汇刻书目》10册，收书260种。这是第一部丛书目录，其后陈光照有续编2册、朱学勤有《汇刻书目》20册，其他朱记荣、杨守敬等均有此著，李之鼎有《增订丛书举要》集前此之大成，收书已达1605种，这些书都按分类排列。另有沈乾一辑的《丛书书目汇编》收书2086种，改分类为书名字顺。这些汇

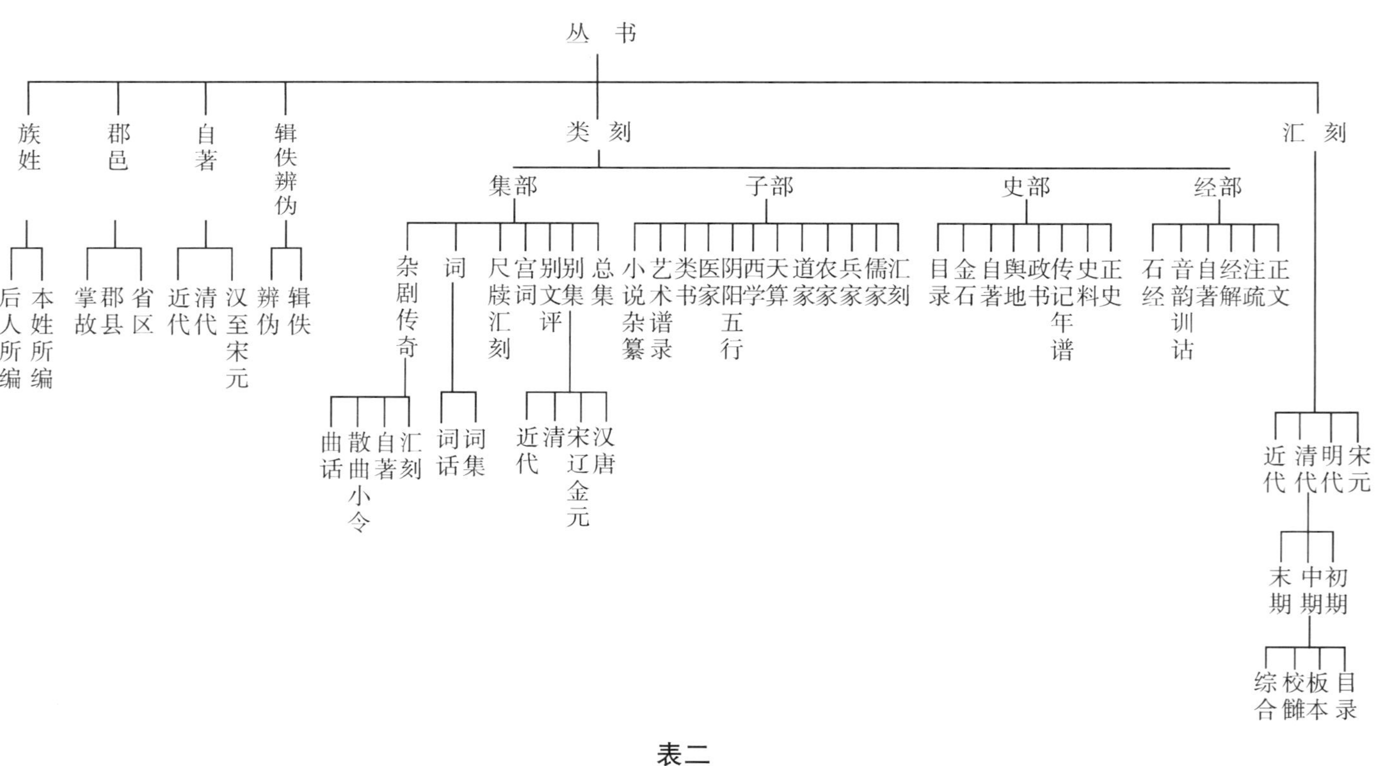
丛书
族姓
后人所编
本姓所编
郡邑
掌故
郡县
省区
自著
近代
清代
汉至宋元
辑佚辨伪
辨伪
辑佚
类刻
集部
杂剧传奇
曲话
散曲小令
自著
汇刻
词
词话
词集
尺牍汇刻
宫词
别文评
别集
近代
清代
宋辽金元
汉唐
总集
子部
小说杂纂
艺术谱录
类书
医家
阴阳五行
西学
天算
道家
农家
兵家
儒家
汇刻
史部
目录
金石
自著
舆地
政书
传记年谱
史料
正史
经部
石经
音韵训诂
自著
经解
注疏
正文
汇刻
近代
清代
明代
宋元
末期
中期
初期
综合
校雠
板本
目录

表二

刊书目的一个共同缺点，就是列子目于丛书书名之后，只能检寻其所收多少书和什么书，而不能检寻某书或某人所著书在什么丛书里。后来有些大学和地方图书馆针对这种缺点各就所藏编制子目索引。如清华大学图书馆编制的《丛书子目书名索引》（收书1275种）和浙江图书馆编的《丛书子目索引》收书469种。

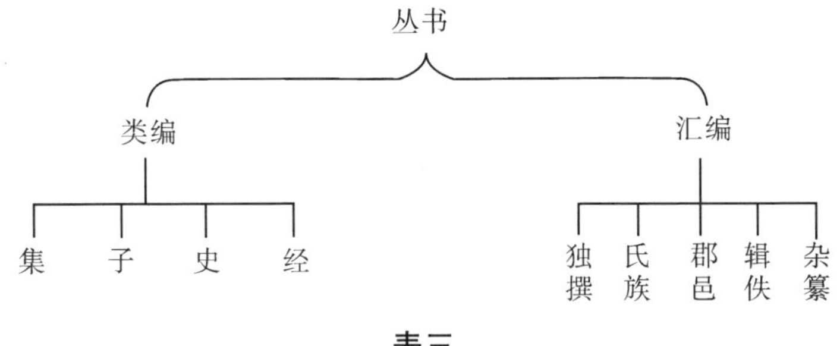

表三

解放后，集合了全国41个图书馆馆藏，收书2797种，编制了一部《综录》，分《总目分类目录》、《子目分类目录》、《书名索引》、《著者索引》，详尽地反映了每一种丛书的全貌，又便于丛书书名、子目书名、著作性质、著者姓名等任何方面检索所需图书。另附《全国主要图书馆收藏情况表》，可以知道图书所在的处所。此书1959年12月印行，中华书局上海编辑所版。

三

类书与丛书的作用，其利有四：

（一）便省览。类书分类钞撮，丛书总聚众书，都涉及许多典籍。这样往往通过一二种类书或丛书可以接触到较多的书，了解到这些书的大致梗概和览读到一部分书，免去聚书的烦杂，正所谓“一部之中，可该群籍”，极便读者之省览。

（二）利寻检。书籍浩瀚，寻检一事一书，茫然不知从何着手，寻检费时徒耗光阴。而类书各有类别或字别，则从类从字，辗转追求，不难得其本源。如温庭筠诗：“婚乏阮修钱”，不知阮修是何典，出何处？然查《太平御览》礼仪部婚姻条，即载《晋书》卷49曰：

阮修，字宣子，居贫，四十，未有室。王敦等敛钱为婚，皆名士也。时

慕之者，求入钱而不得。（《御览》卷541礼仪部20页2452）

又如有人问：“断尽苏州刺史肠”一句是何人诗，查《佩文韵府》“肠”字即知是唐刘禹锡诗。

又如汉魏人著作可从《汉魏丛书》中找到一些。清人史学方面的著述可从《史学丛书》见到比较集中的一些。

（三）供采摭。有些类书的编撰就是供诗人墨客吟诗作文时采摭故实词藻的，所以往往可备采摭，如《太平御览》“红”字条不仅有“陈红”（《汉书》“太仓之粟陈陈相因，红腐而不可食”），“题红”（唐于祐红叶题诗见《太平广记》），“万金红”（即胭脂，见《清异录》）等典故，还有与“红”对语的词藻如雪白（软红）、嫩绿（嫣红）、宫柳碧（苑花红）和与“红”有关的成句如“水盘荔子红”、“一枝幅水则残红”等等。

（四）存遗佚。类书和丛书中往往保存了一部分已佚古籍的资料，清人的辑佚工作多是从中辑录，使后人能知古逸书的鳞爪，甚或概貌。其中《太平御览》存古佚书最富。如诸葛亮一些军事著作和条教已佚，但《太平御览》中保存了一部分，使后人能从中考知诸葛亮的政治、军事思想。又如《太平广记》所引多唐以前逸书，民国十二年北大研究所曾从中辑书400余种。乾隆时纂《四库全书》时，曾从《永乐大典》中辑出佚书多种。

类书、丛书的作用大体如此，有人提出类书有可资考订的作用，但另有些学者则认为“类书引文实不可尽恃”（刘文典：《三余札记》卷一）。“据类书以改本书则通人之蔽”（朱一新：《无邪堂答问》卷2）。这是因为类书多辗转相引，易致讹误。《太平御览》在其本身撰述中已明言类书的相承关系说：

齐武城令宋士嘉录古来帝王言行要事三卷，名为《御览》，置于齐王巾箱。阳休之创意，取《芳林遍略》，加《十六国春秋》、《六经拾遗录》、《魏史》等书，以士素所撰之名称为《玄洲苑御览》，后改《圣寿堂御览》，至是珽等又改为《修文殿》上之。徐之才谓人曰：“此可谓床上之床，屋下之屋也”。（卷601《著书》篇引《三国典略》）

宋代类书编纂家王应麟更直言《太平御览》即为承袭之作说：

太平兴国二年三月，诏翰林学士李昉、扈承等十四人，以前代《修文殿御览》及诸书分门编为一千卷，名为《太平总类》，后改名《太平御览》。

（《玉海》卷54《艺文承诏撰述》）

所以，近代学者刘文典即据此而指明类书不足恃的意见说：

宋之《太平御览》，实以前代《修文御览》、《艺文类聚》、《文思博要》诸书，参详条次，修纂而成。其引用书名，特因前代类书之旧，非宋初尚有其书，陈振孙言之详矣。若《四民月令》一书，唐人避唐太宗讳，改民为人，《御览》亦竟仍而不改。书名如此，引文可知。故隋唐宋诸类书引文并同者亦未可尽恃。讲校勘者，不可不察也。（刘文典：《三余札记》卷1）

也有人认为类书的编纂对古书不利，如清代学者赵怀玉在《墨海金壶序》中虽然认为像《太平御览》这类书"搜罗浩博，至今为考据渊薮"，但他主要抨击类书"皆荟萃而成，或禀承于一人，或裒集于众手，古书之全豹则莫之能窥，而古书且日佚而不可见矣"。（《亦有生斋集》文卷2）

既如上述，因此在使用类书时应注意：

（1）类书不是著作，只是钞纂，可作线索，应尽可能追寻原书，如原书已佚，不得已始用为依据。

（2）不可以类书为据，乱改古书。

对于丛书则应注意有无芟削，或时有卷数相同而内容不一，甚至分离卷数，诚如清代校勘学家卢文弨所早已指出那样：

虚张名目，所载不及本书十之二三，或本一书鉟离之为四五，为六七。（《知不足斋丛书序》）

如《小方壶斋舆地丛钞》所收各书即多有删节，使用时不可不慎。

原载于《津图学刊》1987年第2期

善本书小议

《史记》中所说“金匮玉版”的“玉版”，应该说是最早的善本书。而图书之有“善”称，可能最早见于《汉书·河间献王传》：“从民间得善书，必为好写与之，留其真”。这一“善书”就是后来所说的“善本”。它可能指内容比较完整的图书。河间献王求书之志可嘉，但留下原件，给原主一复制件则不可取。

隋朝立国日浅，但很注重图书事业，文帝建国后，就接受著名学者牛弘的建议，“分遣使人，搜访异本，每书一卷，赏绢一匹，校写既定，本即归主”。这里所谓异本至少有一部分够得上善本，只是没有标明而已。但文帝的“本即归主”要比河间献王讲道理得多。炀帝也很重视图书，他曾按书的质量分为上中下三品，装上不同颜色质料的卷轴以示区别，这也包含着善本与一般的不同处理。

善本之称的正式提出，并拟定标准当自宋始。宋人叶梦得在所撰《石林燕语》中曾说：“唐以前，凡书籍皆写本，未有模印之法。人以藏书为贵，书不多有，而藏者精于雠对，故往往皆有善本。”叶氏提出了善本书的两条标准，一要时间早，二要经过校雠。精校固不待言，即所谓唐以前写本，以流传稀少，从了解古书古貌和考察我国文化成就等方面看是应加珍惜的。

宋人周煇的《清波杂志》说：“庆历间，四库书搜补校正，皆为善本。”陈振孙的《直斋书录解题》中也说：“元和姓纂，绝无善本。顷在莆田，以数本考校，仅得七八，后又以蜀本校，互有得失，然粗完整矣。”这两段话都着重在“校正”。

清人讲究版本，他们把善本的重点放在宋元旧椠上，尤其对宋版书，有一部分人已达到了迷信的地步，甚至对宋版书以叶论价。著名版本学家黄丕烈更自号佞宋主人。

至于所谓百宋一廛、皕宋楼等等藏书楼名也都为了炫奇夸珍。有的人把宋版书视若拱璧，不轻示人。清人陈其元的《庸闲斋笔记》中所记王定安珍藏宋版孟子的故事正是对迷古者的绝妙讽刺。当然，宋版由于刻印时间早，比较接近旧本，错讹相对较少，传本数量又不多，应该加以珍惜，不过也应考虑宋版书本身亦有高下，当时即有杭本最精、建本最下的看法（其实，建本中也有佳者）。有些宋版书不加校正，易有讹误缺脱，宋人已有所感，司马光在给刘道原的信中就说："今国家虽校定摹印正史，又校得不精，只如沈约叙传差错数版亦不寤，其他可知也。"（《司马温公集》）

这是当时人的所见所言，应是可靠可信的，而清人对迷信宋版事也有持异议者，如清初的王士禛提出了择善而从的标准说："今人但贵宋椠本，顾宋椠本亦多讹误，但从善本可耳！"（《居易录》）

嘉道时人光聪谐曾引司马光对宋版的意见来提醒当世那些"矜言宋椠"的人："观此当亦爽然自失。"（《有不为斋随笔》）同时，著名藏书家张金吾还制定了对待宋元旧版的标准："宋元旧椠有关经史实学而世鲜传本者上也。书虽习见，或宋元刊本，或旧写本，或前贤手校本，可与今本考证异同者次也。书不经见而出于近时传写者又其次也，而要以有裨学术治道者为之断。"（《爱日精庐读书志》）

张金吾的主张是在宋人时间早、经校雠的两条标准外，又加了一条需有参考价值的标准。这是在佞宋风气盛行时的一种平实之论。宋本可贵，自不待言，但以后的版本也不能认为全部低下。明本一般认为较差，尤其万历以后，乱改古书，雕印质量较差；不过，如王延喆影刻《史记》以及套版印花等书不能不说是善本佳刻。清初时间虽晚，不过如林佶四写之类的精刻本也是极为精美的善本。所以，对于可作为善本的古本旧刻，应从形式和内容，也即学术和工艺各方面去考察，不能持弥古弥善的态度，也不要一概而论。

提出善本书标准比较完整的是清人丁丙在《善本书室藏书志》中所定的四条，即：（1）旧刻：宋元遗刻，日远日鲜，幸传至今，固宜球图视之。（2）精本：朱氏一朝，自万历后，剞劂固属草草，然近溯嘉靖以前，刻书多翻旧椠。正统、成化刻印尤精，足本、孤本所在皆是。今搜集自洪武迄嘉靖，萃其遗帙，择其最佳者，甄别而取之。万历之后，间附数部，要皆雕刻既工，世鲜传本者，始行入录。（3）旧抄：前明姑苏丛书堂吴氏、四明天一阁范氏二家之书，半系抄本。至国朝小山堂赵氏、知不足斋鲍氏、振绮堂汪氏多影抄宋元精本，笔墨精妙，远过明抄。寒家所藏，将及万卷，择其尤异，始著于编。（4）旧校：校勘之学，至乾嘉而极精，出仁和卢抱经、吴县黄荛圃、阳湖孙星衍之手者，尤校雠精审，朱墨烂然，为艺林至宝，补脱文，正误字，有功于后学不浅。

丁丙是清季四大藏书家之一，他的善本标准仍不出时代早、校刻精的范围，不过，他对精本旧抄持一种择佳取尤的态度还是可以取法的。

清末张之洞的《善本三义》提出三条。辛亥以后缪荃孙在《蠹鱼篇》中定了四条标准：（1）凡刻于明末以前的为善本，明以后不算。（2）抄本不论新旧都称善本。（3）批校本和有名人题跋的都列善本。（4）日本及朝鲜重刻中国古籍不论新旧都为善本。

这四条标准当时被人奉为金科玉律，实际纯从形式着眼，忽略内容价值。所定标准并不恰当，如说“明以后不算”，那么清初的精刻本该如何处理？又如抄本因无刻本而得借此流传，自有价值，但抄本中也杂有恶抄，有为牟利谋生而速抄多误者，有杂钞成书而毫无条理者，有本存刊本而反抄炫奇者以及有些内容毫无意义者。这如何能说“都称善本”呢？

近年来为编《全国古籍善本书总目》，对善本书曾从历史文物性、学术资料性和艺术代表性三方面进行考察，订立了九条标准、四项附注。这是在总结过去诸说基础上，集思广益所订。它较全面而准确地规定了善本的标准，为致力古籍版本及图书工作者提供了重要依据。

“善本”从工艺和学术价值来看，自不容轻视，但也不能不考虑到某些虽归入善本而珍藏的书未必都佳，而沦落于一般书丛中的书也未始没有精本。近代学者李详在其读书笔记《媿生丛录》卷一写了一段很有见地的话，他记称：

> 桂未谷《札朴》言：往客都门，与周君书昌同游书肆，见其善本皆高阁，又列布散本于门外木板上，谓之书摊，皆俗书。周君戏言，著述不慎，但恐落在此辈书摊上也。详谓书贾皆徇时好鬻书，置高阁者未必非俗书，落书摊者亦有精本，能从书摊而物色之，故无害其为书摊本也。

桂未谷是桂馥，周书昌是周永年。二人都是乾嘉学派的大名家，对著作的不同下场发出了感慨。李详字审言，民国时有声学林，他的高阁未必非俗书，书摊亦有精本的高论，不仅宽慰那些著作受到不公正待遇者之心，也对一些迷信“善本”者进一言。

原载于《读书》1981年第5期

试论传注

一

历史文献中的文字音义、典制名物往往由于时代距离、社会变易而形成某些理解上的阻碍，以致有难以读通读懂的困难，因而影响到整理和研究工作。遇到这种困难除了求助于一些已汇集解书之义于一编的工具书如《尔雅》、《说文解字》和《经籍籑诂》等书外，利用那些随文释义的旧注新疏也是一条比较简捷的通途。这些旧注新疏习惯上统称为传注。

传注的出现无疑早于工具书，因为工具书的内容多采自传注。传注的出现是社会需求的自然产物。由于古代文献随着时间的推移而疑难日增，极需给以解释，疏通文义以便流传。这种解释经义的活动大约始于春秋战国之际，当时为了阐述儒家经典的大义而有解经的“传”。所谓“传”是指通过这种阐述便可使儒家经典的意旨传之广远。《春秋》三传便是“传”体的代表作。三者虽名同而又各有侧重——左氏补事实，公谷析义例，而其共同目的均在发挥经义奥秘。汉代以后，对古代文献（经和传）的阅读又有新的困难，于是又出现“注”体，对儒家经典著作进行较广泛的专门性解书工作，如西汉初毛亨的《毛诗故训传》便是由“传”向“注”发展的过渡。东汉的马融、郑玄对诗书易礼等儒家经典进行了普遍作注的工作，使儒家思想得以广泛流传，特别是郑玄更从专注经文向兼释注文方向发展，如为《毛诗故训传》作笺，这就大大地开拓了传注领域，出现了名色众多的体例，往往一经而有多注，或集诸家注于一书。这些对文词音义进行诠释的传注数量日益增多，遂造成众说纷纭，莫衷一是的局面，所以唐朝就有自众说中裁取一说以统一思想的“正义”体。它以孔颖达的《五经正义》为代表。另有些学者对旧注进行解释即称为“疏”，如贾公彦的《周礼疏》、《仪礼疏》等。这就是所谓的义疏之学。至宋由于理学影响，注疏又多偏重发挥义理，注意阐述思想内容，如朱熹的《四书章句集解》，但也未完全忽略训诂释义[①]。

传注自南北朝以后又不再局限于随文释义而另有以增补事实为主的形式，相继出现了为后世所羡称的所谓四大名注，即宋裴松之的《三国志注》、北魏郦道元的《水经注》、梁刘孝标的《世说新语注》和唐李善的《文选注》。他们所注内容已超越本文而自成为重要的文献源。清道咸间学者许宗衡在《复王小秋书》中曾说：“裴松之注《三国志》，刘孝标注《世说新语》，皆补原书所不载，辞旨雅训，不失魏晋风规。”（《玉井山馆文略》卷5）这种以增补事实为主的注体对后世影响很大，如清初学者刘继庄曾有意为《水经注》作注说：“古书有注复有疏，疏以补注之不逮而通其壅滞也。郦道元《水经注》，无有疏之者，盖亦难言之矣。予不自揣，蚊思负山，欲取郦注从而疏之，魏以后之沿革事迹，一一补之。有关于水利农田攻守者，必考订其所以而论之，以二十一史为主，而附以诸家之说，以至于今日。后有人兴西北水利者，使有所考正焉。予既得景范、子鸿以为友，而天下之山经地志，又皆聚于东海，此书不成，是予之罪也。”（《广阳杂记》卷4）

刘继庄是清初有思想有功力的学者，他对于作疏的方法、目的以及疏的重要性等论述反映了有清一代学者的一种看法。更有如阮元等人视注疏为治学根本，他说：“窃谓士人读书当从经学始，经学当从注疏始。空疏之士，高明之徒，读注疏不终卷而思卧者，是不能潜心研索，终身不知有圣贤诸儒经传之学矣。”（《十三经注疏》序）

这些著名学者的倡导正是清代新疏丛出的原因之一。另一位学者钱大昭还提出过注经、注史的不同做法说：“尝谓注史与注经不同。注经以明理为宗，理寓于训诂，训诂明而理自见。注史以达事为主，事不明，训诂虽精无益。”（《清史稿》卷481《钱大昭传》）

钱大昭所谓注史、注经二体实际上就是随文释义和补充事实的不同。言二体

① 朱熹在所著文中多次提及传注的重要性，如：“本之注疏，以通其训诂”（《论语训蒙口义》序）；“其文义名物之详，当求之注疏，有不可略者”（《论语要义目录》序）；“余所编礼书内，有古经阙略处，须以注疏补之，不可专任古经而直废传注”（《答余正父书》）。

各有侧重则可，若断然立一鸿沟则未免沾滞，因为注史“达事”固然重要，而何尝不需“明理”；注史应以补充史实为主，但也不得摒训诂而视为无意，更何况诸经又何一不是历史文献。即以胡三省注《资治通鉴》而言，虽对天象、地理、典制、史实考辨精详，但其音义也为后世所称，二者无所偏废，自成佳注。

正由于一些学者的重视，所以清代的注疏之学大盛，其涉及范围之广，搜检用力之勤，的确超越前代。学者或疏旧注，或撰新解，都能总括前人成果，做出重大贡献。其中如早期王念孙的《广雅疏证》和晚期孙诒让的《周礼正义》都堪称有所发明的力作。清代学者注史之作也不少，如惠栋的《后汉书补注》24卷，彭元瑞、刘凤诰合撰《新五代史补注》74卷。有一人而成多种者，如王先谦之撰《汉书补注》百卷、《后汉书集解》90卷、《续志集解》30卷，而周寿昌为史注作补尤称卓出，先后成《汉书注校补》56卷、《后汉书注补正》8卷、《三国志注证遗》4卷，均称精博。《汉书注校补》一书之作，不仅熟读《汉书》，丹黄遍纸，即书稿也经十有七易而告竣，功力之勤，概可想见。

不仅如此，清代的学者还进行了旧注的纂辑、研究工作，为后学提供了极大的方便。阮元主持纂集的《经籍籑诂》便是卓著声誉的代表作。《经籍籑诂》几乎将唐前旧注搜罗殆尽。它不仅将散见诸籍的汉唐旧注汇辑起来，取得了“展一韵而众字毕备，检一字而诸训皆存，寻一训而原书可识”（《经籍籑诂》王引之序）的效果，使该书具有“经典之统宗，诂训之渊薮，取之不竭，用之无穷者矣”（《经籍籑诂》臧镛堂序）的价值。

注疏之事自秦汉传注，中经晋唐义疏，下迄清代新疏，数量至多，吴枫氏曾据《四库全书简明目录》统计，一部《易经》，汉魏注本凡3种、唐人注本凡4种、宋人注本凡56种、元人注本凡23种、明人注本凡24种、清人注本凡46种，共计150余种（《中国古典文献学》第74页）。沈文倬氏据清人钱泰吉的统计，《十三经》正文，除去篇名，共有647500多字，而它的各式各样的解释书，已散佚的不计，现存的要有一万多种，论字数，估计有四五百倍（《传·记·注·音·疏》，《光明日报》1963年1月27日）。大量的注疏对解释历史文献无疑将是有力的借助。

古来传注多自写一书，经注分离，读者不便，东汉马融撰《周礼注》乃合经注为一，学者称便；但唐宋义疏仍不与经注相杂，而有单疏单注之刻行，直至南宋绍熙后始合刻并附音义，如世传南宋九行本《十三经注疏》，于是诵习整理者可不别求翻检了。

二

历来传注名目各异，综括殆达十余种，择要说明如次：

（1）传　传是传述。传述之意，即通过这一解释方式将使经义能传之久远。汉人称《易大传》为传体之始。有的虽同名为传，但解书主旨不一。如左氏、穀梁、公羊均为《春秋》作传，统名《春秋》三传，但左氏主以事实明经义，而公、穀则重在辨析义例。有的因解书方式不同而有其名，如毛亨解诗乃依文释其字句，遂名其所著为《毛氏故训传》。他如《尚书大传》乃离经文而别立新说，《韩诗外传》则因“杂引古书古语，证以诗词，与经义不相比附，故曰外传”（《四库全书总目》）。

（2）注　注义于经如同注水开通水道阻塞，以比喻其疏通文辞，所以称之为“注”。一说借此解释可著明经义也称为“著”，也有异写为“註”的。传注可以作为解经之体的浑称，但过去将它析言为二，如说“博释经义，传示后人”称传，“约文敷陈使经义著明”称注；一说汉以前释经称传，汉以下则称注；一说“必亲承圣旨，或师儒相传”称传，“直注己意”则称注。实际上，传注二体没有太明显的区别，都是解释经义的体例，不过传之始起当早于注。从东汉至魏晋，注被广泛用作解经之体，如残存的马融《尚书注》，贾逵、服虔《左传注》和完整的郑玄《三礼注》等皆是。

（3）记　记与传同时并起，皮锡瑞在《经学历史》中曾说：“孔子所定谓之经，弟子所释谓之传，或谓之记”。它大抵是指后学者记经所不备，兼载经外远古之言来赞明经义，即所谓“共撰所闻，编而录之”，如《大戴礼记》、《小戴礼记》便是集七十子后学者解礼经之说，有的学者也有将自己所著题作记的，如许慎于所著《说文解字》署称“汉太尉祭酒许慎记”，则系自谦之意。也有传、记联用的如刘向的《五行传记》。

（4）说　说是解说之意，起源颇早，与传、记相辅而行，其主旨在称说经文大义而不详名物制度。它大多是七十子之徒所发挥的议论，所谓“弟子展转相授谓之说”（皮锡瑞：《经学历史·经学流传时代》）。西汉时学者多好以此体解经，如《诗》有《鲁说》28卷、《韩说》41卷；《孝经》有《长孙氏说》二篇，《江氏说》、《翼氏说》、《后氏说》、《安昌侯说》各一篇并单名《说》者三篇。这些书后多亡佚不传，书名具见《汉书·艺文志》。后世也有沿用此称

的，如清惠栋撰《礼说》以说明古音义。

（5）微　微指精微、隐微。所谓“释其微指”（《汉书·艺文志》颜师古注），即发掘出经义中不被人注意处，因名此体曰“微”。《汉书·艺文志》有《左氏微》、《铎氏微》、《张氏微》和《虞氏微传》诸书的著录。后世有以“微”之名论微言大义之作的，如清人魏源有《诗古微》等作。“微”又有“隐”意，唐司马贞作《史记索隐》即袭“微”意而以“隐”为名。

（6）训　训即“说释”，以通俗语言解释难懂文字的意思，它和“诂”联用为“训诂”或称“诂训”，又称“训解”或“训说”，其义皆同。东汉高诱注《淮南子》，除《要略篇》外，其余篇名下皆加一“训”字，即解释之意。

（7）诂　诂一作“故”，乃以当时语言解释古代语言，《汉书·艺文志》著录有《鲁故》、《齐后氏故》、《齐孙氏故》和《毛诗故训传》等，颜师古注称：“故者，通其指义也。”后世也有以“诂”名书者，如清洪亮吉有《左传诂》，孙诒让有《墨子间诂》。故、训与传、说并存而有所不同。清人黄以周说：“故、训者，疏通其文义也，传、说者，征引其事实也。故、训之体，取法《尔雅》，传、说之体，取法春秋传。”（《儆季杂著》史说略卷2）

（8）解　解是判析词义使经义更明的方式，其始见于韩非的《解老》和荀子的《解蔽》。汉人用此注体多称解谊或解诂，如服虔的《春秋左氏传解谊》、贾逵的《左氏传解诂》，至晋何休仍以此名其书称《春秋公羊传解诂》。后世汇总众说以释义的有称“集解”者，如魏何晏的《论语集解》即“集诸家之善，记其姓名，有不安者颇为改易”（《论语注疏》序）。晋杜预言《春秋经传集解》为“聚集经传，为之作解”（《春秋左氏正义》疏文）。史书中有宋裴骃的《史记集解》乃广收有关史记音义，证明经义而成，为注史开一新例。

（9）笺　笺原指标识简书内容小竹片，后衍变成对经义抉发隐略，表示己意的一种注法。郑玄开始有《毛诗传笺》。后世往往作为注家署书名的一种谦称，实已与注释无异，所以有“笺释”、“笺注”一类的书名。

（10）章句　章句的原意是“离章辨句，委曲枝派”。汉代所谓章句是指括其大旨以附一章之末的解书体例，所以也称“章指”，类似后世的“讲章”前言或说明。其实这种既解释字词，又串讲大义的方法，一些传注也有采用的，不过，传注简明而章句烦杂。

除了上述十体外，还有诠、释、学、证、问、难、论和音义等等名称和体裁。所有这些都是从汉开始学者随文释意的各体。它们对于整理历史文献都起到阶梯的作用。但由于古注比较简略，又因时间的不断推移，以致后人阅读文献仍有困难和政治上的某种需要，于是六朝以后又兴起一种“义疏之学”。

（1）疏　它是经的补充。注水于物仍不能通，因此要进而疏浚以求畅通，这就是疏的立意。它既解释经义，疏通经义，又解释前人所注内容。疏的基本体例是以一种注解为主，再采录其他有关注释；但基本与注不相忤者。如皇侃的《论语义疏》即以何晏集解为主，而后对“于何集无妨者，亦引取为说，以示广闻”（梁皇侃《论语义疏》自序）。一般是疏和注要保持论点一致，即历来所谓的疏不破注，所以后世往往注疏联称，如《尔雅注疏》即晋郭璞注、宋邢昺疏。

（2）正义　唐初由于过去解经之作过于繁杂和政治上统一思想的需要，所以就要修所谓《五经正义》。正义之体，清学者黄承吉曾有所阐释说：“正义者，盖谓正前此之疏义，即前所云，诸书之名为义者，非空义也。其名奉诏更裁，意在不甘居赞，定名曰正，则必先有委弃前疏之心，故其例必守一家之注而不衵，然后可以进退众义而不复更举其人。”（《春秋左氏传旧疏考正序》，《梦陔堂文集》卷5）

其目的是制定一种官方学说。它以一种原注为据，如诗以郑玄毛传笺，春秋左传以杜预集解为据而加以引申发明。但不能自立新说。正义一称义赞，如孔颖达《五经正义》在唐书本传作《五经义赞》。

正义是奉命修订，与注疏之为私撰有所不同，但二者作用相类，都是为解释经义传注，所以后人把这种体例称为“义疏”，宋以后甚至即将“义疏”作为一种注体，如清代学者郝懿行即撰有《尔雅义疏》。

三

旧注新疏对于历史文献的整理究竟有什么作用呢?

首先，它可以疏通文字，以备查考。注疏文字内容主要在辨字、注音、释义、校勘方面，也即指一字的形音义。辨字是从字的形体去识字，如通假字、古今字、异体字、繁简字；注音是了解如何读和读音变化的问题。注疏中的读音方法主要有譬况（采用近似音字，附注发音方法）、读若（采取同音字或近音字）、直音（注同音字）、反切（用上字声母、下字韵母及声调拼音）、如字（按本音读）。读音变化因有时音随义转或特殊读法而不能不注意。如说还可读成悦、税、脱，古人要求比较严格，如“有朋自远方来，不亦说乎”，一定要读悦表示喜欢。这种音随义转即所谓“破音异读”，它是注疏中的释音内容。另有些特殊读法也要通过注疏来读（如吐谷浑的谷读yū，阿房宫的房读páng，郦食其读历异基）。释义主要是释词意和文意。词意即字义，包括本义、引申义、古义、今义、方言义、复语义等等，往往需借助注疏；文意则串讲段意，分清句读等等。至于校勘则注明衍、脱、讹、夺以及错简、注入正文等以助理解文字。

其次，历史文献中还有名物、典故的障碍和事实的不够充分需借助于注疏。《资治通鉴》是历史文献中的名作。但其中涉及的象纬推算、地形建置、制度沿革、名物典制都需靠胡三省注为阶梯。裴松之引书134种，对《三国志》中凡“寿所不载，事宜存录者，则罔不毕取以补其阙。或同说一事而辞有乖杂，或出事本异，疑不能判，并皆抄内以备异闻。若乃纰缪显然，言不附理，则随违矫正，以惩其妄”（《上三国志注表》）。这一注释体例表明裴松之是从补充史事，保存异说，订正错误几方面着手，与单纯疏通文字有别，成为注疏工作中另一重大流派。其后，刘孝标注《世说新语》随文施注，引经史杂著400余种、诗赋杂文70余种，成为考案史实的名作。这些注释内容不仅有便于了解和整理原作，更超出原作范围给后人以更多知识。这些著作已不仅是注疏之作而是一种与原作相辅并行的新作了。

第三，注疏还是辑佚的资源。辑佚工作是整理历史文献工作中力求恢复古代书籍的一项重要手段。历史文献由于各种厄运，佚亡甚多，如五代以前集部大多依靠辑本。辑佚工作始于晋，宋明继之而大盛于清。辑佚的资料来源有不少即采自注疏，如清人马国翰所辑《玉函山房辑佚书》共辑佚617种，成为清代辑佚大家。其书采择群书“广引博征，自群经注疏、音义，旁及史传类书，片辞只字，罔弗搜辑”（《匡源序》）。可见注疏、音义是辑佚的主要依据了。

第四，传注可作研究注者思想与学术的原始依据。这是先师陈垣先生沦陷时期杜门读通鉴胡注时对注中所蕴藏的思想内容加以研究后的发明。陈先生认为胡三省“其忠爱之忱见于《鉴注》者，不一而足”，于是辑其精语七百数十条二十余万言，分20篇，“表而出之”。陈先生别辟蹊径，充分利用《鉴注》材料，写成《通鉴胡注表微》一书，不仅使“身之生平抱负及治学精神均可察见”，而且也发抒了陈先生自己的爱国思想。这是把传注的运用提到一个更高的层次。

四

那么，我们究竟应该如何对待并运用这些大量注疏呢？

一是尊重注疏。注疏虽然是解释和补充原作的作品，但其所耗费的精力与劳动并不低于著作，甚至其难度时或超过原作。清人杭世骏是深知注疏甘苦的一位学者。近代文献学者多好引杭说以证明其难度。杭世骏在《李太白集辑注序》中说："作者不易，笺疏家尤难，何也？作者以才为主，而辅之以学，兴到笔随，第抽其平日之腹笥，而纵横曼衍以极其所至，不必沾沾獭祭也。为之笺与疏者，必语语核其指归，而意象乃明；必字字还其根据，而证佐乃确，才不必言；夫必有什倍于作者之卷轴，而后可以从事焉。"

他在《李义山诗注序》中又说："诠释之学，较古著作者为尤难。语必溯源，一也；事必数典，二也；学必贯三才而穷七略，三也。"（《道古堂文集》卷3）

这可以看出注疏之难，正由于有这些难才使后人在整理和阅读历史文献时得到有阶梯之易。当然，这些注释也可能有某些失误和疏漏之处，这正是后人加以完善的地方而不应过分苛求古人。唯有尊重注疏的辛劳才能很好去依靠它和利用它。

二是对旧注和新疏应如何对待的问题。旧注一般指汉注，是距古代文献较近的一种解释，所以一般比较简要，宋朱熹曾指出过这一点说："汉儒注书，只注难晓处，不全注尽本文，其辞甚简。"（《朱子语类》卷135）

其所以"其辞甚简"的原因主要是时距近，窒碍难通处少；可是因此使时距远的后世难以琢磨理解而需要有新解。于是有晋唐的义疏和清人的新疏。这样就形成汉注、唐疏和清新疏三个不同层次。如何运用这三种不同层次，过去一些学者普遍认为汉注近真，如阮元即以时距远近加以解释说："圣贤之道，存于经。经非诂不明。汉人之诂，去圣贤为尤近。譬之越人之语言，吴人能辨之，楚人则否；高曾之形体，祖父及见之，云仍则否。盖远者见闻，终不若近者之实也。"（《西湖诂经精舍记》，《揅经室三集》卷7）

钱大昕更抨击晋宋之忽视传注而肯定汉注的近古价值说："汉儒说经，遵守家法；诂训传笺，不失先民之旨。自晋代尚空虚，宋贤喜顿悟，笑问学为支离，弃注疏为糟粕。"（《经籍籑诂》钱大昕序）

近代学者张舜徽也认为应从汉注入手，而后唐疏、清新疏。他说："参考旧的解释，首先必须钻研汉注。看注尚不能透彻时，再求之唐人的疏，注疏都不能弄清楚时，再寻究清人新疏。"（《中国古代史籍校读法》，第54页）

张氏之说从愈接近古代的解释愈能得其真意来说不无道理，但既然求之汉注唐疏不得解而终将寻究清人新疏，似未免曲折迂回。若为初学入门仍以从近及远，由浅入深为宜。那么，何不即从新疏入手，因为一则清代学者善于总括前人成果，注释也较谨严，再则清代与今人相距近则阶梯易于攀登，三则清代学者的注释方面广和类型多，尤便于寻究。有此数善，从清人新疏入手又何不可。

当然，我们对于近现代的传注也应给以应有的重视，尤其是一些汇注更为整理文献提供了有利条件。如《三国志》虽已有著名的裴注，但近人卢弼却遍搜前此诸家注释，考证抉择而撰《三国志集解》一书，成为至今最详尽的汇注本。

三是无论旧注新疏由于整理者水平之不同，不可能全部符合需要从而解决问题，而间有难通的地方，这就需要自己动手应用辞书和其他参考书，把难懂的地方注明，把不足地方补充。前人有许多注疏往往都是在自己动手作注的情况下完成的。由于参考书多也就使干枯内容通过注而生动起来，如《水经》原来是记全国大小水道137条，比较死板枯燥，但经郦道元参考多籍，将各水道的变迁、流经地区的城邑建筑、山川名胜和沿革等一一注明，使注大大超过原作价值，甚至把注视作另一种新的著作。有些人读了多种不同的注疏，便费力把它们搜集起来汇编往一起成为补注或汇注，颇便于翻查。当然，我们用原有注疏在尊重、使用和增补的同时，还要具备抉择、纠缪的能力，有些旧注可能失误那就要纠正，有些由于刊刻而使正文降为小注或小注溷入正文，也应辨识，俞樾的《古书疑义举例》中有多则论及注与正文关系，可参读。有些史书中有作者自注即入正文的，如司马迁行文多有此例，《史记·李将军列传》有句说："士卒亦多乐从李广而苦程不识。程不识，孝景时以数直谏为太中大夫。为人廉，谨于文法"，下程不识后文应是自注缀连本文。

五

为便于了解传注，介绍数种如次。

（1）《春秋左氏传旧注疏证》，清人刘文淇与子毓崧、孙寿曾相继纂辑的未完稿，止于鲁襄公五年。刘氏世代攻研左传，颇有造诣，因感汉注亡佚，于是以数世之功搜求汉儒贾逵、服虔、郑玄等人旧注为据，又博采先秦至唐典籍及清人研究成果撰写疏证，凡《左传》中典制、名物、天文、地理、鸟兽、虫鱼均加注释。稿虽不全，但它不仅是研究《左传》的重要参考书，也可见旧注新疏的面貌。

（2）《三国志注》，刘宋裴松之撰。本书与史汉注不同，重点在补充史料。据《廿二史考异》载其引书140余种，而《廿二史劄记》则作150余种，实际已在200种以上。裴注主要是对原书进行了补其缺漏、条其异同、正其谬误与论其得失。注文远过本书，所引诸书今多不存，对保存史料，颇有价值。清代学者又有大量的补注工作，分量最大者为赵一清《三国志注补》65卷，他如梁章钜《三国志旁证》、潘眉《三国志考证》和杭世骏《三国志补注》等，而近人卢弼的《三国志集解》搜集考证材料甚丰，是现有最详尽的注本。

（3）胡注《资治通鉴》，宋元间人胡三省尽30年之力，为我国编年史《资治通鉴》作注。胡氏凡遇原书一难字即注音义，取宏用精，对《通鉴》进行补充、纠正和考证，并指明本书互见处，所引资料皆注出处。胡注在前四史旧注不尽可采而晋后诸史又均无注的情况下，隐居著述，成此巨著，实为难得。它不仅对《通鉴》本书有助，而且对研究晋宋以来诸史也有很多启发。尤可贵者，胡三省不仅注事，并借此发挥思想，抉摘隐微，陈垣先生特撰《通鉴胡注表微》以彰其事。

各种注释为数甚多，仅举二三例以说明，整理历史文献务当善于利用注疏。

原载于《社会科学战线》1987年第4期

论句读

——《历史文献整理技能讲话》之一

一

“句读（dòu）”是一种符号，是帮助我们把书读通的一种标识，也是整理文献资料的一种基本方法。我国至迟在汉以前就已经创始了这种符号。《说文解字》第五篇上丶部说：

> 丶（zhǔ），有所绝止。丶而识之也。

段玉裁注称：

> 凡物有分别，事有可不，意所存主，心识其处者皆是，非专谓读书止，辄乙其处也。

丶音主，古音与豆同部，即句读（dòu）之读，即今之逗号。段注所称“非专谓读书止，辄乙其处也”的意思是说明丶的用途不只作逗号，还有其他作用。这说明汉时至少已用丶作读书时的符号。

又《说文解字》第十二篇下亅部说：

> 乚（jué），钩识也。

段注说：

钩识者，用钩表识其处也。褚先生补滑稽传：东方朔上书，凡用三千奏牍，人主从上方读之。止，辄乙其处。二月乃尽。此非甲乙字，乃正𠄌字也。今人读书有所钩勒即此。

王筠《说文句读》中认为𠄌是分章的标识。

𠄌音厥，即向读之句，即今之句号。

句读有各种异名。清人梁同书的《日贯斋涂说》中说：

句读，法华经作句逗。马融《长笛赋》：观法于节奏，察度于句投。音如逗。亦作句度，《唐摭言·切磋》一条：书字未识偏旁，高谈稷契；读书未知句度，下视服郑。又支同诗：驱联以大语，句度实奔放。于此可知度曲度字之义，即俗所谓板眼是也。

古时对标点工作，称为“章句”。所谓章，《说文解字》第三篇音部说：“乐竟为一章”，意思是凡陈义已终，说事已具者皆能称为章。所以章句之义，便是分析古书章节句读的工作，亦即后世的划段分句工作。这种工作，古代是用文字来表明的。如《诗·关雎》篇后题云：

关雎五章，章四句。故言三章，一章章四句，二章章八句。

唐人陆德明《经典释文》解释说：

五章是郑所分。故言以下是毛公本意，后放此。

汉人也已有用“读”字来断章句的。段玉裁在《说文解字注》第三篇上言部读字下注说：

汉儒注经，断其章句为读，如周礼注，郑司农读火绝之。

不论标章、句或读，都是出自注者之手，可见标段分句乃是整理文献资料的一项工作内容。从这种标段分句工作中也可看到篇、章、句间的关系。正如《论衡·正说篇》中所说：

文字有意以立句，句有数以连章，章有体以成篇。

随着时间的推移，对于历史文献仅仅画段分句有些已不易理解原著的精神，整理者便加些传注以说明和发挥原著者的意旨。从而，章句便在原来的分章断句含义外，又增添了新内容。但汉儒著书仍喜用“章句”题名。据《汉书·艺文志》著录，《书》有《欧阳章句》、《大小夏侯章句》，《春秋》有《公羊章句》、《穀梁章句》等等。

古人除了用丶、乚等符号和用文字划分章句外，某些文字实际上也起了句读的作用，如“曰”字、“所谓”字便有引号的作用，“云云”便有删节号的作用。有的学者也有用文字来代替标点的，如《说文解字》一篇上玉部“瑾”字下解称：“瑾瑜，美玉也。”段注则作：“瑾瑜（逗）美玉也”，就是“瑾瑜，美玉也”。

古人写书也有分段，凡分段则提行，称为“跳出”。《左传》襄公二十六年疏云：“魏晋仪注：写章表别起行者，谓之跳出。”

因此，我认为：古人是重视画段分句的，只是在雕版印刷盛行后，可能为了减工省料而渐次减少和消失，以至人们只根据看到的许多刻本没有标点，便以为古人不知道画段分句，这是一种误解。

其实，刻本书也不是绝对没有标点的。近人叶德辉在所著《书林清话》卷二《刻书有圈点之始》一则中说：

> 刻本书之有圈点，始于宋中叶以后，岳珂《九经三传沿革例》有圈点必校之语，此其明证也。孙记宋版西山先生真文忠公《文章正宗》二十四卷，旁有句读圈点。……有元以来，遂及经史。……大抵此风滥觞于南宋，流极于元明。

刻书圈点始于宋，一方面是时代较晚，读通古书已有困难，客观上要求有圈点以利读者；另一方面，宋朝政府也注意及此，把句读形式都规定在整理国家图书条例中，岳珂的《九经三传沿革例》曾说：

> 监、蜀诸本，皆无句读，惟建本始仿馆阁校书式，从旁加圈点，开卷了然，于学者为便。

《增韵》（宋高宗绍兴末，衢州毛晃把《礼部韵略》增修成《增修互注礼部韵略》，简称《增韵》）中曾说明馆阁校书格式是：

> 今秘省校书式：凡句读则点于字旁，读分则微点于字之中间。

宋版真德秀的《文章正宗》二十四卷旁有句读圈点就是用这种格式。后代也有沿用的，明人凌稚隆辑校的《史记评林》和清人吴见思评点的《史记论文》都有断句。高邮王氏自刻的《广雅疏证》、《经传释词》是自加句读的。段玉裁自刻《说文解字注》中，常在易使人误会的地方写一较小的逗字以代标点，这也应算自加句读。有些蒙学用书为便于初学入门则多加句读，如清中叶钱树棠、雷琳、钱树立合编的《经余必读》是一部包罗繁富的文史课外读物，有三集，编入了《夏小正》、《孔子家语》、《竹书纪年》、《韩诗外传》、《世说新语》、《山海经》、《穆天子传》等书，其凡例之一便是：

凡童子束发受书，读四书经传后，即可以是编循诵，故既加句读，其文义奥质者，略有笺释，使人一目了然。

古代碑刻也有用句读的，如明太祖为徐达所撰的《神道碑》。原来朱元璋原稿有句读，既出于“御撰”，只能照样上石，全文一圈到底，至今仍耸立在南京徐达墓前。

“句读”一词至今依然使用。所谓“句”是语意已完之意，而所谓“读”是口中诵之当停顿而意尚未完者。

二

句读自古以来就被认为是读书的基本训练之一。《礼记·学记》中说：

古之教者，家有塾，党有庠，术有序，国有学。比年入学，中年考校。一年视离经辨志。……

陈澔注说：

离经，离绝经书之句读也；辨志，辨别趋向之邪正也。

清人黄以周《离经辨志说》作了更具体的解释，说：

离经，专以析句言；辨志，乃指断章言。志与识通。辨志者辨其章旨而标识之也。

有些著名学者往往为了正确理解某一名著，不惜亲去从人受读。《后汉书·列女传·曹世叔妻（班昭）传》载称：

> 时汉书始出，多未能通者，同郡马融伏于阁下，从昭受读。

由此可见，句读之与读一书实具紧密的关系。

唐人也把不识句读视为不学。王定保《唐摭言》引皇甫湜与李生第二书说：

> 书字未识偏旁，高谈稷契；读书未知句度，下视服郑。此时之大病所当嫉者。

宋代以后，文人学者也多以句读作自己致学的初阶。如苏洵在《送石昌言使北行序》中说：

> 吾后稍长，亦稍知读书。学句读、属对、声律，未成而废。（《苏老泉全集》卷十五）

欧阳修的《读书》诗中也说：

> 篇章异句读，解诂及笺传。（《欧阳修全集·居士集》）

理学家何基是被赞为"淳固笃实，绝类汉儒"的学者。他注重标点，所以在《宋史》本传中特著其事说：

> 凡所读无不加标点，义显意明，有不待论说而自见者。（卷四百三十八。中华书局标点本）

清代教育家崔学古更把句读作为初学者的奠基工作。他在《幼训》一书中说：

> 书有数字一句者，有一字一句者，又有文虽数句而语气作一句读者，须逐字逐句点读明白。

句读还是读书研习中不可或缺的环节。据《史记·留侯世家》记张良得圯上老人所授太公兵法后，"常习、诵、读之"。习诵读是三件工作：习是温故的意思，诵是读熟背出来的意思，读是辨析句逗的意思。这正说明温习、背诵和句读是张良钻研太公兵法的经常工作。

不过也有不少学者贬抑句读的地位，清人曾国藩在《经史百家简编序》中说：

圈点者，科场时文之陋习也，而今反施之古书。末流之迁变，何可胜道。

这虽是曾国藩对圈点时文的非议，但从而连及点读古书则反映他对句读渊源发展的一无所知。近人刘文典在所著《三余札记》中评论反对标点者为“陋儒”（卷一《标点》），不为无见。

那么，句读为什么这样受人重视呢？这是因为句读的正确与否，常常关系词意的能否正确理解。兹举数例以明之：

例一：

与父老约法三章耳杀人者死伤人及盗抵罪余悉除去秦法。（《汉书・高祖本纪》）

有的标点本和旧读是“约法三章”连成一气，以耳字为读。清人邵晋涵也根据《汉书・文帝纪》中“宋昌有约法令”之语和《刑法志》中“言约法三章者非一”，主张“当从旧也”。（《南江札记》卷四）

中华书局《汉书》标点本则标为：

与父老约，法三章耳：杀人者死，伤人及盗抵罪；余悉除去秦法。

此意是说高祖入关后，制法不及，遂取秦法中三条，与父老相约遵用，其余秦法全部取消。如依旧读，则是高祖新定三法，下文余字将不知所指。

例二：

儒家者流，盖出于司徒之官。（《汉书・艺文志序》中华标点本）

断于流下，解流作流派，作流品，则不如以者字为读较贴切。清初虞兆隆曾提出过以者字为断之说称：

《汉书・艺文志》：儒家者，流盖出于司徒之官，本因上文叙次诸儒家，故复推原其流之所自出，当在者字读断，流字属下，盖出云云为句。此流字乃源流之流，今人于流字为句，则误认流字为流品之流，恐于者字、出

字皆欠体会。其余诸家皆仿此。（《天香楼偶得》）

据上述二例，句读诚非易事。误断误释，积学之士，也所难免。宋元间人胡三省曾尽毕生之力注《资治通鉴》，精审渊博，素为学林推重；但因在句读问题上偶一疏略，致饱受指摘。《通鉴》卷一七三记事称：

太建十一年周主从容问译曰我脚杖痕谁所为也对曰事由乌丸轨宇文孝伯因言轨捋须事。

胡三省将此段话中"事由乌丸轨宇文孝伯"一语断成"'事由乌丸轨'。宇文孝伯……"把"宇文孝伯"四字属下，因而作了如下注以致疑：

受杖事见上卷八年。王轨盖赐姓乌丸氏，故称之。宇文孝伯何为出此言也？欲自求免死邪？然终于不免也。捋须事见同上。

周主受杖，王轨与宇文孝伯都有责任。胡三省因句读不确致无法解释史实而致疑，陈垣师在《通鉴胡注表微》中谅前人治学之难，言其事说：

周主之为太子也，多失德，王轨等尝言于武帝杖之，故即位后有此问。据《周书》四十《宇文孝伯传》："郑译言曰：事由宇文孝伯及王轨"。译又因说王轨捋须事。《北史》五七同。胡注因读史管见，以宇文孝伯属下读，故曰："宇文孝伯何为出此言？"正以见此言之非出孝伯也。然因此遂为《通鉴补》、《日知录》、《四库提要》、陈景云、赵绍祖等所纠。惟此误读实始于胡明仲，而不始于身之。纠正明仲之误者，有王志坚《读史商语》；纠正胡注之误者，有陈仁锡评本通鉴，亦不始于《通鉴补》、《日知录》。身之此条，可谓箭瘢若粟矣。

因此，这段话应依中华书局标点本《资治通鉴》作：

太建十一年，周主从容问译曰："我脚杖痕，谁所为也？"对曰："事由乌丸轨、宇文孝伯"。因言轨捋须事。

由此可见，句读一事，固不得以小道视之。

三

句读之重要既如上述，所以必须以认真慎重态度对它。除了经常点读，积久熟练外，在点读古籍时还应注意一些基本知识，善于掌握运用，或能有裨于点读。

（1）句读要注意掌握历史基本知识：如忽略历史基本知识，往往易造成误读。《史记·楚世家》记称：

> 楚熊通怒曰："吾先鬻熊。文王之师也，蚤终。成王举我先公，乃以子男田令居楚，蛮夷皆率服，而王不加位，我自尊耳。"乃自立为武王。（中华书局标点本）

按武王为熊通谥号，"乃自立"者，意为"乃自立王"；"为武王"者乃史家之笔，意即"是为武王"。此即关涉历史基本知识中的谥法问题。清初顾炎武曾辨其事。

（2）句读应注意古书体例：古书自有著述体例，明体例则句读易于确切，否则往往误读或难解。司马迁撰《史记》有自加夹注之例。他为说明上文的某人某事，即随手顺文写出夹注。如《史记·项羽本纪》称：

> 乃求楚怀王孙心民间，为人牧羊，立以为楚怀王，从民所望也。（中华书局标点本）

这在标点上无误，但语气不连贯，这是因为"为人牧羊"四字是司马迁说明楚怀王孙心在民间工作的夹注。因此应标下式：

> 乃求楚怀王孙心民间——为人牧羊——立以为楚怀王，从民所望也。

（3）句读当注意史实：有些句读单从文字上看，并无破句讹误之处，但细核史实，则出入颇多，如《史记·陈涉世家》记称：

> （陈涉）攻大泽乡。收而攻蕲，蕲下。乃令符离人葛婴将兵徇蕲以东，攻铚、酂、苦、柘、谯，皆下之。（《史记选注》本标点）

这一标法，似葛婴所徇之地即蕲以东的铚、酂、苦、柘、谯诸地，但稽之地志，铚等五地均在蕲之西，与葛婴徇蕲以东无关。因此应在徇蕲以东下作句，意思是：陈涉下蕲后，分兵二路，命葛婴攻蕲以东为一路；而涉则攻蕲以西的铚等五地为另一路。其恰当点法是：

攻大泽乡，收而攻蕲。蕲下，乃令符离人葛婴将兵徇蕲以东。攻铚、酂、苦、柘、谯，皆下之。（中华书局标点本）

又如《史记·项羽本纪》中有语称：

王召宋义与计事而大说之，因置以为上将军。（中华书局标点本）

另一种标法是：

王召宋义与计事，而大说之，因置以为上将军。（《史记选注》）

这两种标法在字句上无讹误，但核之史实则不确切。因为楚怀王召宋义是由于听到高陵君显的赞扬。见面后，在和宋义讨论问题过程中发现了宋义的才干而非常喜欢他，便任命他为上将军。所以这段话包含有三个步骤。一是王召宋义；二是与计事而大悦之，大悦是由计事而产生；三是任命为上将军。如按上二种标法，楚怀王不是因高陵君推荐而初次召见，乃是早已熟悉宋义，现召来计事，与史实不合，与上文高陵君的推荐语也不合语意。所以应作如下标式：

王召宋义，与计事而大说之，因置以为上将军。

（4）句读当注意文理：句读不但本文无误，还要照顾上下文的文意语气，使之文理通顺，方为正确。如《论语·里仁》中说：

富与贵，是人之所欲也；不以其道得之，不处也。贫与贱，是人之所恶也；不以其道得之，不去也。

这是一般的标法，但后半段的“得之”、“去也”的文理关系甚感窒碍。杨伯峻的《论语译注》为了译通，一面主张把后一“得之”改为“去之”（这种用法，恐不经见），一面说这是古人不经意处，主张不必在这上面做文章。实际上，这是个句读问题，近人章秋农曾加标点：

富与贵，是人之所欲也；不以其道，得之不处也。贫与贱，是人之所恶

也；不以其道，得之不去也。（《古书句读数例述辨》，见《中华文史论丛》第二辑）

这样一点，就怡然理顺而不费解了。又如《史记·项羽本纪》称：

是时桓楚亡在泽中。梁曰："桓楚亡，人莫知其处，独籍知之耳！"（中华书局标点本）

这一标法使后一"独"字与前一"人"字在文理上略嫌窒碍，所以王伯祥在《史记选》中则改标如下式：

是时桓楚亡在泽中。梁曰："桓楚亡人，莫知其处，独籍知之耳！"

该书还特加注说明改标的原因是：

亡人，亡命之人。诸本旧读，皆于亡字断，人属下读，未安。下云莫知其处，项梁自谓不知桓楚逃亡的地方，故紧接独籍知之耳。若云人莫知其处，则大家都不知道，何以项籍独能知之呢？

（5）句读当注意文法：如不注意文法，有时貌似正确，但不能传达作者的神态意旨，如《礼记·檀弓》记称：

子夏丧其子而丧其明。曾子吊之，曰："吾闻之也，朋友丧明，则哭之。"曾子哭，子夏亦哭，曰："天乎！予之无罪也。"曾子怒曰："商！女何无罪也？"

这一标法本没有错，但从文法上看则不甚确切。"予之无罪也"一语，是"予无罪也"加上"之"字而被破坏独立性的句子。在这种句子后面，要引起下文来说明"予之无罪"，但是，由于曾子不同意子夏的辩解，便很急躁地打断了子夏的诉说，而反质问子夏。因此，这段话应标作下式：

子夏丧其子而丧其明。曾子吊之，曰："吾闻之也，朋友丧明，则哭之。"曾子哭，子夏亦哭，曰："天乎！予之无罪也——"曾子怒曰："商！女何无罪也？"

如此，则当时交谈情景毕现，而曾子的愠怒也有着落了。

又如《史记·项羽本纪》称：

> （诸将）皆曰："首立楚者，将军家也。今将军诛乱。"乃相与共立羽为假上将军。

这一标法，乍看也无问题，但仔细推敲，则"今将军诛乱"一语是不完整句，其下必定还有许多歌颂项羽功绩的话，但在项羽威势下，等不及把话全说完，就匆促拥立项羽。这是司马迁用文字表达情景的妙笔，所以应标作：

> 皆曰："首立楚者，将军家也。今将军诛乱——"乃相与共立羽为假上将军。

（6）句读应注意文字语气：史文中有以文字来刻画人物神态的，司马迁尤善此道，如《史记·张苍传》称：

> （周）昌为人吃，又盛怒，曰："臣口不能言，然臣期期知其不可。陛下虽欲废太子，臣期期不奉诏。"（中华书局标点本）

两个"期期"都是形容周昌口吃的语气，如在期与期间标删节号，则不仅语意清楚，而口吃者的急迫情态也生动表现，所以应标作：

> 昌为人吃，又盛怒，曰："臣口不能言，然臣期……期知其不可，陛下虽欲废太子，臣期……期不奉诏。"

（7）句读应注意习惯读法：有些句读加与不加都无碍词意，而传统习惯上又自有读法，则从习惯。中华书局标点本《史记》，其点校后记中即以此作为凡例之一。如《周本纪》称：

> 尚桓桓如虎如罴如豺如离于商郊。

这段话的虎、罴、豺、离诸字下均可加逗，但一般习惯四字句式，而虎、豺下不逗也无害词意，所以便标作下式：

> 尚桓桓，如虎如罴，如豺如离，于商郊。

上面所举的几点，只是举例，并不能概括句读时应注意的所有问题。有许多问题还须在读书和从他人点校记中去练习和领会。但是，有一个必须严格注意的问题，那就是切勿随意改动原来的文字，给原文加上衍脱的罪名，以符合自己的句读。如《史记·孟尝君传》记：

> 冯驩乃西说秦王曰："天下之游士冯轼结靷西入秦者，无不欲疆秦而弱齐。此雌雄之国也，势不两立为雄，雄者得天下矣。"（中华书局标点本）

清人王念孙在《经义述闻》中引顾子明所说，认为应断于"两立"之下，而下"雄"字为衍。实际上，断在上"雄"字下，使下"雄"字属下，则词意通顺，何能谓之衍一"雄"字呢？

四

句读的缘起和重要性，既如上述，但更重要的在于实践，并从前人点校工作中吸取经验，多读多点，积以时日，便能较通畅地点读历史文献，而逐步掌握这一基本技能。

【附注】

本文参考如下书刊：

（一）杨树达：《古书句读释例》。

（二）吕思勉：《章句论》。

（三）章秋农：《古书句读数例述辨》（《中华文史论丛》第二辑）。

（四）中华书局标点本《史记》点校后记。

原载于《古籍整理论文集》　中国历史文献研究会编　甘肃人民出版社1984年版

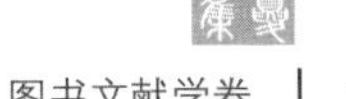

年谱编纂法的探讨

年谱是纪传与编年相结合的一种体裁。它创始于宋，发展于元明，而兴盛于清。据一种统计，它的数量约3000余种（近2000谱主，有一谱主而多谱者）。由于它比一般传记搜罗资料丰富些，编纂形式灵活些，又以年为序，便于检用，所以年谱之体一直沿用不衰。年谱不仅可作传记阅读，而且还可备研究人物者作资料来源之一，其成效可“补国史家乘所不备而加详焉”[①]。近年以来为人写谱者日益增多，甚至有为生人撰诸者（如《曹禺年谱》）。各种年谱的编纂体例不尽一致，似乎也无须强求一律。因此，我不拟对已出诸谱妄加雌黄，仅以我所撰《林则徐年谱》为例，略陈臆说。

一、确定主旨

年谱之作首当确定主旨，即确定其编纂的主要内容。过去一些年谱撰者常自述其撰谱主旨称：

> 年谱之作，所以著其人之生平，道德学问致力先后之所在，与其造诣之所成就，而世系源流、师友传授，因并著焉。[②]

这一主张是指学者年谱而言，即凡撰学者年谱应记生平、修养、学问、师承及交游等，也即学者年谱应以学行为主旨。有人更具体指明学者年谱的主旨有三，即：

---

① 方东树：《望溪先生年谱序》，见《仪卫轩文集》卷五。

② 牛兆濂：《清麓年谱》序。

> 进学之次弟，用功之标准，一也；遗著散失，务有梗概，二也；至于师友渊源，生徒授受，苟有湮没不彰者，必备书其人其事以征附骥益显之义，三也。[①]

如果谱主一生平庸，难有功业学行可记，只是宦迹家世的流水簿而无主旨，那么，这类年谱也就毫无意义了。前人曾指陈其事说：

> 年谱之刻，由来尚矣。位至宫保上卿，率有年谱行世，而细考其中，无一嘉猷，裨益朝野，何异老树既枯，令笔者记其某年出土，某年发花叶，某年颓废乎？夫人之所以可传弗朽者，以德以功而虚名奚与焉！[②]

这段评论虽语言尖酸，但却有力地抨击无主旨的一批年谱，使人不能不在着手编纂时予以重视。清代学者杭世骏对年谱有过较深研究，曾正面简要地指出编纂年谱的主旨要求说：

> 必其德业崇闳，文章彪炳，始克足以当此，未有以草亡木卒之人而可施之以编年纪月之法也。[③]

我在编撰《林则徐年谱》时首先考虑对林则徐这样一位著名的近代历史人物应如何确定编谱的主旨。魏应麒编《林文忠公年谱》的主旨在于阐扬鸦片战争中的林则徐，这固然是林则徐的主要业绩，但尚未能概括林则徐的一生。从宏观上考察，林则徐不仅是具有远见卓识的爱国者，还是封建社会里的一名有所作为的政治家，因此，必须以此为中心线索来贯串全书。这就是所谓确立主旨，然后无论资料搜集、论述考辨都能有所依归而不致使年谱成为漫无涯涘的流水簿。

二、撰者

前人曾论述年谱撰者说：

> 年谱之作始于宋人。其手著者如杨椒山自订年谱，堵文忠公年史尚已。

① 唐受祺：《尊道先生年谱》跋。

② 李玉鋐：《寒松老人年谱序》。

③ 杭世骏：《施愚山先生年谱》序。

此外或出门人故旧，或成于后裔及异代人之手。[①]

陈乃乾编《共读楼所藏年谱目》也按不同编者分年谱为四类，即甲、自撰类，乙、家属所撰类，丙、友生所撰类，丁、后人补撰类。这四类撰者各有短长，如子孙撰谱，“其间不无溢美之处，甚至假手于人，尤非纪实之道矣”[②]。对友生撰谱则耽心“同时文士，生不同道，谬托相知，传闻失实”[③]。但有人认为上述两种人与谱主时代接近，容易得真，所谓“或出自贤子孙之纂述，或出自门弟子之甄综，去世近而见闻真，诠次自易”[④]。有人反对自订年谱而赞成由后人撰谱，并曾举例说：

如李、杜、韩、苏皆有年谱冠于诗文集首者，大都后人钦其道谊文章，历序其生平，证以诗文年月汇集成编，以备千秋考镜，初未有出诸自记者。[⑤]

清代学者杭世骏则认为不同撰者可使用不同的编纂方法，他说：

或出自贤子孙之编纂，或出自门弟子之甄综，或出自私淑诸人者之考证。[⑥]

编纂、甄综和考证虽指编纂法的不同，但也寓品骘价值的高下，从中可看到杭氏正以后人撰谱为诸种撰者之最佳者。即以林则徐年谱为例，前有其子林聪彝所撰《文忠公年谱草稿》传钞本，姑不论其是否假托[⑦]，即其内容也颇简略疏漏，于鸦片战争时行事不著一字，显系有所忌讳。其后，魏应麒于民国二十四年撰《林文忠公年谱》时，虽也是后人为前人撰谱，但因那时有关史料如《道光朝筹办夷务始末》及谱主的日记、手札等尚未发现和刊布，以致因征引史料不足而使内容贫乏。及至我编撰《林则徐年谱》时，由于谱主的奏稿、日记、书札等多已刊布流传，而具备了参证条件，使谱主行事得以完备。后人撰谱更以时代久

① 王步瀛：《赵慎斋先生年谱》序。

② 孙玉庭：《寄圃老人自记年谱序》。

③ 汪嘉孙：《容甫先生年谱》序。

④ 吴怀清：《二曲先生年谱序》。

⑤ 尹壮图：《楚珍自记年谱自序》。

⑥ 杭世骏：《罗总戎年谱序》，见《道古堂文集》卷五。

⑦ 林则徐纪念馆副馆长杨秉纶，林则徐后人林家溱、林子东均对《草稿》表示怀疑。愚意以为托名之作。

远，人际关系已无牵涉，即使有存世者也多为五六世孙，他们论及谱主也如论及一般历史人物而无所避讳。后人撰谱还可得资料繁多便于考辨求真之利，于还谱主历史真貌极为有益。

三、资料的搜集与考辨

年谱应以丰富资料为依据，所以良谱多注重广泛搜集资料，顾廷龙在为《中国历代名人年谱目录》撰序时曾说：

> 王懋竑撰《朱子年谱》乃取文集语类条析而精研之，更博求所述诸儒之绪论，师友之渊源与夫同志诸子争鸣各家之撰著，曲畅旁通，折衷一是。
>
> 那彦成撰《阿文成公年谱》则独详于宦迹，奏疏、谕旨关系大者无不备载，可以补国史之未详。

由此可见，编谱应广泛采择资料以系生平行事，但搜集须得其法。我在编纂《林则徐年谱》时，分几个层次搜集资料。首先从谱主自身资料入手，如林则徐的奏稿、日记、手札都是反映人物的最原始资料，撰谱时可从这些资料中钩辑与谱主一生重大活动有关涉而可备征考的资料。其次，应搜集前人所撰的谱主谱传，这可收补缺订讹、增益完善之效。再次，搜集与谱主有关人物的著述与谱传，从中爬梳与谱主行事有关的资料。再次，搜集谱主所处时代及其行踪所至地区的官书、地志、杂著及诗文集中的有关记载。再次，搜集后人（包括中外人士）对谱主的论述评价。资料既有文献记载、口碑传录，也有遗迹实物、金石铭刻以及图像照片等等。《林则徐年谱》就是通过这几个层次搜集资料，仅文献记载达200余种，即使有些资料虽其内容不甚重要，但却为稀见物，那也不能忽视，如福州发现的刘家镇墓志铭及兰州发现的唁函刻石等实物，虽与林则徐事迹关系不大，但确为林则徐手书，并且林的书法也有一定造诣，所以也应搜集以开拓读者研究视野。

大量资料基本集中后，重要的在于考辨资料的真伪价值，去粗取精，去伪存真，即使琐细末节也应考辨。如道光二十年四、五月间，林则徐曾致函唐鉴贺其就太常寺卿职。函中有“戚世兄南宫之喜，闻者莫不欣忭……两令甥又共题名，洵为盛事……”经采择考证资料知道函中所谓“戚世兄”名戚贞，“两令甥”乃指唐鉴的外甥黄兆麟和黄倬兄弟。这封信的写作时间一说道光二十一年正月，一说道光二十年四、五月间，经反复考核而以后者是。又如林妻郑淑卿卒年，历来沿用魏应麒《林文忠公年谱》所订为道光二十八年十月十九日，后据新发现的海源阁所藏林则徐致杨以增手札，确定为道光二十七年十月十五日，一改陈说。这些虽是末节，但对编纂一部年谱来说确是不容忽略的，更何况有关重大活动的资料就必应严加考辨和甄选，以树立和增强年谱的可信性程度。

四、知人论世

余嘉锡师曾认为年谱“于辨章学术最为有益”[①]。胡鸣盛在《陈士元先生年谱》识语中更对年谱有益于学术问题详加论析说：

> 乙部各类，叙述个人之学行，提纲挈领，条理清晰，实以年谱为之最。学者探讨先贤学术，诵其年谱，纵不能洞悉精深，亦可略识统系。著述者流，有鉴于此，举凡先贤之湮没未彰，或著述渊博而不易研究，亦皆乐为撮要提纲编纂年谱，以诏天下后世。[②]

年谱有益于学术的作用确实存在，但我认为年谱更重要的作用在于知人论世。前人对此曾有所论及。孙德谦在《古书读法略例》中曾将此订为一例，说：

> 有宋以后，年谱盛行，如鲁訔、洪兴祖辈，文则韩愈、柳宗元；诗则陶潜、杜甫诸家，自此皆有年谱传于世，此最得知人论世之义。

近代经学家孙诒让为《冒巢民先生年谱》撰序时也说：

> 年谱之作，虽肇于宋而实足补古家史之遗缺，为论世知人之渊棷，不信然与？

清人宗稷辰为应《黄黎洲先生年谱》撰者黄炳垕之请而阐明年谱的社会作用时也说：

---

① 《目录学发微》四。

② 《北平图书馆月刊》第三卷第五号。

> （年谱）取其言行之大节，师友之结契，际遇之轗轲，行踪之经历，有足见性情学问者，编而入之，使后人得以论人知世已耳！

年谱虽不若传记对人可用直接评按加以臧否，但其知人论世的方法值得注意。它将人置于一定的“世”（社会、历史条件）内，使人在与“世”结合的叙事中寓对人的论断。一个人通过年谱的知人论世往往获得始料不及的历史地位与效果，如清代学者张穆撰《顾亭林年谱》颇著声名后，并未继续编纂与顾亭林地位相埒的黄宗羲的年谱，反而编纂以考据见长而气节不及顾黄的阎若璩，后人以知人论世之义对张穆此举表示诧异，并著之于文字说：

> 予颇怪石洲（张穆）既为顾谱而不为黄谱，乃纂辑及于阎潜邱。潜邱虽考据有声，其大节果足视亭林耶？毋亦籍隶太原，石洲遂有香火之情耶？一唱百和，耳食之徒遂于报国寺顾祠之旁复创阎祠以为之配。噫！其有当于知人论世之为乎？①

一谱之撰，可以立祠，历史定评，于此可见。张穆或未料及知人论世的影响有如此之大。张穆失于谨慎，遂贻笑于人。

《林则徐年谱》之撰，既着重于谱主所处时代背景，又征引世人评论来论断林则徐的为人。如道光十二年六月初八日，林则徐接任江苏巡抚，由于过去曾在江苏任官，颇得民望，所以接任时“列肆香烟相属，男妇观者填衢，咸欣欣然喜色相告曰：林公来矣！”②这段资料既记及苏州人民欢迎林则徐的场景以“论世”，也使人看到林则徐之得民望以“知人”。又如道光十九年十一月十一日，林则徐在广州天后宫接待英国遇难船只杉达号船员15人，进行各方面的了解。这段资料说明林则徐勇于违反封建礼制，同时也体现了林则徐区别一般公民和鸦片贩子的策略思想。这些例证说明年谱之可以知人论世。

五、附录

年谱资料或内容重复，或词嫌累赘，或仅备参证，或轶闻琐事，一时难以全

① 谢章铤：《课余偶录》卷三，见《赌棋山庄集》。
② 冯桂芬：《林少穆督部师小像题辞》，见《显志堂稿》卷一二。

部甄选入谱而弃之又不无可惜之处。因此不妨采用在谱尾增入附录一体的保存资料。此法前人久已使用，如苏惇元编《张杨园（履祥）先生年谱》后即附录《编年诗文目》、《未列年谱书目》、《节录诸家评论》、邵懿辰撰传和苏惇元撰《谒墓记》等，使未能入谱资料得以储存。又如清乾嘉学者郝懿行夫妇均为学者，近人许维遹为撰《郝兰皋夫妇年谱》，并于谱后除附录《郝兰皋先生著述考》及《王安人瑞玉著述考》外，还附有兰皋八世祖《郝康仲先生著书目》及兰皋父《郝梅莽先生著书目》，为郝氏家族的学术提供了备考资料。我在撰《林则徐年谱》时，并未视附录为狗尾或附庸，而是作为规划全书编纂中的一个重要组成部分。《林则徐年谱》共有附录四种：

一为《谱余》，这是为编写《林则徐年谱》搜集而未收入本谱的资料，有一定的参证价值或可供谈助者，共分五类：第一类是未收入《文钞》的文章、联语等逸文；第二类是逸事；第三类是为林则徐所写的题跋、挽文、挽诗、挽联及祠堂记等；第四类是对林则徐的评论；第五类是与鸦片战争有关的文献。这些资料大都采自笔记杂著，为人所少涉及者。

二为《林则徐出生时有关人物简况》，凡出生在林则徐以前，难以系入本谱，而日后又和林则徐发生各种关系的人物，择要录入，略述其简况，借以明林则徐的人际关系。

三为大事索引年表，按年择系大事，注明书页，以便检索。

四为征引书目，有林则徐的著作和手迹、林则徐的传记、与林则徐有关人物的年谱、官书奏议、地方志、诗文集、资料汇刊、笔记杂著、近人著作、外人著作及近人论文等共达229种，既增加征信程度，又可供读者按图索骥。

如此五端，年谱的编纂体例大体完备。

原载于《辞书研究》1989年第3期

论经史子集

论“十三经”

“十三经”是我国儒家奉为经典的十三部古书的总称。这些古书是：《周易》、《尚书》、《诗经》、《周礼》、《仪礼》、《礼记》、《春秋左传》、《春秋公羊传》、《春秋穀梁传》、《论语》、《孝经》、《尔雅》、《孟子》。其中《周礼》、《仪礼》、《礼记》又合称“三礼”，《左传》、《公羊传》、《穀梁传》又合称“三传”。

从西汉武帝“废黜百家，独尊儒术”开始，崇奉孔子学说的儒家逐渐成为我国封建社会占统治地位的学派，它所推崇的古籍成为神圣的经典，以孔子为代表的儒家思想成为封建社会的正统思想。这样，“十三经”对中国的政治、文化学术、道德思想很自然地便产生了极为深远的影响。旧时代的文人学士，不论是为了仕途发展，还是致力于学术研究，都付出了大量的精力，去攻读儒家的经籍。周予同曾在皮锡瑞《经学历史》的序中说：“因经今文学的产生而后中国的社会哲学、政治哲学以明；因经古文学的产生而后中国的文字学、考古学以立；因宋学的产生而后中国的形而上学、伦理学以成。”那就是说，倘若对儒家的经籍没有一定的了解，对中国两千多年的经学兴衰演变茫然不知，更难以对中国的古典文学、古代史、哲学史、政治思想史、语言文字学、文献学、民俗学、伦理学等开展研究，也就难以对各学术领域的历史人物做出符合历史发展实际的评价。

皮锡瑞提及的“经今文学”，是指对今文经的研究宣扬。汉代人称当时使用的隶书为“今文”，称战国时六国通行的文字为“古文”。秦始皇焚书坑儒之

后，汉人凭记忆口耳相传经书内容，并以隶书记录作为传本，称为“今文经”；后又在孔子住宅墙壁中发现《礼记》、《尚书》、《春秋》等用篆文书写的，称为“古文经”。于是形成今古文学派。“今文经”和“古文经”不但书写的字体不同，对当时传授的“六经”的解释上以及字句、篇章方面都有出入。现存的《十三经注疏》，多采用古文学派的说法。

“十三经”实际上是一个丛书名目，它所包含的十三部书早在先秦时期就有了，直到南宋时期才把它们组织在一起并冠以“十三经”的名称。“十三经”的十三部古书的顺序大体上是按时间先后排列的，最后一本是《孟子》。宋朝理学家朱熹说：“《论语》多门弟子所集，故言语时确长长短短不类处。《孟子》疑自著之书，故首尾文字一体，无些子瑕疵。不是自下手，安得如此好？”所以，《孟子》当是殿后之作。从《孟子》成书到《孟子》被列入经书行列，再到有“十三经”名称，大约经历了一千五六百年的时间。

儒家经书，最初只有“六经”之说。最早提及“六经”这一名称的是战国时期的《庄子》。不过，那时说的“经”不是指经典，《庄子·天道篇》记述孔子请老聃帮忙将经书藏于周室，而老聃不许，于是孔子对“六经”作了一番解释。《庄子·天运篇》中即引述了孔子给老聃所讲的具体内容说，“丘（孔子自称）治《诗》、《书》、《礼》、《乐》、《易》、《春秋》六经，自以为久矣，熟知其故矣”，明确地提及“六经”。“六经”在汉以后也称“六艺”。早在贾谊的《新书·六术篇》中就有“《诗》、《书》、《易》、《春秋》、《礼》、《乐》六者之术，谓之六艺”。西汉末，刘歆撰写《七略》，其中“六艺略”即指“六经”。所谓“六经”，西汉实际上只有五经，缺《乐经》。当时今文家认为《乐》本无经；古文家说有《乐经》，秦焚书后亡。汉时不存《乐经》，所以汉武帝时设有《易》、《书》、《诗》、《礼》、《春秋》五经博士（传授经书的教授官），而无《乐经》博士。

“五经”之外，还有“三经”之说，但提出“三经”是西汉以后的事，更不是《庄子》提及“六经”之前的说法；且各家所指的“三经”也多不同，如颜师古为《汉书·五行志》作注，认为“三经”指《易》、《诗》、《春秋》，王安石的《三经新义》是指《书》、《诗》、《周礼》，而《宋史·艺文志》著录的刘元刚《三经演义》则指《孝经》、《论语》、《孟子》，所以不能将“三经”视为“十三经”发展的基点。

由于汉王朝“独尊儒术”和提倡“以孝治天下”，所以将《孝经》、《论语》列入经书，在“五经”的基础上发展为“七经”。但“七经”所指的书目，也有不同。如东汉的“一字石经”是以《易》、《诗》、《书》、《仪礼》、《春秋》、《公羊传》、《论语》为“七经”而没有《孝经》。

唐代初年，“三礼”之学受到重视，不仅太宗时魏征撰《类礼》，高宗时贾公彦撰《周礼》、《礼记》二经注疏，而且将《周礼》、《仪礼》、《礼记》全列入经书，形成“九经”，并以“九经”取士。唐代科举取士，明经科三场考试，先试“帖经”，再“口试”大义，再次才是“答策”，这样就引起学子们对经书的重视。“九经”经文于唐文宗开成二年（837年）刻成，并立石经于都城长安国子监，称为“开成石经”。唐代的“九经”包括《易》、《书》、《诗》、“三礼”、“三传”，这里还应注意两个问题：一是“开成石经”于“九经”之外，还刻有《孝经》、《论语》、《尔雅》，所以后代也有称之为“十二经”的；二是后世提及的“九经”，在书目上多有变动，如宋刻“九经”白文是《易》、《书》、《诗》、《左传》、“三礼”及《论语》、《孟子》；而清刻《篆字九经》则包含《大学》、《中庸》、《论语》、《孟子》而没有《礼记》，没有“三传”而有《春秋》。

五代时，蜀主孟昶时刻有“蜀石经”，共十一经。这“十一经”是《易》、《书》、《诗》、“三礼”、“三传”和《论语》、《孟子》。“十一经”是由“九经”发展到“十三经”的一个重要环节，值得注意的是，此时正式将《孟子》列入经书行列。在“十一经”之外再加上《孝经》和《尔雅》，便合成为“十三经”。

现在“十三经”通行的版本是中华书局影印并附有校勘记的《十三经注疏》，分上、下两册。南宋以前，经文与注疏是分别单行的，到南宋光宗绍熙年间才有合刊本。明嘉靖、万历间都曾刊行。清乾隆初有武英殿本，简称“殿本”（因刻印书籍的机构设在武英殿而得名），是官刻本；后在阮元主持下，根据宋本校勘后重刻。中华书局影印本就是据原世界书局阮刻缩印本影印的，影印前，“改正文字讹脱及剪贴错误三百余处”。现将“十三经”各部经书的注疏者分列于后：

《周易》　魏王弼、晋韩康伯注　唐孔颖达等正义

《尚书》　汉孔安国传（伪）　唐孔颖达等正义

《诗经》　汉毛亨传　汉郑玄笺　唐贾公彦疏

《周礼》　汉郑玄注　唐贾公彦疏

《仪礼》 汉郑玄注 唐贾公彦疏

《礼记》 汉郑玄注 唐孔颖达等正义

《春秋左传》 晋杜预注 唐孔颖达等正义

《春秋公羊传》 汉何休注 唐徐彦疏

《春秋榖梁传》 晋范宁注 唐杨士勋疏

《论语》 魏何晏等注 宋邢昺疏

《孝经》 唐玄宗注 宋邢昺疏

《尔雅》 晋郭璞注 宋邢昺疏

《孟子》 汉赵岐注 宋孙奭疏

上述注疏，涉及注、正义、疏、传、笺等名称，笼统地看，这些不同名称反映的意义是一样的，都是注释的意思；但古代所以采用不同的名称，是因各名称还有其特定的含义。如：

注，就是注释、注解，用文字对古书中难解的字句加以解释。

正义，这是注释经史的另一种方式，唐代开始用正义作书名，表明是对原文作了正确的阐明。

疏，是比注更详细的注解，包括对原文的注释和对前人注的注解。疏，单独作为注释名称最初出现于唐代，魏晋时有义疏。

传，含有传述意，是阐明经义的传释方式。

笺，这种注释方式含有对前人注解订正、发挥、补充的意义。

“十三经”是部大丛书，有147560字，内容涉及哲学、政治学、史学、文学、文字学、伦理学等学术领域，再加上浩如烟海的注疏文字，绝不是短期能读完的，而且每个人的情况不同，对“十三经”未必需要全读，读时应有选择。这就有必要对“十三经”的每部书的概况有所了解。

《周易》，“十三经”首列《周易》，这是承续了汉代“六经”以《易》为首的传统。《周易》又称《易经》，简称《易》。郑玄讲“《易》一名而含三义”：“易简”（执简驭繁）、“变易”（穷究万物变化）、“不易”（永恒不变）。一说周代人所作，故名《周易》。原本是部占筮书，用以卜测社会和自然的吉凶变化；从其内容的哲理性以及所记载史料的重要性看，实际上是部很重要的哲学、历史著作。

《周易》由“经”、“传”两部分组成。“经”最早可能萌芽于殷周之际，经长期积累而成，其作者认为阴阳相互作用是产生万物和事物变化的根源，所以最基本的符号是“--”（阴）、“—”（阳）。由阴阳符号三画重叠，组成八卦［☰（乾）、☷（坤）、☳（震）、☴（巽）、☵（坎）、☲（离）、☶（艮）、☱（兑）］，八卦相叠构成六十四卦。每卦有卦辞；每卦又有六爻（yáo），每爻有爻辞。卦辞与爻辞合为经文。“传”，也称“易传”，是战国时期至秦汉之际儒家对《周易》经文的解释，有十篇，又称“十翼”。这十篇传是：彖（tuàn）上下、象上下、文言、系辞上下、说卦、序卦、杂卦。其中，“文言”是对乾坤两卦的解释，不是指与白话相对的文言。

《尚书》，单称《书》，又称《书经》，西汉时才称为《尚书》。“尚”即上，《尚书》即古之书。这是我国现存最早的一部史书，是起于上古唐尧、终于春秋初世的上古历史文件的汇编。由于儒家尊崇唐尧、虞舜、夏禹、商汤、周文王“二帝三王”之道，且相传为孔子所编选，遂被作为儒家经典。《尚书》有“今文尚书”与“古文尚书”之分。西汉时，用当时通行文字隶书书写的28篇称“今文尚书”，另外相传汉武帝时在孔家旧宅壁中发现了用六国文字书写的《尚书》，称为“古文尚书”（已佚）。

《尚书》是部最早的史书，其中有些誓词、文告、记述性文字很有文学性，所以也被视作我国古代“散文的开端”。

《诗经》，先秦时单称《诗》，是我国最早的诗歌总集，后来成为儒家的经典。《诗经》于春秋时编成，有诗305篇，另有6篇有目无诗，是西周初至春秋中叶的作品。诗分风、小雅、大雅、颂四部分。风有十五国风，大部分是各国的民间诗歌，有160篇；小雅、大雅合称“二雅”，是西周京城附近一带的乐歌，有105篇；颂有周颂、鲁颂、商颂，合称“三颂”，有40篇，多是祭祀时的乐歌，也有部分舞蹈歌曲。讲到《诗经》，常提到“六义”这一词语。“六义”也称“六诗”，指的是风雅颂、赋比兴。风雅颂，是从音乐角度区分诗歌的类别的；赋比兴，是指诗作的写作手法。赋是直接陈述，比是譬喻，兴是寄托。但不能看死，并不是一首诗就是一种写作手法，有的诗是兼采几种方法的。

西汉初，传授《诗经》的有鲁（鲁人申培公）、齐（齐人辕固生）、韩（燕人韩婴）三家，他们所传的诗称为《鲁诗》、《齐诗》、《韩诗》，合称“三家诗”。三家诗是今文诗学，魏晋以后逐渐亡佚，直到清代，佚文才大致搜集起来。“十三经”中所收的《毛诗》，是稍后于三家的鲁人毛亨所传。我们现在所说的《诗经》就是毛氏所传的，所以《十三经注疏》的标目就是《毛诗正义》。《毛诗》是古文诗学。

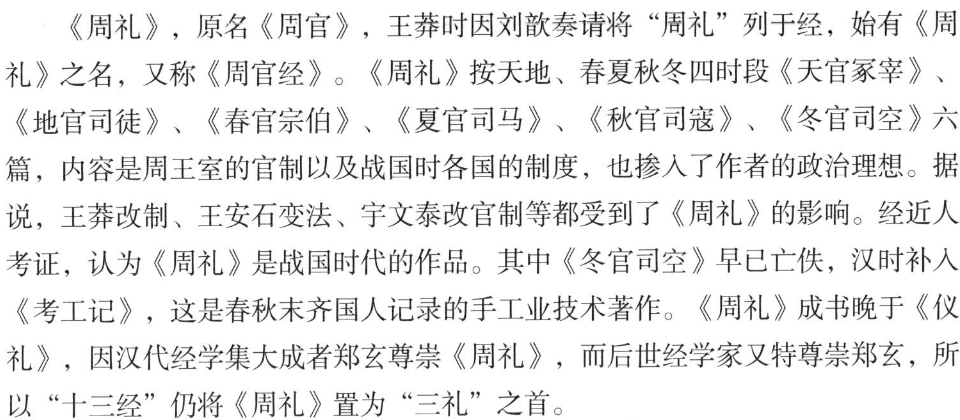

《周礼》，原名《周官》，王莽时因刘歆奏请将“周礼”列于经，始有《周礼》之名，又称《周官经》。《周礼》按天地、春夏秋冬四时段《天官冢宰》、《地官司徒》、《春官宗伯》、《夏官司马》、《秋官司寇》、《冬官司空》六篇，内容是周王室的官制以及战国时各国的制度，也掺入了作者的政治理想。据说，王莽改制、王安石变法、宇文泰改官制等都受到了《周礼》的影响。经近人考证，认为《周礼》是战国时代的作品。其中《冬官司空》早已亡佚，汉时补入《考工记》，这是春秋末齐国人记录的手工业技术著作。《周礼》成书晚于《仪礼》，因汉代经学集大成者郑玄尊崇《周礼》，而后世经学家又特尊崇郑玄，所以“十三经”仍将《周礼》置为“三礼”之首。

《仪礼》，原名《礼》，亦称《礼经》，因首篇为《士冠礼》，汉时也称《士礼》，到晋代才称《仪礼》，是古代有关冠礼（祝贺成年的礼节）、婚礼、丧礼、祭礼、饮酒礼、乡射礼（射箭比赛礼仪）、宴礼、朝聘礼（诸侯朝见天子，国君派使臣到别国聘问的礼节）等礼仪要求、程序的汇编，共17篇。经近人考证，认为《仪礼》成书当在战国初至中叶间。

《礼记》，是一部对秦汉以前各种礼仪解释、补充的论述选集，本为西汉礼学家传授《仪礼》时选辑的辅助材料，所以原本是“记”，不是经书。这是一部研究我国古代社会、了解儒家思想以及古代文物制度的重要参考书，共有49篇。从汉末开始，《礼记》就受到历代封建王朝的重视，其影响后来反在《仪礼》之上。其中像《礼运》、《大学》、《中庸》诸篇是很重要的哲学论著；《学记》是研究古代教育不能不读的著作；《乐记》是我国较早的音乐论著，论及音乐的本源、美感、社会作用以及音乐与礼的关系等。

《礼记》相传为汉时戴圣所辑编。东汉时，还同时流传着一部由戴德辑的85篇《礼记》本（今只存39篇），因戴德是戴圣的叔父，从辈分上相区别，戴圣本便称为《小戴礼记》或《小戴记》，戴德本称为《大戴礼记》或《大戴记》。二本又合称《戴记》。

《春秋左传》、《春秋公羊传》、《春秋穀梁传》，古代学者认为这“三传”都是解《春秋》经的“传”。近人研究认为《春秋左传》是部独立的著作，并不是传《春秋》的。《春秋》是“六经”之一，但自从“三传”列入经书之后，“九经”、“十一经”、“十三经”就不再单列《春秋》了，因“三传”都是与《春秋》合刊的。《春秋》是部编年体史书，一说是孔子根据鲁国史书修订而成，所记史实，始于鲁隐公元年（前722年），止于鲁哀公十四年（前481

年），不仅记有鲁国这期间的政治活动、婚丧祭祀以及日食、水旱等自然现象，还记有其他各国的大势演变情况。这部记载242年涉及春秋各国的史书，只有1.7万字。由于文字过于简洁，加之认为孔子修《春秋》字字寓褒贬，于是后世学者便对《春秋》作解释、补充史实、阐发其“微言大义”。这样给《春秋》作传的便有不少，《汉书·艺文志》著录5种，但存书传于世并列入经书的只有这“三传”。

《春秋左传》，亦称《左传春秋》，简称《左传》。旧说作者是左丘明，现代学者认为是战国初年编成的。《左传》叙事从鲁隐公元年至鲁悼公，比《春秋》所记的下限要长，长出的这部分称之为“无经之传”。《左传》与其他二传相比较，其主要特点是：着重于叙史事，而不是发明经义的“微言大义”。所以，既有“无经之传”，也有与《春秋》经文相矛盾的传文。另外，《左传》的文字简练而富于文采，记事委曲详明，从动作和内心活动把人物刻画得栩栩如生，不少传文是很有魅力的历史散文。就史学和文学价值而言，《左传》不是《公羊传》、《穀梁传》二传可比的。

《春秋公羊传》，简称《公羊传》，相传战国齐人公羊高传，原为口耳相传，到汉景帝时才成书。与《左传》相较，其特点在于逐字逐句解释《春秋》，着眼于阐述“微言大义”。它的史料价值不高，其作用在于帮助读者了解《春秋》字义，了解先秦时期的礼仪制度等。

《春秋穀梁传》，简称《穀梁传》，相传战国时穀梁赤所传，原也是口耳相传，到西汉时期著成书。与《公羊传》相似，不注重从史实方面解说、补充《春秋》，而在于阐发其“微言大义”。其价值主要在帮助读者了解《春秋》经文字义和儒家思想。

《论语》，东汉时列入“七经”，唐时刻入“开成石经”，是儒家重要的经典，也是我们研究经学、哲学、教育学、伦理学、文学必读的古籍。《论语》产生于春秋末战国初，是孔子的弟子和再传弟子编著的，主要是孔子言行的记录。书名是一开始就有的。

在汉代，《论语》亦有古、今文之分。今文本有《鲁论》（相传鲁人所传）和《齐论》（相传齐人所传）。前者20篇，篇次与现在通行本相同；后者22篇，较《鲁论》多《问王》、《知道》两篇。西汉末，安昌侯张禹把鲁、齐二本融合为一而编定，称为《张侯论》。古文本的称《古论》，相传是汉景帝时于孔子旧宅墙壁发现，有20篇。现在通行的本子，基本上是《张侯论》。全书20篇，每篇

都是从篇头一两句中摘取两三字命名，如第一篇是《学而》，就是从本篇第一句“子曰：学而时习之，不亦说乎”中摘取的。《论语》的内容丰富，思想深刻，而言词简略，有的词又较含混，加之不同历史时期不同人物根据他们不同需要或不同理解，对《论语》的解析、评价颇不一致，甚至南辕北辙，各执一端，所以在读《论语》参阅各家之说时，应注意那些断章取义、曲解、随意引申的毛病。

《孝经》，作者不详。旧说孔子所作，或说曾子所作，均不足信。近人研究，成书当在公元前三世纪或公元前二百三十年左右，为孔子后学所作。古文本相传为西汉经学家孔安国所注，分18章。唐开元年间，玄宗命诸儒汇集六家说为注，于天宝二年注成并刻石立于太学，《十三经注疏》采用的就是这一注本。

《孝经》宣扬封建孝道，论述以孝治天下，认为孝是“德之本”，孝是天经地义的事，《孝经》分置18章，但在“十三经”中是文字最少的一部，仅1799字。东汉时列为“七经”之一，虽然后来的“九经”、“十一经”未列《孝经》，但一直受到儒家和历代封建统治者的重视，最后终于归入“十三经”，从此确定了它的经书地位。

《尔雅》，在“十三经”中，这是一部特殊的著作。作为一本专门解释词义的工具书性质的著作，竟被儒家视作经典，这是很有意思的。《尔雅》是我国最早的一部大致按词义系统和事物分类编纂的词典。所以命名“尔雅”，是表明这部书是以雅正之解，释古语词、方言词，使之近于规范。现在通行的本子有19篇，其中《释诂》、《释言》、《释训》三篇是解释一般词语的，属普通词典性质；其余《释亲》、《释宫》、《释器》、《释鸟》、《释兽》等16篇是解各类名物的，具有小百科词典性质。它大体成书于战国末年，是当时一些儒生汇集各种古籍词语训释资料编辑而成，后又经汉代人的陆续增补，才成为现在所见到的《尔雅》，共13113字。

编纂《尔雅》，目的是为了帮助人们阅读包括儒家经书在内的古书，辨识名物。汉武帝“独尊儒术”并立“五经”博士后，从中央到郡县甚至乡聚，广设学校，读经成了当时读书人实现理想、追求利禄的重要途径，《尔雅》便成了儒生们重要的工具书。后来，儒家索性把这部帮助阅读经书的工具书也列为经书了。

《孟子》在西汉时就受到了重视，文帝时置博士，作为经书的辅翼传授，但却是列入“十三经”的最后一部。《孟子》现存7篇，每篇又分上下两篇。篇名是从篇开头的文句中选择几字命名的，如第一篇是《梁惠王章句》，其中“梁惠王”三字就是从本篇第一句“孟子见梁惠王”中摘取的（至于“章句”二字，则是汉代经学家、训诂家用以表示分析古书的章节句读之意的）。《孟子》是孟轲因主张不见用，退而与万章等弟子所撰。内容涉及对人性、政治、教育、修养、处世等方面的论述，主张法先王、行仁政，认为只有仁政才能使“天下之人皆归之”，并提出“民贵君轻”说。《孟子》的思想以及其气势磅礴、感情充沛、善于比喻、长于辩论的文风，对后世的散文家诸如韩愈、苏轼等影响都很大。

这十三部书，在长期封建社会中成为知识分子主要攻读的儒家经典著作，而“十三经”也就成为儒家十三部代表性著作的统称了。

论“二十四史”

一

“一部十七史，从何说起？”这是宋朝名臣文天祥被俘后答复元朝孛罗丞相劝降时的反问。“十七史”是指从古至宋以前相连接的十七部史书。文天祥认为，十七史中所记载千百年兴亡浮沉的是是非非不是三言两语说得清的。他这句话不但巧妙地回避了正面回答，而且嘲讽了元朝的胜利也只不过是一种改朝换代，没有什么值得论说的，表示他轻蔑对方的态度。文天祥所说的十七史是宋朝人对以往十七部连贯性史书的统称。宋朝以后，元明清三朝又按照新朝修旧朝史的惯例，编修了自宋至明的史书，清朝又辑录了《旧五代史》和增收了《旧唐书》而合为二十四部，被人统称为二十四史，一称正史。

“二十四史”包含着从《史记》到《明史》的二十四部史书。二十四史在清乾隆四十年以后被正式定名为“正史”。从此，“二十四史”与“正史”成为同义语词了。但“正史”一词却在此以前就已使用。

最早使用“正史”一词的是梁阮孝绪的《正史削繁》94卷，此书虽佚，但见于《隋书·经籍志》著录。唐朝初年编修《隋书·经籍志》，开始在史部设正史类，把《史记》、《汉书》这类体例写成的纪传体史书列入这一类。但还没有确定一代仅一史的限制。基本上依体裁划分，只是一种图书分类，而不包含固定某史为正史之意；不过，从《隋志》著录情况看，已略含正统意味，如田融所撰《赵书》十卷是纪传体，但因赵非正统，遂不入正史而屏归霸史类。

唐初修《晋书》，由于唐太宗参加过《宣帝纪论》、《武帝纪论》、《陆

机传论》和《王羲之传论》的历史人物评论工作，于是《晋书》便居18家晋书之首，地位显然高于他籍，开后世于多本中选取一种作一朝史书代表的风气，使正史代表正统的含义进一步发展。但是，刘知幾的《史通》中仍以正史与杂述并举。他所谓的“正史”是指能记录一朝大典的史籍，而以正杂对称，足见正史地位还不是非常尊崇的。

《宋志》沿《隋志》旧例，列正史类于史部之首，并由政府陆续雕版，刊印了正史十七种。

清初修订明《艺文志》的正史类包括纪传和编年二体，打破了历来以纪传体为正史的惯例，同时也证明清初修明史时，正史类尚能随意变更所包含的内容。

清修《四库全书总目》不仅定二十四部纪传体史书为正史，而且还明确规定了正史的神圣地位。它在正史类的小序中说：

> 正史之名，见于《隋志》。至宋而定著十有七。明刊监版，合宋辽金元四史为二十有一。皇上钦定《明史》，又诏增《旧唐书》为二十有三。近搜罗四库。薛居正《旧五代史》得裒集成编，钦禀睿裁，与欧阳修书并列，共为二十有四，今并从官本校录，凡未经宸断者，则悉不滥登。盖正史体尊，义与经配，非悬诸令典，莫敢私增，所由与稗官野记异也。

从此，正史之名始具特定含义，它既有代表正统政权的意味，又有国定一史的含义。那么，正史究竟为什么如此受到重视？因为它确有超越其他史书的优点，也可以说，正史具有自己的特点。

其一，正史记载的对象是历史上的主要朝代。这些朝代大多是被认为正统的政权，相对具有高于其他史书的地位。

其二，正史主要采用纪传体的编撰方式。纪传体有纪、传、志、表各种形式，便于表达内容。它记载范围较广，涉及政治、经济、社会、文化各个方面，搜集资料也比较丰富，是极便于参考的资料宝库之一。

其三，正史包括从黄帝起到明末止的漫长历程，彼此只有重叠而无间断，上下年代相接，贯通一气，使人从这套书中可以看出古今贯通的中国历史概貌。

有了这三个特点，自然超越其他同时代的同类著述而居于首位了。

正史的编纂者大致可分官修与私纂两种不同情况。司马迁撰《史记》是私撰的一家之言。两《汉书》和《三国志》是经过官方同意由私人撰写的。从隋朝文帝开皇十三年（593年）正式明令禁止私撰国史和不准民间评论人物，又加以唐太宗李世民插手《晋书》而题署御撰以后，一代之史的编修工作便成为“人君观史，宰相监修”的官修制度。这种官修史书一般都是后朝为前朝修史。

正史的体制比较完备，以《史记》为例，有十二本纪，写帝王事迹，起大事记的作用；十表，排列错综复杂的史事；八书，记典章制度；三十世家，讲诸侯封国；七十列传，即人物传记。全书130篇，用5种不同体裁，纵横交错地反映了历史，为后世纪传体史书创立了典型。后来各朝史书也有某些变更。如书改称志，表不仅用于记事。也有些体裁不全备的，如《三国志》、《梁书》、《陈书》、《后周书》、《北齐书》、《南史》和《北史》等7部史书都没有志书；《后汉书》本无表，南宋初熊方曾编过《补后汉书年表》10卷，有一种计算，把熊表计入二十四史的总卷数中。从《三国志》起到《旧唐书》、《旧五代史》各史都没有表。梁、陈、齐、周各史虽无志，但四朝典制内容都写入《隋书》志中，而有五代史志之称（此五代指梁、陈、齐、周、隋，惯称前五代，以别于梁、唐、晋、汉、周的后五代）。

二

定二十四史为“正史”是清乾隆四十年（1775年）以后的事。这二十四部史籍并不是一次汇集，而是随着历史的发展，逐渐增益形成的。

正史最早的合称是“三史”，始见于《三国志·吴书》卷九《吕蒙传》裴注引《江表传》中记孙权劝蒋钦、吕蒙二人读书时所说：

> （孤）至统事以来，省三史、诸家兵书，自以为大有所益。如卿二人，意性朗悟，学必得之。……宜急读《孙子》、《六韬》、《左传》、《国语》及三史。

又《蜀书》卷十二《孟光传》中也说：

> （光）博物识古，无书不览，尤锐意三史。

《隋志》也著录有吴张温所撰《三史略》二十九卷。

此“三史”究指哪三种史籍？

清人王应奎在《柳南续笔》卷四“三史”条中对《史记》、《汉书》以外的一史未加肯定而作疑似之词说：“马、班而外，其为东观纪欤？抑为袁宏纪欤？谢承书欤？不得而知也。”而王鸣盛的《十七史商榷》卷四二“三史”条则明确指出说：

三史似指《战国策》、《史记》、《汉书》。

这从孙权所说“《左传》、《国语》及三史”一语看，《战国策》似乎会单独标出，而不会包括在“三史”之内。如按时代顺序看，孙权所说的“三史”当指《史记》、《汉书》与《东观汉纪》而言。

《晋书》卷六一《刘耽传》所说“博学、明习诗礼三史”，《北史》卷三四《刘延明传》所说“延明以三史文繁，著《略记》百三十篇八十四卷”，应皆指《史记》、《汉书》及《东观汉纪》。这是魏晋南北朝以前所谓的“三史”。

唐宋以后所谓的“五经三史”中的“三史”，据王鸣盛《十七史商榷》卷四二“三史”条说，“专指马、班、范矣”，乃以范晔《后汉书》易《东观汉纪》，因唐以后《东观汉纪》已失传。

“三史”之后有“四史”之说起于唐，但说法有二：

其一，《隋志》正史类小序特标举《史记》、《汉书》、《东观汉纪》及《三国志》为“四史”。

其二，《新唐书·选举志》记唐朝考史科目有《史记》、前后《汉书》、《三国志》，与现称的“四史”正相合。

继之而有“八史”之名，曾用于道光初日人所编的《八史经籍志》。所谓“八史”指所收录的是汉、隋、唐、宋、辽、金、元、明等八个朝代的经籍志或艺文志等。

“九史”见用于清人汪辉祖所撰的《九史同姓名略》。它指新旧《唐书》、新旧《五代史》及宋、辽、金、元、明史。

“十史”之名始见于《宋史·艺文志》子类类事类著录的《十史事语》十卷、《十史事类》十二卷及李安上撰《十史类要》十卷等，各书均佚。此“十史”当指三国、晋、宋、齐、梁、陈、北齐、北周、北魏和隋等10部史书。

“十三史”之名始用于唐，《宋史·艺文志》的集类文史类中著录有吴武陵撰《十三代史驳议》十二卷；史类目录类著录有宗谏注《十三代史目》十卷及商（殷）仲茂的《十三代史目》一卷，史钞类著录有《十三代史选》五十卷，诸书均佚。唐所谓“十三史”似即指《旧唐志》正史类按语中所述《史记》、《汉书》、《后汉书》、《三国志》（《旧唐志》著录《魏国志》等三家）、《晋书》、《宋书》、《齐书》、《梁书》、《陈书》、《北魏书》、《北齐书》、

《北周书》及《隋书》等13部。

“十七史”之名定于北宋，宋以前正史无刻本，仁宗天圣二年（1024年）出禁中所藏《隋书》付崇文院刊行。嘉祐六年（1061年）并梁、陈等史也次第校刻，前后垂四十年。它所谓“十七史”指《史记》、《汉书》、《后汉书》、《三国志》、《晋书》、《宋书》、《南齐书》、《梁书》、《陈书》、《魏书》、《北齐书》、《周书》、《隋书》、《南史》、《北史》、《新唐书》和《新五代史》等17种史籍。

《宋志》史类史钞类即著录南宋人所撰《名贤十七史确论》一〇四卷。子类类事类即著录《王先生十七史蒙求》十六卷。“十七史”之名，南宋时已颇流行，后世多沿用“十七史”之名，如元胡一桂撰《十七史纂古今通要》十七卷。清人王鸣盛《十七史商榷》一书为清代史学名著。清初汲古阁曾合刻“十七史”，成为当时通行的正史合刻本。

元人在十七史外加上《宋史》称“十八史”，元人曾选之有《十八史略》之作，明人梁孟寅在明撰《元史》完成后，即因《十八史略》而成《十九史略》。《明史·艺文志》还著录有安都所撰的《十九史节定》一七〇卷。

“二十一史”始于明。嘉靖初，南京国子监祭酒张邦奇等请校刻史书，世宗命将监中十七史旧版考对修补，取广东宋史版付监，辽、金二史原无版者，购求善本刻行以成全史。嘉靖十一年（1532年）七月成二十一史南监合刻本。万历二十四年（1596年）北监又刻二十一史，三十四年（1606年）竣工。“其版视南稍工……然校勘不精，讹舛弥甚，且有不知而妄改者”。所谓“二十一史”就是十七史加宋、辽、金、元四史。“二十一史”之名，清代乾嘉时尚沿用。王昶在《示长沙弟子唐业敬》中说：

> 史学当取二十一史及明史、刘昫《旧唐书》、薛居正《五代史》，以次浏览。（王昶：《春融堂集》篇六八，嘉庆十二年塾南书舍刊本）

王昶所言，实已指“二十四史”，但仍用“二十一史”之名，可见其已为固定名词，另一位学者沈炳震就以此为名撰著了《二十一史四谱》。乾隆十一年（1746年）还刻行了《二十一史》合刻正史共2781卷，分装65函。

乾隆四年（1739年）明史修成后，合前原有的“二十一史”而有“二十二史”的合称，乾隆十二年（1747年）诏书中正式用“二十二史”名称，清代虽有两部史学名著用“二十二史”之名，但与清官方所指不尽相同：钱大昕的《廿二史考异》系二十一史加《旧唐书》；赵翼的《廿二史劄记》则于清代官称的二十二史之外又包括《旧唐书》和《旧五代史》（各与新书合为一史，仍是二十二史之数），实际上已是二十四史了。

清乾隆十二年（1747年）至四十年（1775年）间曾有“二十三史”之名，即于二十二史之外复加《旧唐书》，但“二十三史”之称并未流行。

“二十四史”几乎已成为正史的同书异名。它是乾隆四十年从《永乐大典》中辑出《旧五代史》，并由武英殿合二十三史刻行后的定称。不久，《四库提要》又明确规定此二十四部史籍为正史。从此以后，不经统治者批准，不得增列正史。正史——“二十四史”的尊崇地位至此奠定。

民国初年，柯绍忞撰成《新元史》，北洋政府大总统徐世昌明令列入正史，遂有“二十五史”之称，后来《清史稿》撰成，也有并称为“二十六史”的。

三

“二十四史”共有3259卷（包含子卷和《后汉书》年表卷数），如再计入《旧五代史》、《新五代史》和《明史》的目录卷数，则总卷数当为3266卷，总字数达2700余万字。卷数最多的是《宋史》，有496卷；其次是《明史》，有336卷（含目录4卷）：最少的是《陈书》，只有36卷。

“二十四史”中各史包含时间最长的是《史记》，上起黄帝，下止汉武，大约有3000多年。“二十四史”中除《史记》和《南史》、《北史》是通史外，其他都是断代史。

“二十四史”中各史间只有重复，没有脱节。它有两种重复。一是人物的重复，如曹操在《后汉书》、《三国志》和《晋书》中都有记及，至于宋、齐、梁、陈各书与《南史》间，北魏、北齐、北周各书与《北史》间，所记人物的重复更多。二是时代的交叉重复，如《史记》与《汉书》间、《后汉书》与《三国志》间多有交叉。

“二十四史”的排列次序，历来曾有不同，如《隋志》按朝代兴亡先后为序，自晋以后，排南朝至梁，然后排北朝的魏，又排南朝的陈，再排北朝的周，但《北齐书》未被排入。这是由于唐得政权于隋，隋得政权于北周，而北齐与唐无关联，所以不排入正史。

《旧唐书》采取先北后南，即晋、宋、北魏、北周、隋、南齐、梁、陈、北齐。这是由于唐是由北朝系统而来，所以尊北。至于最后到北齐则是由于唐未列

《北齐书》于正史而系后补入的。宋以后的排列是先南后北，这是司马光在《通鉴》中的意见（《通鉴》卷六九）。因为宋是从南方政权接统而来的。这一顺序从此成为定局，再也没有更易。

“二十四史”各史并非都是原来的完本，如《汉志》即著录《史记》一书“十篇有录无书”。宋刻《十七史》时，《魏书》已与《北史》相乱，卷第殊舛，嘉祐五年（1060年）刘攽等校订《魏书》时，亡佚不完者已80卷，《北齐书》仅存17卷而以《北史》相补。清刻“二十四史”，《旧五代史》即系辑自《永乐大典》而非原本。

“二十四史”的版本，过去比较通行的基本上有两大系统。

其一是乾隆时官刻的武英殿本，简称殿本。它基本上采用明监本为底本，但质量不甚高，讹文误字、脱页错简、注文误入正文者颇多。如《史记》的《集解》与《正义》、《汉书》的颜注就有大量删节，少者几十字，多者近千字。清代还有某些窜改，如刻《旧五代史》便改动了指斥契丹部分的原文。乾隆四十六年（1781年）校正《元史》译名时，即在原版剜改，字数不合时，草率剜去上下文，译名也不统一。不过，后出的如同文书局本、涵芬楼本、竹简斋本、开明本“二十五史”多据殿本。

其二是百衲本。它是在张元济主持下，由商务印书馆汇辑较早较好刊本，于1930年至1937年间陆续印行的合刊本。其中有《史记》等宋刻15种；《隋书》等元刻6种；明刻除《元史》外，《旧五代史》的大典辑本也应是明本；《明史》则用清武英殿原刊本附入王颂蔚的《捃逸考证》。百衲本因底本刻行较早，错误较少，又未经窜改，所以被认为是佳刻善本，如它的《史记》注文就比殿本多百余条，增补了殿本《齐书》、《魏书》、《宋史》的缺页。殿本《元史》中的错简、缺文和窜改处也用洪武原刻来恢复原貌。但它影印时因底本模糊而间有描润致误处；又有首尾是原本，而中有自写和凑集的。不过，它仍然胜于殿本。

解放后，中华书局的标点本“二十四史”则是在前人成果基础上进行整理的佳本。其优点是：

其一，选好底本。如《史记》用金陵局张文虎校三家注本刊印。张校考核精审，标点本又校正张本的不妥处。《汉书》用王先谦的《补注》，汇集了唐以后有关著作补颜注，并论各本的得失。《三国志》是用百衲本、殿本、江南局本和活字印本四种互校，择善而从，并吸收清代各家校订。这种不拘一版，不迷信宋本，而从内容正确与否考虑是值得重视的一大优点。

其二，各史都加了标点分段，颇便阅读。对原本有错或应删字，不妄改而用圆括号小字标出，凡增添或改正的字则用方括号标明。这样既保留了原文，又指明了正字，符合校勘原则。对于人、地、书名都有标号。凡长篇文字，低格别起以醒眉目。注文用小字，易于观览。其体制可称完备。

其三，各史均有前言及校勘记，为学习和研究提供了方便。因此，标点本"二十四史"及《清史稿》是目前最适用的一种较好印本。

四

"二十四史"数量如此多，内容如此广，跨度又如此长，研读它是有一定困难的。历来学者为此写过不同体裁的书来帮助人们阅读和学习。这种不同体裁的著述主要有注、补、表、谱和考证等五种。它们始于南北朝，兴于唐宋而大盛于清。

《隋志》小序中说：

> 《史记》、《汉书》，师法相传，并有解释。《三国志》及范晔《后汉》，虽有音注，既近世之作，并读之可知。梁时，明《汉书》有刘显、韦棱，陈时有姚察，隋代有包恺、萧该，并为名家。《史记》传者甚微。今依其世代，聚而编之，以备正史。

《四库提要》正史类小序也说：

> 其他训释音义者，如《史记索隐》之类；掇拾遗缺者，如《补后汉书年表》之类；辩证异同者，如《新唐书纠缪》之类；校正字句者，如《两汉刊误补遗》之类。若别为编次，寻检为繁，即各附本书，用资参证。

据此，则注、补、表、谱、考证之体起源甚早，而"以备正史"、"用资参证"正说明这类史籍对正史的辅助作用，所以清末张之洞撰《书目答问》特为之立一小类，附于正史类后，并注称："此类各书为读正史之资粮。"现分述诸体如次：

【注】即传注。传就是通过对原作《经》的解释以求传示后世，所以有经传之说。《左传》、《诗毛氏传》都有此意。注为注入己意，或称著，即说明之意。传、注本无区别，大抵汉以前多称传，汉以后多称注。《史记》的《索隐》、《正义》和《集解》被后世统称为"三家注"。《汉书》从东汉应劭、服

虔的《音义》后，陆续有注家，唐颜师古总集南北朝时期二十余家注成《汉书注》，有功于《汉书》，而清末王先谦的《汉书补注》则又为集唐以来六十余家注而成。《后汉书》始有梁刘昭注及唐李贤传注，清末王先谦复有《后汉书集解》之作，甚便读者。至于裴松之的《三国志注》尤著盛名，与《水经注》、《世说新语注》并称“名注”。裴注在陈志后180余年，史料比较集中，又经一定刷汰，条件较优。它的注法是条其异同，正其谬误，疏其详略，补其缺漏，引魏晋人著作达150余种，今多佚，故裴注颇为后世所重。近人吴士鉴作《晋书注》是《晋书》的注本。

注本还有音义（如萧该的《汉书音义》，有辑本）、汇注（如《史记汇注考证》）、笺释（如李笠的《汉书艺文志汇注笺释》）、校注（如王绍兰的《汉书地理志校注》）、合注（如王先谦的《新旧唐书合注》）、笺注（如王忠的《唐书南诏传笺注》）、补注（如王先谦的《汉书补注》）、集解（如王先谦的《后汉书集解》）等不同的名称和体裁。

【补】就是《四库提要》所说的掇拾遗阙。宋有钱文子的《补汉兵志》五卷。清代补缺之学甚盛，如侯康的《补三国艺文志》、钱大昕的《补元史艺文志》、郝懿行的《补宋书刑法志》等皆是。这种补体史稿大多自正史记传中及当时著述中辑出有关资料来补足正史所缺。它对了解某一历史时期的典制、艺文等都有裨益。

补体还有校补（如周寿昌的《汉书注校补》）、拾补（如姚振宗的《汉书艺文志拾补》）、拾遗（如钱大昕的《诸史拾遗》）、补脱（如卢文弨的《金史补脱》）、补正（如马君实的《晋书孙恩卢循传补正》）等名称。

【表】表在《史记》、《汉书》中已有，但后起各史未能充分发挥其作用。后世学者多以此体整理正史史料以便省览，表渐成一独立体。如周嘉猷的《南北史表》中包括年表、帝王世系表、世系表等，洪饴孙的《史目表》合编了正史目录。他如齐召南的《历代帝王年表》也颇便翻查，而其中最负盛名的当推万斯同的《历代史表》五十九卷。这是一部很有用的读史工具书。《四库提要》称它是：

> 其书自正史本纪、志、传以外，参考《唐六典》、《通典》、《通志》、《通鉴》、《册府元龟》诸书以及各家杂史，次第汇载，使列朝掌故，端绪厘然，于史学殊为有助。

清初学者朱彝尊为此书所写序中说："揽万里于尺寸之内，罗百世于方册之间。"这一评论可称言简意赅。

【谱】谱的作用与表相似，但又各得其用，表以系年月为多，谱以类事为主。清人周春的《代北姓谱》、《辽金元姓谱》是记北方少数民族姓氏的谱；沈炳震的《二十一史四谱》类编了纪元、封爵、宰执、谥法等四项典制内容；张穆的《顾亭林年谱》虽也以年月为序，而其宗旨却在布列谱主生平行事；《竹谱》、《兰谱》是名物谱；《锡山秦氏宗谱》则记家族宗脉支派。因此，谱之为体，在使同类事物，聚而布列，俾便检阅。

【考证】史籍的考证包括对史籍本身和史籍内容。它既有独成专书的著作，也有散见笔记的杂考。其体宋代甚见发达，如洪迈的《容斋随笔》、王应麟的《汉书艺文志考证》等。清代尤盛，顾炎武的《日知录》开其端，钱大昕、赵翼、王鸣盛等继起，而钱大昕的《廿二史考异》更是考史名作。它对正史中的政治、经济、军事、历史、经学、法律、民族、音训、典制各方面的读书心得加以考证。钱大昕从中年开始著《考异》，70岁方完成，可称一生精力所注之作，他不仅利用正史本身，又参考了许多史籍，仅订正宋史时即引书达60余种。他后来写《诸史拾遗》时又增用了20余种。这是考证群史的。还有单考一史的，如梁玉绳的《史记志疑》、施国祁的《金源劄记》。也有考一事的，如杭世骏的《汉爵考》。这类著作是前人花费一定精力的成果，对读正史提供了便利，但大都只就个别文字、事实、名物、地理、典制进行整理、解释和订补。它可以起辅助读史的作用，将研究、著述工作置于坚实可靠的材料基础上，而不能以此代替史学，作为学术的极致。

开明书店《二十五史补编》收印这类著作264种，近人东君撰《二十四史注补表谱考证简目》（《古籍整理出版情况简报》）均便于查询。

五

"二十四史"是我国通贯古今的一套史书，也是传递我国传统文化的主要渠道之一，在世界史学史以至文化史上都居于当之无愧的领先地位。千百年来，我们的先人从中接受知识和吸取精神力量，我们的民族和国家以有这样大量丰功伟绩的明确记载而感到自豪，所以很有一加翻读的必要，但是，这样一部3000余卷2700余万字的大书又从何读起呢？如果按日读一卷书计算，大约需要九年之功，这确是一个沉重的负担。其实，在读这样一部大书的时候也还有许多可以省力的地方。在“二十四史”中重点是前四史，这是应该比较详细地阅读的。前四史共445卷，如果每天读一卷，则一年半也可全毕。再者，“二十四史”中有些部分可以略读和缓读，如天文、五行等志比较偏于专史性质，需要具备一定专业知识，可置于缓读地位；年表、月表和地理、职官等志是备检索查考之用的，可作为略读以掌握其查阅方法。“二十四史”还有一些人物和时代相重复的部分，如《史记》和《汉书》间，两《汉书》间，《后汉书》和《三国志》间，《南史》和宋、齐、梁、陈诸书间，《北史》和北齐、北魏、北周诸书间，既可以比读两部史书，又因为所记事迹重出，易于熟悉，加速了阅读进度。这一大套史书经过这样的用功步骤，不仅能在读书实践过程中提高阅读能力，培养钻研学术的兴趣，而且还对中国数千年历史的主要史迹能有一个大致的了解，加强对传统文化的选择能力。

附：二十六史书名、作者、卷数表

书名	作者	内容	总卷数	备注
史记	（汉）司马迁	本纪12、表10、书8、世家30、列传70	130	
汉书	（东汉）班固	本纪12、表8、志10、列传70	100篇，分为120卷	卷多于篇，唐颜师古作注时以篇长而分上下或上中下卷
后汉书	（宋）范晔	本纪10、列传80（梁代加入晋司马彪续志30）	120	
三国志	（晋）陈寿	魏志30、蜀志15、吴志20	65	前四书合称前四史
晋书	（唐）房玄龄等	本纪10、志20、列传70、载记30	130	官修正史之始
宋书	（梁）沈约	本纪10、志30、列传60	100	
南齐书	（梁）萧子显	本纪8、志11、列传40	59	
梁书	（唐）姚思廉	本纪6、列传50	56	
陈书	（唐）姚思廉	本纪6、列传50	36	
魏书	（北齐）魏收	本纪12、志10、列传92	本为114卷，合子卷为130卷	纪分14、志分20、列传分96
北齐书	（唐）李百药	本纪8、列传42	50	
周书	（唐）令狐德棻	本纪8、列传42	50	

（续表）

书名	作者	内容	总卷数	备注
隋书	（唐）魏征等	本纪5、志30、列传50	85	
南史	（唐）李延寿	本纪10、列传70	80	
北史	（唐）李延寿	本纪12、列传88	100	
旧唐书	（后晋）刘昫	本纪20、志30、列传150	200	
新唐书	（宋）欧阳修	本纪10、志50、表15、列传150	225	
旧五代史	（宋）薛居正	本纪61、志12、传77	150	
新五代史	（宋）欧阳修	本纪12、列传45、考3、世家10、十国世家谱1、四夷附录3	74	
宋史	（元）脱脱等	本纪47、志162、表32、列传255	496	
辽史	（元）脱脱等	本纪30、志32、表8、列传45、国语解1	116	
金史	（元）脱脱等	本纪19、志39、表4、列传73	135	
元史	（明）宋濂等	本纪47、志58、表8、列传97	210	
新元史	（近）何劭忞	本纪26、志70、表7、列传154	257	
明史	（清）张廷玉等	本纪24、志75、表13、列传220	336	336卷，含目录4卷
清史稿	（近）赵尔巽	本纪25、志135、表53、列传316	529	

论诸子百家

“诸子百家”之说，早在两千多年前的春秋战国时代就已出现。从先秦到汉初，我国在政治、学术上出现了不少学派，如儒家、道家、阴阳家、法家、名家、墨家、纵横家、杂家、农家等等。各家的代表人物都被尊称为“子”，如孔子、老子、墨子、荀子、韩非子等。据《汉书·艺文志》载“凡诸子百八十九家”。所以浑称“诸子百家”，是举成数而言。“诸子百家”既专指先秦诸子，也包括他们的学说。

诸子百家产生于春秋战国时代。那时，各国都想立国称霸，而要立国、称霸，必须得民。要得民，必须讲求治国之道。于是形形色色的政治家、思想家和科学家都纷纷提出见解，宣传游说，各家之说“蜂出并作”，各引一端，舌笔相攻，形成了诸子百家争鸣不已的局面。

当时的主要学派大致分为八家：

（一）道家

道家的创始人是老子。老子是个半神话或智慧人物，据说生活在公元前六至五世纪。姓李名耳，字伯阳，谥曰聃，楚国苦县（今河南鹿邑县）人，曾做周藏室之史。著有《老子》，又名《道德经》。

老子是有极大智慧的古代哲学家。他观察了天地万物的变化和社会人事的成败祸福，在《道德经》中以“道”来说明宇宙万物的演变，提出“道生一，一生二，二生三，三生万物”，又说“人法地，地法天，天法道，道法自然”，否定上帝和鬼神的存在。“道”可以解释为客观的自然规律，同时又有着永恒绝对的本体意义。老子认为，一切事物都有正反两面的对立，有对立，才有变动。同时要意识到对立面在一定条件下互相转化，故有“祸兮福之所倚，福兮祸之所伏”及“柔弱胜刚强”之说。他认为一切事物的生成变化都是“有”和“无”的统一，“有无相生”，“有生于无”。这是老子学说的独到见解。他还指出“民不畏死，奈何以死惧之”的论题，以表示对统治阶级的不满与抨击。

老子认识到了事物的对立转化，却以为是简单地循环往复，看不到每一循环的过程是上升的发展，他看到了深刻的社会矛盾，却又错误地认为是智者出现和技术发展的结果。所以他深恶“淫巧”，主张“绝圣弃智”，倒退到“邻国相望，鸡犬之声相闻，民至老死不相往来”的小国寡民的状态。

稍后的著名道家人物是庄子（约前369—前286），名周，宋国蒙（今河南商丘东北）人。著有《庄子》。文章汪洋恣肆，极富想象力，常以寓言故事的形式阐明哲学道理。

（二）儒家

儒家的创始人孔子（前552—前479），是春秋末期伟大的思想家、政治家和教育家。名丘，字仲尼，鲁国陬邑（今山东曲阜）人。为人勤学好问，而学无常师。相传曾问礼于老聃，学乐于苌弘，学琴于师襄。年长，聚徒讲学，从事政治活动。年五十，曾任司寇。后周游列国，推行其政治主张，而终不见用。晚年致力教育，相传他删《诗》、《书》，定《礼》、《乐》，删修《春秋》。有生徒3000人，著名的70余人。孔子的言论由他的弟子及再传弟子辑录为《论语》一书。

孔子的社会地位不高，生活接近于庶民，所以能看到民间的疾苦，主张“节用而爱人”，他反对横征暴敛，认为“苛政猛于虎”（《礼记·檀弓》）。在哲学思想上，孔子极力推崇“中立而不倚”的中庸思想。在政治、教育、行为、人伦等各方面都贯穿着这种思想。就是在神鬼的有无问题上，孔子也持中庸的态度，既不肯定，也不否认，而是闪烁其词地说，“未能事人，焉能事鬼”，“未知生，焉知死”（《论语·先进》）。这种观点在中国两千年的封建社会里起了一定的积极作用。

孔子在教育上是有贡献的。他首创私学，收授门徒，并主张有教无类、因材施教、教学相长。他自己虚心好学，说“三人行，必有我师焉。择其善者而从之，其不善者而改之”（《论语·述而》）。他有“学而不厌，诲人不倦”的精神，治学态度是“毋固（不固执）、毋我（不自以为是）”（《论语·子罕》）。在学和思的关系上也有精当的见解。对待错误，主张“过则勿惮改”（《论语·子罕》），在学术上他虽主张“述而不作”，但在制定六经时去芜存精，也还是有取舍的，对保存古代珍贵典籍做出了积极的贡献。

孔子的学说中还包含着不少消极保守思想，如为维护贵族等级秩序而主张“君君、臣臣、父父、子子”，反对“犯上作乱”，要实行“民可使由之，不可使知之”的愚民政策，等等。

孔子之学，三传而至孟轲。孟轲（约前372—前289），字子舆，邹（今山东邹城东南）人，是孔子之后最著名的儒学大师，战国时的思想家、政治家、教育家。他自任为孔学继承人。著有《孟子》七篇，充分发挥了孔子学说的仁义部分。孟子主张“行仁政”，认为只有“不嗜杀人者”才能统一天下。提出“民贵君轻”，认定残暴的君王是独夫，诛独夫不是弑君。在君臣关系上，说“君之视臣如手足，则臣视君如腹心；……君之视臣如土芥，则臣视君如寇仇”（《孟子·离娄下》）。他承认有先天的“良知”、“良能”，但也重视后天的教育和自身的修养，要求“富贵不能淫，贫贱不能移，威武不能屈”。孟子大胆发挥孔子及西周时“敬天保民”的思想，成为封建时代最可宝贵的一种政治理论。但他关于“劳心者治人，劳力者治于人”的观点则完全是为统治者服务的。

荀子（名况）虽承儒学，而其思想却有别于孔孟。他批判和总结了先秦诸子的学术思想，对古代唯物主义有所发展。他反对天命和鬼神之说，认为“天行有常，不为尧存，不为桀亡”（《天论》），并大胆地提出人可以“制天命而用之”的人定胜天的思想。在政治上，他主张礼治与法治结合，特别是他“法后王”的思想是对儒学的批判。

（三）墨家

墨家的创始人墨翟（约前468—前376），春秋战国之际的思想家、政治家。相传为宋国人，后长期居于鲁国。他出身于下层，自称“贱人”。曾“学儒者之业，受孔子之术”，后不满于儒学，便另立新说，聚徒讲学，成为儒家的对立学派。墨家以“非命”和“兼爱”的观点反对儒家的“天命”和“爱有差等”说，主张不分贵贱亲疏，“兼相爱，交相利”，“赏贤罚暴”。他“非攻”的思想，反映了广大下层民众反对掠夺性战争的愿望；他“非乐”、“节用”、“节葬”等主张是对当权贵族奢侈享乐生活的抗议。他具有“摩顶放踵，利天下为之”的牺牲精神。墨子认为要天下大治“必使饥者得食，寒者得衣，劳者得息”，希望统治者改善劳动者的生活条件和经济地位。在认识论上，墨子提出“三表法”，即以前人经验、实验感知和符合国家人民利益为判断真假是非的标准，比之儒家强调“内省”更为深刻。

墨家的主要著作《墨子》是研究墨学的基本资料。

（四）法家

法家是先秦时期主张法治的重要学派。早期法家的先驱者有春秋时期的齐管仲（？—前645，名夷吾）和郑子产（？—前522，名公孙侨）等人。管仲提出的“仓廪实则知礼节，衣食足则知荣辱”、“四维（礼、义、廉、耻）不张，国乃灭亡”（《管子·牧民》）等思想对后世都有深刻影响。子产为郑“铸刑鼎”，公布刑法，整顿田亩，反对迷信，郑国在“诸侯力政”的春秋能立身于晋、楚两大霸国之间，实赖于子产治国有方。

秦国在东周时还比较落后，前361年孝公立，下令求贤。卫国人法家公孙鞅（后因仕秦有功，封于商，号商鞅）应募入秦，实行变法，得到孝公的支持。他重编户籍，奖励耕织，废除贵族世袭特权，奖励军功，推行法治，使秦国迅速强盛起来，终于吞灭六国，建立了中国第一个大一统的帝国。

法家的主要代表人物韩非，吸收了道、儒、墨各家的理论，使法家思想臻于成熟与完善。他是法家思想的集大成者，著有《韩非子》一书。他将商鞅的“法”、申不害的“术”和慎到的“势”三者合一，建立了以“法治”为中心的专制主义的政治理论。这对中国出现中央集权的统一国家是有积极意义的。

（五）阴阳家

阴阳家的学说产生于人们改造自然的活动，由于对天象四时逐渐有所了解而形成了“五行”观念。即以金、木、水、火、土名五星，并用它比附地上万物，即所谓“五材”（金、木、水、火、土五种物质），又以五材相生、相克的关系说明事物的变化。至周，人们开始用阴阳观念来解释四时的更替，后又将自然界和人类社会的复杂现象高度概括为阴（--）、阳（—）两个基本范畴，并以阴、阳的交错配合来说明万事万物的不断发展变化。

到战国时期，随着这方面知识和经验的不断积累，就产生了以邹衍为代表的阴阳家。

邹衍，亦作驺衍，博学多才，尤长于天文、地理和历法。他把早期阴阳和五行的学说结合在一起，并加以附会扩充，成为阴阳五行理论。著《邹子》49篇，已佚。邹衍依据当时的自然知识和社会经验，对天地起源和政权衍变进行臆测，扩大了人们关于时间和空间的观念，活跃了人们的思维。他据五行生克所造出来的“五德终始”（如水德克火德、火德克金德等）循环论使人们对人类社会的变化及各王朝的盛衰更替形成了一种神秘主义的观念而影响于后世。

（六）纵横家

纵横家，指战国时从事政治、外交活动的一些谋士。虽被《汉书·艺文志》列为“九流”之一，实则不同于其他各家。他们是在春秋战国时期，各国纷争夺取霸权的活动中应运而生的一批人物。他们的言论不乏真知灼见，也很讲究表达技巧，因而颇具说服力。但同时却往往出于个人目的，极尽纵横捭阖之能事，取媚人君，以求显达。其中最有代表性的人物便是苏秦和张仪。

苏秦，战国时洛阳（今河南洛阳东）人，字季子。先后游说于周、秦、赵，都不受欢迎。当时秦势日强，使关东诸国大恐而谋求抗秦之计。苏秦有针对性地创合纵之说，先后说服燕、赵、韩、魏、齐、楚各国。佩六国相印，为约纵长，约定共同御秦之策。因此，“秦兵不敢窥函谷关十五年”。

张仪，魏人。曾受辱于楚，后入秦为相。推行有利于秦的连横策略，即说服六国分别与秦结好，使合纵终告解体。

苏秦有《苏子》31篇，张仪有《张子》10篇，均佚。他们的思想缺乏中心主旨，只为谋求个人功名利禄而投时君所好，在各家思想中最为低下。

（七）名家

名家亦称“刑（形）名家”或“辩者”，是战国时以辩论名实为主要内容的学派。主要代表人物有惠施、公孙龙以及邓析、尹文等。其著作有《邓析子》、《尹文子》、《惠子》、《公孙龙子》等，除《公孙龙子》外，余皆早佚。名家诸子的观点，彼此不尽相同。如惠施代表性的观点是“合同异”。认为从宇宙万物总体来看，万物莫不“毕同”而又“毕异”，任何事物性质上的同异都可以在宇宙这个“大一”的范围内统一起来，这便是“合同异”的理论。它夸大了事物的统一性，但也看到了事物之间差异的相对性，含有辩证的因素，对古代逻辑思想的发展有一定的贡献。公孙龙具有代表性的命题是“离坚白”。认为白而坚的石头，其“坚”与“白”不能同时存在。用眼看，看不到它的“坚”，而只能看到它的“白”，这时“坚”不存在；用手触摸，摸不到石头的“白”，而能摸到它的“坚”，这时“白”不存在。所以说“坚”、“白”是分离的。“离坚白”的说法，只强调了两个概念的差异，而看不到二者之间的联系，从而陷入了形而上学。

名家的理论包含着某些辩证的因素，因而有其可取之处。但有些观点则难脱诡辩之嫌，如“鸡三足”、“白马非马”等。

（八）杂家

杂家是战国末期至汉代初期折衷和糅合各学派思想的一部分学者，具有“兼儒墨、合名法”的特点。代表作是吕不韦主持编纂的《吕氏春秋》。吕不韦（？—前235），原为阳翟（今河南禹州）巨商，因与秦庄襄王交结而任秦相。他组织三千门客汇合先秦各派学说，编著《吕氏春秋》，又名《吕览》。内容以

儒、道思想为主，兼及名、法、墨、农及阴阳诸家，故称杂家。西汉时以淮南王刘安为首编纂的《淮南鸿烈》（唐以后始称《淮南子》），虽以道家思想为主，也杂糅了儒、法、阴阳诸家的学说，故列入杂家。《吕氏春秋》和《淮南子》都保存了先秦学术思想中不少有价值的资料。

除上述八家外，还有农家、小说家，合成“诸子十家”。十家之外，还有兵家、医家以及非墨的杨朱学派等。

各家代表人物影响较大的有近百家之数。他们各有一套自以为可以安邦济世的理论，或聚徒讲学，或著书立说，或周游列国、驰说诸侯。一方面大力宣扬和推行本学派的主张，一方面驳斥其他学派的“谬说”，形成了争鸣的局面。加上齐宣王喜文学游说之士，封官赐爵者70余人，并在齐的稷下设“稷下学宫”，招揽各学派学者教千人，当时驰名的即有淳于髡、邹衍、田骈、接予、慎到、宋钘、尹文、环渊、田巴、鲁仲连、荀况等。他们各抒己见，自由争辩，使当时争鸣的形势呈现出一派繁花似锦、目不暇接的空前繁荣局面。

当时儒家声势甚大，墨子首先起而反儒。他以“兼爱”反对儒家“亲亲有术”的等级制度，以“非乐”、“节葬”反对儒家的繁缛礼乐和“贪于饮食，惰于作务”的不劳而食的思想。说孔子“盛容修饰以蛊世”，“其道不可期世”，“其学不可以导众”，对儒学的理论力予批驳。对孔子本人也大加指斥，说孔某剥下人的衣服换酒喝等等。对孔丘弟子也大张挞伐，说“其徒属弟子皆效孔某：子贡、季路辅孔悝乱乎卫，阳货乱乎齐，佛肸以中牟叛，漆雕刑残”等等。

庄子对墨派的学说也不以为然，认为墨子的主张“其行难为”，“不可以为圣人之道”，而墨子的理想必将“求之不得（不能实现）”。

杨朱反对墨子“摩顶放踵，利天下为之”，而主张“存我为贵”，“拔一毛而利天下，不为也”，说“人人不损一毫，人人不利天下，天下治矣”。

孟子则极力维护儒学，认为杨、墨之学是对儒学的一大威胁，因而大事攻击，说“杨氏为我，是无君也；墨子兼爱，是无父也。无君无父，是禽兽也”。

农家许行主张“贤者与民并耕而食”，抹煞了必要的社会分工。孟子对此痛加驳斥，强调一人不可能兼百工之事，因此也不可能从事农业生产的同时兼治理天下之事。

荀子曾对12位有影响的人物逐一批驳。认为子思、孟子歪曲了孔子的本意来骗取群众；墨子强调实用、节俭而轻视等级；法家的慎到能制定法规而不能落实，无力治国；名家的惠施、邓析提出一些奇怪论点进行诡辩，也不能用它维护社会伦常秩序。庄子除推崇老子和关尹外，对名、法各家都有所批评。韩非认为当时众说纷纭只能蛊惑人心，从根本上否定了诸子的争鸣，以求法家的独存。

其实，诸子百家各有所长，也各有所短。后世学者做出了比较公允的评价。如《吕氏春秋·不二》和《史记·太史公自序》中都有较详尽的分析和评论。

秦始皇统一中国以后，独取法家思想治国，实行严刑峻法。由于正统儒派的抗争，而造成“焚书坑儒”的惨剧。

儒学经过一番厄运之后，随着秦王朝的覆灭而重新活跃起来。由于它在本质上维护封建统治阶级的利益，加上汉代儒学大师董仲舒的改造，吸收道家哲学及阴阳五行思想，突出宣扬“三纲五常”和“君权神授”，更适合统治阶级的需要，所以武帝断然罢黜百家，儒术被捧上了独尊的地位。在以后漫长的封建社会里，统治阶级不断按自己的需要对儒学加以改造，也始终以儒学作为维护统治地位的理论武器。

道家的影响也延续久远。汉初“黄老之治”，魏晋的玄学，是道学的显赫时期。特别是到唐初，老子被冠以“太上玄元皇帝”的尊号，在政治上有着相当的影响力。但是，后来标榜的道家，多侧重于“清静无为”的消极方面。道家真正有价值的东西，一方面变成了完善儒学统治术的重要因素；另一方面，如它的哲学思想和美学思想，是作为中华文化的精华得到世代继承的。

法家的思想在秦得到了完善和实现，其中不乏有效的治国之术，所以以后历朝历代都不可能弃而不用。汉代“独尊儒术”，实际却以儒法相表里便是明证。

阴阳五行说，起初有其科学价值，自演变出“五德终始”说之后，再经后世文人不断加工，则变成一种近乎宗教神学的唯心主义理论，统治阶级更利用其“天人感应”的思想作为他们进行合法统治的理论依据。

诸子百家之说，在以后的历史长河中各有其变化和兴衰的命运。但各家之说的关系正如班固所言是“相灭相生，相反相成”。历代统治阶级正是不断吸收各家之长，以完善自己的统治思想，这种思想也便深深影响于人民大众的意识，成为中华文化的重要组成部分。

随着时代的演进，诸子百家的界限益趋模糊。然而对各家思想的研究代不乏人，因而各学派思想的流风遗绪不绝如缕。

儒家既得独尊之位，其著作之流传自是名正言顺。不仅孔子删定的五经，连记录孔子及其学派诸子言行的“四书”也都被官方指定为必读经典。自汉至民国有关阐释《论语》的书约有300种之多。其中有名的注疏本有三国魏何晏的《论语集解》、南北朝梁皇侃的《论语义疏》、宋邢昺的《论语正义》、朱熹的《论语集注》、清刘宝楠的《论语正义》和今人杨伯峻的《论语译注》等。《孟子》有名的注释本有东汉赵岐《孟子章句》、南宋朱熹《孟子集注》、清焦循《孟子正义》等。其他如《荀子》、《墨子》、《庄子》、《韩非子》等各家著作，后世也多有注本和研究成果，丰富了中国传统文化的宝库。

对先秦诸子的著作，人们很早就注意收集并开始著录。子书的范围是“自六经以外立说者皆子书也”。也就是说，把儒家以外的诸子学说都列入子部。西汉刘歆《七略》始立“诸子略”一类。《汉书·艺文志》依《七略》之旧将诸书分为十家。晋荀勖编《中经新簿》分甲、乙、丙、丁四部，乙部即收录子书；东晋李充更定甲、乙、丙、丁排次，子书归为丙部。《隋书·经籍志》则正式以经、史、子、集命名四部，千年以来相沿不改，子书成为中国文献一大类别。但后世子部界限日趋庞杂，如《四库全书》将难纳入经、史、集部的书统统归入子部，使子部成了几乎无所不包的大杂烩。除诸子百家之外，天文、算法、术数、艺术、谱录、类书、释家均归子部，共14类25属，甚至命书、相书、器物、食谱、鸟兽虫鱼、杂事、杂品、异闻、琐语等亦被塞入其中，形成了凌乱不堪的子部，与最初的子书概念已相去甚远了。

秦汉以后，由于诸子各家思想的延续、发展，产生了像汉王充《论衡》、晋葛洪《抱朴子》等一批新的子书，也出现了像今本《列子》、《晏子春秋》等一批自称“古本”的伪托之作。这些时人均列入子书。

为便于保存和查阅，明人将子书辑为多种丛书。仅嘉靖年间的诸子丛书就有《十二子》、《六子全书》、《六子书》等。其后则有明归有光辑《诸子汇函》（收九十三子），清崇文书局辑《子书百家》（一名《百子全书》），浙江书局辑《二十二子》、《子书二十二种》，民国时五凤楼主人辑《子书四十八种》等。而影响较大的是民国国学整理社辑的《诸子集成》（1935年世界书局排印本），1958年中华书局重印，近年数家出版社均有影印出版。

论总集与别集

“集”是中国古籍分类四分法中的一大部类。它的类名虽始定于《隋书·经籍志》，但它所著录的文献内容却早已包含在中国第一部分类目录——《七略》

之中。《七略》的“诗赋略”中包括诗歌、屈原等赋、陆贾等赋、孙（荀）卿等赋、杂赋五个部分。第一部史志目录班固的《汉书·艺文志》根据《七略》，仍保留“诗赋略”这一类，后来晋《中经新簿》的丁部、梁《七录》的“文集录”、《隋书·经籍志》的“集部”，直到《四库全书》的“集部”都是从“诗赋略”一脉相承而来的。

为什么集部最早以“诗赋略”为类名呢？因为它以收集诗赋为主。诗歌是各种文学样式中最早诞生的一种。古人对诗与歌是有区别的，认为“诵其言谓以诗，咏其声谓之歌”。原始人类的诗歌是口耳相传，商周时代始有文字记载的诗歌。当时的不少诗歌反映了下层民众的喜怒哀乐，一些采诗官便到民间采集供王者“观风俗，知得失”，并将民间诗歌编辑成为最初的总集。我国第一部诗歌总集——《诗经》就是这样产生的。但因汉代将它列为儒家经典，划归“经部”，而未入“集部”。

集中包含楚辞、别集、总集等内容，始于阮孝绪《七录》，以后的图书分类大致历代相沿，如《隋书·经籍志》、《古今书录》、《旧唐书·经籍志》、《新唐书·艺文志》、《郡斋读书志》、《遂初堂书目》、《宋史·艺文志》等都基本相同。《宋志》加文史类，共四类。《明志》去楚辞类，仅剩三类。清《四库全书》则在楚辞、别集、总集之后增加诗文评和词曲二类，共五类。现分述如下。

（一）楚辞

楚辞是战国时代以屈原为代表的楚国人创作的诗歌，是《诗经》以后的一种新诗体。“楚辞”之名不知起于何时，汉成帝时，刘向整理古籍，把屈原、宋玉等人的作品编集成书，定名为《楚辞》，成为一部总集的名称。最早收楚辞入目的是《七略》的“诗赋略”。其中对屈原、宋玉的作品不称“楚辞”而称“赋”，这是因为汉代对楚辞和汉赋一般混称为赋。其实，在文学体裁的分类上，两者是截然不同的：楚辞是诗歌，赋是押韵的散文。

楚辞的代表作品是屈原的《离骚》。伟大的爱国诗人屈原，名平，是楚国一个没落贵族。他忠君爱国，却受到排挤和打击，以至被放逐。在楚国面临危亡的形势下，他渴望竭忠尽智，却“信而见疑，忠而被谤”。诗人忧愁幽思、感慨万端，将其爱国的理想和报国无门的沉痛感情熔铸成了这篇光耀千古的浪漫主义杰作——《离骚》。《离骚》是我国古典文学中最长的抒情诗，它具有深刻的思想性和高度的艺术性，对中国以后的历代文学产生了深远的影响。

盛极一时的汉赋就是在《诗经》和楚辞的影响下产生的一种文体，在当时占有引人注目的地位。班固认为赋是贤人失志之作，当时的著名辞赋家如贾谊、司马相如、扬雄等都是一代名流。

（二）别集

别集起源于何时？一般认为始于东汉。别集的情况比较复杂，其编排体例大致可分为四种：

（1）按诗文分编。如《李太白集》，收唐李白（字太白）的诗与文共30卷。其中诗25卷，文4卷，诗文拾遗1卷。

（2）按内容分编。如清阮元的《揅经室集》，将其经类文章、史类文章、子类文章及文诗，分别编排。

（3）按写作年代分编。如《杜少陵集》，按杜甫创作的五个时期的先后顺序编排，即“安史之乱”以前、“安史之乱”时期、入蜀途中、定居成都和离开成都之后。

（4）几种编排法并用。如《曝书亭集》，清朱彝尊撰。其作品按体裁编排，分赋（1卷）、诗（22卷）、词（7卷）、杂文（50卷），附录乐府1卷。其中诗赋按时间顺序编排，杂文又按体裁分为26类。

别集，既作为集部的一个类名，又可作某一别集中区别于正集的名称。或用以显示作者专长，如李白、杜甫以诗见长，则将其文刊入别集；或为区别学术观点，如清潘耒《遂初堂诗集》包含诗集15卷、文集20卷、别集4卷，其别集是关于佛教和道家的论述。也有在重刻时将补遗部分称为别集的，如宋陆游的《放翁诗选》前集10卷、后集8卷、别集1卷，其别集是后人所补入的陆游诗作。

在一些别集中常有附录若干卷，将作者的行状、墓志、赞铭等资料别为卷次，附于别集之后。如北宋欧阳修所撰《欧阳文忠公集》，有附录五卷，前附年谱，后附行状、墓志、传文等。这些资料对研究作者生平有一定的参考价值。也有的附录附收他人著作，其中又有两种情况：一是附收作者亲属之作，一是编者将自己的著作附刻于他人别集之后，意在附骥。如清徐倬《苹村类稿》，附录二卷，收其子徐元正的诗文。

别集的命名五花八门，或用姓名，或用字号，或用官衔，或用籍贯，不一而足。

（1）以作者本名命名。如《温庭筠诗集》、《诸葛亮集》等。古代人认为直接用作者的名字作集名是一种不太尊重作者的做法，因而在古籍中直接用作者姓名名集的为数甚少。解放后整理出版的一些别集则多以本名作集名。如《柳宗元集》，吴文治等校点，中华书局1979年版，全四册。

（2）以作者字命名。如《孟东野集》，撰者是唐孟郊，字东野，故名。

（3）以作者号命名。如宋黄庭坚，号山谷老人，故集称《山谷全集》。

（4）以斋室命名。如清廖燕家有二十七松堂，故集称《二十七松堂集》。清代鸦片战争时严禁论者黄爵滋书斋名仙屏书屋，故诗集称《仙屏书屋初集诗录》，有道光时翟西园泥活字本。

（5）以官衔命名。有以作者初官名集的，如汉班固初除兰台令史，集称《班兰台集》。有以终官名集的，如南朝梁何逊官至水部员外郎，集称《何水部集》。有以谪官名集的，如汉贾谊谪为长沙王太傅，故集称《贾长沙集》。有以赠官名集的，如宋魏野追赠秘书省著作郎，秘书省为汉设掌管图书的官府，而汉代东观为藏书之所，著作郎常在东观，故称魏野的文集为《东观集》。

（6）以谥号命名。宋范仲淹谥号文正，故集名《范文正公全集》。也有以私谥名集的，如元吴莱死后，其门人宋濂等私谥为渊颖先生，故集称《渊颖集》。

（7）以封号命名。如唐颜真卿封鲁郡公，其集名为《颜鲁公集》。

（8）以地名命名的。有以作者籍贯名集的，唐柳宗元，河东人，集称《河东先生集》。有以居住地名集的，如唐陆龟蒙，以其曾住甫里，故集称《甫里集》。有以别墅所在地名集的，如唐许浑别墅在润州丁卯桥，故名其集曰《丁卯集》。有以所爱之地命名的，如宋陆游在蜀多年，“乐其风土，有终焉之志”，后诏令其东下，“然心未尝一日忘蜀”，故题其平生所作诗卷曰《剑南诗稿》。剑南，唐道名，即今四川剑阁以南、大江以北地区，故用以代蜀。

（9）以时间命名的。以作者撰写作品或编辑成集的时间作为集名，如《元氏长庆集》，唐元稹撰，穆宗长庆年间结集，故名。

此外，还有以集名表志向的，有据典故名集的，有用古文句为集名的。如宋卫泾的《后乐集》，就是取范仲淹《岳阳楼记》中的“先天下之忧而忧，后天下之乐而乐”的名句含义为别集命名的。还有以卦名命名的，宋王禹偁，三次遭贬而作《三黜赋》，集成之后，以《易》卜卦，得干之小畜卦，因以“小畜”名集。有的一人之集，从不同角度命名，就形成一集多名的现象，如文天祥的集子就有《文山全集》、《文山先生全集》、《文忠烈公全集》、《文丞相全集》、《庐陵文丞相全集》、《文信国公集》、《文山集》、《文山别集》、《文信国公全集》等名目。

（三）总集

凡诸家作品的综合集称总集。它起源甚早。《诗经》、《楚辞》都是早期的诗歌总集。由于《诗》入于经，楚辞又被当作一地（楚地）之作，故均不视为总集。集部的总集究竟始于何书？说法颇不一致。《隋书·经籍志》和《四库全书总目提要》都主张总集以晋挚虞的《文章流别集》为始。

《文章流别集》分集、志、论三种，即《文章流别集》、《文章流别志》和《文章流别论》。“集”选文，“志”是目录和作家简历，“论”则评述文章的源流高低。这是很有价值的一部总集，其书虽佚，其论尚散见《艺文类聚》中。

挚虞之后，总集之影响最大者，当推梁昭明太子萧统所编的《文选》（亦称《昭明文选》）。《文选》是我国现存最早的一部诗文总集。它选录了上起周代，下迄梁朝，前后近800年间的诗文辞赋7万多篇（首）。选录的标准特重文采，“事出于沈思，义归乎翰藻”，就是说，构思深沉、辞藻华丽的作品才能入选。《文选》一书，对后世影响很大，梁萧该著《文选音》开了研究和注释《文选》的先河，从隋代曹宪之后逐渐形成了专门学问——“文选学”。历代注本甚多，而其中最有价值和代表性的要算是唐李善的《文选注》了。李善注《文选》征引群书达1689种，参考资料遍及经、史、子、集及文字、训诂、佛经等，故自来有“淹贯古今”的评价。与《水经注》、《三国志注》、《世说新语注》合称中国古籍中的“四大名注”。后代编纂文章总集的大都参照《文选》体例。宋李昉编的《文苑英华》所录诗文起于梁末，用以上接《文选》，且其分类编辑，体例也与《文选》大致相同。

《文选》的衡文标准不无片面之处，加之不收经、史、子类，就难免遗漏一些优秀的文学作品。但《文选》在划分文学与非文学的界限方面，认识更进一步，对以后文学的繁荣具有一定的作用。再则《文选》保存了大量优秀作品，对后代研究从先秦到南北朝的文学发展提供了有价值的材料。

《文选》之后，诗文总集层出不穷，或为全集性的，如《全上古三代秦汉三国六朝文》、《全唐文》、《全宋词》等；或为选集性的，如《古诗源》、《古文观止》等。

总集就其编排特点可分为三大类。

（1）按时代编排。有通代的，如《文选》、《文章正宗》等；有断代的，如《唐文粹》、《宋文鉴》、《明文衡》、《清文汇》、《全唐诗》、《全宋词》以及近期出版的《全宋文》等。

（2）按文学作品体裁编排。有专辑历代同一体裁文学作品的，如《全汉三国晋南北朝诗》、《玉台新咏》、《历代赋汇》等；有专辑一代某一体裁作品的，如《明诗别裁》、《宋诗钞》等；有汇辑各种文学体裁的，如《文苑英华》、《唐文粹》等。

（3）按文学流派编排。如《西昆酬唱集》、《花间集》等。

因为总集是收集一代或几代文学作品的，特别是全集性的总集，是尽可能求全的，这样就保存了大量的文学资料，对后世研究前代的文学作品提供了比较系统、完备的材料，因而就具有特别重要的价值。许多古典作品因年代久远而残缺不全，可用总集校补，甚至有的别集久已亡佚，却可依赖总集辑佚成书。如唐张说的《张燕公集》，虽有传本，但仅25卷，原本30卷，用《文苑英华》互校，补出遗漏的杂文61篇。《四部丛刊》本的《李义山文集》（唐李商隐撰）5卷，是从《唐文粹》和《文苑英华》等总集中辑抄而成的。

（四）诗文评

这一类目的设置始于《四库全书》。论文品诗的书入于本类。对诗文优劣的评论及诗文创作的理论概括，首先散见于六经和诸子著作，虽不乏真知灼见，毕竟是零金碎玉，不够系统和全面。随着诗文作品的大量涌现，才逐渐产生了专门从事文学批评的专论，如魏晋时期曹丕的《典论》、陆机的《文赋》。我国古典文学理论批评的第一部系统专著是《文心雕龙》。

《文心雕龙》，南朝梁刘勰撰。它全面地继承我国一千多年文学理论的成果，系统地总结了自商周至齐梁时期文学创作的经验，建立了比较完整的古代文学理论的体系，对后代文学创作及文艺理论的发展都产生了深远影响。全书分上、下编，各25篇，内容可归纳为总论、文体论、创作论和总序四个部分。全书精辟地论述了文学与时代政治，艺术创作与形象思维，文学体裁与风格，内容与形式，继承与批判等文艺理论方面的诸多重要问题，抨击了当时片面追求形式的文风。在我国文学批评史上，第一次把文学发展描写为一个不断运动、变化、发展的过程，并力图揭示其内在联系，这是前无古人的杰出贡献。

稍后于《文心雕龙》的《诗品》，是文学批评的又一部杰作。《诗品》，南朝梁钟嵘撰，是现存我国最早的一部诗歌评论专著。它系统地论述了从汉魏到南朝齐梁时代的五言诗，并将其间122个诗人分为上、中、下三品，分品论人，故名《诗品》。又在品第之外，评论诗作之优劣，故又称《诗评》。《隋书·经籍志》著录"《诗评》三卷，钟嵘撰，或曰《诗品》"，后世则只称《诗品》了。《诗品》对不少诗人作了比较具体的分析，指出其创作特色及渊源流别，对诗歌提出了一些原则性的看法，并批评了当时的不良诗风。《诗品》所涉及的一般理论问题，有的至今还有借鉴意义。

唐宋以后，诗文评的著作增多，一类是诗话，一类是诗纪事。

诗话，或评论诗歌、诗人、诗派，或记录言论、轶事，或兼论诗歌创作的原则，是我国文学理论批评和文学史的重要资料。历代诗话著作甚多，但篇幅短小，分散，不便检阅，于是就有诗话丛书的编辑。重要的诗话丛书有3部：

（1）《历代诗话》，清何文涣辑。汇刻钟嵘《诗品》至宋、元、明诗话计27种。

（2）《历代诗话续编》，丁福保辑。实际是《历代诗话》的补编，收唐、宋、金、元、明诗话28种。

（3）《清诗话》，丁福保辑。专收清代诗话，计42种。

此外，还有一些重要的诗话，如南宋胡仔撰集的《苕溪渔隐丛话》、魏庆之编的《诗人玉屑》。清袁枚所撰《随园诗话》和近人梁启超所撰《饮冰室诗话》等，也都颇受重视。

诗纪事，是诗文评中的一部分，它兼具诗歌评论与诗歌史料的性质。首先写诗纪事的是南宋计有功，作《唐诗纪事》，收录唐代诗人1000余家。在每个诗人名下，或录其诗，或兼及本事，或采集评论，或撮述生平。这样系统地搜集整理工作，对保存一代诗歌文献具有重要的意义，故后代多所仿制，如清厉鹗的《宋诗纪事》、近代陈衍的《辽诗纪事》、陈田的《明诗纪事》等。

评文的论著，如《文章缘起》、《文章辨体》、《文章精义》、《文体明辨》、《文则》、《文说》、《文概》、《文学津梁》、《论文集要》等等，或论文体的缘起，或论修辞，或解说体裁，或评论文章的工拙繁简、源流得失等，在文艺理论上都具有参考价值。

（五）词曲类

这是《四库全书·集部》的最后一类。此类之下又分词集、词选、词谱、词韵和南北曲六属。这类著作虽被收入集部，但《四库全书总目》的作者对词曲的文学价值却认识不足，认为“厥品颇卑，作者弗贵”，虽“未可全斥为俳优”，然而只能“附之篇终”。于词分为五类，而曲“则惟录品题论断之词”，其“曲文则不录焉”。

词由诗演变而来，故有“诗余”之称。它始于中唐，盛于宋代。宋代词坛，名家辈出。而自苏轼、陆游、辛弃疾之后，词作展现了新的风貌，打破了以前专写男女恋情、离愁别恨的俗套，为词开拓了新的创作领域。以后历代出现了众多的词人和大量的作品，词的别集、总集也就随之产生了。

词集，收录词的别集。如宋晏殊的《珠玉词》、柳永的《乐章集》、苏轼的《东坡乐府》、李清照的《漱玉词》、辛弃疾的《稼轩长短句》等。

词选，收录词的总集。后蜀赵崇祚编的《花间集》是较早的词总集。以后有宋人黄升编的《花庵词选》、周密编的《绝妙好词》等，明人毛晋编的《宋六十名家词》、陈耀文编的《花草粹编》等，清人朱彝尊编的《词综》、沈辰垣等编的《历代诗余》等，今人唐圭璋编的《全宋词》、胡云翼编的《宋词选》等。

词评类的书有宋胡仔所撰《苕溪渔隐丛话》、张炎所撰《词源》、明杨慎所撰《词品》以及近人王国维所撰《人间词话》等。

词谱、词韵，收录有关填词谱式及押韵的书。唐宋两代没有词谱，至明清两代，词谱著作才逐渐增多。如张綖的《诗余图谱》、清万树的《词律》及清《钦定词谱》等。

曲作为一种新诗体，形成于宋金，大盛于元明。曲有南曲、北曲之分，北曲又有杂剧、散曲之别。杂剧是长曲，有科（动作指示）、白（道白）；散曲则短小而无科白，形式与词相似。元代曲作家可考者200多人，明代曲作家300多人。曲作家最著名的是关汉卿和王实甫，他们的《窦娥冤》和《西厢记》都是脍炙人口的名作。散曲总集有《梨园按试乐府新声》、《乐府群玉》（均为元无名氏辑），元杨朝英选辑的《阳春白雪》和《太平乐府》，即所谓“杨氏二选”，明人辑的《盛世新声》、《乐府群玉》，陈所闻编的《南北宫词记》，今人隋树森编的《全元散曲》、王季思主编的《元散曲选注》等。谈曲谱的书有康熙间的《钦定曲谱》等，谈曲韵的有元周德清的《中原音韵》等。

集部之书，自“诗赋略”开始，就以专收文学性的作品为主。演变为四部的集部以后，依然以文学作品为主要收录对象，但又并非如此绝对。如有的论学记事的个人别集也混杂其间，有的存人存事之作也阑入总集；反之，纯为文学的词曲、小说反而没有得到应有的地位，甚至未被立类。也许在今后图书分类编目的发展过程中能得到妥善合理的解决。

原载于《全国图书馆古籍工作会议论文集》 中国图书馆学会古籍整理与文献保护专业委员会、国家古籍保护中心合编 国家图书馆出版社2009年版

关于清初官方古籍整理例目的通信

最近整理旧什物，在一捆书札中，发现几封与古籍整理有关的信札，是1982年我和赵守俨兄之间的通信。那时正是陈云关注古籍整理，李一氓忙着部署的时候。

第一封信是1981年12月28日中华书局编辑部的公函，内容如下：

来新夏同志：

最近，李一氓同志要求整理出一个资料：清代康熙、雍正、乾隆三朝整理的古籍目录。这个书目收录的范围，一是官修（所谓“敕撰”、“敕辑”），二是有关古籍整理的（包括辑佚）。其他一律不收（如《明史》、《日讲札记义疏》、《开国方略》及其他方略等等）。您对这方面情况比较熟悉，我们想请您大力协助。如蒙允诺，请在明年一月十五日以前把材料邮来，不胜感激，请先示复为盼。谨致

敬礼

中华书局编辑部

一九八一年十二月二十八日

（81）中华办字386号

我复了一封婉谢的信，守俨或以为公函未说明原委，使我难以着手，所以又亲自写封信来做补充说明：

新夏学长兄：

去年年底，中华有一公函寄奉，因为措词不明确，使你感到有些为难，至以为歉。此事的来源是：有一次李一氓同志在谈古籍整理时，他表示要有

点气魄，学一学康熙、乾隆。事后他要中华的编辑人员搞一份康雍乾整理编辑古籍的材料。有一位同志据有关书目摘录了一些，不能令人满意，于是弟才建议向我兄求教。李老的发言，弟曾亲自听到。从他的前言后语来推断，应指那一时期官修的诗文总集、类书、工具书，如《全唐诗》、《全唐文》、《古今图书集成》、《渊鉴类函》、《康熙字典》等等。因为当时他还提到可以新编《全宋诗》、《全清词》以补前人之缺，由此可以窥见他的意图。不属于官修者，亦不必收。因为现在的古籍规划小组也是官方机构，私人著述乃另一问题，不能类比。这份材料仅作为参考之用，最多是在《古籍简报》等内部刊物登载。因此请不必过多顾虑。至于体例，李老亦未明言，不过根据以往对材料的要求，似毋须太繁，只要有书名、主编人、编纂时间，大体分分类就够了。可收可不收者，不妨收入，稍有些遗漏，也没关系（卷帙浩繁的重要书，最好不漏）。这样的材料，我兄驾轻就熟，有两三日大概就可竣工。

宣扬清代武功的书，虽系官修，却是那时的当代史；《明史》对清初来说，也不算古籍，因此不要。以上皆为弟个人估计，但不致与李老的原意相差太远。总之，一切拜托，如有解释仍不清楚之处，望随时提示。专复　即候

撰安

弟赵守俨上

82，1，14

因为我和守俨是辅仁大学上下班的同学，他比我矮一年。同窗情义，只能接受这一任务，用了几天时间思考，并翻了些目录书，草拟了一份材料，用回信的方式寄给他，请他把把关。我的回信内容是这样写的：

守俨学长：

编辑部来函并手书均奉悉，辱蒙垂询清代康乾时官方整理古籍简况，弟对此所知有限。但当时涉及方面之广，成书篇帙之大，搜罗文献之细以及总括前代之气魄，着眼实际之使用等等，尚有可资借鉴之处。谨就所知，略陈臆说，迫于时日，深惧挂一漏万。所以只作举例说明，至祈亮察为幸。

清代康熙、乾隆之际，上承明季古学复兴绪余，在政府提倡、主持之下，广集人才，纷纂群籍，遂使传统文化多获流传，成一代整理古籍之业。以我所见，其可注意者，约有五点：

其一，康乾时整理古籍所涉及之范围甚广。即以经史子集而言，均有多种，例如：

（一）经部

（1）《十三经注疏》四一六卷，乾隆四年武英殿刊本，此本经整理，附有考证。

（2）《相台岳氏本古注五经》五卷，乾隆四十八年武英殿翻刻本，此五经指易、诗、书、左传、礼记。虽称翻刻，亦附考证。

（3）《周易折中》二二卷，康熙五十四年依古本经传分编，李光地等纂。乾隆二十年，又由傅恒等纂《周易述义》十卷。

（4）《书经传说汇纂》二四卷，康熙六十年王顼龄等撰，书成于雍正八年，有世宗序文。

（5）《诗经传说汇纂》二〇卷，序二卷，康熙六十年王鸿绪等撰，书成于雍正五年，有世宗序文。乾隆二十年又由傅恒等撰《诗义折中》二〇卷。

（6）《春秋传说汇纂》三八卷，康熙三十八年王掞等纂。

（7）《周官义疏》四八卷，乾隆十二年官撰。

（8）《仪礼义疏》四八卷，同上。

（9）《礼记义疏》八二卷，同上。

以上从（3）至（9）又统称《御纂七经》。

（10）《律吕正义》五卷，康熙五十二年官撰。

（11）《律吕正义后编》一二〇卷，乾隆十一年官撰。

（二）史部

（1）《二十四史》，乾隆定为正史，殿本附有考证。

（2）《通鉴辑览》一一六卷，乾隆三十三年傅恒等撰。此书从上古到明末，并附南明唐、桂二王。

（3）《通鉴纲目》五九卷，康熙四十六年圣祖“御批”。

（4）《评鉴阐要》十二卷，乾隆三十六年刘统勋等录。

（5）《广群芳谱》一〇〇卷，乾隆四十七年官修。此书系增辑明王象晋《群芳谱》。

（三）子部

（1）《性理精义》十二卷，康熙五十六年李光地等撰。此就明胡广《性理大全》删繁举要。

（2）《朱子全书》六六卷，康熙五十二年李光地等撰。此将《朱熹文集》、《语类》整理删节，分十九类编纂。

（3）《数理精蕴》五三卷，康熙五十二年梅珏成纂。

（4）《历象考成》（原名《钦若全书》）四二卷，康熙十三年胤禄等纂。

（5）《历象考成后编》十卷，乾隆二年官修。

（四）集部

（1）《历代赋汇》一四〇卷，外集二〇卷，逸句二卷，补遗二十二卷，康熙四十五年陈元龙等纂，分类辑录先秦至明之赋。

（2）《唐宋文醇》五〇卷，乾隆三年官修。

（3）《唐宋诗醇》四七卷，乾隆十五年官修。

（4）《四朝诗》三一二卷，康熙四十八年张豫章等纂。其中宋诗七八卷八八二人、金诗二五卷三二一人、元诗八一卷一一九七人、明诗一二八卷三四〇〇人。

（5）《全金诗》七四卷，康熙五〇年官修。

（6）《唐诗》三二卷，附录三卷，康熙五二年官修。

其二，康乾时官方整理之古籍，篇幅均较大，有多至数万卷者，其次数百、数十卷者，尤为数不少。兹举数例：

（1）《四库全书》七九三〇九卷，乾隆四十七年纪昀等纂，共收书三四六一种，分经、史、子、集四部，从不同途径求书，选用适当刊本，各撰提要，为我国最庞大之丛书。

（2）《古今图书集成》一万卷，始纂于康熙，完成于雍正。陈梦雷、蒋廷锡纂。此书分六编三二典六一〇九部。各部先汇考，次总论，有图表、列传、艺文、纪事等项目。

（3）《明名臣奏议》三五〇卷，乾隆四十六年官修。此书对原文多有删改，不足取法。

（4）《全唐诗》九〇〇卷，康熙四十六年彭定求等纂。此书共收唐、五代二千二百余人，诗四万八千九百余首。并附有唐、五代词，作者小传等。

（5）《续通志》五二七卷，乾隆三十二年刘墉等纂，纪传从唐初至元，略从五代到明末。

（6）《续通典》一四四卷，乾隆三十二年刘墉等纂。从唐肃宗至明末典制。

（7）《续文献通考》二五二卷，乾隆十二年刘墉等纂。改编明王圻《续交献通考》，从宋宁宗起，历辽、金、元至明五朝政治、经济制度。

其三，康乾整理古籍，颇重总括前代文献资料。多汇集前代典籍、文献，选录成编，纂为一书，为后人节翻检之劳。例如：

（1）《古文渊鉴》六四卷，康熙二十四年徐乾学等纂。上起左传，下迄宋代诸古文家文章。

（2）《历代诗余》一二〇卷，康熙四十六年沈辰垣等纂。选自唐至明词一五四〇调，九千余首。附作者里贯并词话。

（3）《历代题画诗类》一二〇卷，康熙四十六年陈邦彦等纂。

其四，康乾整理古籍亦颇注重实用意义，纂辑大批便于运用古籍资料之工具书。例如：

（1）《四库全书总目》二〇〇卷，乾隆四十七年纪昀等纂，对所收书三四六一种，存目书六七九三种共万余种书，每种写一提要，介绍其大致内容，为了解古籍提供了方便。

（2）《康熙字典》四二卷，康熙五十五年张玉书等纂。书凡十二集，一九部共收字四七〇三五个，每字均详其音训。

（3）《渊鉴类函》四〇五卷，康熙四十九年张英等纂。此书博采明嘉靖以前文章事迹。供词藻典故之采择。

（4）《骈字类编》二四〇卷，康熙五十八年张玉书等纂。收二字词语，皆齐句首。共采辞藻一六〇四个，分十三门。

（5）《子史精华》一六〇卷，康熙六十年吴士玉等纂。采子史书中名言隽语。

（6）《佩文韵府》四四三卷，康熙四十三年张玉书等纂。分韵一〇六，齐字尾归韵，所采词语以经史子集为序。

（7）《历代纪事年表》一〇〇卷，康熙五十一年王之枢等纂。上起帝尧，下迄元末，编年系月，条列大事。

其五，康乾为扩大古籍数量，开展辑佚工作，遂使古籍有某些复原。传统文化丰富其内容，考索资料有所增加。《四库全书》重要书源之一，有所谓“大典本”者，即自《永乐大典》中所辑佚书，计经部六六种，史部四一种，子部一〇三种，集部一七五种，例如：

（1）《尚书精义》五〇卷，宋黄伦撰。

（2）《周官新义》一六卷，宋王安石撰。

（3）《春秋释例》一五卷，晋杜预撰。

（4）《旧五代史》一五〇卷，宋薛居正撰。

（5）《五代史记纂误》三卷，宋吴缜撰。

（6）《续资治通鉴长编》五二〇卷，宋李焘撰。

（7）《东坡年谱》一卷，宋王宗稷撰。

（8）《崇文总目》十二卷，宋王尧臣撰。

（9）《直斋书录解题》二二卷，宋陈振孙撰。

（10）《涧泉日记》三卷，宋韩淲撰。

（11）《古今姓氏书辨证》四〇卷，宋邓名世撰。

（12）《牧庵文集》三六卷，元姚燧撰。

所陈未必符合要求，送请

审正，聊备参考。专复，祇颂

撰祺　顺祝

春釐

弟来新夏上　新正初五

不久，守俨来电话，表示谢意，并请我再整理一下，寄《古籍整理出版情况简报》上发表，于是我又改写了一下，题目是《清代康雍乾三朝官方整理古籍例目》，下分四小题：一、古籍的校正和注释（包括汇注）；二、古籍的汇编、新编、摘编及续修；三、丛书、类书、工具书的编纂；四、古籍辑佚。后在该刊第92期发表，并收入我的《结网录》中。其原始拟意及拟稿为未发表的原件，录出或可备研究当代整理古籍历史者参考。

原载于《书品》2007年第4辑

汤用彤先生整理《高僧传》的五项建议

小友赵胥好收藏名人手札，虽方过而立，已收藏颇富，近从其所藏选辑近代名人手札百家，成《朴庐藏珍》一稿。其中有汤用彤先生致中华书局编辑一封钢笔小字信，提出关于整理《高僧传》的五条建议。诚恳朴实，又切实用，真可见前辈学者风范，读之再三，令人感动。不知中华书局是否有此存档，现公诸报刊，与同道分享。汤先生的信文说：

中华书局编辑同志：

接到你们的来信，我现在把我准备如何整理《高僧传》（只限《高僧传》和《续高僧传》，不包括宋、明《高僧传》）的办法提出，请你们提出意见。

（1）整理本书的目的，是为用此书的人得到一个较可用的版本，并对这书作一些加工工作。帮助别人更好的利用此书。

（2）根据上述目的，准备用以下办法：第一，以校勘为主，并非以作考据性的注解为主；第二，加工以对用书人给如下帮助。标点，大体上参照古籍出版社标点《资治通鉴》的办法：给读本书的人一些对本书了解的参考资料，如年代下注以公元，地名下注以现在所在地，对书中人物有见于其他书中的主要资料，以说明方式列出；对一些外国僧人已经有固定的梵文对音，列出一表；第三，其他的有助于读者的简单注解。

（3）有两个问题请你们提出意见：第一，校勘办法拟用鲁迅校《嵇康集》的办法，以一个版本为主（碛宋），用其他刻本及其他书加以校勘，“书其同异”，你们看如何？第二，将来排印是照标点《资治通鉴》的办法呢，还是用大字加双行小注？

（4）关于中国佛教史资料问题，我听说吕徵先生正在整理中国佛教文献，你们是否可以先找他联系一下，如果他没有作这个工作，我们再联系。

（5）另外，我正准备编辑一汉文印度哲学史资料，帮助别人研究印度哲学史，并配合我已交人民出版社的《印度哲学史略》一书出版之用。

因为我目前身体还不很好，什么时间能完成很难说，大体《高僧传》可以先搞出来，因较有基础。此致

敬礼

汤用彤

1958年5月18日

这封信是用北京大学的信纸写的，盖有中华书局收文长条章，刻成两行，如下格式：

收	1958年5月26日
文	（58）编字第98号

显然，这是从中华书局流落出来的一份文件。

写信人汤用彤（1893—1964），字锡予，湖北黄梅人。美国哈佛大学哲学系毕业，曾任北京大学教授、副校长、校长，以研究哲学史及佛教史蜚声学坛，成一代宗师，所著有《汤用彤全集》。其子汤一介为当代著名学者、新编《儒藏》主编，现任北京大学教授。信中括弧内小字是写信人的夹注，《高僧传》是南梁释慧皎撰，一称《梁僧传》和《高僧传初集》，为中国第一部僧人传记。《续高僧传》是唐释道宣所撰。“皕宋”是指清陆心源皕宋楼刻本。信中所说“吕徵先生”（1896—1989），是汤先生的同辈人，汤比吕大三岁，但吕先生过世晚于汤先生。吕先生也是当时研究佛教和佛教史的大家，曾任上海美术专科学校教务长、支那内学院院长、中国科学院哲学社会科学学部委员等职，著有《吕澂佛学论著选集》。汤在辞谢中华书局邀编中国佛教史资料时说，耳闻吕先生已在着手，希望编辑联系后再定（见第四条），表现出对人仗义，能恪守同行不抢（读入声）行的规则，但对吕先生的名字“吕徵”有笔误，应作“吕澂”。

汤先生在当时已是名重一时的大家，但这封信写得很平易谦逊。他在建议第一条就标出自己整理《高僧传》及《续传》的目的，是为人有个好版本读，免读误书，让人更好地利用。他更在第二条中进而提出整理方法，如以校勘为主，不

做烦琐的考证。主张用皕宋楼刊本作底本，以鲁迅所校《嵇康集》为模式，用对校和他校的方法校勘，汤先生所说的“书其同异”就是只存同异，不定是非，是一种科学客观的态度。在标点上，他介绍古籍出版社标点的《资治通鉴》为例。这些都体现一位前辈学者的正派学风，对后学是一种身教。

汤先生接受整理《高僧传》时，已年近古稀，而且“身体还不很好”，但仍主动要编一部汉文印度哲学史资料，帮助别人研究印度哲学史。这种对学术追求的弥老弥坚精神，亦颇令后学敬仰。这时，离他过世，仅仅只有七年。他整理《高僧传》，可能未完成，据《新中国古籍整理图书总目录》（岳麓书社，2007年1月版）著录，南朝梁释慧皎的《高僧传》是“汤用彤校注，汤一玄整理”，1992年和1997年由中华书局出版。也可能是汤先生生前对《高僧传》写有随书校注，未来得及亲加整理或整理了一小部分，而由汤一玄据之整理完成。这只是我的妄加揣测，不足为据。中华书局可查查存档和来稿。

这样的信札，流落社会，视同废纸，可能不计其数。如此宝贵的财富，为什么就这样散落四方？乘现在还有可能搜求遗佚，发掘史料，可能对学术研究有意想不到的裨益。我对信件的诠释，可能尚有不对和不足之处，尚望汤老哲嗣一介先生赐教！

二〇一二年中伏写于南开大学邃谷，行年九十

原载于《书品》2012年第5辑

黎庶昌对异域古籍搜刊的贡献

在日本有许多文库和图书馆都庋藏有质量俱佳的中国古籍，通常称之为日藏汉籍。如静嘉堂文库是中外学者所熟知的一座日藏汉籍的专业图书馆，它以晚清四大藏书家的归安陆氏皕宋楼藏书为基础而创建。天理图书馆是天理大学所属，也收藏有国宝级的汉籍。其他尚有为数甚多的文库和图书馆都藏有数量不等的汉籍，有不少属于珍本秘籍。

汉籍流日，由来盖久。据日本最早一部汉籍目录——《日本现在书目》所载，9世纪末日本从中土所得汉籍已达1579部、16790卷。从当代日本著名学者、关西大学教授大庭修博士所整理和编写的《舶载书目》二巨册中可以看到江户时代汉籍流日的盛况。1961年冬，东洋文库的东洋学信息中心所编一部有关的《汉籍目录集成》之中，又汇编了从江户时代到昭和三十六年日藏汉籍各藏书点的汉籍目录。从这些书目中可以看到中国古籍在日本的庋藏情况；但当我面对某些被认定为“国宝”或“文化财”的善本珍藏时，不禁黯然神伤，也不由得不引起我对为日藏汉籍回归曾作出贡献的近代开放性人物黎庶昌的怀念。

黎庶昌字莼斋，1837年出生于中国西南边陲的一座名城——贵州遵义。先世务农，自祖父黎安理仕至山东长山县令，遵义黎氏才开始成为仕宦之家[①]。父兄辈也只任同知、训导、州判、知州一类低级职官[②]，而黎庶昌则官至驻外使节、川东道，进入中层官员地位，成为黎氏这个低级官吏家庭中的跨灶之子。

黎庶昌文宗桐城，受知于曾国藩[③]，又与贵州讲求实学的经世学者郑珍、莫友芝等颇有交往，受到一定的影响。黎庶昌未能从科举道路上一帆风顺地进入

① 清黎安理：《长山公自书年谱》，《黎氏家集》附，清光绪十五年日本刻本。

② 清黎庶昌：《黎氏家祠记》，见《拙尊园丛稿》卷四，外编，页66。

③ 时将以文章受知于曾国藩的张裕钊、吴汝纶、薛福成及黎庶昌并称“曾门四弟子”。

宦途，而是破除世俗成见，不避讥讽，走上了“办洋务”的外交家道路，成为中国走向世界的早期人物之一。黎庶昌很满意自己所选择的人生道路，曾多次自述其宦迹，如说：“年二十六而应诏上书言事，颇自傅于苏子瞻、陈同甫一流。二十七而从军江、皖。三十四而绾符治县。四十而奉使出洋，今十五年于兹矣。”[①]又说：“光绪二年奉使西洋。七年，再使日本”[②]。他把外交活动作为其一生的主要经历，并在这些活动中作出其应有的历史贡献。存世著作有《拙尊园丛稿》6卷及《黎星使宴集合编》等。

《清史稿》本传[③]中对黎庶昌所作的历史贡献曾有所论定：一是“光绪二年，郭嵩焘出使英国，调充参赞。历比、瑞、葡、奥诸邦，著书以撮所见闻，成《西洋杂志》”[④]。二是“中国古籍，经戎烬后多散佚，日藩族弆藏富，庶昌择其足翼经史者，刊《古逸丛书》二十六种”。足证此二事乃是黎庶昌一生事业贡献之所在。其前一项事业的贡献在于能继林则徐依据间接知识自己开眼看世界之后，将亲眼所见的西方世界比较通俗地、多方位地介绍给国人，上升到启发人去开眼看世界。黎庶昌根据对西方考察所得而撰写的《西洋杂志》在一百年后被收入《走向世界丛书》，重新受到重视，成为开放时代启迪民智的读物。《走向世界丛书》的主编钟叔河先生曾撰文誉此书“是反映十九世纪西欧社会生活的一卷风俗画”，并进而评论黎庶昌说：“从《西洋杂志》中看到黎庶昌，不仅是一个关心社会、善于用笔的文人，同时也是一个有爱国思想的外交官，一个有探索精神的地理学者。”[⑤]

《清史稿》论定的黎庶昌的第二方面贡献，即收集海外中国古籍事业、主要是从日本搜求中国的散失古籍。他于光绪七年出任驻日公使时曾经做过一件对华夏文化功绩卓著的大事，那就是日藏汉籍回归祖国的工作。他在莅日的次年，即邀近代历史地理学、使馆人员家杨守敬专司其事。耗三年薪资万数千两，历时二

---

① 黎庶昌：《答李勉林观察书》，见《拙尊园丛稿》卷二，内编，页15，光绪十九年刊本。

② 黎庶昌：《仲兄椒园墓志铭》，见《拙尊园丛稿》卷四，外篇，页38。

③ 《清史稿》卷44，中华书局印本，页12481—12482。

④ 黎庶昌于《与莫芷升书》中记此事较《清史稿》详确，函称：“庶昌自二年冬间，应湘阴郭公嵩焘之调，奉使出洋，倏经五载，驻扎英法德日（西班牙）四国，游历者比瑞意奥葡数邦，其中西洋情事，窥之审矣。”见《拙尊园丛稿》卷六，余编之外，页1。

⑤ 钟叔河：《一卷西洋风俗图》，见《西洋杂志》页8、11，湖南人民出版社，1981年版。

年，刻书26种，成《古逸丛书》200卷，所谓“卷帙之重而课成于再期，校雠乏繁而委积于一人”[①]，正指此而言。

《古逸丛书》系在日请精工刊刻印行100部后，运版回国再次刊印传世，为华夏文化宝藏大增光彩。黎庶昌也以其刊行《古逸丛书》的伟业而受人尊重。

刊行《古逸丛书》有搜辑散佚之功。中国古籍庋藏之富久为世所羡称，而在悠久的历史进程中也不可避免地受到兵燹腐蠹的损害而形成“其势不日趋散亡不止”。黎庶昌面对世人认为既已自然耗损，便可置若罔闻的状况而采取“好之而即求，求之而即传”[②]的态度，蓄意从求书入手以搜辑散佚。所以，当他初莅日使任所，见到使署属员杨守敬的《日本访古缘起条例》后，因与其求书刊旨趣正相吻合，乃定志选刊《古逸丛书》，并委托杨守敬专任其事。杨守敬在此以前，早已依据日人森立之的《经籍访古志》抄本，“按目索之，其能购者不惜重值，遂已十得八九，且有为立之所不载者数百种，大抵医书类居多，小学类次之。”[③]黎庶昌在杨守敬的具体协助下，从日本所得汉籍中选取了26种已在中华散佚的珍籍，刊刻行世，其中有的是原书久付残缺的要籍。《太平寰宇记》一书为中国地方志书由单纯地志转向增益人文内容的关键性著作，《四库全书总目提要》称此书“诸家藏本并多残阙。惟浙江汪氏进本，所缺自一百十三卷至一百十九卷，仅佚七卷”，而江西万、乐两刊本缺河南道第四一卷，则实缺八卷。杨守敬访知日本内阁有宋椠残本，求取不易，经过黎庶昌致函日本太政大臣，几经交涉方得到照片，“乃以近刻本校一过，其一百十三至一百十八（原注：一百十四尾缺湘乡以下五县）则重刊之《古逸丛书》中，并刊其卷首一表。虽尚佚其二卷有半（原注：江南道第四一卷、一百一十九卷、一百十四卷尾数页），未为完书，亦足以慰好古之怀矣。”[④]此次共补入了五卷半，虽尚缺二卷半，但已使此重要方志典籍接近完整，亦以见黎庶昌重视地志的经世眼光。他如影旧钞卷子原本《玉篇》零本三卷半、影钞卷子本《文馆词林》十三卷半，及影宋本《史略》六卷等古佚书均为稀见珍本。黎庶昌使散佚古籍从东瀛回归之功实不可没。

---

① 黎庶昌：《古逸丛书序》，光绪中遵义黎氏日本东京使署影刻本。

② 黎庶昌：《古逸丛书序》，光绪中遵义黎氏日本东京使署影刻本。

③ 杨守敬：《邻苏老人年谱》壬午年记事，民国四年石印本。

④ 杨守敬：《太平寰宇记残本》，见《日本访书志》卷六，页1，清光绪二十三年家印本。

刊行《古逸丛书》开拓了人们对中国古籍面貌的认识。黎庶昌选刻《古逸丛书》在任用专才、广搜汉籍上颇具卓识而见成效。使署人员杨守敬，学有根底，又早在日本作访求古籍工作，黎庶昌与之既非旧识，但能一见如故，用其所长，委以专任。纵使杨守敬曾对他有所不满，仍能不改初衷，共成伟业，颇得刘向专才校书之遗意。黎庶昌得书数百种，所刻不过26种，虽未明言其选刻标准，但隐隐中仍可见其规矩。其一，选书范围博及四部，如经有《尔雅》、《论语》，史有《史略》、《汉书食货志》，子有《老子》、《荀子》，集有《楚辞集注》、《草堂诗笺》，使四部古逸典籍各有代表，而并不徇选刻者之偏好。其二，版刻搜求较广泛。《古逸丛书》所复刻者上起唐朝的写本、旧钞卷子本，下至宋元精刻，旁及日本翻刻本、影钞摹本及高丽本等。虽然日本学者长泽规矩也对其选择版本不够原始、使用底本不够确当等颇存憾意，杨守敬对此也有所訾议[①]，但刊印这些古籍使人既可得文献参证之资，又可略窥各种善本精刻之面貌，也是有一定意义的。其三，版刻工艺求精。为黎庶昌经理刻书事宜的杨守敬自述刻书的工艺要求及效果说："日本刻书手争自琢磨，不肯草率，尤以木村嘉平[②]为最精，每一字有修改补刻至数次者，《穀梁传》一部尤无一笔异形，传至苏州，潘尚书伯寅（祖荫）、李廉访梅生（鸿裔）见之惊叹欲绝，谓宋以来所未有，国朝仿刻不足言也。"[③]《古逸丛书》以其收书博及四部，版本搜求较广，版刻力求精美而使中国古籍面貌益逞风姿。

黎庶昌选刊《古逸丛书》，继承古典目录的优良传统，一依向、歆父子"每一书已，条其篇目，撮其旨意，录而奏之"[④]的创制，于选刻诸籍皆撰有《叙目》，叙版本源流、质量、校勘异同以及中土存佚情况等，并按《太史公自

① 长泽规矩也：《古逸丛书の信凭性について》，见《长泽规矩也全集》第一卷，汲古书院，1982年版。又杨守敬：《邻苏老人年谱》甲申年记称："所刻之书，不尽要典……颇为遗恨。然黎公作主，何能尽如我意。"

② 木村嘉平情况详见石田肇：《〈古逸丛书〉它的（をぬぐつて）》一文，见《书论》第25号，平成元年七月刊。1992年10月，石田肇在提交黎庶昌国际学术研讨会的论文《黎庶昌与〈古逸丛书〉》中说："所谓木村嘉平系自第一代至第五代的通称。此次提出的是第四代木村嘉平。此一家系皆著名刻工。"

③ 杨守敬：《邻苏老人年谱》癸未年记事，民国四年石印本。又黎庶昌所题《穀梁传》识语中也称："原影毫发无异……中土人士见者，无不叹其精妙。"叶昌炽的《藏书纪事诗》中曾赞称："仙人汉节下津轻，唐写何论宋椠精。玉躞金题卷子本，银钩铁画楷书生。"

④ 《汉书·艺文志序》。

序·小序》的遗意，立《叙目》于序言之后。有的书后又或附有题跋。关于写题跋问题，黎庶昌与杨守敬之间似乎曾出现过矛盾。据杨守敬自述其事说：

> 黎公本文章之士，于古书源流不甚了然。当初议刻丛书时，我即自任为黎公每部代作一跋而不署我之名。黎公则笑云：我自有我之跋，君自为跋可也。及为原本《玉篇》跋，各成一通刻之[①]。黎公寄伯寅尚书。回书则云：君既嘱杨君任刻书事，即请杨君代作跋，何必以空文为重僿，而黎公赧然，遂皆不自作跋，亦不愿守敬作跋，故丛书如《玉烛宝典》、正平《论语》、《史略》诸书均有札记，皆辍不刻，至今尚存守敬箧中。[②]

杨守敬认为黎庶昌“于古书源流不甚了然”，愿代黎为各书撰跋；而黎庶昌答以“各自为跋”，亦不失尊重别人、中正自守的态度。不过“皆不自作跋，亦不愿守敬作跋”之语似非事实，因为二人都写了些题跋。所见中国刊本《古逸丛书》不仅每种之后附有搜书所依据的日人森立之所著的《经籍访古志》题跋，并转载有《直斋书录解题》、《读书敏求记》及《复初斋文集》等书的有关题录。有的典籍后也附有黎庶昌与杨守敬的跋语，如正平本《论语集解》后，除附《经籍访古志》和《读书敏求记》之题录外，杨守敬的《后序》赫然著焉。他所论对正平本之版本源流，所选底本之价值和订正《读书敏求记》讹误等内容均有裨于版本学之研究。至所称：“今星使黎公访得原刊本上木，一点一画，模范逼真，居然六朝旧格，非显有讹误，不敢校改”[③]，尤见黎庶昌刻印之认真态度。又《荀子》后的杨守敬题跋中也记得书之经过说：“从岛田篁村见影摹全部，因告知星使黎公求得之以付梓人，一仍其旧，逾岁乃成。”[④]而《草堂诗笺》后之黎庶昌跋尤具特色，首称《草堂诗笺》有南宋、高丽两本，次言对两本的择善而从，其“覆木者前四十卷南宋本，后十一卷高丽本”，更有值得重视的是由于原本的编次、会笺、集注、校正诸人题名非一，而“（日本）梓人木村嘉平病其不一，仅存正补两首卷题名外，余皆削去，使归一律，而将行款逐卷移前，费此苦心，不知其与原本不合也。刻成后始知之，已追改不及，附识于此，无令读者滋

① 黎庶昌：《书原本〈玉篇〉后》，见《拙尊园丛稿》卷六，余编之外，页19；杨守敬：《玉篇残本四卷》，见《日本访书志》卷三，页13。

② 杨守敬：《邻苏老人年谱》癸未年记事，民国四年石印本。

③ 《覆正平本〈论语集解〉》杨守敬跋，见《古逸丛书》。

④ 《影宋台州本〈荀子〉》杨守敬跋，见《古逸丛书》。

疑焉。”[①]这一跋语不仅对刻工移动底本格式的经过详加说明，存留了版本学资料，也可见黎庶昌要求复刻本不动底本与刻成后应加以审阅的严肃态度。而当发觉有误，并不掩饰，却附言订正，为后世祛疑，此又不止于选刻《古逸丛书》之贡献。至于黎著《拙尊园丛稿》和杨著《日本访书志》中均有《古逸丛书》诸刻之题跋[②]可收相互参稽之效。总之，黎庶昌置于书前之《叙目》言简意赅，殆仿史公笔意，而诸跋详具求书缘由、版本异同，二者共同起到一种推荐书目的作用。

《古逸丛书》所收诸籍虽归自日本，但溯其源始乃系来自中华。据《古逸丛书》收刊之日人藤原佐世所编《日本见在书目》所载，九世纪末日本从中土所得卷子本汉籍已达1579部16790卷。从当代日本学者大庭修所整理的《舶载书目》[③]中也可以看到江户时代汉籍输日的盛况。到了十九世纪后半期，黎庶昌又在日本学人和收藏家的支持下，选刻《古逸丛书》26种，使中华学人一睹散佚典籍。黎庶昌在搜求散佚、选刻《古逸丛书》的过程中，与日本的文人学者建立了良好的友谊，如作为搜求古逸汉籍依据的《经籍访古志》作者森立之，便是黎庶昌与杨守敬的好友。黎庶昌曾在多处尊之为“老儒”[④]，并为其撰《书森立之寿臧碑后》一文，称道其学术说：“日本森君立之笃信好学，喜聚钞本古书，点勘征订，自少至老，卷常在手。”[⑤]

黎庶昌的古籍回归工作并不局限于《古逸丛书》。他还访求和经眼了多种有重要文献价值而未获刊行的古本汉籍。他曾自述其事说：

> 日本所存中土逸书古本，如唐释慧琳《一切经音义》一百卷、希麟《续音义》十卷，以及小学之汇归，佚文之渊薮，有白莲社刻本最为完整可据。唐杨上善《黄帝内经太素注》，原书三十卷，今存二十一卷，予获有传钞本。又曾借阅秘阁古写卷子本《春秋经传集解》三十卷，其书出自隋唐旧

---

① 《覆麻沙本草堂诗笺》黎庶昌跋，见《古逸丛书》。

② 如《拙尊园丛稿》中有《书原本〈玉篇〉后》、《跋日本津藩有造馆本正平本〈论语集解〉》等；《日本访书志》于《尔雅》、《榖梁传》、《论语》、《易传》、《荀子》、《庄子》、《尚书》、《玉篇》、《广韵》、《文馆词林》、《姓解》、《韵境》、《史略》、《太平寰宇记》诸书之收入《古逸丛书》之刊本均有跋文。

③ 大庭修编著：《舶载书目》，关西大学东西学术研究所发行。

④ 见《重九宴集书序》、《海南文集序》诸文，载《拙尊园丛稿》卷六，余编之外，页30、32。

⑤ 黎庶昌：《拙尊园丛稿》卷六，余编之外，页28。

钞，经传字句，异同极夥，录有校本。又北宋本杜氏《通典》二百卷，卷末钤大宋建中靖国元年、大辽乾统元年、高丽十四叶经筵藏书图记，椠刻甚精。北宋本《世说新语》三卷。南宋单疏本《尚书正义》二十卷。兴国军本不附释音《春秋左氏传》三十卷。南宋本《集韵》十卷：胥官库物。又有杨君星吾所收翻刻宋蜀大字本任渊《山谷诗注》二十卷，皆以卷帙繁重，未能谋刻。[①]

这些日藏汉籍的访求也为中国古籍的流向提供一些线索，其中有些也校其异同，笔之简端，如黎庶昌以今本与初唐写本《左传》相校的资料，即曾于光绪十八年在川东道任所请周楚白为其摘录整理成《春秋左传杜注校勘记》，并于光绪二十年刊行[②]，成为最古《左传》校本。贵阳陈矩曾评此书之价值说：

近世收藏家及为校勘之学者获一宋元椠本，便珍若球图，以其可证正古书，钩考同异也。今此书校录乃据初唐写本，下距北宋三四百年，距南宋、元五六百年，论古本莫古于此，且为人人必读之经，阮仪征校十三经所未及见者。其宝贵更当何如。[③]

黎庶昌还在日本购书回归以充实旧藏，其故乡附近有禹门寺，旧有北本佛藏，同治时经兵火，经卷散佚不完。光绪七年，黎庶昌使日"遇坊肆间有翻刻南藏本佛经全帙，遂以千金购置寄储，使与该寺藏经佛楼之名相称"。"经凡六千七百七十一卷，总二百八十一函，别匮庋弆，令僧专司之。其唐慧琳《一切经音义》百卷，中土久逸，颇存苍雅故训，为考据之学者亦将有取乎此也。"[④]

这一举动不仅使禹门寺增色，也使黎庶昌可补《古逸丛书》不克刻印《一切经音义》之憾，更使日人见中华人士珍视故国文物之爱国精神，其业不可谓不伟。不仅如此，时经四十余年，近代著名学者、出版家张元济复自1922年至1957年间，先后影印宋刻孤本47种，成《续古逸丛书》，收书范围与体例悉仿《古逸丛书》。《古逸丛书》之影响，于此概见。

黎庶昌一秉桐城文脉，以文章名于时，是一文学家；以其历使东西洋各国，

---

① 黎庶昌：《古逸丛书序》附识。

② 《春秋左传杜注校勘记》单行本书口刻《灵峰草堂丛书》，而《中国丛书综录》之《总目》著录陈矩辑《灵峰草堂丛书》中无此书，而唐鸿学所辑《怡兰堂丛书》则收此书。

③ 《春秋左传杜注校勘记》陈矩序。

④ 黎庶昌：《禹门寺置佛藏记》，见《拙尊园丛稿》卷二，内编，页64–65。

折冲樽俎，是一外交家；以其上书言事，遍识域外政制风情，编写《西洋杂志》，是一经世家；而以其搜辑散佚，选刊《古逸丛书》，回归古籍，则又一文献学家。万流归海，综其诸般行事，又无不以爱国之忱，谋国家民族之大利。是以迨中日甲午战争爆发之际，黎庶昌更充分发扬其爱国精神，不仅向当局者分析国际形势，自请东渡排难，而且还倡议捐金纾难，可惜均未获采纳①。黎庶昌报国有心，请缨无门，终于忧愤成疾，于1898年②抱恨赍志而殁。但是，他的以选刻《古逸丛书》为中心的古籍回归工作却对华夏文化宝库起到了丰富典藏、嘉惠后学的作用，使人永志不忘。

黎庶昌之后五十余年，有周叔弢不惜重价购回已流出国外的善本书，他从日本东京文求堂主人田中庆太郎所巧取的中国善本古籍中，曾以大价收回宋本《东观余论》、原本黄尧圃跋《黄山谷诗注》及汲古阁抄本《东家杂记》等书，而于宋本《通典》则以价昂筹款不及，后被日本定为国宝，无法买回。我在天理图书馆承金子和正教授破例出示有双鉴楼藏章的宋刊《通典》蝶装本，既叹其精美，而面对故物，又不禁欷歔。

一九九二年八月完稿

原载于《北京图书馆馆刊》1993年第Z1期

① 《清史稿·黎庶昌传》，中华书局本，页12482。

② 黎汝谦：《诰授资政大夫出使大臣四川川东道黎公家传》（民国《贵州通志·人物志三》）载黎庶昌生卒为“道光丁酉八月十五日生，光绪丁酉十二月廿日卒，春秋六十有一”。应为西历1837年9月14日生，1898年1月12日卒。

清代康雍乾三朝官方整理古籍例目

一、古籍的校证和注释（包括汇注）

《十三经注疏》四一六卷　乾隆四年武英殿刊本，附有考证。

《相台岳氏本古注五经》五卷　乾隆四十八年武英殿翻刻本。五经指《易》、《书》、《诗》、《左传》、《礼记》。虽称翻刻，亦附考证。

《周易折中》二二卷　康熙五十四年依古本经传分编，李光地等纂。乾隆二十年又由傅恒等撰《周易述义》十卷。

《书经传说汇纂》二四卷　康熙六十年王顼龄等纂。书成于雍正八年，有世宗序文。

《诗经传说汇纂》二十卷、序二卷　康熙六十年王鸿绪等撰。书成于雍正五年，有世宗序文。乾隆二十年又由傅恒等撰《诗义折中》二十卷。

《春秋传说汇纂》三八卷　康熙三十八年王掞等纂。

《周官义疏》四八卷　乾隆十二年撰。

《仪礼义疏》四八卷　乾隆十二年撰。

《礼记义疏》八二卷　乾隆十二年撰。

以上《周易折中》至《礼记义疏》统称《御纂七经》。

《二十四史》　乾隆定为正史，附有考证。

《通鉴纲目》五九卷　康熙四十六年“御批”。

《评鉴阐要》十二卷　乾隆三十六年刘统勋等录。

二、古籍的汇编、新编、摘编及续修

《律吕正义》五卷　康熙五十二年撰。

《律吕正义后编》一二〇卷　乾隆十一年撰。

《通鉴辑览》一一六卷　乾隆三十三年傅恒等纂。叙事从上古至明末，并附南明唐、桂二王事迹。由乾隆核定，并有评论。

《续通志》五二七卷　乾隆三十二年刘墉等纂。“纪”、“传”从唐至元，“略”从五代到明末。

《续通典》一四四卷　乾隆三十二年刘墉等纂。从唐肃宗至明末。

《续文献通考》二五二卷　乾隆十二年刘墉等纂。改编明王圻《续文献通考》，从宋宁宗起至辽、金、元、明五朝。

《子史精华》一六〇卷　康熙六十年吴士玉等撰。摘录子、史书中名言隽语。

《明名臣奏议》三五〇卷　乾隆四十六年纂。此书对原文有删改。

《广群芳谱》一〇〇卷　乾隆四十七年纂。此书系增补明王象晋《群芳谱》。

《天禄琳琅书目》十卷　乾隆四十年撰。略仿《郡斋读书志》体例，记昭仁殿所藏宋、金、元、明善本。

《性理精义》十二卷　康熙五十六年李光地等撰。此书就明胡广《性理大全》删繁举要。

《朱子全书》六六卷　康熙五十二年李光地等撰。此书将《朱熹文集》、《语类》整理删节，分为十九类。

《数理精蕴》五三卷　康熙五十二年梅珏成撰。

《历象考成》（原名《钦若全书》）四二卷　康熙十三年胤禄等纂。

《历象考成后编》十卷　乾隆二年纂。

《秘殿珠林》二四卷　乾隆九年撰。

《佩文斋书画谱》一〇〇卷　康熙四十七年孙岳颁等撰。

《石渠宝笈》四四卷　乾隆九年撰。

《西清古鉴》四〇卷　乾隆十四年撰。

《西清研谱》二五卷　乾隆四十三年撰。

《钱录》十六卷　乾隆十六年撰。

以上六种为文物谱录。

《历代赋汇》一四〇卷、外集二〇卷、逸句二卷、补遗二二卷　康熙四十五年陈元龙等纂。分类辑录先秦至明诸赋。

《古文渊鉴》六四卷　康熙二十四年徐乾学等纂。选录上起《左传》，下迄宋代古文。

《唐宋文醇》五〇卷　乾隆三年纂。

《唐宋诗醇》四七卷　乾隆十五年纂。

《全唐诗》九〇〇卷　康熙四十六年彭定求等纂。共收唐、五代二千二百余家诗四万八千九百余首，并附唐、五代词及作者小传。

《全金诗》七四卷　康熙五十年纂。

《唐诗》三二卷、附录三卷　康熙五十二年纂。

《四朝诗》三一二卷　康熙四十八年张豫章等纂。其中宋诗七八卷，八八二人，金诗二五卷，三二一人，元诗八一卷，一一九七人，明诗一二八卷，三四〇〇人。

《历代题画诗类》一二〇卷　康熙四十六年陈邦彦等纂。

《历代诗余》一二〇卷　康熙四十六年沈辰垣等纂。选录唐至明词一五四〇调、九千余首，附作者里贯并词话。

三、丛书、类书、工具书的编纂

《四库全书》七九三〇九卷　乾隆四十七年纪昀等纂。共收书三四六一种，分经、史、子、集四部，从不同途径求书，选用底本，并作了辑佚，为我国最庞大的丛书。

《四库全书总目》二〇〇卷　乾隆四十七年纪昀等纂，对所收书三四六一种、存目书六七九三种，共万余种书，每种撰写提要，评介内容，为了解古籍提供了方便。

《古今图书集成》一万卷　始纂于康熙，完成于雍正，陈梦雷、蒋廷锡纂。此书分六编、三二典、六一〇九部，各部先汇考，次总论，有图表、列传、艺文、纪事等目。

《渊鉴类函》四〇五卷　康熙四十九年张英等纂。此书博采明嘉靖以前文章事迹，供词藻、典故之采择。

《康熙字典》四二卷　康熙五十五年张玉书等纂。凡十二集、一一九部，共收字四七〇三五，每字均详其音训。

《骈字类编》二四〇卷　康熙五十八年张玉书等纂。收二字词语，皆齐句首，共采词藻一六〇四，分十三门。

《佩文韵府》四四三卷　康熙四十三年张玉书等纂。分韵一〇六，齐字尾归韵，所采词语以经、史、子、集为序。

《历代纪事年表》一〇〇卷　康熙五十一年王之枢等纂。上起帝尧，下迄元末，编年系月，条列大事。

《历代职官表》七二卷　乾隆四十五年撰。以清代官制为纲，列历代官制于下，记述沿革并附考证。

四、古籍辑佚

《尚书精义》五〇卷　宋黄伦撰

《周官新义》一六卷　宋王安石撰

《春秋释例》一五卷　晋杜预撰

《旧五代史》一五〇卷　宋薛居正撰

《五代史记纂误》三卷　宋吴缜撰

《续资治通鉴长编》五二〇卷　宋李焘撰

《崇文总目》十二卷　宋王尧臣等撰

《直斋书录解题》二二卷　宋陈振孙撰

《涧泉日记》三卷　宋韩淲撰

《古今姓氏书辨证》四〇卷　宋邓名世撰

《牧庵文集》三六卷　元姚燧撰

《四库全书》中所谓“大典本”者，即自《永乐大典》中辑佚。所辑计经部六六种，史部四一种，子部一〇三种，集部一七五种。

以上所列为举例性质。

原载于《古籍整理出版情况简报》1982年第1期·总第92期　中华书局总编辑室编印

附记：1981年冬，李老一氓在一次讲话中曾谈到清代康雍乾时期整理古籍的气魄，要求中华书局写一个简单的有关资料。1982年初，中华书局编辑部和副总编辑赵守俨先后函请我写一个康雍乾三朝整理古籍的例目。守俨是亲自聆听过李老讲话的，所以在来信中提出了一些具体要求，供我参考，如：

（1）“李老所说应指那一时期官修的诗文总集、类书、工具书如《全唐诗》、《全唐文》、《古今图书集成》、《渊鉴类函》、《康熙字典》等”。

（2）“不属于官修者不必收”。

（3）“这份材料似毋须太繁，只要有书名、主编人、编纂时间，大体分分类就够了。可收可不收者，不妨收入；稍有遗漏也没关系。卷帙浩繁的重要书最好不漏。”

（4）“宣扬清代武功的书，虽系官修，却是那时的当代史；明史，对清初来说也不算古籍，因此不要。”

根据守俨的这些提示，我即就记忆所及，粗略地核对了一些目录书，草成此一例目。草成后我认为康雍乾整理古籍有以下几项特点：

（1）整理范围广，涉及到经史子集。

（2）整理篇帙大，有多至数万卷者。

（3）整理前代典籍文献，重加选录纂辑，予以汇编者多。

（4）重视纂辑便于运用古籍资料的工具书。

（5）开展辑佚工作，增大古籍数量。

一九八三年十二月记

原载于《结网录》　来新夏著　南开大学出版社1984年版

复江功举同志

江功举同志：

最近，偶然机会捧读你在成都大学学报1984年第二期所刊《关于〈阅世编〉作者叶梦珠的生卒年问题》一文，对我所写《阅世编》点校说明中所估测的作者生卒年有所纠缪，甚感。当于再刊有所订正。

我在写说明时未能很好地钩辑全书有关内容来确定生卒而只作了估测。这是很大的疏漏。你的订正是可取的。不过，关于作者的生年在本书所记也有歧异。我在点校本印出复读时已曾发现。如大作据卷九《师长》门《王鲁冲传》订生年为天启四年，但在同卷同门的《金伯固传》说叶崇祯丙子年十四。甲戌为崇祯七年，上推十二岁为天启三年，丙子为崇祯九年，上推十四岁也为天启三年，所以我在改易存稿中定为天启三年生。三与四只是一年之差，无关理要，只是作为相互切磋之意。耑复祇颂

著祺

来新夏

一九八四年九月二十六日，于天津南开大学

附：

成都大学学报编辑部：

你刊1984年第2期发表的江功举同志撰《关于〈阅世编〉作者叶梦珠的生卒年问题》一文，由于你刊和作者都未告知，所以直至最近在偶然的机会看到贵刊此文。感谢江功举同志订正了我的失误，为了表示接受这一订正，我写了复函寄

上请在贵刊补白刊出借以向功举同志致意，并供《阅世编》读者参考。

来新夏

一九八四年九月二十七日

原载于《成都大学学报》（社会科学版）1985年第2期

跋《唐魏郑公洪范真迹卷》拓本

大唐名臣魏征（580—643），字玄成，钜鹿曲城（今河北晋州市）人。唐太宗时历官至侍中、太子太师，以修史功封郑国公。初事李密、建成，未获展布，终以良禽择木之智，于“玄武门之变”后，归隶秦王李世民门下。及世民即位，是为唐太宗，魏征以能言善谏侍左右，一生进谏言二百余事，而垂范后世，太宗曾论其事云：“以铜为镜，可以正衣冠；以古为镜，可以知兴替；以人为镜，可以明得失。”及魏征之逝，太宗至有“遂亡一镜”之叹。史称其“前代诤臣，一人而已！”

魏征雅擅文辞，尤具史才，曾受命与修前五代史书。《旧唐书》本传详记其事云：“初有诏遣令狐德棻、岑文本撰《周史》，孔颖达、许敬宗撰《隋史》，姚思廉撰《梁史》、《陈史》，李百药撰《齐史》。征受诏总加撰定，多所损益，务存简正。《隋史》序论，皆征所作。《梁》、《陈》、《齐》各为总论，时称良史。史成，加左光禄大夫，进封郑国公，赐物二千段。”前五代史书存数百年之风云变幻，皆荣列正史，为中华通史不可或缺之一环。魏征又奉唐太宗之命，以六经诸子为依据，辑录自古至晋有关治国之文献，成《群书治要》一书，虽体仿魏文《皇览》，而所收为完篇整段，视《皇览》为胜，称早期类书之名著。又惩礼记编次不伦，乃以数年之功撰《类礼》二十卷，太宗览而善之，别录数本，藏之内府，并赐太子及诸王，其著述之见重于时若此。

魏征与欧阳询、虞世南、褚遂良并称唐初大书法家，据说其书法敦实浑厚，上开雍容立国气象，下启北海、颜、柳之绪。又精鉴赏，尝先后与虞世南、褚遂良共赏内府珍藏，所言多得太宗赞许，时令签署以昭信。不佞浅学，仅知魏征之善书，而恨未亲见其墨迹！

乙酉初夏，申生建国伉俪来访，见赠魏征书洪范真迹墨拓卷子本。为贞观三年所书《洪范》有关王道片段，时魏征方五十岁，初任秘书监，参与朝政之际。《洪范》为《尚书》重要篇章，言治国之大法，选书为论王道内容，共五十八字云：

> （前缺原文“无偏无陂，遵王之义；无有作好”十二字）遵王之道；无有作恶，遵王之路；无偏无党，王道荡荡；无党无偏，王道平平；无反无侧，王道正直。会其有极，归其有极。曰：会极之敷言，是彝是训，于帝其训！

此段选书，写于贞观三年二月，为太宗建政之初始，魏征书王道之古训以作警示，似与魏征善谏性格相合。其书法浑厚雄伟，颇具大家风范，颜柳受其影响，显然可见。书后有跋数通，一为文彦博跋七十二字，称魏征书法“朴茂之气，扑人眉宇”，但所署仅“文彦博谨跋”五字而无衔名，无年月，似与通例不合。二为黄乐之跋百零二字，写于庚午七月既望，中有缺字。黄跋称魏征所书“古劲之中，自含婀娜，宛然肖其为人”。并述其得此方册于湖北，而携归浙江，复以之归河北保定吴占良氏，并请吴代己题跋一通。三为河北吴占良氏跋，写于甲申立冬，文字较长，叙此拓本之流传颇详，言此本全称为《唐魏郑公洪范真迹卷》，曾著录于朱家溍先生所著《历代著录法书目》（原著录于清杜瑞联《古芬阁书画记》卷二，杨恩寿《眼福集》初集十四卷卷一），旧藏陈垣斋家，剪贴成册。吴氏于十四年前即庚午年得之于黄乐之，今则以申君建国有意制石，立晋州公园，而复制相贻。按甲申为2004年，庚午为1990年，恰符“十四年前”之数。其流传缘由，约略可见。

余既读魏征书《洪范》今拓本及三跋，不仅补未见魏征书法之憾，且知其辗转流传之径及申生制石之创意。惟未见原石，难知其形制。此拓本究据何石，石又出何地，石之高低宽厚若何，残石是否存世，质之藏者，一无所知。三跋又均未述及。三跋附魏征书幅后。究系书于石上，抑写在拓本方册之后，抑已镌刻于申生新制碑上而反拓者？又魏书及跋文均有缺文，则所拓当为残石。而拓本既经旧藏者“剪贴成册”，当见原拓，何旧藏者竟无一言一跋？吴占良氏既言得此册于“旧藏陈垣斋家”，而为何又不著陈氏转让一事？诸多存疑，尚待考订说明。申生既以卷子本来质，理当掬诚相告。制石之议，若尚在拟议，似可少缓。若已上石立碑则应有置疑说明。老朽悖言，谨为跋尾，至祈高明指正！

二〇〇五年十月六日跋于南开大学邃谷

原载于《天一阁文丛》第5辑　天一阁博物馆编　宁波出版社2007年版

读《三省山内风土杂识》

——看似地理　实有深意

三省是指陕西、四川和湖北，山内是指三省犬牙交错地区的南山、巴山等长林深谷一带。数省交界的地方往往统治力量比较薄弱，也自然地容易成为逋逃薮或反抗势力的根据地，地方当政者也不愿或不敢捅这类马蜂窝，因循敷衍，致使力量坐大，而至于无法收拾。如抗日革命根据地之陕甘宁、晋察冀、鄂豫皖、冀鲁豫等等大都是因利用这类优势而壮大起来的。封建时代有一些中层官员和政论家好对此发点有关议论，并形诸笔墨。严如熤所写的《三省山内风土杂识》就是一本记述清代中叶陕川鄂三省交界地区的山川形势、风土民情的专书。

严如熤字炳文，号乐园。湖南溆浦人。乾隆二十四年（1759年）生，道光六年（1826年）卒。他以陕西旬阳县知县起家，累官至陕西按察使。从嘉庆初年起，他参与镇压三省交界地区的反抗活动先后达二十余年，积累了丰富的政治与军事经验，把自己造就成一个能制订并提出镇压边界反抗对策的策士。

流民问题素来是危及封建统治的一大因素，三省荆襄地区流民反抗的规模之广，声势之大，影响之巨，历来为其他地区所不及，而自明代以来，尤为严重威胁，劳师糜饷，卒无所成。清代嘉庆初期的川楚教军亦以此地区为反抗中心。严如熤之撰《三省山内风土杂识》明记山川风土，实则借以分析总结对待流民的对策，所以此书实是一部以“抚辑流民”之宗旨为掩护的政治著述。目录家多录此书入地理类杂记，实不如视之为政书更善。

是书虽篇幅不多，但叙事详赡，剖析深入，确乎为身经其地其事者之所言。从该书所记镇压反抗的对策中即可窥见当时流民问题的严重性及统治阶级寻求镇压方法的图谋。至所记当地风土也有很多可备史料的采择。书中所记棚民（即流

民）情况具体详备，为他书所不及。如记棚民的流向和棚民名称的缘起说：

流民之入山者，北则取道西安、凤翔。东则取道商州、郧阳。西南则取道重庆、夔府、宜昌。扶老携幼，千百为群，到处络绎不绝。不由大路，不下客寓，夜在沿途之祠庙、岩屋或密林之中住宿，取石支锅，拾柴作饭。遇有乡贯便寄住，写地开垦，伐木支椽，上复茅草，仅蔽风雨，借杂粮数石做种，数年有收，典当山地，方渐次筑土屋数板；否则仍徙他处，故统谓之棚民。

这些来自四方的流民之间没有什么封建的宗族和礼教等纽带关系。严如熤认为这正是流民的“致乱”之由，书中记称：

川陕边徼，土著之民，十无一二。湖广客籍，约有五分。安徽、河南、江西各省约有三四分。五方杂处，无族姓之连缀，无礼教之防维。呼朋招类，动称盟兄。姻娅之外，别有干亲。往来住宿，内外无分。奸骗之事，无日不有。人理既灭，事变所以频仍也。

山内棚民的生计出路，在书中有较详细记述：

农业口粮：“数十年前，山内秋收，以粟谷为大庄，粟利不及包谷，近日遍山漫谷皆包谷矣。包谷高到丈许，一株常二三包。山民言大米不耐饥，而包米能果腹。蒸饭作馍，酿酒饲猪，均取于此，与大麦之用相当，故夏收视麦，秋成视包谷，以其厚薄，定岁丰歉。”

零星杂用：“山民馇粥之外，盐、布、零星杂用不能不借资商贾。负粮贸易，道路辽远，故喂畜猪只，多者至数十头，或生驱出山，或腌作脯，转卖以资日用。”

交易方式：“山民贸易，定期赴场。场有在市旁者，亦有开于无人烟之处，曰‘荒场’。”

经营工厂：“山内营生之计，开荒之外，有铁厂、木厂、纸厂、耳厂各项，一厂多者恒数百人，少者亦数十人”。这些厂规模究有多大，究能容纳多少人数，经营方法究竟如何？都语焉不详。当时有人认为山内办厂，容易聚众，聚众则容易闹事，所以主张解散各厂以消弭乱源。但严氏反对这种说法，力主建厂以维流民生计，他说“若不准开厂，则工作之人，无资以生，添数十万无业流民，难保其不附从作乱”。数十万之众，可能不确，但已约略可见其数量之多。严氏所论，是具有一定政治眼光的见解。

棚民中也有一部分不事生产的人，被称为“闲打浪”，是破坏社会秩序的消极力量，书中记称：

> 山内各色痞徒，闲游城市者，统谓之“闲打浪”。此辈值有军兴，则充乡勇营夫，所得银钱，随手花销。遇蝈匪则相丛劫掠；值兵役亦相帮搜捕。不事生产，总非善良。闲打浪既久，便成蝈匪。蝈匪之众，即为教匪流贼。能令地无游民，则盗贼自弭矣。

《杂识》通篇一再提出对棚民的防范警告，昌言“稽防”对策，撰者因不失为清代中期讲论防务的大家。《杂识》成书于嘉庆十年，还只是撰者对防务的规划大纲。此后，他积极参与了镇压川楚教军的活动，屡上条陈方略，得到当局的重视。同光时人史梦兰在所著《止园笔记》卷六对严如熤以其防务思想指导其镇压反抗，建立功绩而起家的缘由，做了五百余字的详细记述。道光年间，严如熤又以《杂识》为纲要，参合了实践活动，增辑为《三省边防备览》一书，总10门14卷。光绪末年的胡思敬在收《杂识》入其《问影楼舆地丛钞》时所写的题跋中称《备览》一书“辞甚宏括”，但仍认为《备览》的“规划要略”已具于《杂识》，亦可见对《杂识》的推重。严氏于此二书外，尚著有《苗防备览》22卷、《洋防辑要》24卷以及诗文集若干卷，大抵以论防务为主。读严氏所陈诸策，无书生袖手蹈空之论。严氏固不愧为清代的“防务”专家。

《三省山内风土杂识》初刊于嘉庆年间，后收于多种丛书中。《问影楼舆地丛钞》第一集、《关中丛书》第三集、《丛书集成》初编等丛书中均收录此书，亦以见其对后来影响之大。

原载于《光明日报》2000年2月17日

《两般秋雨盦随笔》与《两般秋雨续随笔》

清人喜用笔记形式著书，所以清人笔记数量较多；但广为人所习知的仅为一小部分。《两般秋雨盦随笔》则是分量较多、流行较广的一种，也是我青年时代涉猎笔记时较早检读的一种。

《两般秋雨盦随笔》撰者梁绍壬，字应来，号晋竹，浙江钱塘人，乾隆五十七年生（《随笔》卷七《夬庵公传》），卒于道光十七年前（《随笔》汪适孙序），撰者为《左通补释》撰者梁履绳之孙。道光二年、六年两度入京（《随笔》卷三《京师梨园》），此时曾中举，后随父宦游多年。撰者幼承家学，能诗工文，留京时曾记其见闻及读书所得，成《两般秋雨盦随笔》一书。而以其家书屋名名书。撰者别有《两般秋雨盦诗选》与《两般秋雨盦曲选》行世。

是书前有道光十七年五月朔表弟汪适孙序，概述其书内容为四方面云：“一曰稽古，则《经典释文》之道也；一曰述今，则《朝野佥载》之体也；一曰选胜，则模山范水卧游之图也：一曰微词，则砭愚订顽，徇路之铎也。”其说虽比拟过高，但亦可见是书涉及范围之广。凡逸佚诗词、佳联趣对、俗语探源、事物纪始、图书金石、人物掌故及史事评论等无所不及。如卷一之《咏物诗》、《秦良玉词》，卷二之《春联》等条，即记诗词联对。卷一《衖堂》条称：“应是弄唐之误，室中路曰弄，庙中路曰唐，字盖本此。”卷二《侄》、卷五《弟妇》及卷八《妯娌》等条，均对俗语称谓有所探源与诠解。卷六《聚珍版》条记广东木活字情况；卷七《土炕》条引《旧唐书·辽东高丽传》称朝鲜冬月煴火长炕为土炕之始；卷八《袍》、《尖头靴》各条均记事物之始。卷一《琵琶记》、《西厢记》，卷四《长生殿》，卷六《封神榜》，卷七《隋唐演义》等条记小说、曲本之取材与传说。卷二《宣德铜盘》、《文信国绿端蝉腹砚》，卷六《端砚》等条记金石器物款识与鉴赏。

是书于文人学者生平逸闻颇有所记，卷一《名士受冤》条记乾嘉学者郭麐因傲取辱故事，《徐文长》条记青藤塑像与小影，卷五《张南山》条记嘉道时岭南诗人张维屏生平及诗作。他如赵翼、袁枚、毛奇龄等著名学者，扬州八怪中之金农、李鱓，西泠印家中之黄易、奚冈等，均有所记及。其于史事有裨者不多，如卷四《鸦片》条记鸦片沿革，已屡见于他书；但所撰《鸦片篇》长诗，咏烟毒之危害，可备参考。至于卷七《林制军奏疏》条，全录林则徐道光十三年十一月间所上报告江苏灾情奏疏，虽为当时名奏，但林则徐奏疏具在，无需采择于此。作者雅善诗文，所记尚有若干可供研究之小说戏曲资料，如卷三《京师梨园》条，记道光初年京师梨园戏班较详，可供研究戏曲史之参考。

是书内容不局限于清朝而遍及各代，又有多则系转录于其他笔记说部者，如卷一《须换银米》条系录自董含《莼乡赘笔》卷上《削须偿米》条及王应奎《柳南随笔》中；卷二《石异》条录自宋荦《筠廊偶笔》，《三虫》条录自宋孙光宪《北梦琐言》，而《端午》条则全录清初虞兆漋《天香楼偶得》；卷三《柳如是》条录自《觚賸》；卷四《李袁轻薄》条录自《莼乡赘笔》卷中《李笠翁》及《口舌报》两条；卷八《野合》条录自高士奇《天禄识余》（按高著亦多转录）。重复传钞几为笔记通病，而是书尤甚！撰者固未脱封建文人恶习，有若干则记柳巷章台的绮语韵事。是书格调不高，内容芜杂，竟因投合低层次读者所好而流通甚广。

是书有道光十七年汪氏振绮堂刻巾箱本、光绪十年重刻本、《清代笔记丛刊》本、1982年上海古籍出版社整理标点排印本等。光绪本后有王堃骈体《重刻后序》一篇，又撰者甥许之琎重刻《书后》一篇，言是书版刻经过。

另有一书题《两般秋雨续随笔》，署南翔垣赤道人撰。按其书名似为前书之续编，实则非是。前书撰者梁绍壬约生于乾隆末年，而卒于道光中叶。此书成书年代则在乾隆癸丑，即五十八年，是时前书撰者尚在童年，自非前书之续。是书有撰者乾隆五十八年自序称："暇时搜集近事，微寓劝惩以补口过。一切淫媟靡曼之词，谈谐刺激之语，概屏弗录。事取其真，理取其正，仍自有新奇可喜之致，俾阅者好之而不厌。关尹子有云，'思之如镂尘，言之如吹影'，爰取以颜是编"。是撰者已自题其书名曰《吹影编》，其言甚明。又是书有题词多则，其中与书名有关者有多处，如印屺瞻有句云："识得山中吹影旨，肯教有愧独行时"。程绍同有句云："一编吹影娱长昼，厌听王郎斫剑歌"。杜兆镜有句云："予读吹影编，新奇更可喜"。则其书之名《吹影编》，当无疑义。孙殿起《贩书偶记》卷十二著录“《吹影编》四卷，南翔垣赤道人撰，嘉庆二年西山堂刊巾箱本”，实即此书。按《吹影编》载有垣赤道人自序及其弟子叶世兴跋，均署写于癸丑，即乾隆五十八年。而初刊于嘉庆二年。另有陈大进序，署嘉庆八年，疑为重刊时所增。是《吹影编》成书于乾隆末，刊行于嘉庆初，当无疑问。而《两般秋雨盦随笔》则成书于道光初，初刻于道光十七年，晚于《吹影编》四十年左右，焉得有正续之排次。然则为何将早于《两般秋雨盦随笔》四十年之《吹影编》改题为《两般秋雨续随笔》？改题本无疑系由坊间书贾刊行于梁绍壬撰《两般秋雨盦随笔》流通之后，其所以改题作续随笔的最大可能，是梁著已广为流通，博得声名，拥有相当读者。书贾以二书内容相近，遂加改题，又以不学，无力全面改动内容，以致破绽百出。盗名欺世，莫此为甚。

是书撰者署南翔垣赤道人而姓字生平不详，惟钩稽书中题词，可略得撰者生平大概。如诸玉衡题词有句云：“程君今文豪，艺圃推名宿”。卷三《家箴》门自称：“十一世禹门公自歙迁居南翔，至今犹承程姓”。盖其远祖以江姓子嗣后，故云犹承程姓。又书前朱淞序有云：“謇堂大兄先生夙负书淫，恒多词癖”。程镜题词有云：“惟我谑堂，学优才富”。书末有门人叶世兴跋云：“我师谑堂先生，七试棘闱，荐而不售，郁郁不得志”。由此数则可略知撰者程姓，字谑堂，一字謇堂，垣赤道人为其别署。江苏南翔人，乃屡试不第之失意文人，以教读为生。所著除此书外，尚有《四书讲义尊闻》六卷、《名乘》二十卷。

是书凡四卷，各卷又分若干门类。卷一分硕德、时政、妙契、闺范，卷二分风土、景物、賸句、艺术，卷三分家箴、感应、定数、佚事，卷四分庶物、妖祥、妖邪、迷妄，共十六门。内容有转录他书者（此为笔记杂著之通病），有记见闻者，有忆“祖德”者，有记风土人物者，有记果报迷信者，有旨在劝惩者。其中亦有可备采择者，如卷一“硕德”门《郁林瑞泉》一则，记乾隆初郁林知州李锡泰“躬自督率三年，垦至三万六千余亩”，可为清代前期恢复生产之一例。“时政”门记长麟任苏抚时惩办“白拉”一则，可知当时作为商业中心之苏州有一种游手好闲者流名曰“白拉”，肆横于市，终得严惩。是书前有自序及朱淞、陈大进二序。书后有撰者胞弟程藻及弟子叶世兴跋二篇。朱序藻跋未署年月，自序及叶跋皆署癸丑，为乾隆五十八年，当为成书年代。陈序署癸亥，为嘉庆八年，或为重刻时所增之序。另有题词者十五人，虽有谀词，尚可借此略得撰者生平，惟广征题词，终涉标榜之嫌。

原载于《藏书家》第7辑　齐鲁书社2003年版

《重论文斋笔录》与《雨窗消意录》

《重论文斋笔录》，王端履撰。王端履字小榖，浙江萧山人。据《笔录》卷四首条记有“乾隆辛丑，端履年甫六岁”，辛丑为乾隆四十六年，则撰者当生于乾隆四十一年（1776年）。其父王宗炎为乾嘉时萧山著名学者，有《晚闻居士遗集》行世。族父王绍兰，于嘉庆时在福建，由县令荐升至巡抚，邃于经学，著述甚丰，撰者尝从之受业。撰者曾成进士，入翰林，旋告归。所著《重论文斋笔录》系以其书斋名命名。其族弟王曼寿在《序言》中记云：“重论文斋者，族父晚闻先生暨冢嗣小太史兄读书所也。……道光丙午，兄之笔录成编，梨枣竣事，囊书命曼寿序。”晚闻先生者，撰者父王宗炎之号。道光丙午为道光二十六年，则《笔录》之成书，当在是年。

曼寿序后，撰者又缀数行，以明志趣云：“流光荏苒，老景颓唐，每读群籍，掩卷即忘。气日以短，学日以荒，偶有闻见，类聚以方。录之于笔，以当知囊，虚縻翰墨，习以为常。积久成帙，语焉必详，博而不醇，杂而无章。不堪问世，凿楹而藏，敬告友朋，非馈贫粮。”虽文带萧瑟，然尚称通达。

又撰者于卷一之首，自述书斋变易始末云：“重论文斋，旧名悦我轩。平屋三楹，前绕花木，后俯清池，为先君晚闻公读书之所，端履幼亦肄业其中。后遭家难，鹊巢久被鸠居。嘉庆丙寅，始复故业，先君子爰易今名以志感。道光戊子，余兄弟析爨，室归于余。因逼近内室，改建楼居，而迁书塾于厅事之西南隅，仍以旧额颜之，不忘本也。”

嘉庆丙寅为嘉庆十一年，重论文斋始得名之年。道光戊子为道光八年，重论文斋方归属于撰者。撰者又加以改建而仍用原斋名。

《重论文斋笔录》十二卷，为清人笔记中杂说之属，于经史诗文，书画世事，皆有论说，又兼记耳目见闻，录存逸诗佚文。所说多有撰者心得见解，颇可作读书参证之用，此不可不读之杂书。而论及清代乾嘉以前文人学者逸闻琐事，更可补史谈助，如记毛奇龄、全谢山、阮元、姚元之、董诰、陆锡熊、钱陈群及汤金钊等人诸事，皆凿凿可信，而于一般不甚知名之士，所记尤详，实为阐发幽隐之善举，亦多存文献以备参。撰者于其师王绍兰所记尤多，起微时至通显之经历，以及诗文学术，均分见于各卷，如卷四有数条记王绍兰起家、仕历、诗文、著述，卷九、卷十一等处，亦均有记事。若据其所记，则王绍兰（南陔）之生平，亦得大概。

又卷十二记西泠刻家奚冈之书法称："钱唐奚铁生（冈），少年书法出入欧、赵之间，圆劲秀逸。晚年专精绘事，书名遂为所掩。又草草涂鸦，毫不经意，转无复曩时姿媚矣。余旧藏其所书朱子格言立轴，以泥金写于磁青笺上，字字端楷，寓婀娜于刚健之中，视梁山舟学士，有过之无不及……"其附按语云："相传先生年三十余尚应童子试，有诮之者曰：'此非童（童铜音同）生，乃铁生耳！'先生忿甚，因自号铁生。遂不复应试，以布衣终。后以孝廉方正征，亦不就。"此可补奚冈生平逸事。

撰者于记事各条后间有按语以补充记事之不足或附另解，但不晓其为何不统一成文而别作附按之用意。如卷一记士子落第事云：

> 下第情怀，最难消遣，然乡试落解，尚无失其为故我。至会试被黜，则亲朋绝迹，童仆垂头。加以黄金已尽，囊橐萧条，翘企家乡，茫茫天末。此种凄凉光景，真有令人不堪回首者。余有句云："到门茶灶都无焰，访友梨园大有人。"盖纪实也。又有某诗云："路经花市都无色，风动芦帘别有声。"亦觉逼肖。（原注：又某乡试落解诗中，联云："怕逢道路谈新贵，未免涂泥有故人。"语极蕴藉。）

条后有按语云："或问'未免涂泥有故人'句，与下第何涉？曰：此正无聊极思，益见同痛相怜苦况。若出自新贵口中，便是富贵骄人矣。然则得第诗当若何？曰：余有二绝云：'三十五年才一第，旁人争羡我心伤。秋风铩翮寻常事，亲见槐花七度黄。神仙方许到瑶台，丹鼎今朝幸一开。同学少年裘马客，半提玉尺去量才。'"一记一按，道尽科场故事，世态炎凉，于此可见。

《笔录》亦记有掌故，如卷八记京师萧山会馆兴建缘由云：

> 吾邑于京师，向无会馆，士子会试者，成寄寓客邸，旅费艰难，居大不

易。道光辛卯，汤敦甫尚书捐银三千，为之倡率。并纠集同志，买屋于西河沿。沈君青士，经营缔造，落成，尚书为文以记其事。亲书姓名，以一本寄端履。记曰："吾萧人文蔚起，来试礼部者，不下五十人，向无会馆。下车逆旅，事杂言庞。到稍稽，辄人满，僦价益昂，寒士苦之，同仁欲筑馆久矣。岁辛卯，醵金集费，买得西河沿房屋一区，新其坚完，葺其颓敝，增其不足，整其规模。沈君青士，谙练工程，实董斯役。逾年落成，凡用白金五千九百两。计东西两院，为房四十五间；又西偏二所，房共二十四间，出赁为岁修费。草创粗就，属当壬辰会试。朱君桐轩以第二人及第，为吾邑未有之科名。虽会逢其适乎，亦吉事有详也。继自今登鼎甲、掇大魁者，当不乏人。后之君子，尚有以保护，随时振兴，扩而充之，理而董之，俾桑梓公众，咸得宁宇，是所厚爱也夫！捐助衔名银数，依捐到之数，勒于碑阴。道光十四年，岁次甲午，夏六月，邑人汤金钊撰并书。"

是书各卷各条，连次编写，无标题，更无总目，翻阅不便。

是书有《绍兴先正遗书》第三集本、《清代笔记丛刊》本及《笔记小说大观》第四辑本。

《雨窗消意录》，撰者牛应之，生平不详，据书中所记，有"曾国藩谓王闿运，中兴功业，吾已幸之。文学之事，未有所属，敬以托君"之事，则撰者当为同光时人。书首有小序一则称："独居伊郁，百忧憾心。令儿辈诵小说诡异事，卧而听之，乐且忘疲，爰录其尤，镌贻朋辈，共怡悦焉。至于事多恍惚，小说类然。必欲钩考是非，绳批得失，茧蚕自缚，非仆之素心矣。"若据小序所言，则内容似为转辑自他书者，而又皆不注出处，无从稽考其来源。又言所述为"小说诡异事"，然书中所记又颇近实，有可采处。

是书为四卷，多记人物逸闻，除一二元、明人之外，多为清人，上起乾嘉，下至同光，如纪昀、和珅、蒋士铨、郑燮、金农、尹继善、袁枚、阮元、吴省钦、曾国藩、郭嵩焘、王闿运等文人学者、名臣巨宦之逸闻轶事，间亦有可取者。如纪昀与人论图书聚散之理说："我百年后，倘图书器玩散落人间，使赏鉴家指点摩娑曰，此纪晓岚故物！是亦佳话，何所恨哉？"晓岚自以为通达，而友人驳曰："君作是言，名心尚在。余则谓消闲遣日，不能不借此自娱。至我已弗在，其他何有？任其饱虫鼠，委泥沙耳！故我书无印记，砚无铭识，正如好花朗月，胜水名山，偶与我逢，便为我有。迨烟云过眼，不复问为谁家物矣，何能镌号题名，为后人作计哉！”（卷一）其人较晓岚更为洒脱矣。

其记和珅骄富二则，虽多为人知，但事至百年以后，针砭犹在，录之以见公道自在之义云：

元人吊脱脱丞相云：百千万贯犹嫌少，堆积黄金北斗边。可惜太师无脚费，不能搬运到黄泉。乾隆末，和珅益骄富，或以此诗书其门，大索不得，未几遂败。

和珅当国时，京朝官趋之如鹜。珅每至公署，司官夹阶立伺，唯恐后期，时称为补子胡同。有无名子咏补子胡同云：绣衣成巷接公衔，曲曲弯弯路不差。莫笑此间街道窄，有门能达相公家。（卷一）

又记郑燮自嘲为蒙师诗，与世间所传相应，可资谈助，记称：

兴化郑板桥明府燮，少贫，尝为蒙师。既达，作诗自嘲云：教馆原来是下流，傍人门户过春秋。半饥半饱清闲客，无锁无枷自在囚。课少父兄嫌懒惰，功多子弟结冤仇。而今幸作青云客，遮却当年一半羞。（卷一）

世多以板桥飘逸洒脱，无功名利禄心，此诗虽为自嘲，然以塾师为羞，于板桥固为短识，而以青云遮羞，终非难得糊涂。

辑者于文人多致推崇，如称郑燮曰：“乾隆时，兴化郑燮，工书画。书增减真隶，别为一格，如秋花倚石，野鹤戛烟，自然成趣，时称板桥体，多效之者，然弗能似也。”于王闿运则称：“湘潭王闿运，少负异才，为文章甚似司马迁。能以己意贯穿，开合变化，不蹈痕迹，自然成法，侯、魏弗如也。往来公卿间，多欲罗之者。闿运超逸，不乐仕进，尝游燕赵，将赴春闱，至清苑矣，意忽不乐，遂改辕归，作《思归引》。”（卷一）

八股时文久为时所诟病，近读启功、张中行、金克木三老所著有关八股鸿文，始深悉八股缘由、体式及功过等事。此书卷一载有乾隆九年兵部侍郎舒赫德请废时文议及鄂尔泰议驳文，又载同治间朱瞑庵《时艺论》，皆可备了解八股文之用。

是书尚有有关史事资料，如记鸦片战争时杨芳御英敌之荒诞做法云：

道光壬寅年，英夷犯广东，果勇侯杨芳为参赞，因夷人炮利，下令收粪桶及诸秽物，为厌胜计。和议成，遂不果用。有无名子嘲之曰：杨枝无力爱

南风，参赞如何用此公。粪桶当年施妙计，秽声长播粤城中。（卷一）

杨芳于鸦战中荒唐之行，言近代史事者，类多知其事，而无名子嘲讽诗，尤令人痛快淋漓。其卷二论湖南、广西教案事，戊午（咸丰八年）科场案始末等，均较详可据。他如名人书奏多录入全文，颇可备参考。如卷二郭嵩焘出使英国，在伦敦就所考察致李鸿章书，论及政教风俗、火轮车路，痛陈国内弊端，并提出治国之要，如仿学西方、发展交通、严禁烟害、开通言路及停止厘捐等，可以见郭氏之“洋务”思想。又有张佩纶于光绪三年上疏言山西、河南、直隶、陕西等地大旱灾情，并涉及吏治之坏，其中述说：“今山西死亡过半，骨肉相食，析骸而炊。河南市鬻人肉，行旅断绝，盗贼蠢动，畿辅赤地数百里，道馑相望，流民数万，哄集京师辇毂之下，奸民乘乱，结队攫物，此何堪设想！”各地灾情惨状，由此可见。卷四记郭嵩焘与朱克敬信中所附郭自香港启程经海道，历时月余赴英日记，虽非逐日记录，然亦可见途中闻见。

是书已明言辑自他书，惟不注出处，使人难以引据，仅可作翻检谈助之需，盖以撰者未明著述体例所致。且其书虽分卷，而顺文编次，不加标题，更无目录，用者不便。

是书有《笔记小说大观》第三辑本；另有《雨窗消意录甲部》四卷，为《挹秀山房丛书》本。

原载于《藏书家》第8辑　齐鲁书社2003年版

关于《溃痈流毒》的几点考证

一、缘起

几十年前，我在一所高校教“中国近代史”，“鸦片战争”是该课的第一讲。我除了以（道光朝）《筹办夷务始末》为主要依据外，还想有更多以前未多涉及的史料。1954年，《中国近代史资料丛刊·鸦片战争》六册由神州国光社正式出版，我购得后详加批阅，在第三册（页337～352）我读到《溃痈流毒》“选辑本”。又在第六册《书目解题》中，找到《溃痈流毒》的提要，对该书有了初步了解。但有若干疑点。当时只留下一点简要的记录，加上连年坎坷，这事就此搁置。直到本世纪初整理旧物时，偶然发现这些记录，于是先把它写成一则《溃痈流毒》的简单提要，收入我所著的《清人笔记随录》中。接着我了解到传本除“选辑本”外，美国国会图书馆和上海图书馆都有藏本。2005年在北京参加古委会召开之会议，与美国国会图书馆的居蜜女士相晤，谈及《溃痈流毒》一书。居蜜女士慨然允以全书复印本相赠，并邀我整理点校，正式出版，我即允诺。未几，即自广西师范大学出版社转来美国国会图书馆所藏《溃痈流毒》复印本，并附有该书提要目录。憾以公私丛杂，未能及时着手，以致该书置之高阁，几近遗忘。直至2014年春，整理旧藏，始发现该书尚延搁未著一字，愧对旧友！现虽年逾九十，神疲目眊，而复印稿亦已字迹模糊，进行尚有困难，惟既承诺于前，何可爽约？乃决定以垂暮之年，尽生前二三年之力，完成整理点校工作，以报老友。

二、辑者

读一本书首先要知道作者的姓氏、籍贯、学历、仕历、著述，更希望了解写这本书的缘由。我最初读《溃痈流毒》“选辑本”，作者署“不著辑人”，只在第一条后著“鹤间识”三个小字；其《书目解题》亦题“不著辑人姓名”，惟提要称：“文件后常有鹤间评语，亦称鹤间居士，当系辑者别号。”此说不准确，“选辑本”仅有二处“鹤间”字样，而非“常有”。后偶检道光后《华亭王氏族谱》，见附有《鹤间草堂主人自述苦状》一卷，系王清瑞自谱。其中道光二十二年条记称：“六月，和议成，逆夷兵船始退出。”其下以双行小字自注称：“余辑《溃痈流毒》一书，详载始末。”又《自述苦状》后附姚椿长诗一首，中有句云：“《溃痈流毒》谁所为？嗟尔载编空激切！”其下有双行小注称：“君辑《溃痈流毒》一书，详载英夷反复事”，则《溃痈流毒》之辑者，当为《自述苦状》之谱主无疑。

据《自述苦状》所记，谱主王清瑞，字辑之，后改名王清亮，字慕筠，初号省斋，又号心萱，自号鹤间草堂主人，江苏青浦人，乾隆五十三年（1788年）生，无卒年。《自述苦状》记至道光二十七年（1847年，六十岁）止，谱主一生以游幕为生，曾纳赀任河南南阳县丞。其《自述苦状》记一生失意遭遇较多。所书自号与“选辑本”所署“鹤间识”、“鹤间曰”等名号正相吻合，则《溃痈流毒》辑者当可定为王清瑞即王清亮。后我据此为《溃痈流毒》写成提要一则，收入《清人笔记随录》（中华书局2005年版，页354）中。美国国会图书馆居蜜女士也将辑者生平写入提要，特别是披露我发现辑者为王清亮一事。居蜜女士尚以无卒年为不足，又查阅到陈澹然所著《江表忠略》卷十五所记王清亮生平事迹称：

> 王清亮者，青浦人也，官南阳典史，岁饥作糜饲饿夫，为梁惠行道，囚病躬治焉。既归，青浦陷，望阙叩头，仰药死，于是清亮已七十矣。（页10b）

居蜜女士据《江表忠略》享年七十下推，定其卒于咸丰七年（1857年）。为进一步证实，我又检《松江府续志》卷二十五《古今人传》本传云：

> 王清亮，字慕葛，青浦人，官河南南阳典史，筑南关白河石坝，建桥以便行旅。岁饥煮粥活饥民。南阳俗：幼孩将死，父母举刀斫之，谓恶其再来

也。清亮请邑令严禁，俗乃革。复将弃死孩埋之。致仕归，居佘山，终岁不入城市。与姚椿、何其超交最契。咸丰十年五月，贼陷郡城，从容作《绝命诗》一章，端书数纸，分贻友人，乃沐浴表冠，望阙叩首，仰药死，年七十三。

此记卒年有异，一作七十，一作七十三，究以何者为近实？观二书所记，《松江府续志》所记比较具体，且有太平军攻入府城年月，对其卒年七十三，语意肯定可信。而《江表忠略》所记卒年有揣测语气，可理解为七十多岁之意。我意当以七十三为享年，而不取《江表忠略》之说。

如此，《溃痈流毒》辑者生平，可得其大概矣。

三、传本

我所见《溃痈流毒》传本有三。最早是1954年见到神州国光社版《中国近代史资料丛刊·鸦片战争》第三册中的“选辑本”，据第六册《鸦片战争书目解题》称此本是“张元济先生托人自日本抄回，捐赠上海合众图书馆”者，共四卷。原藏合众图书馆，今转藏上海图书馆。托人抄回说不确，因我曾在上海图书馆读过《溃痈流毒》传抄本，该书首页前半面空白页上即有日人内藤虎亲自用毛笔题识云：

原本系京都府立图书馆所藏，余尝语汪穰卿舍人，以其有益鸦片战役史事。穰卿欲任印行，余为录副二分，未成而穰卿即世。后以一分贻罗叔言参事，今以一分奉赠菊生先生，先生能为我印行此书以成穰卿未竟之志乎！

庚午九月　虎

“虎”为日本在华大量淘书之“学者”内藤虎次郎，庚午当为1930年（民国十九年），穰卿为汪康年字，维新派人士，曾主编《时务报》。穰卿卒于宣统三年（1911年），则内藤抄书当在穰卿去世前后。后以一份赠罗振玉（字叔言）。又以一份赠张元济先生，即题识之庚午年。“沪本”首页大题前有张元济先生题识一行：

> 书为日本内藤虎次郎所赠，恐今后无以慰两死友之望矣。菊生

菊生为张元济先生字，此书即内藤庚午年（1930年）所赠。大题下脚钤有三颗藏章，一为“上海图书馆藏”小型方章，一为“合众图书馆藏书印”长方形小章，二者皆为阳文，最下一颗是“张元济印”阴文方章。此书为纸捻四眼装，共四册，每册一卷，以元、亨、利、贞为序，册各一卷，简称“沪本”。

2005年我在京与美国国会图书馆居蜜女士相晤，谈及《溃痈流毒》一书，居女士慨然允赠全书复印本，是传本中最完整者，即“国会本”。尤可贵者，为所附来该书提要目录。该传本书尾也有内藤虎题跋，但内容与“沪本”不同。“国会本”题于明治四十五年（1912年），“沪本”则题于民国十九年（1930年）。“国会本”内容清楚，为赠罗振玉者；“沪本”内容仅言为符汪康年生前愿望而赠张元济者。兹录“国会本”内藤跋全文，以与“沪本”题识对照云：

> 此书六册，清国传抄本，藏于京都府立图书馆。盖鸦片乱时，鹤间居士者汇录公牍而成，与《中西纪事》、《英夷犯境见闻录》各书可互相发明矣。前数年余佣书手抄录二通，今以一通奉叔言先生赐存为幸。内藤虎
>
> 明治45年二月

内藤二题识，显然不同。“国会本”跋文交代清楚，言此书原为中国藏本，后被日本掠取或淘取，入藏在日本京都府立图书馆，共为六册，系明治四十五年前，即清末，佣书手所抄。所抄有二通，即以其一赠罗振玉，另一通未著下落。“沪本”题识称，内藤虎曾为汪康年欲印行该书而于清末民初为录副二分，未成而穰卿（汪康年字）逝世，乃以一通于明治四十五年（1912）2月赠罗振玉，1940年9月14日入藏美国国会图书馆，或即罗藏本，即今存全貌之“国会本”，后经二十年，另一通又于庚午（1930）九月赠张菊生先生（元济），求其出版该书以实现汪康年希望印行该书之意愿，但“沪本”目录为四册四卷，与“国会本”跋尾明言六卷六册相异。内藤虎既言同时传写二本，何二书有卷数不同，而“沪本”题识又不言卷册数。可能赠罗本即“国会本”，为全书，而赠张元济先生本即“沪本”则为选抄本，故“沪本”题识只能含混言之。由此断定，“国会本”与“沪本”非同一内容，亦非同时抄录二本，内藤虎于此又施其狡狯矣。

据上所述，《溃痈流毒》共有四种传本：

1. 入藏日本京都府立图书馆，即内藤于“国会本”跋尾所云“此书六册，清国传抄本，藏于京都府立图书馆”者。我未获见此本。

2. 美国国会图书馆本（简称“国会本”），原系内藤虎于1911年抄赠罗振玉者，为六卷本。1940年9月14日入藏美国国会图书馆，疑即罗振玉藏本。2005年居蜜女士赠我此本复印本，为完整本。

3. 上海图书馆藏本（简称“沪本”），我曾在该馆见过此本，前有内藤卷首题识，自言与赠罗本同时抄写，但检阅其目录，则为四卷四册。题识中更明言，原为应汪康年欲印行之求，而在汪逝世后传抄二部，分赠罗振玉与张元济先生。二书跋同出一人之手，而所言相异如此之大，不知内藤是何用意。而丛刊第六册《鸦片战争书目解题》则称“此书中土久无传本，为日本人内藤虎藏，有抄本。多年前，张元济先生托人自日本抄回，捐赠上海合众图书馆，于是中国复有其书”。内藤及张元济先生二题跋均言为内藤所抄赠，当非虚语，《解题》所云“托人自日本抄回”之说纯为臆测信笔之言，不足为据。

4. 1954年神州国光社版。中国史学会编印《中国近代史资料丛刊》，其第一辑《鸦片战争》第三册即据“沪本”选辑，仅有文件及附录等共十件，而其第六册所收之《鸦片战争书目解题》所据为合众图书馆藏本，即“沪本”，解题著称“此书凡四卷，共收有关鸦片战争的文件102件”不知何据。

四、编次

我所见传本有：“国会本”最全，“选辑本”最简，而各本编次又有所差异。

1. 京都本应是美国国会图书馆传抄所据底本，二本当相同。“国会本”提要著录：六册，线装，1函6册，卷各为册，每册一卷。叙其编次甚详云：

> 卷一含《鸿胪寺卿黄爵滋请严塞漏卮以培国本疏》等奏折10篇，时间为道光十八年闰四月。卷二含林、邓、怡合奏《英夷呈交鸦片，虎门、海口会同验收折》等奏折14篇，时间为道光十九年前后。卷三含护广督怡良奏《师船奉撤归营被夺及英夷又有枪船寻衅折》等奏折16篇，时间为道光二十一年前后。卷四含钦差裕谦又奏《防堵情形折》等奏折6篇，《谢伊里布、琦善

及各省督抚旨》等谕旨5篇。另附录杂记、书信、日记等若干则。奏折及谕旨时间为道光二十一年前后。附录则稍早。卷五含《林尚书家信摘录》、《粤东感事十八首》、闽督颜伯焘奏《逆夷闯入厦门折》等奏折15篇，时间为道光二十一年前后。卷六含浙江巡抚刘韵珂奏《乍浦夷船全数退出折》等奏折12篇，《谕琦善、奕经、文蔚革职闭门思过旨》1篇，附录书信、传记、诗文若干则。全书之末有内藤虎跋文。

合计提要中所著篇数为79篇，加所附杂记、日记、书信数38则，共117篇则。

2. “沪本”基本情况前已述及，兹不赘述。该本四册四卷，编次以元、亨、利、贞为序，经查目录，卷一奏折13篇，附记奏折1篇，卷二奏折28篇，杂记8则，卷三谕旨5篇，奏折13篇，附录5篇，卷四奏折19篇，附录11篇。

3. 选辑本，《中国近代史资料丛刊·鸦片战争》第三册页337～352，共16页，不分卷分册，仅选辑十篇，亦非奏折与谕旨，而多系各本中附录文件，但有较高史料价值。又第六册收《鸦片战争书目解题》一则，系据“沪本”所写。言此书所录文件云：

> 书中所录以上谕、奏折为主，约居全书十分之九。此等奏折除少数例外，俱已见《筹办夷务始末》，但《筹办夷务始末》所有奏折俱经删节，此犹存其全文，足资参考。奏折以外附录之文件，极为有用。今择要收入本书。

所言近实，可资参考。

五、结论

综上所述，写《溃痈流毒》提要一则，以代结论。

《溃痈流毒》　清王清亮（原名王清瑞）辑，原稿本未见。另有美国国会图书馆六卷本、上海图书馆四卷本及《中国近代史资料丛刊·鸦片战争》“选辑本”，均为传抄本。各侍抄本所收文件及编次均有差异，当以美国“国会本”为最佳。

撰者王清亮字辑之、慕筠，号省斋、心萱，自号鹤间居士，江苏青浦人，纳赀任河南南阳典史，多行善政。致仕归，居乡不入城市。咸丰十年，太平军陷青浦，仰药死，年七十三岁。鸦片战争时曾辑录有关文件，成《溃痈流毒》一书，可供研究者所需。其《华亭王氏族谱》中，载有《鹤间草堂主人自述苦状》一文，即撰者自谱。《松江府续志》及《江表忠略》均有传，记其生平。

《溃痈流毒》所收为鸦片战争时奏折、谕旨及杂录等文件，多未经删节，有参考价值。以美国国会图书馆六卷六册本为完整本，国内有复印本，另上海图书馆有四卷四册本与“国会本”所收文件有差异。另“选辑本”选篇甚少，难餍读者需求。

提要一则，仅择其要，是否有当，尚祈读者教正。

原载于《中华读书报》2014年2月26日

张履祥年谱考略

张履祥，字考夫，号念芝，以世居杨园，学者尊称为杨园先生。浙江桐乡人。明神宗万历三十九年（1611）生，清康熙十三年（1674）卒。得年六十四岁。明诸生，入清后未仕。曾从学于山阴刘宗周，为明清间著名理学家。他认为人需有恒业，学者需从事经营，经营则以农业为先，如此方有利于立廉耻、兴礼让、正人心、隆世道。他亲耕地十余亩。著有《愿学集》、《读易笔记》、《读史偶记》、《言行见闻录》、《农书》、《杨园先生经正录》（附学规）、《初学备忘》、《近古录》、《训子语》、《丧葬杂录》、《杨园先生训门人语》及诗文集等多种，而以《农书》为最著名，为研究明清之际江浙地区农业生产状况之重要参考书。

张履祥在清初极为学人推崇，各种传记著作多有其传略，如《清史稿》、《清史列传》、《国朝耆献类征》、《碑传集》、《国朝先正事略》、《宋学渊源记》、《清儒学案小识》、《文献征存录》等。而为之编写年谱者尤夥，适我正增订旧著《近三百年人物年谱知见录》，搜集得十余种，有知见者，有知而未见者，各撰书录一则，先行刊发，以备需者翻检云尔。

《杨园张先生年谱》　清姚夏编　乾隆癸酉刊本

是谱编者为谱主弟子，记述谱主教读、交游、著述及家事等。其顺治四年条曾记有《农书》完成情况。全谱内容简略，不足见谱主一生之全貌，其后有关年谱迭出，大都为补前谱之不足。

是谱系乾隆十八年（1753）雷铉出资梓行者，即所谓癸酉本，诸家目录多有著录。梁廷灿《年谱考略》称：姚夏，字大也。梁言据苏惇元张谱，固未见姚谱原本，故有此误说。洪焕椿《浙江历代名贤年谱综录》著录，题陈梓增辑。著谱主号念芝，因居杨园村，故称杨园先生。别有道光二十四年（1844）补读书斋刊本，实则陈梓增辑本为另一本，洪说不确。杭州大学图书馆《中国历代人物年谱集目》著录别有稿本，见浙江文献展览会专载。另有抄本，见《上海图书馆善本书目》。按：上海馆所藏抄本，为道光十四年崔德华手抄本，共二册，非癸酉本。他如谢巍《中国历代人物年谱考录》、黄秀文《中国年谱辞典》、王德毅《中国历代名人年谱总目》等书均著录。

《张杨园先生年谱》四卷　附录一卷　清姚夏编　陈梓增订　道光十四年刊本

是谱依姚本增订。其凡例称“姚本止一卷，陈氏广之为四卷，又附录一卷”。是谱方垌有序称：“向无刻本，垌从乍浦钱淑海馥家借得抄本，卷中有‘钱氏馥订正’语，今并录入。钱字广伯，海昌人。谱后有方垌及钱维锈、顾广誉、徐熊飞等人跋语，可据以见谱主各种年谱版本传承演变之绪。”

杨殿珣《中国历代年谱总录》著录，题姚夏编，顾广誉重订。附录陈梓辑。谢巍《中国历代人物年谱考录》著录四种版本，其中所著道光十四年及二十四年平湖沈氏补读书斋刊本，即此本也。

《杨园张先生年谱》四卷　《附录》一卷　清姚夏编　《附录》陈梓编　清道光二十四年补读书斋刊本

清沈宗瀚等编《鼎甫沈维锈府君年谱》道光十四年条记云：“九月，校刊《张杨园先生年谱》。”又苏惇元编谱，初稿定于道光十六年。其后叙即称自沈维锈处得“新刊陈颣躬增订年谱”。颣躬乃陈梓号。又方垌《方学博全集》卷二有道光十三年撰《重订杨园先生年谱跋》，叙校订陈编情况，而沈维锈重订本跋亦称得方氏校订本，乃“增附二徐君跋语开雕，以广其传”，是十四年本当为增订本之初刊本，乃陈补方校本。

汪訚《馆藏历代名人年谱目录》著录。并按称“桐乡张履祥万历三十九年十月朔丁卯辰时生，康熙十三年七月二十八日卒，年六十四”。梁廷灿《年谱考略》，题增订本四卷。并按称：“著者清陈梓，字古民，余姚人。”又云“见《八千卷楼书目》”。《上海图书馆馆藏年谱目》著录，道光十四年补读书斋刊本。又《上海图书馆善本书目》著录抄本一种，附有张履祥撰《近鉴》一卷。杭州大学图书馆《中国历代人物年谱集目》著录，称此谱有手稿本，见浙江文献展览会专载，并按称：“姚夏辑《杨园年谱》多凭记忆，颇多舛误，陈为此稿以补订之，末有附录及自跋。”洪焕椿《浙江历代名贤年谱综录》著录，题《张杨园年谱》，并按称：“姚夏编，陈梓增辑，乾隆癸酉刻本，道光二十四年补读书斋刊本。张履祥字考夫，号念芝。明桐乡人。居杨园村，故称杨园先生。生于公元一六一一年。”按：癸酉刻本为雷鋐所刻，不分卷，无附录，乃姚氏初本，甚简略，陈氏为之补辑。乾隆本与陈氏无涉。

《张杨园先生年谱》（附录）　清苏惇元重编《张扬园先生全集》本

是谱系苏惇元据前此诸谱补充有关资料而成，苏氏于后序中曾言其编谱之经过云：

> 惇元初读姚谱，病其疏略，不著其大者，欲补订之。因旁搜远辑，抄录若干条，藏之箧笥。秋中归里，以全书呈方植之先生，方先生读之，极叹异服膺。因劝方先生启学使沈公鼎甫，请从祀孔子庙廷。公许诺，且颁以新刊陈颍躬增订年谱。方先生复惜陈谱漫冗，难见要领，令惇元重编。于是本姚、陈二谱，更采全书，细绎纂订，删繁补阙，仿通鉴例编述，而以文目及诸家评论之语，附录于后，先生言行事实以及进学之序，教人之方，论学著述之旨，于此可见其要略焉。

是谱始编于道光十六年。道光二十一年谒谱主祠墓时，复“稽志乘，访求逸事”，又自顾广誉处借得“海昌元刻文集、《言行闻见录》、《训门人语》及未刻全本《愿学记》、《日省录》、陈颍躬元刻年谱等书”及“海昌元刻全书”。于是又更订增益，纂成定稿，较前谱为详，且为订正谬误，尤着重叙述学行，有裨于研究谱主之思想与学术。

谱前有方东树序（此序见《仪卫轩文集》卷五）。谱后及附录有《编年诗文目》、《未列年谱书目》及《节录诸家评论》等篇，极便翻检。另附有邵懿辰所撰传记及编者所撰《谒墓记》。南开大学图书馆藏有民国二十二年十一月杨园学社油印翻印本。

是谱李士涛《中国历代名人年谱目录》著录。别有清道光二十三年刊本、同治三年重刊本、《当归草堂丛书》本。按：《当归草堂丛书》本为同治三年四月高伯平所刊。丁丙之子丁立中所撰《先考松生府君年谱》注其事称：“桐城苏厚子惇元所编，集杨园年谱之大成。高伯平丈为府君刻于淮上”。汪訚《馆藏历代名人年谱集目》著录。别有同治辛未江苏书局刊本。按：同治辛未为十年。梁廷灿《年谱考略》著录。并按称："著者清苏惇元，字厚子，桐城人。谱后附《杨园编年诗文目》一卷。"杭州大学图书馆《中国历代人物年谱集目》著录。题《重编杨园先生年谱》一卷，将年谱与诗文目分著二则。另有道光二十三年刻本，《当归草堂丛书》本、清同治三年钱塘丁氏重刊本，后二种实即一种。其他杨殿珣、谢巍、王德毅、黄秀文、洪焕椿等目，均有著录。

《杨园先生年表》　清陈敬璋编　抄本

是谱为表式，分纪年、时事、出处、艺文等四栏。时事栏多记清代灾异资料，可供采择，如顺治八年："春大霖雨，麦豆浸死。斗米五钱（书眉按：斗米五钱，殆以银言）。"顺治九年："自五月不雨至于七月，河流竭，苗尽槁。"

表前有祝洤所撰《杨园先生述略》。

杨殿珣、谢巍诸谱均著录。

《杨园张先生年谱》四卷　清崔德华、崔以学编　光绪二十三年翠微山房抄本

是谱谱前有海盐崔德华道光七年序称："余自嘉庆辛未从族父止斋假得《杨园先生全集》六册……数年来，孤灯旅夜，展读为多。知先生幼遭孤露，中更流离，惟于先圣遗经，躬行实践，深得'困而不失所亨'之义……第未究生平，何以知历险难而不渝，极困穷而自得？是则年谱之作，乌可已也？昔及门姚夏尝有是编，而刊本出于乾隆癸酉，距先生梦楹之日，已越八十年。事之舛误，有不得尽咎于姚氏者。余生弥晚，闻见弥疏，参互考订，多取材于先生与友人问答之书及杂著十有余种。而姚谱之可采者，亦间存一二，知人论世则何敢！惟二十余年间向往之私，略见于此，后之读先生遗书者，或有所取云。"

谱前尚有陈梓原序及《张杨园先生传》。

是谱《凡例》叙张谱之历修及是谱之编例。如"论学诸篇，广为采集"，"集中有涉于息邪距诐者，悉为录入"，"年谱之作，从简者居多，而先生之言，如布帛菽粟，日用之不可缺者，故此编所载，骤阅之似嫌太繁，及细绎其义，实有不可删削者"，"文集及杂著与门人所记之有岁月可稽者，悉心校录"，"年谱中有仍姚氏原本者，有从先生文集及杂著订正者，一一按注于每条之首"，"此编仿《朱子年谱》例，有纲有目，首列纪元，下标甲子，并系生年。每事高一字书纲，又详其原委。低一字细疏于目，以便观览"。

是谱四卷：卷一记事自出生至三十四岁；卷二自三十五岁至四十七岁；卷三

自四十八岁至五十九岁；余年为卷四。是谱记谱主家事、教读事、著述事，兼及地方灾异。如明崇祯庚辰（十三年）：“江南大饥，人相食，杭州诸生，一夕无少小自经死。”

是谱抄本藏于浙江图书馆。抄本经费寅校，并有其跋。

李士涛《中国历代名人年谱目录》著录，题《杨园年谱》，清崔真华编。按：本谱及诸目皆作崔德华编，作崔真华者，形近而误。杭州大学图书馆《中国历代人物年谱集目》著录，题《杨园先生年谱》一卷，崔德华编，见《八千卷楼书目》。汪訚《年谱集目》作四卷，题崔德华重辑抄本，南京国学图书馆藏。其他诸目皆著录崔德华编，无言及崔真华者。

是谱仅见著录，原谱未获见。

《张杨园先生年谱集证》一卷　清钱馥撰　《檇李遗书》本

梁廷灿《年谱考略》著录，并按称：“著者清钱馥，钱塘人，《檇李遗书》本。”李士涛及杭州大学图书馆等书目均有著录。按：“诸目多言《集证》为《檇李遗书》本，余尝反复检阅该丛书，未见此《集证》。遗书中仅有陈敬璋辑《杨园先生未刻稿》十二卷，卷前有陈序云：“亡友钱广伯，私淑杨园先生，尝录其未刻文目六十八篇示余曰：‘先生文集十八卷及杂著十种已刻之而传之海内矣，然非其全集也。兹目得之陈子膚公所辑先生年谱中，馥尝广为搜采而卒未可得，以为恨事’。”序中所云钱广伯即钱馥，馥所见陈膚公所辑年谱，即陈梓补订本。陈梓字俯恭，又作膚公、频躬。钱馥告陈敬璋所云“广为搜采而卒未可得”，指搜采杨园未刻文而未得。或误读钱文，以为搜采年谱内容，遽以入目；但未采《集证》之名，又何所据？

钱馥《小学盦遗书》卷四有《书杨园先生年谱后》一文。洪焕椿《浙江历代名贤年谱综录》著录，仅见于苏编张谱后序，《鼎甫府君年谱》及《清史列传·方垌传》并按称：“见光绪《杭州府志》”，洪说近是。

钱谱，余未之见。

《补订杨园先生年谱》四卷　清陈梓撰　嘉兴郑折三氏藏手稿本

未见郑氏藏手稿本，洪焕椿《浙江历代名贤年谱综录》著录。

《重订杨园先生年谱》　清方坰等重订

此谱未见传本，仅见于苏编张谱后叙、《鼎甫府君年谱》及《清史列传·方坰传》。方坰《方学博全集·生斋文稿》卷二有《重订杨园先生年谱跋（癸巳）》云：“《杨园先生年谱》旧有姚大也本。乾隆癸酉（十八年，1753），学使雷公刻以行世。后陈古铭重辑是编，其文视姚本加详，而记事系年，尚多舛漏。海昌钱广伯尝校正数处，未尽也。辛卯（三十六年，1771）冬，余取先生文集及手定书，参互考证，以订陈氏之误。稿未及半而嗽疾大作，乃以属余友顾访溪续成之。访溪详细校阅，为补正其舛漏者凡若干条。书既成，录而藏之，异日付梓，以广其传。使览者有以考先生言行之详而兴起于学焉，其亦陈氏之义也夫！”方氏此跋写于癸巳，即道光十三年（1833），方增订时在辛卯冬，即道光十一年，历时三年，由方、顾二人共成重订之举。跋中所云姚大也本即姚夏编谱。学使雷公即雷鋐，乾隆十八年（1753）刊姚编者，陈古铭重辑即陈梓补订本。钱广伯即钱馥，顾访溪即顾广誉。据跋则方、顾乃就陈本加以校订而已。又《鼎甫府君年谱》道光十四年条，载入沈维峤撰《杨园年谱跋》称：“钱甥（廷翰）为余言其师方君子春（坰）有校定善本，索而读之，芟繁订误，考证详明。君与其友顾君访溪（广誉）实共成之，洵姚氏、陈氏之功臣也。余并增附二徐君跋语开雕，以广其传。”则所谓方氏校本实即道光十四年沈氏刊行之陈梓补订本。苏氏后序所称假自顾广誉处之“陈频躬元本年谱”正方、顾所据以校订之底本，惜均未获见刊本。

顾广誉《悔过斋文集》卷四有《重订杨园先生年谱跋》。洪焕椿《浙江历代名贤年谱综录》著录，并称：“方坰、顾广誉有重订陈氏本。”

《杨园先生年谱发明》　李汝龙编

洪焕椿《浙江历代名贤年谱综录》著录，并称：“见王蘧常《补续嘉兴府志·经籍志稿》。”杭州大学图书馆《中国历代人物年谱集目》著录。谢巍《中国历代人物年谱考录》著录，并按称：“李汝龙，字海门，乾隆中诸生。著有《寸碧山堂诗文集》。”

余未获见原谱。

《杨园先生年谱》（一名《杨园先生年谱参订》）

谢巍《中国历代人物年谱考录》著录，称：“清平湖蒋元（大始）撰，未刊本。”据道光沈维锈刊本序、丁子复《蒋大始先生传》及《平湖县新志》卷二十三。又按称：“蒋元，号澹村。著有《从桂堂诗文集》未见。”余未获见此本。

《张杨园年谱》二卷　宁海干人俊撰

谢巍《中国历代人物年谱考录》著录。稿本，见《民国桐乡县新志》。

余未获见此稿本。

原载于《中国典籍与文化论丛》（第12辑）　全国高等院校古籍整理研究工作委员会《中国典籍与文化》编辑部编　凤凰出版社2009年版

未刊本《摀爽自谱》

1955年，我在天津古籍书店门市部的收购架上，偶然发现两册梅红洒金笺封面的线装书。打开一看，扉页题有“摀爽自谱”四个中楷墨笔字，是一部未刊本，内容用绿条格纸写录，半页八行，版心下端有“石竹斋”字样，墨笔字迹工整，似是一部清稿本。谱主陈垲，字甘泉，号摀爽，一号爽轩，别号知退子。天津人。清道光七年生，卒年不详。咸丰末年举人。同治时做过宗学教习。光绪前期在广东做过和平、曲江、潮阳等县知县。晚年在天津为书院校刊书籍。谱主写谱的目的一以自证，一以自励，有点回忆反思的意思。自谱始编于同治六年，续补于光绪二十三年，记至光绪三十二年，时年八十岁。是谱除自记科试、文会、听讼等事外，尚记有太平军、义和团在天津的活动。

咸丰三年条记太平军抵津郊情况称：

> 九月二十八日，粤匪窜扰天津，甫至离城八里之福寿宫，大臣文六吉、盐政统率谢忠慤公子澄，身先兵勇。击败逆匪多名，匪众回奔，占据静海县之独流镇，负隅抗拒，去城只七十里，枪炮之声，昼夜不绝于耳，津郡日日戒备。

光绪二十六年条记义和团活动称：

> 五月十八日子夜，焚毁教堂三处。十九日夜，又焚河楼教堂，遂与洋人接仗，枪炮连声，杀机不息。

同年条又揭示侵略军之罪行称：

> 六月，日本兵至，攻打南门。十八日清晨上城，排枪震耳。英、法、德、俄、美各国联军继至，焚毁南北大街。靠西门内住户，城外马头，估

衣、锅店等街，均成灰烬。

同治七年条还记有捻军张宗禹部在津郊的战斗情况。

可惜这样一部有关津门文献的手稿本，在1966年8月与我的一些手稿和一部百衲本二十四史，用我的樟木书箱作燃料而付之一炬了，至今犹感惋惜。是谱已收录拙著《近三百年人物年谱知见录》中，因事关津门文献，用特表而出之。

原载于《今晚报》1994年5月13日

说《诗经》

《诗经》是我国古代一部乐歌总集，它是由于配歌的需要而出现，并渐渐因乐师的选用而编在一起的。由传说中的三千余篇，到目前所见的三百零五篇。这些诗的来源，昔人曾有“采诗”和“献诗”的说法。说有采诗之官主持其事，或诸侯献诗规过。但此种完备制度，恐系后人臆度：一、记采诗献诗之说为汉人所记，其言采诗制度颇为完整，实为儒家理想之夸张；二、现存诗中前后年代及地区分布之数量不平衡，如有完备的采诗制度，何以前少后多或偏于某些诸侯国；三、现存其他书中，尚有未采入之逸诗。观其内容，实可采入。故“采诗”之说不可信。

三百篇纯为乐歌，那么乐歌为何能如此大量地聚集起来？

周以礼、乐为教化之本，故伴随音乐发展之诗亦为人所重。这些诗伴着乐曲，经乐工之手，并在民间流行。既有民间歌谣入乐，亦有因乐而作词者。这些诗为人们口传心诵，逐渐许多佳篇固定下来，大致形成三百篇。这三百篇，一说定于孔子，一说孔子之际已为三百。

言孔子定诗三百者，见《史记·孔子世家》，应该说有影响，但亦有否认者。其理由是：一、其说仅见于《史记》，无佐证；二三千与三百之比，较悬殊，未免删诗太多，不近情理；三、孔子讲礼教，不能留郑、卫之音；四、先秦诸子称诗，均言三百，未论三千。故孔子“删诗”之说不可信。

孔子自述，一再言三百之数，诸子亦然。孔子书中亦未提删诗，且在孔子前之人言国风情况，已为三百篇，然则又因何而有逸诗？三百篇为有谱可歌之篇，逸诗则否。三百篇为人所重，则因孔子之推重。

《诗经》既在孔子推重下而成经典，于是便有人来为它归纳体例，如《周礼》和伪《毛诗序》中便提出“六诗”“六义”之说，即“风雅颂”、“赋比兴”。前者为体，是乐章之名；后者为言，是修辞技巧。《诗经》之体，应为“南、风、雅、颂”（有称“四诗”的，有的将“南”并入“风”中）。“南”为南方音乐之名，“风”是乡土乐歌，“雅”是和南对立者，是西周之声，“颂”是兼舞之乐。

“赋比兴”是《诗经》的写作技巧，试释如下：

先说“赋”。刘勰《文心雕龙》云：“赋者，铺也，铺采摛文，体物写志也。”朱熹《诗集传》云：“赋者，敷陈其事而直言之也。”所谓“赋”者，不过是用素朴的文字表现内心感怀。

再说“比”。刘勰云：“比者，附也。附理者切类以指事。”朱熹云：“比者，以彼物比此物也。”“比”是以一物比一物，而所指之事常在言外，把本事同比喻作平行的比。如“伐柯如何？匪斧不克。取妇如何？匪媒不得”即是一例。

“兴”的歧义最多。刘勰云：“兴者，起也。起情者依微以拟议。”朱熹云：“兴者，先言他物，以引其所咏之辞也。”“兴”是一种象征，触景生情，触物起兴，对一种物象，有了感情，因而引起别的情绪。二者可能有关联，但也有无关联而诗人由此引起诗思的。例如“桃之夭夭，灼灼其华，之子于归，宜其室家”。

这是诗经的“六义”。如按今日看来，《诗经》内容大体可分为民间歌谣诗人创作及贵族歌曲。民谣为最主要部分，它的两大题材是农歌和恋歌。其农歌部分尤具史料价值，主要写农民们的劳动生产，所受的压迫与剥削、苦难的生活等。例如：《魏风・七月》描写农民全年农业生产过程、贡物剥削及徭役的沉重，反映农民遭受的人格侮辱及其苦难生活。《魏风・伐檀》反映劳役、实物地租的剥削及农民的不满和反抗情绪。

总之，《诗经》是古代遗留典籍中窜乱较少的一种，因易于上口背诵，故存留较全。其涉及问题较广，故为研究古史的重要史料之一。历代研究《诗经》者亦多，清学者陈奂的《诗毛氏传疏》和马瑞辰的《毛诗传笺通释》，可供初修《诗经》参读。

原载于《今晚报》2013年10月8日

且说《容斋随笔》

《容斋随笔》是我早年读过的一部著名笔记，也是学者间经常涉及的一部著名笔记。它以篇帙繁富，内容充实，可资考证而受读书治学者的青睐，而一般人不会感兴趣的。可是有一段时间里，不时有人向我问起《容斋随笔》其书，或函询，或面质，甚至有打长途电话者，似乎这是一部民间暗地传抄的秘本那样。我也有点惑然不解，为什么有这么多人怀着一种好奇心想知道这部书呢？稍后，我才知道，原来这是毛泽东喜欢阅读的一部笔记书，所以才使这部书有了名人效应。

《容斋随笔》是宋人笔记中颇具名声而流传广远的一种。作者洪迈主要生活在南宋前期。他曾做过地方官和文学侍从之臣，最高官阶是端明殿学士，死后谥为“文敏”。他的父亲洪皓曾奉命使金，因坚贞不屈而被誉为“时之苏武”。他的弟兄也都有名于时。《宋史》对洪迈的评论是“迈文学尤高，立朝议论最多”。这可以算是当时定评。洪迈读书甚广，又手勤善记，前后四十年不辍，写成了《容斋随笔》共五集七十四卷，前四集各十六卷，第五集仅得十卷。

《容斋随笔》涉及很广，凡文史哲艺皆所包容。对史实、人事多所考订评论，词章典制也广为记述，很有益于增拓知识，并可资谈助，更以其具有可备考证的价值而为学林所重。随笔初集于宋孝宗淳熙年间由洪迈自刻于婺州，书传宫内，得到孝宗的赞誉，鼓励了洪迈续写的志趣。洪迈身后，由其从孙洪汲于宋宁宗嘉定中为刻全书于赣州。

历来对《容斋随笔》多有佳评，宋人何异称其书“可以稽典故，可以广见闻，可以证讹谬，可以膏笔端”。明人李瀚称，览其书就能“大豁襟袍，洞归正理，如跻明堂，而胸中楼阁四通八达也”。清人洪憬更以其书与《梦溪笔谈》、《困学纪闻》并重而赞其“考据精确，议论高简”。作为中国传统文化典籍总汇的《四库全书》收其书，并于《提要》中总评其书说："南宋说部终以此为首。"此皆足以见《容斋随笔》之为人所重。

这样一部信息量丰富，考证精详，文笔流畅，又多为短篇易读之作，自然具有一种对读书人诱惑的魅力。因此，就难怪博涉多通的毛泽东对这部曾经读过而犹存记忆的《容斋随笔》，虽在病中而仍然要求读的缘故，因为他终究还是一位读书人。

原载于《路与书》（老人河丛书） 来新夏著 中国青年出版社1997年版

农民起义的谤书——《蜀碧》

时人多讥乡人入城，不趋时髦者曰“土包子”；革命者也多自称“土包子”而莫知其语源。近读《蜀碧》，始知其起于四川，卷四记明末四川的反抗斗争说：“各州县乱民，号‘土暴子’，以打衙蠹为名。”是土包子当作土暴子，此杂书之不可不读。《蜀碧》的作者彭遵泗，字磬泉，别号丹溪生。四川丹棱人。清乾隆二年进士，曾官同知。少与兄端泗并有诗名。康熙二十四年，遵泗撰《蜀碧》一书，记张献忠入蜀史事，多有诬词。书前有自序记撰述宗旨说：“余儿时稔闻遗老聚谈事。比长，博采群书，并蜀乘所载当时忠臣烈士，节女义夫可印证者，汇为《蜀碧》一书。”

是书凡四卷，卷一起崇祯元年至十六年，记以张献忠为主的活动；卷二记崇祯十七年张献忠转战各地，入蜀建政以及明政府之疲于奔命；卷三记顺治二年至四年间建政后的活动至牺牲，行文中大肆污蔑谩骂；卷四记顺治五年至康熙二年间，张献忠余部及李来亨等共号夔东十三军的活动。附记一卷，记地主阶级及官僚、士人或死或隐的轶事。

撰者纯为清朝立言，诬起义者为“匪”，为“逆”，为“流寇”，固不待言，即于南明也写作“明孽”，而于清军则大书“王师”。所记内容多传闻讹说，夸大捏造，可称为对农民起义的一部谤书。《四库提要》著录此书于《史部·传记类》存目五，并评此书“体例冗杂”，而某些记事“亦太涉神怪”。不过细加披拣剖析，仍有可供参择者，如卷二记张献忠建立大西政权之设官建政，虽意在视为僭窃，但大西政况可约略得之。所记甲申十月十六日，张献忠称帝立号大西，改元大顺，以成都为西京，以及设官封爵，甚为具体。其记张献忠铸钱事尤详，所需之铜乃“取藩府所蓄古鼎玩器及城内外寺院铜象”，其文曰大顺通宝，钱呈肉色，光润细致，清初有人得者，“作妇女簪花，不减赤金”，其他如保甲编组、营房设置等均有所记。即此数则已涉及大西政权的政治、经济、军事、社会各方面。

撰者对明朝将帅颇加指斥，如论熊文璨之贪贿，杨嗣昌之虚恢自用，烦琐无大略，均近信实。至于记杨嗣昌悬赏擒斩张献忠者，赏万金，爵通侯，而张献忠则到处张贴有斩阁部（指杨嗣昌）头来者，赏银三钱。万金三钱之比，正以见农民军之豪气与对杨嗣昌之鄙弃。此说见于《明史·杨嗣昌传》，显见此乃当时盛传之事实，而非虚构之语。《蜀碧》一书为后世所嗤，若细加审辨，善予抉择，亦有可供证史者，粪土亦可肥田，信不诬也。

是书书前别有《征实》一篇，即征引书目，共列用书二十五种，多为有关明末史事者，可备参考。书后附撰者《书甲申辑略后》一篇，申辩“献逆贼蜀，由风俗之恶，天降大罚”一说之非。

是书有嘉庆二十年天禄阁精刊本。另见收于多种丛书：有《借月山房汇钞》第七集本、《指海》第九集本、《泽古斋丛钞》第五集本、《崇正丛书》本、《式古居汇钞》本、《申报馆丛书正集》本、《丛书集成初编》本、《中国内乱外祸历史丛书》第十五辑本及《笔记小说大观》第三辑本。

原载于《邃谷谈往》（说文谈史丛书） 来新夏著 百花文艺出版社1999年版

并不说梦的《说梦》

《说梦》撰者曹家驹字千里，号茧庵。据他在书前的自叙中所记，《说梦》是撰者八十高龄时所作。他一生失意科场，又不善经营，本已无可称道，只因天假之年，所以能够看到人间升沉荣瘁的变态，看到那些富贵炫赫的人，莫不“化为烟云，荡为冷风”。而自己仍能“抵掌而谈其遗事”并以笔代舌，传之后人以广旧闻。凡笔之于书者皆为撰者目睹者，以免梦中说梦。书末有咸丰八年姚铁梅所题卖花声词一首，其下阕云：“有酒且重酌，望古逡巡，开编恍遇杖朝人（时先生年已八十），二百年前兴废事，今又身亲。”同治时人毛祥麟所撰《墨余录》卷二收《说梦》数则入书时有小识说：“曹号千里，籍华邑，居柘之西村，以故明诸生称耆老云。”可见撰者生活于明清之际，为明代秀才，所记以明代典制、掌故及明末人物遗闻居多。大致类别如次：

记明代漕粮赋役问题者有：《明代运漕法之变迁》、《林巡抚均粮》、《均粮发端于徐南湖》、《杂差》、《华亭县均田均粮碑记》。记明末死事者事迹的有：《纪吴绳如殉节事》、《纪侯怀玉殉难事》。记明代官制及科场掌故者有：《纪历任巡按》、《纪历任理刑》、《纪历任督学》、《嘲应试诸生》、《嘲试题》。记明代乡绅恶行者有：《谢克斋居乡暴横》、《黑白传》、《董思白贻谋不善》。后二则专记董其昌的肆虐乡里。

《说梦》记明清易代之际的阶级关系与阶级地位变化等尤为具体。其《董葵初先荣后枯》条记《三冈识略》作者董含居乡向佃户勒取附加租的无孔不入。董含吩咐家人：家中百事具备，只缺咸菜，因想到佃户所种田外余地，“俱种蔬茹，何可独享。”因而规定：“今后每米一石，须要瓜干一斤，随租并纳。”直到因通海案抄家时，还有满仓库用蒲包盛贮的瓜干。其《上海之风气》条记缙绅地位日降而商人地位提高的变化，致使两亲家为争夺一商人作客而致命的丑闻。

原来赵升之与王又玄为儿女亲家，“遇山右大贾至，两家争欲客之，而王氏根深，又奴丁最盛，竟拥而去。升之暴怒殊甚，顷刻仆地殒命”。事固可笑，亦以见当时的社会风气。其《徐七官代人受杖》条记明代勋贵徐达后裔因易代以后，产业籍没荡然，代人在官府受杖之沦落惨状。余怀《板桥杂记》卷一《中山公子徐青君》条亦记此事，虽有繁简之异，而此事当非子虚。

《说梦》原无刊本。咸丰三年松江人陈锦（绣谷、昨非庵道人）在寄居翟姓家中时，见到《说梦》一集，与同住友人互相翻阅，认为此书可资考订，备劝惩，而苦无刊本，乃倩友毕半月之力，“缮写成帙”。同治七年，毛祥麟曾见《说梦》抄本数十页，“字半缺残，纸亦多碎烂”，乃选其中《均田》、《吴农部》、《科试轧毙》、《董葵初》、《黑白传》、《葛将军》等多则入其所著《墨余录》卷二，标题为《摘录曹千里说梦残墨》，内容与今印本类是。今流行本为《说库》本。

原载于《邃谷谈往》（说文谈史丛书）　来新夏著　百花文艺出版社1999年版

明清人物的轶事别传——《虞初新志》

虞初者，据说“为汉武帝小吏，衣黄乘辎，采访天下异闻异事”，于是摭拾人物轶事的小说家言，多以虞初名书。《四库全书存目》著录有《虞初志》，原本，不著撰人。此书为记唐人轶事之作，明人汤显祖称之为“小说家之珍珠船”，所以“点校之以传世”，并因唐以后人无所闻见，又续四卷，合为十二卷。《四库简明目录标注》邵章续录称有钟人杰本。此为虞初类图书之最早者。

清康熙时，新安人张潮，字山来，号新斋。因明末以来人物尚缺，乃自清初文集杂著中选辑明清以来人物之轶事别传，纂成《虞初新志》二十卷。书前有自序，称其所选诸篇为“其事多近代也，其文多时贤也。事奇而核，文隽而工，写照传神，仿摹逼肖……”作为选家，纂者之自视甚高，而检其所编确多为清初名家，可节省翻检诸家别集之劳。

《虞初新志》所据文集之撰者大多为清初具有声誉者，如魏禧、王思任、周亮工、吴伟业、侯方域、尤侗、李渔、方苞、毛奇龄、王士祯等，而各家所撰传记之人物，也大多行事诡奇怪异，各有特色。传文内容颇有可供参证者，如卷一所采魏禧之《姜贞毅先生传》，可以见明代廷杖之惨酷；王思任之《徐霞客传》，可以知地理学家徐霞客之生平游踪。卷二吴伟业之《柳敬亭传》，可以见明末说唱家柳敬亭之气节。卷六吴伟业之《张南垣传》，可以见造景家张南垣叠石成景之神工绝艺。卷十一陈鼎之《八大山人传》与卷十三毛奇龄之《陈老莲别传》皆以见明清之际画家朱耷、陈洪绶之生平。其可读者不仅于此，惟其所采诸家文集，几乎都尚存于世，使用资料者大可求原书而读，何必取其二手，致使《虞初新志》流于说部浏览之列。山来于每篇选传后常附一按评抒发议论，增补事实，而主要内容为对文章之评点讲画，可惜缺乏卓识，未能脱出评点家之窠臼。

继《虞初新志》之后而仿其体例以纂辑成书者尚有数种，如：

（1）《增订四库简明目录标注》 邵章续录著录《虞初续新志》一卷 清朱承轼撰 北京图书馆钞本。

（2）孙殿起 《贩书偶记》卷十二著录《广虞初新志》二十卷 新安黄承增辑 清嘉庆癸亥寄鸥间舫刊巾箱本。

此二种均未获见，姑置不论。

《清代笔记丛刊》中除收《虞初新志》二十卷外，尚有《虞初续志》十二卷一种，嘉庆时人郑树若醒愚所辑。其自序叙辑书缘由说：

> 予间取国朝各名家文集暨说部等书，手披目览，似于山来先生新志之外，尚多美不胜收，爰择录其尤雅者名曰《虞初续志》。

《虞初续志》选辑范围不如张志之广，而亦多采名家之作。如对徐乾学、蒲松龄、陆陇其、毛奇龄、邵长蘅、侯方域、魏禧、潘耒、施闰章诸人所作，均有所采辑，其中卷二邵长蘅所撰《阎典史传》，卷九方苞所撰《左忠毅公逸事》、袁枚所撰《徐灵胎先生传》等皆有补于史事，而其所病，正与张志同，因所引书犹存世。

原载于《邃谷谈往》（说文谈史丛书） 来新夏著 百花文艺出版社1999年版

清初社会写真——《北游录》

五十年代，有一位不甚为人注意的史学家忽然红火起来，那就是《国榷》的作者谈迁。谈迁原名以训，字观若，明亡后改名迁，字孺木。浙江海宁人，生于明万历二十一年（1593），卒于清顺治十四年（1657）。年六十四岁。他虽只是明朝一个秀才，却独力纂成《国榷》百卷，成有明一代之信史。更啧啧人口的则是《国榷》既为宵小所窃，迁乃奋余年重撰成书的精神更为后学所钦仰。谈迁为补正《国榷》内容，在他逝世前三年竭尽生命最后余力，北上京师，借阅图籍，咨访故老，考察遗迹，校核史实，征求意见。居京两年余（1653—1656）南返，次年即卒。《北游录》是他居京两年多游踪、见闻、撰作的记录。

《北游录》共九卷，分《记程》、《记邮》、《后记程》、《记咏》、《记文》、《记闻》六类。内容不啻清初社会风貌的写真，而谈氏笔墨谨严，尤足征信。淮北素有“淮贫”之称，居民多苫外瓦内，因瓦房一楹岁征一两五钱，而苫舍一钱五分，且瓦舍需负担沉重的徭役，所以有“一瓦舍岁且费数舍，故苫之以避徭”（《记程》）之说，谈氏且发之于诗歌云：

> 淮安城西俱苫屋，偶一问之泪如沐。男耕女织粗自全，曾为陶瓦几孥戮。彭彭挝鼓经官舫，飞挽征夫互奔逐。近年织造又苏松，黄袱盘龙奏进速。大兵南北出淮安，舟车驱逼家家哭。邮符一纸惊入门，牵衣泣送各销魂，累人陶瓦全家破，聊尔诛茅喘息存。（《记咏·河上行》）

谈氏处易代之际，对故明有所眷恋，对清廷时有非议，如记圈地称：“初徙辽人，圈顺天、永平、保定、河间之田。凡腴亩华宅俱占去。”（《记闻》下）又记满人倚势放债之虐说：“顺治初，满人橐溢，长安初定，谓其易与，往往告贷。须一人预券，如百金例馈五缗。月征子钱，不爽时刻。少负进则移坐预券者，诟辱及之。宛平陆嵩，丙戌进士，选庶常，除国史院检讨，尝预券失期，道上被执，裸剥于家，竟免官。……又弘文院编修宜兴陈子鼎为姑苏申氏预券，方修史玉兰宫，驱赴刑部责之，踞三日，命杖二十，免官。朝士预券，非代偿，则株累，叵测如此。”（《记闻》下）预券即保证书，作保者之受凌辱如此。他在《上大司农陈素庵书》中说：

> 丧乱以来，毒我黔首，非创于兵，则啮于吏。非创于寇，则枵于年。畴昔灾黎，仅在下户。今江南温室，或不能饱其孥，罄宅殚田，鬻子女而填图圄，指不胜数也。苏、杭、嘉、湖，夙号腴亩，价逾十金，近委以与人，不得下直，哀哀生民，始困于明末，剧于今日。（《记文》）

所谓“今”、“今日”，均指顺治时而言，致微词于清朝。

谈迁为一寒士，成书自有甘苦，往往因向藏书而不读书的豪门借书，饱受冷遇。他在《寄李楚柔书》中言其苦状说：“日伺贵人门，对其牛马走，屏气候命，辰趋午俟，旦启昏通，作极欲死，非拘人所堪。”（《记文》）

《北游录》旧钞本，有朱之锡序，识谈氏采辑史事之艰辛颇详。1960年中华书局印入《清代史料笔记丛刊》，书首以吴晗所撰《爱国的历史家谈迁》代序，可略见谈迁之生平与著述。

原载于《邃谷谈往》（说文谈史丛书） 来新夏著 百花文艺出版社1999年版

董含与《三冈识略》

《三冈识略》的作者董含是清初颇著声名的士大夫，同时代人写的好几种笔记中都对他有所记及，如：曹家驹的《说梦》中记其科第与家道，张宸的《平圃杂记》中记其科场被抑，叶梦珠的《阅世编》中记其弟兄。他字阆石，晚号莼乡赘客。江南华亭人。生于明天启六年（1626年）。清顺治十八年（1661年）成进士。所撰《续识略》止于康熙三十六年（1697年），时年七十一岁。

《三冈识略》是董含的编年纪事之作，书凡十卷，每五年为一卷。始于顺治元年，止于康熙三十一年。《续识略》记康熙三十三年至三十六年间事。以干支记起讫年份，以月系岁，以日系月。前后共有五十四年记事。这样一部经历半个世纪而自加编次的笔记，实为难得。书前有凡例十条，自称其书"积五十余年，今始告成"，并称："事虽细微，各有依据，不敢妄为称述。"可见此书之尚有一定的功力。《续识略》书后附《莼乡赘客自述》以自述生平，并说将以此作为身后的行状。

这是清初笔记中的知名之作，对顺治、康熙时政治、社会诸情况多有述及。如卷一的《松江屠》、《松郡三变》记清兵在江南屠杀之惨。卷二《均田均役》、卷五《谣谚》、卷六《三吴风俗十六则》、卷九《请减浮粮》等条记东南赋役的严重，行墨间难掩其对"奏销案"的怨愤。清初裁抑东南地区汉族缙绅地主是巩固新政权的重要对策。这就引起苏松繁庶地区汉族缙绅地主的特别不满。这些愤慨在当时一些笔记杂著中随处可见。

是书卷三《江左风俗》记清初人身依附关系说：奴婢子中秀才后，"皆从主姓。少长悉以叔祖称之。即位望通显，不敢抗行"。卷六《三吴风俗十六则》有两则厉声斥责有身份的缙绅结交非缙绅富民为风俗之弊。这些记述正说明当时缙绅的特殊地位已非世家大族所独有，一股新起势力正凭借财富来冲破禁区陆续羼入到缙绅行列中来。这种变异激起了这位董宦子孙对世风日下的浩叹！他内心的嫉恨和愤慨已经达到扼腕腐心的地步，但却无力阻挡，只能用笔墨来发泄。卷十《松郡大荒》条记康熙二十八年松江佃户的抗租斗争已达到“官府不之禁，田主束手无策，相顾浩叹而已”的尖锐激烈程度。此外也有不少谈因果报应、迷信惑众的奇谈怪论。

《三冈识略》有钞本、刊本。孙殿起《贩书偶记》卷十一著录一旧钞本为《三冈识略》十卷、《补遗》十卷、《续略》二卷、《续补遗》一卷，总卷数比流传的申报馆小丛书本多十二卷，惜未获见。

清人吴震方《说铃后集》还收刻有董含所撰《莼乡赘笔》三卷，世皆以此书即《三冈识略》。杜信孚的《同书异名通检》亦定二者为同书异名，均作四卷。我曾以申报馆本《三冈识略》与此书比勘，发现二者实有繁简不同——《赘笔》删去《识略》二百五十余则之多。凡为明朝立言者，讥讽清朝者，记天变物异者及干支年月，均被删去。是二书内容与寓意已有不同，所以不应视为同书异名，《赘笔》乃《识略》节本或别本。从二书相校中始悟成说未可轻信，即使笔记杂书之属也不可废校勘之功。

原载于《邃谷谈往》（说文谈史丛书）来新夏著　百花文艺出版社1999年版

杂考之属——《天香楼偶得》

《天香楼偶得》撰者虞兆漋，字虹升。浙江嘉兴人。生平不详。清康熙时有东轩主人所撰《述异记》卷上《尸解遭发》条曾记及虞氏曰：“嘉兴虞虹升侍御……于南门外构小园名寿鹿，土木精丽，时复改易，布置不辍。康熙三十年掘地为池，丈许得一石板，板下两缸对合，启之一尸，俨坐如生，发长被体，指爪绕身。虹升举弃南湖深处，未几得病恍惚，百药不效而死。”其说虽涉荒诞，但是，从这条资料可以看出撰者于清初曾任御史，浙江嘉兴人，康熙三十年病卒，可补生平之不详。

《天香楼偶得》多属杂考之类：有记天文时令者，如《二十八宿》、《日月食》、《黄梅》等则皆释天象气候。其《端午》条辨正端午不仅指五月初五，而是“凡月之五日皆可称为端五”，但此说已见多书，并非创见。有训诂文字，考辨异说者，如《斯螽·莎鸡·蟋蟀》条分别考辨三者之不同，以纠正过去注家将三者作为一物之误。《弓字》条谓“弓即卷字”，以驳释此“为吊字及篇字者皆非”，证之道书及某些说部，皆以弓为卷。《墓冢坟》条则加以解释说“平者曰墓，卑者曰冢，高者曰坟”，以正世俗之混称。《律》条释律为“古人以竹为器者，皆名曰律”、“法律、律令当是书其法令于竹简上”。类此尚有多则。有考究俗语称谓者，如《至亲》、《结发》、《佳人》、《太公》等则。其《婴儿》条言幼女为婴，幼男为儿，并讥后人对凡始生者皆谓之婴儿为有欠分别。实则这只是统言与析言之分，如饥馑、园囿之类。有评论诗文者，如《韩昌黎序》、《唐诗》、《刘梦得赠白乐天诗》、《李义山〈宫妓〉诗》及《文章繁简》等则。有记汉人同姓名者，如贡禹、京房、上官桀、韩安国、王莽、王章、公孙宏、张禹、杜延年等均不止一人。有记事物原始者，如《羽扇》、《象茶》等则及所记花木虫介等物之原始。

是书多有钞录其他著述者，除经史外，尚有《夷坚志》、《拾遗记》、《古今注》、《梦溪笔谈》、《五杂俎》、《华阳国志》及《神异经》诸书。所引各条大多注明出处，惟处子、风毛、膏粱、侄、赤子、白酒、自喜、讳丙等十余则均引自明来斯行之《槎庵小乘》，或全加钞录，或略缀数语，除《风毛》条注称"槎庵小乘曰"外，其他均未注明出处。其《赤子》条称"愚按尺字古通用赤"，实引自《槎庵小乘》，"愚"乃来氏之谦称，但虞氏照录而不注出处，至为可笑。《天香楼偶得》有《类书钞纂》一条称："类书所钞纂者，必详出自何书，方可令览者参考。尝观《稗史汇编》一书，不能一一注明所出，至有以古人所称余者，俨若纂者自称，古人所称是时者，俨若纂者之时，甚可怪也。"其说可法，其行不符，亦甚可怪也。

《四库全书总目》著录其书于子部杂家类存目三，评"是编乃其读书所得，随笔纂录，分类编次为天文、地理、宫室、器用、鸟兽虫鱼、草木、典制、字学、人事、艺文十部。中多蹈袭旧文，其自为考证者不过十之一二"。虽有考辨确当，洞烛真伪之条，但失于详考检核者亦所在多有。

是书有《虞虹升杂著》本、《说铃》后集（康熙、道光）本、《古今说部丛书》六集本及《说库》本。

原载于《邃谷谈往》（说文谈史丛书）　来新夏著　百花文艺出版社1999年版

说说《治河全书》

近年来，由于申请世界文化遗产，久被冷漠的南北大运河，又被人们逐渐炒热。有一篇文章曾链接到《治河全书》一书，但又语焉不详。这是一部有关大运河的善本书，有很高的史料价值，应该引起人们对它的注意。

《治河全书》共二十四卷，清张鹏翮等纂辑，清白棉纸写本，九行二十四字，白口，版框左右双边。钤有“雪斋经眼”、“宝贤堂” 等朱文方印。卷首有五彩河道绘图，折叠成一册。此书未见刊本。《中国善本书总目》著录。应是清乾隆前手写善本，现藏于天津图书馆。

纂辑者张鹏翮，字运青。四川遂宁人。清顺治六年（1649）生，雍正三年卒（1725）。康熙九年（1670）进士，选内弘文院庶吉士。历官刑部郎中，苏州、兖州知府，浙江巡抚，兵、刑、户、吏等部侍郎、尚书，江南江西总督，南河河道总督及武英殿大学士。卒谥文端。所著有《忠武志》八卷、《信阳子卓录》八卷、《敦行录》二卷。后人为编《张文端文集》。

张鹏翮是清初名臣，长于治河，凡所经划，无不完固，与清初治河专家靳辅并著声名。《治河全书》是张鹏翮于康熙四十二年（1703）任南河河道总督时组织门人及僚属纂辑者。全书包括康熙阅视河工之上谕，对河道事宜之决策及历任河道总督之治河章奏等。

《治河全书》共二十四卷，卷一至二，辑录自康熙二十三至四十二年间治河上谕；卷三至十三，记载了我国运河、黄河、淮河三大水域的源流、支派、地理位置及历年对其治理的情况等，其中对各河道的形成、流向、堤坝修筑、防汛事宜等所记尤为详细；卷十四至二十四，系历任河道总督靳辅、王新命、张鹏翮等人有关治河章奏，而以张鹏翮为最多。所附彩色绘图，工细精致，精确地反映了三大河流及各支流的全貌。

《治河全书》为未刊稿，据其后人于清光绪八年（1882）刊行的《张文端公全集》卷首的凡例中有云：“至其门人幕僚纂辑者，乃有《河防志》、《奏议》、《年谱》诸书。今二稿与年谱尚未刊行……”《河防志》当即《治河全书》之初名，光绪时全书犹为写本，则其文献价值可见。《治河全书》内容翔实，史料性强，是研究清代初期治河工程的重要参考资料，对当前治河水利工程和水利史的研究以及准备修浚大运河，都颇有借鉴参考价值。

《治河全书》长期庋藏于天津图书馆，书品良好，为海内孤本。读者与研究者使用，很不方便。亟待有关部门予以支持、关注，使该书能早日正式（影印或点校排印）出版，以利保存、流传。

原载于《今晚报》2006年6月8日

杂记广东风土的《南越笔记》

《南越笔记》一名《粤东笔记》，四川绵州李调元所撰。调元字雨村，乾隆二十八年进士，曾官广东学政、畿辅监司。一生著述宏富，为乾嘉时著名学者。乾隆四十六年任官畿辅时，正值四库全书馆初开，大事搜集遗书之时，因而得到借观内府藏书副本的机会，遂雇人钞录，准备汇集刊行，历时一年，辑成《函海》初续二刻各二十函，收书一百六十三种，共八百五十二卷，为清代著名丛书之一，其中第二十五函至四十函为李氏著作，其他为六朝以来未刊罕见书，颇有功于学术。乾隆四十二年冬李氏任广东学政，遍历全省诸府县，涉猎岭南载籍，于乾隆四十五年任满时，成《南越笔记》十六卷。

《南越笔记》是杂记广东风土之作，凡风俗、山川、名胜、物产、制作、传说等无不包罗而尤详于物产，于矿藏、树木、花草、禽兽、鳞介等均加评述。此作之前，记岭南的著述尚有《广东新语》、《岭南杂记》诸作。《南越笔记》较之屈大均《广东新语》不仅未能超出范围，甚至有剿袭者，一字不差而不注出处，如：

> 谓赁田者曰佃丁、曰田客。赁地者曰地丁、曰地客。（《广东新语》卷十一《文语·土言》；《南越笔记》卷一《广东方言》）
>
> 粤之葛以增城女葛为上，然恒不鬻于市。彼中女子，终岁乃成一匹，以衣其夫而已。（《广东新语》卷十五《食语·葛布》；《南越笔记》卷五《葛布》）

但是，《南越笔记》由于流传较广，引用者较多，特别是在前数年讨论中国资本主义萌芽问题时，以《南越笔记》易得，遂广为引证，《广东新语》反为所掩。其所记述者多涉社会经济，如卷五《铁》一则，记广东冶铁业之规模颇详，其记佛山铸铁业已有行业分工："凡铸有耳者不得铸无耳者，无耳者不得铸有耳者，兼铸者必讼。"其铁镬外销，"鬻于江楚间"。卷十四《蔗》条记糖房榨糖，"多以致富"，而蔗农则下农不过榨以自给，甚或自给犹不敷。卷十六《糖》条则记糖房以糖放利的情况甚详称："大抵广人饮馔多用糖。糖户家家晒糖，以漏滴水，仓囤贮之。春以糖本分与种蔗之农，冬而收其糖利，旧糖未消，新糖复积。开糖房者，多以是致富云。"其他记种蔗、种香、种茶等资料，均足以见清初农业经济中经济作物已大有发展，某些地区"蔗田几与禾田等矣"（卷十四《蔗》）。类此，虽与前人所著多有重复，但也可证明清以来广东地区经济之发达程度，并供地方史志参考采择。是书还收集广东一些民歌，并记述了这些民歌的形式与演唱时的特点。对广东方言的语源、典故也有所探索。

是书有《函海》（清乾隆、道光刊本）等二十四函本，《函海》（光绪刊本）第二十七函本，《丛书集成初编》本。抗战前，商务印书馆据《函海》本标点排印。《小方壶斋舆地丛钞》收刊《南越笔记》，但不分卷，除略去标目外，尚删削若干则，如卷三《琼州潮》条删去《流水指掌图》，《弹子矶》条则加以删减；卷四缺《海琼子》、《桂阳周府君碑》及《连州二诗人》等三条，其《白沙先生》、《枕书堂》二条则大加删略；卷十六缺《御米》一条等等。是以凡引证史料当力求单刻，退而求其次，乃引用丛书所收资料。

原载于《邃谷谈往》（说文谈史丛书）　来新夏著　百花文艺出版社1999年版

《小豆棚》

曾衍东，字七如，一字式如、青瞻，号七道士，山东嘉祥人，生于清乾隆十五年（1750年），约卒于道光五年（1825年）。乾隆三十五年（20岁）曾入庾岭道南书院学习，后屡试不售，作幕于江西、湖北、江苏及山东等地。乾隆五十七年（43岁）始中举。50岁后，在湖北数任县级官吏，63岁在江夏令任上，因忤上官，贬戍温州，后遇赦，贫不能归，客死温州。所著有抄本《七道士诗集》二册，手稿册页《长日随笔》一册，刊本《哑然绝句》和《七如题画小品》各一册外，尚有笔记《小豆棚》一种。

《小豆棚》初稿八卷，光绪时项震新又为参校，分门别类，订为十六卷，即今通行本。卷首有嘉庆二十一年永嘉人彭左海所撰曾氏小传，述撰者生平称：

> 曾式如名衍东，字青瞻，号七道人，山东嘉祥人，乾隆壬子举人。为楚北江夏令，诖误戍温，居郡西曾氏依绿园之旁，名其居地曰小西湖。性格落拓不羁，工诗及书画，笔墨狂放，大致以奇怪取胜。镌图章，摩古出奇，自榜其门曰："挂冠自昔曾骑虎，闭户于今好画龙。"慕板桥为人，常谓曰："难得糊涂"。遇赦后，贫老不能归，卒于温。著有《小豆棚》八卷，《哑然集》一帙，尝作《元宵灯鼓图》，题云："惊人岁月千挝鼓，老我乾坤百岁灯。"读之令人有胜事长新，年华暗老之感也。

校者项震新字东垣，光绪六年编订此书为十六卷，并写叙一篇附彭传后，叙是书要旨及编次情况说：

> 每因行踪所至，见夫山川、古迹、人事，物类；或取一二野史家钞本剩录及座客谈论，博采旁搜，辑成一部，十余万言……余从友人处借读一过，

觉众妙毕具，层见叠出，以为得未曾有。然原本随得随录，意义尚烦寻绎，因为之分门别类，诠次成帙，计十六卷，大而忠孝节义之经，次而善恶果报之理，常而艺文珍宝，变而神鬼仙狐以及山川、风土、鸟兽、虫鱼、诗词、杂记，诸凡备载。

项氏以原书无所类别，乃按其内容分此书为十六卷，即忠义、义勇、报应、祥瑞、艺文、珍宝、僧道、闺阃、仙狐、神道、鬼魅、怪异、杂技、淫昵、物类、杂记等十六部。观其分部，可知是书多记贞女节妇、神鬼仙狐、玄奇诡怪，一归于因果报应，多可资茶余饭后谈助，难称清人说部中的佳品，惟其间亦尚有可采择者，如卷五艺文部的《贾凫西鼓词》、卷六珍宝部的《琉璃》、《水晶眼镜考》、卷十三杂技部的《指画渴笔创始》、卷十五物类部的《人参考》、卷十六杂记部的《郑板桥》诸条均记事物原始及人物。其记社会经济状况者也可披拣若干，如卷三报应部《大算盘》条所记一高利贷者因刻薄盘剥而遭到报应，如剔去迷信部分则可见乾隆时的高利贷剥削状况，记称：

单有益，宛平人。重利放债，算折秋毫，凡有远省诠选，借伊银钱，甚至三扣，人号为单算盘。与之交者，无不吃亏。凡人一器一物，亦设计攫取，因而家遂丰，起盖房廊，陈设玩好，居然豪富，家有一妻四妾三子一女，而且婢仆舆马，无不如意。

吴门陆采侯者，忼爽人也。顺治年间，有某商主其家，置绸缎货已毕，欲束装行。采侯止之曰：诘朝重阳佳节，客不囊萸山上，而反载月船头，不诚大煞风景耶？商颔之，乃移货贮他寓为便利计。明日携斗酒，登治平寺，相与尽一日欢。晚归，他寓火，千金物付之一炬，采侯叹惋，且伤客之荡尽也。语商云："是非客之过，我贻之咎，若货未登舟，货犹我货也。且我若不强留，又安及火"，竟偿其值，商感谢而去。

乾嘉之时，四民界限已不甚严，商人地位也有所提高，商而仕宦，士而商贾，时有出现，是书即记有士人经商致富的例证，如卷八有《董子玉一家》条称：

董子玉，祖籍北方而生长南地。其先人富于吴，遂家松江。……读书不达而货殖焉。遂商旅于闽、广间，贩丝丝贵，贩米米昂，不五六年，奇赢十倍。

交纳钱粮，经官烦杂，于是有包揽钱粮从中牟利者。是书卷三《黑毡帽》条记此恶行称：

> 山左有包揽钱粮者，士庶家多为之，设肆于市，或兑换银钱，或打造首饰，置一大熔炉于室中如浮屠，名为倾宝于官，而实则消髓于民也。又串通胥吏，使衙官出示，不准自封投柜。复不准他人开设此铺而后得垄断焉，是以犯禁之揽人，反视为奉官之包户矣。乡之人负镪入城，登门请纳，任意倍算，不可测度。有乡人无钱者，请为代纳，其毒更甚，当麦熟则贱索其麦，谷熟则贱索其谷，以至棉、烟、丝、布及于车牛田土，无不设法取之，而被害者犹曰官项也。吾乡有愚老，有田数十亩，城中有包管其事者，五年荡其产，老饮恨日甚，以致病谢，将死曰："吾必作恶犬噬杀之"。

是书本不知名，目录书不见著录，1981年初浙江省忽将是书作为新发现的文学作品宣告于世，于是报纸杂志，纷纷发布消息，刊登论文，各地报刊也相继转发，《小豆棚》一书几乎成为人所注目的热点，推崇游扬，不遗余力。《浙江日报》报道说，浙江省发现一部清代曾衍东所著的类似《聊斋志异》的文言短篇小说集《小豆棚》。这一报道认为是书主要涉及三方面题材，即：一、揭露腐朽的封建官僚制度；二、赞颂了下层人民，特别是妇女的善良、正直的品格，肯定了自由婚姻的追求；三、广泛记录了各方面的见闻，并肯定了是书在人物、情节及文字上的成就。但文章又指出"这部作品具有较多的封建糟粕"，"艺术上也有很大弱点"，"体例相当芜杂"等等。立论似乎公允，实则自相矛盾，而核诸是书实际，实有评价过高，虚夸不符之嫌，更难与《聊斋志异》相提并论。至报道与论文均称是书为六卷，而征之是书叙、传及今本实有卷数仅有八卷与十六卷之说，而六卷本未知何据。是以有人公开指斥误处：一、这本书不是新发现的，因为此书在乾隆、嘉庆、光绪和清末民初至少已刊印过四次了。二、此书分六卷，这也与事实不符。因为是书彭左海所撰作者小传中作八卷，项震新参校本编印为十六卷。申报馆仿聚珍版印本装印为6册，前两本每本各包括两卷，后四本，每本各包括三卷，还是十六卷，而并非六卷（1981年3月15日《光明日报·来函照登》）。似此，也可见立言之不易。

是书卷首有撰者自序一篇，以游戏笔墨述著书意旨，卷末更撰《述意》一篇，以杂剧形式叙撰作是书缘由，嬉笑怒骂，皆成文章，撰者当为愤世嫉俗，落拓失意之士。

原载于《出枥集》（名家心语丛书）　来新夏著　新世界出版社2002年版

七墨实为六墨——《金壶七墨》

《金壶七墨》是比较流行的一部清人笔记，我在六十年前读中学时就读过它的一折八扣铅排平装本，后来又读过《清代笔记丛刊》十九卷本，内容较杂，但涉及甚广，还值得一读。它的撰者黄钧宰，字天河，江苏淮安人，生卒年不详，大约生于嘉庆，卒于光绪。黄钧宰将道光中期至同治末年间所见所闻的时事异闻笔之于书而成《金壶七墨》一书，所以，书前所载光绪二十一年洪葆荣撰序中即说："爰就咸同间所见所闻，掇拾成书"。

七墨者，实为六墨，大抵按年为序，《丛刊》本作共十九卷，凡《浪墨》八卷，约为道光十四年至咸丰三年间见闻记事；《遁墨》五卷，前四卷记咸丰四年至同治二年间事，后一卷辑所谓节妇唐母的表扬诗文，既无撰者作品，又与全书体例不合，别本皆无此卷，似为后来羼入；《逸墨》二卷，记同治三年至十二年间事；《戏墨》一卷，多为游戏谐趣文字；《醉墨》一卷则多饱经沧桑，勘破世情的愤激语；《泪墨》二卷又题《心影》，记哀艳传奇。据清人谢章铤《赌棋山庄集·课余续录》卷四称："尚有《金壶丛墨》……未刊"，不知为有目无书，抑有书亡佚。若能合前六墨共刊，则七墨当名实相符矣。

道光至同治间的国内大事，莫过于鸦片战争和太平天国起义。所以，《金壶七墨》记此类史事为多，如《浪墨》卷二有《广东夷变》、《英吉利》、《烟费》、《陈关阵亡》及《定海再陷》诸条，卷三有《吴松之变》、《吴松从殉》、《镇江之乱》及《刘中丞书》诸条，《遁墨》卷一有《武昌初陷》、《金陵被围》、《洪大全》及《钱江》诸条，卷二有《贼酋内乱》及《北军凯旋》诸条。不过，笔记说部难免自逞臆说，终不如近年研究者挖掘史料与论述史事之详实，唯《浪墨》卷四有《漕变》一则，记及道光时湖北钟人杰、杨大鹏先后因抗漕而起事的史实为他书所少见，足资参考。

各卷中尚有与清代政治、经济及社会风尚有关的记述，如《浪墨》卷一之《熙朝财赋》、《南巡盛典》、《盐商》、《漕弊》及《纲盐改票》，卷四之《州县积弊》，《遁墨》卷二之《铜厂》与《铁矿》等条，其史料价值较胜于对鸦片战争与太平天国之记述。

清人谢章铤《课余续录》卷四曾著录“金壶浪墨、遁墨、逸墨十二卷”，似另有十二卷本，而无七墨总名。其下双行小注说：“作者姓氏未核，笔墨颇可观，初出时甚得名，其中俯仰时事，尤增人感喟也。卷首题目尚有《金壶丛墨》、《寰海新闻》、《说环》、《国朝名人可法录》、《比玉楼间话》、传奇四种，未刊”。从谢氏著录可知前三墨曾先刊，但未署作者，时评很好，并知黄钧宰尚有多种未刊著作云云。

《金壶七墨》十九卷本外另有同治癸酉（十二年）松江西门内普照寺西首萧隆盛刻十八卷本，共八册，其《遁墨》作四卷，则五卷之后一卷似为后来所续入，《丛墨》亦未收入，仍为六墨。刊刻年代正成书下限，则此本当为最早刻本。

原载于《邃谷谈往》（说文谈史丛书）　来新夏著　百花文艺出版社1999年版

题华长卿《簹言集》

香港即将回归祖国，许多人都想知道一些文献记载，特别是当时人的诗文中有何反映。南方诗人曾写过不少史诗性的作品，记录了鸦片战争的史事，但尚未见直接触及香港问题者。我想这样一件属于古今之奇变的大事，北方诗人不可能无动于衷，只是未能深入挖掘而已。天津为北方一大口岸，鸦片战争时的白河投书以及后来的《天津条约》、《北京条约》又无不与天津有关。于是我在天津的地方文献中尽力搜求，终于意外地找到一本薄薄的天津诗人华长卿的《簹言集》。

华长卿是清嘉庆、道光时人（1804—1881），中过举，做过县训导之类的小官。在二十多年里，他写诗一千七百余首。因财力有限，只能把道光十八年（1838）至二十三年（1843）六年间所写“不能已于言者”的五十首刊印。这五十首诗几乎都是针对鸦片战争前后的时事而写，诗人自己也认为“非效无病之呻吟，半属有感之讽喻”。但是诗人却题名为《簹言集》。“簹言”者，伪言之意，诗作都是当时的纪实之言，而诗人偏说这些是假话，更能见到诗人激愤不平之气。这本诗集很快于道光二十五年（1845）在《江宁条约》签订地南京刊行，恐怕也包含着对奇耻大辱永志不忘的深意。

《簹言集》主要纪鸦片的毒害、战事的荣辱成败。开卷第一首是道光十八年（1838）所写《禁烟行》，那正是烟毒泛滥，严禁论提出的时候。诗中描写吸毒之害是“珍馐果腹色如菜，鲜衣被体神似丐”。诗人力主严禁，热情地赞誉鸿胪寺卿黄爵滋的严禁论说：“鸿胪一唱人鬼惊，秦镜照胆空中明。”第二年，诗人又写《后禁烟行》谴责禁烟运动中的腐败现象，他祈求禁烟的成功，能有“海门烽火望全扫，永禁千秋万古烟”的效果。另一首《南风行》长诗深刻地描写了英军骚扰东南沿海，直抵大沽的过程。他以“梅花香里梦林逋”的诗句表达对因禁烟受到贬斥的林则徐。他揭露英军北侵的诡诈行动说：“烟焰熏天贼计谲，粤东转战趋闽浙。……扬帆万里逐秋涛，乘风直到津沽口。”他斥责琦善听从鲍鹏的建议，在大沽口取媚外人的行为：“幸有奇谋出徽弁，海滨亦学鸿门宴。对席何劳犬豕争，犒军不惮牛羊献。开门揖盗礼僬侥，两纸蛮书万手钞。”道光二十一年（1841），诗人写《诸将五首》非常气愤地斥责奕山、奕经、杨芳等人的腐败怯懦道：“海氛今复炽，痛哭五羊城。不战亡香港，忠魂赴上游。……老将犹耽色，庸臣只爱钱。”当时诗作中提出“不战亡香港”，不仅是实录，亦具鲜见的胆识。他揭露奕经等无耻的冒功行为：“飓风销海市，灵雨静边尘。金铸公侯胆，澜翻太守唇。论功膺上赏，惭愧义旗民。”二十二年（1842），局势日益严重，英军长驱直入，烧杀抢夺，无所不为，诗人在若干首诗中喷射出愤怒的火焰。他在《负尸行》诗中指斥由于“将军畏敌如畏虎”所造成的百姓“死尸堆累山丘积”的恶果。特别值得注意的是《七月二十一日纪事》一诗，更是动人肺腑之作。这时已是兵临南京城下的危急时刻，他叙述战况是：“沽上何人撤水师，粤东从此开边衅。劫灰定海与宁波，厦门香港烽烟过，乍浦宝山及上海，可怜京口哭声多。”他看到英人的狂傲与清朝官员的卑躬屈膝：“老夷盘踞居中坐，我朝将相左右个。”他还写了和林则徐西行诗的诗篇，惋惜林的命运：“西向流沙万里程，浮云富贵一身轻。……玉关生入知何日，衰柳吹残暮笛声。”这也是对林则徐的一种评价。

《饔言集》为鸦片战争保存实录的贡献已在同类诗作之上，而能一再涉及香港，更足见诗人的卓识，可惜长期遭到埋没。挖掘这些地方文献资料，不仅使贤者得彰，亦以见史源之无穷，要在不时探求以丰富历史。

原载于《来新夏书话》（文献学研究丛刊）　来新夏著　台湾学生书局2000年版

《京津救济善会图说》与《救济日记》

1900年夏，八国联军在京津地区杀伤抢掠，造成极大的灾难。清政府仓皇出逃，地方人士自顾不暇。有关受害情况，中文亦少有记载。当时有上海绅商在陆树藩的倡导呼吁下，组织救济总会筹款救灾。陆树藩是晚清四大藏书家之一陆心源之子，是一位既商又仕的社会名流，好行善举。当闻悉京津地区灾情后，他毅然挺身，独任其责，向各方筹款，甚至不惜借贷。他亲率人员，身履险境，多方联系，营救灾民。自闰八月启行后至十月二十六日返沪，前后两个月，有署名“北平孙乐园”者，按日记录营救情况，并配插图，成《京津救济善会图说》一书。这是一本石印小书，只有四十来页。有插图二十八幅，各有简短文字，都是八国联军入侵京津后的悲惨见闻。姜德明先生的《书摊寻梦》一书中，有一篇《劫后的京津》曾引及此书，摘记其中若干被灾情况。后来有人研究此问题时，遍寻此书不得。最近我在国家图书馆苏品红和张廷银二君的协助下，在国图找到此书，一经阅读，始获知具体灾情及陆氏奔走之苦况，不禁潸然。书中记联军的猖狂说：

> （八月二十六日午后）同贝尔榜、喜士、陈季同，坐小火轮进口到塘沽。一路都挂的各国旗号：东炮台挂日本同大英、意大利旗号，西炮台挂俄、德两国旗号，大沽船坞亦挂俄国旗号，招商局码头挂的英国旗号，开平矿物局码头挂德国旗号，铁路车站挂俄国旗号。此外村镇、商船，无不挂一外国旗号。真是人民犹是，城郭已非！

《京津救济善会图说》还记有陆氏等目睹的惨状：

> 九月初一日，同贝尔榜、喜士、陈季同、严复坐火车到紫竹林。见一路

死尸满地，血气腥人，有剩一个头的，有剩一只手的，有剩半只腿的，真是可惨。

其他所记侵略军之暴行和陆氏救灾之艰辛均为当时实录。

前不久，浙江湖州师院图书馆馆长王增清又赠我陆树藩自著之《救济日记》复印本。经详细阅读，《救济日记》为光绪庚子仲冬上海石印本，有文字而无插图，内容与《京津救济善会图说》相同而更详。两相比照，《京津救济善会图说》似为《救济日记》简本。《救济日记》系陆树藩亲自逐日记事之作。回沪之后，陆树藩或亲自动手，或委托他人根据自己日记，精简内容，配以插图，摘要编制成《京津救济善会图说》，乃陆树藩向社会报告救灾简况者。以此推测，《京津救济善会图说》所署之“北平孙乐园编辑”可能为陆氏假托之名。所谓孙乐园者，固一子虚先生，故云生平不详。但摘编时有一重大内容被简略，《救济日记》十月二十六条，记此次救灾成绩说：

是役也共援出被难官民三千五百八十三人，运回旅柩一百三十六具，拾埋碎骨七十六箱，又装大包三十七包，检全男骨六十一箱，女骨五十五箱，安埋碎棺四十八具……

在总数之后，又详列自九月十三日起至十月十九日间，前后十一次运载难民的细单记录。这一有根有据的重要情节之简略，我认为是有意为之，而非偶然疏漏，或视为无足轻重。这是陆树藩顾虑上海绅商会非议他自炫其功。《救济日记》的其他部分，亦较《京津救济善会图说》为详，所以其史料价值亦高。

陆树藩救灾以后，负债累累，各方逼债日甚。于是先后处理家藏古玩珍宝，厂店亦相继破产。对于他父亲陆心源所藏皕宋楼藏书，亦希望能完整保留或转让，但亦求助无门。最后方在万般无奈的情况下，受日人岛田翰的诱骗，出售皕宋楼藏书，致使国宝外流的罪责全部加于陆树藩身上。通阅二书以后，陆树藩的遭遇值得同情，他无奈而出此下策，也是应给予一定谅解的。

原载于《今晚报》2007年8月9日

《共和新三字经》

《共和新三字经》一名《中华民国共和三字经》，一小册，民国元年三月由上海鸿才书庄石印。它是辛亥革命后出现的一种颇有意味的宣传品。作者署名小楼氏，不详为何人。全书用三字经体裁写成，共二十二面、三〇四句、九一二字。每页上端有图一幅，共二十二幅。这些图片和标题都很有意义。

这本书是在辛亥革命胜利影响之下而作，正如作者前序中所说："自从武汉起义，全地响应，可知人心思汉，不禁感慨系之，窃仿古三字经，笔记千言。"同时，作者也想用此书作为向青少年宣传辛亥革命的蒙学读本，所以序中又说："是虽戏述成编，目的最新，字句浅显，适合儿童之闲课。爰付剞劂，以为初学之小补云尔！"

据张次溪《纪述辛亥革命史连书录》中说：这本书"文字立义，亦极得体"，"流传不多，颇足珍贵"。

这本小册子有着以下几个特点：

（一）它明确地划分了革命与改良的界限。书中对于革命备致颂扬，如曾用三十四句（约全书九分之一文字）赞太平天国革命，盛称"洪秀全，有义方；交四柱，名俱扬""李秀成，好汉子，打江南，真本事""攻北京，林凤翔；起广东，陈金刚"等等。相反地，它尖锐地痛斥清末的立宪运动说："做代表，乃宪子，求国会，真无耻，摄政王，名载沣，假立宪，称得意。"

（二）它引据中外史事来论证必须革命的道理，如"刺伊藤，安重根"，"苏菲亚，炸俄皇"等语，甚至更以不革命不如物来激发革命斗志，如说："犬守夜，鸡司晨；不革命，曷为人；蚕吐丝，蜂酿蜜；不革命，不如物。"出语相当坚决。

（三）它揭发清政府丧权辱国和曾国藩等人镇压人民的罪恶。如指摘清政府："偿兵费，赔致案，用去钱，乃好算。"又用二十句之多诛伐曾（国藩）左（宗棠）李（鸿章）彭（玉麟）说："清不灭，曾彭过；汉不兴，左李堕；喜功名，为奴隶，乐战争，弑兄弟。"

这是有积极意义的几点；但是，由于历史条件和革命性质的局限，它还有某些消极部分。如过分强调了满汉种族对立的问题，认为"民之初，性本善，汉相近，满相远"；要求人们"记国仇，分种族"，"排满清，救国民"等等，都表现了资产阶级民主革命在民族问题上的局限性。它对于资产阶级革命家的暗杀活动也作了过当的肯定，如称"徐锡麟，创首席，杀恩铭，好胆识"。又如对封建军阀和立宪派人物也缺乏应有的认识，而与革命党人相提并论，作了不恰当的评论，鼓吹"武昌起，黎元洪，与黄兴，汤化龙，此三士，真英雄，转瞬间，天下从"，等等。此外，由于体裁限制，往往为迁就字数而造成文理晦涩，甚至欠通，影响了宣传效果。

原载于《书林》1981年第4期

题《贩书偶记》

小偷偷了人家财宝从不计较失主身份，而某些学人用了别人的知识成果，还要掂量一下作者的分量，这种心态颇费琢磨。我也算厕身于学人之列，溷迹于学人群中，有一部书时常见诸不少学人案头，但也不止一次听到某些人谈到这部自己已受益多多的书时，总喜欢加上“这部书是琉璃厂一个书商编的”后缀语，嘴角上也随之显出一副鄙夷的神态。这部书就是《贩书偶记》，它确是出于一位书商之手。

这位名叫孙殿起的书商不同凡响。他虽是学徒小伙计出身，经营过通学斋书肆，但他是大版本目录学家伦明先生亲手培养，自己又踩着艰辛漫长道路走过来而成为一位当之无愧的目录学家的。他一生经眼图书数万种，数十年如一日地逐一记录，依类排比，积稿盈尺。1936年，他整理积稿，撰成《见书偷闲录》（即后来的《贩书偶记》）。这是一部流传较广，影响较大的版本目录学专著。全书按四部分类，分类分卷都较细，如清人别集五集即分顺治康熙卷、雍正乾隆卷、嘉庆卷、道光卷、咸丰至民国卷，并附杂咏、时文、闺秀、方外等，可借以见文化进展程度。

《贩书偶记》主要为补续《四库全书总目》之不足，所收图书基本上是《四库全书总目》所未著录者，如有与《总目》重出，或《偶记》本身有前后重见者，均系版本、卷数有所不同。是本书所著录者，绝大部分为有清一代著述，兼有辛亥革命以后至1935年以前的有关古代文化的著作，其间也著录少数为《总目》所失收的明人著作。《贩书偶记》所录为单行本，如有与丛书重出者也必系初版单行本和抽印本。《贩书偶记》于所著录的图书下尽量注明作者、籍贯、刊刻年月，间或注简要内容和题跋文字。它所收录虽以刊本为主，但也间记近代学者的稿本和钞本，如高邮王氏父子和王仁俊等的底稿本；也记有外籍人士著作，如卷九有日人物茂卿所著《韩非子》为日本旧钞本。

《贩书偶记》刊行于1936年，因印数不多，版已毁失，流传不广。1959年8月，中华书局上海编辑所又重印发行。其后，孙殿起的外甥雷梦水又对孙著的书名、作者名、刊刻年月及卷数修改补充了1300余条，并刊行增订本。孙殿起自1936年初编刊行后，继续对经眼图书逐一记录，积有6000余条。1958年7月9日，孙氏逝世，其甥雷梦水据已有资料整理编辑而成《贩书偶记续编》，仍署孙殿起录，示尊重前人辛劳，并于1980年由上海古籍出版社排印出版。《续编》体例，一依前编，其分类仅子部减省数术一类，于外籍人士著作则列于各类之末。

《贩书偶记》正续编几为治文史之学人案头所必备，凡即类求书，因书究学者，亦为不时翻检利用之书。编者以数十年心血，泽及后学，导读引路，功德非浅，尊之为版本目录学家，谁曰不宜？阅其书进而问学术之津者，如犹嗤作者之身份，是偷儿之不若矣！此固尊重知识，尊重人才之至意。

原载于《依然集》(当代学者文史丛谈)　来新夏著　山西古籍出版社、山西教育出版社1998年版

李清照《金石录·后序》述论

李清照是生活在北宋国事纷扰之际的一位重要女作家。她以词诗文的卓越成就在中国文学史上占有一席之地。她的“帘卷西风，人比黄花瘦”和“生当作人杰，死亦为鬼雄”等名句久已脍炙人口，广为流传。她的文采在宋代已为时人所称誉，其见于文字者甚多，如：

> 自少年便有诗名，才力华瞻，逼近前辈。[①]
>
> 善属文，于诗尤工。[②]
>
> 有才思，文章落纸，人争传之。小词多脍炙人口，已版行于世。[③]

当时甚至对凡博学多艺的妇女也多“比之李易安”[④]。

不仅如此，李清照的诗词文在当时已结集刊行并见于著录。一般地说，古代目录书著录图书是比较迟缓的。凡一门学科，一种著述往往不易在当时就能被立类著录，除非有定论定评，或流传极广并有相应稳定性者始能较迅速著录。李清照的专集却是著录在当世两位著名目录学家晁公武和陈振孙的目录学专著之中。晁、陈二氏是博学多通的古典目录学家，晁著《郡斋读书志》和陈著《直斋书录解题》更是古典目录学领域中私家目录的双璧。而晁志即著录“《李易安集》十二卷”，并注称撰者“有才藻名”[⑤]；陈录则不仅著录《漱玉集》一卷，并

---

① （宋）王灼：《碧鸡漫志》卷二（《词话丛编》本）。

② （宋）朱弁：《风月堂诗话》卷上（《宝颜堂秘笈》本）。

③ （宋）赵彦卫：《云麓漫钞》卷十四（《涉闻梓旧》本）。

④ （宋）周密：《齐东野语》卷十《黄子由夫人》（涵芬楼刊本）。

⑤ （宋）晁公武：《郡斋读书志》卷四（《续古逸丛书》本）。

称有“别本分五卷”[①]；宋人黄昇《唐宋诸贤绝妙词选》卷十中另著有“《漱玉集》三卷”。可见李清照的结集不仅刊行，而且尚有不同的版本。元朝官撰《宋史》李格非传所附李清照传称她“诗文尤有称于时”，而《宋史·艺文志》更著录《易安居士文集》七卷、《易安词》六卷。史志目录为一代文献所汇，而易安文、词结集得著录其间，益以见其影响与地位。

明清两代，令誉不衰，明田艺蘅称李清照“幼有才藻，能文辞”[②]；清初诗坛巨擘王士祯更誉她为“词中大家”[③]；乾嘉时期的李调元认为李清照不仅在宋代妇女作者中可成“卓然一家”，而且还不在男性词宗秦观、黄庭坚之下，“词无一首不工，其炼处可夺梦窗之席，其丽处真参片玉之班。盖不徒俯视巾帼，直欲压倒须眉”[④]。虽词有过誉，然也可见易安之为后学所景仰。

所有这些评论，大多据李清照之词的成就而发，而其文反不显，即论及其文时也往往因论词学及热衷于易安改嫁问题而偏重其《词论》和《投内翰綦公崇礼启》二文；实际上，真正能代表李清照文章特色并具有重要史料价值的则是《金石录·后序》一文。

《金石录·后序》是李清照为《金石录》所写的一篇叙文，也是一篇充满浓郁生活气息，并倾诉爱情欢乐忧苦的抒情散文。《金石录》虽署赵明诚名，但李清照确曾参与其事，宋人论著已有所论定说：“易安居士李氏，赵明诚之妻，《金石录》亦笔削其间。”[⑤]《金石录》是李清照夫妇于政治失势后屏居青州十年的最大收获。它继欧阳修《集古录》后被誉为古金石学的一部名作，对史学、考古学、金石器物学和美术史等领域都有重要参考价值。全书三十卷，共收夏至五代二千余件金石碑帖版本目录，其中五百余件作了考订评论的跋尾，成为一部搜访较备，有所考证的力作，所以朱熹推重其书说：“大略如欧阳子书，然铨叙益条理，考证益精博。”[⑥]清初一学者得此书宋残本，欣喜而刻一图记：“《金石录》十卷人家”，并每每钤于“长笺短札，帖尾书头”[⑦]。《金石录·后序》则是李清照在国难流离、夫死物散的困境中，抚今思昔，睹物怀人，情动乎中而

① （宋）陈振孙：《直斋书录解题》卷二一（《四库全书》本）。
② （明）田艺蘅：《诗女史》卷十一（引自《李清照资料汇编》）。
③ （清）王士祯：《香祖笔记》卷九（清刻本）。
④ （清）李调元：《雨村词话》卷三《易安》（《函海》本）。
⑤ （宋）张端义：《贵耳集》卷上（《津逮秘书》本）。
⑥ （宋）朱熹：《家藏石刻序》（《朱文公文集》卷十五）。
⑦ （清）钱曾：《读书敏求记》卷一《书》（《海山仙馆丛书》本）。

发乎文的佳构，正如宋洪迈所说："赵没后，愍悼旧物之不存，乃作《后序》，极道遭罹变故本末。"[①]

《后序》围绕《金石录》成书过程，以流畅情趣之笔，除记述其夫妇生平经历外，"中间叙述购求之殷，收蓄之富，与夫校勘之精勤，即流离患难，犹携以远行，斤斤爱护不少置，深惋惜于后来之散失"[②]。所以，它是一篇既富文学意味，又有史料价值的佳作，无怪后世学者文人对之啧啧称道，如：明人萧良有评《后序》说："叙次详曲，光景可睹，存亡之感，更凄然言外"[③]；清人陈宏绪称其"自是大家举止，绝不作闺阁妮妮语"[④]；而毛晋更以《后序》可"略见易安居士文妙"并作了极高的评价说："非止雄于一代才媛，直洗南渡后诸儒腐气，上返魏晋矣。"[⑤]清初钱谦益撰《绛云楼书目》著录《金石录》三十卷，并注评《后序》"其文淋漓曲折，笔力不减乃翁"。这些评论大都以其文笔立论，我认为，《后序》更重要的意义乃在其史料之价值。它可以说是赵明诚、李清照夫妇的一篇学术合传。

《后序》是记李清照夫妇家世生平的原始资料。李清照的家世简传尚附见于父格非传，而《宋史·赵挺之传》不著明诚事迹。《后序》所记则比较明晰，其主要方面有三：

一、赵李家世：《后序》称"赵、李族寒，素贫俭"，可见两家门第相当。李清照父格非于宋徽宗建中靖国元年即赵、李联姻时任官礼部员外郎，而赵父挺之时任吏部侍郎，后历官至尚书右仆射兼中书侍郎，职位相当于丞相，所以《后序》称赵父曰丞相。

二、赵明诚生平：赵李结婚于"建中辛巳"即徽宗建中靖国元年（1101年），当时，赵明诚是一位年仅二十一岁的太学生。据此上推生年为宋神宗元丰四年（1081年）。"后二年，出仕宦"，即指赵明诚于徽宗崇宁二年（1103年）的出仕。大观元年（1107年）赵挺之卒。次年，赵李离开开封回归故乡山东青州，"屏居乡里十年"。这是夫妻厮守致力学术的重要十年。他们为表明心迹，仰慕陶渊明的澹泊而借意"归去来兮"和"审容膝之易安"，便以归来名堂，易

① （宋）洪迈：《容斋四笔》卷五《赵德甫石录》（上海古籍出版社1978年印本）。
② （清）谢启光：谢刻《金石录》后序。
③ （明）赵世杰：《古今女史》卷三（引自《李清照资料汇编》）。
④ （清）陈宏绪：《寒夜录》卷下（《豫章丛书》本）。
⑤ 汲古阁本《漱玉词》跋。

安名室，矢志潜研，共同在归来堂整理搜访到的文物图籍。从宣和三年到靖康元年（1121—1126年），赵明诚连续出任莱州、淄州知州，可以"竭其俸入以事铅椠"。宋高宗建炎元年（1127年）春，赵明诚"奔太夫人丧南来"，临行经过反复筛选，随身带走古器书画十五车，而留存青州故居的尚有"书册什物，用屋十余间"。八月，赵明诚在服丧期间，"起复知建康府"[①]，三年（1129年）三月罢官。五月又奉命"知湖州"。于是安顿李清照于池阳（安徽贵池县），"独赴召"。由于一路劳累，所以至行在，"病痁"[②]。七月末，李清照得讯奔往，及晤面已"病危在膏肓"。八月十八日，赵明诚谢世，据建中靖国元年赵明诚结婚时年二十一岁下推至建炎三年八月卒，应得年四十九岁（1081—1129年）。

三、李清照生平：《后序》最后有一段说："余自少陆机作赋之二年，至过蘧瑗知非之两岁，三十四年之间，忧患得失，何其多也！"此指从结婚到写后序时间。陆机二十岁作《文赋》，少二年当为十八岁，即建中靖国元年结婚时年龄。上推生年则为元丰七年（1084年）。蘧瑗五十而知四十九之非。知非之年既可释为知非之年五十，也可释为被知非之年四十九。如释为四十九岁，多两岁则写《后序》时为五十一岁，十八岁加三十四年，按传统计算年龄方法（计首尾重一年）应为五十一岁。十八岁时既为建中靖国元年（1101年），再加三十四年应为1134年，即绍兴四年，即写《后序》之年。传本《金石录·后序》末署写序年月为"绍兴二年玄黓岁壮月朔甲寅"。玄黓是天干中壬年的别称，指绍兴二年壬子。绍兴二年为1132年，倒退三十四年为1099年，与1101年十八岁结婚年龄不合。壮月为农历八月的异称，朔指初一，甲寅应是八月初一的干支代日，但这年八月初一的干支纪日是戊子而非甲寅。所以《后序》写于绍兴二年有误，应按宋洪迈《容斋随笔》卷五、宋无名氏《瑞桂堂暇录》及《金石录》十卷宋残本等所记作绍兴四年（1134年）。李清照结婚后，与夫同心，矢志于古器图籍之搜访，在青州屏居的十年中潜心共研，开始了金石碑版的著录、编次与题跋工作。建炎元年，赵明诚南下奔丧，李清照留居青州。这年十二月，"金人陷青州，凡所谓十余屋者，已皆为煨烬矣"，李清照可能在此时南下，次年抵江宁。建炎三年，赵明诚奉命知湖州，李清照被安置在池阳。七月，闻明诚病讯，"遂解舟下，一日夜行三百里"。八月十八日，赵明诚卒，李清照经营丧葬毕，"犹有书二万

① 《后序》称"建炎戊申秋九月"起复，即建炎二年九月，核之其他资料，此为易安误记。

② 建炎三年五月，宋高宗即建康府治建行宫，此"行在"指建康。痁，疟疾。

卷，金石刻二千卷，器皿茵褥，可待百客，他长物称是”。当时，李清照因病行动不便，因考虑到赵明诚的一妹婿正以兵部侍郎在洪州担任六宫护卫，所以即派旧部二人护送这些器物图书到洪州。不幸，这年十一月①，金兵陷洪州，器物图籍，“遂尽委弃”，只剩下“少轻小卷轴书帖，写本李杜韩柳集，《世说》、《盐铁论》，汉唐石刻副本数十轴，三代鼎彝十数事，南唐写本书数箧”。接着，李清照又辗转流徙于浙江台州、剡县、建德、黄岩、温州、绍兴等地。建炎四年（1130年）十二月到衢州。绍兴元年（1131年）又去绍兴。在不断流徙过程中，原来残存的一些文物图籍又散失了十之五六，而寄居绍兴钟氏家时，又遭窃贼，除悬赏得回小部分外，余物已失十之七八，仅存“一二残零不成部帙书册，三数种平平书帖”而已。次年正月又至杭州。绍兴四年（1134年）八月为《金石录》写《后序》。

《后序》以记易安夫妇搜访古器图籍事为中心。当赵明诚尚在太学时，辄“质衣取半千钱，步入相国寺，市碑文果实归”，及“出仕宦，便有饭蔬衣练，穷远方绝域，尽天下古文奇字之志”，经过“日就月将，渐益堆积”；同时，他们还借助赵挺之政治权势的便利，通过亲友不断从馆阁中“尽力传写”“亡诗逸史、鲁壁汲冢所未见之书”。他们偶或遇见“古今名人书画，三代奇器，亦复脱衣市易”。通过这些不同渠道，积累日增，加以赵明诚出任地方官后，上有俸给收入，下有租税可取，夫妇二人又在生活上力求俭素，“食去重肉，衣去重采，首无明珠翡翠之饰，室无涂金刺绣之具”，不仅有单种庋藏，而且还访搜“字不刓缺，本不讹谬者……储作副本”，以致家中到处都是图书，“几案罗列，枕席枕藉”，“盈箱溢箧”，所以又不得不建立个人藏书管理制度，在“归来堂起书库大橱，簿甲乙，置书册，如要讲读，即请钥上簿，关出卷帙”。不幸的是这些历经数十年搜求积累的书画古器，一则青州十余间之储竟被金兵毁为灰烬，二则夫妇南下流徙中又散亡被窃，丧失殆尽。这不仅使李清照有“得之艰而失之易”的感叹，也是中国文化积累史上的重大损失。

《后序》所记夫妇闺房情趣格调高雅，不同流俗，即如久为人知的《浮生六记》，虽细腻有致，但失之纤巧，不过小家儿女；《后序》所记则落落大方，自有大家风范。他们结褵之初，质衣市碑文果实，夫妻“相对展玩”，共同过着时人憧憬的悠闲恬静生活。中年以后，他们由欣赏而进入辛勤治学的境界，“每获一书即共同勘校，整集签题，得书画彝鼎，亦摩玩舒卷，指摘疵病，夜尽一烛

---

① 《后序》作“冬十二月，金寇陷洪州”，据《建炎以来系年要录》卷二九应为冬十一月。

为率，故能纸札精致，字画完整，冠诸收书家”。但在严肃治学中也时有高雅情趣以遣兴，“每饭罢，坐归来堂，烹茶，指堆积书史，言某事在某书某卷第几页第几行，以中否角胜负，为饮茶先后。中即举杯大笑，至茶倾覆怀中，反不得饮而起，甘心老是乡矣”。这段文字洗练明晰，一如闻声见人，逸兴遄飞，令人神往。以茶角智力也反映了宋代“斗茶”风习的影响。宋朝是非常讲究“茶道”的朝代，上起皇帝，下至士大夫，无不好此，并著书立说加以理论化，如宋徽宗撰《大观茶论》、蔡襄撰《茶录》、黄儒撰《品茶要录》……社会上一些文人雅士中也流行一种“斗茶”的生活情趣①。从李清照的诗词和赵明诚的题跋中都不止一处地提到茶。可见李清照夫妇之娴于“斗茶”技艺，因而在比赛彼此记忆力时也自然地接受了“斗茶”风习的影响。以饮茶为嬉戏也可见夫妇间形影不离的和谐欢畅。以这种细节刻画夫妇间的情深意浓已达到了入微的程度。

《后序》在篇首即对《金石录》的编撰之始作了简括的题识，揭示《金石录》三十卷“取上自三代，下迄五季，钟、鼎、甗、鬲、盘、匜、尊、敦之款识，丰碑、大碣、显人、晦士之事迹，凡见于金石刻者二千卷，皆是正讹谬，去取褒贬，上足以合圣人之道，下足以订史氏之失者，皆具载之”。篇尾则记《金石录》定稿状况说：“装幖初就，芸签缥带，束十卷作一帙。每日晚，吏散，辄校勘二卷，跋题一卷。此二千卷有题跋者，五百二卷耳。今手泽如新，而墓木已拱，悲夫！”这段文字虽是侃侃而谈夫妇二人的治学成果，但也流露出李清照对赵明诚英年早逝的悲痛心情，睹物怀人，令人潸然。合观首尾所记又不啻为《金石录》之解题。

《后序》也表达了易安的胸襟开阔。她自嘲对古器图籍爱好与迷恋其他东西同样都是玩物的行为，并发出感叹说：“呜呼！自王播、元载之祸，书画与胡椒无异；长舆、元凯之病，钱癖与传癖何殊。名虽不同，其惑一也。”②因而对其收藏的亡失也以“有有必有无，有聚必有散，乃理之常。人亡弓，人得之，又

① （明）许次纾《茶疏·今古制法》条说：“蔡君谟诸公，皆精于茶理，居恒斗茶”。可见“斗茶”须精于茶理，即善于选茶、烹茶、分茶等等技艺，颇类乎现在日本的“茶道”。

② 王播为唐王涯之误。王涯历事德宗至文宗六朝，喜收藏书画，后被宦官仇士良杀害，并从夹墙中搜出珍贵书画，画轴金玉被掠而书画弃置；元载，唐代宗宰相，后获罪抄没家产时仅胡椒就有八百石。此二句意即书画与胡椒虽雅俗不同但对其嗜好相同。长舆是晋人和峤的字，性吝好财，有“钱癖”之讥；元凯是晋杜预的字，自称有“左传癖”。此二句意即钱与左传虽性质不同，但爱好成癖则是同一的。

胡足道”以自解，反映了李清照在晚年曾经沧海后达人知命的人生坦然态度和洞察世态的识见，诚如清初顾炎武所推崇那样：“读李易安题《金石录》引王涯、元载之事，以为有聚有散乃理之常。人亡人得，又胡足道？未尝不叹其言之达。”[①]

总之，《金石录·后序》是李清照曲折坎坷一生的陈诉，也是国破家亡的血泪倾吐，至于文字笔墨尤能详略得宜，跨度三十余年而概括恰当，不失要领。清人李慈铭于前人少所许可，而称此文为“叙致错综，笔墨疏秀，萧然出町畦之外，予向爱诵之，谓宋以后闺阁之文，此为观止”[②]。可惜如此佳构一直为其词名所掩，清代学者俞正燮《易安居士事辑》、近人黄盛璋《李清照事迹考辨》[③]多引据《后序》而有所补苴缀辑、敷衍订正，弘扬《后序》，不失为易安之功臣。

原载于《李清照研究论文集》　孙崇恩、傅淑芳主编　齐鲁书社1991年版

① （清）顾炎武著、黄汝成集释：《日知录集释》卷二一《古器》（同治八年刊本）。

② （清）李慈铭：《越缦堂读书记》九《艺术》（中华书局1963年印本，页一〇五三）。

③ 《文学研究》1957年第三期。

清语汉解直证

小序

往岁三余之暇，喜读清人笔记谈丛，偶有所得，辄录诸寸纸，积片多札，弃诸敝箧，未遑董理。近年学农津郊，略疏丹铅，乃于霉暑，捡晒行囊，得积片一束，散乱杂出，逼视一过，系所摘各书解释清语之词。爰就耕余，稍事排比，以官名为多，连及其他，次以笔画，厘为一卷，题曰《清语汉解直证》。此或可博研习清代典制者之一顾，固未足言著述耳。一九七三年长夏来新夏识于翟村寄庐。

二画

八门总管

“即盛京步营司协领。”（方濬师：《蕉轩随录》卷三《清语官职》）

三画

马法

“呼年老者曰马法。马法者，汉言爷爷也。”（杨宾：《柳边纪略》卷四）

四画

乌可勒

“东西四旗，共乌可勒一员，即九门提督。”

“乌可勒、喀喇大皆管步兵，兼管九门。”（刘献廷：《广阳杂记》卷一）

乌金超哈

“汉军取中举人五名，另偏合字号（汉军称乌金超哈故也）。”（法式善：《槐厅载笔》卷二）

“汉军（即乌金超哈）。”（王士禛：《池北偶谈》卷三《国朝官制》）

乌赫里达

“水师营总管一员，国语曰乌赫里达。……例以汉军为之。”（西清：《黑龙江外纪》卷三）

乌克申

“马甲，国语曰乌克申，俗称披甲。尤西堂诗：‘八旗披甲聚如山’，是也。……其役至杂至苦，稍习书算者，多给事诸司，或为亲随以取顶戴。所余之筋力任奔走之劳。人愈寡，役愈繁。故俗于马甲有破披甲、穷披甲之目。”（西清：《黑龙江外纪》卷三）

乌拉

“官兵向皆著布靴，近日官多缎靴。冬日行役，率著乌拉、踏踏玛儿。乌拉，鞣类；踏踏玛儿，靴类。并牛革为之，软底而藉以草，温暖异常。”（西清：《黑龙江外纪》卷六）

乌布

“各部立学例馆，择司员之深于例者派充教习，不分满汉。合一署笔帖式皆使习例。汉文浅者先教之习汉文，每月堂官考之，分别优劣，每季再考，年终大考。优者酌予乌布，劣者酌开乌布。三年京察以例案之生熟并差使之勤惰分别等

第，题升主事。”（宝廷：《请整顿八旗人才疏》，光绪八年《续经世文偏》卷二二）

乌墩

“（巡幸之行营）此营至彼营七八十里，必半日方到，而两营之间尚有一尖营，以备圣驾中途小憩者，国语谓之乌墩。（军机）司员欲夸捷，遂仓猝缮就，急飞驰至乌墩进奏，名曰赶乌墩。”（赵翼：《簷曝杂记》卷一《军机撰拟之速》）

乌喇

“国语谓江为乌喇。”（张光藻：《北戍草·龙江纪事诗》自注）

牛录章京　牛录额真

“汉称佐领。”（吴振棫：《养吉斋丛录》卷一）

“牛录额真、牛录章京皆即今佐领。”（陈康祺：《郎潜纪闻》卷五）

“八旗：满洲、蒙古、汉军共牛录章京一千员，职四品。”（刘献廷：《广阳杂记》卷一）

“协领下分领旗务者，佐领也。国语曰牛录章京，有公中、世管之分。”（西清：《黑龙江外纪》卷三）

又见“拜他喇布勒哈番”条。

“即佐领。”（方濬师：《蕉轩随录》卷三《清语官职》）

“佐领即牛录也。秩如明朝千户，专管户籍，秩虽平凡，位居公侯伯者并俯听其派拨，亦犹县令之辖乡绅。”（查慎行：《人海记》卷上）

巴克什

“天命年，文馆大学士俱加巴克什之号。天聪五年七月谕曰：文臣称巴克什者，俱停止，均称笔帖式，如本赐名巴克什者，仍其名。此笔帖式设官之制也。”

“天聪三年四月，命巴克什（谙习文学之称）达海同笔帖式刚林等（刚林后官大学士），翻译汉字书籍。”（上二则见福格：《听雨丛谈》卷一《笔帖式》条）

“巴克什，亦作榜式，亦作把什，乃清语文儒谙悉事体之称。天聪五年七月，设立六部，改巴克什为笔帖式。其文馆大臣原有榜式之号者仍之。范文肃、宁文毅官大学士时，皆存榜式之名，有如武臣之巴图鲁也。笔帖式之清语作笔特和式，亦不称巴克什矣。”（福格：《听雨丛谈》卷八《巴克什》条）

“国初直文馆者掌文字，学问优赡则赐号巴克什。”

“按天聪间，凡文臣前称榜式者即改称笔帖式，其特赐榜式名者仍称榜式（榜式即巴克什清语滚舌音）。”（上二则见吴振棫：《养吉斋丛录》卷一）

“国初内三院满洲大学士，谓之榜式。乌金超哈官大学士，亦称榜式，如范文肃公、宁文毅公是也。”（王士禛：《池北偶谈》卷三《国朝官制》条）

“榜式一作榜什，又作帮实。萧大亨云：能书者之称也，有侮慢之者，罚马一。本朝天聪五年七月始停止，但称笔帖，惟大海、库尔缠等仍得称榜式。”（杨宾：《柳边纪略》卷三）

“赐号巴克什赠大学士达文成海（天聪六年卒）。”（朱彭寿：《旧典备征》卷二《入祀贤良祠》条）

“巴克什之号始于达海，即今所谓把式者也。”（奕赓：《东华录缀言》第一卷）

巴图鲁

“巴图鲁译言好汉，与元史称拔都、拔突、霸都鲁等类字异义同（国语重在声音，凡同音之字皆可假借，故翻译互有同异）。我朝开国时礼亲王代善首膺古英巴图鲁赐号。盖其时太祖征乌拉，进攻屯塞，代善最为奋勇。敬按代善为太祖高皇帝第二子，可见当时重视勇号。亲藩储贰之贵，尚必从事边垂，武功懋著，始享此三字荣称。近日军营克一城夺一塞即请保奖清汉字勇号（凡有奋勇、刚勇等名目，第二字用勇字者谓之汉字勇号，其无义可思，字数多寡不等者谓之清字勇号，汉字如蓝翎，清字如花翎，积功递加，亦曰赏换）。累牍盈篇，殊失先朝创制之本意矣。”（陈康祺：《郎潜纪闻》卷五）

“武臣有战功者，赐巴图鲁号。”（吴振棫：《养吉斋丛录》卷一）

“巴图鲁译言勇也。国初赐巴图鲁号者俱系满洲蒙古人员，然非亲历军旅者弗赐也。今之汉官亦得赐。每观大吏等奏言，若叙某人蒙古人员，然非亲历军旅者弗赐也。”（奕赓：《东华录缀言》第一卷）

戈什哈

“戈什哈，亲随之称。将军、副都统名下，前锋、领催、马甲并为之，长以佐领等官，号戈什哈哈番，俗称门官。”（西清：《黑龙江外纪》卷三）

“协领、佐领、主事亦有戈什哈，马甲为之。”（张光藻：《北戍草·龙江纪事诗》自注）

戈什昂邦

“御前大臣，体制最尊，国语谓之戈什昂邦。非王公负重望者罕能任此，中一缺为蒙古王公专职，得之恒以为荣。盖蒙古部落诸王公均不得与抗礼也。”（继昌：《行素斋杂记》卷上）

“又名郭齐哈昂邦，即御前大臣。”（方濬师：《蕉轩随录》卷三《清语官职》）

丰绅

“丰绅济伦本名济伦。丰绅二字，上（指乾隆）所加也（丰绅，清语有福泽之谓也）。”（姚元之：《竹叶亭杂记》卷一）

分得拨什库

“每牛录下有分得拨什库一员，职六品。”

“分得拨什库遇出战分兵之时，外加甲喇章京衔，有纛。”

“加甲喇章京出兵，为夸兰大，有纛。”（以上见刘献廷：《广阳杂记》卷一）

“汉称骁骑校。”（吴振棫：《养吉斋丛录》卷一）

一作芬得拨什库。

丹阐

“皇太后、皇后丹阐在下五旗者皆抬旗。丹阐者清语谓母家也。”（吴振棫：《养吉斋丛录》卷一）

牙拉赛音

“乾隆甲戌散馆翻译，题为陶潜桃花源诗。是日驾出，步自西阶向东，行至翁方纲前，取其卷阅之，因问姓名。谕曰：牙拉赛音，汉语甚好也。”（吴振棫：《养吉斋丛录》卷十）

扎尔固齐

“扎尔固齐即佐理五大臣。”（陈康祺：《郎潜纪闻》卷五）

“似是理政听讼之大臣，曾于《清文鉴》中查之不得，应是蒙古语也。”（福格：《听雨丛谈》卷八《巴克什》条）

扎萨克

“扎萨克乃藩封掌印之称，朝廷选蒙古王公之贤能者，授为扎萨克。”（福格：《听雨丛谈》卷二《扎萨克》条）

扎兰章京

“火器营参领一员，国语曰扎兰章京，旧作甲喇章京，亦汉军缺。其下素无士卒，春秋操放铊炮，调旗兵暂用之，而所司火器，旗下佐领二员典守，是其属官。故齐齐哈尔水火二营参领号闲曹。”（西清：《黑龙江外纪》卷三）

扎哈

“扎哈，小船也。较威呼尤轻捷，裁受两三人。相传墨尔根察边者，猝遇江涨，协领那（黑勒泰）以马革为扎哈径渡。其后预以桦皮为之，犹那遗法。”（西清：《黑龙江外纪》卷四）

扎发塔

见“额普特”条。

扎尔色齐

“即游牧主事。”（方濬师：《蕉轩随录》卷三《清语官职》）

木呀

见“（呢鸦）木呀”条。

五画

甲喇章京

“每旗：甲喇章京，满洲六员，蒙古二员，汉军五员，职俱三品。”（刘献廷：《广阳杂记》卷一）

“甲喇额真、甲喇章京皆即今参领。”（陈康祺：《郎潜纪闻》卷五）

“汉文称参领。”（吴振棫：《养吉斋丛录》卷一）

甲喇额真

见“甲喇章京”。

包衣昂邦

“总管内务府大臣，清语称包衣昂邦即包衣大。张文贞云：包衣大之职前代所未有，自乘舆服御以及饮食日用之节，出入起居，罔不综理。”（吴振棫：《养吉斋丛录》卷二）

“总管内务府大臣称包衣昂邦。……缘其爵位崇高，直呼不可，又无汉语可文也。”（彭邦鼎：《闲处光阴》卷下）

“即总管内务府大臣。”（方濬师：《蕉轩随录》卷三《清语官职》）

包衣大

见“包衣昂邦”。

加蓝大

“各甲喇下管加蓝大四名，单管步兵，职五品。”（刘献廷：《广阳杂记》卷一）

布库

“武艺十八事，其末曰白打，乃不持寸铁，徒手以搏，即《月令》所称角力。……国朝名白打曰布库。”（曹斯栋：《稗贩》卷六）

“（康熙）帝在内日，选小内监强有力者，令之习布库以为戏（布库，国语也，相斗赌力）。”（姚元之：《竹叶亭杂记》卷一）

“或问何为布库之戏，余谓布库是国语，译语则谓之撩脚，选十余岁健童，徒手相搏而专赌脚力胜败，以扑地为定。康熙初用此收鳌拜。故至今宫中年节宴必习演之。”（梁章钜：《归田琐记》卷五《鳌拜》）

布楞

“布楞，海螺也。盖古笳吹遗意，取壮军威。”（西清：《黑龙江外纪》卷四）

布特哈

“译言虞猎也，在（黑龙江）省北三百四十里。”（张光藻：《北戍草·龙江纪事诗》自注）

打栖拉米

“清语御门曰打栖拉米。”

“上阅本有欲改签者，则折一角发出，积十数件，降旨御门。”（以上见叶凤毛：《内阁小志》、《大学士堂》）

打呼

“打呼（皮长外套也）。”（杨宾：《柳边纪略》卷三）

卡伦

见“喀伦”条。

他沙勒哈番

“乾隆元年始定……他沙勒哈番。（旧为半个前程）为云骑尉。”（吴振

械：《养吉斋丛录》卷一）

又见“半个前程”及“拖沙喇哈哈番”两条。

半个前程

“（顺治四年改）半个前程为拖沙喇哈番（汉文称云骑尉）。”（彭邦鼎：《闲处光阴》卷上）

又见“他沙勒哈番”及“拖沙喇哈番”两条。

占

“八旗兵，……从军用梅针箭，行猎用骨披箭。骨披箭，骲头衔铁簇，阔梅针箭镞数倍，一人例佩十三枝，今则十一枝，为壮士率佩七九。国语骨披箭曰占，故俗谓镞曰占葫芦，亦称哨箭，土人自制之。”（西清：《黑龙江外纪》卷四）

占伊京

“章京两字读作占伊京”。（福格：《听雨丛谈》卷一《满官名》）

宁古塔

“宁古者，汉言六。塔者，汉言个。相传有老者生六子，遂以之名其地。”（杨宾：《柳边纪略》卷一）

发库

“瀑布曰发库。”（杨宾：《柳边纪略》卷一）

六画

西丹

“西丹（案西丹谓幼丁）。”

“旗下未入伍者，号西丹，遇有征伐不得与，多充库图勒，因人自奋以取功名，如公海兰察即由此起家。库图勒转为库特勒，译言控马奴也。都人尝谓不受凌虐而衣食足者可称库特乐，其反是者直库特累耳。韩文懿公有怀堂诗作苦独立，盖亦此意。”（西清：《黑龙江外纪》卷三）

西伦

“舍利狲，国语曰西伦，转为舒伦，虞者讳其名，称曰威呼肯孤尔孤。威呼肯，译言轻也。孤尔孤，译言兽也。”（西清：《黑龙江外纪》卷八）

达斯欢噶喇

“左右翼，国语曰达斯欢噶喇、哲伯勒噶喇。土人但称达斯欢、哲伯勒。所谓歇后土语类然。”（西清：《黑龙江外纪》卷三）

多尔机衙门

“内阁曰多尔机衙门。”（叶凤毛：《内阁小志》）

多罗机昂邦

见“黑白昂邦”条。

多罗

“作内字解。”（方濬师：《蕉轩随录》卷三《清语官职》）

托佛霍托

“旧制八旗，每旗设十五缺为十五善射，清语谓之托佛霍托。”（吴振棫：《养吉斋丛录》卷二）

夸兰大

“部院官至，概称夸兰大（汉文曰长官，满文曰章京，章京犹云官儿们，不可以称人，故尊之曰夸兰大）。”（叶凤毛：《内阁小志》）

“夸兰达，译言营长，土人以称主事，尊之也。”（西清：《黑龙江外纪》卷八）

又见“分得拨什库”条。

吗克什密

见“玛克什密”条。

伊彻满洲

“朝廷仿两汉选甘凉豪杰之制，每隔十余年一选吉林、黑龙江兵，拔其材武，入备宿卫，先由将军选拔送交宁古塔居住数年，再移驻于盛京二年，然后贡入京师，拜官者附于各旗，曰伊彻满洲。”（福格：《听雨丛谈》卷一《满洲原起》条）

“满洲有佛、伊辙之分。国语：旧曰佛，新曰伊辙，转而为伊齐、一气（案当作转而为伊齐又转为义气），其初多吉林产也。又有所谓库雅喇满洲、瓜勒察满洲者，以地名，皆伊辙满洲也。百余年来分驻齐齐哈尔、黑龙江、呼兰三城，编其旗为八，曰镶黄、正黄、镶白、正蓝，左翼也。曰正白、正红、镶红、镶蓝，右翼也。……约计之，八旗佛满洲不过什一，而族望素著者，惟瓜尔佳、舒穆鲁数姓。”（西清：《黑龙江外纪》卷三）

伊喇

“伊喇，国语黍也。”（西清：《黑龙江外纪》卷八）

伊勒阿

“国语花曰伊勒阿。”（西清：《黑龙江外纪》卷八）

华沙布勒绰哈

“养育兵，国语曰华沙布勒绰哈，嘉庆九年新设。”（西清：《黑龙江外纪》卷三）

七画

克食

“克食音柯施。克食二字，或作克什，盖满汉字谐音书写，有不必尽同者。……考清语克什之义为恩也、赐予也、赏赉也。……近人泥于食字，误克食为尚膳，尝见大臣志传中，曰赐克食几次，是叠书满汉赐赐两字，殊费解也。……如必以遵用当时传宣之词为敬，则当作某月日蒙克什御膳若干品。”（福格：《听雨丛谈》卷十一《克食》）

“每日召见外省文职臬司以上，武职总兵以上，并赐饽饽二盘，谓之克什（清语克什，赐也）。”（吴振棫：《养吉斋丛录》卷二十四）

克什

见“克食”条。

克什哈番

“恩骑尉曰克什哈番。”（福格：《听雨丛谈》卷十一《克食》）

苏拉

“旧制军机处苏拉皆十五岁以上不识字者充之，近则头童齿豁，尚供奔走，且无不识字者。”（继昌：《行素斋杂记》卷下）

“军机处苏拉向选内务府三旗幼丁充之，故当时戏呼之为小么，语见啸亭杂录》。”（继昌：《行素斋杂记》卷下）

苏拉昂邦

“散秩大臣称苏拉昂邦，缘其爵位崇高，直呼不可，又无汉语可文也（散秩大臣汉人则多以本文称之）。”（彭邦鼎：《闲处光阴》卷下）

苏喇

“谓闲散白身人在内府供役者。”（赵翼：《簷曝杂记》卷一）

苏喇章京

见“图洼沙喇尼哈番哲尔吉章京”条。

伯特赫布克达斐

“属僚禀启名下例用伯特赫布克达斐字样，译言跪也。理刑主事塔清阿独书

京乌勒默，颇得体。京乌勒默，国语恭谨之谓也。”（西清：《黑龙江外纪》卷五）

甸子

“平地曰甸子，亦作佃子，如宽甸子、张其哈喇佃子之类。”（杨宾：《柳边纪略》卷一）

佃子

见“甸子”条。

玛克什密

“玛克什密，舞也。朝廷燕飨大典，百舞咸进：‘扬烈舞’衣铠胄，持戈戟；‘喜起舞’披一品衣，佩仪刀，起舞蹁跹，宣扬功烈，皆以侍卫充之，命之曰喜起舞大臣。其余诸舞，各有职司，不用侍卫。”（福格：《听雨丛谈》卷二《玛克什密》）

“‘蟒式舞’即吗克什密，译言‘喜起舞’。每朝会大典辄行之，俱以满蒙及宗室大臣、侍卫充当，无论品级，俱戴元狐冠、红宝石冠顶，服貂庙朝衣，佩嵌宝腰刀，典至重而隆也。又有演唱一人，以八旗章京及护军充当，戴元豹冠，服元豹褂，随舞而歌，其词系翻清语。”（奕赓：《东华录缀言》第四卷）

玛克塔哈色克

“交纳貂皮，楚勒罕第一事也。选入格者充贡，余听布特哈自售，谓之玛克塔哈色克，译言掷还之貂也。”（西清：《黑龙江外纪》卷五）

辛者库

“辛者库即内管领下食月米之人，八旗汉军官员获咎发入辛者库则改隶内务府汉军，其子孙官至三品以上许奏请施恩仍归原旗，然亦有终隶内务府不复陈请者。”（吴振棫：《养吉斋丛录》卷一）

衣都额真

“以三等侍卫衣都额真宗室伊尔登为国子监祭酒（衣都额真，一作衣度

额真，掌启闭殿门宿卫之职也）。”（萧奭：《永宪录》卷二上，页84，中华书局）

把什

见“巴克什”条。

佛满洲

见“伊彻满洲”条。

芬得拨什库

“佐领之贰，骁骑校也。国语曰芬得拨什库。”（西清：《黑龙江外纪》卷三）

又见“分得拨什库”条。

八画

固山额真

“正黄、镶黄、正白为上三旗，无王但有都统，即固山额巾。”（刘献廷：《广阳杂记》卷一）

“汉称都统。”（吴振棫：《养吉斋丛录》卷一）

“固山额真、固山昂邦，即今都统。”（陈康祺：《郎潜纪闻》卷五）

“雍正二年改八旗都统印信固山额真为固山谙班。”（奕赓：《东华录缀言》第五卷）

“京旗每以皇子王公兼任。国初都统，位在大学士之上，最贵重也。清语曰固山额真。固山旗也，额真主君也。今改为固山谙班。”（福格：《听雨丛谈》卷五《都统副都统》）

“又名固山昂邦。凡困山读如姑色，昂邦读如桉班，下同此，即今之都统。”（方濬师：《蕉轩随录》卷三《清语官职》）

固山昂邦

见“固山额真”条。

固山谙班

见“固山额真”条。

固山大

“步军：满洲、蒙古、汉军各固山大一员，职与甲喇章京同，俸亦同。”（刘献廷：《广阳杂记》卷一）

“满洲旧称，即所谓协领者也。”（吴大廷：《赠盛京协领成奎元序》，见《小西腴山馆文集》卷六）

“将军副都统下，统理旗务者，协领也。国语曰：固山达，旧作固山大。”（西清：《黑龙江外纪》卷三）

固申默尔根

“每岁驾驻木兰，……呼伦贝尔派十人，布特哈派二十人，随驾入哨射生，谓之固申默尔根，犹言三十名好身手也。有能驰献麀鹿，则拜翎顶黄马褂之赐。”（西清：《黑龙江外纪》卷三）

固伦额驸

“固伦，国也。额驸即驸马。”（方濬师：《蕉轩随录》卷三《清语官职》）

固山贝子

“贝子，爵名。”（方濬师：《蕉轩随录》卷三《清语官职》）

固山拨什户

“协领下办事马甲为外郎，称固山拨什户。”（张光藻：《北戍草·龙江纪事诗》自注）

呼呼巴

“官员公服，亦用一口钟，朔望间以袭补褂。惟蟒袍中不用一口钟，满洲谓之呼呼巴，无开褉之袍也，亦名一裹圆。”（西清：《黑龙江外纪》卷六）

呼敦孤尔孤

“豹曰呼敦孤尔孤。……呼敦，疾速之谓。”“孤尔孤，译言兽也。”（西清：《黑龙江外纪》卷八）

呼克申

见“额普特”条。

京乌勒默

见“伯特赫布克达斐”条。

阿思哈尼哈番

“清世爵，……二品阿思哈尼哈番。”（刘献廷：《广阳杂记》卷一）

“一二三等副将世职，一二三等梅勒章京，一二三等阿思哈尼哈番皆即今一二三等男。”（陈康祺：《郎潜纪闻》卷五）

“乾隆元年始定，……一二三等阿思哈尼哈番（旧世职为梅勒章京）为一二三等男。”（吴振棫：《养吉斋丛录》卷一）

“曰副将，曰梅勒章京，曰阿思哈尼哈番者，乾隆元年均定为男爵。”（朱彭寿：《旧典备征》卷二《封爵考》、《封二等子者》条）

“（顺治四年改）梅勒章京为阿思哈尼哈番（汉文称男）。”（彭邦鼎：《闲处光阴》卷上）

阿懒

“坡陀曰阿懒。”（杨宾：《柳边纪略》卷一）

阿达哈哈番

“清世爵，……三品阿达哈哈番。”（刘献廷：《广阳杂记》卷一）

“一二三等参将世职，游击世职，一二三等甲喇章京，一二三等阿达哈哈番皆即今一二三等轻车都尉。”（陈康祺：《郎潜纪闻》卷五）

“乾隆元年始定，……一二三等阿达哈哈番（旧甲喇）为一二三等轻车都尉。”（吴振棫：《养吉斋丛录》卷一）

“（黄）九鼎降附我朝为阿达哈哈番矣。”（姚鼐：《黄徵君传》，见《惜抱轩文后集》五）

“（顺治四年改）甲喇章京为阿达哈哈番（汉文称轻车都尉）。”（彭邦鼎：《闲处光阴》卷上）

阿布喀克什得

“天恩曰阿布喀克什得。”（福格：《听雨丛谈》卷十一《克食》）

阿家

“八旗人称母曰额娘，曰阿家，曰奶奶。如南方之呼娘，呼妳，呼妈相同，各随其俗也。额娘、阿家皆清语，或写阿家与阿姑。”（福格：《听雨丛谈》卷五《阿家》）

阿里哈大

“大学士为阿里哈大，省文曰阿里大。”（叶凤毛：《内阁小志》）

阿里大

见“阿里哈大”条。

阿四罕大

“学士为阿四罕大，省文曰阿三大。”（叶凤毛：《内阁小志》）

阿三大

见“阿四罕大”条。

阿大哈大

“侍读学士为阿大哈大，省文阿大大。”（叶凤毛：《内阁小志》）

阿大大

见“阿大哈大”条。

阿喇哈笔帖式

“笔帖式未入流者，咨部注册，号实缺。其将军委放，不咨部，仍归春秋操阅者，谓之阿喇哈笔帖式。土人戏为谑云：头上金顶乱碰，提到官事发楞，问君多大前程，二十四两准秤。讥其实为马甲也。”（西清：《黑龙江外纪》）

阿敦衙门

“顺治初，设御马监，十八年改为阿敦衙门。”（吴振棫：《养吉斋丛录》卷二）

阿尔薩朗

“阿尔萨朗，国语狮子也。”（西清：《黑龙江外纪》卷八）

阿勒哈孤尔孤

“称虎曰阿勒哈孤尔孤。……阿勒哈斑斓之谓。”“孤尔孤译言兽也。”（西清：《黑龙江外纪》卷八）

阿机

见“窝稽”条。

阿察布密

“阿察布密，清语也。凡婚礼新妇入门行合卺礼，以俎盛羊臀一方，具稻、稷、稗三色米饭，夫妇盛饭并坐，饮交杯，馂不用酱而具白盐，即古人共牢而食之义，清语曰阿察布密。”（福格：《听雨丛谈》卷二《阿察布密》）

阿补喀

“夫一天也，国书谓之阿补喀。”（方濬师：《蕉轩随录》卷一《国书十二字头》）

拖沙喇哈哈番

“清世爵，……五品拖沙喇哈番。”（刘献廷：《广阳杂记》卷一）
又见“他沙勒哈番”及“半个前程”两条。

宗室

见“觉罗”条。

拨什户

见“博硕库”条。

拉

“边外多山，戴沙土者曰岭。……戴石者曰拉，亦作磖，如拉伐，必尔汉必拉之类。”（杨宾：《柳边纪略》卷一）

（呢鸦）木呀

“（清语）骑射曰（呢鸦）木呀，……有定员。”（吴振棫：《养吉斋丛录》卷二）

披甲

见“乌克申”条。

卓亲辖

“旧制选六班蒙古侍卫中之熟谙蒙古语者，与奏事官同事专奏外藩王公呈奏事件，国语谓之卓亲辖。”（昭梿：《啸亭杂录》卷一《奏蒙古事侍卫》）

杭爱

“围场行围，蒙古王公台吉获兽，二品以上官在御前跪献，三品以下交杭爱处（杭爱清语也，管牲兽者）。”（吴振棫：《养吉斋丛录》卷十六）

觉罗

“凡我显祖宣皇帝位下之嫡派子孙，谓之宗室。伯叔兄弟之裔，谓之觉

罗。”（福格：《听雨丛谈》卷一《八旗原起》）

“显祖宣皇帝，本支为宗室，系金黄带。伯叔兄弟之支为觉罗，系红带。宗室以罪黜为庶人者红带，觉罗以罪黜者紫带。”（彭邦鼎：《闲处光阴》卷上）

“肇祖原皇帝曾孙为兴祖直皇帝。兴祖直皇帝有六子，第四子即景祖翼皇帝，其第一子、第二子、第三子、第五子、第六子五支即玉牒内所称觉罗大祖、觉罗二祖、觉罗三祖、觉罗五祖、觉罗六祖也。景祖翼皇帝有五子，第四子为显祖宣皇帝。自显祖宣皇帝本支以下俱为宗室。第二子慧哲郡王，第三子宣献郡王俱无嗣外，第一子武功郡王、第五子恪恭贝勒二支因属景祖翼皇帝之子，景祖行次居四，即称为觉罗四祖。”（方濬师：《蕉轩随录》卷四《觉罗》）

法喇

“扒犁，国语曰法喇，制如凌床而不施铁条，屈木为辕，驾二马，行雪上，疾于飞鸟。”（西清：《黑龙江外纪》卷四）

法克什

“匠役，国语曰法克什。其名目曰鸟枪匠、曰弓匠、曰铁匠、曰鞍匠，凡四项。……平素无事，多在将军、副都统宅执洒埽役，或击钟以传更点。在银库贴写有逾三十年者，此为最雅。”（西清：《黑龙江外纪》卷三）

法勒哈

“法勒哈，国语地面也。”（西清：《黑龙江外纪》卷二）

昂邦章京

“（顺治四年改）世职昂邦章京为精奇尼哈番（汉文称子）。”（彭邦鼎：《闲处光阴》卷一）

“一等昂邦章京（今无此官）。”（方濬师：《蕉轩随录》卷三《清语官职》）

又见“精奇尼哈番”条。

松花哩乌喇

“松花哩者，汉言天。乌喇者，汉言河。言其大若天河也。”（杨宾：《柳

边纪略》卷一）

和硕

“一隅也。”（方濬师：《蕉轩随录》卷三《清语官职》）

图洼

“图洼，探路兵也。官远行如察边之类，例有图洼为前导，其精干者，马上望之，能测数里外有无泥水，是否当迂路行，亦一长也。图洼，哨望之谓，切读成一字乃合。”（西清：《黑龙江外纪》卷三）

图洼沙喇尼哈番哲尔吉章京

“介乎佐领、骁骑校可以稽察一旗者，防御也。国语曰图洼沙喇哈番尼（案当作尼哈番）哲尔吉章京，俗但称哲尔吉章京，亦称苏喇章京。”（西清：《黑龙江外纪》卷三）

驻防昂邦

“即今驻防将军。”（陈康祺：《郎潜纪闻》卷五）

驻防昂邦章京

“今之驻防副都统司。”（方濬师：《蕉轩随录》卷三《清语官职》）

九画

拜唐阿

“（大学士至堂）坐定，拜唐阿进茗（月茶资三钱于饭银内扣除）。拜唐阿服役数年，典籍察其优者，咨内务府授官。”（叶凤毛：《内阁小志》、《大学士堂》）

拜他喇布勒哈番

“清世爵，……四品摆他喇哈番。”（刘献廷：《广阳杂记》卷一）

“乾隆元年始定……拜他喇布勒哈番（旧为牛录）为骑都尉。”（吴振棫：《养吉斋丛录》卷一）

“（顺治四年改）牛录章京为拜他喇布勒哈番（汉文称骑都尉）。”（彭邦鼎：《闲处光阴》卷上）

哈哈珠子

“皇子及诸王侍从小臣中有曰哈哈珠子者，清语为幼男之称。名虽幼男亦非年届十八岁弗用，仅存其义而已。”（福格：《听雨丛谈》卷十二《哈哈珠子》）

“皇子各有哈哈珠塞八人（亦称哈哈珠子），由八旗年幼闲散人内挑派，每日二人入直，司奉茶进食之事。……哈哈珠子或八员，或六员，由八旗大员子弟内选派，亦轮日入直。按清语：哈哈男也，珠塞小孩也。”（吴振棫：《养吉斋丛录》卷四）

哈哈珠塞

见“哈哈珠子”条。

哈喇

“国语姓曰哈喇，三哈喇即三姓。”（西清：《黑龙江外纪》卷四）

哈达

“山之锐者曰哈达（达读作平声），如山阴哈达之类。”（杨宾：《柳边纪闻》卷一）

哈势

“仓房（满语曰哈势）。”（杨宾：《柳边纪闻》卷一）

哈番

“宁古塔满洲呼有爵而流者曰哈番。哈番者，汉言官也。而遇监生生员亦以

哈番呼之，盖俗原以文人为贵。”（杨宾：《柳边纪闻》卷三）

哈尔玛儿

“冬衣名哈尔码儿者，麈鹿等皮之毛落而鞟存者也。服之作苦，最耐磨涅。”（西清：《黑龙江外纪》卷六）

哈食马

“哈食马为拉姑水族也。”（高士奇：《天禄识余》）

孤尔孤

“孤尔孤，译言兽也。”（西清：《黑龙江外纪》卷八）

帮实

见“巴克什”条。

背什骨

“即鹿踝骨也。满洲旧俗，岁暮掷抵鹿踝骨为戏，以为宜男之庆。每年年终，武备院例进若干对。”（福格：《听雨丛谈》卷二《布扎·背什骨》）

威呼

“威呼，独木船也。长二丈余，阔容膝，头尖尾锐，载数人。水不及舷尝寸许，而中流荡漾，驶如竹箭。此真刳木为舟也。遇河水暴涨，则联二为一以济车马。”（西清：《黑龙江外纪》卷四）

“威护为小船也。”（高士奇：《扈从东巡日录》附录）

威呼肯

“威呼肯，译言轻也。”（西清：《黑龙江外纪》卷八）

俄伦布呼

“四不像亦鹿类，俄伦春役之如牛马，有事哨之则来，舐以盐则去，部人赖之，不杀也。国语谓之俄伦布呼。”（西清：《黑龙江外纪》卷八）

费延吉

“巡幸方岳，木兰行围。御前大臣、侍卫暨乾清门侍卫均随从轮值侍卫，以二班或三班随从日行，二十人前导，左右各十人名曰傍扈（清语曰费延吉）。”（昭梿：《啸亭杂录》卷二《领侍卫内大臣》）

浑托

“内三旗管领，初谓之浑托。”（福格：《听雨丛谈》卷一《满蒙汉旗分》）

“内务府三旗，分佐领、管领。其管领下人是我朝发祥之初家臣；佐领下人是当时所置兵弁。”（福格：《听雨丛谈》卷一《八旗原起》）

十画

栢唐阿

“亦无汉文。按栢唐阿两字乃清语办事执事之词。”（福格：《听雨丛谈》卷一《满官名》）

“若栢唐阿（清语作执事之称）。”（福格：《听雨丛谈》卷一《军士录用文职》）

爱什拉喇

“幕府诸司抄录文案者曰贴写，国语谓爱什拉喇，部院吏胥类也。马甲为之，可授笔帖式。他如兵司之舒什哈、银库之库丁、印房之书办、诸司之画匠，虽亦马甲所充，不过拔补前锋领催而已。舒什哈，国语鞭也。兵有过，若辈鞭之，故名。”（西清：《黑龙江外纪》卷三）

爱辛

“国语谓金曰爱辛。”（吴振棫：《养吉斋丛录》卷一）

索罗豁

“高丽佐领下人曰索罗豁满洲，仕进与满洲同。”（福格：《听雨丛谈》卷一《满蒙汉旗分》）

哲伯勒噶喇

见“达斯欢噶喇”条。

哲尔吉章京

见“图洼沙喇尼哈番哲尔吉章京”条。

通（克恩）喀扑他拉

“（清语）鹄射曰通（克恩）喀扑他拉，……有定员。”（吴振棫：《养吉斋丛录》卷二）

郭什谙班

“御前大臣多以王公兼任，不称大人而称位号。其无世爵者，则用清语称之曰郭什谙班。”（福格：《听雨丛谈》卷八《大人》）
又见“戈什昂邦”条。

郭什哈昂邦

“御前大臣称郭什哈昂邦。……缘其爵位崇高，直呼不可，又无汉语可文也。”（彭邦鼎：《闲处光阴》卷下）
又见“戈什昂邦”条。

郭齐哈昂邦

又见“戈什昂邦”条。

笔帖式

“笔帖式专习国书，盛京各衙门，外而督抚并有之。”（谈迁：《北游录》、《纪闻下》、《笔帖式》）

“笔帖式满文称笔特赫式，似亦无汉文也。”（福格：《听雨丛谈》卷一《满官名》）

“笔帖式为文臣储材之地。是以将相大僚多由此途历阶。清语称笔帖式曰笔特赫式。……天聪五年七月谕曰：文臣称巴克什者，俱停止，均称笔帖式。……国初都沈阳时，未备文学翰林之职。凡制诰簿籍皆笔帖式司之。其阶级有五品、六品、七、八、九品分别，以比于学士编检。至雍正年间，各部院尚有六品笔帖式。今惟内府、理藩院有六品委署主事，即六品笔帖式之遗意也。天聪三年四月，命巴克什（谙习文学之称）达海同笔帖式刚林等（刚林后官大学士）翻译汉字书籍；笔帖式吴巴什等四人记注本朝政事。雍正年，笔帖式仍转翰林编修等官，今则职视丞簿，惟内升主事外补府贰而已。惟满洲进士、举人出身之笔帖式，可转赞善，犹存旧时体制。国初笔帖式亦奉皇华之役。道光初年，仅存有赍颁制诰之差，今亦停矣。……揆度当日（指康熙初）情形，笔帖式一官，卑于侍卫，其权要声势应重于侍卫矣。”（福格：《听雨丛谈》卷一《笔帖式》）

“笔帖式为满洲进身之一途。今各衙门皆有额设，候补者又盈千累万，视为不足重轻矣。按国初如大学士达海额尔德尼，两文成公领侍卫内大臣、一等公文忠公索尼诸人，皆起家武臣，以精通国书皆特恩赐号巴克什。巴克什即笔帖式也。”（陈康祺：《郎潜纪闻》卷五）

笔特赫式

见“笔帖式”条。

笔特赫衙门

“称翰林院曰笔特赫衙门。”（福格：《听雨丛谈》卷一《笔帖式》）

笔帖黑衙门

“满称翰林院为笔帖黑衙门。”（彭邦鼎：《闲处光阴》卷上）

笔特赫达

“汉文书大学士，满文则曰笔特赫达。”（福格：《听雨丛谈》卷一《满官名》）

“（清语称）大学士曰笔特赫达（读平声）。”（福格：《听雨丛谈》卷一

《笔帖式》）

笔帖黑答

“（满）称侍读学士为笔帖黑答。笔帖黑答者，翰林院之长也。”（彭邦鼎：《闲处光阴》卷上）

十一画

梅勒章京

“副都统即梅勒章京。”（刘献廷：《广阳杂记》卷一）
“汉称副都统。”（吴振棫：《养吉斋丛录》卷一）
“梅勒额真、梅勒章京皆即今副都统。”（陈康祺：《郎潜纪闻》卷五）
“满文曰梅勒章京，汉文则曰副都统。”（福格：《听雨丛谈》卷一《满官名》）
“齐齐哈尔、墨尔根、黑龙江各副都统一员，国语曰梅勒章京，俗称二大人。”（西清：《黑龙江外纪》卷三）
又见“阿思哈尼哈番”条。

梅勒额真

“又名梅勒章京，凡章京读如瞻伊，即今副都统。”（方濬师：《蕉轩随录》卷三《清语官职》）
又见“梅勒章京”条。

章京

“章京两字是满文（章京两字读作占伊京）。”（福格：《听雨丛谈》卷一《满官名》）

常在

见“答应”条。

谙达

“国朝定制，皇子六龄入学，遴选八旗武员弓马清语娴熟者数人，更番入卫教授，名曰谙达，体制稍次于师傅，盖古保氏之遗。按明顺义王俺答，即为小王子之保氏，故相沿称之，初非其名。近皆选东三省人充补，以其弓马尤精也。”（昭梿：《啸亭续录》卷一《谙达》）

“师傅之外，别有谙达教满蒙书者，由八旗翻译出身人员选派，教弓箭者，由各旗营参佐领选派。每一皇子各三员，轮日一员入直。此外有谙达五员管理马匹鞍韂及教演鸟枪等事，每日亦一员入直，如皇子有事他往，则五员皆随往。……又或云内谙达、外谙达共五人：内谙达教满蒙书，由八旗翻译人员选派，外谙达教弓箭骑射等事，由八旗参佐领选择，轮日入直。”（吴振棫：《养吉斋丛录》卷四）

“授弓马、蒙古语者曰谙达（清语作保傅解）。”（福格：《听雨丛谈》卷十一《尚书房》）

“雅发罕俄伦春有布特哈官五员分治，三岁一易，号曰谙达。谙达岁以征貂至其境。其人先期毕来，奉命惟谨，过此则深居不可踪迹矣。”（西清：《黑龙江外纪》卷三）

萨玛

“萨玛，巫觋也。”（西清：《黑龙江外纪》卷六）

萨喇

“萨喇，木板鞋也。”（高士奇：《天禄琳琅》、《扈从东巡日录附录》）

盛京八门总管昂邦

“即令将军。”（陈康祺：《郎潜纪闻》卷五）

十二画

喀喇大

“东西四旗各喀喇大一员，职与梅勒同。”（刘献廷：《广阳杂记》卷一）

“乌可勒、喀喇大皆管步兵兼管九门。”（刘献廷：《广阳杂记》卷一）

喀喇昂邦

“东西四旗各有喀喇昂邦一员，职与都统等，俱单管喀巴什。”（刘献廷：《广阳杂记》卷一）

“即今左右翼前锋统领。”（陈康祺：《郎潜纪闻》卷五）

喀把什蝦

“每旗，喀把什蝦二员，职与副都统等。”（刘献廷：《广阳杂记》卷一）

喀喇钗

“黑茶，国语喀喇钗也。”（西清：《黑龙江外纪》卷六）

喀扑他拉

“清语步射曰喀扑他拉，……有定员。”（吴振棫：《养吉斋丛录》卷二）

喀伦

“更番候望之所曰台，国语谓之喀伦，俗称卡路（案今称卡伦。卡伦之用有三：一常住卡伦，二冬夏就水草移徙卡伦，三随时建置卡伦，防务稍松即撤去）。”（西清：《黑龙江外纪》卷二）

斐式赫

“若稷当曰斐式赫。”（西清：《黑龙江外纪》卷八）

舒什哈

见“爱什拉喇”条。

黑白昂邦

“王渔洋《池北偶谈》载：本朝官制，满洲勋旧，别有内大臣，不为阁部及八旗都统等官。有军国重事，在禁中与满洲大学士、尚书等杂议，谓之黑白昂邦。……愚按前代禁中密勿之任，咸以宦官任之，本朝皆易以亲臣。内大臣之职，实与中尉相似，阶一品，与大学士文武并峙，位至贵也。今清语称曰多罗机谙班：多罗机三字乃内廷之称，谙班即昂邦转音，大臣也。黑白亦作赫博，清语作商量筹划之解，今称参赞大臣曰赫白昂邦，文义较为允合。王渔洋所谓黑白昂邦，当是议政大臣也。”（福格：《听雨丛谈》卷三《内大臣》）

博硕库

“领催，国语曰博硕库，转为拨什户，佐领下会计书写之兵也。……例以识字者充补，凡马甲所在，率若辈长之。”（西清：《黑龙江外纪》卷三）

博德珠

“小儿病，其母黎明以杓击门，大呼儿名曰博德珠，数是七声，数日病辄愈，谓之叫魂，处处有之。博德珠，家来之谓。”（西清：《黑龙江外纪》卷六）

窝稽

“山间多树木者曰窝稽，亦曰阿机。盛京志作窝集，实录作兀集。秋笳集作乌稽。如那木窝稽、色出窝稽、朔尔贺绰窝稽之类。”（杨宾：《柳边纪略》卷一）

互见“窝集”条。

窝集

“山中林木蓊蔚，水泽沮洳之区，号窝集。黑龙江境内著名窝集四：曰巴延窝集、库木尔窝集、巴兰窝集、吞河窝集。”（张光藻：《北戍草·龙江纪事诗》自注）

互见“窝稽”条。

答应

“今宫眷名位，妃嫔而下曰常在，曰答应。”（福格：《听雨丛谈》卷三《答应》）

塔塔

“膳房掌御膳及军机处、南书房、上书房、侍卫等处分例，至内廷主位别有承应茶膳之地，清语谓之塔塔，其分例皆有等差，力不能自办者则以所得之分例附于某主位名下之塔塔而饮食焉。”（吴振棫：《养吉斋丛录》卷二十四）

雅发罕

见“摩凌阿”条。

十三画

塞傅

“授清文者谓之塞傅（清语师也）。”（福格：《听雨丛谈》卷十一《南书房》）

楚勒罕

“每岁五月，布特哈官兵，悉来齐齐哈尔，纳貂皮，互市，号楚勒罕，译言盟会也。”（西清：《黑龙江外纪》卷五）

蒙安

“蒙安，陵寝也。”（西清：《黑龙江外纪》卷六）

舜

“日也，国书谓之舜。”（方濬师：《蕉轩随录》卷一《国书十二字头》）

摆牙喇

“摆牙喇，八旗护军名。”（萧奭：《永宪录》卷二下）

摆他喇哈番

见“拜他喇布勒哈番”条。

腾格哩

“国书之腾格哩，则汉语所谓弦子耳。”（方濬师：《蕉轩随录》卷一《国书十二字头》）

十四画

旗鼓

“满洲氏族谱内，谓旗鼓人为满洲旗分内汉姓人。”（福格：《听雨丛谈》卷一《内旗旗鼓与汉军八旗不同》）

“内务府乃皆从龙，隶于满洲。自于外八旗汉军别置八帜者固有不同也。”（福格：《听雨丛谈》卷一《汉满互用》）

“内三旗佐领下，有满洲、有旗鼓，无蒙古、汉军。其满洲与八旗源派相同。旗鼓多系左近长白山辽金旧部，有汉姓之人，盖久家朔方者也，在内务府仕进与满洲同，今考试归于汉军。按满洲姓氏谱内谓之满洲旗分内汉姓人。”（福格：《听雨丛谈》卷一《满蒙汉旗分》）

赛音

“赛音者，汉言好也。”（杨宾：《柳边纪略》卷四）

精奇尼哈番

“清世爵，一品精奇尼哈番。”（刘献廷：《广阳杂记》卷一）

“一二三等总兵官世职，一二三等昂邦章京，一二三等精奇尼哈番皆即今

一二三等子。”（陈康祺：《郎潜纪闻》卷五）

“国初无子男名称，曰总兵、曰昂邦章京、曰精奇尼哈番者，乾隆元年均定为子爵。”（朱彭寿：《旧典备徵》卷二《封爵考》）

“乾隆元年始定一二三等精奇呢哈番。（旧世职为昂邦章京）为一二三等子。”（吴振棫：《养吉斋丛录》卷一）

赫白昂邦

见“黑白昂邦”条。

十五画

额哲库

“管档主事，将军、副都统前称名；管库理刑者称额哲库。国语主事曰额哲库哈番，此云额哲库，省文。”（西清：《黑龙江外纪》卷五）

额普特

“鹰初生曰额普特，汉名窝雏；长成曰扎发塔，汉名秋黄；逾岁曰呼克申，汉名笼鹰。”（西清：《黑龙江外纪》卷八）

额穆毗

“野菜有名柳蒿者，春日家家采食，味初不甚鲜美，满洲谓之额穆毗，国语蘩曰额穆毗，岂其种耶？”（西清：《黑龙江外纪》卷八）

额娘

见“阿家”条。

额伊福

“额伊福，冢墓也。”（西清：《黑龙江外纪》卷六）

蝦

“侍卫满语称蝦。纪文达公（昀）藏有顺治年间搢绅一册，其中满尚书、侍郎有以御前蝦、乾清门蝦结衔者。今于临文曰侍卫、御前侍卫，皆王公重臣充当。在乾清门行走者则入内承直，并有养廉银。在大门上行走者，惟扈从、守御等差使。大门即乾清门，制以门为限也（蝦今多书作辖）。”（彭邦鼎：《闲处光阴》卷上）

“天子、亲王、郡王左右曰蝦，曰白现。帽上俱孔雀翎，其翎文三钱形曰国公（贝子同），而钱形则固山额真，其文仅一钱则梅勒哈剌也，虽六卿逊席。其人尚少壮，过四旬俱发旗下，所生子女听上选配，或听亲王，并不敢自主。”（谈迁：《北游录》、《纪闻下》、《满制》）

“乾清门待卫差使，谓之挑蝦。家有顺治十八年缙绅册，上刻御前一等蝦某，二等蝦某，三等蝦某，则蝦是清话官名。”（韩泰华：《无事为福斋随笔》卷上）

蝦伊巴额者库

“侍卫处有主事一员，人多不知，缘称道者皆以国语，曰蝦伊巴额者库。”（彭邦鼎：《闲处光阴》卷下）

墨尔根蝦

“即今蒙古侍卫。”（陈康祺：《郎潜纪闻》卷五）

“即蒙古侍卫。”（方濬师：《蕉轩随录》卷三《清语官职》）

摩凌阿

“俄伦春……其隶布特哈八旗为官兵者，谓之摩凌阿俄伦春；其散处山野，仅以纳貂为役者，谓之雅发罕俄伦春（案鄂伦春部人，善用火枪，黑省编入队伍）。摩凌阿、雅发罕，犹言马上步下，此国语也。”（西清：《黑龙江外纪》卷三）

踏踏玛儿

见“乌拉”条。

德尔吉

“草屋南向者，三楹或五楹，皆以中为堂屋，西为上屋。乡居者率称西面为德尔吉，译言上也。盖尚友之意。”（西清：《黑龙江外纪》卷六）

噶拉谙班

“前锋统领曰噶拉谙班。”“（按噶拉作翼字解，谙班作大臣解。）”（福格：《听雨丛谈》卷十一《护军统领品级》）

噶喇昂邦

“即左右翼前锋统领。”（方濬师：《蕉轩随录》卷三《清语官职》）
互见“噶拉谙班”条。

噶布希先

“前锋，国语曰噶布希先，转为噶布先，俗呼噶巴什。……其人例服白比申，有顶则服白马褂。将军、副都统有事出入，佩橐键，负旗帜为先导。遇决囚，亦充刽子役，盖兵中号勇捷者。”（西清：《黑龙江外纪》卷三）

噶喇扎发密

“译言执手。”（西清：《黑龙江外纪》卷六）
按：此为一种礼节，婿行此礼后，许来往女家，与女同寝处，称夫妇，俟聘礼备齐始迎娶。

十六画

穆克

“国语……水曰穆克。”（西清：《黑龙江外纪》卷八）

穆喇库

“今布特哈有哨鹿者，即呼鹿也。其哨以木为之，长二尺余，状如牛角而中

空，国语谓之穆喇库。”（西清：《黑龙江外纪》卷八）

穆克申

“禁门两傍，皆列朱棍二根，长三尺余，围圆六七寸，上圆下方，俗称榔头（宗室邸宅皆有之），清语曰穆克申。谨案：天命五年六月命树二木于门外，有欲诉者，书而悬之木，览其颠末而按问焉。然则此棍乃纳言之标，非御侮之械也。……各门列木棍处，俱有护军二人席地趺坐，轮流守之，虽王大臣出入亦不起立，惟祝版、实录、玉牒、百官望阙谢恩，则鸿胪预唱穆克申起立，然后兴起。”（福格：《听雨丛谈》卷十一《门棍》）

二十五画

纛章京

“每八旗，满洲有纛章京一员，职与都统等，止管摆伢喇，掌龙纛。”（刘献廷：《广阳杂记》卷一）

“纛章京即今护军统领。”（陈康祺：《郎潜纪闻》卷五）

“八旗护军统领，职二品，往往以旗缺侍郎兼领之，升擢尚书则不兼矣。清语曰纛章京……（纛字清语读如推，章京读如占伊）。”（福格：《听雨丛谈》卷十一《护军统领品级》）

“纛读如推，即护军统领。”（方濬师：《蕉轩随录》卷三《清语官职》）

参考文献

方濬师：《蕉轩随录》
吴振棫：《养吉斋丛录》
陈康祺：《郎潜纪闻》
刘献廷：《广阳杂记》
西清：《黑龙江外纪》

查慎行：《人海记》
王士禛：《池北偶谈》
杨宾：《柳边纪略》
朱彭寿：《旧典备征》
奕赓：《东华录缀言》
张光藻：《北戍草》
继昌：《行素斋杂记》
福格：《听雨丛谈》
彭邦鼎：《闲处光阴》
曹斯栋：《稗贩》
姚元之：《竹叶亭杂记》
梁章钜：《归田琐记》
叶凤毛：《内阁小志》
吴大廷：《小酉腴山馆文集》
姚鼐：《惜抱轩文后集》
昭梿：《啸亭杂录》
高士奇：《天禄识余》
高士奇：《扈从东巡日录》
法式善：《槐厅载笔》
赵翼：《簷曝杂记》
谈迁：《北游录》
韩泰华：《无事为福斋随笔》
萧奭：《永宪录》

原载于《中国典籍与文化论丛》（第9辑）　全国高等院校古籍整理研究工作委员会《中国典籍与文化》编辑部编　北京大学出版社2007年版

亟待建立“照片学”

近年来，照片文献成为重要史源，老照片的刊行也成时尚，然而对照片的甄别、注释尚显不足。

人们最愿意记住和怀念，但又往往容易遗忘或模糊的，就是既往的历史。如果人们想驾一叶扁舟徜徉于历史长河之中，那就需要有长流不息的源头活水。这既往历史的源头活水就是丰富多彩的种种文献。中国是一个自古以来十分重视文献的文明古国。“河图洛书”虽然带有浓厚的传说成分，但这是最早概括文献的分类界说，是指明文献主要包括文字与图画。如果没有文献或者文献不足那就很难说明历史了，即使二千多年来一直为人们崇奉的孔子，也会为之发出无奈的慨叹。在《论语·八佾》篇中，就记录下这样一段话说：“夏礼吾能言之，杞不足征也。殷礼吾能言之，宋不足征也。文献不足故也，足，则吾能征之矣。”秦汉以来，各朝在得国之初，甚至在夺取天下过程中，都很注重征集文献的工作，当时都概称“图籍”，即包括图画和文字载籍，如汉萧何在楚汉战争之际和汉朝建政之初都很注重文献的搜集和整理工作。其毁灭文献者，则必然会遭到严厉的斥责。而称之为“厄运”如秦始皇焚书，得千古之骂名。因此，保存和利用文献，成为中国一种优良的文化传统。

近年以来，由于人们逐渐端正对待传统文化的态度，于是重视历史文献的搜集、整理和推行历史档案和老照片的刊行，成为一时风尚，特别是老照片的搜求，更为人所重视。于是文史界、出版界和收藏界有识之士，纷纷挖掘整理，详加说明，印行问世，以飨读者。天津人民美术出版社应社会需求，组织人力，从博物馆、图书馆以及有关藏家，广事搜求，集有相当数量，乃各以专题分编成十种，并合为一套丛书，即以其主要功能而命名曰《老资料丛书》。

《老资料丛书》以名人、怀旧、传统及收藏为四柱，下隶《民国名人写

真》、《三十年代女性》、《三十年代泳装与人体》、《三十年代上海著名建筑与民俗》、《三十年代长江名胜》、《20世纪初世界著名桥梁》、《中国古建筑设计参考》、《前苏联星火插图》、《明刻历代百美图》、《明刻历代帝贤像》等十册。除明代旧刻外，主要时间断限为20世纪初至其中叶，而以30年代为多。其时，正为中国近现代历史发展的上升时期，文化思潮汹涌，全民反抗侵略热潮高涨，沿海城市有走向大都会的趋向，照片、图画，遗留颇多。社会历史情况所借助之图文，历历在目。此《老资料丛书》之编印价值正在于此。

《老资料丛书》之编印问世，既可备身经当年社会情况的老人忆往怀旧，并以之比照当前，而益增欢欣。对年轻一代，则既可满足其对历史往事之求知，更能有所借鉴而策励奋进。这些照片和图画所提供的历史信息，不仅对研究和探讨20世纪前期的社会百态、祖国山河提供有参考价值的资料，而且种种形象更能给人以直观的感受，尤其是对从事造型艺术的群体而言，更有摹绘取材的重要价值。这项工作的作用与意义也正在此。

《老资料丛书》的编制，采取了有图有文的形式，图文并茂成为本书一大特色。我有幸获读这套丛书的初稿，从保存资料，传之后世，提供资料，有益参考的角度考察，它将是一套具有双效的图书。因此我急切地等待这套书的早日问世。但它也引发我思考多时的一个问题：呼吁建立"照片学"。

我有一位熟识的学者朋友，准备为他的著作安排一些插图，用尽心力，搜求到一堆照片，但照片上的背景和政要人物，有不少难以辨认而无法写文字说明。如辛亥革命的照片现在除了还能认出孙中山、黄兴、袁世凯外，其他人物到底是谁？背景到底在哪儿？几乎都说不上来。再过多少年后，是不是连孙、黄、袁都认不出来了。前几年我曾帮助《北洋政府的总统与总理》一书的作者选用照片，就对某些照片的内容说不准确，对人物也认不全了，以致文字说明颇难着笔。因此，我联想到图片文献（主要是照片）面临的危机。现在对照片已不是单纯收集就可以了，而是需要进行研究，这座房子是谁的故居？某些人物为什么在这儿照相？人物照上前排的是些什么人？是否都认得出来，说得清楚？图书馆、博物馆和一些私人收藏的照片是否都有文字说明？如果没有，应如何补救？目前一些七老八十的老人来辨认或许还能多认出几位，将来下一辈就更不易辨认了。

照片无疑是一种图形文献，它必将与文字文献和数字文献等等成为文史研究工作者研究与编写的重要史源。因此我们必须抓紧时机，搜集照片，保存照片，反复辨认，多方研究，编写说明，不仅要多编些图说之类的书，并在进行全方位积累经验的基础上，进而建立“照片学”（或扩称为“图片文献学”）这类专学，以扩大史源，推动文史研究。

原载于《北京日报》2003年5月19日

"全译"，到此打住！

新世纪以来，随着政治稳定、经济繁荣，文化建设似乎来势颇猛。若干种巨大的文化工程亦已全面启动，气势之豪，令人头晕目眩。最近，又从某大报纸上见到用几乎全版的篇幅，报导《二十四史全译》的出版始末。因为字体较小，目力较差，担心有模糊、串列、遗漏之处，特请妻子为我细读全文。边听边有一种"仰之弥高"的惊讶感觉。根据报道，这套《二十四史全译》是许嘉璐先生倡导组织，孟繁华先生总持其事，杨冠三先生投资支持的一桩大工程，历时13年，动员数百人，耗资数千万而终于完成，不可谓不是壮举。许嘉璐先生是一位学有根底的学者，在从政之后，仍能不忘根本做学问，推动《二十四史全译》的点译工作，的确难得；孟繁华先生是位知名的出版家，能以"木龟精神"自励，主动担起具体工作的重任；杨冠三先生是位经济学家，甘当后勤，斥资组织专门公司，但又在商不言商，不谋求利润，自始至终，无怨无悔。这三位的精神和作为，不仅只是未可厚非，而且值得非常尊敬，因为他们终究成就了一件大事。何况这部大书已向海内外展现中华文化之辉煌，为综合国力增添无数文化斤两，是文化事业中的好事，但我不知为什么，总对此隐隐有一些疑虑与担忧。

《二十四史全译》的主要目的，是为让人看懂二十四史。那么，什么人需要看懂二十四史？粗略一分，有两种人：一是学历史、研究历史的人，二是爱读历史、喜欢历史的人。看懂二十四史，应是学历史、研究历史者应有的起码条件，如果连二十四史都看不懂，那就难说了！如果做历史研究，引用史料总不能注"全译"本为出处吧！如果因原文读不懂，而去看全译本，相互比照，又怎么做研究呢？至于那些爱读历史和喜欢历史的人，又有多少人需要通贯古今地读《二十四史全译》？如果只为知道历朝史事，那还不如读蔡东藩的《历代通俗演义》呢！再说，这套书印制装潢非常讲究，价格肯定不菲，报道中未提售价，我想虽然不是天价，也不是一般想看懂二十四史的平头百姓所能承担得了的，即使高价低售，也不是工薪阶层所能承受，即以我为例，是在高等学校执教50多年的资深教授，月入不过3000元挂零，加上点小稿费，不出4000元，如果不做任何支出，不知要积累几年才能有资格问津。因而这套书除馈赠有关单位和人物外，只能由收藏家和大款们购入，也就是那编好号的800套。难以统计，这些购书者中究有多少人能读，又有多少人能通读。最后的命运，也许落到装点厅堂，供高朋贵友指点椟与珠而已。这不无异于违背从事者为让人看懂二十四史的初衷吗？

近二三十年，学术文化界时有追风的习惯，只要有一项大工程出现，不管实际是否需要延伸，需要多头重复，很快就会风起云涌般地你追我赶，形成一股强烈的旋风。前多少年，印制《四库全书》之事一起，不仅有台湾、上海、厦门的文渊本，北京的文津本和杭州的文澜本等的纷至迭出，还有与《四库全书》有瓜葛的书，也一系列地追上来，如“续编”、“存目”、“禁毁”等等之类，纷纷出笼。除纸本外，又东出光盘，西出软件。我当时在报上发表一篇小文《何必如此拥挤》，提醒此事；但人微言轻，那些话不一会儿就让风刮散。不久，一些大项目成立，其投资均以亿计。于是随风搭车者大有人在。如今，《二十四史全译》告成，媒体为之鼓呼，主要目的为让人看懂二十四史，用意甚善；但中国是一个文化遗产十分丰富的国家，有不少需要“看懂”的文化遗产，如果有人以《二十四史全译》为例，随风而起，这个要全译《资治通鉴》正续，那个要全译《昭明文选》，更有人要全译《世说新语》……大刮全译之风，那么劳民伤财，不知将伊于胡底！也许我这是杞人忧天，但愿《二十四史全译》不致像《四库全书》那样引风起浪！不过，我还要大呼一声：“全译”，到此打住！

原载于《中华读书报》2005年3月25日